国家自然科学基金项目资助项目

安徽省高等学校省级教学研究重点项目

安徽省高校学术和技术带头人后备人选科学研究资助项目

安徽省第二批省级教改示范专业资助项目

安徽省教育厅精品课程资助项目

微观信息管理

谢阳群 汪传雷 许 皓 编著

安徽大学出版社

图书在版编目(CIP)数据

微观信息管理 / 谢阳群等编著. —合肥:安徽大学出版社,2004.03(2022.7重印)
ISBN 978-7-81052-798-9

Ⅰ.①微⋯ Ⅱ.①谢⋯ Ⅲ.①信息管理:微观管理 Ⅳ.①G203

中国版本图书馆 CIP 数据核字(2004)第 011108 号

微观信息管理   谢阳群　汪传雷　许　皓　编著

出版发行	安徽大学出版社	经　销	各地新华书店
	(合肥市肥西路3号　邮编230039)	印　刷	合肥图腾数字快印有限公司
联系电话	编辑室 0551-65108223	开　本	787×1092　1/16
	发行部 0551-65108397	印　张	28
E-mail	ahdxchps@mail.hf.ah.cn	字　数	599 千
责任编辑	徐　建　　王　黎	版　次	2007 年 10 月第 2 版
封面设计	孟献辉	印　次	2022 年 7 月第 7 次印刷

ISBN 978-7-81052-798-9　　　　　　　　　　　定　价　69.00 元

如有影响阅读的印装质量问题,请与出版社发行部联系调换

目 录

前言 ·· [1]

1 信息管理的理论基础 ·· [1]
1.1 信息的定义 ·· [1]
1.2 信息与物质、能量和意识 ·· [8]
1.3 信息与感觉、知觉和思维 ·· [10]
1.4 信息与载体和媒体 ·· [12]
1.5 信息的层次 ·· [13]
1.6 信息的相关概念 ·· [16]
1.7 信息的分类 ·· [23]
1.8 信息的性质 ·· [30]
1.9 信息的质量 ·· [36]
1.10 信息的数量 ··· [39]
1.11 信息论、信息科学与信息方法 ··· [43]

2 信息资源与信息管理 ·· [51]
2.1 资源 ··· [52]
2.2 信息资源 ·· [57]
2.3 信息资源的要素及其性质 ·· [66]
2.4 信息、组织与环境 ··· [75]
2.5 信息管理 ·· [82]
2.6 信息资源管理 ··· [98]
2.7 信息管理与信息资源管理及管理信息系统之间的关系 ··················· [103]
2.8 信息管理的学科体系 ··· [109]

3 信息管理的产生与发展 ·· [114]
3.1 从科学管理到信息资源管理 ·· [114]
3.2 从信息处理到信息系统 ··· [119]
3.3 从因特网到内联网 ·· [128]
3.4 信息资源管理的形成与实践 ·· [140]
3.5 记录管理 ·· [151]
3.6 公共部门的信息资源管理 ·· [159]
3.7 信息资源管理的主要工具 ·· [170]

4 信息生命周期的管理 ·· [178]
4.1 信息生命周期 ··· [178]

4.2 信息用户与信息需求分析 …………………………………………… [180]
4.3 信息源的性质、分类与信息收集 ……………………………………… [183]
4.4 信息处理与信息组织 …………………………………………………… [190]
4.5 信息存储与检索 ………………………………………………………… [214]
4.6 信息传递 ………………………………………………………………… [215]
4.7 信息利用 ………………………………………………………………… [232]
4.8 信息处置 ………………………………………………………………… [238]

5 信息人力资源管理 …………………………………………………………… [249]
5.1 人员管理系统 …………………………………………………………… [249]
5.2 心理测量 ………………………………………………………………… [251]
5.3 人员激励讨论会 ………………………………………………………… [252]
5.4 指定导师 ………………………………………………………………… [254]
5.5 确定职业路径 …………………………………………………………… [254]
5.6 时间管理 ………………………………………………………………… [263]
5.7 实施计划 ………………………………………………………………… [267]

6 信息技术管理 ………………………………………………………………… [268]
6.1 信息技术管理概述 ……………………………………………………… [268]
6.2 计算机技术 ……………………………………………………………… [290]
6.3 通信技术 ………………………………………………………………… [299]
6.4 网络管理 ………………………………………………………………… [309]
6.5 信息系统 ………………………………………………………………… [327]

7 信息系统开发与管理 ………………………………………………………… [346]
7.1 信息系统开发概述 ……………………………………………………… [346]
7.2 信息系统开发的生命周期 ……………………………………………… [350]
7.3 信息系统需求分析 ……………………………………………………… [357]
7.4 信息系统规划 …………………………………………………………… [372]
7.5 信息系统计划 …………………………………………………………… [382]
7.6 信息系统项目管理 ……………………………………………………… [387]

参考文献 ………………………………………………………………………… [418]

前　言

20世纪中期,数字电子技术的发明和应用催生了一场规模空前的信息技术革命。以电子计算机和现代通信技术为主体的现代信息技术的普及和推广,对人类社会的各个方面都产生了极其深远的影响,可以说,这不仅是一场技术革命,而且还是一场产业革命。正是从这个意义上讲,信息技术革命,或者更准确地说信息革命,推动了新一轮产业革命的出现。这次产业革命使人们真正认识到作为一种资源的信息对社会经济发展的巨大促进作用。世界上许多国家都把开发和利用信息资源作为一项具有战略意义的基本国策,并为此投入了大量的人力、物力和财力,像组织大工业生产一样来组织大规模的信息活动,此举极大地推动了信息产业化的进程,并在传统的农业产业、工业产业、服务产业之外又催生了一个新型的产业——信息产业或第四产业。事实上,在许多发达国家的信息产业(包括信息技术产业和信息服务产业)已发展成为主导产业、支柱产业和第一大产业,这标志着人类已经开始从工业社会迈入信息社会。在人类历史上一直起主导作用的物质和物质活动开始让位于信息和信息活动,信息成了信息社会中的战略资源,而一直居于从属地位并呈隐性状态的信息活动则成了信息社会中人们的基本活动乃至主要活动。我们知道,物质和物质活动是人类赖以生存的基础,它们为人类的生存和发展提供了最基本的物质资料,而信息和信息活动的根本作用却在于改进管理和优化决策,以使物质资源和能量资源能得到更为有效地利用。通过信息资源的开发和利用来降低物、能的损耗,提高产品和服务的附加值,或直接生产各种信息产品及提供各种信息服务,是信息社会有别于工业社会的一个重要特征。在物质和能量资源日益匮乏的今天和将来,人们更认识到这一点的重要性。从某种意义上讲,一个国家的信息资源管理、开发和利用水平已成为决定其综合国力的关键因素。正因如此,现代竞争的重点正从争夺物质资源转移到争夺信息资源上,这是当代科技发展、经济活跃和社会进步的象征。

如果说这次信息革命的前期特征是信息工业的发展促进了信息服务的发展的话,那么,其后期则是信息需求的增长和信息服务业的发展带动了信息工业的发展。进入20世纪90年代,在传统的电子设备及其制造产业(如电话、电传、电视、电影、录音、录像等)有的已走向成熟、有的已经衰退的情况下,以数字电子技术为标志的信息革命已悄然发展到一个更新的阶段,即"数字革命"或"网络革命"阶段。所谓数字革命就是指从模拟式向数字式的转化,数字化则是用"0"和"1"来表示所有的信息,这是一种比较理想的信息表达和传递方式。网络革命是指利用电子计算机技术和现代通信技术组建起各种各样的信息通信网络,并将其延伸至人类社会活动的各个领域,使其成为人类社会活动的必需品。事实上,没有网络技术、网络革命和网络化,人类就不可能真正进入信息时代。因此,有时候人们也将信息革命和网络革命的发展趋势(即过程)及其影响(即结果)称为"信息网络化",或简称为"信息化"。所谓信息化,简单地说就是普及运用现代信息技术,开发利用信息资源,促进社会经济发展。它与经济全球化一起并称为21世纪人类社会发展的两大主要趋势,它们将对人类社会的发展产生极其全面而又深远的影响。所谓全球化是指跨国商品与服务交易及国际资本流动规模和形式的增加,以及技术的广泛、迅速传播使世界各国经济的相互依赖性增强。经济全球化拉动信息网络化,而信息网络化则推动着经济全球化。数字革命或网络革命所要求的技术包括微电子技术、计算机技术、通信技术和自动控制技术等,它的出现将进一步推动着信息工业向深度和广度方向发展,并对整个国民经济和人类生活的所有领域都产生巨大影响。正如其他产业革命要求铁路和高速公路一样,要发展数字式的信息产业,也必须首先建设"信息高速公路"——信息网络。继美国于20世纪90年代初率先推出信息高速公路计划之后,世界各国群起仿效,在信息高速公路上,打响了一场空前的技术战、经济战。数字革命必将大大地推动人类社会的信息化进程,使人类经济发生一场带有根本性、方向性或彻底性的大变革——进入信息经济时代。数字革命形成的新兴产业,已成为经济发展的基础,并为经济的长期增长带来新的机遇。

我国对信息问题的重视始于20世纪50年代中期。当时为了迅速建立强大的工业基础,国家集中力量大力发展科学技术事业,并吸收了前苏联的经验优先发展科技信息事业,建立了庞大的科技信息系统,由此揭开了开发和利用科技信息资源的序幕。但遗憾的是,由于受到"左"的思想、十年动乱、原有体制、信息需求等许多因素的影响,我国的信息事业发展速度一直不快。1983年,在全国范围内开展的关于"新技术革命的挑战和我们的对策"的大讨论,使人们意识到新技术革命首先是信息革命,从而大大提高了人们的信息意识。1984年9月,邓小平同志为《经济参考》创刊题写了"开发信息资源,服务四化建设"的著名题词,这体现了邓小平同志对信息化建设的高瞻远瞩,也显示出信息问题已引起了我国高层领导的重视。同年,江泽民同志在《红旗》杂志上发表的"振兴电子工业,促进四化建设"一文中指出:在现代化建设中,电子工业要以传统工业为基础,而传统工业的发展和改造又离不开电子技术的支持,加快电子工业的发展,并使其有一定的超前期,是合乎经济发展规律的。大力发展和应用电子科学技术,可以为传统工业的建设与技术改造提供先进的技术装备,注入新的生产力,同时又可提高能源利用率,减少国民经济对能源的压力。随后我国开始兴起了一场规模宏大的"信息热",它使得信息活动日益产业化、社会化,也使得经济活动日益信息化。仅"七五"期间,国家就投资200多亿元人民币,建立了经济、统计、银行、邮电、电力、铁路、民航、海关、气象、人口等12个国家信息系统。这些新兴信息系统的建立,使我国的信息化和信息资源开发利用达到了一个新的水平。20世纪90年代是全球信息化突飞猛进的时代,美国率先推出了信息高速公路计划,各国也先后推出了自己的信息高速公路计划。事实上,我国高层领导对国家信息化建设也高度重视。早在1991年,江泽民同志就明确指出:"四个现代化,哪一化也离不开信息化。"为了适应新的信息形势,响应世界信息化的浪潮,我国也及时地抓住了这一机遇,开始筹划实施国民经济信息化工程,并先后不失时机地推出了宏伟的"金"字工程(包括"金桥"、"金关"、"金卡"、"金税"、"金农"、"金卫"、"金教"、"金企"、"金盾"等工程)和"上网工程"。

1993年是我国政府开始强力推进信息化的一年,该年3月,朱镕基副总理主持会议部署建设"金桥"工程;6月江泽民总书记视察中国人民银行沙河卫星地面站时提出要推广"金卡"工程;12月国务院批准成立国家经济信息化联席会议,邹家华副总理任联席会议主席,目的是加强对信息化工作的组织领导。1994年2月、6月和12月邹家华副总理主持国家经济信息化联席会议召开了三次全体会议,研究"三金工程"(即"金桥"、"金关"、"金卡"工程,其中的"金桥"工程就是以光纤、卫星等通讯手段为主的中国式信息高速公路计划)。1995年9月,中国共产党第十四届五中全会通过了《中共中央关于制定国民经济和社会发展"九五"计划和2010年远景目标的建议》,发出了"加快国民经济信息化进程"的号召,提出"电子工业,重点发展集成电路、新型元器件、计算机和通信设备,增强为经济和社会发展提供信息化系统和装备的能力,促进信息产业发展"。1995年11月,邹家华副总理主持国家经济信息化联席会议召开了第四次全体会议,会议审议了《中华人民共和国计算机信息网络国际联网管理暂行规定(报审稿)》。1996年4月,国务院办公厅发出"关于成立国务院信息化工作领导小组的通知"(国办发[1996]15号),明确了领导小组的职责及人员组成。领导小组共20人,由国务院和17个部委领导同志组成,邹家华副总理任组长。原国家经济信息化联席会议办公室更名为国务院信息化工作领导小组办公室,电子工业部副部长吕新奎任办公室主任。1996年5月、1997年2月,国务院副总理、国务院信息化领导小组组长邹家华主持召开领导小组第一次、第二次会议。为了加强对全国信息化工作的领导,国务院决定成立国家信息化工作领导小组,并于1999年12月由国务院办公厅发出了《关于成立国家信息化工作领导小组的通知》(国办发〔1999〕103号)。该通知确定了领导小组的主要职责和组成。领导小组共有15名成员,国务院副总理吴邦国任组长,信息产业部部长吴基传任副组长。同时还确定设置计算机网络与信息安全管理工作办公室、国家信息化推进工作办公室、计算机2000年问题应急工作办公室、国家信息化专家咨询组等4个领导小组工作机构。1999年,我国政府和有关部门提出了"政府上网"工程,2000年又提出了"企业上网"和"家庭上网"工程。这一系列的信息化工程不仅加快了我国的信息化进程,也推动着我国信息资源开发和利用向产业化、社会化方向发展。2000年10月,中国共产党第十五届中央委员会第五次全会把信息化提到了国家战略的高度,会议通过的《中共中央关于制定国民经济和社会发展第十个五年计划的建议》提出:"大力推进国民经济和社会信息化,是覆盖现代化建设全局的战略举措。以信息化带动工业化,发挥后发优势,实现社会生产力的跨越式发展。""信息化是当今世界经济和社会发展的大趋势,也是我国产业优化升级和实现工业化、现代化的关键环节。要把推进国民经济和社会信息化放在优先位置。顺应世界信息技术的发展,面向市场需求,推进体制创新,努力实现我国信息产业的跨越式发展"。"要在全社会广泛应用信息技术,提高计算机和网络的普及应用程度,加强信息资源的开发和利用。政府行政管理、社会公共服务、企业生产经营要运用数字化、网络化技术,加快信息化步伐。面向消费者,提供多方位的信息产品和网络服务。为经济发展创造条件,促进金融、财税、贸易等领域的信息化,加快发展电子商务。推进信息产业与有关文化产业结合。各级各类学校要积极推广计算机及网络教育。在全社会普及信息化知识和技能"。"加强现代信息基础设施建设。抓紧发展和完善国家高速宽带传输网络,加快用户接入网建设,扩大利用互联网,促进电信、电视、计算机三网融合。健全国家公共信息网。加强信息化法制建设和综合管理。强化信息网络的安全保障体系"。"加速发展信息产业。重点推进超过大规模集成电路、高性能计算机、大型系统软件、超高速网络系统、新一代移动通信装备和数字电视系统等核心信息技术的产业化。加快发展软件产业和集成电路产业,支持新型元器件、计算机网络产品、数字视听产品的发展,提高信息化装备和系统集成能力,满足市场对各类信息产品的需求。积极发展信息服务业特别是网络服务业。"朱镕基总理在该《建议》的说明中指出:"我们讲抓住机遇,很重要的就是抓住信息化这个机遇,发展以电子信息技术为代表的高新技术产业,同时用高新技术和先进适用技术改造传统产业,努力提高工业的整体素质和国际竞争力,使信息化与工业化融为一体,互相促进,共同发展。"他还指出:"改革的一个重要方面就是信息化","政府行政管理信息网络化是一场深刻革命,势在必行","国务院各部门的主要负责同志要亲自抓本部门、本系统的信息化、网络化"。将信息化提到如此高的地位,在中央全会决议中是第一次。这是党中央高瞻远瞩,站在时代前列作出的伟大战略决策,它为我国的信息化建设和社会经济发展指明了前进的方向。

2001年8月,中共中央、国务院决定重新组建国家信息化领导小组,以进一步加强对推进我国信息化建设和维护国家信息安全工作的领导。朱镕基总理任组长,国家副主席胡锦涛、国务院副总理李岚清、中共中央宣传部部长丁关根、国务院副总理吴邦国为该领导小组的副组长,这是当时世界上规格最高的国家信息化领导机构。总理兼任国家信息化领导小组组长,足以证明,国家对信息化的领导力度不断加强,信息化在国家经济建设中的地位越来越重要。国家信息化领导小组成立后,先后召开了5次会议。2001年12月25日,朱镕基在北京主持召开了国家信息化领导小组第一次会议。他指出,要高度重视,加强统筹协调,坚持面向市场,防止重复建设,扎扎实实推进我国信息化建设。会议通过了《国家信息化领导小组工作规则》和《国家信息化专家咨询委员会主任、副主任人选名单》。会议听取、讨论并原则同意国家发展计划委员会主任、国家信息化领导小组副组长兼国务院信息化工作办公室主任曾培炎"关于'十五'期间国家信息化工作的初步考虑和2002年工作重点"的汇报。会议强调,我国的信息化正处在起步阶段,务必防止走弯路,要十分注意打好基础。一是要做好规划,统一标准,加强法制和安全保障体系建设;二是要加强人才培养和信息技术知识普及。

2002年7月3日,国家信息化领导小组组长朱镕基主持召开国家信息化领导小组第二次会议。会议讨论通过了《国民经济和社会发展第十个五年计划信息化重点专项规划》和《关于我国电子政务建设的指导意见》,讨论了振兴软件产业的问题。朱镕基指出,要适应时代进步和世界发展的新形势,从中国现代化建设全局和战略高度出发,大力推进国民经济和社会信息化,要发挥中国智力资源优势,加快发展软件产业,要抓好电子政务,推动其他领域的信息化。他强调,加快信息化建设,必须以规划为指导,加强统筹协调,突出发展重点,务必注重实效,防止重复建设,切实打好基础,努力走出一条有中国特色的信息化道路。会议听取了国家发展计划委员会主任、国家信息化领导小组副组长兼国务院信息化工作办公室主任曾培炎"关于国民经济和社会信息化专项规划、电子政务建设指导意见和发展软件产业问题"的汇报。会议认为,这次通过的信息化专项规划,是中国第一个信息化发展规划,也是"十五"期间我国国民经济和社会发展的十个重点专项规划之一。各部门、各地区都要从全局和战略高度增强实施规划的自觉性，努力实现规划提出的各项目标和任务。会议指出，要在政府引导下，充分调动社会力量，发挥市场机制作用，着力抓好信息资源开发、信息基础设施、信息化应用和信息产品等四个方面的重大工程。会议强调，推进信息化必须做到基础工作先行，特别是要加快信息化法律法规建设，制定国家信息技术标准体系，加强信息化知识普及和人才培养。会议要求，在实施规划中，要加强统筹协调，要突出重点、抓好先行，要积极而稳步推进，要勇于创新，要广泛吸收国外先进技术、人才和管理经验。会议提出，"十五"期间中国电子政务建设的目标是，初步建成标准统一、功能完善、安全可靠的政务信息网络平台；重点业务系统建设，基础性、战略性政务信息库建设取得实质性成效，信息资源共享程度有较大提高；初步形成电子政务安全保障体系，人员培训工作得到加强，与电子政务相关法规和标准的制定取得重要进展。会议指出，必须高度重视加快软件产业的发展。会议强调，要高度重视信息安全体系建设。坚持一手抓信息化，一手抓网络信息安全。要改进技术手段，全面强化管理，建立健全信息安全保障体系和防范机制。与此同时，中央政府的各个部、委、办和许多地方政府等也都制定了相应的"十五"信息化专项规划，作为"十五"信息产业发展的指导性文件和加强行业管理、促进区域发展、组织实施重大工程的依据。2002年11月召开的党的十六大进一步作出了以信息化带动工业化、以工业化促进信息化、走新型工业化道路的战略部署。

国家信息化领导小组第三次会议是2003年7月22日下午在北京召开的。中共中央政治局常委、国务院总理、国家信息化领导小组组长温家宝主持会议并作重要讲话。会议讨论了《关于加强信息安全保障工作的意见》，听取了国家信息办关于电子政务建设的工作汇报。温家宝指出，大力推进信息化，是党中央顺应时代进步潮流和世界发展趋势作出的重大决策，是我国实现工业化、现代化的必然选择，是促进生产力跨越式发展、增强综合国力和国际竞争力、维护国家安全的关键环节，是覆盖现代化建设全局的战略举措。一定要认真贯彻"三个代表"重要思想和党的十六大精神，采取更加有力的措施，努力开创我国信息化建设新局面。中共中央政治局常委、国务院副总理、国家信息化领导小组副组长黄菊，中共中央政治局委员、国家信息化领导小组副组长刘云山、曾培炎、周永康出席会议。会议强调，我国信息化建设既要加快步伐，又要从实际出发。总体要求是，坚持以信息化带动工业化，以工业化促进信息化，走新型工业化道路。要做好五个结合，一是信息化与经济社会发展相结合；二是信息化与提高政府管理水平相结合；三是军事信息化与经济社会信息化相结合；四是保障信息安全和促进信息化发展相结合；五是政府引导与发挥市场机制作用相结合，走出一条中国特色信息化的新路子。会议要求，加快推进信息化，必须立足当前，放眼长远。要着力抓好四个方面：一是大力推广应用信息技术。抓紧在经济和社会发展的重要领域和关键环节率先应用信息技术。积极运用信息技术改造和提升传统产业、调整和改造东北等老工业基地、加快企业信息化步伐。继续促进金融、财税、商贸等领域信息化，推进电子商务。加快农业信息化步伐。大力发展互联网，提高互联网应用水平。二是加强信息资源开发利用。以政府信息资源开发利用为突破口，带动全社会信息资源的开发利用。加快发展信息服务业。进一步加强信息基础设施建设，防止盲目投资和重复建设。三是抓紧推行电子政务。按照统一规划、突出重点、整合资源、统一标准、保障安全的原则，逐步建成电子政务体系的基本框架。四是切实加强信息安全保障工作。

坚持积极防御、综合防范的方针,在全面提高信息安全防护能力的同时,重点保障基础网络和重要系统的安全。完善信息安全监控体系,建立信息安全的有效机制和应急处理机制。会议要求,必须切实加强对信息化建设组织领导,落实责任,加强协调,深入调研,科学决策。加强制度和法规建设,把信息化纳入规范化、法制化轨道。加快人才培养,造就一支高素质的专门人才队伍。锐意进取,扎实工作,不断把我国信息化建设提高到新水平。

国家信息化领导小组第四次会议于2004年10月27日在北京召开。中共中央政治局常委、国务院总理、国家信息化领导小组组长温家宝主持会议并作重要讲话。温家宝指出,大力推进国民经济和社会信息化,是覆盖现代化建设全局的重大战略举措。要紧紧抓住信息化发展的机遇,进一步增强加快信息化进程的紧迫感和使命感,以信息化带动工业化,以工业化促进信息化,走新型工业化道路,推进经济结构调整和经济增长方式转变,推动经济社会全面协调可持续发展。中共中央政治局常委、国务院副总理、国家信息化领导小组副组长黄菊,中共中央政治局委员、国家信息化领导小组副组长刘云山、曾培炎、周永康、郭伯雄出席会议。会议讨论了《关于加强信息资源开发利用工作的若干意见》和《关于加快我国电子商务发展的若干意见》。会议对今后一个时期我国信息化工作进行了部署:一是加强信息资源开发利用。要统筹规划,分类指导;面向需求,立足应用;突出重点,有序发展。着眼经济社会发展的关键环节和重要领域,开发利用信息资源为现代化建设服务。推进体制和机制创新,发挥市场机制的作用,提高信息资源开发利用的效率和效益。二是扎实推进电子政务。把行政管理体制改革与电子政务建设结合起来,推进政府职能转变。加快统一网络平台建设,实现信息资源共享。加强电子政务规划工作,逐步建成电子政务体系的基本框架。三是引导推广电子商务。坚持以企业为主体,以重点大型企业信息化应用为龙头,带动中小企业的电子商务发展。政府发挥政策引导和市场监管的作用,为电子商务发展创造良好的外部环境。四是加强信息安全保障工作。加快完善国家信息安全的监控体系和保障体系,全面提高信息安全防护能力。五是深入开展信息化战略和规划研究。

2005年10月召开的党的十六届五中全会审议通过了《中共中央关于制定国民经济和社会发展第十一个五年规划的建议》,再一次强调,推进国民经济和社会信息化,加快转变经济增长方式。2005年11月3日,中共中央政治局常委、国务院总理、国家信息化领导小组组长温家宝在北京主持召开了国家信息化领导小组第五次会议,中共中央政治局常委、国务院副总理、国家信息化领导小组副组长黄菊,中共中央政治局委员、国家信息化领导小组副组长周永康、郭伯雄和国家信息化领导小组成员出席了会议,中央和国务院有关部门负责同志列席了会议。会议审议并原则通过《国家信息化发展战略(2006—2020年)》。温家宝指出,信息化是当今世界发展的大趋势,是推动经济社会发展和变革的重要力量。制定和实施国家信息化发展战略,是顺应世界信息化发展潮流的重要部署,是实现经济和社会发展新阶段任务的重要举措。要按照全面贯彻科学发展观的要求,站在现代化建设全局的高度,大力推进国民经济和社会信息化,不断把我国信息化提高到新水平。会议指出,实施我国信息化发展战略,要坚持以邓小平理论和"三个代表"重要思想为指导,贯彻落实科学发展观,坚持以信息化带动工业化、以工业化促进信息化,坚持以改革开放和科技创新为动力,大力推进信息化建设,充分发挥信息化在促进经济、政治、文化、社会和军事等领域发展的重要作用,不断提高国家信息化水平,走中国特色的信息化道路,促进我国经济社会又快又好地发展。会议强调,在制定和实施国家信息化发展战略中,要着力解决好以下问题。一是坚持服务现代化建设全局,推进国民经济和社会信息化。二是大力提高自主创新能力,推进创新型国家建设。三是加快深化改革步伐,推进体制机制创新。四是夯实信息化基础,增强发展能力和服务功能。五是注重建设信息安全保障体系,实现信息化与信息安全协调发展。六是坚持搞好统筹协调,正确处理信息化发展中的各种重要关系。七是加强信息化人才队伍建设,提高国民信息能力。会议要求,各地各部门必须认真做好实施《国家信息化发展战略》的各项工作。要根据中央关于制定"十一五"规划建议和《国家信息化发展战略》的要求,抓紧制定"十一五"国家信息化发展规划。通过扎实工作,努力开创我国信息化发展的新局面。

虽然我国在信息化建设方面已经取得了不少成效,但由于缺少理论指导和实践经验,在实施过程中也出现了一些亟待解决的问题,主要表现在:一是思想认识需要进一步提高。对信息化的本质及其发展演变规律和信息资源在信息化中的地位和作用缺乏准确、全面和深入的了解。我国是在工业化不断加快、体制改革不断深化的条件下推进信息化的,信息化理论和实践还不够成熟,全社会对推进信息化的重要性、紧迫性的认识还不是很高。二是在信息化建设上存在着重"技术"轻"管理"、重"硬件"轻"软件"等倾向,企业和政府内部普遍存在"IT 黑洞"。所谓 IT(information technology,信息技术)黑洞是指随着 IT 的更新换代不断加快,有些单位和个人为了跟上 IT 发展的步伐,不断地对现有的技术进行更新,但却不考虑现有的 IT 是否能满足实际工作的需要,使得 IT 的投入不断增加,形成了一个"无底洞"。由于信息投入上的盲目性,现在这个黑洞正在逐步演变成"信息黑洞"。三是信息技术自主创新能力不足。核心技术和关键装备主要依赖进口。以企业为主体的创新体系亟待完善,自主装备能力急需增强。四是信息技术应用水平不高。在整体上,应用水平落后于实际需求,信息技术的潜能尚未得到充分挖掘;在部分领域和地区应用效果不够明显。五是信息安全问题比较突出。在全球范围内,计算机病毒、网络攻击、垃圾邮件、系统漏洞、网络窃密、虚假有害信息和网络违法犯罪等问题日渐突出,如应对不当,可能会给我国经济社会发展和国家安全带来不利影响。六是数字鸿沟有所扩大。信息技术应用水平与先进国家相比存在较大差距。国内不同地区、不同领域、不同群体的信息技术应用水平和网络普及程度很不平衡,城乡、区域和行业的差距有扩大趋势,成为影响协调发展的新因素。七是体制机制改革相对滞后。受各种因素制约,信息化管理体制尚不完善,没有在全社会建立起适应信息化发展需要的信息管理体制。尽管信息问题重要,但在实际管理时要么就是无人去管、要么就是众人皆管,而且也缺乏规范公民、社会组织和政府信息行为的法规,信息化法制建设需要进一步加快。

产生这些问题的一个重要原因就是没有对信息资源进行科学有效的管理。正因如此,信息资源已成为当前我国信息化进程中的一个热点、难点和重点问题。"十五信息化专项规划"中已经将信息资源列入到信息基础设施范畴,并认为信息基础设施建设的核心和关键任务就是信息资源的开发利用。这是一个很大的观念和政策的转变,它必将会促使我国的信息化建设和信息资源管理理论与实践向纵深方向发展,并为许多传统学科提供了新的生长点,使得这些学科的理论、方法和技术有可能在该领域得到有效的运用和整合。

信息不仅是管理的基础、开发和利用的对象,也是管理的对象。管理的过程是利用信息的过程,更进一步说就是信息过程,管理离不开信息的支持,管理需要及时、准确、可靠的信息,因此在信息时代必须要加强对信息的管理。信息热使人们认识到"信息就是财富"、"信息就是资源"的表象,这虽然为经济的发展提供了强大的信息动力,却同时又导致了人类赖以生存的信息环境日益恶化。信息爆炸已从科技领域迅速扩展到经济、社会等各个领域。当今世界每天约有 40 亿信息单位的信息在全世界传播,并且以每年 20% 的速度递增发展。据统计,现在全世界平均每分钟就有一种新书问世,平均每天发表有新知识内容的科学论文 1 万 3 千多篇,每年出版科技期刊 6 万种,会议纪录 1 万条,登记发明专利 30 余万件,还有数不清的公私机构文件和资料。这表明人类的信息生产能力正在迅速增长;而与此相反的是,人类对信息的吸收利用能力却未能与此保持同步增长。就连美国、日本这样的发达国家,近 30 年来,其信息吸收率也一直只有 10% 左右。急剧增长的信息,若得不到有效的组织和控制,将不能成为资源和财富。此外,信息污染也日趋严重,一些专家认为,在全部信息中实际上无用、甚至有害的信息不少于 50%,在个别领域甚至达到 80%。这说明,即使拥有丰富的信息资源,若不善于开发和利用,也不会产生应有的效益。现在,日趋先进的信息手段不仅为信息资源共享提供了必备的条件,而且也为信息犯罪提供了现代化的手段。目前,全世界每年因偷盗计算机资源造成的损失已达成百上千亿美元。凡此种种都说明了,要使信息成为对人类真正有用的资源,就必须对其进行管理。世界各国都十分重视信息资源管理制度建设,并积极运用行政、法律和经济等手段来管理信息资源。例如,美国联邦政府仅从第 95 届国会开始就颁布了数百条有关信息管理的法律,并在政府各部中成立了信息管理类机构,设立了首席信息官(信息部长)的职位,同时还为他们开展信息管理工作分配了相应的资源,建立了严格的信息管理作业规范。西方各国的绝大多数大中型企业都成立了企业信息管理(或服务)类机构,并在最高层设立了首席信息官一职,其目的都是为了加强对信息资源的管理。联合国技术合作促进发展部在一份报告中明确指出:"政府关于信息系统政策的合理制定与实施,需要一个适当的组织机构来保证。无论这一机构可能设置成什么形式,它都应该是具有中央一级集中性办事机构的权威,如果目前还没有这样的机构,则必须设一个,从而达到制定和推行政策的目的。"信息的共享性和非物质性决定了对信息必须要实行统一管理,这一点就连世界上最主张采用分散化的自由市场经济制度的美国也不例外。

如上所述,信息是一切管理的基础,同时它还是一切管理的战略制高点。没有信息,管理就会成为"无米之炊",而信息管理不善则是所有管理不善产生的主要原因。现代管理与传统管理的主要区别就在于它是基于信息的管理,是以信息管理为前提和基础的管理。值得注意的是,信息并非在现代社会中才存在,人类自产生以来就一直在探索对信息进行管理,但是真正将其提上议事日程的还是 20 世纪中期以后的事。20 世纪后期经济全球化和信息网络化环境的形成,使得信息管理不仅变得日益迫切,而且对信息进行管理所需的条件也日益成熟:经济学、管理学和信息科学等相关学科的建立为信息管理奠定了最基本的理论基础,信息技术的日趋发达和信息产业及信息经济的发展壮大为信息管理提供了雄厚的物质基础,信息意识和信息观念的不断增强为信息管理培育了良好的社会土壤。

正是在这些因素的综合作用下,作为一个专业、职业、行业和学科的信息管理才开始登上历史舞台,全世界都掀起了一股信息研究热潮,几乎所有的学科都介入到了信息研究领域。事实上,对信息问题的研究至少可从信息学、经济学、管理学三个方面来着手,目前这三个学科确实属于对信息问题研究较多的学科。从信息学看,尽管人类社会的信息类型各异,但它们都处于相似的收集、加工、存储、检索、传递和利用的信息处理过程之中,这一过程还可以运用工程技术的方法予以实施,并建立起各类人工或自动化的信息系统。从经济学来看,信息既是经济理论赖以建立和发展的基础,也是一种需要利用经济学的基本理论来对其生产、交换、分配、消费等现象进行研究的经济物品,还可以把它看成生产要素研究其功能及作用规律和机理问题。从管理学看,信息既是决策的依据,同时它作为一种具有战略意义的资源,又是管理的对象,需要运用管理的一般原理对其进行规划、组织、协调和控制。至于信息管理,目前还没有一个准确定义。按照美国联邦政府管理与预算局的说法,"术语'信息管理'是在整个信息生命周期中对其进行的指导、计划、预算、操纵和控制"。它与另外一个概念信息资源管理具有密切的联系,而"术语'信息资源管理'则是指管理信息资源以实现机构使命的过程。该术语既包含信息本身,也包含诸如人员、设备、资金和信息技术之类的相关资源"。今天我们使用的信息管理的概念尽管是随着电子计算机在数据处理中的运用诞生的,但作为人类的一种专门的社会活动,其历史可以追溯到国家的诞生。到目前为止,信息管理经历了古老的文书记录管理阶段、现代的信息技术管理阶段,目前还处于信息资源管理阶段,并正在向知识管理阶段和未来的情报管理阶段发展。

虽然信息管理实践活动具有很深的历史渊源,但是作为一个科学领域,它是20世纪80年代初才开始兴起于美国的,并迅速引起了图书馆界、情报界、计算机界、经济界、管理界等的广泛重视。许多专家学者都对其进行了研究,并已初步搭建起了信息管理学科的框架。目前,国际上信息管理主流学派的基本观点正是把信息管理看成将管理的基本原理运用到信息资源的管理上,即管理主体通过有效地运用信息资源实现其战略目标,并将信息管理划分为微观信息管理、宏观信息管理两大部分和个人、组织和社会三个层次,认为信息管理学科主要研究的是微观层次的信息管理问题。微观层次的信息管理可划分为个人层次的信息管理和组织层次的信息管理,组织层次的信息管理主要涉及的是独立设置的组织机构,它又包括非专业性信息组织(如工业企业、商业企业、学校、医院、研究机构、政府机构、协会、行会等)内部的信息管理和专业性信息组织(如图书馆、档案馆、信息公司)内部的信息管理;后者又包括营利性信息机构(如信息公司等)和公益性信息机构(如公共图书馆、档案馆等)为开展对外信息服务而进行的信息管理活动。至于宏观信息管理则是指区域、国家和国际合作层次的信息管理。个人层次的信息管理,简称为"个人信息管理",是指信息管理的主体是个人,管理的对象属于个人信息,个人综合运用自己的资源去管理信息。组织层次的信息管理,又称为"组织信息管理",通常是指某个社会组织(一般是非信息组织)为了实现自己的战略目标,而动用各种各样的组织资源,对组织活动所需要的信息进行管理。社会层次的信息管理是指各种社会化的信息服务机构,包括赢利性的和公益性的,为满足社会公众的信息需求而从事的信息管理活动。有些学者还把国家作为一个层次,提出国家层次的信息管理的概念,其实"国家"只是一个放大的组织概念,当然国家层次的信息管理也有很多的特殊性,它着眼的是整个国家利益,是指国家为了维护本国的信息秩序,确保社会信息活动能够朝着有利于整个国家的方向发展,而对国家的信息事业从整体上实施的宏观控制,它实际上属于信息环境管理的范畴。因此,从最一般意义上讲,信息管理是指个人、组织、国家等主体为了使信息活动能够指向预定的目标,有效地运用各种手段和方法,对信息活动过程中所涉及的各种要素进行的合理计划、组织和控制。信息管理所追求的目标很简单,就是要在合适的时间、合适的地点,以合适的成本,把合适的信息,传递给合适的人,实现人有其信息,信息有其人。对组织层次的信息管理来说,这一目标又可细分为两个:其一是信息部门(或称"信息单位"、"信息系统"、"信息机构"等)的目标(也即子目标),就是运用管理学等相关学科的基本原理、方法和手段来改善和优化信息单位内部的信息活动,提高信息活动的效率和效益;其二是信息单位所在组织的目标(也即根本目标),就是通过对信息资源的合理配置与运用,有效地提高组织的管理水平、竞争能力和可持续发展的能力,成功地帮助组织的确定和实现各项战略目标。信息管理首先是管理,是运用现代信息技术手段对信息实施的管理,但技术只是帮助人们架起信息与管理之间的桥梁。因此,技术永远是手段,信息才是目的。因此,必须要正确处理好计算机文化与信息文化之间的关系。对信息管理人员来说,重要的并不是掌握计算机的内部结构、运行原理和设计计算机程序,而是能熟练运用各种信息工具去获取、加工、传递、存储和利用信息。

信息管理是一门十分年轻的学科,要真正使它能屹立于学科之林,还需要信息管理理论界和实际工作者付出艰辛的努力。一般来说,要考察一门学科能否形成,首先要考察它有没有确定的研究对象,是否规定出适合这一对象的概念系统,有没有揭示出该对象所固定的某些基本规律,是否建立起能够解决大量实际问题的原则和理论。从这一点上来看,信息管理是可以成为一门独立学科的。尽管信息管理的理论目前尚不成熟,但它必将在实际需要的推动下和理论界的努力下逐步发展完善起来。

本书试图把信息管理作为一门独立的学科来构建,这意味着它与传统的情报学、图书馆学、档案学和文献学等学科之间存在着明显的区别。鉴于组织层次的信息管理问题是当前国内外信息管理理论界和实际工作者关注的热点、重点和难点问题,故本书除了信息管理基础理论部分外,其他内容均属微观信息管理范畴,宏观信息管理方面的内容本书正文中基本没有涉及,故定名为《微观信息管理》。本书的体系结构只是一种初步尝试。应该说明的是,在体系结构问题上笔者采纳了科学学的创始人C.贝尔纳的主张,他在进行科学学研究时提出,不必为科学学下一个非常严格的定义,也不必对科学学的研究范围规定得太具体,以免限制科学学的发展。在概念问题上,笔者以恩格斯的教导为准则。恩格斯在研究生命问题时指出:"在科学上,一切定义都只有微小的价值。要想真正详尽地知道什么是生命,我们就必须探究生命的一切表现形式,从最低级的直到最高级的。可是对日常运用来说,这样的定义是非常方便的,在有些地方简直是不能缺少的;只要我们不忘记它们的不可避免的缺点,它们就无能为害。"同时也借鉴了T.库恩的科学哲学思想,即并不刻意追求概念的绝对精确,而注重解决实质问题,不片面追求名词术语的完全规范化,只力求为人们提供能够普遍接收的思想工具,力求在最高认识层次上求得统一,并利用术语对照的方式来处理非科学化的习惯用语。

本书的写作主要源于谢阳群同志主持的1999年度国家自然科学基金项目"企业首席信息主管和信息资源管理体制研究"(项目编号:79970016),书中的许多内容都是该项目的研究成果。同时,还得到了安徽省高等学校省级教学研究重点项目"国外信息管理类本科教育的比较研究"(项目编号:2005015)、安徽省高校学术和技术带头人后备人选科学研究资助项目"信息化进程中的信息资源管理研究"(项目编号:2002HBW03)、安徽省教育厅第二批省级教改示范专业"项目信息管理与信息系统省级教改示范专业"(项目编号:教秘高[2004]76号)和安徽省教育厅精品课程《信息管理概论》(项目编号:教秘高[2005]66号)等的资助。

本书第一版出版于2004年,由于时间仓促,其中有不少文字错误,这次对前言和参考文献部分进行了修改和补充,同时还对书中的部分内容进行了修改。参加这项工作的主要有汪传雷、许皓、张晓华等同志。

由于作者的水平和所能接触到的资料数量有限,本书中的体系结构和书中涉及的许多信息管理问题还有待继续探讨,这些问题在今后再版时将作进一步补充。编写本书时,作者参考引用了国内外许多专家学者的大量研究成果,特此致谢!

谢阳群

2007年9月

1 信息管理的理论基础

任何一门学科都是由特定的术语和理论等所构成的一个完整的知识体系。信息管理是一门年轻的学科,它从诞生到现在只有 20 多年时间,因而作为一门学科的信息管理,与数学、物理、化学、生物学、经济学、社会学、人类学等学科比较起来还显得很不成熟。这首先表现在信息管理中的许多概念还处于形成发展阶段,许多术语还不够稳定,其含义也不够清晰,有时甚至还出现矛盾现象。要解决这些问题,唯一的办法就是要探求这些术语的本义,弄清楚它们所要表达的概念。其次是对信息管理学科的研究对象还没有形成统一认识。第三是它还没有形成一个自成一体的理论体系和本学科特有的研究方法。

信息管理是一门应用性很强的管理学科,建立这门学科的目的就是为了解决在人类社会信息化进程中出现的越来越多的信息资源的管理问题。但是,这并不意味着信息管理就是一门建立在直觉之上的经验性学科。实际上,一个特定的领域要想进入并屹立于学科之林,不仅要有特定的研究对象和概念术语,还必须要拥有自己独立的理论体系。信息管理在形成和发展的过程中,吸收了许多其他学科的概念、理论、方法,并在此基础上初步建立了自己的理论体系。从目前的情况来看,对信息管理学科的产生起了很大推动作用的学科主要有一般管理学、信息科学、计算机科学、通信科学、企业管理学、行政管理学、经济学、情报学、传播学等。信息科学是信息管理最重要的理论基础之一,本章重点介绍信息科学中的一些基本概念和基本理论。

1.1 信息的定义

物质、能量和信息(information)是支撑人类社会发展的三种最基本的资源。从农业社会、工业社会到信息社会,这三个要素的地位和作用有所不同。在生存第一的农业社会里,物质是最重要的要素,因为物质为人类提供了吃的、穿的、住的和用的,满足了人类最基本的需要。在发展优先的工业社会里,能量是最重要的要素,因为它增强了人类的体力,使得人类能够征服自然,扩大产品的生产和销售,创造出更多的物质财富,生活过得更幸福美好。在寻求人自身的完美发展和人与环境协调发展的信息社会里,信息成了最重要的要素。当然,这三种要素地位上的此消彼长,并不意味着它们之间形成相互取代关系,而是反映了随着人类社会的发展进步,它们的地位和作用正在发生变化。实际上,信息的收集、加工、传递、存储和利用活动,即所谓的信息活动或信息过程,贯穿于人类社会活动的始终,也是人类社会实践活动的最基本内容之一。可以说,人类的进化和人类的实践活动,都是以信息为先导的。只是,在人类历史上很长一段时期,信息活动不是处于不自觉状态,就是经常与其他物质活动结合在一起并为其他活动所掩盖,因而一直没有引起人们的重视。到了工业社会后期,特别是信息社会,信息活动才逐渐成为人们自觉的活动,人们才开始系统地研究和利用信息。信息科学就是在这一过程中逐步产生的一门以信息的本质、质量、计量及其运动规律等为研究对象的新兴学科。但是，由于信息科学刚刚从经验中产生，加之目前人们的认识水平还十分有限，而人类又时时刻刻都生活在信息的汪洋大海之中，因而对信息的认识和了解还处于"横看成岭侧成峰，远近高低各不同"、"不识庐山真面目，只缘身在此山中"的初级阶段。到目前为止，人们提出的有关信息的定义已达到百种以上。这说明，对信息这一概念人们还还没有形成统一的认识。本节将从这些定义中选出若干比较典型的定义加以介绍，为学习以后的内容打下基础。

表1-1 信息要素在不同社会形态中的地位与作用

时代	社会类型	三种要素地位的变化	活动的特征	发展的重点	信息工具	信息含量
古代	农业社会	物质第一	物质活动为主，信息活动依附于物质活动。信息引导物质活动，但是最初是自发的、被动的、低级的——狩猎、农耕	物质活动是人类赖以生存的基础，人要生存必须首先解决衣、食、住、行问题，主要使用手工化的劳动工具——增强人的体质	先后出现并使用了多种原始的、简单的信息工具（理论、方法和手段）——语言、文字、结绳、堆石、编贝、算筹、算盘等	产品、服务、活动和人体中的信息含量很低
近代	工业社会	能量第一	物质活动依然是主要活动，但能量活动的地位和作用迅速提高——工厂的建立与规模的扩大，国际贸易规模的扩大，二次世界大战	能量是工业社会的血液，人类要解决如何使人变得强大起来，为此开始制造并使用各种机械化的劳动工具——增强人的体力	出现了许多功能较为强大的信息工具——望远镜、显微镜、无线电、电报、电话、手摇计算机、电子计算机等	产品、服务、活动和人体中的信息含量较高
现代	信息社会	信息第一	信息活动的地位不断提高，并逐渐超越了物质活动——信息技术、信息产业、信息社会；经济全球化、一体化；管理复杂化；信息爆炸、信息污染、信息犯罪等	信息是信息社会的战略资源，人类要解决如何使自己变得更加聪明，增强人的信息能力和智力，使生活变的更加丰富多彩——使用自动化、信息化的劳动工具，网络化、数字化、虚拟化	出现了许多现代化的信息工具——电子计算机、现代通信技术（卫星通信、光纤通信等）等	产品、服务、活动和人体中的信息含量很高，且呈不断增长趋势

"信息"是当今世界上使用频率最高的词之一。各行各业、各种媒体都在使用"信息"一词。"经济信息"、"信息经济"、"信息产业"、"产业信息"、"信息社会"、"社会信息"、"信息技术"、"技术信息"、"信息管理"、"管理信息"、"信息资源"、"资源信息"、"信息教育"、"教育信息"、"信息化"……，到处都充斥着"信息"。事实上，人类赖以生存和发展的客观世界中充满着信息，从微观粒子到宇宙天体，从无机物到有机物，从植物到动物，从猿到人，从有形的物体到无形的事件，无不包含了信息。事物的大小、形状、颜色、组成、结构、性质、状态、质量、数量，书刊报上的文字图表，电台和电视台播放的各种节目，市场上的商品供给、需求、价格，统计部门的各种财务报表，上下级之间相互传递的各种文件报告，人事档案中的个人情况，自然界中的风雨雷电、四季交替、昼夜轮回，动物的生老病死，同事之间的言语交流，个人的言谈举止等，无不包含了信息。放眼所望，竖耳所听，举手所触，抽鼻所闻，伸舌所舔，我们所能得到的都有信息。可以毫不夸张地说，我们都生活在信息的汪洋大海之中。

虽然信息与人类的所有活动都具有密切的关系，但是率先对信息进行科学研究的却是通信学者。这是因为，通信的本质就是传递信息。要全面深入研究通信问题，首先要探讨的就是信息的本质与度量问题。最初，研究者仅把信息看成是消息。根据《新词源》考证，在我国"信息"一词最早来源于唐朝诗人李中的《暮春怀故人》一诗中，其中写道"梦断美人沉信息，目穿长路倚楼台"。但在这句话中"信息"的含义其实是指音信、消息。在西方，"信息"一词大多数来自于拉丁文"informatio"，如英文中的"information"、法文的"la information"、德文的"Iinformation"、西班牙文的"information"和俄文的"информация"等。这些词和另外一个词"message"(消息)的含义有时也相同。计算机科学与技术出现后，又产生了信息就是数据(计算机处理的对象)的看法。这种观点在统计学中也存在，但含义有所不同。此后，还出现了许多新的说法，如在电子学中信息被视为信号；在情报学、谍报学中，信息被看作是情报；在新闻学和传播学中，信息被理解成为新闻或消息；在符号学、密码学中，信息被当作是符号或密码；在档案学中，信息被认作是文书档案；在图书馆学中，信息被解释成知识。应该说明的是，作为日常用语的信息和作为学科术语的信息之间是有区别的。因此，需要探讨一下信息这一概念的基本含义。

这里先要说明一下几个名词的含义。第一个是"概念"，概念是思维的基本形式之一，它反映的是客观事物的一般的、本质的特征。比如"白"反映的是"白马"、"白纸"、"白雪"、"白墙"等的某一共同特征(颜色)；"动物"反映了"猪"、"狗"、"鱼"、"虫"、"鸟"等的一般的、本质的特征。第二个是"定义"，它是对于一种事物的本质特征或概念的内涵与外延的确切而简要的说明。对概念下定义有多种方法，一般常用的有三种：描述性定义、功能性定义和综合性定义。第三个是"术语"，它是指某个领域或某门学科中的专门用语，比如化学中的"离子"、"化合价"、"电子层"、"单质"、"化合物"等。

1.1.1 从信息不是什么来定义

控制论的主要奠基人，世界著名的美国控制论学者 N. 维纳(Wiener)认为："信息就是信息，既不是物质也不是能量"。

这种观点将信息与物质和能量区别开来，认为信息既不同于物质，也不同于能量，它是构成客观世界的另一个要素。这种观点已经被许多人所接受,现在人们都认为信息是除物质和能量之外的第三种要素,这就是所谓的"三要素"说。但这种看法的完整含义是,有物质必运动,有运动必有能量,有物质和能量必然有信息。

1.1.2 从产生信息的客体来定义(本体论的信息定义)

- 信息是由事物所发出的一切消息中所包含的用以表征事物的内容。
- (本体论意义的)信息就是事物运动的状态以及状态变化的方式。
- (某事物的本体论层次的)信息,就是该事物运动的状态和(状态改变的)方式。

这几种定义中所说的"事物"泛指一切可能的研究对象,包括外部世界的物质客体(客体是主体以外的客观事物,是主体认识和实践的对象),主观世界的精神现象。"运动"是指一切意义上的变化,包括机械运动、物理运动、化学运动、生物运动、思维运动和社会运动等。"运动状态"是指事物运动在空间上所展示出的形态和态势。"运动方式"则是指事物运动在时间上所呈现出的过程和规律。由此可见,宇宙间的一切事物都在运动,都有一定的运动变化状态和状态变化的方式,因而都能够产生信息。这就是信息的绝对性和普遍性——事事有信息、时时有信息、处处有信息。但是不同的事物有不同的运动状态和运动状态变化的方式,因此会产生不同的信息,这又显示出信息的相对性和特殊性。

本体论层次上的信息定义,没有引入主体的因素。因此本体论的信息定义与主体没有关系,是不以主体的条件为转移的。这就是说,本体论的信息定义适用于一切场合:哪里有事物,哪里有事物的运动,哪里就有本体论的信息定义。

任何事物都有一定的内部结构并存在于一定的外部环境之中,而事物的运动状态和运动状态变化的方式,则是由事物的内部结构及其与外部环境之间的联系这两个方面的综合作用决定的。因此,本体论层次的信息也就是事物内部结构和事物外部联系的状态和方式。正因如此,要获得一个事物的信息,就要了解这个事物内部结构的状态和方式以及它的外部联系的状态和方式,简单地说,就是事物运动的状态和方式。有时候,由于很难了解事物的内部结构(比如人的大脑),因此只能通过它的外部联系的状态和方式来了解它的信息。

本体论(ontology)的信息定义认为信息是事物的属性,只要有事物及其运动,就必然会有信息。可以说,任何一个事物都是一个信息的"发射"装置,而不管有没有接受者,接受者事先知道还是不知道,接受者接受后是了解还是不了解,接受者收到后是利用了还是没有利用。从另一方面来看,本体论定义认为客观世界是"形",而信息则是反映它们的"影"。本体论层次的信息既是绝对的、普遍的,又是相对的、特殊的。

图 1-1 客体论的信息定义

与本体论的信息定义相似的还有"属性论"的信息定义。所谓属性是指反映事物的质和量的特殊性,但它既不是质,也不是量。简而言之,就是反映一事物所具有的区别于其他事物的个性。持属性论的人主张:"信息是物质的普遍属性,它表述所属的物质系统在同任何其他物质系统全面相互作用(或联系)的过程中,以质、能波动形式所呈现的结构、状态和历史。""信息的实质应是反映出来的事物的属性,是事物固有的一种特殊的运动形式。""信息是表现事物运动状态特征的一种普遍形式"。这就是说,信息是关于物质形态、结构和特征的反映,是物质普遍联系的一种属性。在上述几种定义中,有些表述并不精确。认为信息是一切物质的普遍属性,目的是要说明信息的客观性,因此是对的,但是只使用"物质"一词却又不甚精确,因为物质之外也有信息存在。由此看来,把上述定义中的"物质"一词改成为"事物"可能更为准确。

1.1.3　从接收信息的主体来定义(主体论的信息定义或认识论的信息定义)

- 信息具有知识的秉性,它是用于消除人们认识上的不确定性的东西。
- 信息就是人们对外部事物的某种了解,它可以减少人们决策时的不确定性。
- 信息作为人的认识的结果,是人的大脑关于客观事物运动状态和方式的再现。
- 信息作为具体观察者的认识结果,是事物在人的头脑中的反映。
- 认识论意义上的信息,就是主体所感知或由主体所表述的事物运动状态及其变化方式。
- 某主体关于事物的认识论层次信息,是指在该主体所感知的或该主体所表述的相应事物的运动状态及其变化方式,包括状态及其变化方式的形式、含义和效用。

上述几个定义虽然表示方式有所不同,但都是从主体的角度来考察信息。这里重点分析一下后两个信息定义。从最一般意义上讲,主体包括人类、生物或人造智能机器,但狭义的主体一般仅指人类。在客体论的信息定义中引进一个约束条件,信息定义的层次和适用范围就会发生变化。例如,如果引入一个主体——人类,也就是要站在人类的立场和角度来看信息,那么本体论层次的信息就会转化成认识论(epistemology)层次的信息定义。主体所感知的事物运动状态及其变化方式,是外部世界向主体输入的信息,而主体所表述的事物的运动状态及其变化方式,则是主体向外部世界(包括向其他主体)输出的信息。主体所感知的事物运动状态及其变化方式,是具有知识秉性的东西,而主体所表述的事物运动状态及其变化方式则既有包含知识秉性的东西,也有本身就是经过人的加工组织转化而来的知识。

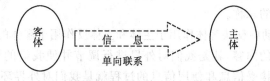

图 1-2　主体论的信息定义

正因如此,也有一些学者认为信息向人们提供的是关于事物运动的广义知识,而所谓广义知识则既包括知识本身,也包括构成知识的"原料",如信号、数据、事实、符号等。不同的物质和事物有着不同的特征,事物之间的差距就会通过一定的物质形式,如声波、电磁波、颜色、图像等,发出某种不同的消息、指令、数据、信号。这些消息、指令、数据、信号中所包含的内容就是信息。因此,信息与它们之间的关系是形式和内容之间的关系。对于信息,如果用各种仪器、仪表和传感器等来探测,它将以各种符号、代码、参数等形式出现。如果通过人类来感知、传播、组织、存储和利用,则以声音、语言、文字、图像、动作、表情、人工信号等形式表现出来。

上述主体论的信息定义都说明了认识的主体由于得到了信息而增进对事物(客体)的了解,从而为人类改造和利用事物创造了条件。从信息的观点来看,认识,从初级的对外部事物的感知到高级的创造性思维,都是主体从外界获取信息、加工信息、存储信息、使用信息的过程,是认识再回到实践的过程,是对信息的加工、作出决策、指导行动的过程。

需要说明的是,严格的认识论层次上的"信息",应该是在某种程度上表明或界定了真实程度和使用范围等在人的认识层次上的信息。据此,可以把信息看成是"关于事物运动状态及其状态改变方式的知识"。这种说法不仅限定了接受信息的主体——只能是人,同时还限定了信息的范围——只有那些经过主体——人的转换并已经成为知识的东西才是信息。由此可见,主体论的信息定义和认识论的信息定义之间存在着一定的差别,实际上,前者只是后者的一个子集。这三种定义之间的关系见图1—3。

图1—3 认识论、主体论和客体论层次的信息之间的关系

1.1.4 从主体与客体之间的信息联系来定义

• 信息是人们在适应外部世界,并且使这种适应反作用于外部世界的过程中,同外部世界进行交换的内容的总称。

• 信息是事物运动中反映客体作用于主体和主体反作用于客体的统一过程中的信号。

• 信息这个名称的内容,就是我们对外界进行调节并使我们的调节为外界所了解时与外界交换的东西。接受信息和使用信息的过程就是我们对外界环境中的种种偶然性进行调节并在该环境中有效地生活着的过程。

上述这三个定义所表述的内容基本相似,其中第一个和第三个定义是控制论的创始人 N.维纳提出的。他在《控制论和社会》中写道:"人通过感觉器官感知世界","我们支配环境的命令就是给环境的一种信息",因此"信息就是我们在适应外部世界,并且使这种适应反作用于外部世界的过程中,同外部世界进行交换的内容的名称"。"接收信息和使用信息的过程,就是我们适应外界环境的偶然性的过程,也是我们在这个环境中有效地生活的过程"。在此,维纳是把人与环境之间交换信息的过程看作是一种广义的通信过程。

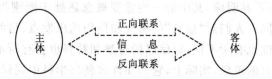

图 1-4 作为交换内容和联系桥梁的信息

人和其生存的环境之间存在着多种交换关系,除了物质的交换、能量的交换之外,还存在着一种被维纳称为"信息"的东西在交换,也就是说信息只是主体和客体之间交换的一种东西的名称,而不是交换的所有东西的名称,因为还有两种被分别称为"物质"和"能量"的东西。维纳的这种信息定义所涉及的"信息"的外延比较小,至少比前文中的信息定义所涉及的范围要小得多,因为它只包括全部信息集合中与人类活动有关的那一部分信息。这个定义的重要作用在于,它说明了信息不仅是主客体之间交换的一种内容的名称,而且还是主体与客体之间建立联系的桥梁和媒介,客体通过信息作用于主体,主体通过信息反作用于客体,即借助于信息影响客体。没有信息,人就不能了解客体,也不能改造和利用客体。

当然,关于信息的定义还有许多其他的说法。比如有人认为"信息就是再现的差异"或"信息就是差异",当一个人发出恒定持续的声音"啊——"时,人们从中得不到什么信息,因为没有差异。可是,如果发出的声音有所变化,那就能够表示某种信息,例如"啊↘"表示的是感叹的信息,"啊↗"表示的是疑问的信息,而"啊∽"则表示恍然大悟的信息。还有人认为"信息就是使概率分布发生变动的东西","正如熵是无组织程度的度量一样,消息集合所包含的信息就是组织程度的度量。事实上,完全可以将消息所包含的信息解释为负熵"。按照这种解释,信息是组织程度(有序程度)的度量,是负熵。另外,还有人认为:信息是"事物的运动状态和与他物依存的方式以及关于这种状态与方式的认识所转化的知识"。持这种观点的人基于心理生理学的考虑,认为知识、观念本身还不是信息。任何人头脑中形成的观念、知识,在他表达之前,不起信息作用,只有物化了的知识、观念(说出的思想、写出的知识)才具有信息意义。正如海涅所说,思想一旦被"印刷工人把它印出来,它就属于全世界了。"这时才是信息。但是这种观点,把信息的本质和信息的作用混为一谈,是欠妥的。

1.1.5 从信息的外在表现形式或所依附的媒体或载体来定义

人们经常把信息看成是信号、数据、资料、情报、新闻、图像、符号、密码、语言、文字、档案、文献等的总称。严格地说,这些说法都不是在定义信息,而只是人们在日常使用中对信息形成的一些约定俗成的看法。但已足以说明,信息作为内容有其外在的表现形式,而且这种表现形式是多种多样的。换句话说,同一条信息,可以用多种形式来表示。

信息有多种定义,产生这种现象的原因异常复杂,归纳起来主要有三个:第一个是信息本身的复杂性。信息是一个多元化、多层次、多功能的、既看不见又摸不着的复杂综合体,对它的了解和认识要比有形的物质困难得多;第二个是虽然信息和人类对信息的利用早已存在,但是对信息的研究却是20世纪50年代中期才开始的,因而信息研究的历史和物质、能量研究的历史比较起来要短暂得多。正因如此,信息科学目前还处于形成发展阶段,它的内涵与外延尚不甚明确,其中的一些重要概念还处于刚刚提出或多定义阶段;第三个是实际需要的不同。人们对"信息"的研究和使用的出发点、目的和角度不同,因而对信息的了解和认识程度也有所不同,对信息的理解和解释也会有所不同。当然,这些问题也并不是信息科学特有的现象,实际上,它们在许多新兴学科中同样存在。要正确地处理这些棘手的问题,必须要牢记住科学学的创始人C.贝尔纳(Bernard)和革命导师恩格斯的话。C.贝尔纳认为不必为科学学下一个非常严格的定义,也不必对科学学的范围规定得非常具体,以免限制科学学本身的发展。恩格斯则指出"在科学上,一切定义都只有微小的价值。要真正详尽地知道什么是生命,我们就必须探究生命的一切表现形式,从最低级的到最高级的。可是对于日常的运用来说,这样的定义是非常方便的,在有些地方简直是不可缺少的;只要我们不忘记它们的不可避免的缺点,它们也就无能为害"。

1.2 信息与物质、能量和意识

信息是一个和物质、能量相对的,具有同等重要性的概念。可以说,没有物质的世界是一个虚无飘渺的空洞世界,没有能量的世界是一个毫无生气的死寂世界,而一个没有信息的世界则是一个单调乏味的雷同世界。按照现代系统科学的观点,客观世界是由物质、能量和信息三大要素组成的,只要有物质、能量,就必然有信息。物质和能量的相互转化,只有通过信息的媒介作用才能实现并表现出来。但是,物质、能量和信息之间又具有明确的区别和联系。

控制论大师C.维纳在其《控制论》一书中写道:"信息就是信息,不是物质也不是能量。不承认这一点的唯物论,在今天就不能存在下去"。他在这里将信息与物质和能量相提并论,并从信息、机器、思维的角度来研究信息的本质,显然他针对的是广义而非狭义的信息概念,是与心理学、认识论和本体论有关的"信息"。也就是说,他所研究的实际上是信息与客观实在之间关系这一哲学命题。

1.2.1 信息与物质

信息来源于物质(mass),但是它又不是物质本身。信息与物质之间的关系是绝对性和相对性的关系;既依赖于物质又可以脱离源物质。物质资源的有效利用离不开信息,因为信息流是控制物质流的基础。

维纳认为信息不是物质,那么信息与物质之间有没有关系呢?实际上,按照维纳的看法,所谓信息不是物质,是指信息不是实物本身,但信息源于物质,是物质的转化物。信息不能脱离物质,信息对物质具有绝对的依赖性。但信息并不等于物质,它可以脱离物质而相对独立地存在,同时信息又必须要借助于物质(载体)才能得到表现、保存和传播。在实践中我们所得到的信息,只是有关对事物的描述、解释,而不是事物本身。比如,2003年的春节晚会虽然结束了,但是有关这场晚会的信息却可以通过文字、声音、影像等多种形式转移到纸张、胶卷、磁带、硬盘、光盘、存储卡等信息载体上保存下来,而这些信息不仅已经脱离了原有的事物,而且也不是原有的事物的本身。信息与物质的一个重要区别就是信息本身没有物理意义上的质量,但却有数量问题。实际上,本体论的信息定义已经指出,信息是事物运动的状态及其变化的方式,在这里已经暗示了信息与物质及其运动的依存关系。世界因有物质及其运动而有信息,因有不同的事物及不同的运动状态和方式而有不同的信息。

1.2.2 信息与能量

信息不是能量(energy),但信息与能量密切相关,一切信息现象都离不开能量。从物质实体本身来看,它的信息发生、显示、接受需要能量。从人的信息活动来看,获取、收集、加工、存储、传递、组织和利用信息也需要能量。能量提供的是动力,而信息提供的是生产知识的原料直至知识和智慧本身。从另一方面看,能源流的有效控制和高效利用,又必须要借助于信息流才能充分实现。

信息本身不是能量,但由于信息的存在离不开物质载体,而任何物质载体都具有能量,因此信息必与能量共存于一体。从另一方面来看,任何信息的运动都要消耗一定的能量,因此没有能量信息就无法显示、存储、传播,但是必须注意的是,信息作用的大小并不取决于它在作用过程中所消耗的能量多少。物理学中的能量转化与守恒定律告诉我们,能量是可以转化的,但不管怎么转化,它的量是守恒的。也就是说从总量上看,能量既不会增加,也不会减少。但是,信息却不是如此,这正如维纳所说:"信息和熵都是不守恒的。"在封闭系统中,信息有自发减少的现象,而在开放系统中,信息有时会增加,有时会减少。信息的不守恒性在人类社会中表现得尤为明显。随着科学技术和社会经济的发展,人类社会的信息总量呈现出指数增长的现象。人类通过自己的各种科学研究和其他社会实践活动一方面发现了许多自然界中业已存在的信息,另一方面,人类通过自己的精神活动又创造出许多自然界中原先没有的信息,比如纯数学、音乐符号、语言文字、艺术作品,等等。当然,有时候也会出现信息不变或减少的情况,比如限制言论自由,管制通信。我国古代的秦始皇焚书坑儒,就毁灭了许多信息。南斯拉夫内战和两次伊拉克战争中,有些图书馆和博物馆被破坏或摧毁,也造成了大量信息的损失。在日常生活中,信息的增加或减少也很常见,比如发表一篇有新知识的论文,将会导致信息增加,而将电脑硬盘上存储的信息删除,又会造成信息的减少。

1.2.3 信息与意识

意识(consciousness)是人脑对客观物质世界的反映,是感觉、思维等各种心理活动过程的总和。从意识与信息之间的关系来看,意识实际上就是信息在人脑中的运动过程。信息是表现事物特征的一种普遍形式,而事物的运动可以是物质实体的运动,也可以是人脑中的意识过程(思维的运动),因此信息也是精神世界的"事物运动状态及其变化方式(意识)"的一种表现形式。正因如此,意识(或称"精神")也是信息的另外一个重要来源。人的思想状态、意志、决定、命令、指令、情感等都包含了信息成份或者它们本身就是信息。精神世界的信息和物质世界的信息一样,也具有相对独立性,也就是说可以被记录、保存、复制、修改、传播、重现。

所谓反映就是表现客观事物的实质。反映是标志一个物质系统作用于另一个物质系统的特殊产物的范畴。在这种作用中,第一个系统的特性以另外一种形式在第二种系统中再现。它有低级和高级等多种形式。比如,低级的无机界的反映表现为事物之间的相互作用;有机界的反映包括初级的刺激感应性到高等动物的条件反射活动;最高级的反映就是人类所具有的思维。反映过程通常包括三个环节,即外部世界、作为中介的人脑和人脑活动的结果——意识。不论是机械式的反映(如所谓"镜子式的反映"),还是能动式的反映(运动的,是矛盾的不断发生与解决),其实都是信息的运动过程。从信息科学的角度看,人脑的反映过程实际上是外部信息的输入、加工转化和输出(使用)的过程。还需要注意的是,意识具有层次性:不仅有有意识和无意识,还有下意识和潜意识。即使在意识层次也有低级层次——一般的觉察、中级层次——关系的觉察和高级层次——规律的觉察。只要主体对这些觉察之一拥有觉察的觉察,那就进入了意识层次。

1.3 信息与感觉、知觉和思维

感觉、知觉和思维都属于人的心理活动。虽然动物也有感觉和知觉,但是肯定没有思维活动。从目前的情况来看,人类的心理发生大致经历了六个主要阶段:从普遍的相互作用到选择性反应;从选择性反应到分子"识别";从分子识别到细胞"识别";从"细胞"识别到明显的感觉;从明显的感觉到主观映象;从主观映象到意识、思维。

自然界的事物之间都存在着普遍的相互作用(包括电磁相互作用、引力相互作用、强相互作用和弱相互作用),这种作用有强弱、显隐、直接与间接之分。相互作用是普遍的,但是,事物之间的反应却是有选择的。所谓反应是指一物受他物的作用而改变其自身的内部结构和外部特征。反应也是广泛存在的,但是它比相互作用要复杂。相互作用是无条件的,而反应虽然也需要有相互作用(如碰撞),但它是有条件的、有选择的,不仅如此,反应(如化学反应、核反应等)还会带来物质内部结构和外部特征的改变。

无机物之间的化学反应都有一定的选择性,在使用催化剂时选择性将进一步增强。在自然界经过长期的进化产生有机物,特别是大分子有机物——蛋白质之后,产生了酶这种更为专一的催化剂,物质的运动过程有了质的飞跃,出现了分子识别(molecular recognition)。这个概念是从生物大分子,特别是酶与底物的专一性中总结出来的。当酶分子与底物分子接近时,酶蛋白受底物分子的诱导,其构象发生有利于底物结合的变化,酶与底物在此基础互补楔合,进行反应。分子识别已经初步表明,当一个系统作用于另一个系统时,系统自身主动改变自己的构象、选择性接近、走向另一个系统。它是从完全没有感觉的物质向有感觉的物质过度的一个重要阶段。分子识别是细胞识别的基础。细胞识别是指生物细胞对细胞外信号物质的选择性相互作用,并因此而引起细胞发生转移的反应或变化,被细胞所识别的信号物质,可以是细胞外介质中的某种化合物,也可以是另一细胞表面的某种成份。如属于后面一种情况,也称为细胞—细胞之间的识别。细胞识别是借助于细胞表面的受体转移地识别外部信号物质,并将这种信号物质所携带的信息传递到细胞内部。图1-5给出了单细胞生物的一种信息加工模式。外部不同刺激(转入信息),激活细胞表面的不同受体分子,然后把信息传递到中心的信号加工系统。加工系统把新传入的信息与以前的状态进行比较,然后把加工结果传递给反应调节者。反应调节者的作用是控制反应,双向箭头表示输出与信号加工之间的反馈。当然在有机体发展的这个阶段,信息加工系统是低级的。但是它已经具备了识别信息、主动发出信息,接受并加工信息,作出反应的能力。

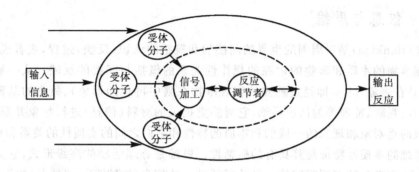

图 1—5 单细胞生物信号加工系统模式

反应与反映不同,反映(系统)是在互助体特定的物质结构中以主观映象形式再现另一个系统的特征,这个系统的最高形式就是以人脑为代表的系统。虽然反映是在无机物的相互作用基础上发展起来的,但是这些相互作用很难说是一个系统再现了另一个系统的特征,更不必说以主观形式再现另一个系统的特征了。因此这些相互作用的系统还称不上是反映系统。无机界出现大分子后,产生了以分子相互作用为基础的"识别",但是这种识别是双向的,因为主体与客体之间还没有分化。有了生命系统之后,主客体之间开始分化,出现了主体以自己的构型识别客体构型的细胞识别,但是还没有产生精神和心理的东西,因而只是初级的信息加工系统。如果把这些系统都视为反映系统,可能是不恰当的。因为反应毕竟与反映不同——反映系统有高低之分,人的反映系统肯定要优于动物的反映系统,只有在人脑这种反映系统中,所加工的信息才在质和量上达到无比的高度。

1.3.1 信息与感觉

感觉(sensation)是把从外部获得的信息传递到大脑中的手段,它一般包括触觉(tactile or tactual sensation or sense of touch)、味觉(sense of taste)、嗅觉(sense of smell)、视觉(visual sense or sense of sight)、听觉(sense of hearing)。感觉是客观事物的个别特性在人脑中引起的反映,如苹果作用于我们的感官时,通过视觉可以感到它的颜色,通过对味觉可以感到它的味道。这里还有一个问题,就是感觉是否是人类所特有的现象。根据目前的研究证实,有些植物也能够发出和接受信息,但是植物有无感觉却无定论。那么动物有没有感觉呢?答案当然是肯定的。上述定义显然排除了没有脑的动物也有感觉。事实上,感觉是分层次的,因此给感觉下定义时要考虑层次的因素,高等动物的感觉定义可能不一定适合低等动物的感觉定义。例如,高等脊椎动物具有形状视觉,因而具有映象形式的感觉。

1.3.2 信息与知觉

知觉(perception)是反映事物的整体形象和表面联系的心理过程,它是在感觉基础上形成的,但比感觉更加复杂,更加完整。从信息的角度上看,知觉是从信息汇集的世界中抽取有关信息的过程。

1.3.3 信息与思维

思维(thinking)是对周围的世界的间接的和概括的认识(反映)过程,或者说,它是人脑对客观事物的本质和事物的内在的规律性关系的概括与间接的反映。从一般意义上看,思维是在表象(idea,即经过感知的客观事物在脑中再现的形象)、概念的基础上进行分析、综合、判断、推理等的认识活动,它对感觉提供的材料(信息)进行抽象并形成概念。思维反映的是对象和现象的一般和本质的特性和它们之间的实质性的关系和规律性的联系。思维的本质性特征是其具有的概括性。思维是心理活动的高级形式,它是借助于表象、概念、判断反映客观现实的一种认识活动。从信息的角度看,思维是对信息的综合处理过程。

1.4 信息与载体和媒体

信息与物质不可分割,任何信息都是从物质(或与物质密切相联系的事件)及其运动中产生的,即使是从物质中获取的信息,也要依附于专门用于保存信息的特定物质——载体上。从另一个方面来看,信息是无形的,要使它能为人类所用,必须找到能使它显露出来的表现形式——媒体,无论是天然的表现形式,还是人工的表现形式。因此,载体和媒体与信息是密不可分的。

1.4.1 信息与载体

载体(carrier)是载荷信息的物质实体,但是载体又不是物质本身。物质有很多种,但能够被人类用于载荷信息的物质并不是很多。有关物质与载体之间关系中另外一个值得注意的问题是,虽然并不是所有的物质都能变成信息的载体,但是在一定情况下,某些实物本身也可以作为自身信息的载体。比如,长城、兵马俑等古代文物和各种博物馆、展览馆里的陈列品、展览品和样品等。这是因为这些原件中的信息很难被完全转移到其他载体上。有时候,即使能够复制,但是复制品和真品(原件)的价值却存在着很大的差别。

自古以来,人类已经发现、开发出并加以应用的载体有:木简(牍)、竹简、帛、羊皮、树皮、纸草纸、纸、泥块、陶器、磁带、胶片、磁盘、软盘、存储卡、光盘、电磁波,等等。

载体的出现使人类的信息生产、组织、存储、传播和利用越来越简单、方便、有效,为促进人类社会的发展做出了不可估量的贡献。

1.4.2 信息与媒体

媒体(medium,media)是用以表现信息的媒介,或者说是信息的表现形式。信息是无形的,其自然形式不为人所见。要使信息实现从无形到有形的转化,首先必须找到描述和表现它的媒介。声音、图像、图形、文字等就是最常见的媒体形式。现在人们常用的多媒体,就是指由声音、图像和文字等单一媒体结合而构成的媒体组合。值得注意的是,在我国媒体一词的确切含义还不甚明确。有些人把媒体和载体混为一谈,或者认为载体是媒体的一部分,或者认为媒体是载体的一部分,这些都是值得商榷的。比如有的书中写道:"媒体(Medium)在计算机领域中有两种含义,一是指用以存储信息的实体,如磁带、磁盘、光盘和半导体存储器;一是指信息的载体,如数据、文字、声音、图形和图像。多媒体技术中的媒体是指后者。"事实上,产生这些看法,主要是没有正确地区分信息、媒体和载体之间的关系造成的。信息与载体不可分割,但是我们不能因此就将载体和信息混为一谈。同样,载体与媒体虽然难以分离,但我们也不能将它们混为一谈。

载体和媒体与信息之间的关系是形式与内容之间的关系。只有内容而无形式,内容就会成为空中楼阁,无所寄托。只有形式而无内容,形式就会空洞无物,毫无所指。可见,哲学中的形式与内容的统一,对信息及其载体和媒体来说,也是非常适用的。

1.5 信息的层次

在主体论的信息定义中,由于引入了认识的主体——人这一限制条件,从而使该定义具有比本体论的信息定义更加丰富的含义。首先,作为主体的人具有感觉能力,能够感觉到事物的运动状态及其变化方式的外在形式。其次,人还具有理解能力,能够理解事物运动的状态及其变化方式的内在含义。最后,人的行为具有目的性,因此他能够判断特定事物的运动状态及其变化方式对实现他的目的有没有实用价值(或称为"效用价值")。对于一个智力和体格正常的人来说,他对"事物运动的状态及其变化方式(也就是信息)"的关注不仅表现在其形式方面,而且还表现在其含义及其对主体的效用方面。这就是说,从主体人的角度来看,事物运动的状态及其变化方式的外在形式、内在含义和实用价值三者之间是不可分割的。人只有在感知了事物运动的状态及其变化的形式,理解了它的含义,确定了它的效用之后,才能说是真正掌握了该事物的认识论层次上的信息,也只有在这个基础上才能作出正确的决策。由此可见,要从认识论层次上来研究信息问题,就必须要同时考虑信息的形式、含义和效用这三个因素,从而产生了信息层次(levels of information)的概念。

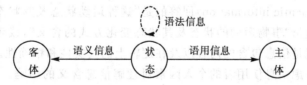

图 1-6 全信息概念

这样,我们就把同时考虑了事物的运动状态及其变化方式的外在形式、内在含义和效用价值这三个方面的认识论层次上的信息称为"全信息",同时又套用语言学术语,把全信息中仅仅与形式因素有关的信息部分称为"语法信息",把只与含义因素有关的信息部分称为"语义信息",把只与效用因素有关的信息部分称为"语用信息"。因此,所谓认识论层次的信息是指同时考虑了语法信息、语义信息和语用信息的全信息。图1-6表明,状态与状态之间的形式化关系是为语法,这种形式关系与其相应客体的关联将产生语义,而语法、语义与主体的关联则必然形成语用。全信息是信息科学的主要研究对象,也就是说,信息科学必然要深入到信息的语义和语用层次。

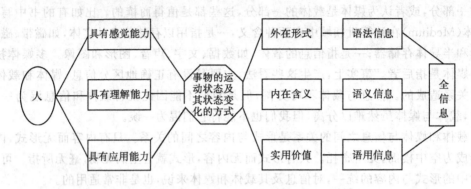

图1-7 认识论中信息的三个层次和全信息

1.5.1 语法信息

语法信息(syntactic information)回答的是"事物的运动状态及其变化方式"是什么的问题,因此它只涉及到"事物的运动状态及其变化的方式"本身,不需要考虑这些运动状态及其状态变化方式的具体含义和对接收者的实际效用。语法信息只是符号关系,是事物的表象,但是它是信息的最基本的层次。只不过是在这个层次上,只考虑符号的数目,而不考虑它们有无实际意义而已。因此,语法信息是最抽象的、最基本、最单纯的信息层次,处理起来比较容易。信息论主要研究的就是语法信息,包括它的描述和度量等一系列问题。语法信息只注重符号关系、符号形式,不考虑内容与价值问题,具有很强的客观色彩,因而它是信息流通的基础。在信息理论发展的初级阶段,研究者们为了简化而有意排除了语义信息和语用信息问题,因为当时研究的只是解决通信工程这类相对简单的信息传递问题。

1.5.2 语义信息

语义信息(semantic information)回答的是"这种运动状态及其状态变化方式的含义是什么",因此它是指"事物运动的状态及其状态变化方式的含义",或者说是通过符号所表达的含义。也就是信息包含的内容以及在逻辑上的真实性和精确性。不过这里所说的语义信息并没有考虑信息使用者的个人因素对理解信息含义的影响。显然,语义信息由于引入了信息的含义,因而它比语法信息更为复杂。语义信息比语用信息要抽象,虽然它不考虑主体的个性因素,但它已经考虑到符号本身及其所代表的实体之间的关系。

1.5.3 语用信息

语用信息(pragmatic information)回答的是"这种含义的运动状态及其状态变化方式对观察者有什么样的价值和效用",因此它是指"事物运动的状态及其状态变化方式的效用",也就是"事物运动的状态及其状态变化方式的有用性",或者说是信息的有用性。显然,只有理解了语法信息和语义信息,才有可能产生语用信息。换句话说,只有知道了事物运动的状态及其状态变化方式及其含义,才能了解其用途,才有可能去利用它。和语义信息相比,语用信息更加依赖于接受者,而且它还与接受者所处的时间、地点等具有密切的关系。由于语用信息比语义信息具有更强的主观色彩,因而对它的研究和描述就显得更加困难。

对人类来说,语用信息是最广泛、最一般的、最感兴趣的研究层次,因为一切信息研究的目的最终都是为了应用。由于语用信息与主体的关系极为密切,故它涉及到所有的个性因素(如知识背景、理解力)、心理因素、目的、结果,以及信息对使用者的价值。它是最直接可用的信息层次,只有在这个层次上信息才能发挥出巨大作用。

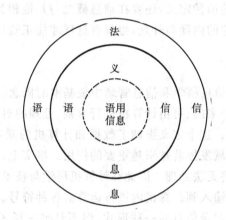

图 1-8 信息的层次模型

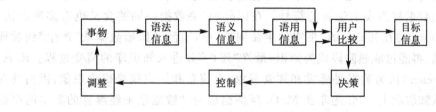

图 1-9 人与信息之间的关系示意图

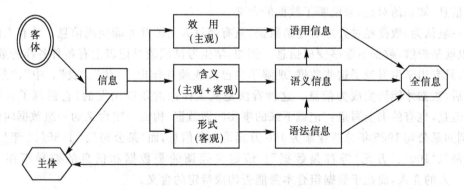

图 1-10 信息的三个层次及其相互关系

图1-9和图1-10告诉我们，人与事物打交道，总是以信息作为中间媒介，并且按照先获得语法信息，再获得语义信息，最后得到语用信息的顺序进行。人在得到信息之后，就要把它与目标信息进行对比、分析，在此基础上做出判断和决策，再对事物的运动状态及其变化方式进行控制，以使事物的运动变化能够按照人所预期的目标方向前进。

1.6 信息的相关概念

任何一个概念都不是孤立的，学科的建立需要一整套概念，学科的体系需要用概念之间的联系来表述，学科的理论也需要用概念来表达，不同学科之间的关系需要通过概念及其转换才能实现。这些对信息科学和信息管理学科也同样如此。因此，要准确地理解信息概念，不仅要了解信息的诸种定义，还要在信息概念与其他相关概念的相互联系和比较中理解信息的含义，把握它的内涵与外延，也只有这样才能正确地运用信息概念。

1.6.1 数据

数据(datum,data)是信息科学和信息管理中最基本的概念。有关数据的定义有许多说法，有的人认为是记录下来的、可由计算机进行鉴别、处理的对象，包括字母、数字、图像或其他符号（统称为事实）。这个定义强调了数据和计算机的联系，可能是因为计算机自诞生以后就在数据处理领域发挥着越来越重要的作用。事实上，计算机处理的任何对象，都必须要数据化，否则它将无法处理。因此在计算机科学与技术中，数据就是指计算机程序处理的对象。凡是能够输入到计算机内进行运算的各种符号、数字、字母等都被称为数据。有的人认为数据只是记录信息的一种形式，但不是唯一形式。有的人认为数据是说明客观事实的符号和编码，是那些还没有根据特定目的进行评价的各种事实的表述。这两个定义都把数据视为表示信息的符号。在国外，有关数据一词的含义也有多种说法。F. W. 霍顿(Horton)在其提出的"事实的生命周期"中，追溯了原始数据从"产生"到被评价后成为信息，再经过成熟阶段成为知识，最终"死亡"并进入知识库的演变过程。R. A. V. 狄纳尔(Diener)认为数据是感觉和知觉现象，而信息和知识则是概念现象，因而处在感性认识的认知层次上。M. 达菲和 M. G. 阿萨德认为："数据是未经解释的事实的原始陈述，信息是为了传递意义而记录、分类、组织、叙述或解释的数据。"这些定义都是通过数据与信息、知识的对比，来说明了数据的含义。

一般认为，数据经过处理后还是数据，只有经过人的解释才能变成信息。没有人的解释，也就是理解，数据不能够变成信息。例如，学生考试成绩登记表上有各种各样的数据，但是，只有当学生看到了这些数据，理解了自己的成绩并作出了"优"、"良"、"中"、"差"等判断后，数据才能转变成为信息。这种看法是从主体论的角度出发的，它强调了人的因素。但是，也有的书上写道："记载下来的事实叫做数据，构成一定含义的一组数据叫做信息，例如某公司1985年总营业额为100万元是一条信息，而'某公司'、'1985'、'年'、'总营业额'、'100'、'万元'等都是数据"。该定义强调的是数据和信息的差异不在于主体——人的介入，而在于数据组合本身能否构成特定的含义。

关于数据还需要注意的一个问题就是，数据并不等于数字（数值），的确，最初计算机是被用于处理数字,但现在计算机应用最广泛的领域并不是单纯的数字运算(或称为数值运算),而是处理各种各样的文字、图像、图形和声音等非数字(数值)数据。因此,现在所说的数据是指数字、文字、符号、图形、图像和声音等的统称。

数据是生产信息的原料,而信息则是加工数据获得的成品。就数据和知识之间的关系来看也是如此,即数据同时又是加工知识的原料。数据与信息之间的另一个差异,就是数据是人工产物,而信息可能既有人工的,也有自然生成的。数据与信息之间的第三个差异就是,数据一般产生于信息之前,因而数据偏重于形式方面,而信息则偏重于内容方面。但是,信息和数据的概念又具有相对性,在一定条件下它们之间可以相互转化。

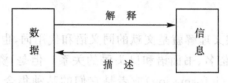

图 1—11 数据与信息之间的关系

1.6.2 信号、消息、文献和资料

1.6.2.1 信号

信号(signal)有两种比较常见的含义,其一是指用来传递消息和命令等的光、电波、声音和动作;其二是指在电路中用来控制其他部分的电流、电压或无线电发射机发射出去的电流。信号是信息的载体,而信息则是信号所载荷的内容。一条同样内容的信息可以用不同的信号做载体。比如,战场上发出冲锋的信息时,可以通过发射信号弹、吹冲锋号、指挥员的动作和喊叫声音等来传递。在信息管理领域,信号通常是指包含信息的符号或现象,它的含义和范围要比其他领域更广泛。例如价格信号、市场信号、文凭信号就具有十分抽象的含义,通过对它们内容的领悟和了解可以获得许多其他的信息。

1.6.2.2 消息

消息(message)一般是指关于人或事等情况的报道,有时也有音信的含义。消息中包含的信息一般是接受对象所不知道,或者不完全知道的。消息与信息之间具有密不可分的关系。消息与信息之间是影与形、形式与内容的关系。消息是信息的外壳,而信息则是消息的内核。正因如此,同样字数的新闻,有的包含的信息多,有的包含的信息少。同样长时间的广播和电视节目包含的信息有时差异也会很大。值得注意的是,消息原本是指人对信息的选择性包装,但是在信息科学和信息管理学科中,有时候也从客体的角度来理解和运用"消息"一词,也就是认为无生命的事物也能够发出消息、接受消息。

1.6.2.3 文献

文献(document)是指记录有知识和信息的载体。构成文献必须要具备三个条件:载体、信息和记录,缺少其中的任何一个条件都不能构成文献。载体和信息是构成文献的两个重要要素,这是由信息和载体之间的关系决定的。没有信息,载体上就会空洞无物;没有载体,信息就会无所依附。记录是指将特定的信息固化在特定的载体上的一种手段,它是文献的基本特点。文献一旦形成,其中的信息内容和信息量就是确定的,不经过人为的改变,一般不会发生变化。文献中的信息经常处于固化的、静态的、稳定的状态,而不是处于流动、变化之中。文献常可以携带、便于保存、能够反复利用。文献的种类有很多,比如简牍文献、泥版文献、纸质文献、电子文献,等等。按照上述观点,加载于无线电波或在有线电缆上传递的信息,不能构成文献。同样通过口头交谈来传递的信息,也不构成文献。因为这些信息不是处于固化的相对静止状态,而是处于不断变化运动之中。文献是许多学科的研究对象,如图书馆学、档案学、历史学、文献学、目录学等。信息管理学科也研究文献信息,并利用文献管理中的一些理论、方法和技术,但是它侧重研究的是与一定组织有关的内外部环境信息,而这些信息不仅是动态的,而且还处于不断发展变化之中。

1.6.2.4 资料

资料(materials)的狭义理解就是文献的同义语和代用词,也就是说,它与文献之间并无本质区别,只是学名和俗名、书面语和口头语的关系。但是,资料一词经常还被用来指(原始)数据(data)和信息(information)或者是它们的某种集合、组合,比如统计资料、写作资料、科研资料,这就是广义的资料概念。

1.6.3 知识与情报

1.6.3.1 知识

知识(knowledge)是由信息加工出来的产物,是一种具有普遍和概括性质的高层次的信息,是信息的一个特殊的子集。因此,可以说知识是一种信息,它也具有信息的某些功能和属性,但却不可笼统地说信息就是知识。知识是经过人脑中的信息处理过程形成的。人脑是一个信息处理机构,它不断地接受信息,并通过一种高级的信息处理过程——思维和意识,产生着知识。虽然,信息是生产知识的原料,知识是信息升华的结果,但是知识仅为人类所特有,而信息却普遍存在于自然界和人类社会。知识是人类长期实践活动——认识世界和改造世界的过程中所获得、积累、提炼而成的认识和经验的结晶。知识是浓缩化的、系统化的、经验化或理论化了的信息,是人脑运用自己的思维活动(判断、归纳、推理、比较等)对获得的信息进行创造性重组后形成的可以传授、学习的新的信息集合。人类要生存发展,就必须认识自己所处的客观世界,也就是要认识事物的运动规律,并运用这些规律来改造世界。所有这些规律都是人们从大量的事物运动状态和运动状态变化的方式中提炼总结出来的知识或经验。知识一般表现为经验知识和学科知识(又称"科学知识"、"理论知识"),但现在人们所说的"知识经济"、"知识管理"、"知识创新"等术语中所讲的"知识"主要是指后者。

1.6.3.2 情报

情报(intelligence)是动态的、按特定方式获取的、用特殊方式传递的、为特定目的服务的、常带有一定的时效性和机密性的那部分知识。情报具有六个基本属性:一是时效性(或称时间性)。特定的知识之所以能够成为情报,是因为在某一段时间之内,它能够发挥出很大的作用。但是,如果超出该段时间,信息的价值就会降低甚至完全丧失。二是机密性。情报中必须要有秘密的成份(可以划分为一定的秘级),也就是有某些特定范围的人所不知道的知识。情报一旦泄密,为不该知道的人所掌握,或者是公开,成为公知公用,那就不再是情报了。这也意味着情报的收集需要采取一些特殊的手段。三是知识性。情报从本质上看,更是一种知识,而非信息。这意味着它一旦被他人获取,就能够为他们所理解和直接运用。四是传递性。情报是活的知识,它处于不断的形成、利用和死亡之中。情报的形成、利用都离不开传递。但是,情报的秘密性又决定了情报的传递具有特殊性,只能按照特定的方式、渠道、层次、时间、地点等来进行传递。情报的传递性与情报的时间性也是密切相连的,情报若不在其有效期内进行传递,其情报价值将会自动丧失。五是利害性。情报关系到有关各方的利益,它的非正常得失必然会伴随着有关各方利害关系的重新调整。失去情报的将会失去自己的利益,而得到情报的则会获得本该属于别人的那部分利益。六是目的性。任何情报都是为特定的目的服务的,因此情报都是具体的,而不是抽象的。没有明确目的的一般知识,不属于情报。

情报一词在英文中有时候用"information",有时候用"intelligence"。用后者更强调的是情报必须要通过大脑的智力活动,才能取得。因此,该词常常被用于谍报领域。

上述各概念在实际使用时,有时并不作严格的区分,其中有些经常相互替代使用,如信息、数据、资料等,或者加以叠用,如信息资料、数据资料、文献资料、信号情报、文献情报、文献信息、知识信息、情报信息,等等。

1.6.4 数据、信息、知识和情报之间的关系

1.6.4.1 信息、知识和情报之间的关系

知识是系统的、有序的,情报则是高度密集和有序的。信息的范围最广,它不仅涉及到人类认识活动的产物——知识和情报,同时还包含自然界的各种其他事物的运动状态及其状态变化的方式。任何信息,在没有经过人工干预的情况下,都呈现出自然状态,这时的信息没有对错等方面的差异,也就是说,它们是平等的。知识是对信息进行加工获得的结果,是人类思维活动的产物,知识通常是公开的,并处于一定的逻辑联系之中。情报则只是知识中动态的、按照特定方式获取和传递的,为特定目的服务的,并带有机密性和时间性的那一部分。情报本身就是系统化了的信息,其知识性很强。用户只要是智力正常的人,在得到情报后,都可以从情报的利用中得到好处。而信息一般只有在经过传递和处理后才能变成知识,故其知识性没有情报强。知识活动一般不涉及到利害关系问题,而情报活动则常常会引起利害冲突。信息的得失虽然也有可能带来损失,但是这种损失远远没有情报的得失所带来的损失大。信息、知识和情报在一定的情况下可以相互转化。比如,通过对公开传播的知识进行分析研究,可以得出新观点、新结论,这时它就成为情报。而将情报公开后,它就变成了知识。同样,从信息中可以提取知识,而知识传播后又可以变成信息。

信息、知识和情报之间的关系如图1-12所示。该图显示知识是信息中的一部分,而情报又是知识中的一部分。其中适用范围最大的概念是信息,最小的是情报。知识居于信息和情报之间。它们三者之间的关系还可以用符号形式表示为:情报∈知识∈信息。

应该说明的是信息、知识和情报都是抽象的内容的本身,因而它们在本质上有相似之处。信号、消息和数据则是信息等的表现形式,它们之间也存在着相似之处。因此,严格地说,信息、知识、情报和信号、消息、数据之间存在明显的区别。不过,在日常使用时和不

会引起误解的情况下,有时人们也将这几个概念混用。这种情况不仅国内有,国外也有。

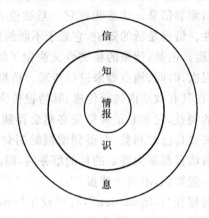

图 1-12 信息、知识和情报之间的关系

1.6.4.2 数据、信息和知识之间的关系

F. 马克卢普(Machlup)就认为从实用角度看,数据和信息是两个对等的概念,他甚至建议让读者来确定信息是一种数据还是数据是一种信息。J. 马丁(Martin)认为:"尽管存在着把数据看成是未经评价的事实,是信息的原料,但数据和信息经常被视作为两个对等概念。"

图 1-13 知识金字塔

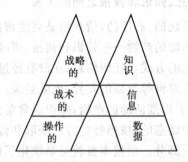
图 1-14 管理的三个层次与知识金字塔层次的对应关系

A. N. 史密斯(Smith)和 D. B. 梅德利(Medley)认为"信息是数据处理的终端产品"或者说"是被收集、记录、处理和以可检索形式存储的事实或数据"。不过,有时他们也对这两者不加区分,笼统地认为数据和信息是事实和处理这些事实产生的结果。他们还认为"知识是信息和经验结合的副产品",并指出"知识这个术语是指人类从已处理的信息中获得的推理与解释,从这个意义上讲,知识是人类经验、分析、演绎和同化的混合体"。史密斯和梅德利等人基于他们对数据、信息和知识的理解,提出了用金字塔图来描述从事实中产生知识的过程(见图 1-13)。

1.6.4.3 数据、信息、知识和情报之间的关系

就像埃及金字塔基座中的石头一样,知识金字塔也是由许许多多的事实或数据构成的。信息位于该金字塔模型的中层,它是数据加工的结果。知识位于金字塔的顶层,是通过吸收信息而产生的。它和管理中的规划金字塔之间存在着某种对应关系(见图 1-14)。在

大多数组织中,操作层和规划与生产中的详细步骤相对应,故这两个金字塔中的操作层和数据层的数据内容相同。规划金字塔中的战术层是对业务活动的加工和综合,知识金字塔中的信息层提供与此相同的内容。知识金字塔的最高层是对信息的解释和应用,而规划金字塔的最高层的主要特点就是应用加工过的数据,主要是知识。

图 1—15 信息层次金字塔模型

N. 杰奎尔(Jequier)则提出了一个包含有四个阶段的"信息层次金字塔"模型(见图 1—15),这四个层次(阶段)是数据(data)、信息(information)、知识(knowledge)和情报(intelligence)。该模型认为,从金字塔底部的数据向顶部的情报移动是一个定性的提炼和评价过程。但杰奎尔也不厌其烦地指出,他的这种图解主要用于解释,故不应过分拘泥于字面意义。

1.6.4.4 波普尔的"三个世界"理论的启示

英国科学哲学家 K. 波普尔(Popper)的"三个世界"理论对于我们理解信息、知识和情报具有一定的启发作用。在波普尔看来,世界包括三个在本体论上泾渭分明的次世界:"第一,物理客体或物理状态的世界;第二,意识状态或精神状态的世界,或关于活动的行为意向的世界;第三,思想的客观内容的世界,尤其是科学思想、诗的思想以及艺术作品的世界。"这三个世界又称为"世界 1"、"世界 2"、"世界 3"。他着重研究的是第三世界——概念的世界,即客观意义上的观念世界。在他看来,第三世界就其起源来说是我们人类的产物,正如蜂蜜是蜜蜂的产物,蜘蛛网是蜘蛛的产物一样,但就其所谓本体论地位而言则是自主的。

波普尔运用"三个世界"理论对知识本身进行了研究。他认为要区别两种"知识":主观知识,即某些认识主体所具有的知识,它由以一定的方式行动、相信一定事物、说出一定事物的意向所组成;客观知识,即客观意义上的知识,它由我们的理论、推测、猜想的逻辑内容构成,或者说是由说出、写出、印出的各种陈述组成,如科学知识是由问题、问题境况、假说、科学理论、论据等组成。客观知识包括思想内容以及语言所表述的理论内容。发表在报刊和书籍中及储存在图书馆中的各种理论等都属客观知识。按照波普尔的观点,客观知识"同任何人自称自己知道完全无关,它同任何人的信仰也完全无关,同他的赞成、坚持或行动的意向无关。客观意义上的知识是没有认识者的知识;它是没有认识主体的知识"。为了说明这种观点,他还将客观知识同主观知识作了对比。与波普尔的客观主义认识论不同的是,主观主义认识论认为知识是可靠的信念、不变的观念,它把"我知道"、"我思"等同于知识。其主要错误在于认为书离不开读者,书只有被人理解才能在实际上成为一本书,否则它不过是沾上墨迹的纸张而已。波普尔从客观主义知识论出发,指出:蜂巢甚至在被它遗弃以后仍是蜂巢,即使它未被当蜂巢使用。鸟巢即使从来没有鸟栖息也还是鸟巢。同样地,一本书仍然是一本书,即一种类型的产品,即使它没有被人阅读过。

在波普尔的知识论中,主观知识对应着第二世界的思想过程和第一世界的大脑过程;客观知识对应着第三世界;与第二世界思想过程不同的是,第三世界思想内容是抽象的客体,而不是具体的,它们处于逻辑关系之中,而不是联系着人的大脑过程。这说明第三世界具有客观性特征,它可以独立存在。为此他举出两个思想实验来说明:第一个实验是假设所有的机器和工具,连同我们所有的主观知识,包括我们有关机器和工具以及怎样使用它们的主观知识都被毁坏了,但图书馆和我们从中学习的能力仍然存在,那么,在遭受重大损失后,我们的世界会再次运转;第二个实验在第一个实验的假设基础上又假设所有的图书馆也被毁坏了,结果我们从中学习的能力也没有了。

关于这三个世界的关系,波普尔认为前两个世界能相互作用,后两个世界能相互作用。因此,第二世界即主观经验或个人经验的世界跟其他两个世界中的任何一个发生相互作用;第一世界和第三世界不能相互作用,除非通过第二世界即主观经验或个人经验世界的干预,简单地说就是第一世界与第三世界以第二世界为中介。

波普尔特别强调了第三世界的实在性和自主性。第三世界客体的实在性不仅在于它们在第一世界中的物质化或具体化,而且也在于它们可引导人们去产生其他第三世界客体,并作用于第一世界,所以未具体化的第三世界客体也是实在的。自主性意味着独立存在和不可还原性。他认为自主性是其第三世界理论的核心;尽管第三世界是人类的产物、人类的创造物,但是它也像其他的动物产物一样,反过来又创造它自己的自主性领域。他以自然数理论来说明这一点。自然数是人的创作,是人类语言和思想的产物。但是人们创造了这个数列后,它反过来又创造出了自己自主的问题,比如未解决的素数问题(像哥德巴赫猜想)。这些问题是作为人们创造活动之外的无意副产品出现的,它们是自主的,"决不是由我们创造的,宁可说它们是我们发现的;而且在这个意义上,它们是被发现以前就未被发现地存在着"。人类在试图解决这些问题时,可以发明新的理论,它们是批判性与创造性思维的产物。在思维中人们可以从其他已有的第三世界理论中得到很大帮助。但人们在制造这些理论的时候,它们会产生出新的、无意识的或意外的问题。这就可以解释为什么第三世界就其起源来说是我们的产物,而就其所谓本体论地位来说是自主的。

波普尔还反复指出,他的第三世界是人造的和可变的,它不仅包括真实的理论,而且包括虚假的理论,尤其还包含尚未解决的问题、推测和反驳。相比而言,柏拉图的形式或理念世界是一个客观的、自主的、存在于物理世界或精神世界之外的第三世界,但它是神圣的、不变的,并且当然是真的。在谈到客观知识与人类意识之间的关系时,波普尔写道:"我的第三世界与人类意识毫无共同之处;并且尽管它的第一批成员是人类意识的产物,但是它们完全不同于有意识的观念或主观意义上的思想。"

波普尔的三个世界理论提出后,引起了情报学界的重视。英国情报学家 B.C.布鲁克斯(Brookes)在探讨情报(information)的本质和情报科学(information science)的研究对象时引入了这一理论,提出情报科学是研究客观知识的分析、组织、传播和利用的科学。他认为"世界1"的内容是物质、能和辐射,而情报、知识则是"世界2"和"世界3"的基本组成部分。自然科学家的任务是研究"世界1",社会科学家重点研究"世界2"及其与"世界1"之间的相互作用,而"世界2"与"世界3"之间的相互作用和"世界3"中各种记录下来的知识的组织则是情报学家和图书馆学家的研究对象。当然,波普尔所使用的"知识"与情报学家使用的"情报"并不是两个重合的概念。我们介绍波普尔和布鲁克斯的理论,目的是要引出我们所需的信息定义与范畴。虽然在日常生活和有些专业领域,"知识常被看作是一个比信息更广义的概念",但波普尔是在狭义的意义上使用的,它是指问题、理论和论据等。他对"水桶说"和"白板说"的批驳,说明了他对信息的看法。"白板说"的主要论点是:我们的心灵在出生时是完全空白的,是感觉在它上面刻印下它们的信息。"水桶说"不考虑出生时的状态,它的论题是:全部经验都是通过我们的感觉而获得的信息构成。"水桶说"和"白板说"都属常识认识论,它认为人们可以通过试错法来学习对信息的译释,人们童年时就学习译释来自周围环境的混乱信息,学习筛选它们,忽略掉其中的大部分,挑选出对自己现时或将来有生物学意义的那些信息。按照这种观点,那就只存在一种知识,即某些认识主体所具有的知识(主观知识)。而在波普尔看来,这一观点是错误的,他坚持认为存在着客观知识,它是经过人脑的分析、加工、组织后存放于特定载体(不包括人脑)上的信息。

波普尔主要致力于为"世界3"的客观性、自主性和实在性作辩护,因而他不能对信息问题作深入的研究,但他的"三个世界"理论却为我们理解信息的范畴及信息与核心资源之间关系提供了一个方便的工具。我们可以从状态上将信息划分为三种类型:对应于"世界1"的信息,它是自然客体本身固有的信息,称之为"客体信息"或"本体信息"。客体信息是一切其他信息的源泉,它的外延最广。物质的运动性、多样性和无限可分性决定了它的无限性。对应于"世界2"的信息,它是自然客体的运动状态及运动方式在人脑中的反映,是对"世界3"内容的部分吸收以及在此基础上进行思维活动而获得的结果。这类信息可称为"主体信息"或"脑体信息",是认识主体所感知的、所拥有的信息。对应于"世界3"的信息,包括一切录存于专用载体上的信息,称为"载体信息"或"媒体信息"。当然,这三种类型的信息都属于集合概念。

1.7 信息的分类

信息是一个外延很广的概念,要正确地运用这一概念,必须在使用时对它的外延做出适当的限定。信息又是一个十分复杂的研究对象,要正确地描述它,也必须要采用适当的方法。由于目前还没有一套普遍适用的信息描述方法,因此对信息的描述也只有首先对信息进行细化后,按照特定的类别进行描述。总之,根据研究和使用的需要,可以按照不同的标准和原则将信息划分为不同的类型,此即信息的分类(classification of information)。

1.7.1 按照信息的生成领域,可将其划分为自然信息、机器信息和社会信息

自然信息是人类生存的环境信息,是自然事物的运动状态及其变化方式。比如日出

月落,花开叶落,风雨雷电,柳绿莺啼等,都属于自然信息。自然信息数量巨大,到目前为止人类所认识、了解的自然信息与其总量相比,还非常之少。自然信息对人类的重要性是不言而喻的,认识自然实际上就是获取和加工自然信息,改造自然也就是运用从自然信息中获得的规律去驾御、控制和改造自然事物。机器信息是指机器本身的运动状态及其状态变化的方式。机器虽是人工的产物,但它既不同于自然事物,也不同于人本身。人在生产机器的过程中,赋予了很多信息于其中,在有内置程序时就更是如此。正因为机器中除了含有自然信息的成份外,还包含了越来越多的人赋予它的信息,所以人们才可以操纵复杂的机器,甚至还可以采用遥控的方式来操纵机器。此外,人们还可以采用反求工程的方式来获得机器信息。社会信息是指人类自身社会(即以结成群体的方式)活动过程中产生、传递、存储和利用的各种信息,或者说是人际传播的各种信息,包括人口信息、就业信息、工资信息、教育信息、保险信息、医疗信息、社会福利信息等。

1.7.2 从观察者的角度看,可将信息划分为语法信息、语义信息和语用信息

语法信息是信息中最基本的层次,它具有客观的本性。语义信息则既有客观的一面——状态的实际含义本身是客观的,也有主观的一面——对于这个含义不同的观察者可能有不同的理解。这就是所谓的"仁者见仁,智者见智"。语用信息具有更强的主观色彩,因为事物的同一运动状态对于不同的观察者来说,可能具有很不相同的效用。比如,有三个人在同一地点,都看到了天空中乌云翻滚、电闪雷鸣,于是他们都获得了语法层次的信息,这就是信息的形式方面。之后,他们迅速做出了自己的判断:甲认为肯定要下大暴雨了;乙认为肯定要刮大风了;丙则认为肯定是暴风雨来了。这表明他们根据自己的经验和判断在解释语法信息,当然他们都不同程度地获得了一些"语义信息",但是不管他们得到的是什么信息,这次天气变化肯定会产生某种特定结果,比如下了大暴雨。这样,乙和丙的理解就是错误的。至于语用信息当然是指"天空中乌云翻滚、电闪雷鸣"这个事物的运动状态及其状态变化方式对观察者所具有的价值。比如,看到了这种现象,并理解了其含义之后,甲可能会很恼火,因为他要出差去不了;乙可能会十分高兴,因为他的庄稼正缺水;丙可能会无所谓,因为他正好在家里休假。

1.7.3 按照观察的过程,可将信息划分为实在信息、实得信息和先验信息

实在信息,又称为自在信息,是指某个事物实际所具有的信息。事物的实在信息是事物本身所固有的一个特征量,它只取决于事物本身的运动状态及其状态变化的方式,而与主体没有关系。实在信息不因主体的增加而增加,也不因主体的减少而减少或消失。实在信息多为现实的事物或行为本身呈现的信息,它没有渗入意向性活动,也不受有无接受系统的影响,而自在地存在着。例如,处女座是一个离地球 124 亿光年的类星体,它的光信息早已抵达地球。因此不能说,该类星体的信息在捕获它之前不存在。实在信息不仅是潜在的存在,也是现实的存在,只不过是未被人类接收利用而已。先验信息是指某主体在实际观察该事物之前已经具有的有关该事物的信息。先验信息既与事物的运动状态

及其状态变化的方式有关,也与主体自身的主观因素(个人经验、学习态度等)有关。实得信息是指某主体在观察某事物的过程中实际获得的有关该事物的信息。实得信息不仅与事物本身的运动状态及其状态变化的方式有关,而且也与主体的观察能力以及实际观察条件等有关系。在理想的情况下,某主体关于某事物的实得信息量应是实在信息与先验信息之差。

1.7.4 按照信息的流动方向,可将其划分为纵向信息、横向信息和网状信息

纵向信息通常是指在不同的地位、权力、身份、级别的组织或个人之间传递交流的信息。它可以是自上而下方向传递的信息,也可以是自下而上方向传递的信息,或者是这两者兼而有之。比如从中央传达到地方各级政府的信息,就属于纵向信息。反之亦如此。横向信息则是指在地位、权力、身份、级别相同的组织或个人之间传递交流的信息。比如同学之间、同事之间、朋友之间、亲友之间等传递交流的信息,都属于横向信息。网状信息是指呈现出纵横交错方式流动的信息。实际上,在自然界和人类社会中,绝大多数信息都是呈这种方式流动的。例如,每个人所获得的信息就不仅来自于上级领导或自己的下属,同时还有可能来自于同学之间、同事之间、朋友之间、亲友之间,还有的可能是从各种媒体上得到的。

1.7.5 按照利用对象和作用层次,可将信息划分为战略信息、战术信息和业务信息

战略信息是指能够对组织的长远发展方向产生深远乃至全局性影响的信息,它比较抽象。比如,有关企业的发展方向、目标、路线、企业的联合及市场开拓等方面的信息就属于战略信息。战术信息主要是指用于管理控制方面的信息。比如,选择厂址、确定新产品品种等都是战术信息。业务信息主要是用于处理日常事务方面的信息,它比较具体。比如,工厂里的调度计划、指标完成情况、考勤情况等就是业务信息。

1.7.6 按照信息的加工深度,可将信息划分为一次信息、二次信息和三次信息

一次信息一般是指科研、生产、经营、管理、教育、医疗、金融、保险等活动过程中产生的原始论文、报告、记录等。它一般不是由专职信息工作者生产出来的,而是人们在从事其他活动过程中间接产生的。二次信息是在对一次信息进行加工的基础上产生的一类信息,主要是指各类信号信息,如书目、索引、目录、题录、文摘和简介等。二次信息主要是为人们查找一次信息提供线索。三次信息是在一次信息和二次信息的基础上经过研究者的综合、分析而产生的信息,它是信息研究的成果。常见的三次信息有:综述、述评、年度总结、进展报告、数据手册、调查报告,等等。

1.7.7 按照信息的时间状态,可将信息划分为历史信息、现状信息和预测信息

历史意味着过去,所以历史信息是事物过去的运动状态及其状态变化方式。客观事物在运动过程中都要留下各种各样的"轨迹",将这些信息记录、整理并保存下来,就构成了历史信息。人类在从事各种各样的社会实践活动过程中,留下了众多的记录,如图书馆里的图书资料、博物馆里的文物、美术馆里的各种图片等,这些都属于历史信息。与此相对应的是,当前事物运动状态及其状态变化方式就是现状信息,比如,当前物价变动情况、资金运行情况、学生的到课率、教师的出勤率等。预测信息是在历史信息和现状信息的基础上,通过一定的方法推断出的有关事物未来的运动状态及其状态变化方式。比如今后5年的经济形势、未来的战争形式、10年后的安徽大学发展情况等等。当然,过去、现在和未来是一个连续的发展变化过程,今天即将成为过去,未来肯定会变成今天,同时现在又是联系过去和未来的中间环节,因此严格地划分出过去、现在和未来之间的界限,不仅是不必要的,也是不可能的。正因如此,在实际使用时要根据需要确定历史、现状和将来之间的界限,而所谓现状信息,也并不一定就是指此时此刻的信息,它可能包括了一些刚刚成为过去的信息。

1.7.8 按对接受者的心理作用,可划分为教育性信息、维持性信息和复原性信息

教育性信息是指能够使人增长知识、提高认识能力、改变行为的信息。接受这种信息的人必须要具有一定的学习能力和知识积累,同时还要花费较多的时间和精力,才能掌握它。各种学科知识就属于教育性信息。维持性信息主要用于使人能够保持其现有的知识水平不下降的信息。它不需要接受者采用求知的态度予以掌握,而只需要复习或引申已有的知识和经验。例如,新闻的作用就在于扩大接受者对世界的了解,接受者在获得其中的信息之前对这个世界已经有了一定程度的了解,因此新闻就属于维持性信息。复原性信息主要是指使人们消除疲劳方面的信息。其作用就是要让人们在工作之余或工作的紧张之中,能够通过接受这类信息消除心理乃至生理上的紧张状态,并从中获得美的、快乐的享受。娱乐节目、体育节目、文艺节目等所提供的就是复原性信息。

1.7.9 按照是否已被量化,可将信息划分为定性信息和定量信息

信息是客观事物的运动状态及其状态变化的方式,要描述这种状态及其变化方式,可以采用定性的形式,也可以采用定量的形式。前者是指在描述事物运动状态及其变化方式时,不用数字的形式;后者则相反,它是指在描述事物的运动状态及其状态变化方式时,主要采用数字的形式。比如,对某学生学习情况的描述,可以用定性形式——该生的成绩在全班、全年级、全校居于上、中、下等或者是优秀、优良、中、差、很差,这些词语给出的就是定性信息;也可以用定量形式——该生的成绩为数学95分、管理学原理90分、英语92分,在全班排名第三,这些数字给出的就是定量信息。当然,在描述某一事物的时候,究竟是用定性方法还是用定量方法,这取决于被描述事物的自身特征及使用的需要,而且在实

际生活中，人们还经常采用定性和定量相结合的形式来描述事物。片面地强调数量化会陷入形式主义的泥潭，绝对地否定数量化又会使我们无法精确地把握事物的运动规律。

1.7.10 按照反映和描述的客观事物的范围，可将信息划分为宏观信息和微观信息

这里的宏观和微观是借用了经济学而不是自然科学里的概念。微观是指各种各样的组织或个人层次，而宏观主要是指区域或国家层次。从全局或战略方面来反映和描述宏观系统的运动状态方面的信息，或者说反映总量及其变化情况方面的信息，属于宏观信息。比如，国家、部门、行业发布的各种信息，包括决策规划信息、政策法规信息、财政金融信息、计划统计信息、预算决算信息，等等。从局部描述和反映微观个体（个量）的状态及其变化方式方面的信息，就属于微观信息，如企业背景、概况、资信、生产、经营、管理等方面的信息，都是微观信息。

1.7.11 按照信息内容的性质，可将信息划分为动态信息和静态信息

信息的内容不是一成不变的，这是因为信息是事物的运动状态及其变化方式，而事物是处于不断的发展变化之中的，因此描述事物运动状态的信息及其内容也处于不断变化之中。在人类社会中，有许多时效性极强的信息，也有许多时效性很弱或几乎没有时效性的信息。我们把那些内容随着时间不断发生变化的、时间性极强的信息，称为动态信息，如市场行情、股票价格、天气形势、新闻，等等。把那些内容具有相对的稳定性的信息，如各种学科的知识，或内容基本不随时间发生变化的信息，如历史文献、文物、资料、太阳系行星的分布及其运行规律等，都称为静态信息。当然，静态和动态是相对的，只是变化的周期长短不同而已。

1.7.12 按照信息的获取方式，可将信息划分为直接信息和间接信息

直接信息是指人们通过亲身体验，也就是直接经验中所获得的信息，如亲自观察某一自然事物可以了解该事物的运动状态及其变化方式。人类最初的知识都是来自于从直接经验中获得的直接信息。间接信息是指通过非个人亲身体验的方式所获得的信息，它一般是固化在一定的物质载体上。当然，也可以通过他人的传授或广播电视节目的播放等获得这种信息。总之，间接信息来自于他人和前人，是他们的经验的总结。直接信息的获取主要靠摸索，间接信息的获取关键靠学习。但是，直接信息和间接信息之间的关系并不是固定不变的，事实上，在一定的条件下，直接信息可以转化为间接信息。例如，某人通过亲身努力获得的信息对他本人来说是直接信息，如果他将这些直接信息加以提炼、总结，并写成书或文章的形式发表，那么，对那些通过这些书或文章获得这些信息的人来说，就变成了间接信息。目前，人类社会中已经积累起来的大量的知识，几乎都属于间接信息。对我们每个人而言，在其一生中所获得并运用的大多数信息，都属于间接信息，这是因为获取并掌握直接信息的速度非常缓慢，因此每个人都不可能完全靠自己的亲身体验去获得自己所需要的信息，否则人将永远处于幼年时期。从某种程度上讲，间接信息在推动人类社会进步、发展方面的作用，甚至比直接经验还要大。在人类已经步入信息社会的今天

就更是如此。

1.7.13 根据信息的地位,可将信息划分为客观信息和主观信息

客观的第一层含义,是指在人的意识之外,而且不依赖于人的主观意识而存在,其第二层含义是指要按照事物的本来面目去考察,不加个人的偏见。从这两个方面来看,所谓客观信息主要包括观察对象的初始信息、以及经过观察者干预后的效果信息和环境信息。初始信息是事物本身所固有的信息,效果信息是观察者根据获得的初始信息加工得出的反映客观事物运动的规律。环境信息是反映或描述观察者生存的外部条件方面的信息。与客观相对应的是,主观也有两层含义,其一是指仅与自我意识有关,其二是指不依据实际情况,完全凭自己的个人偏见。主观信息主要是指人们在希望、愿望、想象、决心、决定、推测等的基础上提出或拟订的计划信息、目标信息、指令信息、决策信息、控制信息、预测信息。主观信息有时候与实际情况相符,有时候与实际情况可能不符。从人的认识的角度看,应该要努力使主观信息能够正确地反映和描述客观事物的运动状态及其状态变化的方式。

1.7.14 按照载体类型,可划分为记录型信息、实物型信息、智力型信息和零次信息

记录型信息是指录存在各种各样专用载体上的信息,如记录在纸张、磁盘、软盘、光盘、胶片、胶卷等上的信息。实物型信息是指实物本身同时又作为信息载体的信息形态,若将其中的信息转移到其他载体上,其价值将会大大降低甚至完全丧失。例如,名画、文物、雕塑等就属于这种信息。智力型信息是指以人的智能、智力形式表现出来的信息,它完全存在于人的大脑之中。智力型信息实际上就是人的智慧,而智慧则是人的信息处理和运用能力的一种表现。智力型信息与记录型信息不同,前者属于内储信息,是经过人脑的加工处理并保持在人脑中的那部分"活"的信息,如人头脑中的各种想法、思想、念头、观点、看法等,后者属于外化信息,是以符号形式存在的一切处于相对静止状态的精神产物。零次信息是指完全凭借人的口头传递交流的信息,这些信息还没有或没有来得及固化到特定的载体上。

1.7.15 按照信息载体的性质,可将信息划分为电子信息、光学信息和生物信息

电子信息是指以电信号形式存在的信息。许多信息都可以转变成电子信息,信息的电子化是信息社会的基本要求。因为电子信息具有传递速度快、处理简单、便于携带、占用空间小等多方面的优点。比如保持在软盘、磁盘和硬盘等里面的信息就是电子信息。通过无线电或电缆来传递的信息,也都属于电子信息。光学信息是指以光信号形式存在的各种信息。光也是保存、传递和加工信息的一种重要手段,而且光信号比电信号具有更大的优点。例如保存在光盘中的信息和通过光纤传递的信息,都属于光学信息。生物信息是指生物体本身所携带的各种信息,如遗传信息等。开发和利用生物信息是21世纪科学技术研究的重点和前沿。比如,人类基因组计划就是以遗传信息为研究对象,生物芯片

也要利用生物信息才能生产出来。

1.7.16 按照信息的内容与现实事物是否相符,可将其划分为真实信息和虚假信息

真实信息是指来源可靠、没有搀杂任何虚饰成份的信息,是"原汁原味"的信息。追求信息的真实性是信息工作者的重要任务。只有使用真实信息,才能给人们带来积极的后果。虚假信息是指伪造、捏造、变作、假冒的各种信息,这些信息要不是无中生有——捏造信息来源,就是移花接木——伪造信息来源,张冠李戴——冒用信息来源,或者是偷梁换柱——变作原有信息。从事信息管理工作的人,一定要掌握鉴别信息真伪的技术和方法,将信息中的各种噪音排除出去,提高信息的真实、准确程度。事实上,不真实、不准确、不可靠的劣质信息和完全虚假的信息往往比没有信息更有害。

1.7.17 按照系统中信息回输的作用,可将信息划分为前馈信息和反馈信息

反馈是指将系统的输出信息返送到输入端,与输入信息进行比较,并利用两者的偏差进行控制的过程。如果系统中的回输信息与原来输入信息起相同作用,使总输出向原定方向进行前进的反馈,称为正反馈。例如,当某学生的学习成绩很好时,就会使他认识到自己的学习方法正确,这时候就可以采用正反馈,继续采用原有的学习方法。如果系统中的回输信息与原来输入信息的作用相反,使总输出向相反的方向变化的反馈,称为负反馈。例如,当某学生的学习成绩不好时,那就需要采用负反馈对学习方法进行调整,或采用其他能够提高学习效果的学习方法。而所谓反馈信息就是指在反馈过程中回输的信息。它是检验、衡量决策措施是否正确、是否科学的主要尺度,也是修改、调整决策和具体工作方法的主要依据。前馈是指观察那些作用于系统的各种可以测量的输入量和主要扰动量,分析他们对系统输出的影响关系,在这些因素的不利影响产生之前,及时采取措施将其消灭于萌芽状态。前馈控制是以系统的输入或主要扰动的变化信息作为馈入信息,目的是预防偏差。这些馈入信息就是所谓的前馈信息。

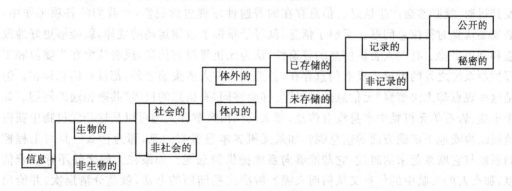

图 1-16 信息的两分法图解

信息的分类和许多其他事物的分类一样,也有多种不同的方法。上面给出的各种分类方法,还很不全面。实际上,在实际应用时,人们还可以按照自己拟订的各种标准,对信

息进行分类。比如,可以按照信息的描述形式将其划分为文字信息、图像信息、声音信息,按照信息的作用将其划分为有用信息、无用信息和干扰信息,按照携带信息的信号形式将其划分为连续信息、离散信息、半连续信息,按照信息的应用部门或领域将其划分为经济信息、政策信息、法律信息、农业信息、工业信息、军事信息、科技信息、文化信息、管理信息、市场信息、贸易信息、教育信息,等等。总之,信息分类的结果取决于分类的目的和分类时所采用的具体标准,目的和标准不同,分类的结果就会不同。有时按照不同标准得出的分类结果之间可能会存在着一定的交叉重复现象。

1.8 信息的性质

性质(characteristics,properties)是一事物区别于其他事物的根本属性。信息既不是物质,也不是能量,因而它具有一些与物质和能量不同的性质。了解信息的基本性质对于我们认识、了解和掌握信息的含义和运用信息概念,都是十分重要的。这里只研究信息的最一般的性质,也就是适用于所有信息的共同性质。信息可以划分为多种类型,不同类型信息的性质之间可能有一定的差别,但本节不准备探讨这些具体信息的性质问题。

信息的基本性质是由信息本身的特殊性决定的,基于信息本身的复杂性,研究信息的性质必须注意以下几个问题:一、任何性质都具有一定的条件,因此要了解信息的性质,就必须了解该性质所适用的条件和界限;二、要把作为整体集合的信息基本性质和作为个体信息的基本性质区别开来,既要研究信息集合的共性,又要研究某一类信息子集的个性;三、要区分信息的基本性质和在此基础上形成的衍生性质。信息具有多种性质,但具体到某一条信息上,可能没有这么多。

1.8.1 普遍性

普遍性是指信息充满客观世界,人类存在于信息的汪洋大海之中,也就是事事有信息,时时有信息,处处有信息。信息遍布于自然界、人类社会和人体及其头脑之中。普遍性是由事物及其运动的普遍性决定的。宇宙空间充满着事物及事物的运动,只要有事物及其运动,就必然会产生信息。信息存在的普遍性原理告诉我们,在我们的各项工作中,必须要认真对待信息问题。了解了信息,就等于掌握了事物运动的规律,就能够更好地改造和利用事物。有些人否认信息的普遍性,认为无机界没有信息,或者认为在生物界和工程控制系统之外的世界里没有信息存在,甚至认为在人的头脑之外,都没有信息存在。但是这些观点却无法解释"无信息的世界"怎样能够同"有信息的世界"共融相通的问题。如果土壤、岩石等无机物中本身没有信息,那么又如何来解释人类可以从这些无机物中获得地质结构或地下矿藏方面的信息呢?如果无机界本身没有信息,那为什么一旦将工程控制系统与它联系起来的时候,它却能够向系统提供信息呢?如果在人脑之外不存在着信息,那么人的头脑中的信息又从何而来呢?解决这些问题的办法,就是分清层次,并给出与此相对应的信息定义,而不能使用笼统的含糊说法。

1.8.2 客观性

信息的客观性具有两层含义，其一是指信息存在的客观性，也就是说信息的存在与否与人类的存在与否没有必然的联系。客体论的信息定义已经断言，即使没有人类，信息也照样存在；即使是主观信息，一经形成也就客观存在着。所谓"一言既出，驷马难追"，说明的正是这一道理。人头脑中的想法、观点，只要说出、写出，它就客观地存在着。这些信息往往成为受到批评、引起争议，或者受到表扬、得到赞誉的"依据"。即使是内容虚假的谣言，只要一经写出、说出，它的存在就是真实的。其二是指即使是主观信息（决策、判断、指令、计划、目标等）也有客观实际背景，并以客观信息为"原料"，受客观实践的检验。但是信息的客观存在性并不能保证信息的内容一定具有客观性，也就是说不能保证信息内容一定与客观事物的运动状态及其状态变化方式相吻合。虽然人的意识、精神也是信息，是人脑对客观对象的综合反映，但是由于人的认识能力和认识手段的限制、认识目的的不同，这种反映有时候与事物的真实情况未必相符。因此，从内容上讲，这类信息不一定具有客观性。比如，由于人的认识能力和认识手段的限制，目前有关宇宙形成的大爆炸理论，是否真的与宇宙形成相吻合，就有待进一步证实。历史上的"地心说"与"日心说"的争论，实际上是由于认识的目的不同而造成的。教会为了维护自己的统治地位曾经长期坚持"地心说"。

1.8.3 无限性

无限性是指信息在量上是无边无际的。无限性的产生主要有四个方面的原因，首先，物质的边界是无限的，从大的宇观方面来看"大"是如此，从小的微观方面来看"小"也是如此。其次，物质又是无限可分的，所谓"百尺竿头，日取其半，万世不竭"，就说明了这一道理。第三，人类对物质世界的认识也是无限的。第四，物质及其运动又是无限多样的。随着人类认识能力的增强、实践活动的深入、信息总量的增加，人类所能发现的信息，也在不断增长。从这几个方面来看，信息作为一个集合是无限的。因此，信息的无限性是指整个信息集合而言的，故该条性质并不适用于某条具体的信息。实际上，就某一条具体的信息来说，其中包含的信息内容和信息量应是一个确定的量，是有限的。在实际生活中，有时候不同的人对同一条信息可能有不同的解释，此所谓"仁者见仁，智者见智"，但是真正正确的解释却只能有一个（或若干个），而不可能有无限个。这也从一个侧面说明了单条信息的内容和量不是无限的。否则，我们将会无法交流、无法学习、无法生活、无法工作。此外，这里还有个实在信息与实得信息的问题。从总体上看，实在信息是无限的，但是实得信息却是有限的。

1.8.4 寄载性

寄载性是指信息必须要依附在一定的物质实体上——不管它是有形的物质，还是无形的物质。前面我们已经说明了信息与其载体是不可分割的，载体消失了，在该载体上储存的信息也就不复存在了。从哲学上看，这就是形式与内容之间的统一性问题。一定的内容必须通过一定的形式才能表示出来，而一定的形式又必须表现一定的内容。但是，信息与载体之间的关系既是绝对的——任何信息都不能脱离载体而存在,也是相对的——同一内容的信息可以存储在不同的载体之中。既然如此,那么我们在实际工作中,就要根据信息管理的目的和任务,精心地选择信息载体,并采用科学的、符合实际需要的方法将信息记录到载体上。

1.8.5 动态性

动态性是指信息的内容和数量是不断变化的,这主要表现在两个方面。一方面,无论是作为整体集合的信息,还是作为个体的单条信息,其内容和信息量,都会随着时间的变化而不断地得到取舍、更新、充实和累积。这是因为信息源于事物,而事物都是处于运动之中的。作为描述事物运动状态及其状态变化方式的信息,就在运动中产生、在运动中传递、在运动中发挥作用。比如,"市场"最初是指商品交换的场所,后来又扩展到指整个流通领域。"张三"原来是指一个儿童,后来又指一个少年、青年、中年人、老年人,因此在不同的年龄段,"张三"这一条信息中包括的内容也是不同的。这些都说明了,某些信息的内容会随着时间的变化而变化。但是,也有些信息随着时间的变化,其内容不变化或变化不大。比如,李白就曾经写道:"今人不见古时月,今月曾经照古人",就是说在古代和现代,"月亮"这一信息的内容没有发生什么变化。从另外一个方面来看,人对客观世界的认识及其在此基础上积累的经验和知识,也是随着人的认识能力的不断提高而得以更新和完善。比如,"原子"的思想是古希腊哲学家德谟克利特提出来的,但是,随着人类认识的不断深入,现在"原子"这一信息中已经包含了许多古代"原子"信息中不曾有过的内容,其内容比古代更加丰富了。

1.8.6 传递性

传递性,也称转移性,是指信息可以在空间上从一地点转移到另一地点,或者在时间上从某一时刻保存到另一时刻。因为信息可以在一定的条件下脱离母体而相对独立,所以可以使用一定的方法使其在空间中和时间中进行转移。信息在时间上的转移称为存储,在空间上的转移称为通信。如果换个角度看,信息的存储也是通信,只不过是过去和未来、今天与明天的通信。再者,信息的通信也必然伴有时间的转移,只不过在距离较近时这个数字小到可以忽略不记。存储使得人们可以积累信息,通信使得人们可以传播信息。这两者对人类来说,都是十分重要的。因为没有信息的积累,人们将会无法通过学习来提高其智力水平,这样人的信息能力将永远停留在幼年时期。没有信息的传播,人类将无法进行信息交流,无法保持信息联系,也就无法团结起来通过群体的力量来同自然作战。信息的传递并不是被动地依赖于物质及其运动间的相互反映,因为人类可以根据自己的需要选择特定的载体有目的地传递信息。

1.8.7 变换性

变换性是指同样内容的信息可以运用不同的形式来描述。既然信息是事物运动状态及其变化方式,而不是事物本身,那么就可以采用不同的方法来对该事物的运动状态及其变化方式进行描述。事实上,只要在运用不同方法表述"事物的运动状态及其状态变化方式"时,不使其内容和量发生变化,也就是要保持"事物的运动状态及其状态变化方式"的不变性,那么就可以采用文字形式、数字形式、公式形式、图像形式、图画形式、声音形式等来对信息进行描述。比如自由落体定律,就可以用文字、朗读、图画、图像、照片、公式、表格加数字等形式来表述。这些表面上不同的表述,实际上本质是相同的,也正是因为有了这一不变的本质,才会出现多种不同的信息描述方法。信息的变换性使人们既可以通过自己的思维活动也可以通过各种人造机器对信息实施各种各样的处理。

1.8.8 时效性

信息总是随着时间的推移而不断发生变化。所谓时效性是指脱离了母体的信息因为不再能够反映母体的新的运动状态及其状态变化方式,所以它的效用就会降低,乃至完全丧失。信息脱离母体的时间长短并不能够完全反映信息的寿命,衡量信息的寿命必须要同时考虑母体随时间变化的速度。一旦信息已经不再能表示母体的实际运动状态及其变化方式,那么该条信息的寿命也就结束了。这时候它只能够作为母体运动状态及其变化方式的一种历史记录。正因如此,人们必须要随着时间的推移,不断地获取新的信息。时效性也告诉我们,要使信息能够充分发挥作用,必须及时加以利用。

1.8.9 不完全性

任何有关客观事物运动状态及其变化方式的认识都不可能包揽无余,在实际工作中人们所获得和运用的信息不可能绝对完整,这就是信息的不完全性。事实上,获取客观事物运动状态及其变化方式方面的完备信息,既是不必要的,也是不可能的。其原因在于:一、信息是无限的,即使是关于某一具体事物的完全信息不说是无限的,至少也是十分巨大的。二、人的认识能力还十分有限,在目前的条件下,还不可能对任何事物的信息都做到完全把握。三、客观事物总是处于运动变化之中,而信息具有滞后性,因而已有的信息集合不可能对变化的事物作出绝对全面的描述和反映。四、即使能够获得完全信息,其成本也将是十分巨大的。而按照经济学中的成本效益原则,这样做是不合理的,为此对信息必须要有所取舍。值得注意的是,信息的不完全性,是针对主体的认识而言的,但是,对于客体论意义上的信息则不存在不完全性问题。

1.8.10 可伪性

由于主体的引入,由于主体的认识能力有限、获得和利用信息的目的有所不同,因而认识论意义上的信息就不一定客观,也可能存在片面性,甚至可能来自于不切实际的主观臆想、错误的认识和判断,从而导致这类信息的内容与客观事物自身的运动状态及其变化方式不一定完全吻合。所谓信息的可伪性就是指人在一定的条件下,可以按照自己的意志来生产、储存和传播假冒伪劣信息。产生信息可伪性的根本原因在于信息本身所具有的不完全性。既然人们所获得的有关特定事物的信息永远都是不完全的,那么就必然会给那些居心不良、图谋不轨的人留下了可乘之机。在我们进入信息社会和网络时代的今天,生产和传播假冒伪劣信息的行为将会变得愈加严重。因此,在信息的接受、传递与加工利用过程中,必须鉴别信息的真伪,为此就要加强对信息的管理。当然,对自在信息而言,有关它的认识、反映,无所谓真假问题,只有全面与片面之分。因此,信息的可伪性是针对实得信息(也称为"自为信息")的。有时候人们为了自身的利益或某种特定的目的会制造、传播虚假的信息。信息的虚假性就是指信息的内容与现实相背离或者是指对肯定的现实状态与关系作了否定的回答。

1.8.11 滞后性

滞后性的最一般意义是指先有事物,后有信息,因为信息是事物运动的状态及其状态变化的方式。滞后性的另外一层含义是指,人对事物运动状态及其变化方式的感知和认识,即主体论意义上的信息,总是产生在事物运动及其变化(也就是事实)之后。首先要有事物及其运动,其次才有客体论意义上的信息,最后才有主体论意义上的信息。如果客体中本身没有信息,人将无法感知信息,那也就不可能正确地认识事物及其运动。正是从这个意义上讲,信息的滞后性是绝对的。当然,有些信息,比如预测信息等,也表现出一定的超前性,但这种超前是相对的。因为,即使是预测信息,它也必须要利用滞后信息(历史信息),并在此基础上经过人的大脑思维活动,才能产生。既然信息总是滞后的,那么我们在实际工作中就不能事事先入为主,同时对信息处理的时滞也不能拉得过长,否则得到的信息将无法正确地反映不断变化的客观事物的真实情况。

1.8.12 非对称性

信息的非对称性是指信息的分布在时间上和空间上呈现出来的不均匀性。世界是物质、能量和信息的世界,能量和信息都源出于物质。能量是物体做功的本领,而信息则是事物运动的状态及其状态变化的方式。物质在空间上的分布处于不均匀状态,也就是有的地方质量大,有的地方质量小;有的地方密度大,有的地方密度小;有的时候某处的物质密度的大,有的时候该处的物质密度小。不仅如此,物质世界的质量和密度分布还随着时间的推移,不断地发生变化,因而物质在空间和时间上的分布就会永远处于不均匀状态。这种现象不仅存在于无机界,也同样存在于生物界和人类社会。地球上的生物分布也不是处于均匀状态,因而不同国家和地区的生物资源拥有量必然存在着一定的差异。就人来说,世界人口的分布不仅在时间上呈现出非均匀性,而且在空间上也存在着不均匀性。地球上不同时期的人口分布是不均匀的,不同地区的人口分布也同样是不均匀的。信息是事物运动的状态及其状态变化的方式,因而物质,或者更准确地说,事物分布的不均匀性,也必然会导致信息分布的非对称性。信息的非对称性对信息管理工作者来说,具有特别重要的作用,因为它是信息管理产生与发展的内在依据。信息在整个人类社会都呈现出非对称分布,有的人、有的机构掌握的信息多,有的人、有的机构掌握的信息少,而信息占有量,即信息的分布情况上的差异也是造成许多其他差异或者说不平等性的主要根源。市场上的买主和卖主之间的信息差异,会使一方蒙受损失,另一方获得超额利润。政府与老百姓之间的信息差异,会使老百姓感到办事难,使政府无法体察民情,这种信息鸿沟又会影响经济发展和社会稳定。总之,信息非对称性是普遍存在的,为了提高信息的对称性,促进人类和人类社会的共同发展,必须要有从事信息管理的人、机构来对信息进行管理。

1.8.13 扩散性、扩充性与压缩性

信息与光子一样没有质量，它像空气和阳光一样具有天然的逸出性，否则作为认识主体的人将无法掌握事物的运动状态及其状态变化方式。所谓信息的扩散性就是指人们可以运用人为的手段和方法利用信息自身的零质量性和逸出性，使信息同时为多个不同的个人和组织所了解和掌握。可见，信息的扩散性与信息的传递性有着必然的联系，只不过扩散中的信息经常是无固定指向的，其实质就是信息传播。至于扩充性则是指信息可以被不断补充，从而使其内容日趋完整、清晰、具体。在日常生活中，我们对一个人、一个事件、一个事物等的认识都会随着时间的推移不断深入，也就是说，有关它们的信息会根据我们的观察结果不断地加以补充。比如，一开始我们只知道"甲同学"学习成绩好，但是后来又陆续发现他还会绘画、作曲、唱歌、跳舞，因此有关他的信息就会不断地得到补充。人类对自身"人"、"地球"、"宇宙"的认识都是不断深入的，因而有关它们的信息总是在不断地得到补充。与扩充性相对应的另外一条性质就是可压缩性，即随着事物运动状态及其变化方式的改变，实得信息也要得到相应的修正、更改，同时还可以根据需要对实得信息进行删节、概括和归纳，从而使其变得更加简洁、精练。比如，有关万有引力的规律可以写成一本书、甚至几十本、几百本乃至更多的书，但是也可以将其简化成一篇文章、几句话，甚至一个简单的数学公式。这是一个去伪存真、去粗取精的过程。

1.8.14 共享性

共享性是指同一内容的信息，可以在相同的时间、相同或不同的地点，不同的时间、相同或不同的地点，为多个使用者所获取、掌握、占有和使用。但是一个人占有某一条信息，并不影响另一个人或者更多的人对同一条信息的占有，或者说，同一条信息可以为多个人所占有。但是，信息占有者的增多，并不会导致信息本身的减少。在信息传递的过程中，信息的发出者并不因信息的接受者得到其发出的信息而失去该条信息。英国大文豪萧伯纳曾经说过："假如你有一个苹果，我也有一个苹果，我们彼此交换这两个苹果，交换的结果是我们每个人仍然只有一个苹果。假如你有一种思想，我也有一种思想，我们彼此交换这两种思想，交换的结果是你有两种思想，我也有两种思想"。这就形象地说明了信息的共享性。信息的共享性使其与物质之间具有本质性的差异。同一种物质必然是你有我就无，我有你就无，而不可能出现你有我也有的情况。比如，同一台冰箱，甲买去了，乙就不可能再买到。但若是同一条信息，甲买到了，乙也同样可以买到。信息之所以具有共享性，是因为它具有无形性、无损性和非排他性。

1.8.15 转化性

信息的转化性是指信息在一定的条件下，可以完全或部分转变为物质、能量、时间等。信息要实现转化，必须要符合一定的条件。其中最重要的条件，就是必须要有认识主体，同时该主体还必须具有足够高的认识能力，包括接受信息、识别信息、处理信息和利用信息的能力，此外还要具备一定的理论、经验和知识水平以及与此相联的物质技术手段与方法。所谓"知识就是力量"或"信息就是力量"的说法，并不完全正确，因为知识也好、信息

也好,要转变成为力量,都需要一定的条件,这个条件就是要能够有效地利用信息和知识。而这又与人的智能具有密切的关系,智能是利用信息的能力的综合表现。正因如此,现在人们又提出"智能就是力量"的说法。现实告诉我们,有的人尽管满腹经纶,但是却是一贫如洗,产生这种情况的一个常见的原因就是不会利用信息。事实上,只有正确、有效地利用信息,才能在相同的情况下创造出更多的物质财富,才能更加有效地节约、利用资源和时间。但是,信息的正确、有效利用又依赖于信息管理的水平。因此,信息的管理不善,既是管理不善的结果,也是管理不善的原因,而管理是一切社会活动的要素,管理不力必然会导致资源的浪费。相反,有效的管理却可以在相同的条件下利用较少的资源创造出更多的物质和精神财富。资源的节约和财富的增多,其实都是通过有效地利用信息实现的,换句话说,就是信息已经一定程度地转化成为物质、能量和时间了。

1.9 信息的质量

任何信息都既有质的方面,也有量的方面,是质与量的统一。但是,有一段时期,人们关心的只是信息的量的方面。例如 C. E. 仙农的信息论就只关心信息的形式与数量的问题。阿希贝甚至将信息定义为本质上"是一种数。"但是这些只是对信息的误解,因为信息不仅有量的问题,还有质的问题——含义、内容和价值等,或者说信息既有语法方面,也有语义和语用方面。前者与信息的量的方面有关,而后两者都与信息的质有关。值得注意的是,这里所说的"质量",并不是物理学中的"质量"。信息科学和信息管理中所谓的信息"质量"对应的英文词是"quality",而物理学中的信息"质量"对应的英文词为"mass"。所以要把这里的"信息的质量"中的"质量"与前面提到的"信息无质量"中的"质量"区分开来。

1.9.1 信息的质量

信息质量是指信息对事物运动状态和方式的反映、描述的准确性和真实性。准确性是指信息的内容与实际情况是否相符,真实性则是指信息的来源是否可靠。一般说来,信息的准确性越高、真实性越高,信息的质量也越高。信息质量问题的出现是由于认识主体的引入而出现的,实际上,客体论意义上的信息无所谓质量问题,因为它本身就自然地、客观地、如实地表征着事物运动的状态及其状态变化的方式,只是当这种运动状态及其状态变化方式在被主体认识的过程中才产生了信息质量问题。从理论上讲,人们当然希望信息的质量越高越好,因为使用这样的信息不会引起严重的后果或损失,但是由于信息本身所具有的不完全性和可伪性,由于人的认识能力和信息科学技术水平的限制,由于为追求信息的准确性和真实性所愿意付出的代价和造成的时间延误等因素的影响,在通常情况下,信息的准确性和真实性只能是相对的,而且还具有一定的适用范围和条件以及时间限制。这意味着信息的准确性和真实性永远只能是一个为人类所追求的目标,要获得百分之百准确、可靠的信息往往是不可能的。实际上,在实际工作、生活和学习过程中,人们对信息质量的要求也只是相对的。因为一切都追求绝对的准确和可靠,有的时候可能会使我们陷入为信息而信息的境地,从而忽视或放弃了我们所追求的真正目标。比如,目前人们所获得的有关地球的重量、直径、面积,光的速度,地球与月球之间的距离,失业人数,国内生产总值,进出口贸易额等都是近似值。承认信息质量的相对性,丝毫不意味着可以不追求信息的准确性和真实性,相反在实际工作中,有时人们为了避免信息质量太低所造成的损失,可以采取对信息规定一定的误差范围的办法。

1.9.2 信息的质量指标

信息的质量有高低,同样是反映同一个事物的信息,有的可能真实可靠,有的可能半真半假,还有的可能完全虚假不符。因此,有必要建立一套能够客观地对信息的质量进行科学评价的指标系统。但由于信息质量问题是因为主体介入后才出现的,所以对它的客观评价可能很困难——认识主体对信息质量的判断标准、方法可能不同,而更重要的是,信息质量问题还与主体自身的认识能力有很大的关系,这样就可能会出现对相同信息的质量进行评价时候产生不同的结果。目前,人们还没有建立起科学的信息质量评价指标体系。下面仅介绍一下几个比较重要的指标。

1.9.2.1 信息模糊度

信息的模糊度也称为信息的乏晰度,是指信息在描述、表示客观事物的状态及其状态变化的方式时,出现了没有精确规定的界限,以致表达不清、意思模糊。信息中存在模糊度可能有多方面的原因,其中最主要的是:一、在现实世界中出现的许多客体,其本身就经常没有明确规定的界限,这种不精确划定范围的"类别",在人的思维,特别是模式识别和信息传递中发挥了作用。例如鸭嘴兽是哺乳动物还是卵生动物?"江"与"河"的划分标准是什么?二、人类用于表示信息的语言本身有一定的局限性,其中有许多词语本身就存在着一定的模糊性,难以给出一个精确的界限,因而用它来描述信息当然会带来模糊性的问题。例如大与小、高与矮、长与短、硬与软、胖与瘦、深与浅、好与坏,过去、现在与未来等都难以划出一道明确的界限。三、时间是一个内涵与外延都很难划定的模糊概念,而信息中又涉及到许多时间方面的内容。时间牵涉到过去、现在和未来,而作为事物运动状态及其状态变化方式的信息中又必然包含时间的内容,因为变化方式本身就是指事物运动状态随着时间的推移所呈现出的规律性。因此,当我们在描述事物运动状态及其状态变化方式时,对其中涉及到时间方面的问题,往往难以把握。例如,如果我们说地球的直径现在是 6347km 的时候,很可能就联想到 100 年前、1000 年前、10000 年前、100000 年前乃至更久远的过去,地球的直径是多少,或者联想到 100 年后、1000 年后、10000 年后、100000 年后,地球的直径是多少,以致最后我们无法弄清并将其表述出来。这就是说,如果将时间因素考虑进来,在提高信息表述确定性的同时,也加进了许许多多的模糊成份。四、许多现象本身是错综复杂的,是多种因素综合、交织作用的结果,因而也出现了模糊现象,于是反映这些现象的信息也存在着一定的模糊性。也就是说,即使我们使用的语言十分精确,但是由于多种因素综合、交织作用的结果,使我们无法清楚地获得事物运动的全部情况,因而反映这些情况的信息必然存在着一定的模糊性。由于认识不全面,容易产生"仁者见仁、智者见智"的现象。比如,对 20 世纪末东南亚金融危机产生的原因,对当前我国经济形势的分析等,都属于这种情况。

总之,在实际工作中,降低模糊度,提高清晰度是信息工作的一项重要任务。但这并意味着模糊性就是绝对有害的。事实上,对有些信息采取"难得糊涂"的态度,取得的效果也许会更好。

1.9.2.2 信息多余度

信息多余度是指在信息中不含有某类(某些)信息的量,或者说不含有与真正内容无关或无用成份的量多余程度,简单地说,就是指信息中无效成份的相对含量。信息中的成份并不都是必要的,有些是可有可无的,从信息质量的角度看,应该将这些信息消除掉。只有尽可能地降低信息中的多余度,才能提高信息的质量,从而使人们能够获得更有价值的信息。信息中出现多余度问题,主要是因为我们使用的自然语言造成的。因为自然语言本身不精练,有许多多余成份,因此用它来表示信息,必然会产生多余度问题。此外,信息多余度还与信息的表述者有着很大的关系,有些人在使用自然语言表述信息时,往往喜欢加入许多与所表达的信息内容关系不大甚至完全无关的成份,从而增加了信息的多余度。例如,有些人写起文章来,就是"长篇大论",结果在表达同样内容时,使用的字数远远多于他人。有些人讲起话来,就是"滔滔不绝",结果讲了半天,都是些与主题无关的话。还有些人讲话时,不知不觉地带有一些口头禅,这也会增加信息的多余度。正因为自然语言中本身包含了许多多余成份,因此在表示信息时就不精练,结果给信息的收集、组织、保存、传递和利用造成了困难——不仅浪费了宝贵的时间,也加大了信息活动的成本,因此人们才发明了人工语言,比如化学分子式语言、各种数学符号以及信息检索语言。

与模糊度一样,信息的多余度也不是绝对有害的。比如,人们在阅读一段不熟悉的文学作品或消息时,可以借助于上下文知道是什么意思,这就是因为自然语言中有多余成份。也正是因为如此,老师课堂上讲解某一章节的内容时,才可以将前后内容或其他课程中的相关内容结合起来,使学生听起来更容易理解。有的时候,在学生不理解某一问题时,老师可以就该问题进行反复讲解,直至他们理解为止。这些都是通过增加信息多余度的方法实现的。但是,就信息管理的客观要求来说,应该尽可能降低信息的多余度,提高信息的有效性。在电子信息网络日渐普及的今天,降低信息多余度的工作变得越来越重要了。

1.9.2.3 信息密集度

信息的密集度是指信息中有效成份的相对含量。用可比较的标准来衡量,就是单位符号中包含的有效信息的多少。有效成份的含量大、集中度高、凝练度高,则信息的密集度就高。站在信息接受者的角度看,内容丰富、含量大、目的性强的信息,要尽可能采用最简洁的图像、图形、图表、符号、数字、文字将其表示出来,只有这样才能使人们在最短的时间里获得最有价值的信息。提高信息的密集度必然要求剔除信息中的多余成份,选择最简洁的方式来表示信息。在日常生活和工农业生产中,人们经常要使用各种各样的符号来表示易燃、易碎、易爆、防潮、避光、有毒、轻放、禁止倒放、禁止吸烟、禁止左转弯等的信息,从而使人们看起来一目了然,同时还可以起到警示作用。我国古代就有"一画值千言"的说法。由于符号、图形、图像表示的信息量大,表示出来的信息的密集度高,所以信息表示正在从文字向图像方向发展。事实上,随着科学技术的发展,把一条信息用一个简单的图像或符号表示出来,人们接受得会更快,效果会更好。例如,现在电子计算机中使用的

Windows 系统就将原来 DOS 系统中的许多文字信息内容转换成符号和图形信息,从而使学习者学习起来、使用起来更加简单。将来电脑会向傻瓜化方向发展,而这必然离不开符号和图形的使用。对信息管理工作者来说,提高信息的密集度是一个重要的目标。为此,应该从三个方面着手:一、对原始信息要进行浓缩,经过去粗取精、去伪存真的加工组织过程,将信息中的多余成份剔除出去;二、对原始信息进行筛选,保留含量大、目的性强的信息;三、根据需要,选择最简洁的方式来表示信息。这些都是信息组织中的基本内容。

1.10 信息的数量

信息不仅有质量的高低,还有数量的大小,即信息的度量(measurement of information)与信息量问题。但信息的度量是一个迄今仍未获得圆满解决的问题。事实上,信息的定量描述建立在人们对信息本质认识的基础之上,也就是说,有什么样的认识就会产生什么样的度量方法。M. 约维茨(Yovits)提出了决策状态情报量(信息量)的概念,C.E. 仙农提出了统计信息量的概念,即信息量就是随机不定程度的减少。因此,对他来说,信息就是用来减少随机不定性的东西。下面仅介绍 C.E. 仙农的统计信息量的概念及其计算。

1.10.1 概率及其计算

概率(probability)是表示事件发生可能性大小的一个数。如果用 X 表示事件,则它的概率可用 $P(X)$ 来表示。若 $P(X)=1$,表示事件 X 肯定会发生;若 $P(X)=0$,表示事件 X 肯定不会发生。一般情况下,事件发生的概率满足 $0<P(X)<1$。

[例一] 一个不透明的袋子中装有 100 个球,其中红球 99 个,白球一个。假定球的大小、形状、质量完全一样,则求:一、随意从袋子中摸到一个白球(记为事件 A)的概率是多少?二、随意从袋子中摸到一个红球(记为事件 B)的概率是多少?

$$P(A)=1/100 \qquad P(B)=99/100$$

1.10.2 信息量与可能性

要定量地表示信息,必须要确定一个适当的标准。比如长度、重量、时间、体积等都是通过与国际规定的标准做比较来表示的。但是,信息既看不见,也摸不着,那么怎样才能度量信息的大小呢?下面先来看看几个例子。

可能性(probability)是对事件发生机会的一种客观量度,主要是从事件本身来看它能否发生。比如明天的天气可能是有雨、刮风、多云、晴天、阴天等,这些事件能不能发生是客观的,不会因为我们的想法而改变。由此看来,可能性就是一个不依赖于主体的数。直观地看,事件发生的可能性大小直接关系到信息量的大小。一般说来,事件发生的可能性越小,它的发生越使人感到意外,因而包含的信息量也就越大。一旦发生,就越有东西(信息)值得人们去打听、了解,故为人们提供的信息量就越大。

[例二] (A) 客机坠毁;

(B) 卡车翻倒在路旁。

[例三] (A) 高材生 W 考取了大学;

(B)高材生 Z 未考取大学。

［例四］(A)营业员：这台冰箱的质量很高；
(B)顾　客：这台冰箱的质量很高。

在［例二］中，(A)出现的可能性比较小，虽然飞机也有失事的时候，但是比之于其他的许多交通工具来说，飞机仍然是最安全的。正因如此，一旦发生了客机坠毁事件，那将是报纸、电台报道的大事件，而且也会成为街头巷尾、茶余饭后许多人议论的话题，因为人们想从这个事件中得到许多想知道的信息——怎么坠毁的、死亡多少人……而卡车翻倒在路旁这个事件，在我们日常旅行生活中，可能经常会看到，因而就不足为奇。由此可见，就这两个孤立的事件来看，(A)包含的信息量肯定比(B)要大。基于同样的理由，在［例三］中(A)事件的信息量应该小于(B)事件的信息量。因为高材生考取大学是不足为奇的，但是如果高材生未考取大学，那将是异乎寻常的，这其中一定有许多非正常的因素，比如生病、谈恋爱、玩电子游戏、家里发生了不幸事件……了解这些信息对其他的考生来说是十分必要的。至于［例四］，显然是(A)事件的信息量比(B)事件的信息量来得小。因为按照一般的惯例，营业员在推销自己所售的产品时，总是说自己的产品质量高，比之同类产品自己的产品具有许多的优点，而这些话中可能有一些水分，甚至有很多的水分，因而他的话中提供的信息量不多。但是，顾客作为商品的使用者，在使用该产品时，可能会逐渐发现其优点。同时，顾客也无推销产品的压力，因而他的话包含的信息量应该较大。

这样，我们就可以得出可能性与信息量之间的关系。根据前面的解释，在数学上，可能性是概率来表示的，概率与可能性之间的关系是：可能性↑=>概率↑，而可能性和信息量之间的关系则为：可能性↑=>信息量↓，于是我们就可以用概率来表示信息量：概率↑=>信息量↓。这样就可以得出信息量是概率的递减函数这一结论。

1.10.3　信息量与不确定性

假如你从未来过安徽大学，也没有看过或听过任何有关安徽大学的有关介绍，那么安徽大学对你来说就是一个"未知数"，存在着所谓"不确定性"(uncertainty)。一旦你考取了安徽大学，并来此报到学习后，你就能够通过耳闻目睹、接触交谈，了解到安徽大学的具体情况。也就是说，通过你所获取的有关安徽大学的"信息"，逐渐解开你头脑中的疑团，消除了你对"安徽大学"认识上的不确定性，并由不确定性变成较为确定或确定。如果你获得的"信息"越多，你对"安徽大学"的了解就越全面。因此，不确定性的变化程度也能够反映出你所获取的信息量的多少。只要能量度不确定性及其变化程度，也就可以量度信息了。

所谓不确定性是指人脑对客观事件能否发生的一种近似把握，亦称不肯定性、不定性。在简单的通信(如打电话、写信、面谈等)过程中，它表现为以下的形式：

打电话：$A \xrightarrow{\text{告诉}B\text{一件事}} B$　　B 的头脑中存在不确定性，因为他不知道 A 要告诉他的事件内容

打电话：$A \xrightarrow{\text{向}B\text{打听一件事}} B$　　A 的头脑中存在不确定性，因为他不知道 B 要告诉他的事件内容

不确定性的大小在数学中也用随机事件发生的概率来表示，随机事件发生与否或者

随机变量的取值在事先是不确定的,这种不确定性的大小在人们直觉中的反映就是:一、就单个事件而言,小概率事件的不确定性小,但是它一旦发生变成确定的,那么由此而产生的从不确定性到确定性的变化幅度就大;二、概率为1的事件,其发生不足为奇,因此其不确定性的变化为0。相反,概率为0的事件,永远不会发生,如果真的发生了,那么就会产生从确定的发生到确定的不发生的最大变化,这将是不确定性变化的最大值,可视为无穷大。三、两个独立的随机事件的不确定性是相互独立的,它们的不确定性变化也是相互独立的。因此,两者的不确定性变化幅度为其各自的不确定性变化幅度之和。

设 X_i, X_j 为随机事件,$P(X_i)$ 为 X_i 发生的先验概率,$H(X_i)$ 为 X_i 发生与否的不确定性到确定性的变化量,则可以将上述三条用数学语言表示为:

(一) (X_i) 是先验概率 $P(X_i)$ 的单调递减函数,即当 $P(X_i) > P(X_j)$ 时,$H(X_i) > H(X_j)$;

(二) $P(X_i)=1$ 时,$H(X_i)=0$;当 $P(X_i)=0$ 时,$H(X_i)=\infty$;

(三) 如果 X_i 与 X_j 相互独立,那么 $H(X_i \cap X_j) = H(X_i) + H(X_j)$

仙农证明了满足上述三个条件的函数具有对数的形式:

$$H(X_i) = c\log_a[1/P(X_i)] \text{(一般取 } C=1\text{)}$$

若取 $c=1$,则 $H(Xi) = -\log_a P(X_i)$

上述公式描述了随机事件 Xi 不确定程度的变化量。在该公式中,当 $a=2$ 时候,单位为比特(bit);当 $a=e$ 时,单位为奈特(nat);当 $a=10$ 时,单位为哈特(hart,也有的书上认为是迪西特——decit)。如果不作特别的说明,一般都把 a 取作2,因此信息量的单位为比特。

1.10.4 自信息量

所谓自信息量是指信息源(事物)X 发出某一消息 Xi 时所含的信息量,消息不同,自信息量也不同。自信息量的含义是,如果事物 X 具有 N 种独立的可能状态(结果)为 $X_1, X_2, \ldots\ldots, X_n$,每一状态出现的概率分别为 $P(X_1), P(X_2), \ldots\ldots, P(X_n)$,当然有:

$$\sum_{i=1}^{n} P(X_i) = 1$$

如果已知事件 Xi 已经发生,则定义该消息中所包含的信息量(也就是自信息量)为 $H(X_i) = X_i$ 的不确定性的变化量 $= -\log_a P(X_i)$。可见前面导出的公式实际上只是自信息量的计算公式。$-\log_a P(X_i)$ 的含义是:当事件发生之前,表示 X_i 发生与否的不确定性;如果已知事件 X_i 已经发生,则表示 X_i 所含有或所提供的信息量。

$$H(X_i) = -\log_a P(X_i)$$

[例五] 计算[例一]中两个事件的信息量。

(一) 随意从袋子中摸到一个白球这一事件(状态)的信息量;

$$H(\text{白球}) = -\log_2 P(1/100) \approx 6.64 \text{(比特)}$$

(二) 随意从袋子中摸到一个红球这一事件(状态)的信息量。

$$H(\text{红球}) = -\log_2 P(99/100) \approx 0.014 \text{(比特)}$$

[例六] 若估计在一次国际象棋比赛中谢军获得冠军的可能性为 0.1(记为事件 A),

而在另一次国际象棋比赛中她得到冠军的可能性为 0.9(记为事件 B)。试分别计算,当你得知她获得冠军时,从这两个事件中获得的信息量各为多少?

$$H(A) = -\log_2 P(O.1) \approx 3.32 (比特)$$
$$H(B) = -\log_2 P(O.9) \approx 0.152 (比特)$$

1.10.5 统计信息量(平均信息量)

由于自信息量 $H(X_i)$ 是一个随机变量,故不能用它来作整个信息源(事物 X)的信息测度。因此必须要找出计算整个信息源的信息测度方法。如果事物 X 具有 N 种独立的可能状态(结果)为 $X_1, X_2, \cdots\cdots, X_n$,每一状态出现的概率分别为 $P(X_1), P(X_2), \cdots\cdots, P(X_n)$,当然有:

$$\sum_{i=1}^{n} P(X_i) = 1$$

则定义统计信息量的计算公式为:

$$H(X) = -\sum_{i=1}^{n} P(X_i) \log P(X_i)$$

式中:X_i——表示第 i 个状态(总共有 n 种状态);

$P(X_i)$——表示第 i 个状态出现的概率;

$H(X)$——表示用以消除这个事物的不确定性所需要的信息量。

上述公式的含义是:如果信息源发出的消息有几种可能性,则信息源输出一个消息所提供的平均信息量为 $H(X)$,它就是用于消除信息源不肯定性所需要的信息量。由于统计信息量的计算公式与热力学第二定律中熵的计算公式完全一样,所以信息量又被称为是"负熵"或"信息熵"。"熵"是统计物理学中的一个术语,主要用以表示物理系统的混乱度,是对系统无序状态的一种量度。热力学第二定律指出,在不受外界条件的干扰下,封闭系统会自发地从有序走向无序状态,也就是说熵总是自发增加的,最终达到热力学平衡,熵达到最大值。从这个角度来看,熵的增加就意味着信息的损失,物质系统无序性的增强。而信息则相反,信息量增加,则熵就减少,系统的有序程度就提高。因此,信息量是系统有序化程度的一种量度。信息与熵又是互补的。统计信息量的计算公式与热力学第二定律的表达式完全一致,只不过是多了一个负号而已。而这又正好说明了信息与熵的差别与关系,也说明了信息量不是表示系统混乱程度的一个量,而是有序程度的一种度量。事实上,所谓消息中包含的信息就是负熵。

[例七]向空中投掷硬币,落地后有两种可能的状态,一个是正面朝上,还有一个是反面朝上,每个状态出现的概率为 1/2。如果投掷均匀的正六面体的骰子,则可能会出现的状态有 6 个,每一个状态出现的概率均为 1/6。试通过计算来比较状态的不肯定性与硬币状态的不肯定性的大小。

$$H(硬币) = -\sum_{i=1}^{n} P(X_i) \log P(X_i) = -(2 \times 1/2) \times \log P_2(1/2) \approx 1 (比特)$$

$$H(骰子) = -\sum_{i=1}^{n} P(X_i) \log P(X_i) = -(6 \times 1/6) \times \log P_2(1/6) \approx 2.6 (比特)$$

[例八]设甲地的天气预报为晴(占 4/8),阴(占 2/8),小雨(占 1/8),大雨(占 1/8);乙地的天气预报为晴(占 7/8),小雨(占 1/8)。试比较甲乙两地天气预报提供的平均信息量

大小。

$$H(X_甲) = -\sum_{i=1}^{n} P(X_i)\log P(X_i)$$
$$= -(4/8) \times \log P_2(4/8) - (2/8) \times \log P_2(2/8) - (2 \times 1/8) \times \log P_2(1/8)$$
$$= 1.75(比特)$$

$$H(X_乙) = -\sum_{i=1}^{n} P(X_i)\log P(X_i)$$
$$= -(7/8) \times \log P_2(7/8) - (1/8) \times \log P_2(1/8)$$
$$= 0.55(比特)$$

可见甲地的天气预报提供的信息量比乙地大。

[推论1] 当且仅当某个 $P(X_i)=1$,其余的都等于0时,$H(X)=0$。

[推论2] 当且仅当某个 $P(X_i)=1/n, i=1,2,\cdots\cdots,n$ 时,$H(X)$ 有极大值 $\log n$。

1.11 信息论、信息科学与信息方法

作为科学概念及科学研究对象的"信息"始自于信息论学科的建立,至今已经有50多年的历史了。信息论最初被称为通信理论。但是,随着人们对信息研究及其应用的不断深化,关于信息的研究已经不仅仅局限于通信领域,而是开始进入全方位的研究,这样,又在此基础上产生了一门新兴学科——信息科学。

1.11.1 信息论

信息论(information theory)是一门用数理统计方法来研究信息的度量、传递和变换规律的科学。它主要是研究通信和控制系统中普遍存在着的信息传递的共同规律以及研究最佳地解决信息的获取、度量、变换、存储、传递等问题的基础理论。

1.11.1.1 仙农通信系统模型(单向通信系统)

信息论是美国信息论专家 C. E. 仙农(Shannon)在1948年发表的《通信的数学理论》和1949年发表的另外一篇论文《噪声中的通信》中提出了有关通信的信息理论。他提出了有关信息的数学描述,从量的方面描述了信息的传输和提取,此外还给出了通信系统的一般模型,并从理论上指明了信息传输和处理的最佳方法和原则。

该模型表示信息源发出的包含有信息的消息,经过编码过程转变为便于传递的信号后,再送入信道中传递。信号在信道中传输时,还会受到来自于系统内部的噪音和系统外部的干扰的影响,可能会造成部分甚至全部信息内容的丢失。当信号传递到接收端时还要将信号还原成为便于人们理解的形式,即译码。这样,信号中的信息才能为接收者所运用。

仙农的通信系统模型虽然作了十分简单的处理,但已经包括了一些通信中的最基本的概念,如信息源、编码、译码、信道、信宿、噪音与干扰等。

(一)信息源。也称为发信者,是指发出信息的地方,可以是人、生物、机器以及其他

自然物。信息是信息源发出或传递出去的抽象的内容,消息是用以表示信息内容的符号。将消息转变成为物理性的声音、电磁或光信号后,就可以在信道中传输。

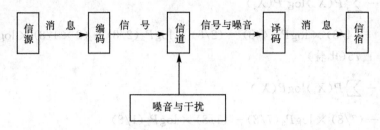

图 1—17　通信系统模型

（二）编码。是将信息按照一定的规则变换成可供传输的信号,目的是便于传输(提高传输的效率)和抗干扰(提高可靠性)。

（三）信道。是传递信号的物理设施,或者说是在信号由信息源传送到信宿的这一信号传输过程中所使用的媒介。信道的种类有很多,如有线信道(电线、电缆、光缆)和无线信道(如无线电波、声波和光波等)。对于同一信道而言,信道越长,信号在传输中受到的干扰就越大。

（四）噪音与干扰。是指信号在信道中传输时所受到的各种不利影响,它会造成信息在传输中出现失真现象。噪音主要有两种:一种是系统内部的噪音,比如电子设备内部的热噪音等,这是设备本身固有的,很难全部消除;另一种是自然噪音,如雷电、大气辐射、太阳黑子等,这是无法消除的。至于干扰则是人为的,也就是为了使对方的电台、通信、雷达等电子设备失去作用,而通过人工的方法施放的掩盖、扰乱对方通信的电磁信号。

（五）译码。是指编码的反变换。在接受部分,收到的是来自于信道中传来的带有干扰信号的混合信号,必须要将信号中的这些干扰成份尽可能地去除,并将其还原为信息。

（六）信宿。是指信息的接受者。可以是人、生物、机器或其他自然物。

1.11.1.2　信息论的研究内容

信息论的基本问题是要解决信息传输的有效性和可靠性,为此就必然要涉及到通信系统中的信息源、信道、信宿和编码问题。信息论的主要研究问题可以概括为以下四个方面:一、信源问题。研究信息源究竟包含有多少信息,也就是信息数量问题;二、信宿问题。接收者能够收到或获得多少信息,但是不涉及到信息是否有意义或是否有用的问题;三、信道问题。主要研究信道容量(信道传输能力,即信道最多能够传递多少信息)和传递速率(传递信息的快慢)两个问题;四、编码问题。从理论上解决如何编码才能使信息源的信息能够被充分表达,信道容量被充分利用,以及编码的方法问题。

1.11.1.3　信息论的研究范围

信息论的研究范围很广泛。一般说来,对信息论主要有三种理解:一、狭义信息论,也称为仙农信息论。主要以仙农理论为基础,研究信息的度量(消息的信息量),信道的容量以及编码等问题;二、一般信息论。主要研究信息传输的一般理论,包括信号与噪音理论、信号的过滤与检测、调制与信息处理问题。三、广义信息论。内容除了包括狭义信息论和一般信息论外,还包括所有与信息有关的领域,如心理学、语言学、语义学,等等。

1.11.2 信息科学

仙农信息论虽然取得了成果,但是它仅仅单纯从量的角度来描述信息,因此又有很大的局限性。至少有三个重要的问题,它未能够解决:一是语义问题(语义信息或意义信息)。任何信息源发出的信息除了有一定量的大小外,还具有一定的意义。5分钟的广播节目,不论是新闻节目还是娱乐节目,从仙农信息论来看,信息量是一样的,但是它们的意义却大不一样;二、语用问题(语用信息、价值信息、有效信息)。它是指信息源发出的信息被接收者接收后所产生的作用和效果,即信息的有效性问题。同样的信息对不同的接收者,价值可能不同。同样的信息对同一个人在不同的时候,价值可能也有很大的差异。例如,考生甲收到"甲已被录取"和"乙已被录取"这两条消息时,从信息量上看完全一样,但是从考生来看,显然前者的价值比后者要大得多;三、模糊信息。仙农信息论中给出的是对概率信息的定量描述,它是由普通集合(经典集合)的测度来定义的,但是客观世界还存在着另一种界限不明、模糊不清的事件,如"多云"、"头痛"等就是一些无明确界限的模糊概念,反映这一类事件的信息叫模糊信息。随着科学技术的发展,研究对象越来越复杂,出现的和需要处理的模糊信息日益增多,但是这类信息显然不能用仙农理论来处理。

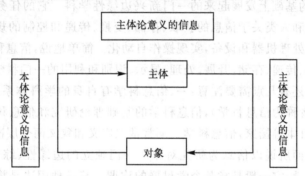

图 1-18　信息科学研究内容的抽象模型

仙农理论的局限性,以及信息重要性的增加和信息技术的发展运用,迫使人们开始对信息问题进行全方位的研究,在这一过程中逐渐建立起了一门独立的新兴学科——信息科学。信息科学是以信息作为主要研究对象、以信息的运动规律作为主要研究内容、以信息科学方法论作为主要研究方法、以扩展人的信息功能(特别是其中的智力功能)作为主要研究目标的一门科学。关于信息科学的研究内容可以通过以下两个模型来说明。图1-18中给出的模型是由认识对象和认识主体以及把它们联系在一切的信息所构成的一种抽象系统;对象的运动状态和其变化方式是本体论意义的信息,被主体感知的该对象运动的状态和方式是一种认识论意义上的信息。而由主体所发出(或表达)的主体思维(也一种事物)的运动状态和方式(代表着主体的意志)也是一种认识论意义的信息。

按照图1-18给出的模型,首先由对象产生本体论意义的信息,其次通过主体的介入本体论意义的信息转变为认识论意义的信息,第三主体再把经过自己的大脑加工过的信息反作用于对象客体,使其产生新的运动状态和方式。因此,信息科学要研究的信息运动规律至少要包括信息产生的规律、信息获取的规律、信息再生的规律和信息施效的规律以及信息传递的规律,等等。如果将该模型进一步具体化,则可以转变成人类认识世界和改变世界的典型模型(图1-19)。

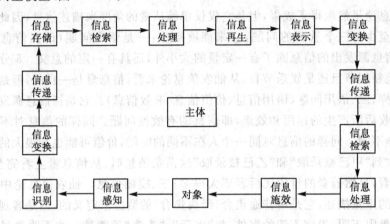

图1-19 人类认识世界和改造世界的典型模型

综上所述,可以认为信息科学是在信息论、控制论、系统论、计算机科学、数学、物理学、电子学等学科的基础上发展起来的一门新兴边缘性学科。它的任务是研究信息的性质,研究机器、生物和人类关于信息的获取、存储、变换、传递和控制的规律,研究、设计和制造各种智能信息处理机器和设备,实现操作自动化。简单地说,信息科学就是研究信息的产生、获取、变换、传递、存储、开展、处理、显示、识别和利用的一门科学。

关于信息科学还有几点需要注意:一、信息科学有自身的学科体系或层次,即信息科学的哲学研究(或者称为信息哲学),信息科学的基础理论研究和信息科学的技术应用研究。二、在我国和日本等国家,信息科学一词常常在广义和狭义两个层次上使用。狭义的信息科学就是指上面所说以信息为研究对象的一门独立的边缘性、综合性的新兴学科。至于广义的信息科学,它一般是指某个学科群的称谓。其一种用法是将它和"材料科学"和"能源科学"放在同一个层次上使用。这种用法的依据是,既然世界是由物质、能量和信息三个个要素组成的,那么有关这三个要素的研究,就应该构成了整个学科体系中的第一级,从而形成"信息科学"、"材料科学"和"能源科学"三个大型学科群。所有其他学科都是在这三个学科群的基础上延伸出来的。另一种用法是将"信息科学"的范围缩小一点,即认为它是指信息论、控制论、计算机科学与技术、电子科学与技术、自动化技术、人工智能、系统工程、仿生学等与信息有关的学科群。这个学科群与生物科学、数学科学等居于同一个层次。三、与信息论偏重于解决对信息的认识问题有所不同,信息科学重在解决信息的意义层次和价值层次或者说是信息的实际应用问题。正因如此,有时也经常使用"信息科学技术"或"信息科学与技术"的说法。其中的"技术"强调的是信息科学的应用性的一面。四、"信息科学"在英语等语言中的写法与"情报科学"[也称为"情报学",有的外文书上写作"information studies";或"信息学",有时也写作"informatics"]的写法有时完全一样,都是"information science"。但是,这是两个不同的学科,其研究对象有明显的区别,信息科学是以"信息"为研究对象的,而情报科学则是以"情报"为研究对象的。"情报"实际上只是"信息"的一个子集,因而情报科学也应该是信息科学的一个子集。正因如此,有些人为了显示这种区别,在表示"信息科学"时,使用了"information sciences"的写法。但这种用法并不十分常见。

1.11.3 信息方法

信息科学不仅有自己独特的研究对象和研究内容,而且还形成了一套完整的科学方法论体系,这就是信息科学方法论。方法论是关于方法的理论,在人类活动的系统中,方法和工具是联系主体和客体并使它们相互作用的中介,方法是人们活动的操作规则和程序。方法论以方法为研究对象,对它的本质及其发展规律、它的体系及其社会价值、它的应用条件、原则及其途径等问题进行全面系统地探讨,从而形成的关于方法问题的学说、理论。方法论按照其应用范围的大小,可以划分为哲学方法论、一般方法论和具体方法论。按照其应用领域划分为哲学方法论、自然科学方法论、社会科学方法论和思维科学方法论。按照其功能可以划分为认识方法论和实践方法论。

信息科学的研究对象和传统的以物质和能量为研究对象的自然科学完全不同,信息科学研究的一般都属于高级运动形式,比如生物、人类、人类的智力活动,以及模拟他们行为的高级机器系统等。对这些问题如果只采用传统的自然科学的研究方法,也就是运用物质的观点和能量的观点,将无法得到顺利地解决。按照目前的研究成果,一些学者提出信息科学的方法论体系一般应包括三个基本方法:信息分析方法、信息综合方法和信息进化方法。有时人们为了简便,就把这三种方法统称为信息方法。作为一种科学的方法论,信息方法早已在人类的认识活动中发生过重大作用,但是,在信息科学诞生之前,人们并没有对此进行过认真的总结,因而这些运用完全处于一种自发的状态。信息科学诞生后,人们开始将其提炼为一种普遍适用的科学方法,并运用于人类社会生活的各个领域。

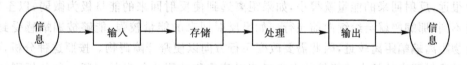

图 1-20 信息方法

信息方法的含义是:在与高级复杂事物打交道时,应当从信息而不是从物质或能量的观点出发,通过分析该事物所包含的信息过程来揭示它的复杂工作机制的奥秘,通过建立适当的信息模型和合理的技术手段来模拟或实现高级事物的复杂行为。可见信息方法的本质就在于它是运用信息的观点,把系统(研究对象)看作是借助于信息的获取、传递、加工、处理而实现其有目的性的运动的一种研究方法。用信息方法来分析复杂系统时,物质和能量都可以不予考虑,而只考虑信息问题。信息方法运用信息概念作为分析和处理问题的基础,把系统的有目的性的运动抽象为一个信息变换过程。由于信息流的正常存在,特别是由于反馈信息的存在,才能使系统按照预定的目标实现控制。而且两个系统的相互联系,必须经过信息的交换才能实现。信息方法的特点是:一、以信息为基础,把系统的运动过程视为抽象的信息变换过程,研究和分析系统内部和系统之间的联系;二、是从整体出发,从宏观上综合研究系统运动的信息过程。信息方法揭示了社会、生物、机器等不同系统运动形态之间的信息联系。因此信息方法包括了三层含义:信息分析、信息综合和信息进化。分析是认识问题、综合是实现问题,而进化则是优化和完善问题。从认识到实现到完善,信息贯穿于这一过程的始终。现在,信息方法已经成为一个具有普遍方法论意义的科学研究方法,在很多领域中都得到了成功运用。信息科学方法论对自然科学和社会科学的研究和发展都具有十分重要的意义。

1.11.3.1 信息方法的内容

信息方法认为,只要系统中存在着运动,就存在着信息过程。信息过程既决定了系统的运动,同时也反映着系统的运动。因此,从信息过程中可以认识、分析系统的运动。信息方法就是运用信息的观点,从系统的信息获取、传递、存储、处理等信息变换过程中分析研究系统实现其有目的性运动的一种科学方法。信息方法强调功能的观点,它的一个重要的突破在于抓住了信息过程中所体现的功能,而不是结构。因为有许多高级复杂的系统都是结构不明的系统,而要处理这些问题对传统方法来说就无能为力了。这说明,信息方法是一种用间接手段认识和改造客体的重要方法。

信息方法包括三个基本的方法,即信息分析方法、信息综合方法和信息进化方法。所谓信息分析方法就是指在认识复杂事物(不管是自然系统还是人工系统)的工作机制的时候,不能仅仅局限于物质和能量的观点来分析,更重要的是要从信息的观点出发来进行分析,抓住事物运动的状态和方式(它的内部结构的状态和方式)以及外部联系的状态和方式(即信息),把事物的运动过程(即工作过程)看作是一个信息过程,并弄清楚这个信息过程包含的各个环节以及这些环节之间的逻辑关联和数量关系,从而建立一个能够反映该事物工作过程的信息模型。以蝙蝠为例,它的视力极差,但却能够在飞行时发出一种向前发射的超声波。如果前方没有障碍物,超声波就一直向前传播,不会反射回来。如果前方存在障碍物它就被障碍物反射回来,并被蝙蝠自身接收到。如果障碍物距离蝙蝠所在的距离很远,反射回来的能量就很小,如果距离远到使反射回来的能量极为微弱,以至蝙蝠感受不到,那蝙蝠就会继续向前飞行。如果反射回来的能量较强,能够被蝙蝠感受到,则障碍物距离蝙蝠距离较近,因此需要改变飞行方向以便避开障碍物。按照这种分析,蝙蝠是通过反射回来的超声波能量的大小来获得障碍物的距离信息的。还一种分析则认为,蝙蝠还能够根据收到的超声波(反射回来的波)的时间获得障碍物距离的信息:收到反射超声波的时间越早,说明障碍物的距离越近。这种从反射超声波的能量大小和时间早晚获得距离障碍物的远近信息,是蝙蝠在长期进化过程中建立起来的一种本领。根据对蝙蝠飞行过程的信息分析,就可以建立一个反映蝙蝠控制飞行方向的基本信息模型(见图1—21)。该模型包括信息采集、处理和控制(引导)等环节。其中信息采集是通过超声波的发射、传播、反射、回传、接收等次序来实现的;信息处理是通过发射超声波和接收超声波的时间差异或强度来完成的;信息控制则是基于这些差异是否小于某个临界基准值来决策。

信息综合方法是指在模拟、设计、综合或构造一个人工系统(通常是复杂的人工系统)的时候,首先要从信息的观点出发,根据用户提出的要求(通常是对系统的功能和指标的要求),运用自己的知识构造出能够满足用户的功能要求的信息模型;然后,在这个基础上,进一步明确模型中各个环节应当满足的功能指标,明确各个环节之间的逻辑关联情况和数量关系;再应用现有的物质、能量和技术手段来实现这个模型,并在试验条件下检验这个模型系统,看它能否满足用户提出的要求,以确定是否需要对模型、设计做出修正,以及如何进行修正。

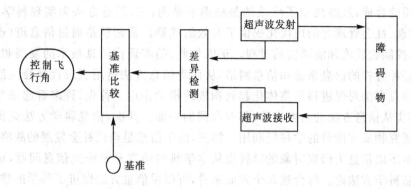

图 1-21　蝙蝠飞行的信息模型

至于信息进化方法,它是指在变革、改善或优化一个高级复杂系统的时候,首先要从信息的观点出发,利用信息检索的手段和方法获得该系统现时的运动状态及其变化方式的形式(语法信息)、内容(语义信息)和效用(语用信息),从中判断该系统当前的"优度",将它与目标优度作比较,在此基础上找出两者之间的"差距",并进一步加工出改变系统当前状态、缩小差距、达到目标优度的策略信息,然后按照策略信息的引导,通过控制作用改变该系统的状态,使它逐步逼近目标,实现性能的优化,完成系统进化的过程。

1.11.3.2　信息方法的特点

前面已经简单地提到了信息方法的某些特点,现在将信息方法的主要特点归纳为以下几点:一、信息方法以信息为基础,撇开了对象具体物质形态及其的运动形式,以信息变换过程作为分析和处理问题的主要线索,从系统对信息的接收和使用过程来研究对象的特性,研究系统和外界环境之间的信息输入和输出关系,这样就可以把不同的对象进行类比研究。二、信息方法直接从整体出发,用联系、转化的观点,综合研究系统运动的信息过程。用这种方法研究复杂事物时,无需对事物的整个结构进行解剖分析,而只是通过对信息变换的流程加以综合考察来获取有关系统的整体性的性能和知识,这是用简单的剖析方法难以完成的。三、信息方法把系统的物质运动过程转化为信息变换过程,为"不可实验系统"的分析研究提供了新的手段,因而,开辟了科学研究领域的新天地。

1.11.3.3　信息方法的作用

在人类的生产实践和社会活动中,存在着大量的应用信息方法的例子。例如,用手拍西瓜通过声音来判断西瓜的生熟;中医通过号脉对人体的病情进行诊断,西医通过听诊、心电图、脑电图、CT(隧道扫描)进行疾病诊断,等等。实际上,信息方法已经在人类生活的许多方面发挥着巨大作用,归纳起来至少表现在以下几个方面:一、信息方法揭示了机器、生物和社会不同物质运动形态的信息联系,指出了这些运动之间存在某种一致性。例如人或动物的生命现象和企业管理、导弹制导、人脑和电脑等虽然属于不同的物质和不同的运动形式,但是这些不同物质及其运动形式都存在着信息的接收、存储、处理和传递过程。正是由于信息的流动,才使这些系统能够保持有目的的运动;二、信息方法揭示出了某些事物的运动规律,能够对过去难以理解的一些现象作出了科学的解释。比如遗传现象,为什么猫生不出狗？因为猫的卵子和精子中包含了猫的遗传信息。正是它们控制着各种蛋白质的合成,最终决定了生成的是猫而不是狗;三、信息方法为实现科学技术、生产、经营管理、社会管理等的现代化提供了有效的武器。管理就是通过信息流(或者说信息过程)来控制物质流和能源流的过程。正因如此,随着现代信息技术的发展和运用,人们建立起各种各样的信息系统和信息网络,从而将信息方法运用到现代社会生活的各个方面;四、信息方法对促进科学整体化起到积极的推动作用。首先,许多看起来互不相同的学科,其实从信息方法的角度来看,都有共同的一面。其次,信息科学方法论也可以为许多其他研究物质和能量的学科所利用。第三,由于信息是当代社会发展的战略资源,所以许多原本不以信息为研究对象的学科也从本学科的角度开始研究信息问题,这些也需要掌握信息科学方法论。综合这几个方面来看,可以说信息方法促进了科学的整体化,即它使原来各自独立的学科开始向一起会聚,并连接成为一个有机整体。

2 信息资源与信息管理

　　信息和物质、能量是构成我们所在的世界的三个最重要的要素,但是正如我们在第一章已经介绍过的那样,在人类社会的漫长历史中,对这三种资源的开发、利用和管理存在着一个与人类自身的生存发展需要相吻合的演变过程:首先是增强人类的体质,其次是增强人类的体力,最后才是增强人类的智力。因此,在人类社会发展的不同阶段,人类经历了优先开发物质资源、优先开发能量资源和优先开发信息资源的渐进推进过程。我们完全有理由说,人类的生存取决于对这三种资源的综合利用的深度和广度,其差异主要表现在人类社会发展的不同阶段,人类对这三种资源利用的水平有所不同。产生这种情况的主要原因在于,虽然人类对资源需要的满足程度取决于现实的社会、经济和技术环境。信息对人类来说是一个必不可少的要素,它在人类的产生、成长过程中发挥了十分重要的作用。只不过是在人类的幼年时期乃至以后的悠悠岁月中,人类对信息的利用一直处于一种不自觉状态。一方面是因为人类在形成的过程中,已经养成了一种对环境信息的自发敏感性,这也就是人类以及各种动物都具有的通过捕捉环境信息来适应环境的本能;另一方面是因为当时人类对信息的需求仅仅只表现为满足食、穿、住等简单需要,而这些东西又都表现为明显的可见物质,这就慢慢地使人们忽视了这一事实,即对物的追求是通过信息这个中介来满足的;第三个方面是当时人类的认识能力和理论准备与物质技术手段还没有达到一定的高度,使得人类能够准确地认识和自觉地利用无形的信息。只是到了20世纪初,特别是20世纪中叶,现代科学技术的发展,主要是一系列以信息为研究对象的横断学科,包括信息论、控制论和系统论以及信息科学、情报科学等的建立,推动了信息理论研究的发展,而微电子技术、无线电技术、半导体技术、激光技术等的发展又推动了现代通信和计算机科学与技术的发展。直到这时候对信息的研究才开始被提上议事日程。推动信息研究和利用活动发展还有另外两个重要因素:其一是在科学技术自身飞速发展的同时,科学技术信息也呈现出"爆炸"式增长;其二是在第二次世界大战结束之后出现的"冷战"加剧了军事竞争,而随后又出现的世界经济的区域化、集团化和一体化趋势的增强又加剧了经济竞争与合作。由于信息的非对称性,一切竞争基本上都是围绕着信息的获取、争夺和利用而展开的。凡此种种都说明了,人类对信息的认识已经达到了一个前所未有的高度——积极主动地获取、组织、传递、存储和利用信息。信息作为一种战略资源的巨大作用已被人们所认识,管理、开发和利用。信息资源代表着未来人类社会发展的新方向。

　　对信息认识的转变,不仅促进了信息理论研究的发展,也促进了信息管理、开发和利用实践的发展。本章主要对信息资源和信息管理这两个概念及其相关概念等进行介绍和探讨。

2.1 资源

信息资源既是作为一门社会实践活动的信息管理的管理对象，也是作为一门学科的信息管理的研究对象。目前对信息资源的研究，正如对信息本身的研究一样，还没有取得一致的共识。这主要是由于人们研究和使用的目的不同而造成的。尽管如此，但为了建立起以信息资源为研究对象的信息管理学科，必须要给出适用于本学科的内涵与外延都相对明确的信息资源概念。从字面和语法上看，"信息资源"是一个偏正词组，"资源"是中心词，而"信息"则是限定语，因此"信息资源"的含义是指"信息性的资源"或"与信息有关的资源"。前者就是指信息本身，而后者则是指与信息相关的资源，也就是说可能不是信息本身，而是与信息有关的、本质上应该归入其他资源范畴之中的资源。不管作何种解释，都首先要了解什么是"资源"，因为它是我们认识"信息资源"的逻辑基础。

2.1.1 资源

资源(resource)是人类活动的对象、条件和要素。它具有的一个最基本的特点就是可变换性，一切资源在一定条件下，均可被加工转化成为一系列不同等级的产品。认识、开发、管理和利用资源贯穿于人类活动的始终。资源的存在为人类的社会经济活动提供了最基本的条件。考察一下人类社会的发展史，就可发现资源的范围是伴随着人类认识的深入和实践的扩展而不断扩大的。在采猎社会中，野生动物和植物是最重要的资源，它为人类的食、衣提供了天然来源；在农业社会中，土地成为人类提供生活资料和生产资料的第一源泉；在工业社会中，科学技术的发展使人类可以利用的自然物质和条件的范围进一步扩大，资源的外延也得到了迅速拓展，从象征财富的黄金、白银和珠宝发展到矿产、油料、香料和人力。正因如此，工业社会产生了此前历史上不曾有过的繁荣。但这种繁荣赖以建立的基础并不牢靠，其原因在于：一是导致了严重的两极分化。少数资本主义国家通过掠夺、殖民和利用先进技术攫取其他国家的资源，因而实际上是开采全世界的资源为少数人服务。资本主义国家的富裕是以殖民地、半殖民地国家的贫困为代价的。二是忽视了资源的保护。工业社会所利用的主要是可耗尽性资源和非再生性资源。对大自然的疯狂索取和开采新资源的廉价成本使人们无暇顾及资源的保护和合理利用。但由于这些资源的储量有限，过度的开采必然会使其迅速耗尽或劣化、贫化。换句话说，工业社会的繁荣建立在牺牲子孙后代利益的基础之上。三是破坏了生态系统。工业社会的资源开发、利用和管理模式不可避免地导致整个生态系统发生不可逆变化，"大烟囱"带来的是资源枯竭、环境污染、人口爆炸。当人们认识到破坏生态平衡所产生的严重后果之后，便开始改变工业社会的生产方式和生活方式，努力寻找新的替代资源。进入信息社会，人类终于找到了一种取之不竭、用之弥生的新型资源——信息，它的开发和利用为提高现有资源的利用水平，开发其他非耗竭性资源(如风能、太阳能等)奠定了基础。

2.1.1.1 资源的定义

现在已很难考证"资源"一词最早出现于何时，但一般认为把它作为一个科学的概念来使用大约始于20世纪30年代初。首先引入这一概念的学科是经济学，它把资源视为生产实践的物质基础。早在1932年,L.罗宾斯(Robbins)就把经济学定义为"研究人类行为的科学,即研究具有多种用途而又不足的资源与用在何处之间的关系"。在经济学中,资源是指为创造物质财富而投入生产活动中的一切要素。但经济学最初并不研究资源本身,而只研究稀缺资源的有效配置问题,因而它没有给出严格的资源定义。20世纪60年代以来,资源与环境问题逐渐引起了人们的重视,许多学科都开始研究资源与环境问题。资源科学就是近二三十年在自然科学和社会科学相互结合和交叉渗透基础上诞生的一门新兴边缘学科,它对资源问题作了全面的研究,并给出了相对严格的资源定义。但是,正如美国资源经济学家A.兰德尔(Randall)所言,"'资源'是一个动态的概念"。因而,在实际使用中,不同的学科、不同的研究者都有适合自己需要的资源定义。这些定义大致可归纳为宽和窄两派。

窄派的基本观点就是把资源看成是自然资源,又可根据资源的内容与范围将其划分为两类。属于第一类定义的比较典型的有以下几种:我国的《现代汉语词典》中对资源的解释是:"资源:生产资料或生活资料的天然来源";《辞海》中的解释是:"资源:资财的来源,一般指天然的财源";兰德尔认为"资源是由人发现的有用途和有价值的物质"。这几个定义尽管在语言表述上有所不同,但它们所描述的资源本质属性是相同或相似的。归纳起来大致有五条:一是物质性。即认为资源是物理实体,而非抽象客体,也就是说资源定义中的"物质"是一个物理概念,而非哲学概念。二是天然性。资源应是"天然来源"或"天然的财源",是"上帝"恩赐的结果,是大自然经过亿万年的进化自我演变的产物。兰德尔认为人工生产出的物质"虽然其中总是含有资源的成份,但是也不能称之为资源"。三是有用性。并非所有的自然存在物都是资源,只有那些在现有技术、经济条件下对人类具有直接效用的自然存在物才能成为资源。按兰德尔的说法就是"没有被发现或发现了但不知其用途的物质不是资源"。四是稀缺性(有限性)。兰德尔指出"虽然有用,但与需求相比因数量太大而没有价值的物质也不是资源",这等于说只有处于短缺状态的有用之物才是资源。例如,在绝大多数地方,空气的数量极大,而对它的需求量与之相比显得微不足道,故这时它就不是资源。五是相对性。一种物质是否是资源,并不是绝对不变的,信息、技术和相对稀缺性的变化能够把非资源变成资源。比如在空气污染严重的地方,清洁的空气就成为资源;在太空中,空气十分稀缺,它就成为极其宝贵的资源;又如,煤和石油在古代并不是资源。资源本体的相对性决定了"资源"是一个动态概念。

第二类定义扩大了第一类定义中资源的范围。例如,联合国环境规划署对资源的定义是:"在一定的时间和技术条件下,能够产生经济价值、提高人类当前和未来福利的自然环境因素的总称"。陈宇认为"自然资源有时直接简称为'资源',或者代称为'土地'。它泛指用于生产活动的一切未经人加工的自然物","广义地说,自然资源的范围可以扩大到人类生存的整个周围世界。对生产活动而言,已被人认识和掌握了的自然界,是现实的自然资源;尚未被人认识和掌握的自然界,是潜在的自然资源"。刘文等人认为:"自然资源,是指一切能为人类提供生存、发展、享受的自然物质和自然条件及其相互作用形成的自然生态环境与人工生态环境"。李承祚认为:"自然资源是指自然环境中与人类发展有关的,能被用来产生使用价值并影响劳动生产的自然诸要素。它包括有形的土地、水体、动植物、矿产和无形的光和热等资源"。宗寒等认为"资源是人类生存和发展的条件",它包括

"现实资源和潜在资源"。还有人认为:"地球上和宇宙间一切自然物质都可称作资源,包括矿藏、地热、土壤、岩石、风雨和阳光等等"。这类定义将资源的范围从自然物质扩大到自然环境,从有形实物扩大到无形的光、电、热,从地球扩大到外层空间,从现实资源扩大到潜在资源,从天然资源扩展到人工资源(是指经过人工干预,亦即注入了人类物化劳动的自然生态环境),因而第一类定义中的有些性质并不适用于第二类定义。事实上,在这两类定义中,有的只是物理学意义上,或者说是自然科学意义上的资源概念;有的定义则是经济学意义上的资源概念。

宽派对资源的理解并不局限于自然科学,而主要是从社会科学,特别是从经济学(它把资源作为投入要素)和管理学(它把资源视为管理活动的客体)的角度来考察。它认为除了自然资源之外,资源还包括人力、财力、智力、文化、时间等。比如,有人认为(国土)资源"包括自然资源和社会资源。社会资源又分为人力资源和经济资源",有人认为:"国土的'土'代表资源,国土就是国家资源,或称国土资源。它包括自然资源,即土地资源、矿产资源和生物资源;社会资源,即人力资源、智力资源以及社会文化传统与社会物质技术基础"。有人则写道:"各种自然因素及由其他成份组成的各种经济自然环境以及人类社会形成并不断增长的人口、劳动力、知识、技术、文化、管理等,凡是能进一步有利于经济生产和使用价值提高者,都可称为资源。它包括自然资源、经济资源和智力资源三个大部分"。还有人指出:"经济学把为了创造物质财富而投入于生产活动中的一切要素通称为资源。这些资源可以分为三类:自然资源、资本资源和人力资源"。

通过上述分析不难看出,窄派和宽派的资源定义之间存在着不少交叉重叠之处,但它们又都从不同的侧面揭示了资源的部分实质。窄派的定义明显过窄,但自然资源确是资源的核心和基础,任何其他的资源都是它的转化物。人类与自然资源之间的关系正如马克思所说:"劳动首先是人和自然之间的过程,是人以自身的活动来引起、调整和控制人和自然之间的物质变换的过程"。从这个意义上来说,把自然资源理解成资源也有一定的道理。宽派主要从社会经济角度来定义资源,因而它把人类与自然之间通过物质变换所产生的转化物也看作是资源,比如人力、财力、智力、信息(知识)等。事实上,如果把资源看成是一个系统,就可通过引入约束条件,定义不同层次范围的资源,这样窄派和宽派之间及其内部的资源定义就可以相互转化。当然,任何定义最终都是为了方便研究和使用,因此资源的定义应根据实际需要确定所指的范围。从最广泛的意义上讲,资源是人类活动的一切要素。将这一定义加上约束条件,即可得出适用于各种不同目的的定义(见表2—1)。

表2—1 资源定义的层次

定义的约束条件	定义的层次	定义的内容	定义的适用范围
无约束	最高	人类活动的一切要素	最广
社会	次高	人类社会活动的一切要素	次广
经济	·	人类经济活动的一切要素	·
生产	·	人类生产活动的一切要素	·
物质生产	·	人类物质生产活动的一切要素	·
生活资料生产	·	人类生产资料生产活动的一切要素	·
……		……	

2.1.1.2 资源的分类

如同信息一样,对资源也可以根据研究和使用的目的的不同,按照不同的标准来分类,当然这些分类结果之间也存在着某些交叉重复之处。

(1)按资源的形态,可划分为有形资源和无形资源。有形资源是指呈现出各种可见状态的实物型的资源,比如生物资源、土地资源、矿产资源、水体资源、硬件资源等;无形资源则是指不具备明显形状的各类资源,它既有属于物质范畴的资源,如光、热、风、电磁波、空气、时间等资源,也有属于精神范畴的资源,如软件资源、智力资源、信息资源等。随着科学技术和社会经济的发展,在信息社会中,无形资源将会发挥越来越大的作用。

(2)按资源的储量,可划分为有限性资源和无限性资源。有限性资源是指人类的活动致使其数量减少、枯竭和耗尽或者贫化、退化和变质的资源,如矿产资源、土地资源、淡水资源等;无限性资源是指人类的活动不会使其数量减少的资源,它又可细分为无论怎样利用其数量都不会发生明显变化的恒定性资源(例如太阳能、风能等)、可以反复生成的再生性资源(例如风力、水力、潮汐、动植物等)、越利用数量越增长的增殖性资源(例如信息资源、智力资源等)。

(3)按资源的经济用途,可划分为生活资料性资源和生产资料性资源。生活资料性资源是用于满足人类维持自身生存的基本需要的东西,主要是各类消费品,如食物、饮用水资源等;生产资料性资源是指为了满足再生产需要的各种资源,比如矿产、用于生产的树木、用于发电的水能等。可见,按照这两种划分的方法,同一种物质有可能被列入两个类别之中,如水、煤就是如此。用于做饭、饮用的水、煤属于生活资料性资源,而用于发电的水、煤则是生产资料性资源。

(4)按资源中凝结的人类劳动数量,可划分为天然资源和人工资源。天然资源即原始自然资源,是未经人工干预、自然界中本来就存在的资源,如自然水、原始森林、原始土地、气候、矿藏等;人工资源即改造资源,是经过人工干预后的自然资源,如耕地、饮用水、已开采的矿藏、已投入生产的森林(木材)等。人工资源还可根据其中凝结的劳动量和自然成份的大小细分为初级、中级和高级(或称一次、二次、三次)资源等类型。通过人工栽培收获的稻谷为初级资源,它只经过了粗加工,其中凝结的人的劳动较少,自然成份相对较多;稻谷经加工变成大米后即成为中级资源,其中含有的劳动量增大,自然成份相对降低;将大米加工成米制品(如年糕)即成为高级资源,其中包含的劳动量要大大高于中级资源。人工资源中有些是自然界中原本不存在的、由纯人工方法创造的资源,如合金、合成橡胶、交通工具、通信设施等。随着社会的发展和科技的进步,人类对高级资源的需求呈现出迅速增长趋势。

(5)按资源的形成方式,可划分为可再生性资源和不可再生性资源。可再生性资源是指在一定的条件下可以反复生成的资源,例如生物资源和水资源。在太阳能和生物繁殖能力恒定、人类自我约束的条件下,生物资源是可以再生的。同样,在适宜的气候条件下,地面上的水蒸发到大气中后可以雨或雪的形式重新降落下来。从理论上讲,这一过程可以无限循环。不可再生性资源是指储量有限、越用越少以至最终耗尽的资源,如石油、煤炭、天然气资源等。这类资源的生成过程漫长而又复杂,因而相对人类的需求特点来说,实际上是一次生成且不可重复的。

(6)按资源的利用状况,可划分为现实资源和潜在资源。现实资源是在现有的经济技术条件下已被人类认识和掌握并成了人类活动要素的资源,比如煤炭、石油(无论是已开采的还是埋在地下的),它们可以在适当条件下进入生产过程和消费过程,因而都是现实资源;潜在资源是指人类尚未认识和掌握因而也不能进入生产过程和消费过程的资源,如沙漠、台风、闪电等。当然,随着时间的推移、技术的进步、经济的发展,潜在资源可以逐步转变为现实资源。

(7)按资源的空间分布,可划分为空间资源、地表资源和地下资源。以地表为界,可以将资源按其在空间的分布状况划分为空间资源、地表资源和地下资源。空间资源主要是指地球的上空和外层空间(地球大气层以外的空间)资源;地表资源包括陆地、湖泊、河流、海洋及生活在其上或其中的动植物资源;地下资源包括各种矿藏、地下水、地热、天然气等资源。

(8)按资源的宏观作用,可划分为物质资源、能量资源和信息资源。物质资源是物料的来源,也是最基本的资源。能量资源是能的来源,它包括来自宇宙的能(太阳能)、未经过劳动过滤的自然状态的能源和经过劳动过滤而成为符合人们需要的能源(能源产品)。而能源则是指拥有某种形式的能量,在一定条件下可以转换成人类生产、生活所需的燃料和动力来源的那种物质。信息资源包括自然物体内部蕴藏的信息,以经验、知识、智力等形式存储在人脑中的信息和以文字、图像、声音等形式记录在人工载体上的信息。从整个人类社会生存与发展的角度看,物质资源、能量资源和信息资源已成为人类赖以生存的三大基本要素。

(9)按资源的形成渠道,可划分为自然资源和社会资源。自然资源包括土地资源、矿产资源、生物资源、大气资源等;社会资源包括人力资源和经济资源。人力资源是指能够作为生产性要素投入社会经济活动的劳动人口,有时也称为劳动力资源。经济资源是一个内涵与外延都不甚明确的概念。有人认为它"是自然资源经过人类劳动的投入和改造,成为人类社会的对人具有使用价值的物质与条件(即社会财富)","是人类对自然资源加工、改造的结果"。有人认为:"经济资源是反映一个国家或地区所拥有的经济实力,是各生产部门的固定资产和基础设施的总称","是自然资源和人力资源在劳动过程中相结合的产物"。"经济资源应该是对生产或生活消费有现实或潜在使用价值的东西;不具有使用价值和不能形成生产要素的东西,不能称为经济资源"。这三个定义中第二个范围最窄,第三个最宽,第一个则介于它们两者之间。按第三个定义,"凡是宇宙中客观存在、经过开发可以被人们利用,能够构成生产要素,进入社会再生产过程,或者为再生产提供环境条件和前提条件,为人们的生活需要服务的因素,不论是以劳动对象形态出现,还是以劳动手段形态出现;是实物,还是货币或智力;是自然界早就存在的,还是经过人们加工、凝结人类劳动的,都是经济资源"。因此,经济资源中除自然资源外,还包括劳动力资源、资金资源、智力资源以及可以成为生产力现实或潜在要素的其他资源(如信息资源等)。不过,这里是在第一种意义上使用经济资源概念的,它包括诸如资金、基础结构、文物景观等具有使用价值的物质与条件。

2.2 信息资源

信息作为事物运动的状态和状态变化的方式以及关于它们的广义知识,通过流通、加工、存储、转换、利用后,也可以为人类创造出更多的物质财富和精神财富,因此它也是人类社会发展所需的重要资源。但正如前文业已指出得那样,作为信息管理实践对象和信息系统学科中的主要研究对象,信息资源概念有严格的内涵和外延边界,从而有别于作为常用语使用或其他领域、学科中使用的同一概念。

2.2.1 信息资源论的兴起

信息是资源的观点,从实践方面看,首先起源于日本,但是促使其迅速流行的则是美国。二战结束后,为了迅速振兴经济和崛起,日本政府在实践中提出并在实践中始终向日本国民灌输着信息是一种重要的经济资源的思想。为此,制定了"技术立国"的政策,把引进国外先进技术、振兴日本工业确立为基本国策,并从国外引进了大量的技术信息。由于这一政策实施的成功,加之日本人始终具有"国土狭小、自然资源贫乏"的忧患意识,使得他们把技术和技术信息的开发与利用迅速推广到经济、社会信息的开发与利用,从而逐步确立了信息资源论的新思想。美国政府为了提高行政效率和效益,加强了对文书记录的管理,并不遗余力地倡导将信息技术引入到政府文书记录信息的管理之中,在这一过程中,逐渐认识到文书记录中的信息是一种重要资源,福特、卡特和里根等政府都坚定地认为信息是一种重要的战略资源。

企业信息实践的贡献也促进了信息资源这一观念的盛行。日本企业视信息为资源,并注意随时、随地收集信息,日本企业(大商社)构建了庞大的跨国信息网,以至于有时其信息反应速度甚至比政府还要灵敏。这说明日本企业对外部(国)信息最为重视。与此相反的是,美国企业对内部信息最重视,并为此投入巨资建立了许多内部管理系统——管理信息系统。进入 80 年代后期,随着因特网的兴起,各国企业都开始把重点转向内部网和外部网的建设上,从而把信息资源的开发利用又推到了一个新的高度。

从理论方面看,美国信息经济学家 J. 马尔夏克(Marschak)、G. 斯蒂格勒(Stigler)等人在 20 世纪 50 年代末、60 年代初率先从微观角度入手对信息价值、信息成本、信息价格、信息效率、信息在社会稀缺资源配置中的地位、作用及其机制进行了研究。G. 斯蒂格勒率先提出信息搜寻理论,指出获取信息需要支付一定的费用。K. 阿罗(Arrow)等人从微观上研究了信息成本和信息与经济行为中的不确定性之间的关系,指出信息不是像空气一样的免费物品,提出信息具有经济成本,但是信息可以优化决策,信息可以替代其他资源,节约成本,增加产出。因此,信息也是一种生产要素,是一种资源。另一方面 F. 马克卢普(Machlup)从宏观上率先研究了知识产业的问题,并指出美国的知识活动已成为国民经济中的一个重要产业。M. U. 波拉特(Porat)等人又从宏观角度入手对美国的信息产业展开了全面的研究,并探讨了大规模的信息开发利用的经济影响问题,指出信息产业已成为美国国民经济中的第一大产业,产业化形式的信息活动可以像农业、工业和服务业一样创造财富和价值,因而信息也是一种经济资源。这些研究从理论上证实了信息是一种与物质资源、能量资源同等重要的现实资源,后来的许多其他理论研究和应用实践更进一步指明了信息是信息社会中的战略资源。现在许多发达国家都像组织大工业生产一样,组织信息资源的管理、开发与利用活动。信息产业也在此基础上崛起壮大起来,而且在发达国家,它已成为国民经济中的第一大产业,从而使信息资源论思想更加深入人心。

2.2.2 信息资源的定义

尽管信息是资源的思想已获得了人们的广泛认可,但从理论上对信息资源概念作深入研究的在国内外都还不多。这主要是由于有两个问题极难解决,即信息本质和信息测度问题。因此,信息资源作为一个概念,其内涵与外延还缺乏清晰界定。但随着信息资源管理理论和实践的不断深入,对这一问题的研究已取得了一些可喜进展。目前人们给出的信息资源定义可以从宏观上划分为广义与狭义两种。广义的信息资源引入系统论的观点,包括人类信息活动中的所有投入要素,而狭义的信息资源考察的只是广义信息资源中的局部甚至个别要素。现将几种有代表性的信息资源定义举例如下:

2.2.2.1 信息资源是指文献资源

这种观点认为信息资源主要是指已经存储过的信息和知识资源,不论其记录的载体是纸张、软盘、光盘、硬盘、磁带还是实物。从本质上看,它是把主体论信息定义中的主体已经表示出来且已经经过加工、处理并录存到各种专用载体上的事物的运动状态及其状态变化的方式视为信息资源。有时候,人们也把这类资源称为文献信息资源,在图书馆学、档案学和文献学等学科中就是如此。例如 C. 西瓦尔兹和 P. 赫龙就认为:"信息资源是指在其整个生命周期中需要管理的印刷型和非印刷型资源,包括记录本身。"广义地说,它包括"信息和记录"。C. M. 比思认为"'信息资源'这个术语是指在完成工作过程中使用的聚集体(aggregations)或要素(elements),包括研究数据、连续出版物、图书、报告、磁带(tapes)、消息(messages)以及和同事的交谈"。

2.2.2.2 信息资源是指数据资源

不少技术背景出身的人都喜欢把那些保存在各种机读数据库中的电子数据看成是信息资源,后来也有些人将这种看法进行了推广,从而将那些保存在其他载体中的数据集合(比如纸质型数据库、缩微型数据库)也视为信息资源。比如日本学者山田进就认为信息资源就是"数据资源",而数据资源即数据本身,"是为了适合由人或自动工具进行通信、解释或处理的事实、概念或指令的表现"。

2.2.2.3 信息资源是指信息本身

这种观点是在信息与信息资源之间划等号,也就是把信息资源理解成为信息集合(或者是信息内容的集合)。但是,在具体确定信息的范围上又有很大的不同。有的人把这里的"信息"看成是本体论意义上的信息,有的人将其看成是主体论意义上的信息,还有的人则认为应是主体表示或表达出来的信息。总之,可以运用系统思想,通过附加其他约束条件,将信息的范围进一步缩小,从而使信息资源的概念更具有专指性。例如,孟广均等认为:"信息资源从本质上说是一种附加了人类劳动的信息,凡未被个人所开发和组织从而能够为个人和他人所利用的信息都不属于信息资源……换言之,信息资源是人通过一系列认知和创造过程之后以符号形式存储在一定载体(包括人的大脑)上可供利用的全部信息。"霍国庆认为:"信息资源也就是可以利用的信息的集合……换言之,信息资源是经过人类开发与组织的信息的集合。" D.A.马尔香和 F.W.霍顿认为信息资源是指:"公司的正式数据、文件和文献储备,它拥有的以像专利权和版权之类的知识产权和以个人专业知识形式存在的经营秘密;它拥有的有关竞争者及其经营环境和政治、经济、社会环境的经营情报。"

2.2.2.4 信息资源是指计算机资源

一部分从事计算机科学技术和信息处理工作的专家学者仅从自己的专业领域出发,把信息资源看作是计算机硬件资源、软件资源和数据资源的集合体。这种观点和前面几种观点相比,其主要差异在于将有形的计算机设备视为信息资源中的一个重要组成部分,从而使得信息资源从同质的要素扩展成为包括了异质的要素。例如美国学者 D.胡辛和 K.M.胡辛就认为信息资源就是"计算机资源",它包括"中央处理器、软件、外围设备和数据(技术)"。

2.2.2.5 信息资源是指信息技术

随着现代科学技术的发展,特别是现代信息技术的迅速发展和广泛应用,人们越来越认识到信息技术的重要作用。有些人认为如果没有信息技术的发明和运用,无论有多少信息,无论这些信息多么重要,都不能充分地发挥出其应有的作用。这意味着,没有现代信息技术,信息只能被视为一种潜在资源,而不是现实资源。正因如此,有些人就把信息技术看成是信息资源了。就最一般意义上讲,信息技术包括计算机技术、通信技术、控制技术和感测技术,是它们的总和,因此这些技术都是信息资源的组成部分。但需要注意的是,不能以偏概全,因为技术再重要,也不是目的,而只是手段。只有信息或者说是信息内容才是我们追求的目的。不过把广义的信息技术视为信息资源仍然具有一定的参考价值。

2.2.2.6 信息资源是信息生产、流通、分配、使用全过程中的所有信息要素的总称

这是最广义的信息资源定义,因为它把整个信息活动中所涉及到的各种要素都视为信息资源的组成部分。事实上,要管理、开发和利用信息要素,必然离不开人员、技术、设备、资金、设施等要素。如果我们把信息活动看作是一个过程或是一个体系,而从系统的观点来分析,这种观点是很有道理的。它使我们看到,一个信息过程,决不仅仅只涉及到信息本身,实际上它是多种要素综合作用的结果。同时,我们还要看到任何一个信息过程,都是为着一定的目的服务的,也就是信息过程必然从属于另一个更大的过程。例如,B.R.里克斯和 K.F.高认为:"信息资源包括所有的与创造、收集、存储、检索、分配、利用、维护和控制信息有关的系统和程序、人员与组织结构、设备、用品和设施",而信息即"记录,是指所有的图书、文件、照片、地图或其他的文献资料。","文献资料包括各种形式的函件、信件、备忘录、指令和报告,内生和外生的表格、图纸、地图、说明书、照片和创作资料"。N.M.达菲和 M.G.阿萨德认为:"信息资源(information resource)是指组织或其中的某一部门内的信息流或数据流以及与开发、操作和维护这些信息流或数据流有关的人员、硬件、软件和步骤","它可以包括各种各样的技术,诸如计算机、文字处理、缩微胶片、记录管

理、组织和方法研究、内部和外部通信系统、打字、建档、打印和复制。"R.S.泰勒将信息资源定义为:存储、处理、分析、包装和提供信息(message,即信息内容)的服务、技术、系统以及相关技术,并将正式信息资源分为四类,即数据处理、办公信息资源(主要是记录管理)、信息中心与图书馆、知识中心(如市场部、规划部、法律部),它们经常向最高层经理提供经过评价的知识。D.A.马尔香和F.W.霍顿认为:"信息资源是指:一、拥有信息技能的个人;二、信息技术硬件和软件;三、诸如图书馆、计算中心、通信中心和信息中心之类的设施;四、信息加工和信息处理原料供应商。"马费成和杨列勋认为:"信息资源是信息和它的生产者及信息技术的集合。信息资源由三部分组成:信息生产者、信息和信息技术。我们把这三者分别称为信息资源的元资源、本资源和表资源。"岳剑波认为:"狭义的信息资源概念是指信息本身,即对决策有用的、加工处理好的数据;广义的信息资源概念则涉及到信息生产、流通、分配、使用全过程的所有要素,包括生产信息的原料——有待加工处理的数据,处理信息的工具——计算机硬件及其他设备,控制信息过程的人员——信息专业人员,如系统分析人员、程序编制人员、信息管理人员和信息服务人员等等。"

2.2.2.7 信息资源是信息系统资源

系统是由一组相互联系或相互作用的要素所构成的一个统一整体。系统是一群相互联系的要素,它们共同作用,接受输入并在一个有组织的转换过程中产生输出,以实现共同目标。信息系统是人员、硬件、软件、通信网络和数据资源的有组织的集合体,它在一个组织内部收集、转换和传播信息。人们依靠信息系统来进行相互交流,具体地说,就是要利用各种各样的物理设备(硬件)、信息处理指令(软件)、通信渠道(网络资源)和自人类文明诞生后就已经保存下来的数据(数据资源)。

表 2-2 信息系统资源和产品

人员资源	专家	系统分析员、程序员、计算机操作员
	终端用户	任何利用信息系统的人
硬件资源	机器	计算机、显示器、磁盘驱动器、打印机、扫描仪
	介质	软盘、磁带、光盘、塑料卡、纸张
软件资源	程序	操作系统程序、表格程序、字处理程序、工资程序
	过程	数据录入步骤、差错改正程序、工资支票分发程序
数据资源		产品著录、客户记录、雇员文件、存货数据库
网络资源		通信介质、通信处理器、网络存取与控制软件
信息产品		利用文本和图形显示、声音应答和纸件等制作的管理报告和企业文件

图 2-1 绘出了一个简单的信息系统模型(information system model),它给出了信息系统的主要组成部分和活动的基本概念框架。所有的信息系统都利用人员——终端用户和信息系统专家,硬件——机器和介质,软件——程序和过程(procedures),数据——数据和知识库和网络——通信介质和网络支持资源执行输入、处理、输出、存储和控制活动,以把数据资源转换成为信息产品。该模型阐明了信息系统的要素之间的关系和信息系统的活动。

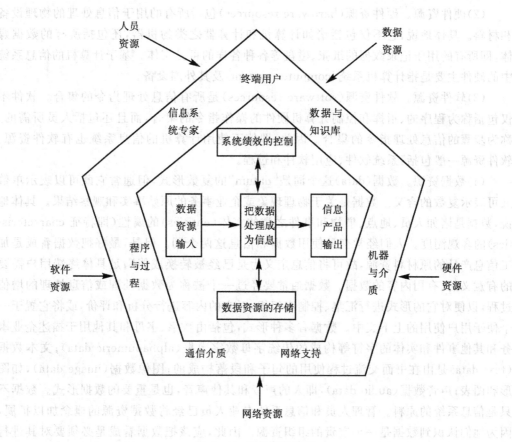

图 2-1 信息系统模型

上述信息系统模型告诉我们,信息系统由 5 种资源构成:人员、硬件、软件、数据和网络。下面就简单地介绍一下这五种资源的概念。

(1)人员资源。人员资源(people resources)是所有的信息系统都必不可少的要素。它包括终端用户和信息系统专家。终端用户,也称为用户(users)或客户(clients),是任何利用信息系统或其所生产的信息的人,组织中的大多数人都属于终端用户。他们可以是会计、推销员、工程师、办事员、客户或主管。我们大多数人都是信息系统的终端用户。管理终端用户(managerial end user)是指主管、企业家或亲自使用信息系统的管理层次的专业人员,大多数管理者都属于管理终端用户。信息系统专家(information system specialists)是那些开发和运行信息系统的人员,包括系统分析员、程序员、计算机操作员(computer operator)和其他的信息系统的管理人员、技术人员和事务人员。简单地说,系统分析员根据终端用户的信息需求设计信息系统,程序员根据系统分析员的说明书编写计算机程序,计算机操作员则负责运行计算机。有时候人们也使用知识工作者(knowledge workers)这一术语,它是指那些把大部分工作时间用于创造、利用和分配信息的人,包括主管领导、主管和基层主管,以及会计、工程师、科学家、股票经纪人、教师、秘书(secretaries)和办公室文员等。他们中大多数人都属于利用信息系统来创造、分配、管理和利用信息资源谋生的人。因为信息系统能够帮助他们管理人力、财务、能量和其他资源。

(2)硬件资源。硬件资源(hardware resources)包括所有的用于信息处理的物理设备和材料。具体地说,它不仅包括诸如计算机和计算器之类的机器,还包括所有的数据媒体,即所有的用于记录数据的纸张、磁盘等各种各样的可见实体。基于计算机的信息系统中的硬件主要是指计算机系统(computer system)及其外围设备。

(3)软件资源。软件资源(software resources)是所有信息处理指令的集合。软件不仅包括称为程序的、指挥和控制计算机硬件的操作指令的集合,而且还包括人员所需的、称为步骤的信息处理指令的集合。因此,即使不使用计算机的信息系统也有软件资源。软件资源一般包括:系统软件、应用软件和过程。

(4)数据资源。数据(data)这个词是"datum"的复数形式,但通常它既可以表示单数又可表示复数的含义。数据是关于物理现象或企业事务的原始事实和观察结果。具体地说,数据是诸如人员、地点、事物和事件之类的实体(entities)的属性(即特征 characteristics)的客观测度。人们经常交叉使用数据和信息这两个词。但是,最好把数据看成是加工信息产品的原材料资源,故可将信息定义为是已经被转换成能满足具体终端用户需要的有意义的、有用内容的数据。数据通常要经过一个被称为数据处理或信息处理的增值过程,以便对它的形式进行汇集、控制和组织,对它的内容进行分析和评价,或将它置于一个便于用户使用的上下文中。数据有多种形式,包括由数字、字母和其他用于描述企业事务和其他事件和实体的字符等构成的传统字母数字数据(alphanumeric data);文本数据(text data)是由在书面交流过程使用的句子和段落构成的;图像数据(image data),如图形和图表;声音数据(audio data),即人的声音和其他声音,也是重要的数据形式。数据不只是信息系统的原料。管理人员和信息系统专业人员已经将数据资源的概念加以扩展,因为他们认识到数据是一种宝贵的组织资源。因此,应该把数据看成是必须要对其进行有效管理,以使组织中的所有终端用户都能够获益的资源,即数据资源(data resources)。信息系统的数据资源一般是指被组织处理过和组织好的数据组成的数据库,以及有关不同主题的事实和推理规则等的知识的知识库(knowledge data)。例如,有关销售事务的数据可以积累起来并存储在销售数据库中,待以后处理成供管理人员使用的每天、每周和每月的销售分析报告。使用知识库的是被称为专家系统的信息系统,它给终端用户提供关于具体问题的专家建议。

(5)网络资源。电信网络对现代组织及其基于计算机的信息系统的成功运作是必不可少的。电信网络由计算机、用户终端、通信处理器和其他的通过通信介质连成一体并通过通信软件加以控制的设备等构成。网络资源(network resources)这个概念强调的是:通信网络是所有信息系统的一种基本资源要素。网络资源一般包括:一、通信介质。如双绞线、光导纤维、微波系统和通信卫星系统。(2)网络支援(network support)。它包括各种各样的直接支持通信网运行和使用的人员、硬件、软件和数据资源,诸如调制解调器和互联网处理器之类的通信处理器,诸如网络操作系统和因特网存取软件包之类的通信控制软件。

以上定义反映了目前国内外学术界对信息资源概念的理解既存在一致性的一面,也存在着差异性的一面。从最广泛的意义上讲,信息资源是人类活动的信息要素,但通常人们所说的信息资源一般是指人类信息活动的要素。对这一定义,应从以下几个方面来理解:首先,信息资源是相对于主体人而言的,因而在不同的历史时期,它的外延有所不同,这是因为人类的认识和实践活动是不断深入的。其次,信息活动具有广泛的含义,既可指个体的信息活动,也可指群体(组织)的信息活动;既可指专业性信息工作,也可指非专业性信息工作。第三,信息活动的要素具有历史含义,即是说在不同的时期,要素的内容有所不同。但信息是一个在任何时期均必不可少的要素,而资金、技术、方法、设施、设备等则随时间变化而变化。因此信息是信息资源中的核心部分,而其他要素则是支持部分。正因如此,有些人就把信息资源理解为信息本身。第四,从发挥作用的角度看,信息活动的要素有些是潜在的,有些是现实的,信息要素尤其如此。这是造成人们对信息资源概念理解和应用混乱的重要原因。第五,从状态上看,信息要素有的处于天然状态,是在现有的技术经济条件下,人类可以利用的信息(劳动对象),只不过是暂时还没有注入人类的信息劳动而被组织起来而已。这类信息广泛存在于人类社会和自然界,比如还没有从市场、气候中剥离出来的市场信息、天气信息。信息要素也可以呈人工状态,这时它就是经过人类加工、组织好的、有确定用途的信息集合。与前者(它只有动态形式)相比,这类信息集合既有动态形式(如保存在人的大脑中),也有静态形式(记录在各种载体上)。人工信息在人类活动中发挥的作用越来越大,因而有些人就认为只有它才是真正的信息资源。从资源的本义上看,这种理解似乎有些狭隘。不过,如果人工信息为一个组织所有,有时候称其为"资产"(assets)或许比"资源"更为贴切。第六,"信息活动的要素"可以通过附加限制条件缩小其范围,从而得出适用于不同用途的信息资源定义。许多有关信息资源的定义在一定条件下是可以相互转换的。最后还需说明的是,目前甚至今后相当长时期里,要获得一个完全通用的信息资源定义也许是很难做到的。因此我们主张不要片面追求概念或术语本身的精确性,而要从实际应用出发,根据使用的需要来定义信息资源,限定它的内涵及使用范围。比如,可将信息资源限定在个人、组织、社会层次上。要允许多元并存,不要片面强求统一。事实上,一个绝对统一的概念,对像信息管理这类新兴学科来说,未必会有利于它的发展。

2.2.3 信息资源的分类

信息资源的分类主要取决于我们分类的对象是前面提到的几种定义中的哪一种。事实上,如果我们把信息资源视为信息本身的话,那么信息资源的分类和前面介绍过的信息本身的分类在很大程度是重合的。如果我们把信息资源看成为是异质要素组成的复合体的话,那么信息资源的分类就和信息本身的分类完全不同。在此我们只是从便于研究和使用的角度对后一种意义上的信息资源进行简单的划分(不一定是严格的分类)。在分类方法上我们只使用最简单的两分法。

2.2.3.1 划分为广义的信息资源和狭义的信息资源

关于这种划分方法,我国著名的信息经济专家乌家培先生的观点最具有代表性,他认为:"对信息资源有两种理解。一种是狭义的理解,即仅指信息内容本身。另一种是广义的理解,指的是除信息内容本身外,还包括与其紧密相联的信息设备、信息人员、信息系统、信息网络等。狭义的信息资源实际上包括信息载体,因为信息内容不可能离开载体而存在。广义的信息资源并非没有边际地无限扩张。凡与信息的生产、分配、交换(流通)、消费过程即信息周转过程相脱离的信息设备等,就不属于信息资源,凡与信息周转过程有关的非信息设施等,也不属于信息资源"。

2.2.3.2 划分为信息资产和信息资源

持这种观点的人有信息管理思想的主要提出者、信息管理学科的主要创建者、信息管理实践的主要推动者,美国著名的信息管理专家 F.W. 霍顿(Horton),他认为信息资源一词具有两种含义,当"资源用单数(resource)时,信息资源(information resource)是指信息本身,即其内容。例如,档案、报告或记录中的信息并不是指物理文献或格式本身。在信息产品或信息服务中的信息也是如此,如出版物"。这时,信息资源与信息资产(information assets)是同义词。"当资源用复数(resources)时,信息资源(information resources)是指所有的工具(tools)——设备、用品、物理设施、人员和其他的企业用于处理信息的资源。此外,资本和经营投资与支出也包括在上述支持性资源之中"。

值得注意的是,霍顿的信息资源定义和分类与乌家培的信息资源定义和分类既有区别也有联系。霍顿的单数形式的信息资源与乌家培的狭义信息资源的含义基本相同,但是霍顿的复数形式的信息资源与乌家培的广义信息资源的含义存在明显差别,因为前者不包括信息本身,而后者则包括信息本身。这两种定义与分类方法在国内外信息管理理论界和实践领域中都有人使用,比如潘大连和黄巍就认为:"信息资源有两种具体概念。狭义的信息资源主要是指信息内容本身,而广义的信息资源则既包括信息本身,又包括有关提供信息的设施、设备、组织、人员和资金等其他资源",而 C.F. 伯克则认为:"信息资源(information resources)就是信息储备(information holdings)和在组织机构内部的或可为其利用的信息处理工具。"美国联邦政府信息资源管理的最高机构管理与预算局也将信息资源定义为政府信息和信息技术。为了避免混淆引起歧义,我们在具体使用时要区分每个术语的具体含义。

2.2.4 信息资源的层次与范围

广义地看,信息资源是一个由异质要素构成的复杂的综合体(可以运用系统论的思想将其看成是一个信息资源体系)。其内部可从大方面划分为两个层次:第一个层次为核心资源(本书中后面部分有时候也称其为"本资源"),它由同质要素构成,又称信息本身、信息内容、信息资产、信息储备、狭义信息资源等。由于该层次的信息资源是整个信息资源体系中最核心的部分,因而无论是在国内还是在国外,都有不少人只把它看成是"信息资源"。比如国内不少学者就经常把文献资源和(或)数据库资源视为信息资源;第二个层次为支持资源,它由异质要素构成,包括作为信息活动投入要素的人力、技术、设备、资金、设施等。在国外,也有一些学者只把支持资源称为"信息资源"。在信息资源外部还有它赖以存在和发挥作用的环境因素,它们虽然不构成信息资源中的第三个层次,但会对信息活动的效率和效益产生这样或那样的影响,故称它们为信息资源的环境资源,如气候、人口、文化、教育、交通、邮电、通信等。图2-2显示了广义信息资源的层次结构。

核心资源(本资源)是指信息本身,但是这并不意味着可以绝对地在它们两者之间划上等号,那么信息与核心资源这两个概念之间究竟是何种关系呢?信息与核心资源之间的关系是确定核心资源层次范围必须研究的一个重要问题,而确定信息本身的范围则是我们理解核心资源范围的前提。

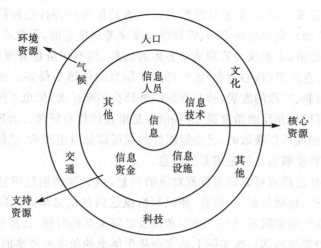

图 2-2 广义信息资源的层次

从目前人们的使用习惯上看,对这两个概念之间的关系大致已形成了三种观点(见图 2-3):第一种认为信息只是核心资源的一部分,此即包容关系。显然,这里的"核心资源"实际上是指本体论意义上的信息,而"信息"则是指主体论或认识论意义上的信息。第二种认为核心资源是信息中的一部分,这也属包容关系。在这种关系中,"核心资源"更多的是指主体论或认识论意义上的信息,而"信息"则主要是指本体论意义上的信息。第三种为重叠关系,在这种关系中,信息与核心资源这两个概念的外延完全重合。按照这种说法,信息与核心资源是两个完全相同的概念。比如,当我们纯粹站在客体论的角度上,或者是纯粹站在主体论的角度上,去考察核心资源时就可能会出现这种情况。这三种观点都与信息本身有关,只是由于我们考察信息和理解核心资源时所站的角度不同,才产生了这些差异。

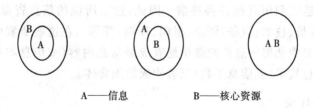

A——信息　　　　B——核心资源

图 2-3 信息与核心资源之间的关系

应该说明的是,信息与核心资源之间的关系是比较容易理解的,但是,由于人们在日常使用时经常笼统地用"信息资源"一词,因而就很容易引起误解。因为,只有狭义的信息资源才与我们所说的核心资源之间具有对应的关系,但是许多人在使用"信息资源"这一术语时却并没有指出它是属于广义的层次还是狭义的层次。不过按照我国的国情,"信息资源"一词更多地是在狭义的意义上使用的,也就是说,如果不作说明,它总是指核心资源。正因如此,在日常使用中,人们对信息与信息资源(核心资源)这两个概念一般不作严格的区分,比如"信息开发与利用"是指"信息资源开发与利用","信息管理"是指"信息资源管理"。但是,当作为一种科学领域的研究对象时,就必须严格区分这两个概念,准确地界定它们之间的关系。例如,信息管理学科研究的是作为一种社会经济资源的信息——信息资源(核心资源),它是从经济学、管理学角度来考察信息的,因此不能为主体识别,不具备现实(经济)价值,不能成为管理活动客体的信息,都不在信息资源(核心资源)之列。也就是说,此时信息资源(核心资源)的外延要比信息的外延小得多。尽管随着人们认识的深入、手段的更新、实践的发展,核心资源的外延会不断扩大,但也不可能穷尽所有的信息。不过,我们可以从相反的角度说,这些信息是潜在的核心资源。而现实的核心资源则是指人类已获取的或可以获取的、已经组织好的或可以加以组织的、已经记录下来的或可以记录下来的各种能够满足特定需要的信息。

核心资源是指已经或可以成为管理对象的信息,但要准确地理解它还需进一步研究其内部的层次结构,也就是数据、信息、知识和情报这四种信息形态之间的关系。有关这一问题,在第一章中谈到数据、信息、知识和情报之间关系的时候,已经作了比较详细的介绍。当然,核心资源的内部层次实际上是完全从主体论的角度来考察的,只有站在主体的角度,信息才会产生重要性的差异,而这种差异又要通过对信息的描述形式和提炼深度才能表现出来。当信息被用数据的形式表现出来以后,这些含有信息的数据就成了最基本的信息资源。在人类的许多活动中都要通过数据来获取各种各样的信息。而对信息进行提炼得到的知识和情报则成了最主要的和最核心的信息资源。

2.3 信息资源的要素及其性质

要素是构成事物的必要因素或条件,任何一件事物,如果要从系统的观点来分析,都应包含了若干个组成要素。作为信息管理对象的信息资源是一个复合系统,因为人类的任何信息活动都不是孤立地进行的,没有其他要素的支持,信息活动便无法开展。而从另外一个方面来看,信息活动常常又是为了特定的物质活动服务的。因此,要使信息活动能动性正常进行,必然要利用其他各种要素。因此,这里所说的信息资源是广义的信息资源,它包括信息、人员、技术、设备、资金、组织、环境,等等。在这些要素中,前三者最为重要。正因如此,本书中就把信息资源简单地看成是信息内容(或信息本身)、信息人员(或信息工作者)和信息技术(或信息工具)三者构成的集合体。

2.3.1 信息内容

信息内容就是前面所说的核心资源,它是同质的单一体——信息本身的集合。信息内容是信息管理的根本对象和目标,在对信息内容进行控制的过程中,必然要对与此相关的各种资源(即要素)进行控制。信息内容是信息资源体系中的带有根本性的核心要素,信息本身在人类生活中占据了无可替代的地位,发挥了日趋巨大的作用。信息内容可以消除人们认识上的不确定性,优化决策。它作为生产要素作用于生产活动,可以节约投入增加产出,获得更好的效益。同时,它还是联结信息人员和信息技术的中间环节。没有信息内容,信息人员和信息技术不仅失去了联系,而且还没有了作用的对象。开发和利用信息人员是为了获取和生产信息,应用信息技术是为了传播和处理信息,因此信息人员和信息技术是围绕着信息内容而展开的。信息内容是信息资源体系中最为复杂的部分,也是迄今为止被研究得最少、最不透彻的部分。

信息内容在当代被人们视作为同物质资源和能量资源并列的三大资源,它具有许多独特的性质,但以往对它的研究只侧重于技术层面,而没有涉及到社会经济层面。这是因为信息技术不发达限制了人们对信息的开发与利用。近代以前的信息管理的主要目标就是收集、分类、整理并选择合适的载体以实现信息的长期保存。第二次世界大战以来,以电子计算机和现代通信技术为主体的信息技术的迅速发展使信息资源的开发与利用有了现代化的手段,并促进了信息资源研究从单纯的技术层面扩大到社会经济层面(即研究怎样运用)。因此,对信息资源特性的研究也不应局限于技术层面,还要从社会经济层面对其进行考察。从信息内容的角度看,信息资源和信息的性质有许多是相似的、甚至相同的,当然也存在一些不一致的性质(下面讨论的性质,若不作说明则对两者都适用)。这种不一致是由于我们观察的角度不一样,比如从社会经济角度和自然科学角度来考察信息和信息资源的性质往往会得出不同的结果。还应注意的是,核心资源是一个由不同类型、不同层次的信息(资源)构成的复杂综合体(系统),而不同层次、不同类型的信息资源都具有一些自身特有的性质。不过,这些性质不在本节的研究之列。我们只从抽象的一般意义上研究信息资源的共同性质。

2.3.1.1 非物质性

核心资源从本质上看是指信息(集合)的内容,也就是信息的含义,因而是抽象的。信息,正如C.维纳(Wiener)所言,既不是物质,又不是能量,信息就是信息。尽管信息源于物质,信息活动离不开能量,信息的显示、传递、吸收、开发、利用等离不开物质与能量,但信息内容是无形的,它可以脱离产生它的物质而转移,同时又不使该物质发生任何变化。能量尽管有时也呈无形状态(如太阳能、电能),但它的产生与转换是以作为能源的物质发生不可逆变化为前提的。

与非物质性相对应的另外一条性质就是渗透性,核心资源能渗透到人类社会活动的所有方面,从而使人类社会活动的效率和人类社会发展的速度越来越依赖于核心资源的获取、组织、传递和利用的效率。

2.3.1.2 非消耗性

物质资源和能量资源都具有消耗性,即使是可再生性资源,如果使用不当,也会枯竭、贫化、退化。而且,物质资源与能量资源的开发利用,有时还会使自然生态环境发生不可逆变化,从而加快物质资源和能量资源的消耗速度。信息资源是无形的,它的消费不表现为信息资源数量的绝对或相对减少,而仅表现为信息内容的转移。尽管在转移过程中有时也会丢失一些信息内容,但人们对信息内容进行消化吸收和运用后却会产生更多的信息,从而导致可以利用的信息资源总量的绝对增长。

2.3.1.3 无限性

从自然科学角度看,物质在宏观上可以无限扩张,在微观上则无限可分,而在运动和形式上又极其多样,因而表征其运动状态及其状态变化方式的信息从总体上看也是无限的。值得注意的是,虽然信息作为一个整体集合(未经人工干预的天然资源)其内容是无限的,但对某一条具体信息来说,其内容却是有限的。也就是说,无限性是信息集合的性质,而不是单条信息的性质。

2.3.1.4 可开发性

信息资源在一定的条件下可以经过人工变换成为信息产品。由于信息具有非消耗性和多用性,所以信息资源可以多次开发,而不会损失原有信息的内容。所谓开发是指使至今尚未发挥或未能充分发挥作用的信息资源开始发挥其功能和作用。开发与利用密切相关,利用是指使已经发挥了作用的信息资源的功能得到进一步发挥,因此,开发实际上也是利用,应该包括在利用之内。但由于未开发或有待开发的信息资源数量极大,所以我们也经常把开发和利用并提。信息资源的开发从大方面看有两种形式:一种是探索未知,例如科学家的活动就是将客体信息经过大脑加工转换为载体信息;另一种是组织已知,就是将人类活动的各种记录(载体信息)按照一定的标准和要求重新整序。由此看来,未开发或已开发,这两个概念是相对的,它们之间可以根据开发程度的不同划分出若干个不同的层次或等级,比如一次、二次、三次或初级、次级、高级。

2.3.1.5 共享性

同一种信息资源可以在相同的时间、相同的地点,相同的时间、不同的地点或不同的时间、不同的地点为多个不同的用户所共用,这就是信息(资源)的共享性。它是信息资源区别于物质资源和能量资源的主要标志,但不是唯一标志,因为极少数自然物有时也可为人们所共享,例如阳光、空气、气候等。人们常说"同在阳光下"、"同在蓝天下",就是指阳光、空气和气候资源的共享性。信息的共享性是绝对的、无条件的(人为的限制除外),它可在任何时间、任何地点为任何人所共用,但是物质资源和能量资源即使具有共享性,往往也是有条件的、相对的。例如煤不能共享,但其转化物——电却可以共享,但这种共享是以煤的消耗为条件的。信息的共享性是由信息的非物质性和非消耗性决定的,故它无需附加限制条件。当然,信息的共享性并不能保证所有的人都能从中获得等量的信息内容。

信息本身具有共享性,这也决定了信息资源的共享性。从最广泛的意义上讲,核心资源是人类的共有资源,可被人类分享而不会发生损失。但在现实生活中,并非是任何核心资源都可共享的。信息作为一种战略资源,不仅决定了一个国家一个企业的当前成败,也决定了它们的长远利益。因此,信息资源的共享常常受到时间、空间和利益等的限制。

2.3.1.6 有限性

从社会经济角度看,资源都是现实的,而且是稀缺的。虽然潜在的信息是无限的,但在现有的经济技术条件下,其中的绝大部分并不能转化为现实资源,就是说人类已经开发出的或有待开发的、可以利用的信息资源是有限的。正是这类资源构成了经济意义上的资源。有限性还表现在:具有经济价值的信息资源,相对于人类多样化、多变化的信息需求来说,永远处于稀缺状态。人类的信息需求只能得到相对的满足,因为人会不断地产生新的需求。唯其如此,人类探索自然、社会和自身的活动(获取信息)才永远不会终止。

与有限性密切相关的一个性质就是非对称性。由于自然界物质分布的不均匀性,导致了信息分布的不均匀性。而在人类社会中,这种不均匀性由于人们在获取、处理、吸收、利用等能力方面的差异,更加呈现出非对称性,并由此引出了一系列的问题。事实上,信息资源在人与人之间、组织与组织之间、国家与国家之间、人与组织之间、人与国家之间,都呈非对称分布,从而引起了信息差距,而这正是信息专业人员、信息机构、信息管理、信息工作、信息服务、信息市场、信息产业、信息经济等现象存在与发展的基本前提。信息管理的一个重要目的就是要缩小信息差距、提高信息的吸收率、推动社会经济的健康发展。

2.3.1.7 自主性

对记录在载体中的信息而言,它具有独立存在和不可还原性。尽管这些信息是人类的产物,但它们却创造出了自己的自主性领域——许多在自然状态时不存在的问题,比如正确信息与错误信息、优质信息与劣质信息、信息的增长问题、信息的控制问题等等。很多学者认为信息资源管理是对记录信息的管理,而这就是一个典型的自主性问题,是这些信息在数量不断增大过程中产生的独立问题。自主性使信息资源(记录在载体中的信息所形成的集合)构成了一个庞大的专门研究领域,许多学科都把记录信息作为自己的研究对象,例如图书馆学、情报学、档案学、博物馆学、文书学、文献学和信息管理学等。

2.3.1.8 增殖性

随着科学技术和社会经济的发展,人类所积累的信息资源正以几何级数的形式迅速增长,这就是所谓的"信息激增"或"信息爆炸"。它的产生,一方面是由于人类的实践活动日益深入,获取了越来越多的以前未曾发现的信息;另一方面是由于信息本身所具有的可转换性、可扩充性、可压缩性、自组织性等所引起的。人类对这些信息特性的运用可以使已有的信息不断衍生出"新信息",这就是信息资源的增殖性。人类拥有的信息资源在数量不断增长之时,却未使处于自然状态的客体信息(它是信息的最初来源)发生损失、劣变、耗竭。相反,物质资源和能量资源随着开发利用规模的扩大,作为它们来源的物质将会迅速减少以至耗竭。

2.3.1.9 增值性

"增值"一词一般是指对某种原料进行加工,或对某种服务加以改进,以使成品的价值高于原来的价值。例如数据是一系列相互没有联系的事实和看法,通过分析、对比、选择、分类、综合等方法加以组织,这些数据就会变成为"信息"。信息比数据更有价值,它是已经成为对具体目标有实际指导意义的数据。信息又可以被加工成为一套具有逻辑联系的"知识"。知识是组织好的信息,它是认识和判断的基础。核心资源能在消费、利用的基础上实现不断增长,从而使人类可资利用的信息总量和知识总量不断增长。信息资源的开发利用可以获得成倍、成百倍甚至更多的高于投入的收益。信息增值的实现途径主要有五种:一是将信息资源开发后变成信息产品(或服务)出售,比如图书、专利技术、技术秘密、计算机软件等就属这类产品;二是提高物质产品中的信息含量,即改变其中的物质与信息比重,将信息加进物质产品中可以使物质产品的价值激增产生附加值;三是利用信息取代、节约其他资源;四是扩大其它资源生产空间、缩短其生产时间,例如运用太空冶炼高纯金属、培育或改良植物品种,运用现代通信技术提高信息流动速度,提高其他资源的利用效率;五是通过优化决策提高社会效益和经济效益实现增值。增值性是现代信息管理得到迅速发展的基本前提。很多学者都把信息管理或信息资源管理与增值服务联系在一起。

2.3.1.10 有用性

信息资源具有满足人类需求的属性,这就是信息资源的有用性。但从经济学的角度看,人类的信息需求具有时空界限。因此,在一定的社会历史条件下,无用的信息或无法利用的信息就构不成资源。比如,绝大多数自然客体中所包含的信息,在目前阶段对人类是无用的或用途极小,因而就不值得花费巨额成本去获取、开发这些信息。当然,必要的探索是需要的,但应在财力和技术许可的条件下才能实施。从另一方面看,假冒伪劣信息,无论数量有多大,都不构成资源,因为它们会误导而不会满足人们的信息需求。处于无序状态的载体信息也不是资源,因为这种信息数量越大,就越无法利用。

2.3.1.11 同质性

这是核心资源所特有的性质。核心资源是由本质相同或相似的要素——信息所构成的集合。而包括核心资源和支持资源的广义信息资源,则是由异质要素构成的。由于核心资源具有同质性特征,因此,尽管它们的种类、存储介质不同,但人类处理、管理它们的原理、方法和手段都是十分相似的。这也是以信息资源为研究对象的学科在经过了长期的分化后出现一体化的一个重要原因。

2.3.1.12 控制性

信息资源的开发和利用渗透于人类的一切活动之中,它是开发和利用物质资源和能量资源的前提。所有的动物都能凭借感觉器官从自然界获取生存所必需的信息,比如食物信息。但绝大多数动物的信息获取行为常是被动的,只局限于短期利益。与动物不同的是人类将自己的信息获取行为逐渐转变成主动的活动,并懂得了积累已获信息和开发、利用已获信息对人类文明发展的重要性。实际上,人类认识自然、改造自然的活动包含了三种变换过程,即物质变换、能量变换和信息变换,人类通过信息变换来指挥物质变换和能量变换。但在历史上由于信息活动一直和物质活动紧密结合在一起,所以人们并未认识到这一点。后来,随着信息技术的发展和应用,信息工作才逐渐从物质活动中独立出来,但只是到了现代,人们才认识到人类一直在利用信息流控制物质流和能源流。在当代,信息先行已成为现代社会正常运转的基础。正是从这个角度出发,人们才认为信息是一种战略资源。

2.3.1.13 规模性

它有三层含义:一是指信息资源必须在信息积累达到一定的量后才能成为社会资源。任何一条信息的内容都有确定的范围,因此单条信息或少量信息很难成为人类社会活动的要素(即资源),只有积累到一定量后才有这种可能。二是信息的规模性,即多种信息的结合可以排除某些"信息噪音",并可产生新信息。人们的学习过程都具有这种特性,决策过程则更是如此。例如,在学习过程中,人们经常要参阅各种工具书、教科书和书籍,以排除一些虚假的、错误的或不准确的信息,在这一过程中往往还会产生新信息。三是指信息资源的利用要建立在规模开发的基础上。沿袭小农经济的方式来开发信息资源很难获得较高的社会经济效益,只有按照产业化的方式开发才能取得较好的效益。

2.3.2 信息人员

信息人员是信息工作者的集合。信息工作者则是指在各级各类信息部门工作的信息专业人员,包括信息采集人员、信息生产人员、信息处理人员、信息研究人员、信息传播人员、信息提供人员、信息安全监察人员、信息管理人员,以及为这些工作提供支持的计算机硬件维护人员、软件开发人员、系统管理人员、网络管理人员、信息营销人员、信息开发人员、信息教育人员、信息政策和信息法规的制定与推行人员,等等。总之,凡是其本职工作完全或主要是与信息工作有关的人员,都可以列入信息人员之列。信息人员的工作对象与其他工作人员有很大的差别,因而他们需要具备一些特殊的品质。

2.3.2.1 高素质性

信息人员与其他行业的人员相比,一个非常突出的差距就是,他们一般素质都很高。作为专业人员,他们通常都接受过大学乃至更高层次的教育,掌握了信息科学技术和信息管理方面的基本知识和技能。在国外,人们常常把具备了这些知识和技能并在办公室环境下工作的信息工作者称为"金领人员",其地位和待遇不仅高于在工厂工作的"蓝领人员",也高于在办公室工作的、传统的"白领人员"。在国外的许多大公司中,已经出现了信息主管和信息副总经理之类的高级管理人员。信息人员的高素质性是由他们所从事的工作都是信息、知识和技术密集性的特点所要求的。许多传统行业的工作人员在进入信息领域时往往会遇到巨大的"素质壁垒"的限制,这也从另外一个侧面说明了信息人员需要很高的素质。当然,这里的"高"也好是相对的,事实上,即使在信息领域内部,不同的工作对素质的要求也会有所不同。

2.3.2.2 高创造性

信息人员一般要具有高度的创造和创新能力。无论他们从事的是什么类型的信息工作,如果创造和创新不足,都难以取得应有的成就。事实上,自20世纪中期以来,推动社会经济发展的一个因素就是现代信息技术的发明和应用。现代信息技术,不论是硬信息技术还是软信息技术,都在不断地推陈出新,从而推动着信息资源的开发和利用向深度和广度两个方向不断拓展,人类发现、掌握和可以利用的信息总量正在不断地增长。所有的这一切都离不开具备高度创新和创造能力的信息人员。进入20世纪90年代以后,由于因特网的飞速发展,一些具有创新意识的信息人员又在网上推出了许多新型的信息服务项目和服务内容。整个信息行业和信息领域都是极富挑战性,不具备创造和创新能力的人在这一行业和领域,很难获得不断发展的机遇。

2.3.2.3 高强度性

高强度性是指信息人员往往会由于工作方面的原因(巨大的工作压力)不得不操劳过度。信息工作的对象具有特殊性,因而经常表现为过度的、高节奏的脑力劳动。信息行业和领域不仅极富挑战性,而且竞争也异常激烈。该领域的知识更新速度也是所有其他领域都望尘莫及的。因此,任何一个在信息领域工作的人,都要时刻准备着迎接即将到来的挑战。产生高强度性的主要原因表现在四个方面:第一,随着人们信息实践活动的深入,会提出越来越多的新的信息难题。这些难题的解决难度越来越大,这就必然会迫使信息人员开动自己的大脑去进行不懈探索;第二,人类社会中产生的许多复杂问题,需要通过利用信息技术和信息才能得到解决,而这种利用不是静态的利用,而是动态的利用,也就是说要不断地运用新的技术、新的信息才能解决这些问题。第三,随着国际经济一体化的推进,各个领域里的竞争与合作将会进一步加剧。要在竞争与合作中获得竞争优势,免遭淘汰,信息人员就要将自己的智力发挥至极限;第四,信息知识的更新速度不断加快,这也迫使信息人员要不断学习以更新自己的知识。而这又会迫使信息人员不断地延长学习时间,而且往往还会导致学习与休息不分、办公室与家庭不分。正因如此,许多人都认为信息事业是年轻人的事业,信息工作是年轻人从事的工作。

2.3.2.4 高收入性

高创造性和高强度性决定了信息人员的工资等收入要高于其他领域和行业里的人员。信息人员的高收入是一个世界性的现象。在许多单位内部,信息人员的工资收入往往接近其单位的最高领导人的收入,有的甚至比其单位的最高领导人的收入还要高。产生这种现象还有另外一个十分重要的原因就是高素质的信息人员本身也是一种非常稀缺的资源。在美国20世纪90年代末产生的一些新富豪中,绝大多数都是通过信息或者是与信息相关的活动致富的,而且这些人暴富的速度快得令人不可思议。比尔.盖茨成为全球首富不过20年左右时间。信息人员的高收入与其敢于冒险和勇于创新的精神以及其自身的信息和知识储备密不可分,这种高产出是建立在高投入的基础之上的。信息人员为了提高自身的知识、技术、技能和素质要投入大量的时间、精力和资金,只有这样才能赶上信息技术和信息事业发展的速度。他们往往付出了常人难以想象的艰苦的、长时间的脑力劳动。根据按劳分配的原则,这样的投入必然会带来很高的回报。

2.3.2.5 高流动性

这里的流动性是指职业的流动性,包括变换工种和工作单位。创新是一切信息工作的内在要求,而创新不仅取决于创新人员的个人素质,往往还取决于创新人员所处的环境。恶劣的环境往往会把最具潜力的创造者的智慧抹杀掉。因此,要促进创新就需要不断地提出新问题、不断地创造新环境。许多在信息部门工作的人员,常常不断地变换工作单位,这要是在传统的行业和领域,会被视为不可思议之事。因为这些领域里的工作有许多属于需要熟练技能的非脑力劳动,干的时间越长、经验越丰富,处理问题也就越驾轻就熟,因而人员的流动性较小。但是对于需要高度思维活动的信息工作来说,变换岗位和工作单位往往会带来新的灵感,有利于创造性的发挥。正因如此,"跳槽"对信息人员来说,并不是一件不光彩的事。据统计,目前全球IT公司每年辞职人员约占20—25%。

2.3.2.6 高独立性

体力劳动常常需要多人的固定合作,与此不同的是,脑力劳动经常表现为个体劳动,那些对创造性要求很高的脑力劳动就更是如此了。信息工作主要属于脑力劳动,因而在工作过程中对合作的需要一般不是十分强烈。有许多工作的开展往往只依赖于一个或少数人的创造性思想,这种情况虽然在其他领域中也存在,但是在信息领域中表现得更为明显。信息人员所从事的工作,往往在一台电脑上就可以解决,即使需要合作也可以通过电脑的联网来解决,并且采取非常松散的课题组形式。信息领域的工作有许多对创造性的要求很高，比如软件开发、信息分析等，因此必然要求信息人员要具有一定的独立性。独立思考对信息人员来说，是一种最基本的素质。当然，独立并不意味着取消合作，信息本身具有共享性，这是信息领域需要合作的内在要求，只不过信息领域里的合作在深度和广度等方面与其他领域有明显的差异而已。

2.3.2.7 高责任性

信息人员的工作在很多情况下，不仅关系到自己的利益，更涉及到他人、组织乃至全社会的利益，这就要求他们必须具有高度的责任感，对工作要认真负责、一丝不苟。人类社会已经迈入信息社会和网络社会，信息已经变成了维持现代社会正常运转的必不可少的血液。物质和能量等的流动都是通过信息的流动才能够实现的。因此，信息质量的劣化、信息收集的延误、信息处理的失误、信息传递的阻滞、信息安全的疏忽，都可能酿成灾难性的后果。可以设想，在需要当机立断的时候如果得不到所需的信息、或者得到的是不准确的、甚至是错误的信息，将会产生什么样的后果。如果人们获得的金融信息不准确，必然会误导投资，严重的还会引发金融危机。20世纪90年代初，东南亚爆发的金融危机虽然有多方面的原因，但是忽视了信息工作确是其中的一个非常重要的因素。在网络社会中，如果信息人员不具有高度的责任感，那么就会出现一个人与一个组织、甚至一个国家对抗，这将会严重地损害他人利益、扰乱社会秩序、危害国家安全。高度的责任感需要通过强化法律与道德意识，提高自律与他律的水平才能实现。一个缺乏责任感的人，无论他有多高的智商，即使进入了信息领域，也不能、不会委以重任，让其进入关键性岗位。

2.3.3 信息技术

信息技术是信息收集、加工、存储、处理、传递技术的集合，也就是人们通常所说的信息工具、信息手段。信息技术是人类在不断探索提高自身的信息能力的基础上逐步发展起来的，它的产生使人类认识自然、改造自然和战胜自然的能力大为增强。现代信息技术的发展可以说是日新月异，它使得人类的信息获取、组织、存储、传递能力日益提高，这不仅促使信息渗透到人类社会的每个角落，提高了信息的生产量和利用率，而且还促进了信息价值的实现、提高了信息的地位，使社会经济发生了一系列变化。

信息技术是技术中的一个子集，它除了具有一般技术共有的特征外，还具有一些特有的个性特征。在此仅对这些个性特征略作介绍。

2.3.3.1 高技术性

信息技术主要是指以现代计算机技术、通信技术和网络技术，这些技术与许多传统技术相比具有一个十分重要的特征，即其中的知识、技术含量高、技术内容先进，它们都属于典型的信息产品。事实上，如果仅从产品方面来看，随着社会经济和科学技术的发展，产品和服务中包含的信息（科技）成份在不断增加，并逐渐超过了其中的物质成份。从第二次世界大战以后的20世纪50年代到90年代的这40年中，每隔10年，单位重量的产品价格就上涨了10倍。这标志着产品中的信息（科技）含量在迅速增加。20世纪50年代，有代表性的时代产品是钢铁，每千克约为1元。60年代的"石油经济"中有代表性的时代产品是洗衣机、电冰箱、汽车等，单位重量产品价格比50年代提高了10倍，一般是每千克

30—100元,汽车为30元,洗衣机60元,电冰箱为90元左右。70年代,人们竞相发展以集成电路为元件的微电子工业,有代表性的时代产品主要是微型计算机,它的单位重量价格比上一个10年又翻了10倍,每千克100多元。80年代各国注重发展高技术产业,软件是这个时代的代表性产品,其每千克产品的价格就不再是10年翻10倍了,而是几十倍、几千倍、甚至几万倍之多了。

再如制造一块先进的硅片所需的全部劳动力投入是微不足道的,而且从硅片的价格来看,其所需的资本投入也是很少的。另一方面,信息投入却极大,等于是一部积累了各种知识的百科全书。虽然有些人认为要获得这样的硅芯片首先要耗费大量的资金和劳动进行研制才行,但是研制硅芯片所耗费的资金和劳动力主要是用于取得创造和发展硅片所必需的信息。正是这种累积的信息才使薄薄的、重量不到一克的一小块芯片成为强大的电子计算机的"大脑",具有每年创造数万元的服务和收入的潜力。

2.3.3.2 先导性和渗透性

信息技术目前已经发展成为所有其他技术的带头技术,它的发展能够带动其他技术的发展,因而信息技术的发展具有一定的优先性。信息技术的发展和运用不仅促进了信息资源的管理、开发和利用,同时它还具有极强的渗透性和结合性,能辐射、嵌入到几乎所有的其他技术之中,从而大大优化、强化了这些技术。事实上,在今天的所有其他技术中,都可以看到信息技术的影子。正因如此,目前世界各国,尤其是发达国家,为了抢占未来发展的制高点,都在信息技术的开发和利用方面投入了大量的人力、财力和物力。当今世界上的许多竞争在一定程度上都表现为信息技术的开发和应用方面的竞争。许多国家为了开发先进的信息技术,都由政府通过直接或间接的方式来对这类活动进行组织。一些在信息技术领域居于领先地位的国家还对信息技术的进出口制定了严格管制措施。

2.3.3.3 高速度性

信息技术的发展速度之快是许多其他技术所望尘莫及的,这只要看一下我们周围的信息技术产品的推陈出新和升级换代速度就足以说明这一问题了。锤子、桌子、房子等产品,人类用了数千年,都没有太大的变化。从马车、汽车、火车、电车到摩托车的发展也很缓慢,但是从电子管、晶体管、集成电路、大规模集成电路到超大规模集成电路的发展却越来越快。随着网络技术的发展和因特网的普及,现在已经有人提出"网络年"的时间概念,一个网络年相当于"正常年"的3个月。信息技术的发展使其功能逐步增强,用途也日趋广泛。今天的微处理器的计算性能已经远远超过世界上第一台电子计算机,它建成的电子计算机的功能越来越强大,不仅可以进行科学计算,还可以进行事务处理、情报检索、工程设计等一系列的工作。信息技术的飞速发展是当今人类社会进步加快的一个重要标志,也使人类认识、改造和战胜自然以及与自然协调发展等方面的能力得到不断加强。

2.3.3.4 低价格性

信息技术在快速发展的同时,其价格与性能却呈现出反比形式的发展规律。也就是说,在一般情况下,信息技术产品的性能逐步提高,但其价格却逐渐下降。这与"知识曲线"规律很吻合,该曲线指出一项产品随着技术和工艺的进步,其成本将不断下降。例如,摩尔定律(Moore's law)认为计算机芯片的性能每18个月提高一倍,而价格降低一半。

产生这种情况的原因主要是信息和知识的利用。"知识可以降低生产成本,减少所需要资本的数量从而取代资本。这方面最引人注目的例子就是电子计算机生产成本的下降。1960年功能最简单的电路需要两个晶体管,5个其他部件。1978年,光是一块硅芯片就可以有两万种功能。电路密度的增长使电子功能部件的成本下降了一千倍,1960年是10美元,1978年下降到1美分以下。电子计算机单位能量所需资本对生产者和消费者来说都大幅度下降了"。在30年的时间里,电子计算机的价格下降了一万倍。与此同时,今天的微处理器的计算性能已经远远超过世界上第一台电子计算机。在微处理器诞生之前,电子计算机的价格过高,因此无法得到普及应用,因为人力比它便宜。但是现在由于制造硅片技术的发展,已经可以把微处理器的价格降到1美元以下了。

2.3.3.5 人性化

信息技术的人性化是指信息技术在发展的过程中,将越来越完整地体现出人自身的信息功能特征,也就是要模拟并扩大人自身的信息器官的功能。由于人对信息的接收和处理等常常是全方位的、多维的,因此信息技术的发展还将呈现出越来越一体化的趋势。将来的信息技术都会变成多功能化、多媒体化。与许多其他技术不同的是,即使不是所有的人都需要所有的信息技术,也是所有的人都需要某些信息技术。物质活动中绝大多数并不是我们每个人都要进行的活动,但信息活动却是我们每个人都必须要进行的活动,只不过是在深度、广度、目的等方面有些差异而已。事实上,信息功能是我们每一个人都必须具备的基本功能,人脱离信息将无法生存、无法发展,这就决定了我们每个人都需要信息技术。从这个意义上说,信息技术本质上应该是一种最大众化的技术。既然如此,信息技术就应该能够方便地为所有的用户所使用,换句话说,就是对用户要友好。虽然信息技术的功能在不断增强,但是其使用却日趋简单,甚至出现了傻瓜化的倾向。现在计算机中Windows系统就比原来的DOS系统使用起来更加方便。不仅如此,信息技术在自身取得发展的同时,还通过对其他技术进行渗透,使许多原来使用烦琐、复杂的技术,变得简单起来。比如工厂里的无人生产线,家庭用的洗衣机、电冰箱、空调器,等等。工业化使人不断异化,变成了机器的附属物,而信息化则使人重新找回自我,使人性得到回归,使人得到全面发展。

除了上述三个主要要素外,广义信息资源中还包括其他要素,比如信息资金、信息设施、信息设备、信息组织、信息环境等等,这些要素都具有自己的特征,比如信息组织就具有松散性、多样性和多变性,信息资金具有高风险性、高收益性和高流动性,等等。这些要素的性质将在后续的其他相关课程中加以介绍。

2.4 信息、组织与环境

物质资源、能量资源和信息资源共同构成了现代社会发展的三大支柱,物质向人类提供了材料,能量向人类提供了动力,而信息向人类提供的是知识和智慧。这三者犹如一个人的体质(材料)、体力(能量)和智慧(信息)。过去,人们争夺的是物质资源和能量资源,今天则是信息资源。现在,信息资源已经成了社会发展所需要的战略资源,有目的地、有组织地、大规模地开发、利用信息资源是信息社会区别于采猎社会、农业社会和工业社会的重要特征。今天,任何个人、组织或国家,若不能够有效地开发和利用信息资源,必将丧失竞争优势。

2.4.1 核心资源的作用

核心资源是信息的集合,而信息的基本作用从本体论上看就是显示和加强世界的有序性,从主体论上看是可以用于消除人们认识上的不确定性,从而使人类社会向有序化方向发展。从总体上讲,核心资源在人类和人类社会的形成与发展方面发挥了十分重要的作用。

2.4.1.1 信息是人类生存和发展的要素和条件

首先,信息引导着人类的进化。进化是以自然环境信息的存在为前提的,没有不断变化的环境提供的信息,便谈不上适应与选择,物种也不可能出现。其次,进化的过程又是物种信息能力提高的过程。从无机物到有机物、从无性繁殖到有性繁殖、从单细胞到多细胞、从无脊椎到有脊椎、从水生到陆生、从猿到人的每一次质变过程,无不与信息的接收、处理能力的增强有关。人类正是凭借自身不断提高的信息能力,不断地调整、扩大自己的生存空间,维系着自身的繁衍。第三、信息能力的提高意味着人类管理、开发和利用信息资源水平的提高,同时也意味着人类认识自然、适应自然、改造自然和战胜自然能力的提高。人类社会的进步是人类运用自身的信息能力从自然界和社会中获取信息,并将加工处理后的信息反作用于自然界和人类社会的过程。认识世界、适应世界、改造世界都离不开信息。从某种程度上讲,人类文明的进步是在人的信息能力不断提高、人在认识世界和改造世界过程中积累的信息(知识)总量不断增长的基础上,呈加速度形式发展的。第四、人类的活动是一种社会性活动,呈现出高度的组织性和协作性,而这种活动赖以形成、维持和发展的根本保证就是人与人之间能够进行有效的信息交流,并必定存在着一定的交流方式以及与此交流方式相对应的信息流。

2.4.1.2 信息是主客体的中介,是思维的材料

认识过程是信息过程。信息是主客体的中介,若是没有这种中介,客体的运动变化的差异性就不会反映到人脑之中,人就不能接收到客体的信息,那么人和客体之间的关系就只能是物物关系,而不是反映与被反映、认识与被认识的关系。信息既是发挥认识能力的必要条件,同时它也促进了人的认识能力的提高。从另一方面看,思维过程也是信息过程。信息是思维的原料,也是思维的输出结果。

2.4.1.3 信息是组织的保证,是管理的基础

人类社会具有高度的组织性。由于生理的、心理的、物质的和社会的限制,人们为了达到个人的和共同的目标,就必须要进行合作,于是便结成群体——组织。可见,信息是组织内部的黏合剂。组织遍布于人类社会之中。从信息的角度来看,组织是信息交流的渠道,而信息(交流)则是维持组织存在与发展的纽带。组织内部的信息交流越有效,有效的信息交流越多,组织内部的有序性就越高。任何组织的解体都是以组织内部的信息交流不复存在为条件的。另一方面,组织的形成与发展也离不开管理。而管理的过程包括计划、组织、人事、领导和控制,这其中的任何一个环节都离不开信息的获取、处理、传递和利用。信息是决策的依据,控制的前提,管理的对象,而所谓管理就是不断向被管理的客

体传递信息,并且监督客体的运行状态,及时地接收反馈信息,继而通过决策向客体传递新信息进行控制的反馈调节过程。在决策的之前、之中和之后都离不开信息的支持,整个控制过程也离不开信息的支持。信息反馈是现代管理的重要手段,而现代管理的本质就是通过信息流来控制物质流和能源流等。正是从这个意义上讲,管理的过程就是信息过程,任何一个管理系统都应是一个信息系统。

2.4.2 信息、组织与环境

从系统的观点看,任何一个组织都存在于一定的外部环境之中(见图2—4),它与环境之间必然存在着一定的物质的、能量的和信息的交换关系,组织只有适应其外部的环境,也就是与外部环境之间保持正常的物质的、能量的和信息的交换关系,才能获得生存与发展的机会。

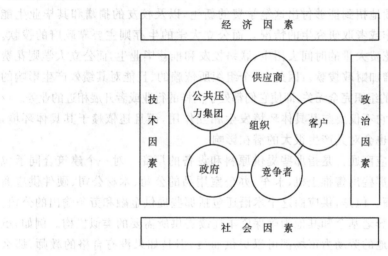

图2—4 组织与其环境

2.4.2.1 组织的环境

组织的环境就是组织周围的能够对其发生影响的力量和境况(forces and circumstances),或者说是在组织之外的且能影响组织绩效的机构(institutions)或力量(forces)。环境可以划分为一般环境(general environment)和具体环境(specific environment)。一般环境是指组织外部的所有事物,包括经济因素、政治状况、社会中介、技术因素,等等。比如,1978年加利福利亚州通过了削减财产税的提案,这就是加利福利亚大学的一般环境中的一种状况。它对该大学资助的影响虽然还不明确,但是其潜在的影响可能极大。同样,美元对英镑和法郎的坚挺对那些在法国和英国从事经营活动的美国公司来说,也是一种环境力量,但这种影响是潜在的。

具体环境是与组织目标的实现直接有关的那部分环境,它是管理人员所关心的那部分环境,包括那些可以对组织的绩效产生积极或消极影响的关键因素。对每一个组织来说,具体环境都有所差别,而且它还会随着情况的变化而变化。一般说来,最常见的具体环境包括供应商、客户或顾客、竞争者、政府机构和公共压力集团。例如,洛克希德

(Lockheed Corporation)对国防合同的依赖性很强,因此美国国防部就应列入它的具体环境之中。当然,随着时间的推移,具体环境中的要素也会逐渐转变成为一般环境中的要素,反之也如此。例如,有个电器制造商,以前从来没有卖过产品给西尔斯(Sears),但是最近却签订了一份为期三年的合同,准备将其生产的洗衣机中的40%销售给西尔斯,不过销售时要使用零售商 Kenmore 的品牌。这一行动就把西尔斯(Sears)从该制造商的一般环境转变成为其具体环境了。组织的具体环境会因其为自己提供的产品或服务的范围以及服务的市场所做的定位的不同而不同。大众(Volkswagen)和梅塞德斯(Mercedes)都是德国的汽车制造商,但是它们的具体环境不同,因为它们确定的目标市场不同。安徽大学和安徽教育学院不同,因为它们在高等教育市场中的定位不同。同样,这些组织中的管理者也会发现他们在自己的具体环境中所面对的要素也有很大的差异。这只要看一下私立大学和公立大学就很清楚了。私立大学的学费要比公立大学的学费高,私立大学的生存取决于它能否持续地招到能够付出这笔学费的新生,以及校友的捐赠和其毕业生能否找到称心如意的工作或考取研究生的情况。而公立大学的生存则主要靠政府的拨款。其结果是私立大学要花费大量的时间去招生、联络校友和推荐毕业生,而公立大学则花费很多时间去游说政府增加财政拨款。因此,一个组织所依赖的、且能对其绩效产生影响的环境因素,也许与其他的组织完全无关,即使它们都处于同样的行业或者开展相近的业务。

组织是一个系统,它不仅要与其具体环境发生相互作用,而且还依赖于其具体环境,同时,组织的一般环境也会对其产生很大的潜在影响。

(1)具体环境。供应商通常是指那些提供原料和设备的厂商。对一个建筑合同承包商来说,其供应商包括那些出售推土机、卡车、办公室用品的公司、木材公司、硬件供应商和砖与混凝土的分销商。但是,供应商这个术语还包括那些提供金融和劳务输出的公司。股东、银行、保险公司、养老基金和其他为确保资本连续提供所需要的类似机构。例如,虽然工会、行业协会和本地的劳动力市场都可以提供雇员,但是如果没有合格的教师,那么要确保一所学校能够有效经营将是十分困难的事。管理人员需要这些输入来实现自己的目标,但是供应商必须要按照公平的价格、在需要的时候,满足管理人员确定的数量和质量标准。这足以说明为什么管理者总是尽可能寻求关键供应商来源的多样化。如果提供原料或设备的供应商越多,那么某个特定的外部供应商对组织产生的影响可能就会越小。如果一个组织拥有多个供应商,那么它就可以压低价格、促使供应商提高产品的质量,同时还可以防止该供应商内部出现罢工或者倒闭所产生的不利影响。

客户是组织输出的吸收者。组织之所以存在,是因为它能够满足客户的需要。客户吸收了组织的输出,这对政府机构也是如此。建立政府机构的目的是为了提供服务,因此在选举时要特别注意的是,我们作为政府机构的客户实际上是在为我们希望得到的满足而投票。客户对组织来说也存在着不确定性,正如供应商一样,一个组织拥有的客户越多,那么个别客户对组织所产生的影响也越小。若客户越少,则不确定性就越大。对组织来说,由于客户性质不同,一些组织可能比另外一些组织面临着更大的不确定性。

竞争者是与组织提供同样产品或服务的其他组织或个人。所有的组织,甚至垄断组织,也有一个或更多的竞争者。例如美菱有荣事达、安徽大学有合肥科技大学、管理学院有经济学院,等等。任何管理者都不能忽视自己的直接的或间接的竞争者。如果不这样做,那他们最终要付出高昂的代价。例如铁路行业中遇到的很多问题,就是因为他们没有认识到竞争者的存在。前几年,我国铁路行业全面亏损正是如此,因为他们没有认识到公路运输、水路运输、航空运输等都是他们的有力竞争者。

组织所在地或所在国的各级政府都可以对组织行为产生影响,有些立法机构对企业经营产生的影响更大。例如美国在1890年制定的《谢尔曼反垄断法》(The Sherman Anti-Trust Act of 1890)就是力图终止导致贸易限制的垄断行为。1935年的《国家劳动关系法》(The National Labor Relations Act of 1935)规定雇主必须要承认由它的多数雇员选出来的工会。1964年的《民权法》(The Civil Rights Act of 1964)规定,雇主因人种、肤色、宗教、性别或国别而拒绝雇佣、解雇、歧视个人的行为是违法的。1970年的《职业安全和卫生法》(The Occupational Safety and Health Act of 1970)建立了要求雇主必须遵守的各种安全和卫生标准。有些组织因为行业自身的原因,还受到具体的联邦政府机构的检查。例如,电信业中的组织,包括电话公司和广播电视公司,都要接受联邦通信委员会(Federal Communications Committee)的管制。制药厂所生产的药品必须要接受食品与药品管理局(Food and Drug Administration)的监督。对组织来说,政府法规代价常常是昂贵的,但是它们的影响可能远远超出成本的范畴。它们可以降低管理者的权限,限制管理者作出的选择范围。

压力集团是指那些试图影响组织行为的特殊利益集团。管理者必须要了解这些团体,以使组织的行为能够免受其冲击。例如在核电的反对者的成功游说下,有些国家或地区的政府已经放慢了新的核电站的建造速度,并且推迟了向它们颁发许可证。由于社会、政治原因的变化,压力集团的力量总是很强大的。管理者应该要意识到压力集团可能对他们的决策施加影响的力量,并应向那些与自己所在的组织活动有关的利益集团提供公开的交流渠道。

(2)一般环境。与具体环境相比,一般环境对组织运作的影响不大。尽管如此,管理人员也要对它们加以考虑,因为它们能够对组织产生潜在的影响。比如,加拿大魁伯克(Quebec)的政治不确定性——该省是否要从加拿大独立出去,并成为一个独立的国家——对加拿大贝尔公司(Bell Canada)的影响就很小,或者暂时没有什么影响。但是,如果它真的分出去,那么加拿大贝尔公司肯定要受到直接的影响。因此,该公司的管理者就要考虑到这种可能性,要制定应急计划,以防一旦分离变成现实时候出现措手不及。一般环境中的另一个潜在影响因素就是技术因素,例如基因工程(genetic engineering)。虽然基因工程目前在药品上的应用不是很多,但是该领域中的突破很可能使药品生产发生巨大变化,这是制药公司或厂商所不能不考虑的。毫无疑问,在21世纪中基因工程对它们的成长和盈利能力将会产生深远的影响。

经济状况,亦称为经济环境,会影响消费者购买组织输出产品的能力,也会影响输入的价格和可获性。因此,管理者要能够预测未来的经济状况。利率、通货膨胀率、可支配收入的变化、股票市场指数,都属于一般环境中的经济因素,它们会对组织的管理实践产生潜在的影响。

政治状况,亦即政治环境,包括组织所在的国家的稳定性和政府官员对组织在社会中的作用所持的态度。这对那些跨国性的组织来说,可能更是如此,因为其管理是一种世界性的活动。管理者若对组织所在国的政治环境缺乏敏感性和预见性,那很可能会给组织带来灾难性的后果。

社会状况,即是社会环境。管理人员必须要使自己的管理实践适应它所在社会提出的不断变化的期望。管理人员不仅要具备全面理解价值观、习惯和情趣的变化的能力,而且还要随之作出相应的变化,这对他们提供的产品、服务以及内部政策系统都应如此。

技术状况,又称为技术环境。我们生活在一个技术的时代,在过去几年里一般环境的四个因素中,变化最快的可能是技术。信息技术发展的日新月异是我们有目共睹的。信息技术变革不仅对经济、政治、文化、教育,而且还对工作、生活、交往等几乎人类社会的各个方面都产生了深远的影响。任何一个社会组织都要适应这种变革。举例来说,技术环境就对办公室产生了影响,现在的办公室已经变成了通信中心。管理人员可以使用一个集成办公系统,从而使决策的速度更快、更准确。从另一方面来看,对那些只生产打字机、照相复制机的企业来说,它们必须要学会开发新的综合办公系统,否则将不得不从这个市场上退出去。

2.4.2.2 环境不确定性的评估

对管理者来说,环境是非常重要的,因为并非所有的环境都完全相同。对环境的差异可以用环境不确定性来度量,它又细分为两个层面——变化度(degree of change)和复杂度(degree of complexity)。如果某个组织的环境要素发生了很大变化,我们就称其为动态的,如果变化极小,我们就称其为静态的(或稳态的)。按照这种方式,我们就可以把组织的环境状态区分为动态和静态两种情况。静态环境是指没有新的竞争者、没有新的技术突破、公共压力集团,没有开展旨在对组织产生不利影响的活动的环境。不确定性的另一个层面就是环境复杂性。所谓复杂性是指某个组织中的要素的数目和组织对其环境要素了解的程度,要素越多、对要素的了解越详细,环境的不确定性就越低。当前面所说的洗衣机厂家签订了一份将其生产的洗衣机中的40%卖给西尔斯(Sears)时,它就把环境的不确定性降低了。这样,该厂就拥有较少的顾客了,而对一个组织来说,必须与之发生作用的客户、供应商、竞争者和政府机构越少,则其环境的不确定性就越低。

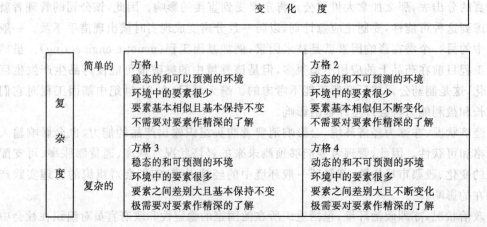

图2-5 环境不确定性矩阵

环境不确定性可以用图 2-5 的矩阵来表示。其中有四个小方格,方格 1 的环境不确定性最低,方格 4 最高。管理对组织结果的影响最大的是方格 1,最小的是方格 4。由于不确定性能够对组织的效益(effectiveness)产生重大影响,因此管理者必须要努力降低它。如果要管理者自己选择的话,那他们肯定会选择在方格 1 的环境下工作,但实际情况是,管理者几乎不可能拥有绝对的选择权。例如,在 20 世纪 80 年代,那些生产和销售家用计算机的高技术公司就处于方格 4 所示的环境中,如果他们把自己定位在这样的市场里,那么他们面临的就是一个高度动态且异常复杂的环境。

2.4.2.3 降低环境不确定性的方法

管理者在降低环境不确定性方面并非是无能为力的,一旦管理者认识到组织对其环境中的一个或若干因素存在依赖性,那么他们就可以制定减少这种依赖性的战略,这就是组织的环境管理。从信息的角度上看,要降低环境的不确定性,就要不断地获取有关环境的信息,并及时地对这些信息进行处理,及时地进行传递和利用。目前最常用的环境管理手段主要有缓冲、整平、预测、配给、签约、吸收、合作、第三方游说、广告等方法,在具体运用这些方法时,都离不开信息的支持。

(1) 缓冲。缓冲(buffering)就是试图减轻或吸收由环境影响所引起的冲击。管理者可以从输入或输出两个方面入手来达到这一目的。从输入方面看,组织可以囤积原料和用品、招聘或培训新雇员,这些活动都是为了保护组织免受难以预料的外部因素的冲击。还可以采用预防性维护的办法,也就是用已知成本来替代未知成本。比如你每月都要检查一下你的自行车,以防止出现突然抛锚或出现意外事故。管理人员也可以采取同样的措施。缓冲在输出方面的应用还不太多,其中最主要的就是清点(inventories),如果一个组织生产出可以在清点过程转运而不受损失的产品,那么就可以进行清点以使组织能够按照固定的比率提高产品生产的效率,从而免受需求波动产生的影响。例如,玩具制造商为了在圣诞节期间销售产品,在刚刚入秋的时候就把自己的大多数产品运给零售商。当然,这些厂家都是整年在生产产品,囤积它们只是为了在秋季好装运。

(2) 整平。整平(smoothing)就是要把由于环境中的波动而造成的影响拉平。使用这种技术的组织有电话公司、零售商店等。例如对电话设备需求的高峰时间一般是周一至周五的上午 8 点到下午 5 点,电话公司必须要拥有足够的设备来满足这一时间的峰值需求。但是这样一来在其他时间里电话设备可能就处于闲置状态。那么管理人员怎么办呢?他们可以通过对峰值时间收取最高费用,以此来鼓励客户在晚间和周末在家里打电话。服装零售店的经理都知道,他们销售最慢的月份是元月(恰在圣诞节的热销之后)和八月(在学生"返校"之前),为了把收入曲线中的这个"波谷"拉平,零售店都把它们半年的销售额集中在每年的销售高峰时间段。

(3) 预测。预测(forecasting)就是事先估计环境中的可能出现的变化及其对组织的影响。如果管理人员能够做到这一点,也就是能够预测到环境的波动,那就可以减少不确定性。

(4) 配给。管理人员还可以采用定量配给(rationing)产品和服务,即如果需求超过了供给,那就按照某种优先的原则来分配产品和服务。许多大学的商学院由于申请入学者众多,不得不定量地分配他们有限座位,有些甚至还为此而提高了入学标准,凡是达到规定标准者才能优先入学。因此，配给是管理人员通过控制剩余需求以把环境的不确定性降至最低而采取的一种措施。

（5）签约。管理人员可以通过签订合同（contracting）的方式来降低输入或输出的不确定性。例如，他们可以签订一个长期的固定合同来购买原材料或用品，或者把组织的部分产品销售出去。航空公司和石油公司签订合同以定期地购买石油，这样就可以减少价格上和供应上的波动。

（6）吸收。管理人员也可以采用吸收（co—opting）的不确定性，即把那些对本组织的存在和稳定构成威胁的环境中的组织和个人吸收进来。

（7）合作。合作（coalescing）是指一个组织的管理人员和其他组织中的管理人员为了联合行动而结成一体。有句谚语说："如果你无法打败他们，那就和他们联合起来！"。这种方法有价格联盟、购并、合资等。

（8）广告。广告（advertising）可能是组织用于管理其环境的最著名的方法。那些成功地使自己的产品和服务与他人的产品和服务之间在潜在的顾客中产生差异的管理者，将能够稳定自己的市场，降低不确定性。

（9）征求。管理人员也可以征求其他的组织或个人即所谓的第三方（third—party）代表本组织的利益，为了获得更好的结果而去开展游说。游说的主要目的是为组织营造一个更为有利的环境。

2.5　信息管理

组织与环境之间的复杂关系表明了任何的组织只有适应环境才能生存下去，达尔文的"物竞天择，适者生存"也是组织生态学中的基本理论。前面我们已经介绍了信息的重要作用，实际上，任何组织的生存与发展都有赖于其内部成员的信息意识和信息能力是否强健、其内部的信息机制是否完备、信息体制是否健全，其外部的信息环境是否完善。一句话，在信息已经成为资源的今天，组织要提高自身的环境适应力，就要全面提升自身的信息能力。而信息能力的提升必然离不开信息的管理。面对着日趋复杂、多变的社会环境，面对着海量信息的流动所带来的不确定性的增加，强化信息管理已经成为21世纪的组织所面临的最为严峻的挑战。在信息短缺的时代，组织的管理者的任务是要千方百计地获取管理组织所需的信息。在信息泛滥的今天，组织管理者的任务仍然没有超出这一范围，只不过是获取管理所需的信息可能比过去更为困难了。因此，无论对何种类型的组织，加强信息管理已经成为一切管理的基础和管理的战略制高点。正是从这个意义上说，今天的信息不仅成了管理的手段，而且也成了管理的对象。

2.5.1　为什么需要信息管理

现在，在许多发达国家，信息已经变成了核心资源（central resource）。信息是制造业与服务业中附加值的一个非常重要的潜在来源。对组织、集团及国家来说，管理信息资源的能力越来越意味着成功与失败之间的差别。同时也必须要注意的是信息技术是信息管理中的一个基本要素和重要工具，但是对信息技术（或者更一般地说，信息资源——information resources)方面的投资,并不能绝对地保证生产率得到提高。对信息的战略管理和经济管理已经变成了当今组织的一个关键问题。这就要求我们找出信息资源在战略方面的应用。对信息机构来说,信息管理之所以重要主要表现在两个方面:从内部来说,他们必须要改善自己的信息资源的管理以提高生产率、效益和服务的质量;从外部来看,为了支持信息管理,他们必须要掌握不同客户的信息需求,并想方设法满足他们的具体需求。

在 F. W. 霍顿(Horton)提出信息资源管理(information resource management——IRM)概念改变了信息管理的面貌之前的 10 多年的时间里,信息管理已经变得相对容易起来。从前,我们管理的信息是图书、报告、文件和其他的物理载体。组织最初只是把它们放到合适的地方,以便今后可以把它们再次找出来。但是,现在我们面对的是信息是一种资源并且是一种无形资源的新思想,这就使这一问题变得复杂起来。因为信息资源已经远远超出了图书、报告、文件和其他的我们曾经管理过的物质的范畴。这个新的范式要求我们反思我们正在管理的东西究竟是什么。目前对信息这种现象还缺乏一致的理解。实际上,许多无形的现象都是不可定义的。比如爱情,但是数千年来,当我们感觉到它时,还是能够理解它。美也如此,它也是很难下定义,但是当我们看到它时,仍然能够知道什么是美。信息也许也是如此,虽然我们看不见摸不着,但是当我们碰到它时,仍然能够识别出来。

随着信息时代和网络时代的到来,作为一种资源的信息已经走出了"密室",数千年来,信息一直是隐藏在"管理控制"之后的"无名英雄",但是现在它已经走向前台,可以被当作资源来管理,信息管理不善(information mismanagement)已经并将继续引起许多严重的后果,因此在现实活动中不考虑信息成本的现象再也不能够持续下去了。今天的信息技术为现存组织的信息管理提供了强有力的支持,但也大大增加了组织需要处理的信息数量,从而迫使组织的高级执行官和管理人员不得不承认信息是一种客观存在的资源。这样,他们才开始管理自己的信息资源,但是这种管理经常是在没有专业人员的帮助下进行的。

信息资源管理这个新的范式使我们认识到信息已经远远超出了以前我们对它的理解。现在的发展趋势是从过去的信息载体的管理走向当今信息内容的管理,这就为包含在传统的和非传统的载体(例如人脑和企业信息库中的信息资源打开了一个全新的世界。凡是持这种观点的人将会发现,信息到处都是,而且经常是管理不善。

2.5.2 信息管理的定义分析

信息管理(information management)是一个既古老而又年轻的领域,是一个不断处于发展变化之中的领域。目前,信息管理还是一个没有准确、一致定义的术语。许多人在使用它时并不专指,所以极易引起误解。但也有不少研究者和使用者,为了方便自己的研究和使用,通过附加约束条件等方法,给出了相对严密的定义。研究一下这些定义将有助于我们认识信息管理的本质特征及它与所谓的信息资源管理之间的关系。

B. Cronin 和 E. Davenport 在他们所著的《Elements of Information Management》一书中指出:"信息管理这个术语一般与信息实体和形式的正式表述有关,目的是方便构建计算机模型,它可以改变待自动化的具体功能(事务处理、决策制定、信息检索)"。这种方法建立在符号操纵、数学描述和探求合适的运算法则之上,主要关注的是精确和目的。但就系统描述来说,一致和完备的处理有可能歪曲系统要表示的现实,因为这种系统并没有考虑看不见的事件和人的影响。""管理者必须既要分析,也要寻找类比(类推,analgies),研究效率和影响,认识到环境(context)的相关性。现在越来越重视软系统模拟、有机的决策制定、构建映射和战略艺术。你虽然无法教给人们直觉,但是可以通过让他们了解判断的形成、发挥作用的偏见和成见,来帮助他们相信自己的判断。当然,还可以让他们了解他人的这些过程(processes)。""通过强调隐喻(比喻,metaphor,用一件事来描述另一件事)是信息管理的主要构成要素,我们为这种形式主义的方法提供了一种备择方案,他可以让管理者理解和探索相似性问题。这种相似性可存在于事物(你可以把你的网络看作是一种交通系统)之间,也可以存在于人与事物之间(如果信息是一种武器,你就需要斗志旺盛的资源管理者(resource managers))"。"好的主管(manager)会探求合适的模型和模拟技术。按照我们的看法,信息科学家和系统设计人员与信息主管有所差别。前者运用模型来测试和显示信息管理领域的概念基础,或者 是设计可以稳定运行且具有必需功能的系统。但是信息主管要利用信息来实现具体的组织目标:换句话说,就是达到目的。模型是变革的实用工具。"因为信息可以被模拟,所以信息可以管理……信息管理中有三种重要的模型。运用一个事物(来源)描述另一个事物(对象)的比喻模型,运用事物的一部分代替其整体的转喻模型。运用转喻模型可以对事物作出更为简洁的描述:行星仪可以表示太阳系的工作原理,酒瓶上的标签可以表示原产地、酒精度、产区名、种植者、承运商;一篇技术论文可以提供研究方法和主要结论,流程图可以描述一套标准的程序,关键词可用于表示文件的内容。第三个模型是分类,如分类表、词表或 Venn 氏图,可以按照要素的共性把独立的实体聚集在一起。模型可以通过帮助我们描述实体和事件以及它们之间的关系和联系来帮助我们认识周围的世界。

目前对信息管理是有多种观点,归纳起来大致有四大种。第一种认为信息管理是对信息资源要素的单项管理,它又可细分为两类,即对信息本身(信息内容及其载体)的管理和对信息技术的管理,其中又以对信息本身的管理的观点最为普遍。下列几个定义或表述都与此有关:信息管理是指信息的收集、加工、存储、传递和利用等活动的总称。这个定义没有指明管理的主体范围,只告诉了管理的客体(信息)和管理的具体内容或方式。S.费雷欧(Ferreio)认为今日组织的生存取决于像知识和人力资本之类的战略因素。找出组织内部和外部的知识,使它们能够与组织的任务结合起来,并在组织内部流动,是考察信息管理的基础。而所谓信息管理就是"把信息转变成为适用的或可以应用的知识"。英国塔奇(Touche)管理咨询公司将信息管理定义为:"为提高组织的绩效有效地生产、协调、存储、检索和传播来自内部源和外部源的信息。"M.布罗德本特将信息管理定义为"既是对信息过程的管理,又是对数据资源的管理"。张维明等从信息系统功能的角度区分了信息处理与信息管理。"信息处理的数学含义是排序、分类、归并、查询、统计、预测、模拟,以及进行各种数学运算","信息管理的主要内容有:事先规定应采集数据的种类、名称、代码、地点、所用设备、数据格式、采集时间、送到何处、规定应存储数据的存储介质、逻辑组织形式、访问权限;规定好以何种方式将何种信息传输给何人、数据保存年限等等。

总之,对系统中的数据要统一管理,要制定很多必要的规章制度"。A. 泰勒等认为信息管理就是识别、协调和开发组织中的信息实体,以便利用信息的特征获取更大的(现有信息资源的)价值和获得针对竞争者的优势。显然这个概念没有考虑信息技术的因素,因为信息技术并不是信息管理的前提条件。事实上,数千年来,信息管理就已经在政治、军事和经济策略中得到利用。这些定义实际上只把信息管理看成是一个信息过程,那么信息管理就是对该过程或者说是信息流(包括其载体)的管理。强调信息管理的对象是信息本身(信息内容)及其载体具有历史的原因,因为长期以来,人们正是通过对载体的管理来组织信息的。即使在今天,信息管理的核心内容依然是追求对信息内容的管理。

第二种观点认为信息管理是对信息资源要素(信息、技术、人员、设备、资金、设施等)的综合管理。从使用的习惯上讲,后者可能更为准确些,因为管理都是对特定对象(资源)的管理,但这些对象都不是单一的,如经济管理、行政管理、企业管理等就是如此。持这种观点的人有许多,例如乌家培认为信息管理是指与信息相关的计划、预算、组织、指导、培训的控制(所谓的资源管理方法),包括信息本身和相关资源,如人员、设备、资金、技术等等。该定义指明了管理的客体和方法(技术)。W. J. 马丁等人认为:"信息管理就是为了实现组织的目标和目的而对一种公司资源的管理,这种资源就是信息。对相关的技术、系统、来源(sources)、服务、财政和人员的管理也包括在信息管理过程之中。"G. B. 戴维斯和M. H. 奥尔森认为:"信息是一种应当予以管理的资源。信息管理包括信息应用系统的研制、质量保证和信息资源的组织和管理。"R. H. 莱特尔则从信息资产和信息资源出发,认为信息管理既是对信息内容的管理,也是对组织处理其信息所需的设备、用品和人员的管理。

与这种观点相联系的还有另外一类说法,即认为信息管理是与信息系统有关的活动,或者说是信息系统的管理。例如 P. S. 卡瓦特拉认为:"信息管理是指对管理信息系统(MIS)、决策支持系统(DDS)、事务处理(TP)的管理和对生产与传播信息的非正式方法(即秘密传递渠道)的管理。"M. M. 鲁布雷希特和 K. P. 瓦戈纳认为:"……信息管理就是自始至终对一个形成、收集、处置、复制、分发、存储或处置某个组织所利用的信息的系统进行监督和控制。组织好的程序和确定的标准可以使组织机构对其信息的质量和数量进行控制。没有信息管理,无组织的、大量的信息(不可能得到有效使用或安全销毁)最终将淹没管理,使其无法进行,信息管理的目的就是监督和控制组织内的信息流并在使其成本最小化的同时实现效用最大化。"还有一些观点则把信息系统的范围进一步扩展到其他方面,如 K. 斯特罗特曼认为,信息管理是关于信息资源(information resources)——包括信息内容(information contents)、信息系统(information systems)和信息基础结构(information infrastructure),以及相关的信息过程(information processes)的计划、实施/组织和控制。这些过程包括:加工信息产品和提供信息服务等(关于客户和订单、生产的产量、提供的服务质量的信息)的过程,或者是由此而促成的信息产品的生产和信息服务本身的提供。作为一种经济活动的信息管理,要遵守(经济)效率标准。对那些已经掌握了价值链概念的人来说,信息管理就是按照该价值链来管理信息资源。

第三种观点是从管理学的角度来考察信息管理,把信息管理看成是一般管理的原理和方法在信息领域的具体运用。例如,C. F. 伯克和 F. W. 霍顿认为,信息管理这一术语最常用的意思是指将一种或一种以上的传统管理过程(如规划、组织、调配、指挥和控制)应用到某种或某类信息实体上。换句话说,如果没有什么明确的或隐含的限制条件,信息管理这一术语是中性的,它并不指明任何具体的管理实体、范围或对象。F. M. 梅森指出信息管理为信息资源的管理提供了一个新战略,他将信息管理定义为:"一种用于规划、组织、调配、指挥、协调和控制各种各样信息活动(包括设计完成组织目标所需的信息服务、系统和格式)的过程。" Y. 罗兹和 J. A. 布恩认为:"信息管理是一种战略行动,确切地说是战略管理的一部分。它源于这一假设,即信息是组织的一种重要的、宝贵的资源。信息可在组织中的很多领域中找到,因而,要使这种资源能被有效和有益地使用,对它进行管理就是整个组织所必不可少的。""信息管理就是为实现组织的目标、满足组织的需求、解决组织的环境问题而从战略层次上对作为一种重要公司资源的信息的管理,换句话说,就是监督、指挥、控制、规划、开发、集成、使用最优化、成本最小化、授权和协调"。B. 克罗林认为:"信息管理是一个新概念……",它包括"信息资源和信息职能的一体化、全组织的规划和管理;组织环境和目标的正确评价;电子计算机/技术和系统管理的合并融合;变化管理。"

第四种观点是把信息管理看成是一个特殊的研究领域、一个学科或者是一个学科群。例如,D. 刘易斯认为:"信息管理是一门独立的新兴学科","信息管理的核心就是与情报科学(information science)、图书馆学、档案学、记录管理等相关学科的取集(collection)","信息管理思想的一个基本点就是信息是一种资源!正因如此,必须要像对待任何其他公共资源一样对信息进行管理。" T. D. 威尔逊认为信息管理是一个独立的领域,一门新兴学科,它大致包括:"应用人工智能的领域(如金融、卫生服务);信息的经济学;信息管理教育;信息管理(包括计算机化的记录、公司信息、信息变换、人力、联机系统和战略监控);信息政策;信息系统和系统理论;信息技术;信息利用和信息用户。" M. 库克认为信息管理这一术语具有两层含义,其一是"描述一组活动",意指信息的收集、加工、存储、检索、传递等活动;其二是指"活动的理论领域",即指以上述活动为研究对象所构成的相关学科。"领域"用复数意味着对这类活动的研究将构成一个学科群,这就是广义的或一般的信息管理领域。但他又指出:"信息管理作为一门学科是把用户的需要作为自己的起点,通过确定用户的信息需求,努力提供他们所需的信息。" J. 鲍贝利认为信息管理是一个学科群,它主要研究信息资源、相关产品、服务和人员的有效和有益管理及应用,并为它们提供咨询。王万宗等认为:"信息管理就是为各行各业各部门搜集、整理、存储并提供信息的服务工作。作为一种理论探索则主要研究信息管理的基础理论,技术方法及信息工作的计划,实施与信息部门的组织、控制等有关问题。"

仅举以上一些定义,已足以说明信息管理目前正处于多定义阶段。尽管各定义使用的定义方法有所不同,但归纳起来主要有三类:第一类常用的是描述性方法,即对信息管理的本质、内容和范围作简要的定性介绍;第二类运用的是功能性定义方法,即阐述信息管理的价值、作用和用途;第三类则综合运用前两种定义方法,它对信息管理的本质、内容和价值、作用都作简明扼要的介绍。由于人们对信息管理本质、内容、价值和作用等的认识不一致,因而便给出了各种各样的具体定义。

众说纷纭的定义显示出信息管理目前无论是在理论上,还是在实践上,都还处于不成熟阶段。虽然局部的信息管理实践活动在人类历史上早已存在,但是严格意义上的信息管理诞生的时间却是20世纪中期之后的事。正如著名的信息管理专家W.J.马丁所言:"虽然人们经常认为信息管理已存在了好几个世纪,但是……它是一个人力因素、组织因素和技术因素的集合体,而该集合体只有在20世纪80年代才具备了实际可能性。"事实上,在当代,信息管理受到重视可回溯到1977年,这一年美国联邦文书委员会发现:联邦机构所面临的问题中有许多实际上是由于信息管理不善而引起的。为解决这一问题所采取的措施就是在1979年制定了《文书削减法》,并在联邦机构中设立了信息主管(information manager)职位。但是,这些措施本身还不足以解决由管理信息及其相关资源所提出的挑战。这一挑战主要表现在两个方面。就第一方面看,它又涉及到三个问题:第一,由于信息的扩散使用户和系统都穷于应付,因而无法从深层的理论上对信息管理进行探讨。第二,信息载体的异质性,也就是说,由于现代信息技术的发展,信息载体越来越多样化,因而管理起来也更加困难。而这又从另外一个角度显示出了信息管理的理论已经滞后于实践。第三,由于人们认识到信息是一种资源、商品,因而便忙于信息开发活动,这种开发优先的战略也使人们忽视了信息管理的理论研究;就第二个层次看,上述几个问题之所以变得越来越复杂,是由于整个社会都在变化。社会变化的起因是信息的制度化和对信息是竞争优势和利润之源的承认。此外,新型信息技术对这些问题也有影响,因为它既是控制信息产出的工具,也是助长信息泛滥的手段。因此,管理信息资源所提出的问题,虽然起初只是个别组织的问题,但现在却变成了全社会关注的问题。多行业、多学科的介入,必然会使人们对信息管理的内容与范围的认识出现差异,有时甚至同一个人或部门,在不同时间、不同地点对信息管理所下的定义也不一致。鉴于信息本身的特殊性和复杂性、信息资源的异质性,对信息管理的定义还要考虑到它的层次和使用目的,只有这样才能得到比较合理的定义。

总之,信息管理是对信息资源的管理。在本书中我们认为信息管理是指个人、组织、国家等为了使信息活动能够指向预定的目标,有效地运用各种手段和方法,对信息活动过程中所涉及到的各种要素进行的合理计划、组织和控制等活动。该定义包括以下六个特征:第一,基础性——信息管理的基础是信息活动,也就是通常人们所说的信息收集、加工、存储、传递和利用等活动,正因如此,我们也把这些活动视为信息管理的重要内容。这也是信息管理区别于其他管理活动(如人事管理、财务管理、生产管理等)的主要标志;第二,目的性——就一个组织来说,信息管理可以存在于它的内部或外部,但是它必然要服务于特定的主体(包括个人、组织或国家等),并为实现该组织的预定目标提供服务;第三,综合性——信息管理要综合运用各种手段和方法,其中技术方法和手段、经济方法和手段——主要用于微观企业等层次,行政方法和手段和法律方法和手段主要用于宏观政府层次;第四,广义性——信息管理的对象不仅包括信息本身(涉及到组织内部的信息和组织外部的信息),也可能包括其他的相关资源。通常情况下,信息管理的对象可以是广义的信息资源;第五,技术性——信息管理是一般管理的一个子集,因而它必然要运用一般管理的技术,即计划、组织、人事、指挥、协调、报告和预算等。信息管理就是一般管理的基本原理在信息活动中的具体应用;第六,效益性——效益是管理所追求的一个重要目标,信息管理也要重视管理过程中的效益问题,即投入与产出问题。因此广义地说,信息管理就是要以合适的成本、合适的方式,在合适的时间、合适的地点,向合适的人提供合适的信息。

正因为信息管理具有以上多种特征,所以它经常被人们视为一种方法、技术、思想、理论、活动、过程、战略……。由于在现代社会中信息资源作用的与日俱增,因而信息管理已成为组织中的一项基本职能,管理中的一个领域,教育中的一门专业,社会中的一个行业,学术中的一个部门,科学中的一门学科。

2.5.3 信息管理的层次与范围

要准确地理解信息管理的含义,正确地运用信息管理这一概念,必须要从纷繁复杂的信息管理定义中抽象出层次和范围(levels and scope of information management)的问题,即要通过划定一定的范围,对信息管理这一概念的外延加以适当地限制,来把握什么是信息管理。当然,目前人们对信息管理层次的划分远没有达成一个统一的意见,因为人们研究问题时所站的角度、出发点不同,所以采用的划分标准也各不相同,这样就得出了不同的划分结果。

不过,从一般管理角度来看,管理可以从大方面划分为宏观管理和微观管理。它们反映的是社会管理系统的整体与构成的分系统和子系统之间的关系。宏观管理是对国家的社会、政治、经济、军事、文化教育、科学技术等各个领域行业活动进行总体的管理。它是从国家社会的整体、行业部门系统的全局出发,通过制定和组织实施总体发展目标、战略规划和计划、建立管理体制、制定方针政策、法律条令,统筹协调全国各地区、各行业、各部门的业务活动和它们之间的相互联系来实现对整个国家社会生活和生产的全面管理。宏观管理以间接管理为主,主要手段是调节、控制。微观管理是相对于宏观管理而言的,它是对具体组织个体单位的直接管理,其特点是战术性的具体计划安排、组织实施生产各种有形或无形的产品管理活动。微观管理的内容是依据整个国家发展总目标的战略规划和计划,结合自己的特点情况确立自身发展目标和为实现目标而进行计划、组织、控制等一系列活动。其管理的方式方法、模式手段,依据各自的特点而各不相同。宏观管理建立在微观管理之上,微观管理是宏观管理的具体化,是它的组成部分和基础。宏观管理的实现有赖于微观管理的积极成果的累积逐层逐级由点到面地实现。微观管理则有赖于宏观管理的指导和提供有利的社会发展环境才能健康发展。微观管理和宏观管理这种相互依存、互为补充的关系决定了它们在立场、观点和方法上的一致性,只是在管理范围、权限大小、视野面的宽窄、贯彻和解决问题的角度上有所不同,从而反映它们之间的区别与联系。

按照上述划分方法,我们也可以将信息管理划分为微观信息管理(micro information management)与宏观信息管理(macro information management)。但在这里,我们将其范围略微扩展一下,即前者不仅是指在组织层次上对信息资源实施直接管理,也包括在个人层次上对信息资源实施直接管理,而后者则不仅是指在国家层次上对信息资源实施间接管理,甚至还包括在国际合作层次上对信息资源实施间接管理。具体地说,我们还可以根据信息管理的主体、目的等将其进一步细分为个人层次的信息管理、组织层次的信息管理、国家层次的信息管理和社会层次的信息管理。

2.5.3.1 个人层次的信息管理

个人层次的信息管理，简称为个人信息管理，是指信息管理的主体是个人，管理的对象属于个人信息，也就是说，信息管理表现为一种纯粹的个人行为。在前面我们已经介绍过，人在自身的进化过程中逐渐提高了自己的信息能力——通过动用自己可以支配的各种个人资源来获取、处理、保存、传递和利用信息本身（信息内容）。个人对信息的管理是我们每一个正常人所具备的基本能力，但由于每个人先天的智力、后天的训练和为管理信息本身所能支配的资源量等方面的差异，每个人的信息管理能力有所不同。这就造成了人与人之间的信息分布的不对称——有的人掌握的信息多，有的人掌握的信息少。为了减少和消灭这种不公平现象，就产生了面向社会公众提供服务的社会信息机构，比如图书馆、公共信息中心等。个人信息管理尽管是一切其他形式的信息管理的基础，但因涉及到认知及心理等问题，比较复杂，目前研究的还不多。因此，目前它还不是信息管理领域研究中的主流。值得注意的是，个人信息管理并不等于个人信息的管理，前者强调的是个人要综合运用自己的资源去管理信息，而后者重视的仅是个人拥有的信息的管理，因而前者的含义比后者要广。

2.5.3.2 组织层次的信息管理

组织层次的信息管理，又称为组织信息管理，或基于组织的信息管理，是指某个社会组织为了实现自己的战略目标，而动用各种各样的组织资源，对组织活动所需要的信息资源进行的管理。其主要目的在于通过对信息资源的科学管理和灵活运用来为组织赢得竞争优势。现在发达国家的许多组织，包括企业、学校、医院、科研机构、政府机构、非赢利机构等，为了加强对信息资源的管理，都在组织内部的最高层设立了专门负责信息管理工作的副职（主管信息管理工作的副总经理、副校长、副院长、副所长、副部长，等等）负责本组织的信息管理工作，许多组织还成立了专门的信息管理机构，并将其作为组织内部的一个新兴的、独立的职能部门（如同财务部门、人事部门、科研部门、营销部门一样）。

就目前的情况来看，组织信息管理研究和发展的重点，是如何完善组织机构内部信息资源的管理问题，当然不仅要对核心资源的管理进行研究，还要研究它的相关资源管理问题。但作为组织信息管理对象的核心资源，并不仅仅局限于组织内部的信息，它还包括它所利用的外部信息。值得注意的是，在信息量较少的时代，组织的环境比较简单，需要处理的信息不仅简单，而且量少，因而信息管理并没有引起组织的重视。同时，由于政府和社会建立了不少面向公众提供信息服务的机构，比如图书馆、文献中心、信息中心等，可以基本上满足社会组织的信息需求，因而在很长的一段历史时期，信息管理不是组织的一项职能，组织内部也没有专门负责信息管理的人和机构，至多不过是将这些职能分散到组织内部的其他部门中去。一般说来，在组织内部建立信息管理机构，大约是 20 世纪 50 年代之后的事，而普遍建立信息管理机构则是 80 年代之后的事了。应该看到，虽然组织可以通过建立自己的内部信息管理机构来满足自己的需求，但是这种满足一般达不到百分之百的程度，因为许多组织自身的经济实力、技术手段、人员素质等有限，因而不可能将自己的信息管理问题全部由自己来解决。

由于上述现象的存在，目前世界各国都按照社会化的方式组建了各种各样独立的新型信息服务机构,比如各种信息公司、非赢利性的信息咨询机构等,面向全社会提供信息服务。它们在服务的过程中,也需要动用各种资源来对信息进行管理。这些机构,也是信息管理领域里的一支重要力量。但是,作为社会化的专业性信息机构,它们又与各种组织内部建立的专门为本组织提供服务的信息机构区别开来——它们从事信息管理的目的、服务的对象、运作的方式、对信息的选择都存在着显著差异。

因此,本书中所说的组织层次的信息管理,主要是指组织内部的信息管理,或者说是基于组织的信息管理,而不是指社会信息(服务)组织为了向社会公众提供信息服务所从事的各种信息活动。实际上,组织层次的信息管理,不仅是当前国际信息管理的主流方向,而且也是当前国际信息管理界的研究热点。正因如此,一般情况下人们所说的信息管理,主要就是指组织内部的信息管理。

2.5.3.3 国家层次的信息管理

国家层次的信息管理,着眼点是整个国家利益,它是指国家为了维护本国的信息秩序,确保社会信息活动能够朝着有利于整个国家的方向发展,而对国家的信息事业实施的宏观控制,它与信息环境管理具有密切的关系。国家在信息方面的任务,就是要创造出一个完善的信息环境,使得个人、组织和国家都能够从中获益。国家层次的信息管理,采用的手段主要有三种:一是经济手段,主要是通过利率、税收、价格、投资等经济杠杆,引导社会信息活动向健康的方向发展;二是行政手段,主要是通过制定各种政策来对社会信息活动进行直接控制和管制,比如产业政策、贸易政策、信息政策、各种计划与规划、各种命令、指示,等等。三是法律手段,即通过国家的最高权力机构以立法的名义制定各种调节信息活动的法律,并通过执法(司法)机构予以实施。比如许多国家都制定了《版权法》、《隐私法》、《信息自由法》、《数据保护法》、《信息安全保密法》等,在法制化、市场化和信息化程度较高的国家,法律手段是国家层次信息管理的主要手段。应该注意的是,国家层次的信息管理是国家对整个信息环境进行的一种规范控制,属于宏观管理的范畴。因此,这个概念与政府信息管理的概念有一定的区别。政府信息管理包含了两层意思:其一是指政府以国家的意志对整个国家的信息环境施加影响,它发挥的是政府的社会管理功能;其二是指政务信息管理,也就是对政府自身运作所需的各种信息的管理,这种管理既可以在全国各级政府中系统进行,也可以由各级、个别政府部门或机构自己独立进行,因而这类信息管理严格地说应该归入到组织信息管理的范围之列,因为在这种情况下政府机构不过是一种特殊的组织而已。

2.5.3.4 社会层次的信息管理

除了上述三个层次的信息管理之外,还有一种十分古老的"信息管理"形式,在此可以称其为社会层次的信息管理,也就是面向社会公众提供各种信息服务的机构所进行的信息管理活动。它可以泛指各种非组织内部的、非个人目的的信息管理,比如独立的公共文献机构、情报机构、信息机构、档案机构、图书馆、公共图书馆、国家档案馆、统计机构等所从事的活动也可以列入信息管理的范畴,只不过是它们主要面向社会公众免费提供各种信息。仅从这一方面来看,社会层次的信息管理与组织层次的信息管理的关系比较密切,因为它们都处于微观层次。由于这些机构所从事的活动时间比较久,并且已经建立了许多专门以它们的活动及其活动对象为研究对象的学科,比如图书馆学、档案学、文献学、情报学等(有时候也称这些学科为传统的信息管理类学科)。虽然,这些领域所从事的工作确实属于信息管理或者至少主要属于信息管理范畴,这些领域的工作者和研究者也都认为自己所从事的工作就是信息管理,但由于现在真正作为学科意义上的信息管理,主要不是起源于这些领域,而且现在信息管理发展的主流趋势是进入组织内部,因而严格意义上的信息管理不包括上述提到的图书馆学、档案学、文献学、情报学等领域,而主要是指组织层次和国家层次的信息管理。

2.5.4 组织层次的信息管理

任何组织都存在于一定的环境之中,在组织的内部和组织与环境之间都存在着各种各样的信息交流。要使组织生存发展壮大下去,就必须研究在复杂多变的信息环境中,组织应怎样通过加强信息管理来提高组织对环境变化的响应能力。为此,就要研究信息管理与组织之间的关系、信息管理与组织战略及其目标之间的关系、信息管理与组织的管理模式的关系、信息管理部门与组织内部的其它机构之间的关系、组织的信息管理职能的完善、信息管理与环境之间的关系,等等。

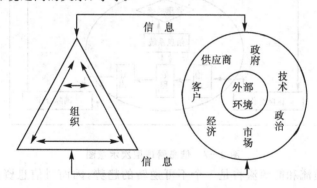

图 2-6 组织与其环境之间的信息交换

图 2-6 所示的模型指出了在特定的组织内部发生的信息管理,但是,组织内部的信息管理的对象,并非仅仅是指组织内部的信息,因为组织还要不断地与外界环境之间进行信息交换。模型中对应组织的部分就是现在人们通常所说的信息管理,也就是组织层次的信息管理;对应环境部分的,就是人们通常所说的国家层次的信息管理。因为社会上有众多的组织,而组织与组织之间的地位是平等的,因此只有国家才能为它们制定共同遵守的信息行为规则。图 2-7 则对信息管理的三个层次都加以考虑,它告诉我们任何组织都是在其他个人和组织等构成的复杂环境中生存的,因此组织层次的信息管理必须要重视这些因素。

图 2-8 说明了组织和国家都是通过管理过程来控制信息流的,也就是将一般管理(或资源管理)的原理用于信息资源的管理,同时也说明了在组织内部包含了信息过程与管理过程两个循环过程:通过信息过程形成的信息流来控制组织内部及其内外部之间的物质流、能源流、资金流、人员流、技术流等;通过控制与这些流相对应的资源来控制信息流。这两者之间形成了互为补充、相互促进的关系。但是在信息社会和网络社会中,通过

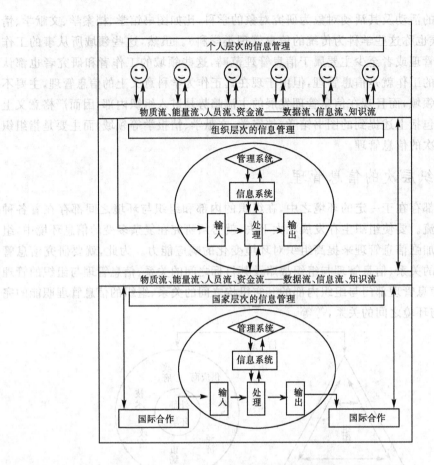

图 2-7　信息管理层次示意图

信息流来控制物质流和能源流将是一个不可逆转的趋势，因而对信息资源的管理将被放在一个十分突出的位置。正是从这个意义上讲，现代管理已经从传统管理迈入到信息管理时代，信息管理既是现代管理的基础，也是它的战略制高点。

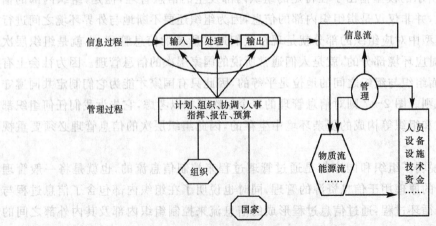

图 2-8　信息过程与管理过程

2.5.5 社会层次的信息管理

社会层次的信息管理可以划分为赢利和非赢利两种形式,就非赢利性的信息管理来说,它具有比较悠久的历史。自从国家和政府诞生之后,最原始形态的信息管理——文书记录管理也就诞生了。政府的政府记录保管部门就是最早的组织内部信息管理部门。后来为了保存、管理和传播人类的文化遗产,人们又建立了各种各样的图书馆,这些图书馆最初可能是隶属于某个特定的组织,但是后来又逐渐发展成为面向社会提供信息服务的公共机构。赢利性的信息管理产生的时间要比非赢利性的信息管理产生的时间晚得多。工业革命之后已经出现了赢利性的信息管理的萌芽,但是它真正发展是在第二次世界大战之后,由于信息技术的进步、社会经济的发展、思想观念的转变,有偿信息服务逐步为人们所接受,因此面向社会公众提供有偿信息服务的信息管理形式开始迅速发展起来。目前,世界上许多国家的面向社会公众提供或无偿信息服务的信息管理形式和面向组织内部提供信息服务的信息管理形式,都已经成为整个国家信息管理事业中的重要组成部分。

下面,我们将首先介绍一下面向社会公众提供或无偿信息服务的信息管理形式。为了简化,我们将它们简称为面向信息服务的信息管理。面向信息服务的信息管理并不是本书中的重点部分,但是随着社会信息化程度的不断提高,信息资源开发与利用的社会化程度也将不断提高,因此了解一些这方面的基本知识也是十分必要的。因为,信息管理专业的学生毕业后,可能是在一个组织(经常是非信息机构)内部从事信息管理工作,也可能到社会化的专业性信息机构从事信息管理工作。

2.5.5.1 面向信息服务的信息管理

各种社会机构所从事的信息(情报)服务工作都不是在真空中进行的,相反它是信息大市场中的一个有机组成部分,因为在该市场中还有其他的服务、生产者和组织在活动。此外,该市场还处于一个动态的、异质的环境之中,它能对信息市场中的各有关方面产生很大影响。影响信息市场的因素有很多,图 2—9 只给出了信息市场的关键因素。按照顺时针方向,首先是信息分销商(information distributors),包括分配渠道代理商、网络管理公司等等,它们促进了信息生产者/供应者和信息服务机构以及信息服务机构及其用户之间的信息交换。第二个是信息服务的客户(clients);第三个是信息技术和信息管理的支持服务机构(support services),如硬件提供商、软件公司或电信公司;第四个是竞争性的信息服务机构(competing information services),他们提供相似的或相关的信息服务;最后一个是向市场提供信息服务的信息生产商和供应商(producers and suppliers of information)(和/或竞争者)。

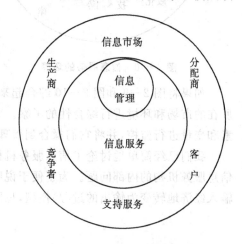

图 2—9 信息市场中的关键因素

2.5.5.2 信息服务机构的环境

图2—10描述了信息服务机构的广义环境。即使一个信息机构免费提供服务,它也是供应商和客户交换信息的信息市场中的一个重要成员,通常也要遵守许多涉及到竞争行为、版权保护、隐私保护等方面的规则。机构、协会和游说团,不论是直接的专业环境、竞争者还是其他的市场参加者,在市场的发展方向和获得公私机构的支持上,都能够发挥重要作用。例如,一般说来,有关纳税、劳动关系、安全标准等方面的法律,任何信息管理机构都要遵守。技术,特别是信息技术的发展,对信息服务机构的生产和提供方式会产生深刻的影响。社会政治变革,如生活质量观点、环境问题、政治改革,都会对全世界的信息服务机构产生根本性的影响。经济变革,比如商业周期、全球信息市场的形成等,对信息服务机构来说,也同样会产生巨大影响。政府的政策,特别是信息政策,无论是涉及到集体的层次还是国家层次,通常都是推动信息服务机构发展的决定性因素。最后,国际环境的变化,既能给信息服务机构带来新的机遇,也会带来新的挑战。不过,图2—10中列出的只是影响社会信息服务机构的信息管理活动的主要因素,而不是所有因素。

对信息服务机构来说,准确地把握社会环境方面的变化,积极寻找信息服务中的热点、重点和难点,及时调整自身的战略与对策,力求使自身的信息管理活动能够适应社会经济和科技发展的需要,是确保其信息管理具有针对性、有效性的重要举措。

图2—10 信息服务的环境

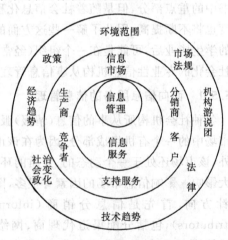

图2—11 信息服务中的信息管理全貌

如果将图2—9和图2—10综合起来就能够得到图2—11,它使我们能够对信息服务所在的市场和环境进行综合性的考察。对于战略信息管理来说,必须要经常性对这些因素和变量进行监控,并将它们糅合到管理结构之中,把它们作为决策过程中的关键因素。

我们已经简单地讨论了信息服务机构的外部环境及其关键因素,现在再来研究一下信息服务机构的内部问题。为了便于说明,我们使用了一个信息生产过程(也即把信息从输入经济地转变为输出的过程)模型,见图2—12。然后再来探讨一下信息资源的分类。

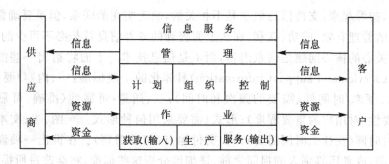

图 2-12 信息转换过程

图 2-12 给出了现实信息服务世界的抽象模型,其中只考虑了一些比较重要的因素。任何信息服务机构都需要输入,无论它是像椅子、书架等一样的实物商品,还是来自于其他机构(如记者、作家、科学家、统计局、出版商、代理人等)的原始信息或者信息产品、信息服务。借助于其供应商,它可交换有关事务(如订单、发票等)方面的信息。此外,还交换实物资源和资金。该图将服务区分为两个主要的层次,即管理层和作业层。管理者的主要活动就是制定行动计划(包括对组织的发展远景和战略提供指导)、组织和控制。作业活动包括获取输入资源、信息产品/服务的转换与生产和提供信息产品与服务,即输出。但是,该图中对机构人力资源管理、财务、研究与开发,提供信息系统与信息基础结构,以便提高服务的效率的活动并未给予足够的重视。就信息服务机构来说,信息管理可以有两种含义:对信息从输入到输出的转换过程的管理和/或会计、客户数据库、产品目录和价格表等活动有关的(内部)信息(流)的管理。在输出端,还会看到信息服务之间和其用户之间的各种不同的流,如订单、传递的信息服务及产品、提供服务所付出的工资。值得注意的是,该模型对信息服务机构与其环境之间的信息流,如流向政府机构、金融机构、行会等的信息流就没有表示出来。

2.5.5.3 信息管理所关心的信息资源

如果采用集成信息的方法(integrated information management approach),信息资源将是任何组织为了实现其目的所需要的最重要的战略要素之一。对信息服务机构来说,信息资源也是战略要素。在以下的研究中,我们将信息资源划分为三个层次:信息(内容)的使用与运用、处理具体信息的信息系统和信息基础结构。

(1)信息内容。对任何信息服务机构来说,最重要的资源就是信息本身(information itself),也即信息内容,特别是与产出有关的服务信息(service information),它可以从组织内部获取,也可以由组织自己生产。这两者通常是结合在一起的。有些信息是从外部获得的,另外一些信息则是由内部生产的。外部信息被处理、分析后,价值就会增加。服务信息还可以被区分为初级服务或产品、中级服务或产品,后者如一个客户数据库或一个有关市场、竞争者的数据库,等等。这些数据库原来是为了内部使用的,后来逐渐发展成可以推向市场的产品。为了实现自己的目标、完成自己的任务,任何组织都需要支持信息(support information),它可以是与组织内部活动或问题有关的信息,如一般的、基础性的和方法性的知识,管理信息、作业信息、决策信息;也可以是与组织外部活动或问题有关的信息,如事务(即供应商、客户)信息、终端用户信息,或市场(即市场、竞争者、支持服务)

信息。不过,初看起来,支持信息似乎是不相关的,缺乏实在的联系,但是要确保信息服务和信息资源的管理有效、成功、获利,那么上面提到的各种信息就是必不可少的。

这里所关心的核心问题是信息内容,而不是信息技术。下面将给出一些能够使服务与支持信息(service and support information)具体化的一般标准:一、内容/要素(需要何种信息);二、频率/时间性(需要的频次和时间);三、质量/可靠性(准确、可靠到什么程度);四、重要性(对用户的重要程度);形式(需要采用何种形式——图、表、文本、声音、图像);五、交付时间(在什么时间需要);六、交付地点(何处需要)。在推出一项新的信息服务或产品之前,或者回答别人的提问之前,详细地分析这些标准,将会改进所提供的服务,提高这些服务的质量和客户的满足度,而不只是降低成本和避免信息泛滥。

(2)信息系统。第二个资源层次是关于用于具体目的的信息系统(information systems),例如用于写作作品或生产电子数据库的信息系统。信息系统中涉及到多种要素,比如应用开发本身/执行的任务、执行任务的人员、信息内容、软件、硬件、装置、内部规则。对信息管理来说,要区别以下三个步骤:系统设计/项目规划、采购与实施和运行、处理、传播。

(3)信息基础结构。第三种资源层次涉及到组织的基础结构(basic infrastructure),无论是为各种目的而开放的共享数据库(档案、图书、电子数据库,等等)、硬件,还是诸如DBMS之类的软件、网络(局域网)、网关,等等。对信息基础结构来说,也需要区别三个阶段:各种不同的基础结构要素的设计/开发、采购/供应(集中化/分散化)和实施以及运行。

2.5.5.4 战略管理

我们已经把信息管理的对象视为由信息转换过程和不同的信息资源这两个关键的层面,现在就可以探讨一下管理职能,这里只考虑管理中的主要职能,然后再简单地探讨一下信息服务管理中的战略问题,即信息服务的战略管理(strategic management)。

(1)管理职能。管理的基本职能(management functions)包括计划、实施/组织和控制/报告,对信息服务机构来说,它们也是非常重要的。每个信息机构要想获得成功,就必须要了解组织的未来、目标和战略目的。这是计划过程的一个组成部分,也是计划过程的起点。如果做不到这一点,就难以制定出理性的、有目的的计划。实践证明,灵活的计划比长期性计划的实施率高。对信息服务机构来说,其中心问题是其服务的市场、目标客户群、提供的服务以及这些服务的数量和质量、人力资源与培训、财务计划、评价标准等。

实施牵涉到带有战略性的根本问题,如组织结构——决定是采用职能组织、面向过程的组织还是矩阵组织等,而不是去考虑那些应该留给基层直线主管处理的作业细节问题。现在,出现了越来越多的灵活性的、分散化的组织结构,从而废除了中层管理人员,在这种组织中,职责和决策权被转移到个别(处理和营销)单位,以提高对市场客户服务的响应能力。同时,现代通信技术也使得对运行实施的高度集中化的战略控制成为可能。

经常被信息服务机构忽视的控制与报告、反馈活动,是评价组织和个别成员绩效的主要工具,也是识别不断变化的需求和在下一个计划周期过程中获得更好效果的主要工具。

(2)战略问题。这里的战略问题(strategic aspects)主要是指战略制定,也就是战略信息管理(strategic information management)问题,它有三个主要领域:产品/服务创新

(products/services innovations)、过程(转换)创新(process transformation/innovations)和市场创新(marketing innovations)。关于产品或服务创新,战略决策可能是要从印刷型的产品/交付模式转变成为电子化的产品/交付模式,引入 CD－ROM 版,提供网络存取等。过程创新可能包括利用新的信息技术、从集中化的生产模式转变成分散化的生产模式,引入全新的数据库管理系统。市场创新可能是采用新的价格结构、采用直接营销或采用新的交付渠道等。

根据采用的战略,组织为了保持长期的稳定,可以采取不同的行动路径:一是成本领先(cost leadership),它意味着早期对最先进的信息技术系统的投资是为了降低生产成本,在竞争者和潜在的市场进入者模仿着做之前,就已经达到了学习曲线(learning curve)的制高点。二是垂直一体化(vertical integration),通过公司的分销渠道就像一个计算机主机一样来生成、处理、传递信息。三是产品和服务的细分化(differentiation),例如高质量的产品、个性化的服务、更准时的交付等。四是将自己的活动集中到一个较小的目标市场或非常具体的客户。

战略信息管理需要对环境进行仔细地监控,以及早对新的进入者进入本市场(如出版商提供电子产品、硬件和软件供应商提供竞争性的信息服务等)、竞争者的创新活动、替代产品(如全文数据库)做准备。和信息资源的供应商、客户结合成像集成通信网一样的密切联系,也是需要考虑的战略问题。

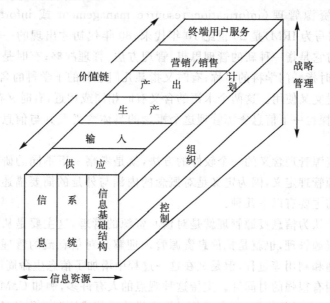

图 2－13 信息服务中战略信息管理的分析框架

2.5.5.5 战略信息管理的分析框架

前面我们已经介绍了战略信息管理涉及到三个主要层面:信息资源、信息转换过程和战略管理。图 2－13 把这几个层面集中到一个抽象的分析框架(analytic framework)中。转换过程中的各个因素已经被转入到 M. E. 波特(Porter)提出的价值链(value chain)这个概念之中。作为一个模型,它把现实的复杂性简化了,以便能对信息管理问题进行总体分析。和所有其他模型一样,当把该模型应用到具体环境时,要对其作出适当的修改。但需要注意的是,该模型中未考虑外部环境。该模型可以用于分析整个信息服务组织及其活动。当然,通过这种三维的布局还可以在三个轴上找出不同因素之间的关系及存在的问题。在分析具体问题时,可以采用两种比较通用的方法:关键成功因素分析法(critical success factor analysis)和信息资源生命周期分析(information resources life cycle analysis)法。对于前者,首先是要确定价值链中每个要素包含的主要任务,其次是分析那些至关重要的关键因素,第三是找出关键的信息资源需求,最后是开始合适的战略信息管理行动。对于后者,要考虑价值链的每个要素,通过给顾客和/或组织产生直接利益的机制,找出应用信息资源获取竞争优势的手段。这个分析工具就是对生命周期的各个阶段以及由此而产生了对现实的、或潜在的信息资源的需要进行评估。生命周期的基本阶段包括:确定需求/计划/获取/开发产品和服务/管理/维护/退出/处置。上面介绍的战略,包括削减成本、占领目标市场等,都采用了这些分析方法。

2.6 信息资源管理

理解信息管理概念的困难性不仅在于它本身定义的多样性,而且还在于它与信息资源管理等概念之间的区别与联系有时也很难理清。因此,有必要探讨一下什么是信息资源管理。信息资源管理(information resource management 或 information resources management,缩写为 IRM)是 20 世纪 70 年代末、80 年代初才出现的一个具有多种含义的新词语。有时它是指一种新的管理思想、管理方法、管理战略;有时是指一个特定的社会活动领域;有时指一门学科的名称;有时又指某几门学科的子学科的名称。它经常与信息管理一词同时交叉使用。这两个术语的含义有时相同或相近,有时又存在明显的区别。因此,我们还要探讨一下信息资源管理这个概念的具体含义及其与信息管理概念之间的区别与联系。

理解信息资源管理含义的一个较好的方法,就是考察一下不同的研究者和使用者所给出的信息资源管理定义,因为定义是对概念的内涵与外延的简要描述。有关信息资源管理的观点目前主要有以下几种:

第一种观点认为信息资源管理就是对核心资源的管理,这主要是从信息的观点来考察什么是信息资源管理,也就是把信息资源管理理解是对信息流的管理,信息收集、加工组织、存储、传递和利用等过程,但是又在这一过程中增加了信息生命周期的概念,强调组织对信息的利用有很强的时间性。支持这种观点的人有许多,例如 C. M. 比思认为:信息资源管理是指"把合适的信息、在合适的时间提供给决策或协调工作的活动。信息资源的管理,可视为一种生命周期或价值链活动,包括识别、存取信息,保证信息的质量、时效性和相关性,为未来存储信息以及处置信息"。B. R. 里克斯和 K. F. 高认为:"信息资源管理就是要运用系统的方法管理处在整个自身生命周期中的信息资源(即记录)——从创生到最终处置,并为实施和运行记录管理系统提供一种职能管理方法。"C. 西瓦尔兹和 P. 赫龙认为:"信息资源管理,通常被称为 IRM,是一种管理组织机构内部生产出的信息的生命周期的综合化、协调化方法。广义地说,它包括获取、保留和利用那些为了完成组织的使命、实现组织的目标所需的各种资源。"潘大连和黄巍认为："信息资源管理是从业务上对信息作为一种资源进行管理所需要考虑的问题的逻辑顺序。"他还将"信息资源的管理划分为调研、分析、综合和评价四个步骤"，并进一步将其细化为六点："一、调查研究，收集基本的资源情况和原始的资源清单；二、制定分类准则和评价准则，将信息资源进行有序化的管理；三、分析各项信息资源的成本和价格，确定为获取、处理、存储和使用这些资源所消耗的成本，以及这些资源所形成的价值和价格，特别是信息资产的价值和价格；四、将各部门用户对信息资源使用的情况和效益同消耗的成本进行综合分析，找出成功和失败的经验教训；五、优化和改进信息资源管理的思路和作法；六、总结已有工作和实施新的方案。"

第二种观点认为信息资源管理是集成管理或者说综合管理，它管理的是信息活动的所有要素。这种观点主要是从管理的观点来理解什么是信息资源管理，它把信息资源管理看成是管理中的一个子集，也就是信息资源管理实际上就是把一般管理的基本原理用到信息资源的管理上。例如 A. N. 史密斯和 D. B. 梅德利认为信息资源管理是"一般管理的一个子集……是一个仍处于发展中的概念"，"现在还没有一个通用的 IRM 定义，目前应把 IRM 看作是一个具有几层含义的伞状概念(umbrella concept)。从某一层次看，IRM 把信息作为一种类似于资本和人力一样的组织资源来管理。这就是说，IRM 是一种本质上起指导作用的哲学。从另一层次看，IRM 合并了传统意义上的信息服务——通信、办公系统和诸如记录管理、图书馆职能和技术规划之类的信息成份。"Aslib(英国信息管理协会——Association for Information Management)的 IRM 网络将 IRM 定义为：就是用管理组织的人力资源、财力资源和物力资源一样的方法来管理信息(资源)。B. B. 米勒认为："信息资源管理就是管理数据和信息——一个伞形术语(umbrella term)，它既包括计算机硬件、软件、通信系统、内部数据库和外部数据库的管理、规划和审计，也包括集成这些资源为管理全组织的信息提供支持。"B. 沃森认为："信息资源管理是一个术语，它被用于描述和公司信息资源的管理和利用有关的全部活动，以及为那些有权方便地利用和控制这类信息的人提供便利的活动。"J. R. 博蒙特和 E. 萨瑟兰认为："信息资源管理是一个伞形术语，它包括为确保在开展业务和进行决策时能得到可用信息所必需的所有管理活动(management activities)。信息资源管理包括由于使用各种各样的信息和通信技术而可利用的所有数据、数字、文本、图像和声音。"他们还进一步指出："信息资源管理可被广义地解释成包括：商业——怎么利用信息和通信技术来获取竞争优势；经济学——信息经济正在怎样改变市场；法律——信息和通信技术怎样影响控制人民、企业和国家行为的法律结构；社会——信息和通信技术正在怎样改变我们的生活方式和工作方式；技术——信息和通信技术的发展趋势和组织如何利用这些潜在的基础结构平台。"

在第二种定义中又以美国联邦政府的信息资源管理定义最具有代表性。美国联邦政府管理与预算局(OMB)在其 1985 年颁布的 A—130 号通报中把政府信息资源管理定义为："与政府信息相关的规划、预算、组织、指挥、培训和控制。该术语既包括信息本身，也包括诸如人员、设备、资金和技术之类的相关资源。"美国参议院第 1742 号议案即《联邦信息资源管理法案(Federal Information Resources Management Act)》中提出了一种非常广泛的政府信息资源管理观点，它认为："联邦信息资源管理是一种旨在提高政府信息活动效率和效益的综合性、集成性过程。"该法案还指出信息资源管理是"一个复杂的术语，它包括为完成机构的任务而确定信息需求，为了经济、有效、公平地满足已确定的信息需求而管理信息资源和综合不同信息职能机构中个体能力的过程。此外，该过程还延伸到信息收集、使用和处理中的所有阶段，包括规划、预算、组织、指挥、控制和评估信息使用的管理活动"。

尽管上述各定义在表述上存在着某些不一致之处，但至少有一点是共同的，即基本上都认为信息资源管理的本质就是集成或协调，其内涵"就是信息是任何组织的一种必不可少的资源"。有些学者简单地认为"信息资源管理"中的"信息资源"就是"信息"，确切地说，就是机构或组织中的信息和记录。这种仅把信息资源管理的对象限定为信息本身的观点，无论其中的"信息"范围多么广，也只是"狭义的信息资源管理"，它的重点是运用技术方法和手段确保信息资源处于可用的有序状态。但对信息本身的管理必然要耗费其他支持资源，由此又引出了"广义的信息资源管理"概念，它所管理的对象不只是同质的信息，而是信息活动中的所有投入要素，即异质的信息、资金、人员、技术、设备、设施等。信息资源管理就是对"构成信息系统的资源的管理"。为了强调这种理解上的差异，人们在使用"信息资源管理"这一术语时采用了不同的形式，有的用"information resource management"，有的用"information resources management"，前者常表示狭义的信息资源管理，而后者多表示广义的信息资源管理。但在实际使用时，这两者之间的差异有时并不明显。例如 C. 西瓦尔兹和 P. 赫龙等人是在"information resource management"意义上使用"information resources management"，W. R. 辛诺特和 W. H. 格鲁伯等人则是在"information resources management"意义上使用"information resource management"。不过，不论是狭义的信息资源管理，还是广义的信息资源管理，它们的缩写形式都是一样的，都写作"IRM"。

关于信息资源管理术语的单数和复数这两种形式的含义还有另外一种形式的理解，对此，世界最著名的信息管理专家，信息资源管理概念的主要提出人，美国的 F. W. 霍顿的观点最值得我们重视。他认为："信息资源管理(information resource management——IRM)这个术语包括信息内容(information content)和信息工具(information tools)两个术语。组织的信息主管负责高效、有益、经济地管理组织的所有信息资源和信息资产(information asset)。如果他只重视工具，则内容可能不能满足用户的需要；如果只重视内容，那工具的成本可能会迅速增长。因此，必须对这两者都要重视(这也适用于人力资源、物理资源或任何其他的资源)。"他还用图示的方法，阐述了狭义的信息资源管理和广义的信息资源管理之间的关系。图 2—14 中的 Resource Management(即信息内容或内容管理)和 Resources Management(即信息工具或工具管理)是两个必须同时兼顾、并行发生的孪生目标。在该管理过程中的每一个阶段，Resource Management 工序(processes)都将它们联成一体。资源管理系统(resource management systems)使得这些工序能够更加协调地工作。

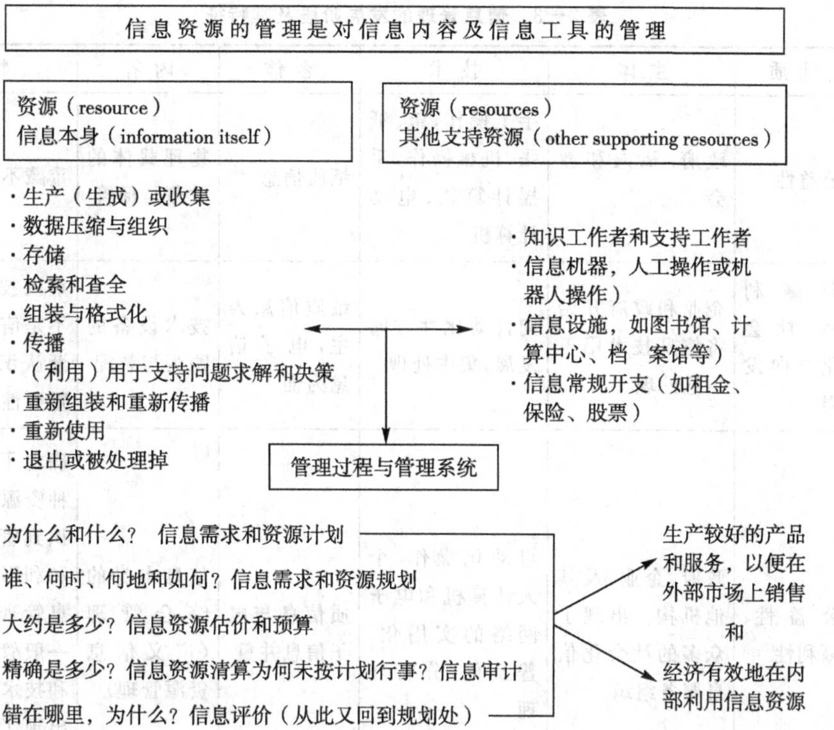

```
┌─────────────────────────────────────────────────────────┐
│     信息资源的管理是对信息内容及信息工具的管理           │
└─────────────────────────────────────────────────────────┘

┌──────────────────────────┐    ┌──────────────────────────────┐
│ 资源（resource）         │    │ 资源（resources）            │
│ 信息本身（information    │    │ 其他支持资源（other          │
│ itself）                 │    │ supporting resources）       │
└──────────────────────────┘    └──────────────────────────────┘
```

- 生产（生成）或收集
- 数据压缩与组织
- 存储
- 检索和查全
- 组装与格式化
- 传播
- （利用）用于支持问题求解和决策
- 重新组装和重新传播
- 重新使用
- 退出或被处理掉

- 知识工作者和支持工作者
- 信息机器，人工操作或机器人操作）
- 信息设施，如图书馆、计算中心、档案馆等）
- 信息常规开支（如租金、保险、股票）

管理过程与管理系统

为什么和什么？　信息需求和资源计划
谁、何时、何地和如何？　信息需求和资源规划
大约是多少？　信息资源估价和预算
精确是多少？　信息资源清算为何未按计划行事？信息审计
错在哪里，为什么？信息评价（从此又回到规划处）

→ 生产较好的产品和服务，以便在外部市场上销售
和
→ 经济有效地在内部利用信息资源

图 2—14　信息资源管理的内容和体系

霍顿的定义指明了管理的对象是与信息相关的所有资源，管理的性质属于资源管理，管理的核心是信息本身，但这必然要利用资源管理的手段。事实上，按照他的看法，组织的信息主管必须要担负起经济、有效地管理组织的所有信息资源和信息资产的职责。如果他只重视工具，则内容可能不能满足用户的需求；如果他只重视内容，则信息工具的成本就会大幅度攀升。因此对这两者都要加强管理。信息资源管理属于资源管理，它把资源管理的规律扩展应用到数据、信息和知识的管理上。霍顿的定义指明了管理的对象是与信息相关的所有资源，管理的性质属于资源管理（即一般管理原理的具体应用）。

为了详细地理解信息资源管理的含义，还需要简单地了解一下，信息管理的发展过程（关于这一问题，我们将在第三章中详细介绍）。目前信息管理的发展已经经历了四个主要阶段，依次为：文献管理阶段（文书与记录管理阶段：1950年以前）、技术管理阶段（自动化技术管理阶段：1950～1980）、资源管理阶段（信息资源管理阶段：1980～1990）和知识管理阶段（1990年以后）。各阶段的主要特征见表2—3。

表 2-3 信息管理的发展阶段及其特征

阶段	性质	主体	技术	客体	内容	特点
文献管理阶段	公益性	政府、私人和教会	手工操作,笔、纸张,机械操作,手摇计算机、电动计算机	纸质信息	物理载体的收藏与保管	重藏不重用
技术管理阶段	向赢利性、社会化方向发展	企业和政府开始将信息技术用于信息处理	向自动化性方向发展,集中处理	纸质信息为主,电子信息为辅	技术设备的购买与装配	重视技术设备而不是信息本身,逐渐认识到利用的重要性
资源管理阶段	公益性、赢利性	政府、企业、及其他机构。出现了众多的社会化信息服务组织	自动化操作,个人计算机和电子网络的实用化、普及化,分布处理	纸质信息与电子信息并重	信息本身的综合管理(广义信息资源管理)	确立了信息是一种资源的观点,认识到管理是开发和利用的前提,信息管理需要利用一般管理的原理和技术,信息活动出现了产业化趋势,注意改善信息环境
知识管理阶段	公益性、赢利性	政府、企业、其他各种机构和个人	电子化 自动化 网络化 知识化 智能化	纸质信息与电子信息并重。在电子信息不断增长的同时,纸质信息并未消失	信息内容(知识、情报)的管理,智能的扩张,人的全面发展,社会、经济、科技的协同发展,人与自然、社会之间的关系的和谐化。	重点从信息转移到知识,确立了知识是一种重要的资源的观点,知识活动成为每个人必不可少的活动,获取知识、传递知识、利用知识成了推动社会经济前进的强大动力,知识产业空前壮大,终身教育、不断学习蔚然成风。

  本书中,我们把信息资源管理看成是信息管理发展中的一个新阶段,它运用综合性的管理手段和方法,通过对与信息相关的资源的合理规划、预算、组织、指挥、培训、控制、审计、评价和其他涉及到信息的生产、收集、加工、存储、检索、传递以及使用的评估等活动来实现组织的战略目标。这个定义说明了:一、信息资源管理是信息管理发展中的一个特定阶段,在这一阶段,人们认识到信息本身已经变成了一种重要的资源。而在历史上,虽然

人们也曾经对信息进行过管理,但却一直没有确立这种观点;二、信息资源管理的手段与方法具有综合性。在历史上人们采用的信息管理方法和手段远远没有今天这么发达、先进。因此,现代信息技术和管理方法是信息资源管理产生的一个重要标志;三、信息资源管理主要限于组织层次,它要为实现组织的战略目标服务。但是随着人类信息活动的扩展,它正在由组织内部管理逐渐扩展到组织环境管理。这也是历史上不曾有过的事情;四、信息资源管理不仅包含了信息本身的管理,比如信息的生产、收集、加工、存储、检索、传递以及使用,而且更加重要的是它还是一项管理活动,涉及到对信息活动的规划、预算、组织、指挥、培训、控制、审计、评价;五、信息资源管理非常注重效率与效益。一方面,信息资源管理本身要做到效率性和效益性;另一方面,信息资源管理还要为提高组织活动的效率和效益服务,也就是必须能够支持组织的战略目标,而且这一点有时候甚至比前者还要重要。

2.7 信息管理与信息资源管理及管理信息系统之间的关系

虽然我们已经简单地介绍了信息管理与信息资源管理之间的关系,但由于信息管理和信息资源管理是一个正处于发展之中的新生事物,同时由于各国的国情、发展信息事业的历史传统和采取的政策措施以及各国信息事业发展的水平不同,因而目前人们在使用信息管理和信息资源管理这两个术语时并不十分一致,当然种情况在任何一门新兴学科在发展过程中都曾遇到过.随着时间的推移,研究的深入和学术交流的逐步加强,将来人们在它们的使用上肯定能够达成一致。为了便于全面地了解这两个术语,在此简单地介绍一下它们之间的关系。

总的来说,目前信息管理和信息资源管理这两个术语之间大致形成了二种关系:全同关系和包容关系。其中包容关系又可以划分为两种情况,即包容关系与被包容关系。

2.7.1 信息管理与信息资源管理基本、甚至完全重合

国外有不少学者认为信息管理与信息资源管理这两个术语的内涵与外延基本相同,甚至完全相同,这就是说信息管理和信息资源管理实际上是对同一对象的两个不同称呼而已。英国信息管理协会主席 D. 刘易斯认为:"对不同的人来说,信息管理具有不同的含义。在美国,它与新兴的 information resource management 和 information resources management 学科关系密切,后者涉及到管理信息所需的所有资源,而前者则只关心内容。"从总体上看,信息管理与这两种形式的信息资源管理都有关系,它既可以指 information resource management,也可以指 information resources management,亦或兼指两者。与此有所不同的是,W.J. 马丁指出:"'信息管理'和'信息资源管理'之间不存在任何区别,因为它们是本质上完全相同的东西,虽然在这两个术语中人们乐于使用较短的术语,但它可能是原先创造的信息资源管理一词的一种变体。"如果信息管理与信息资源管理是两个含义完全相同的词语,那么根据最省力法则,人们肯定会优先使用较短的词语。马丁的这种观点是一种在英国甚至欧洲都很流行的观点。这正如 P.M. 格里菲思所言:"IRM,无论是在理论上还是实践上,都不是什么新东西。而且在英国它也不是一个获得

广泛使用的术语,同时局外人和实际工作者对它的理解也各不相同。"在英国和欧洲大陆的出版物中,比如 N. M. 达菲和 M. G. 阿萨德所著的《信息管理》,格里菲思编撰的《信息管理:水平报告》、夏.贝尔泰和符.梅古罗夫撰写的《信息管理》中,基本上都使用"信息管理"一词。C. 奥本海默在谈到其主编的年评性刊物《信息管理展望》时说,它是为了弥补美国的《情报科学技术年评(ARIST)》的不足之处,为此要"强调实际工作者的观点,同时还要特别重视欧洲的见解"。这种"见解"不仅表现在对术语的选择上,而且还表现在对概念的内涵与外延的理解上都具有明显的"欧洲特色"。

在美国,尽管有时候也混用"信息管理"和"信息资源管理"这两个词,人们经常使用的却是"信息资源管理"一词。在美国政府的官方文件和法律中基本上都使用信息资源管理,如管理与预算局的 A—130 号通报《联邦信息资源管理》)等,参议院和众议院提出或通过的各种法案,包括《文书削减法》、《1989 年的信息政策法案》、《1989 年的文书削减和联邦信息资源管理法案》、《联邦信息资源管理法案》等,都是如此。此外,许多学术著作和教科书也都使用信息资源管理作书名,比如 F. W. 霍顿、W. R. 辛诺特和 W. H. 格鲁伯、A. N. 史密斯和 D. B. 梅德利、D. 胡辛和 K. M. 胡辛、B. R. 里克斯和 K. F. 高等撰写的各种"信息资源管理"著作,就都是如此。不过,在这些同名书籍之中,有的作者坚持完全或基本上只使用"信息资源管理"这一术语,如 A. N. 史密斯和 D. B. 梅德利、D. 胡辛和 B. R. 里克斯和 K. F. 高以及 J. R. 博蒙特和 E. 萨瑟兰等都出版了名为《信息资源管理(Information Resource(s) Management)的著作,但有的作者却在书中混用信息资源管理与信息管理这两个术语。例如 W. R. 辛诺特和 W. H. 格鲁伯、F. W. 霍顿等就是如此。W. R. 辛诺特和 W. H. 格鲁伯在其所著的《信息资源管理》的前言中写道:"尽管 20 世纪 70 年代在信息管理实践方面已取得了很大的进展,但把信息服务的生产者和信息用户割裂开来的现象依然存在,该领域中的大多数文献只研究技术细节问题,却没有把信息资源和全组织目标联系起来。编写《信息资源管理》一书就是要填补这一空缺。我们的主要目标是从一般管理的观点出发来研究信息资源管理问题:指导信息专家在信息资源的全面管理过程中同用户、高层管理人员和专业人员进行有效合作。"J. F. 罗卡特(Rockart)在给该书撰写的前言中,则根本没用信息资源管理一词,而只用信息管理一词,他写道:"简而言之,需要有人充当组织的信息能力的建筑师,这就是 W. R. 辛诺特和 W. H. 格鲁伯所说的'信息管理'。"R. H. 莱特尔在对 1981—1986 年期间的信息资源管理(information resource management)所作的专题综述中,也混用这两个词,并将信息管理定义为"与信息有关的规划、预算、组织、指挥、培训和控制,该术语既包括信息本身,也包括诸如人员、设备、资金和技术之类的相关资源"。这一定义与美国联邦政府管理与预算局对信息资源管理所下的定义,基本上没有多大区别。由此可见,在美国虽然人们经常在同一意义上交叉使用信息管理和信息资源管理这两个术语,但是实际上信息资源管理是一个比信息管理更为通用的术语,这与美国人强调信息是一种资源,信息管理实际上是通过对各种信息要素的合理配置来实现对信息本身的全面管理的观点相吻合。

2.7.2 信息资源管理是信息管理的一部分

国外还有不少学者认为信息管理是一个外延比信息资源管理的外延还广的概念,因此前者中包含了后者。对此可以有几种理解方法：第一种是把信息管理看成是包含了各个阶段的管理，而信息资源管理只是信息管理发展中的一个特定阶段；第二种是把信息资源管理狭义地看成是对信息本身的管理，而把信息管理广义地看成是对信息活动涉及到的所有信息要素的管理。

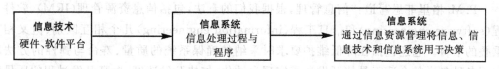

图 2—15　信息技术、信息系统与信息管理内容拓扑

A.泰勒和 S.法雷尔认为：信息管理就是"为了组织的决策和计划而通过信息资源管理来开发和更加有效地利用信息"，而信息资源管理就是"信息的计划、预算、组织、指挥、培训和控制（高层管理职能），在这里信息本身是组织内部的一种可以识别和绘制的资源（信息资源实体——information resource entities）"。他们还从技术的角度探讨了信息技术、信息系统和信息管理三者之间的关系。在他们看来信息技术就是"采集、处理和传播声音、图像、文本信息的以微电子学为基础的计算技术"，而信息系统就是"按照确定的程序——自动的或手工的，有组织地收集、处理、传递和传播信息。"据此，他们给出了信息技术、信息系统和信息管理的内容拓扑图（见 2—15）。该图指出信息技术和信息系统可以视为信息流和信息过程的管道，值得注意的是信息管理决不等于信息技术，实际上，信息技术只是信息管理的平台，它只有在为信息活动服务的过程中才会发生作用。

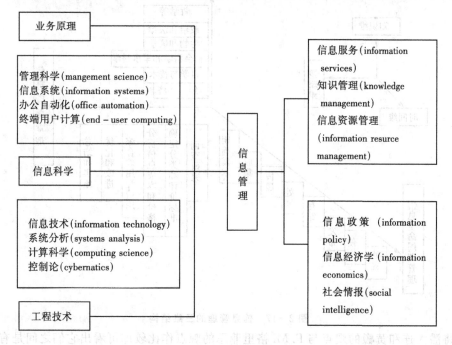

图 2—16　信息管理要素拓扑

根据这种见解他们又给出了信息管理的结构图（见图 2—16），该图揭示了相关学科对信息管理的影响和信息管理可能产生的子学科。事实上,美国和英国的许多信息管理教育计划都是按照与该拓扑类似的拓扑开发而成的。图2—16已经清楚地显示出,信息资源管理是信息管理的子学科,而信息管理本身又建立在若干个相关学科(广义地划分为业务原理、信息科学和工程技术三大类别)要素相结合的基础之上。

P.M.格里菲思写道:"信息管理,根据我们的看法,包括信息资源管理(IRM)、软件工程(software engineering)和信息工程(information engineering)几个相互区别、但又相互重叠的学科。它还包括在降低维护要求时采纳的确保系统的质量、寿命与弹性的方法和利用各种各样的合适工具使开发过程实现自动化,加快开发速度,提高开发过程的质量和完善对开发过程的控制。"很显然,格里菲思只把信息资源管理看成是信息管理的一部分。潘大连和黄巍也持这一观点,他们将美国系统工程学家A.D.霍尔提出的"霍尔三维结构"(Hall 3—D structure)应用于信息管理,得到一种类似的三维信息管理结构(见图2—17)。他们据此认为信息管理涉及的是三方面的问题的综合:"信息(知识)领域主要反映信息管理所涉及的不同知识、不同专业的范围。""信息资源管理是从业务上对信息作为一种资源进行管理所需考虑问题的逻辑顺序";"信息生命周期的管理是从时间过程上阐述信息管理的一个侧面"。在信息生命周期中的每一阶段都有与此对应的具体管理工作,而每项管理工作都要按逻辑思维方式有序进行。因此,"信息资源管理和信息周期管理都是信息管理的不可分割的部分,只不过是观察的角度不同而已"。

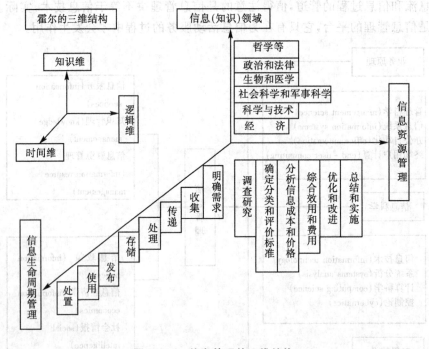

图2—17 信息管理的三维结构

将潘大连和黄巍的观点与P.M.格里菲思的观点作比较即可看出它们之间是有区别的,后者把信息资源管理看作是信息管理的下位学科(A.泰勒和S.法雷尔也明确地指出信息资源管理是信息管理的子学科),前者并未指明信息资源管理是一门独立学科,相反,他们承认信息管理是一门独立学科。此外,从范围上看,他们两者使用的信息管理也不是两个完全重合的概念,这只要考察一下信息工程和软件工程这两个术语的含义就足以说明这一问题。J.马丁率先提出了信息工程的概念并在将其与软件工程对比的基础上给出了自己的定义。他认为软件工程是指确定、设计和编制计算机软件的学科群,信息工程则是指这样的学科群,它们主要用于建立基于今天的数据系统的计算机化企业。信息工程优先重视的是由计算机来存储和维护的数据和从这些数据中提取出来的信息,而软件工程首先考虑的则是在计算机化过程中使用的逻辑。虽然潘大连和黄巍也指出:"信息管理还包括一些其他方面的管理内容","特别是有关计算机和通信系统的运行管理",但他们所说的信息管理范围显然要比格里菲思的信息管理范围小得多。

王万宗在谈到信息与信息资源管理之间关系时也指出:"在现实使用时,信息管理的含义往往宽于信息资源管理。"他所理解的信息管理包括为了有效地利用信息而进行搜集、整理、存储、传播服务等工作及这些工作的计划、组织、指导等,而信息资源管理则仅指信息及其载体的管理,不包括工作和事业的管理。因此,广义的信息管理是社会大系统中一个分系统,负责信息活动的组织、指导、控制和协调工作。可见,王万宗的信息管理要比格里菲思对它的理解更为宽泛。马钱德和克雷斯林则从历史发展的角度考察了信息管理、信息资源管理之间的关系,他们认为信息资源管理只是信息管理的一个发展阶段(第三阶段,第一阶段是信息的物理的控制,第二阶段是自动化技术的控制,第四阶段是知识管理),这一阶段的显著特征就是把信息管理看成是和组织中的其他资源(如人员、材料、资金)同等重要的战略资源,因而要将资源管理技术应用到信息资源上,把信息资源管理职责提到组织的高级层次上。其最终结果就是要承认信息管理对组织来说是一种和财务管理和人事管理同等重要的管理职能,此外还要在组织的战略业务规划职能中对各种有关信息资源和信息技术的有效管理问题进行综合考虑。

2.7.3 信息管理是信息资源管理的一部分

在国内外都有一些学者持信息管理是信息资源管理的一部分这种观点,与前两种观点相比,这种观点因为其支持者较少,因而不具有代表性,或者说它只是少数人的观点。R. M. 斯太尔(Stair)是持这种观点的代表性人物,他认为信息资源管理就是"对所有的与一个组织的信息系统有关的硬件、软件、人员、数据库、通信系统、组织结构和程序的管理和控制",他提出要了解信息资源管理的全貌,需要从多层面对这一管理活动进行考察。按照他的理解,这些层面至少有五个:信息管理、技术管理、分布管理、职能管理和战略管理(见图2-18)。他认为信息管理是信息资源管理的第一个层面,其重要性在于承认数据和信息对组织具有价值。例如,如果一份MIS报告中所包含的信息能使管理者的决策更加有效,而不需要再去收集和组织数据,那么这条信息对组织就具有某种价值。如果一个TPS(事务处理系统)可以捕捉到以前极难收集或者即使能够收集到但耗时过多的信息,并且该信息能使管理者比其他缺少该新信息的竞争者更有效地进行决策,那么该条新信息对该组织也具有价值。因此,承认信息本身具有价值是信息资源管理背后的一个驱动力。技术管理(technology management)属于第二个层面,其意义在于人们已经承认信息技术对组织具有价值。信息技术种类的增多、功能和复杂性的增加,也是推动信息资源管理形成的一股重要力量。分布管理(distributed management)是信息资源管理的第三个层面，它显示出人们已经认识到凡是建有、使用或开发系统（当然包含信息和技术）的地方，经常会在整体绩效上呈现出很大的差异。职能管理(functional management)是信息资源管理的第四个层面。所谓职能管理是指信息系统的职能和其他的职能领域相似，即也必须要得到指挥和控制。信息资源管理的产生促进了CIO(chief information officer)的出现，而CIO的出现又使得信息资源管理的思想得到了进一步的实施。CIO在组织中一般都具有较高甚至很高的地位，因为他能全面地掌握组织的战略资源——信息，而其他的经理，如人力资源经理、财务经理、营销经理、生产经理等，只能掌握组织的某一特定领域的信息。CIO控制、掌管了全组织的信息资源，因而他具备了与CEO(chief executive officer)、CFO(chief financial officer)、COO(chief operations officer)等一样的权力，成了组织内部的一个新兴的独立职能管理部门——信息管理部（与其他的职能部门居于同一层次）的最高领导人和在组织最高层的代言人。随着知识管理的兴起，现在不少国外的大中型企业又出现了一个新职位，即CKO(chief knowledge officer)。信息资源管理的最后一个层面是战略管理(strategic management)，也就是要承认信息系统对那些能够明智地利用它的组织来说，具有可以获得竞争优势的潜力。认识到需要通过信息系统的战略管理来获取竞争优势，也许是信息资源管理产生的最令人信服的理由。

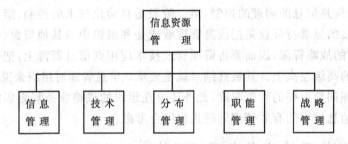

图2-18 信息资源管理的五个层面

C.西瓦尔兹和P.赫龙与R.M.斯太尔的观点基本相似，即也把信息管理看成是信息资源管理中的一个组成部分。他们指出："简而言之，信息资源管理是对日益迫切要求组织实施战略计划所作出的反应。因此，它'通过开发、建设和优化信息资源，力求为全组织的目的而利用信息'。信息资源管理包括技术和下列要素：信息系统、信息资源、信息政策、信息用户和信息服务。""信息管理包括规划、评价和为了确保系统不只是其要素的简单之和所作的系统分析。因此，信息管理是上述每个要素中的一部分，也是一条把各个要素和组织或机构任务联系起来的红线(thread)。"这也间接地说明了信息资源管理中包含了信息管理。

这种观点还可以另外一种极端的形式出现，即认为信息管理纯粹是指对信息本身的管理，即相当于information resource management，它可以自成一体，而信息资源管理是指对信息本身及其相关资源的管理，即相当于information resources management。从历史发展的角度看，该观点确有其合理之处。因为信息管理原先是指文书记录管理或数据管理及计算机信息系统的管理，而信息资源管理是对组织拥有的信息储备和信息手段的集成管理，所以信息管理只是信息资源管理的一部分。

2.7.4 信息管理、信息资源管理与管理信息系统

管理信息系统是指为管理服务的信息系统。它既可以是传统的手工信息系统,也可以是现代化的计算机信息系统。信息管理与管理信息系统之间的关系比较明确。根据F.W.霍顿的看法,信息管理这个概念的含义是指通过使信息资源经过标准的管理和控制过程来实现它的价值。为此,就要超越诸如搜集、存储和传播之类的程序步骤等表层问题,转向探讨信息使用及其对实现组织目标和目的所作的贡献这些深层性的实质问题。因此信息管理关注的是运用信息资源为全组织的战略目标服务,而不是局限于某一层次或某一领域中的具体问题。至于管理信息系统,从学术观点看,它并不是计算机科学的延伸,而是管理学和组织学的延伸。管理信息系统作为一门学科所重视的是应用计算机科学已实现的技术能力,它包含了比数据处理更广泛、更全面的功能。因此,信息管理不同于管理信息系统,后者只是为确定的管理层次提供具体信息的手段。可见管理信息系统是一个比信息管理范围更窄,含义更明确的概念。至于信息资源管理与管理信息系统之间的关系,G.B.戴维斯和M.H.奥尔森认为前者是后者的延伸,这种观点在国外管理信息系统界很流行。但信息资源管理决不等于管理信息系统,可以说管理信息系统考虑较多的是技术问题,即怎样利用现代信息技术来构建一个符合特定管理需要的信息系统,而信息资源管理考虑较多的则是战略问题,即如何通过对信息系统资源的控制来实现组织的战略目标。

信息管理与信息资源管理之间的关系比较复杂,这既有使用习惯问题,也有理论观点问题。但是总的来说,目前国内外学者对这两个概念之间的关系并未做深入的探讨,而且在实际使用时,在多数情况下,对它们作严格的区分也没有多大的必要。因此,在本书中,我们认为从总体上讲,信息资源管理只是信息管理发展中出现的一个特定阶段,就这一阶段而言,信息管理和信息资源管理是两个内涵和外延都基本相同的概念,因而这两个术语在目前情况下可以互换交叉使用。但由于该阶段的信息管理和此前几个阶段的信息管理相比,也出现了一些值得注意的新特征,故在本书中,为了避免混乱,我们使用的术语主要是信息管理,只有在特别需要时才使用信息资源管理一词。

2.8 信息管理的学科体系

对信息和信息活动的研究已经形成了若干个新兴学科,如信息科学、信息技术和信息管理等,并逐步形成了一个有关信息研究的完整学科体系(见图2-19)。其中信息科学属于该体系中的基础理论层次,信息技术属于其中的技术手段层次,而信息管理则属于其中的应用实践层次,它将前两个层次结合起来用到具体的管理实践之中。因此,从某种意义上来讲,信息管理是管理实践与信息科学技术之间的桥梁,无论拥有多么发达的信息科学技术,如果不能够灵活地应用于实际管理活动之中,如果不能够提高管理活动的水平,那么它终究会在束之高阁的过程中走向消亡。

当然,从另外一个方面来看,今天的信息管理之所以日趋重要,那是因为有了发达的信息科学技术的支撑,没有这一条件,信息管理实践的深度和广度都不可能达到前所未有

的水平。从这个方面来看,信息管理的相关学科应包括信息科学、一般管理学和现代信息技术,等等。其中信息科学和一般管理学是信息管理的两个最重要的理论基础,此外,情报学、图书馆学、档案学、记录管理、管理信息系统、传播学等也是信息管理的理论基础,信息技术(包括计算机技术、通信技术、控制技术、感测技术等)则信息管理的主要技术基础。在这两个基础之间还有许多作为信息管理外围基础的支撑学科,比如语言学、心理学、社会学、激光技术、电子技术,等等。此外,由于信息具有高渗透性和工具性,因此信息领域吸引了众多其他学科领域的注意,多学科、多领域的介入又产生了许多新的边缘性、交叉性学科,如电子信息科学、电子信息技术、电子信息管理、计算机信息科学、计算机信息技术、计算机信息管理,图书馆信息科学、图书馆信息技术、图书馆信息管理,文献信息科学、文献信息技术、文献信息管理,经济信息学、信息经济学、经济信息管理、信息经济管理,法律信息学、信息法学、组织信息学、地理信息学、信息工程学,等等。

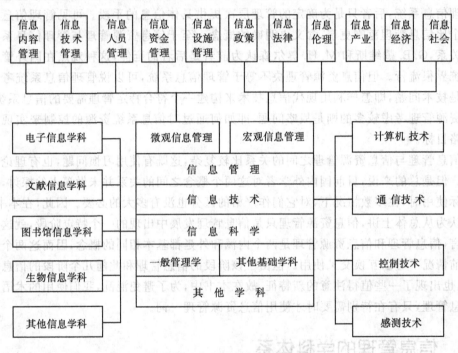

图 2—19 信息类学科的总体层次示意图

事实上,信息本身就是一个跨学科的多元化的综合体,因此对信息问题也应该从不同的侧面加以研究。至少要从信息科学、经济科学和管理科学三个角度(维)来考察。从信息科学层面看,信息经常处于它的收集、加工、存储、传递、检索和利用的信息过程之中,这一过程可以在一定的程度上运用工程技术手段建立起机器化、自动化的信息系统;从经济学层面看,信息不仅是经济理论赖以建立和发展的基础,同时它还是一种经济物品、经济资源,是现代生产力系统中的一个重要组成要素,因此必须要运用经济学的观点和方法来研究其最佳开发与利用问题;从管理学层面看,信息不仅是管理和决策的前提和依据,同时它作为一种重要的资源又构成了管理的对象,需要运用管理的基本原理对其进行计划、组织、控制和协调。由此可见,对信息这一特定概念,至少可以作信息研究、经济研究和管理研究,这自然会产生若干个新学科,如具体信息学、信息经济学和信息管理学等。

信息管理作为信息类学科中的应用层次,虽然诞生的时间比较晚,但是发展却很快,目前许多国家都已经将其作为一个独立的学科。比如,许多国家在高等学校中已经设立了信息管理[也有的用信息资源管理、(管理)信息系统、信息服务]专业,成立了信息管理、信息资源管理、信息系统等方面的协会或学会。事实上,从有没有社会需求和实践基础等方面来看,今天的信息管理应该并已成为一个独立的应用实践领域;而从有没有独立的研究对象、有没有形成自己的特殊的概念体系、有没有自己赖以成立的理论基础和技术基础等方面来看,信息管理也应该并已经成为一个独立的理论研究领域。在信息管理类的专业刊物乃至许多其他一些相关专业的刊物中,许多专家学者和实际工作者都已经发表了大量的探讨信息管理学科建设问题的学术论文。这也从一个侧面说明了信息管理学科建设问题已经引起了人们的高度重视。对一个学科来说,它是否成熟的标志是:有没有形成稳定的学科基础理论、有没有形成适用于本学科的基本方法、有没有形成稳定的子学科、有没有形成本学科领域的核心期刊、有没有形成正式的或非正式的信息交流渠道、有没有形成与此相对应的教育计划、有没有有影响的教科书和学术专著,有没有本领域的知名学者,等等。从这些方面看,信息管理作为一门学科,目前当然还不成熟。因此,在此我们只能根据国内外学者的研究成果,简单地介绍一下信息管理的一些主要分支学科。有一点需要说明的是,作为一门学科的信息管理的大厦还没有完全搭建起来,因此本书在选择术语时没有使用"信息管理学"(information management science),而只使用了"信息管理"一词。因为信息管理的英文是 information management,而在国外管理学,特别是一般管理学中经常使用的就是 management 一词,它作为学科名称使用一般不加 science 一词 (management science 是管理学中的一个分支学科),许多具体管理学科也没有在名称上加上 science 一词,这已经成为一项惯例。事实上,英文中的 management 一词本身也隐含了"学"的意思,故可以将其译为"管理学"。所以,本书中也沿用这一惯例,没有使用"信息管理学"的说法。当然,如果是为了显示作为一门社会实践的信息管理和作为一个学术研究领域的信息管理之间的区别,使用"信息管理学"一词也未尝不可,但是考虑到英语的习惯,在将"信息管理学"一词翻译成英文时也不宜使用 information management science,因为国外期刊杂志上使用的都是 information management,而且还有比较通用的缩写词 IM。

表2—4给出了目前研究者们提出的按照不同标准划分出来的信息管理分支学科。在这些分支学科中,有一些已经得到了学术界的认同,比如信息经济学、信息系统管理、信息网络管理、信息技术管理、信息服务管理、信息产业管理、信息经济管理、信息政策、知识管理,等等。

表 2-4 信息管理的分支学科

序号	划分标准	分支学科
1	从信息管理的范围来划分	宏观信息管理 微观信息管理
2	从信息资源的组成要素来划分	信息内容管理 信息技术管理 信息人员管理 信息资金管理 信息设备管理 信息设施管理
3	从信息管理的手段来划分	信息的经济管理 信息的技术管理 信息的人文管理
4	从信息管理的对象来划分	信息内容管理 信息系统网络管理 信息事业管理
5	从实施信息管理的主体性质来划分	公共部门的信息管理 私人部门的信息管理
6	从信息管理的应用领域来划分	科技信息管理 经济信息管理 文化信息管理 政府信息管理 金融信息管理 教育信息管理 企业信息管理
7	从信息资源的性质来划分	信息内容管理 信息系统管理 信息基础结构管理
8	从信息管理的分支学科的性质来划分	信息管理理论 信息管理技术 信息管理方法
9	从信息管理结构的构成要素来划分	信息服务 知识管理 信息资源管理 信息政策 信息经济学 社会情报
10	从信息管理的对象来源来划分	组织信息管理 环境信息管理
11	从信息管理的实施范围来划分	信息组织管理 信息产业管理 信息经济管理

续表 2—4

序号	划 分 标 准	分 支 学 科
12	按照信息管理领域所覆盖的范围来划分	人工智能应用 信息经济学 信息管理教育 信息内容管理 信息政策 信息技术 信息系统 信息用户
13	从信息管理的层次范围来划分	个人信息管理 组织信息管理 社会信息管理 国家信息管理

  本书主要按照信息资源的组成要素和信息管理的范围两种分类系统来组织全书的内容，重点介绍的是信息管理的理论基础，信息管理的基本理论，信息内容，技术和人员管理，对宏观信息管理的内容不作介绍。

3 信息管理的产生与发展

信息管理经过长期的发展目前已经进入了信息资源管理(IRM)阶段,并且正在向知识管理阶段发展。信息资源管理是对信息资源的管理,因而它是"一般管理(或译为普通管理的一个子集"。从历史上看,需要对信息进行管理源于人类社会活动的多种需要:交易、交流、文化、心理、学习、教育、科技、经济、军事等。而在这众多的需要中,管理上的需要是信息资源管理产生的一个主要源泉。现代管理理论和管理实践的发展推动着现代信息资源管理(Modern IRM)的形成与发展,使其逐渐成为管理理论中的一个新兴流派,成为管理实践中的一个新兴领域。尽管在现代社会中,管理已渗透于人类社会生活中的几乎所有领域,但作为系统化知识形态的现代管理理论最初是在研究和总结工商管理(即企业管理,business administration)实践经验的基础上产生的,直到今天,工商管理理论依然是管理理论的核心组成部分,而且其中有许多已成为现代信息资源管理的理论基础。从另一方面看,企业是最早认识到信息是一种重要的战略资源的社会组织之一,它在加强信息资源管理方面的不懈努力,已为信息资源管理的发展奠定了良好的实践基础,并在此基础上产生了现代信息资源管理的一个重要流派——技术集成学派。本章中,我们将从管理理论与管理实践的发展,追溯现代信息资源管理的发展过程。

3.1 从科学管理到信息资源管理

人类的一切活动都离不开管理,因此人们经常根据自己的活动范围、个人经验、特定需要来给管理下定义。H. 法约尔认为"管理就是实行计划、组织、指挥、协调和控制"。H. A. 西蒙则认为"管理过程是决策的过程",管理就是决策;J. 奥布赖恩认为:"传统上的管理是一个领导过程,包含计划、组织、人员配备、指挥和控制职能。"此外,还有人把管理当作是"设法完成任务"的艺术,是保证行动明智的过程和方法。不过,从哲学层次上看,管理"是指人类在改造世界过程中,为达到一定的目标,通过一定的手段和方法,对系统进行协调的一种实践活动"。管理的定义对后来出现的 IRM 的定义,产生了很大影响。实际上,有些 IRM 的定义几乎直接移植了管理的定义。比如认为 IRM 是资源管理或协调与集成等就是如此。

管理实践是管理理论的来源。在管理实践发展到一定阶段后,作为管理主体的人在管理实践活动中积累了经验,并逐步对其进行总结使其成为理论化、系统化的知识,即管理理论。但是,在古代并没有系统的管理理论,只有一些散见于各种著作中的管理思想。当时的管理只是一种艺术(主要是政治艺术和军事艺术),而不是一门学科。管理思想上升为一般管理理论并从其他学科中相对独立出来成为一门系统的学科,始自于近代的西方。至今,它大致经历了四个发展阶段:19 世纪末和 20 世纪初的古典管理理论,20 世纪 20 年代兴起的"行为科——人际关系"理论,第二次世界大战后出现的"管理理论丛林"阶段,20世纪70年代由于电子计算机在管理领域中的应用而兴起的信息管理理论阶段。经过了近100年的发展,管理理论已形成了许多不同的流派。

3.1.1 古典学派

古典学派的代表人物有美国的F.W.泰罗、法国的H.法约尔、德国的M.韦伯、美国的L.古利克、英国的L.厄威克等人。泰罗被誉为"科学管理之父",他率先对如何提高工厂中劳动生产率问题进行了研究,系统地探讨了在企业内部用"科学管理法"促进工人提高劳动生产率的各种措施和途径,如劳动定额、计件工资、标准化、职能制、雇主与工作双方的合作等。这些都体现在他于1911年出版的《科学管理原理》一书之中。虽然泰罗研究的是工厂操作,但他认为,使用科学管理技术能让所有的工作效率都能提高。20世纪初,科学管理从工厂扩展到办公室,以前用来改进"蓝领"制造工人的效率,此时被用于提高"白领"办公人员的工作效率。为此就要使用系统分析方法。"系统分析"这一术语是美国国防部在20世纪60年代推行的,其实就是科学家和学者用来分析问题和解决问题的科学方法,只不过是将其修改后用在管理上而已,有时亦称为"管理科学"或"决策科学"。科学管理技术是系统分析的重要起源,后来它被人们用于企业的数据处理和通信部门。泰罗首次将科学原则引入到管理之中,这是管理学理论开始正式形成的标志。在泰罗开始其工作时,作为一种独立而又明确活动的工商管理还很少受到人们的重视,当时人们只把它看成是技术知识的一个特殊分支,因而也没有想到通过培训或正规教育可以培养胜任的管理者。但由于泰罗的努力,工商管理(即企业管理)学在20世纪开始出现。哈佛大学商管学院在1908年成立后便把泰罗制作为现代管理标准引入课堂教学之中。法约尔以大型企业的整体活动为研究对象。他认为管理只是经营的6种职能活动之一。经营的6种职能活动是:技术活动、商业活动、财务活动、安全活动、会计活动和管理活动。管理活动本身又包含了5种因素:计划、组织、指挥、责任、纪律等14条原则,并认为可以通过教育使人们学会管理。法约尔坚信他的理论也适用于其他类型的管理。他将作业和管理分开的思想后来又被人们加以丰富、发展。1937年L.克利克在其和L.厄威克合编的《管理科学论文集》一书中,对古典学派有关管理职能的理论加以系统化,提出了管理7职能学说。这7个职能分别是计划(planning)、组织(organizing)、人事(staffing)、指挥(directing)、协调(coordination)、报告(reporting)和预算(budgeting)。这些职能都是后来出现的资源管理的主要手段。1965年,美国的R.A.安东尼(Anthony)提出了管理活动可以划分成三个层次:高层管理活动称为战略规则(strategic planning)、中层管理活动称为管理控制(management control)或战术管理(tactical management)、基层管理活动称为作业控制(operational control)。安东尼分类法提供了一个分析决策的实用方法——指出决策的层次、本质和由谁负责,这就为确定每一过程信息需求的性质提供了基础,也为评价现有信息系统、建立新的信息系统提供了工具。这也对后来信息资源管理思想的形成产生了很大的影响。

3.1.2 行为学派

行为学派对工人在生产中的行为及其原因进行研究,以便调节企业中的人际关系,提高企业的生产率。它主要研究的是人的本性和需要、行为动机、生产中的人际关系。早期行为学派有两个分支,其共同点是认为工作岗位上的人比工作本身更重要。第一个分支称为"人际关系运动"(human relations movement)。代表人物有 E. 梅奥和 E. J. 罗特利斯伯格。他们在实验的基础上,发现了"霍桑效应",提出了如下几条原理:工人不是纯粹的"经济人",而是社会人;企业中除正式组织外,还存在非正式组织;领导者要通过提高对职工的满足度来提高劳动生产率。第二个分支叫"社会系统"(social system)。一些行为科学家在经过精心研究后提出了一套被称为组织行为学的理论。其代表人物是美国的 C. I. 巴纳德。他认为社会的各级组织都是由相互协作的个人组成的系统。这些协作系统是正式组织,包含有三个要素:协作的意愿、共同的目标、信息的联系。非正式组织也起重要作用。管理人员的主要任务就是通过协调企业的目的与企业中个人的目的来调动他们的工作积极性。后期的行为学派的研究主要集中在四个方面:一是人的需要、动机和激励,以美国的 A. H. 马斯洛的"人类需求层次论"为代表;二是企业管理中的"人性"研究,代表性成果是美国的 D. 麦格雷戈的"X 理论"和"Y 理论",W. 大内的"Z 理论";三是企业中非正式组织及人际关系问题;四是企业中领导方式问题。行为学派强调人的主动性,这是对古典学派的重要补充。行为学派的管理理论对信息资源管理思想的形成也发挥了重要作用,主要表现在两个方面:一是系统要对用户友好。早期的信息系统设计的尽管"科学",但却没有尊重用户意见,因而失败的多。实际上,信息系统作为一种资源不仅表现在研制与管理上,更应表现在使用上。二是正式信息系统与非正式信息系统要互为补充。不要指望用正式信息系统取代所有的非正式信息系统,因为对信息资源的全面控制既是不可能的,也是不必要的,即使真的做到了也会导致效率低下。

3.1.3 管理科学学派

管理科学的理论与泰罗的"科学管理"属于同一思想体系,是在泰罗理论基础上的新发展。但它并不研究管理科学理论问题,而是要把现代自然科学技术的新成果运用到管理上形成新的管理技术,主要是定量技术——运筹学方法。运筹学就是用数学方法,把所要研究的问题作综合性的统筹安排和对策,在管理上达到人力、物力、财力以及效益最优化目标的一门新兴学科。1951 年美国运筹学专家 P. M. 莫尔斯在其所著的《运筹学方法》一书中给运筹学下的定义是:"运筹学是一种向行政领导提供定量材料,使得他们能对所负责的行动作出最好决策的科学方法。"可见运筹学的对象是社会,方法是科学,目标是最优化。它的产生可以追溯到 20 世纪初,成长于 30 年代末。二战时开展的雷达空防和运用数学指挥作战的研究推动了运筹学的形成。战后,欧美各国又将它应用于企业管理。所以运筹学(operations research)有时亦称为管理科学(management science)。这说明管理已从由艺术为主的阶段发展到以科学为主的阶段。运筹学在形成过程中又产生了规划论、对策论、排队论、搜索论、库存论、最优化方法等分支。运筹学(即管理科学)的各种定量方法的发展和应用为信息系统提供了产生许多支持决策的重要信息的有效工具,而信息系统的建立又为运筹学提供了在企业中充分发挥作用的基础。不过到 20 世纪 70 年代,人们又认识到单纯用数学方法和计算机进行决策已越来越行不通了,必须要充分考虑决策的组织行为方面及社会心理方面。对此,美国管理学家斯塔尔指出:"管理科学逐渐地越来越不像自然科学而象社会科学。人们逐渐明白,问题的软的行为科学方面和硬的物质数量测定方面,不仅是相互联系的,而且是不可分割的。"

3.1.4 决策学派

决策学派是在二战后吸收了行为科学、系统理论、计算机科学等的基础上发展起来的。其代表人物是美国的 H. A. 西蒙,他的管理思想集中体现在他于 1960 年出版的《管理决策新科学》一书中。该学派认为管理过程就是决策过程,决策贯穿于管理活动的全过程,管理就是决策。每一组织、每个人都要进行有关决策。组织就是由作为决策的个人组成的系统。古典管理理论认为下层人员是操作人员,中层是管理人员,他们只是决策的执行者,只有上层领导才是决策者。西蒙批驳了这一观点,他认为决策贯穿于整个组织之中,就是说,不仅最高领导层要进行决策,组织内的所有层次,包括作业人员都存在决策问题。在社会组织中,各个层次的决策结合得越紧密,组织就越得到统一。从这个意义上说,组织的统一是靠决策来实现的,因而整个组织也是一个决策主体。管理理论既要研究"决策执行过程",也要研究"决策制定过程"。西蒙还对决策的过程、决策标准、程序化与非程序化决策等作了系统的研究。尽管西蒙对决策参与者与决策制定者不作区分,尽管他认为整个管理过程就是决策过程的看法过于绝对化了,但他所创立的决策学派对管理理论的贡献是巨大的。事实上,决策即使不是管理中的全部工作也是其中的最重要的任务。管理人员对信息的需求是由这一任务所产生的。在复杂多变的现代社会经济环境中,任何决策都依赖于准确、及时、可靠的信息作保证,也只在这种情况下,信息才会被人们视作为一种重要的战略资源而对其加强管理。了解决策理论对信息管理人员和信息系统设计人员是十分重要的。

3.1.5 权变学派

权变学派在 20 世纪 70 年代的美国风行一时。由于科技、经济、政治和职工队伍构成及科学文化水平的变化,人们发现无论是经典学派、行为学派、管理科学学派还是决策学派,没有一种是普遍适用的。这一认识导致了权变学派的兴起。该学派的代表人物是 J. 伍德沃德、P. R. 劳伦斯和 J. W. 洛尔施。他们认为不同的理论的适用范围不同,用何种理论指导管理实践取决于具体的管理环境。就是说,管理环境是变量,管理方式是因变量。管理方式要根据所处的内外环境随机应变,不存在万能的最佳管理理论和方法。管理环境包括外部环境和内部环境,前者为各种影响企业经营活动的政治、经济、社会因素,后者是企业拥有的资源及特定的组织形式。权变理论对信息资源管理职能特别适用,因为它所服务的组织和产业的多样性决定了其方法和方式的多样性和灵活性。

3.1.6 经验主义学派

经验主义学派的代表人物是美国的 P. 德鲁克(Druck)、E. 戴尔等人。德鲁克对企业管理(business management)作了详细的研究。他认为时间维增加了各种管理问题的复杂性,因而管理人员在思考一个问题时,既要考虑到决策的现时结果,也要考虑其未来结果。只顾眼前利益、甘冒未来风险的决策是不负责任的决策。明智的管理者在采取每一项决策过程中,都要对现在的后果和未来的后果加以权衡。德鲁克强调指出现代经理必须要探讨的唯一常量就是变革。就是说变革(change)是经理们面对的持续不断的挑战。这种情况对信息资源管理执行官也同样存在。德鲁克还指出:现代组织是以信息为基础的,基于信息的结构将能清除控制幅度问题;交流是一个自下而上和自上而下的循环过程;基于信息的结构能够加强经营者的地位,优化决策。这种新型的组织形式(结构)必然要求信息资源管理的支持。

3.1.7 管理角色学派

这一学派的创立者是 H. 明茨伯格(Minzberg)。他在 1973 年提出管理者的职能可划分成三大角色:第一类是人际角色,又可细分为傀儡角色、领导角色和联络角色三种;第二类是决策角色,它又包括企业家、动乱处理者、资源分配者和协商者四种角色;第三类是信息角色。处理信息是经理的主要工作,这又涉及到信息的收集、加工和传播。明茨伯格的一项研究显示:首席执行官把自己的交际时间的 40% 只用于传递信息,而经理们收到的函件中有 70% 是纯信息性的。这可以从一个侧面说明信息对首席执行官的重要性。信息角色也有三种类型,一是管理者充当监视者去从个人联系中收集信息(主要通过口头形式);二是作传播者,管理者传递某些通过监视收集到的特许信息;三是作为代言人,管理者与那些不属于自己单位的人共享某些已收集到的信息。管理角色学派认为信息工作是经理的主要工作,这对组织中引入正式的信息系统和建立 IRM 组织产生了相当大的影响。

3.1.8 系统管理学派

系统管理学派接受了 L.V. 贝塔朗菲创立的一般系统理论和系统方法,并将其用于企业管理。其代表人物是 F.E. 卡斯特和 J.E. 罗森茨韦克。该学派认为企业是一个追求经济目的的综合社会系统,是一个由物质的、人员的和技术的等方面因素构成的开放系统。它强调要从总体和相互联系出发,研究各种内外因素对实现企业总目标的作用,以便更好地实现这一目标。任何企业的内部都有若干个子系统,子系统之间的不协调必然会影响企业总目标的实现。产生这种现象是由于子系统不顾整体利益而单纯追求其局部利益。为了实现总体目标,系统理论要求各系统之间采取协调一致的行动。正是在这一点上,信息系统可以作为企业的一个子系统而在其中发挥重要作用。因为它可把各种相关信息转变成供各子系统共享的资源,使人们能随时了解自己的工作与完成企业整体目标之间的联系,确保局部服从总体。而企业的 IRM 不仅能对企业的信息职能进行管理,而且还能直接影响或参与企业决策活动。系统管理学派中的许多内容不仅有助于信息系统的发展,也有助于企业自动化的发展,而这些又为信息资源管理思想的最终形成奠定了基础。

3.1.9 信息资源管理学派

随着科学和社会经济的发展,信息在现代社会中的地位与作用不断上升,于是出现了一股新的管理思潮,它从宏观上把信息类比于物质资源和能量资源,从微观上把信息类比于组织中的人力、物力和财力资源,从而导致信息资源管理(IRM)的兴起。信息资源管理思想的形成与上述介绍的各种理论很相似。在其早期阶段,数据的收集和保存主要由数据处理(DP)部门负责,它的管理侧重于行使对记录数据的所有权行为。数据资源的管理及其使用和传播都置于计算中心经理的控制之下。随着分布式系统的出现,这种管理方式逐渐发生变化。许多学者都对这一变化进行了研究,并提出未来管理的重点将向信息资源管理的方面发展,管理的效率和效益将取决于信息资源管理的水平。信息资源管理学派的创始人是美国的 J. 迪博尔德和 F. W. 霍顿。前者在 1979 年第 6 期《信息系统》(infosystem)杂志上发表的"信息资源管理—新的挑战"一文中正式提出了信息资源管理(information resource management)概念,后者也在 1979 年由美国系统管理协会(Association for System Management)出版的《信息资源管理——概念和案例》一书中提出了同一概念。他们的努力标志着信息资源管理学派的正式形成。不过若从思想源流上看,美国的 R. L. 诺兰(Nolan)也是这一流派的重要创始人之一。他在 1977 年发表的一篇文章中就使用了与信息资源管理很相似的"数据资源管理"(data resource management)"。如果进一步追溯下去,则更早提出数据资源管理思想的,当属美国联邦文书委员会。该委员会在 1976 年就提出数据是一种资源和数据资源管理的概念。但若把 IRM 视作为一种集成功能,那么早在 20 世纪 60 年代 R. S. 泰勒就已提出了这一思想。信息资源管理思想就是要承认信息是任何组织中的一种必不可少的资源,因此要像重视资金、资产或设备一样重视信息。信息资源管理(IRM)包括各种各样的与信息相关的活动——从微机到国际联机网络,从纸质文件到巨大的分布式数据库方面的全部职责和权威。因此,信息资源管理包含了比数据处理、管理信息系统或计算机信息系统这类头衔更高、更大的职责,并成了技术管理能力和一般管理能力的混合体。正因为如此,史密斯和梅德利才指出:"管理方法和理论的最新发展是和新技术,特别是计算机技术,紧密地联系在一起的。"

3.2 从信息处理到信息系统

管理环境的变迁使得现代社会中的管理的复杂性日趋增加,而现代信息技术的发展及其在管理中的运用又为解决这一问题创造了条件。基于信息技术的管理实践的发展直接推动了现代信息资源管理思想的形成。这种实践具体地说又可分为两个方面:一是工商管理,也即私人部门(private sector);二是公共管理,也即公共部门(public sector)。下文中首先从工商管理实践方面探讨现代信息资源管理(IRM)的起源。鉴于工商管理领域的 IRM 是在现代信息技术应用的推动下逐步形成的,故对它的研究也以技术的发展与应用为主线。企业具有直接的利润动机,因而它是最早引入现代信息资源管理技术(IRM technology)的社会组织,最初主要用于简单的信息处理(内部事务记录的处理)。但从最广泛的意义上说,信息处理是人类的一项重要活动。每个人在生活中和工作中都有相当一部分时间花费在对信息的记录、保存、查找和吸收利用上。而领导者则将大部分时间用于这类活动,例如一个总经理的 80% 的时间用在对信息的处理和交流上。早期的信息处理主要用手工来进行。各手工系统是相互独立的:每个部门维护自己的记录,准备自己的报告。所有的活动——从源文献(件)收集,到报告、整理和存储都由各部门独立完成。后来随着存储和报告的信息总量的迅速增长,人们开始研制满足管理需求的机器。机械装置的开发和使用促进了数据文件存储的集中化,集中化又在避免反复记录数据的情况下实现了数据记录的多用化。信息的进一步增长,使人们开始引入电子计算机并将其用于信息的存储和处理,后来,又在此基础上建立起了自动化的计算机信息系统。信息系统在演变、发展的过程中产生了信息资源管理思想。但是,正如史密斯和梅德利所言:"在信息资源管理兴起之前的整个历史上,技术一直处于发展演变之中。早期的技术(techniques)包括结绳、符木、算盘、加法器和打字机(它提高了处理速度)、穿孔卡、磁带、磁盘(它增强了数据存储能力)和计算机(它通过数据检索和控制增强了管理中创造信息的能力)。"因此,从技术发展史的角度看,IRM 的发展是一个连续的过程。而现代 IRM 作为一种管理思想、理论或方法,最初正是源于技术的发展及其在工商管理领域中的应用。

3.2.1 信息处理

信息处理(information processing)的发展经历了三个阶段:18 世纪以前是手工化阶段,18 世纪到 20 世纪中叶为机械化阶段,20 世纪中叶起为自动化阶段。

3.2.1.1 数据处理

现代信息处理是在近代出现的机械化数据处理的基础上产生的。由于数据处理(data processing—DP)的内容与范围是随着技术的发展和实践的深入不断丰富的,因而就出现多种多样的定义。L. E. 朗认为:"数据处理,正如其所暗示的那样,包括手工事务系统中的处理或自动化事务系统中的处理。"J. 奥布赖恩的定义是:"数据处理是对数据进行加工,使之成为信息。所以,数据处理就包括了所有使数据成为有用的和有意义的东西的过程,即将数据变成信息的过程。"李晔等认为:"……数据处理,就是以数据库系统为核心的信息管理技术。"M. M. 鲁普雷希特和 K. P. 瓦戈纳则认为:"数据处理通常研究的是运用各种各样的计算方法运算数字以求得总数或从原始数字创造出有用的统计信息。"这就是说,"数据处理与数值数据打交道","数据处理作用的主要对象是统计数据和表列数据","数据处理的基础是数字和逻辑","数据处理一般是重复的,需周期性执行,并以确定的格式输出"。由此看来数据处理与数值运算关系密切,因而历史悠久。在历史上,人们便用笔、纸等简单的工具进行数据处理,通常将这一阶段称为手工数据处理阶段。18 世纪英国在人口普查中开始使用机器来辅助数据处理,这标志着机械化数据处理时代的到来。机械化数据处理设备主要有穿孔机、读卡机、排序机、电子计算器等。随着数据处理量的增加和人们对数据处理速度、准确度要求的提高,人们开始引入电子计算机处理数据。这大概始于 1954 年,当时的第一批计算机中有一台用于处理企业的工资单。电子计算机在工商管理领域中的应用由此而起步。到 20 世纪 60 年代初、中期,美国已开始在大企业中推广应用计算机,主要是替代手工管理操作,如计算应收款、应付款,登记库存帐目等。当时计算机一般在机房操作,人们定期将数据送到机房进行数据处理,由计算机打印各类报表。这类数据处理有时也称为业务数据处理(business data processing)。通常人们把"用电子计算机执行数据运算(operaions)"定义为"电子数据处理(EDP)",这个术语主要是把"手工数据处理系统和电子数据处理系统区别开来"。由于电子计算机能够自动地执行数据处理和程序而无需人为干预,所以即使数据处理实现了自动化,有时人们(尤其是政府机构)也常使用"自动数据处理(ADP)"这一术语,它只是电子数据处理的另一说法。

3.2.1.2 文字处理

文字处理与数据处理既有区别又有联系,它也是现代信息处理的重要发源地。但是,"文字处理是作为一门有别于信息处理领域中其他学科的独立学科而产生和发展的。"J. 奥布赖恩认为:"文字处理是指将信息自动转变成通信的可读形式(如信件、备忘录、文件、报告等)。"L. E. 朗认为:"文字处理泛指利用计算机硬件和软件来处理文件。通常把它看成是办公自动化的一个组成部分。"M. M. 鲁布雷特和 K. P. 瓦戈纳认为:"文字处理通过录入和修改的方式加工语言信息,以使信息发出者的含义更容易为预定的接收者或观众所理解。它不仅改变了词语的表示(presentation),也改变了词语的排列,但不会增加新的情报(intelligence)。"文字处理主要涉及的是文本形式的文字,即文本的转换,所以经常是按需进行(比如写信),而且要根据用户的需要采用不同的格式(书信、摘要、报告等)。与数据处理相比,文字处理的基础是词法和句法。文字处理和数据处理一样,也是一项历史悠久的活动,最初是运用笔墨和纸张,后来逐渐引入了机器设备,首先是打字机。打字机的思想最早是英国人 H. 米尔斯提出的,1714 年英国女王给他的打字机颁发了专利。但第一台实用化的、商业化的打字机是 C. L. 肖尔斯等人在 1867 年研制成功的,并于 1868 年获得了专利。1873 年又对其作了改进,使其更像今天的打字机,它有一个四行的标准键。1932 年 A. 德沃夏克发明了一种新的打字机健——德沃夏克简化键盘(DSK),但并没有广为人知。早期打字机全部靠体力操作。1935 年 IBM 公司生产出了第一台商业化的电动办公室打字机。随后它又于 40 年代初开发出了一种使用穿孔纸带作记录载体的电动打字机,但这种打字机却不是用于文本编辑的。1961 年 IBM 公司又引入了单元件电动打字机(single-element Selectric typewriter),这是打字机史上的第二个重大进展。更为重要的是,IBM 公司还将这种打字机的原理引入到它的计算机系统的输入/输出终端中,这在 60 年代和 70 年代初引起了许多公司的仿效。电动打字机的成功研制促成了 IBM 公司开发办公室通用自动打字机(automatic typewriter)。1964 年,IBM 公司又推出了磁带自动打字机(MT/ST—Magnetic Tape Selectric Typewriter),首次把电动打字机和磁带存储介质结合起来。它有电子电路,并使用磁带将打下来的内容保存下来。可以用电子方式作修改,无需重新打字,完成拷贝后可自动打印在普通纸上。由于磁带这种新介质的引入,文件(documents)可以很方便地编辑和存储,并可将新的材料记录在旧的文件上。一般认为,1964 年 MT/ST 的推出,标志着文字处理的开端。1969 年,IBM 又对 MT/ST 作了改进,并推出了可以在磁卡上进行文本的记录、存储和编辑的磁卡自动打字机(MC/ST——Magnetic Card/Selectric Typewriter)。这个设备预兆着计算机开始进入办公室用于制作文件(documents),人们将这项技术称为文字处理。事实上,文字处理(Word Processing—WP)一词是由 IBM 公司在 20 世纪 60 年代中期提出来的,到 70 年代中期它已成为一个非常流行的术语。后来又开发出了带视频显示屏幕、有计算特点的,甚至具有远程通信能力的电子打字机。IBM 公司早在 60 年初期就通过推出一种称为"Datatext"的文本编辑系统,发动了一场计算机文字处理运动。到 70 年代专门用于文本处理的小型计算机已在企业中得到了应用。今天的许多文字处理机都是性能完善的超小型机或计算机终端。

3.2.1.3 信息处理

严格地说,信息处理这一说法并不确切,因为信息是经过处理而产生的,不是处理的对象。但是,它现在已成了一个被普遍接受的术语。这说明对术语的选用,并非完全取决于科学因素,它还受习惯因素的影响。关于这一点,T. S. 库恩的理论对此已作了较好的说明。信息处理是在数据处理和文字处理基础上发展起来的。由于微电子技术的发展,数据处理和文字处理出现了一些共同特征:它们都涉及到信息生产,都是为了交流而准备信息。例如数据处理可能要将信息分配给不同的办公室,文字处理则要将管理记录传递给其他城市的文字处理机;它们都以电子计算机技术为基础,文字处理软件在执行以前由数据处理软件(即数学计算)所执行的工作,数据处理软件也可执行文本处理的职能;它们都是软件驱动的,软件使信息处理具有了更多的灵活性。因而数据处理和文字处理之间的区别开始变得模糊起来——出现了趋同现象(convergence)。许多事务都是将这两者结合起来使用,但总的趋势是数字处理所占比重在下降。例如1976年美国的一项调查显示:在信息处理中数字处理的比重不到7%,而非数字处理(包括文字处理、图像处理等)却占93%强,因为数据处理和文字处理之间具有共同的联系——计算机技术,这就使得它们可以"改变各自的个性",从而不可避免地出现趋同(见图3-1)。这两者都处理信

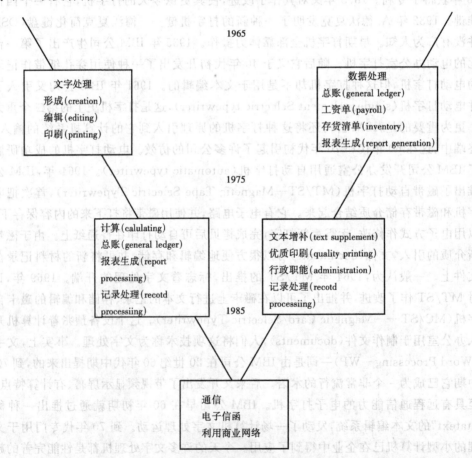

图 3-1 文字处理和数据处理趋同模型

息,所以"信息处理"一词得到了越来越广泛的使用。J.奥布赖恩在指出"数据处理活动可以被看作是一个系统","文字处理活动可以看成是一个包含输入、处理、输出、存储和控制的系统"后认为:"现代信息处理系统将数据处理和文字处理结合起来(这也就是为何使用'信息处理'这一术语的原因);而且在先进的远程通信系统的帮助下,现代信息处理系统开始将数据、文字、图像和声音的传送与处理结合起来";"数据处理和文字处理集成的基本目的就是要把这两个独立的领域融入到一个信息处理系统之中",以提高它们的效率和效益。

值得注意的是,现今所提到的信息处理,在早期计算机的应用中都称之为数据处理。因而数据处理这个术语目前还相当流行,并经常与信息处理混用。通常只有在下定义时才对它们加以区分。

3.2.2 信息系统

当今社会已进入信息社会,"计算机、数据处理系统和信息系统已经成为经营和管理现代化工商企业和其他组织所必不可少的工具"。因此,从20世纪60年代开始,信息系统的研究就引起了工商管理界和计算机科学界的重视,70年代形成了一股研究热。J.奥布赖恩认为:"信息系统就是在一个组织内的收集、转换和传送信息的系统。一个信息系统可以使用几种信息处理系统来帮助提供组织成员所需的信息",因此应从组织或职能背景理解信息系统,从技术处理背景理解信息处理系统。他还将基于计算机的信息系统定义为:"组织内部的一种利用电子信息处理系统中的计算机硬件、软件、人员和数据资源来收集、转换和传输信息的系统。"N.M.达菲和M.G.阿萨德认为:"信息系统大体上是人员、过程、数据库的集合,有时也包括硬件与软件。它收集、处理、存储和传递在业务层次上的事务处理数据和支持管理决策的信息。"这两个定义均指出了信息系统一直存在于组织机构之中,并将继续存在;计算机并非一定是构成信息系统的要素。但在企业管理领域中,人们主要研究的是基于计算机的信息系统,这种系统是随着计算机信息处理在企业管理领域的应用而产生的。简而言之,就是管理领域中的信息处理问题。信息系统的发展有其固有的规律,首先出现的是手工化系统,后来又出现了机械化系统,最后出现的是自动化系统。自动化信息系统按其形成先后(恰好对应了管理的三个层次)又可划分为数据处理系统、管理信息系统和决策支持系统等。这些系统在企业中的建立与发展,最终导致了IRM思想的形成。

3.2.2.1 数据处理系统

在任何组织中,都存在着某些基本过程及其相伴而生的数据流(有时亦称之为信息流)。例如,制造企业的基本过程就是材料的采购、加工以及制成品的分配。在这一过程中形成了一个物质流:原料运入仓库,从仓库运到车间加工,制成品送到成品库,最后将产品运出工厂。在此过程中,必定会伴随着信息的产生和流动:原料入库形成一张入库单,车间领料要填领料单,指导车间生产有作业单,加工时有进度卡,成品有质量合格单,产品入库有进库单等等。这些凭证、单据、报表(统称为文件)等的流动构成了反映、指导生产过程的信息流。没有它们的流动,任何业务活动都不可能进行。这些文件的生成、处理和传递,就是事务处理(transaction processing)这一术语所包括的内容。

事务处理是组织的一项基本活动,每个组织都设有各种事务处理部门(即职能机构),

其主要内容是执行例行性的日常办公事务。按照职能,事务处理可分为基本的办公事务处理和机关行政事务处理两类。前者包括文字处理、报表处理、文件收发、行文办理、数据采集、邮件处理、图像处理、文件管理、个人文档管理、个人日程管理等,这些本质上属文书性工作;后者包括有关组织机构总体的公共事务处理,如行政管理、人事管理、工资管理、公用设备管理、房产、基建、交通工具、会议室和办公用品管理等。

传统的事务处理是通过手工执行的,并已受到组织人员和方法人员的重视。事务处理也可采用数据处理设备来进行,在这种情况下,事务处理又可称为数据处理。从系统的角度看,数据处理构成了一个系统——数据处理系统(见图3-2和图3-3)。在管理信息系统中,也称事务处理,为终端用户计算工作。为了提高事务处理的速度、简化处理步骤,人们建立了以计算机为基础的(事务)数据处理系统,即电子数据处理系统。电子数据处理是利用计算机来自动处理数据,将它看作是一个数据处理系统就是电子数据处理系统。它可利用计算机的硬件、软件和人员共同完成其基本功能,即输入、处理、输出、存储和控制。但计算机的引入并未改变其基本的处理功能。事务处理运用的主要技术是计算机信息处理技术(包括数据处理、文字处理、图像处理、声音处理等)和通信技术。数据处理系统的实时性较强,处理过程与结构也比较简单,与其所在部门联系很紧密。这种系统多为一项一项地处理各种信息,各项处理之间的联系很少。数据处理系统是开发信息系统初级阶段的产物,是建立后续各种信息系统的基础。

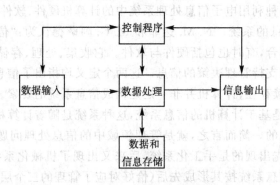

图3-2 数据处理系统的概念

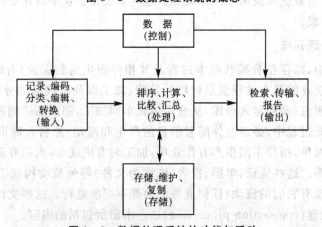

图3-3 数据处理系统的功能与活动

3.2.2.2 管理信息系统

早在20世纪50年代,计算机就被用于企业事务数据的处理,但直到60年代初期,计算机技术也只用于解决一些零碎的企业问题,主要是誊写和记账。后来,事务数据的计算机处理逐渐成了企业的日常例行活动。日常例行事务处理的要求往往是稳定不变的,而且比较容易确定。为此而建立的数据处理系统的主要目标是提高管理人员处理事务工作的效率,但它很快便不能满足现代企业管理对信息处理的需要了。原因在于:第一,它是将各项管理信息分开处理,但现代企业的各种管理活动是一个统一的整体,因此企业必须从整体目标出发,系统地、综合地处理各项管理信息;第二,事务处理只是企业的一项管理职能,企业还有更重要的管理职能,即资源的规划、组织和控制。随着信息爆炸的加剧、企业及其环境复杂性的增加,经理需要有效的信息系统来对付迅速膨胀的知识和信息。也就是,信息处理的主要问题已不仅仅限于事务处理,而是要用计算机的能力辅助包括管理活动和决策在内的知识工作。于是,人们开始探索建立一种能为企业中各级领导提供管理决策服务的信息系统——管理信息系统。

管理信息系统一词最早出现于60年代。1961年,J. D.加格尔提出了以计算机为主体,以信息处理为中心的系统化了的综合性管理信息系统的设想,第一个提出了MIS一词。MIS概念提出后,一开始很多人认为它是一种单一的、高度集中的系统,它能把组织中所有职能部门的信息处理工作融为一体。在美国,由军方领头,许多大企业花费巨资开发以大而全为目标的管理信息系统,到60年代末70年代初,由于这些系统经济效益不好,管理信息系统开发陷入低潮。事实上,经过一段时间实践后,人们认识到过去提出的那种单一的、高度集中的系统概念因过于复杂而难于实现。现在的管理信息系统是一种子系统的联合,一般说来,每个管理信息系统都把事务处理作为自己的一项功能加以考虑。但是,它和常规的数据处理之间的一个重要区别就是具有辅助分析、计划和决策的能力。这就是说,用户可以使用决策模型,并能在特定的基础上实现对数据库的查询。此外,管理信息系统还意味着,要利用信息资源提高决策水平,提高企业组织的效率和竞争能力。此时,人们已经开始认识到信息资源可能是赢得竞争优势的一种手段。

管理信息系统的定义有许多种。有些人喜欢使用"信息处理系统"、"信息与决策系统"、"组织的信息系统"或"信息系统"之类的术语表示辅助一个组织机构的作业、管理和决策职能的计算机信息处理系统。1983年,美国的几位学者在对334家大型组织机构作了一次调查后发现,它们分别采用下表中的名称来称呼同一种系统(见表3-1)。可见管理信息系统使用的频率最高,其次是信息服务。

表3-1 名称的变化

名称	百分比
管理信息系统	33
信息服务	17
信息系统	14
数据处理	12
信息资源管理	3
其他	21

1970年,W.T.肯尼万曾给管理信息系统下过一个定义,认为它是"以口头或书面的形式,在合适的时间向经理、职员以及外界人员提供过去的、现在的、预测未来的有关企业内部及其环境的信息,以帮助他们进行决策的系统"。1985年,管理信息系统学科的创始人之一,美国明尼苏达大学管理学院管理信息系统教授G.B.戴维斯(Davis)给它下了一个比较完整的定义,他认为:"管理信息系统是一种集成化的人—机系统,它能为组织机构的作业、管理和决策职能提供信息支持。该系统要利用计算机的硬件和软件,手工规程,分析、计划、控制和决策模型,以及数据库。"该定义全面地说明了它的目标、手段、结构、组成、功能。他还认为管理信息系统与计算机科学的确有关系,但是管理信息系统作为一个学术领域则是管理和组织理论的延伸而不是计算机科学的延伸。不过,他也经常使用"信息系统"一词代替"管理信息系统"来表示一个组织机构的信息系统,并认为从广义上看组织信息系统包括了标准的作业信息系统、管理控制信息系统、战略管理信息系统和决策支持系统。R.V.赫德则将管理信息系统描述成金字塔结构(见图3—4)。N.M.阿萨德指出管理信息系统与信息系统在很多文献中作同义语使用,他们也这样使用,但同时又指出:"确切地说,信息系统一词应该用于表示管理信息系统和事务处理这两者。就是说,作为一个包含术语(encompassing term):信息系统=管理信息系统+事务处理。"L.E.朗也指出在20世纪70年初管理信息系统这一术语的含义比现在要广,即使如此,它现在仍可与信息系统一词交替使用。他使用的是信息系统一词,并认为"信息系统具备了数据处理和管理信息的能力","数据处理系统并不具有管理信息的能力,把信息系统一词应用于许多数据处理系统是不恰当的"。

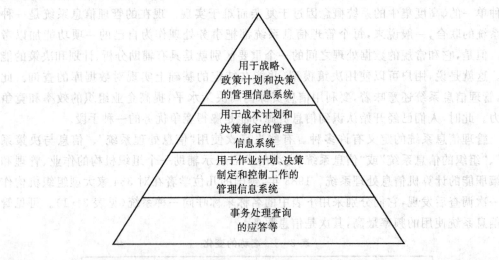

图3—4 管理信息系统

近年来,由于科学技术的不断发展和产品成本的不断下降,用户已可以使用终端或个人计算机以及功能很强的软件来存取数据、开发模型和直接进行信息处理了。终端用户计算机能力的增强使得MIS的结构和设计发生了重大变化,也改变了信息资源的组织、供应和使用的方式。在许多组织中,MIS的职能正从信息系统资源的集中控制朝着支持用户自己的管理信息系统开发与运行的方式过渡。信息系统的集成与协调问题由此而产生,而这正是 IRM 得以形成的基础。

3.2.2.3 决策支持系统

管理信息系统是一个处于发展演变中的概念。有两个概念可以认为是管理信息系统概念的延伸,一个是决策支持系统,另一个是信息资源管理。同管理信息系统概念的发展相吻合的新趋势是终端用户计算的发展。决策支持系统是辅助决策活动的信息系统,它往往用于计划、备选方案分析和试探求解方面,一般通过终端交互式对话同用户打交道。它包含有各种决策模型。决策支持系统是在管理信息系统基础上发展起来的一个新兴领域。严格地说,管理信息系统只是一种辅助管理系统,它所提供的信息要由管理人员去分析和判断,去作决策。它虽然实现了企业管理信息的系统、综合处理,可以准确及时地向各级决策者提供所需信息,但它对企业的许多决策问题并不能提供令人满意的支持。管理决策的制定是一个复杂的过程,管理信息系统对那些结构化决策问题可以提供有效的支持。但是,在复杂多变的内外环境中,企业面对的是许多半结构化和非结构化的决策问题。于是,人们开始研制支持这类决策的信息系统。如果说,管理信息系统是为了更有效地提供管理决策所需的信息,那么决策支持系统则是根据这些信息来作出面向高层管理的有效决策。

决策支持系统概念的萌芽可以追溯到 1958 年。这一年莱维特(Leavitt)和惠斯勒(Whisler)就撰文认为"信息技术"有三种成份:一是应用大型计算机快速处理大量数据;二是综合应用模型和统计方法;三是用计算机模拟人们决策。同期出现了用计算机支持决策的初步设想。但决策支持系统作为一个正式概念却直到 1970 年才开始出现。这一年美国的 M.S.S. 莫顿教授在《管理决策系统》一文中首先提出了"决策支持系统"一词。同年,T. 格里蒂在其博士论文中也提出了决策支持系统的概念。但决策支持系统的概念真正广为人知是在 P.G.W. 基恩和 M.S.S. 莫顿于 1978 年出版的《决策支持系统:组织的远景》之后。

尽管决策支持系统概念提出已有 20 多年了,但至今仍没有一个公认的定义。G.A.戈里和 M.S.S 莫顿把它看成是支持决策者对半结构化、非结构化问题进行决策的系统。S.L. 奥尔特认为决策支持系统是指辅助决策制定工作的一种系统,它强调的是支持决策,而不是决策工作本身的自动化。G.B. 戴维斯和 M.H. 奥尔森认为:"决策支持系统是管理信息系统的一个子系统,它在决策过程中为分析员、计划员和管理员(managers)提供支持。"N.M. 达菲和 M.G. 阿萨德认为:"决策支持系统是指利用基于计算机的信息系统来支持非结构化的决策。因此,可以把它看成是管理信息系统的一个子集,而管理信息系统则力图既支持结构化又支持非结构化的管理决策。"也有人给出了最广义的定义,即认为只要是能对决策作出某些支持的系统都是决策支持系统,这样电子数据处理系统和管理信息系统都可称为决策支持系统。这显然过于宽泛。一般所说的决策支持系统:"是一个交互式的以计算机为基础的系统,它利用数据库、模型库和方法库以及很好的人机会话部件和图形部件,帮助决策者进行半结构化或非结构化决策的所有过程。"它具有如下特征:一是帮助经理解决半结构化或非结构化决策问题,二是仅仅支持经理决策而非取代,三是强调提高决策的效益(effetiveness)而非单纯地提高效率(effciency),四是用户与计算机以高度交互方式进行对话,等等。总的来说,决策支持系统是电子数据处理、管理信息系统进化发展的产物,但是它不能代替电子数据处理和管理信息系统;它不仅支持高层管理的决策,而且也支持其它管理层中的决策。

数据处理系统、管理信息系统和决策支持系统都是基于计算机的信息系统(computer based information system),因此有时也统称它们为计算机信息系统(computer information systems,简称 CIS)。除上面介绍的面向企业的计算机信息系统外,它还包括计算机辅助制造(computer-aided manufacture,简称 CAM)、计算机辅助设计(computer-aided design,简称 CAD)、办公自动化(office automation,简称 OA)、情报检索系统(information retrival system,简称 IRS)等等。

3.3 从因特网到内联网

随着工商管理领域的计算机信息系统(主要是管理信息系统)的普及推广,企业的经营管理水平确实得到了一定的提高。但是,无须讳言的是,企业计算机信息系统的建立,并未达到预想的全部目标。到了 20 世纪 70 年代,在西方发达国家,其计算机信息系统的开发运用曾一度陷入低潮。事实上,随着现代信息技术和社会经济的迅速发展,人们信息意识的不断增强、信息操作技能的日渐提高,传统的管理信息系统(此处是指非网络环境下的管理信息系统)无论是从技术上还是从功能上都已不能很好地满足现代企业信息管理的需要,特别是在世界经济一体化、区域化、集团化、跨国化趋势日益增强的情况下就更是如此了。因为,无论是一体化、区域化、集团化还是跨国化,其实都是以信息化、网络化为前提的。而就企业的计算机信息系统本身而言,它也要从根本上适应这种新的趋势。

3.3.1 传统管理信息系统的局限性

传统的管理信息系统思想与实践在许多方面都是不尽完善的:其封闭性使人们很难建立起完整的信息网络,其僵化的界面又使人们不能自由地翱翔于信息时空之中。归纳起来其不足之处大致表现在以下几个方面:传统的管理信息系统设计的基本思想是企业所需的信息基本上都可从其内部获取,因而管理信息系统仅是为其所在企业的管理服务的一种信息系统,确切地说,是面向企业内部的信息处理系统,它所加工、处理、传递的信息主要来自于企业的内部,大部分属于业务信息,信息的使用也仅仅限于企业的内部。因此,在这种系统中,只有业务信息而没有办公信息(企业内部信息量最大的地方是办公系统)和档案信息,只有内部信息而无外部信息,而这对于企业经营管理活动的信息需求是远远不够的。

传统的管理信息系统实际上只是一种管理支持系统,在企业的内部,它仅起辅助作用,它把重点放在提高事务性工作的效率上,至于其效益,则要通过企业的综合效益才能体现出来。因而,基于这种思想建立起来的管理信息系统在企业内部的级别较低,管理信息系统部门本身还不是一个名副其实的企业内部资源管理机构,它所需要的资源由企业直接拨给,因而不具备什么权力,当然也承担不了直接为企业贡献效益的职责。

传统的管理信息系统的开发方法(如生命周期法、原型法等)尽管十分重要,但也过于僵化、刻板。按照这些方法,结构化、规范化、工程化应该是开发过程中应遵循的基本准则。实际上，在采用这些方法时，人们经常忽视了两个重要的问题：一是在系统的开发过程或系统的生命周期过程中，信息环境和用户的需求是不断变化的。现代企业面临着激烈的市场竞争和不断变化的客户需求，这就迫使企业要根据市场和客户的要求来调整内部机构的设置和业务范围，因而企业内部信息用户的信息需求也会随之不断变化。而采用上述方法来开发管理信息系统往往是受限制的，因为它要求在开发过程中或开发完成之后，系统用户的信息需求要能保持一个相对稳定时期。但结果常常是系统还没有开发完毕，用户需求就发生变化了，从而导致管理信息系统的开发归于失败。二是在系统的开发过程中或是在系统的生命周期中，信息技术也是处于不断变化之中。因此，系统的开发必须具备前瞻性，只有这样才能使系统在开发周期完成之后，也能够跟上技术发展的步伐。这就是说，要尽可能保证系统的标准化，以便能够充分利用日新月异的信息技术产品。然而，许多管理信息系统在实际开发过程中并未遵循标准化的原则，从而导致系统开发成功之时或不久之后即遭淘汰。

传统的管理信息系统只能按开发时确定的思路和流程来处理信息，因而刚性太强，弹性不足，这就严重限制了信息资源开发的深度和利用的广度，同时也给使用者带来了很大的不便。传统的管理信息系统中的信息基本上是自下而上的单向流动，下层只为上层提供信息，但却很少能得到来自上层的信息，也无法对信息进行综合提炼。这一方面限制了企业通过管理信息系统发布、分配、传递信息，履行管理的职能，另一方面也挫伤了下层人员利用管理信息系统的积极性。这对管理信息系统的长远发展是极其不利的。

传统的管理信息系统中的信息内容与形式过于单一。由于传统管理信息系统是按照单项业务系统开发的，并且不同的系统开发方法及遵守开发规范的程度有所不同，这就使得系统之间存在着很强的先天封闭性——每一个系统均只涉及到本业务方面的信息，管理信息系统的作用一直局限于事务处理的范畴。系统中的信息大多数是以单纯的数字和文字形式来表示的，格式过于单调。一方面，使用者只有通过多个界面不同的管理信息系统，才能获得相对完整的信息；另一方面，使用者也只有按照既定的格式才能获取相应的信息。

传统的管理信息系统在建立过程中，一直强调要合理地改造已有的手工系统，但实际上所有的管理信息系统都不同程度地模拟了手工系统中的数据处理过程。这一点仅从管理信息系统中信息的梯级流动关系上即可看出。开发、应用系统的目的就是要彻底改变传统的信息处理和传递方式，从而改变企业的管理结构。而这一点，仅靠传统的管理信息系统是很难做到的。

传统的管理信息系统是一种封闭式的单项系统，不同的系统之间无法进行信息交流，而且其用户界面风格不同，使用繁杂，不利于推广。传统的管理信息系统也无法包容已有的系统，因而经常造成重复投资。此外其软件开发经常是基于某一种操作系统，采用特定的程序设计语言进行低层开发，因而周期较长；系统的生命周期短，移植升级困难；系统的维护和修改，严重依赖于开发商。

要彻底克服传统管理信息系统的缺陷，就需要建立具有开放性、安全性、灵活性、标准化等特征的新一代（或称为"现代"）管理信息系统。这种系统应能充分满足企业信息管理的需要，能够适应企业内部信息需求和外部信息环境的变化，跟上技术发展的速度，随时升级扩充。而要建立这样的系统就需要利用一些新的信息技术平台，计算机网络的诞生及其迅速扩展为此提供了必不可少的技术支持。

3.3.2 计算机网络

　　新一代管理信息系统是基于网络环境下的信息处理系统，计算机网络是管理信息系统的基础。管理信息系统的概念是 J. D. 加格尔在 1961 年率先提出的，当时他就认为管理信息系统应是一种以计算机为主体、信息处理为中心的综合性系统。但在此后十几年的理论和应用实践中却并没有取得预期的效果，主要原因之一就是计算机网络技术还不够成熟和普及。80 年代后，由于计算机局域网和广域网的出现，网络产品的质量不断改进、品种和数量不断增多，数据库技术日渐成熟，软件工程方法日趋改进，使管理信息系统成为计算机信息系统中应用最普遍的一类系统。根据 ISO 的定义和现代信息技术的发展，可以将管理信息系统定义为：一个由计算机技术、网络通信技术、信息处理技术、管理科学和人组成的综合性系统，它能为组织机构的运行、管理和决策提供所需的信息支持。在这个系统中，计算机网络变成了整个系统结构的主体和基础。

　　有趣的是，计算机网络和计算机本身一样，最初也不是在直接为工商管理服务的过程中诞生的。事实上，它们都是在为适应科学研究活动的需要过程中产生的，但它们的普及运用则得益于经济、管理、教育等方面的需求。

　　计算机网络是利用通信线路把地理上分散的多个独立的计算机系统连接起来，并按照网络协议进行数据通信，使用户可以共享网络中的各种资源。它是从计算机系统结构逐渐变化而来的，经历了一个从简单到复杂、从低级到高级的发展过程。这一过程可以大致划分为三个阶段：具有通信功能的联机系统阶段、具有通信功能的分时系统阶段和计算机网络阶段。

　　计算机网络的最初雏形是美国军方在 1952 年建立的半自动地面防空系统 SAGE (Semi-Automatic Ground Environment)，该系统将通过远距离雷达及其测量设备获取的信息通过总长达 241 万千米的通信线路与一台 IBM 计算机连接起来，对防空信息进行远程集中处理与控制，由此开创了将计算机技术和通信技术结合起来的首次尝试。这类简单的"终端——通信线路——计算机"系统就是通常所说的联机系统。60 年代初，美国的航空公司建成了由一台计算机与遍布全国的 200 多个终端组成的航空定票系统 SABRE-1，它是一种典型的联机系统。由于这类系统只能进行"终端——计算机"通信，故也称其为面向终端的远程联机系统，实际上是一种计算机通信网络。联机系统使用户终端可在一定范围内通过通信线路访问主机系统，从而使远地用户可以像本地用户一样共享主机资源。随着连接的终端数目的增加，这类简单的联机系统逐渐发展成具有通信功能的分时系统。

　　随着计算机应用的不断增加，必然会提出计算机互联的要求。对大型企业来说，往往需要使用多台计算机分别完成一定的任务，企业的最高领导层与所有计算机保持联系，以便于领导和协调企业内的各分支机构，各分支机构之间也需要加强相互联系，于是计算机联网就显得十分必要。对计算机网络产生迫切需要的另一重要领域是科学研究。科学界同行之间为了交流科学情报，也迫切需要将分布在不同地点的计算机通过通信线路互连成"计算机——计算机"的网络。从20世纪60年代中期开始出现了若干个计算机互联的系统,计算机——计算机通信随之兴起。1969年,美国国防部高级研究计划局(ARPA——Advanced Research Projects Agency)正式将自己研制的 ARPANET(阿帕网)投入运行。该网通过有线、无线与卫星天线通信线路,覆盖范围包括了美国和欧洲。阿帕网是计算机网络技术发展的一个里程碑,它的建立推动了计算机网络的发展。20世纪70、80年代出现了许多计算机网络,仅美国国防部就资助建立了多个计算机网络,此外还出现了一些研究试验性网络、公共服务网络、校园网等。例如美国加利福尼亚大学劳伦斯原子能研究所的 OCTOPUS 网、法国信息与自动化研究所的 CYCLADES 网、欧洲情报网 EIN、英国国家物理研究所的 NPL 网等。阿帕网研究提出的资源子网和通信子网两级网络结构的思想使网络的数据处理与数据通信有了清晰的功能界面,这样计算机网络就可以分成资源子网和通信子网来组建。通信子网可以是专用的,也可以是公用的。

  20世纪70年代,世界上出现了由国家邮电部门统一组建和管理的公用通信子网,即公用数据网 PDN(Pbulic Data Net)。早期的公用数据网采用模拟通信的电话网,新型的数据网则采用数字传输技术和类似阿帕网的报文分组交换的数据交换方法。比较典型的公用分组交换数据网有加拿大的 DATAPAC、法国的 TRANSPAC、英国的 PSS、日本的 DDX 和我国的 CHINAPAC。公用数据网的建立为远程计算机网络的大发展提供了良好的外部通信条件。与此同时,随着计算机的广泛运用,又出现了局部地区计算机互联的需要。20世纪70年代初,一些大学或研究所为了实现实验室或校园内多台计算机共同完成科学计算和共享资源的目的,开展了局部计算机网络的研究。1972年,美国加利福利亚州立大学研制成了 Newhall 环网,1976年美国 Xerox 公司研制了实验性的 Ethernet 网,1974年英国剑桥大学研制成了 Cambridge Ring 网。一些大型计算机公司也在同期开始了网络的研究与产品开发工作,提出了各种网络体系结构和网络协议。20世纪70年代末计算机网络的发展出现了危机,这又促使网络体系结构和网络协议开始向国际标准化方向发展。1978年,ISO/TC97(计算机信息处理标准化技术委员会)成立了"开放系统互联"分技术委员会(当时称为 SC16,1985年改称 SC21)对这一问题进行了研究,1979年 SC21 向 TC97 提交了"开放系统互联(ISO/OSI)基本参考模型"并获通过。1980年,SC16 建议把 OSI RM(Open System Interconnection Reference Model)上升为国际标准,1983年春,它终于正式成为国际标准,即 ISO/IEC498。ISO/OSI 的实施使得新的网络摆脱了过去网络的封闭性,开始具有开放性,使得异种计算机和网络能方便地互联。我国在1989年制定的"国家经济信息系统设计与应用标准化规范"中也采用了 OSI 标准作为我国网络建设的标准。

  由于网络的发展是一个动态的过程,因此人们便提出了各种各样的网络定义。随着从"终端——计算机"发展到"计算机——计算机"通信,出现了第一种网络——计算机通信网的定义,即计算机通信网是指以传输信息为目的的,用通信线路将多个计算机连接起来的计算机系统的集合。计算机通信网在物理结构上具备了计算机网络的雏形,但它的主要目的在于相互传输数据,故资源共享能力不强。20世纪70年代由于阿帕网的发展,产生了第二种网络——计算机网络的定义,即从资源共享的角度将计算机网络定义为"以相互共享资源(硬件、软件和数据等)的方式连接起来,并且各自具备独立功能的计算机系统的集合"。后来,人们又从物理结构的角度,给出了广义的计算机网络定义,即广义的计算机网络是指在协议控制下由一台或多台计算机、若干终端设备、数据传输设备、以及便于终端和计算机之间或者若干台计算机之间数据流动的通信控制处理机等组成的系统之结合。这个定义强调了计算机网络是在协议控制下通过通信系统来实现计算机之间的连接,因而就从有无协议的角度将计算机网络和一般计算机互联系统区别开来。不过,在实际使用中,人们经常选择性地使用计算机网络和计算机通信网这两个术语。一般把计算机之间为协调动作的目的而进行的信息交换称为计算机通信网,而把两个或多个计算机通过一个通信网相互连接所形成的集合称为计算机网络。如果使用术语的目的侧重于用户如何共享和使用计算机资源时,就用计算机网络;如果侧重于计算机之间的信息通信,则使用计算机通信网。

3.3.3 因特网

因特网(Internet)是目前世界上规模和影响最大的、全球性、开方式信息资源网。其前身是阿帕网(ARPANET),它的产生可能有多方面的原因,归纳起来主要有两点:其一是数据资源的共享与安全。20世纪60年代末,美国政府中的许多机构都拥有计算机,日复一日的累计使得存储在这些计算机中的数据变得越来越重要,因此人们认识到,使这些计算机能够共享数据资源将是十分有益的,为此就要把这些计算机连接起来。尽管人们依赖和信任计算机,但还是担心这种链接的牢靠程度,因为它可能会遭到别人的袭击。其二是为了适应大规模战争中军事指挥的需要。为了防止前苏联的战略核武器摧毁美国高度集中的军事指挥中枢,美国国防部成立了高级研究计划局(ARPA),并拟建立一个"集散控制系统",它由一个个分散的指挥点构成。因此,即使其中某些点被摧毁,其他点仍可以继续工作。基于这两种需要,美国国防部在1969年要求ARPA开展网络方面的研究工作,其项目名为"The Internet Projecting",目的是要把美国的几个用于军事和研究的大型计算机连接起来。

因特网发展大事记

1957年,前苏联发射了世界上第一颗人造卫星,在某些领域开始领先于美国。美国对此的反应就是要继续确保自己在军事科学技术领域的领先地位,并为此在国防部中成立了高级研究计划局。

1962年,兰德公司的 P. 巴兰(Baran)发表了"论分布式通信网络"一文,并主持了包交换网络(packet-switching network——PS network)的研制工作。

1965年,ARPA 主持了"分时计算机合作网络"的研究工作。同年,位于麻省理工学院赖克新敦(Lexington)实验室的 TX-2 和位于加利福利亚圣.莫尼卡(Santa Monica)的系统开发公司的 Q-32 被直接连接起来(没有利用包交换)。

1967年,包交换网络计划被提交给美国计算机协会(Association of Computing Machinery)操作原理论坛讨论。同年,L. G. 罗伯茨(Roberts)率先发表了一篇关于 ARPANet 设计方面的学术论文。

1968年,包交换网络被赠送给 ARPA。

1969年，美国国防部委托 ARPANET 对建网问题进行研究。加利福利亚大学洛山矶分校成了接入 ARPANET 上的第一个站点，紧接着斯坦福研究院(Standford Research Institute)、加利福利亚大学圣.巴巴拉分校和尤他大学也成了 ARPANET 上的新站点。Bolt Beranek and Newman 公司(BBN)开发出了信息报文处理器(information message processors——IMP)。存储转发网络开始使用电子邮件(electronic mail——e-mail)技术。初次请求注解(first request for comments——RFC)——"宿主软件"发布。

1971年，接入 ARPANET 上的站点已达15个(23台主机)。ARPANET 主机开始使用控制协议。

1972年，在国际计算机通信会议上展示了在40台机器和终端接口处理机(TIP)之间的 ARPANET 的运行情况。为了建立统一的协议，成立了网间连接工作组(InterNetworking Working Group——INWG)。BBN 发明了在分布式网络之间发送信息的电子邮件方案。

1973年，英国伦敦大学和挪威皇家雷达站(Royal Rardar Establishment)成为第一批加入 ARPANET 的外国机构。以太网、因特网和网关结构的基本概念已经形成并被提出。文件传输规范发布(RFC454)。

1974年，V.塞尔夫(Cerf)和 B.卡恩(Kahn)发表了"包网络网间连接协议"，详细地提出了传输控制计划方案(TCP)。BBN 开放了 Telenet(第一个公共包数据服务——ARPANET 的一种商业版)。

1975年，因特网的运行管理移交给 DCA(即现在的 DISA)。

1976年，AT&T 贝尔实验室开发了 Unix.to.Unix CoPy(UUCP)，一年后又与 Unix 1一起发布。

1977年，威斯康辛大学利用 UUCP 创立了 THEORYNET，以便为100位计算机科学研究人员提供电子邮件服务。信箱规范发布。Tymshare 创办了 Tymnet 网。首次展示了利用因特网协议且配有 BBN 网关的 ARPANET/无线电分组通信网/SATNET 的运行情况。

1979年，威斯康辛大学、DARPA(ARPA 在1972年改名为"国防高级研究计划局——Defense Advanced Research Projects Agency")和国家科学基金会的科学家们召开会议决定成立一个计算机科学部门用的科研型计算机网络。杜克大学和北卡罗里拉大学利用 UUCP 建立了互联的 Usenet，以提供 e-mail、文件传输和电子讨论组(称为"新闻组")。第一个多用户域建立。ARPA 建立了因特网结构控制委员会(ICCB——Internet Configuration Control Board)作为为因特网管理提供技术支持的顾问机构。无线电分组通信网(PRNet)实验开始利用 DARPA 的资助开发移动网络链路。

1981年，纽约城市大学建立了 BITNET(原先是英文"Because It's There NETwork"的缩写)，并率先和耶鲁大学连接起来。BITNET 利用了 IBM 系统的自由协议(free protocols)。该网可以提供电子邮件和 Listserv 服务器以便传输文件和分配信息。大气研究大学公司(University Corporation Atmospheric Research——UCAR)在 NSF 的资助下建立了计算机科学网(CSNET)，以为那些无法利用 ARPANET 的大学的科学家们提供网络服务(尤其是电子邮件服务)。

1982年，传输控制协议(TCP)和因特网协议(IP)——它们构成了广为人知的协议套

(protocol suite)TCP/IP——被采纳作为 ARPANET 的标准。这就使得人们最初将互联网(internet——小写)定义为"一种连接起来的网络的集合,尤其是指那些利用 TCP/IP 的网络",而将因特网(Internet——大写)定义为"利用 TCP/IP 连接起来的互联网"。美国国防部声明 TCP/IP 是它的标准。欧洲创办了 UNIX 网络(EUnet)以提供电子邮件和 Usenet 服务。外部网关协议规范(RFC827)发布。EGP 被用作为网络之间的网关。

1983 年,威斯康辛大学开发了名服务器(name server),网络用户不再需要了解进入其他系统的精确路径。开始从 NCP 转接到 TCP/IP。CSNET/ARPANET 网关开始使用。ARPANET 裂变成为科研服务的 ARPANET 和军事国防用的 MILNET。桌面工作站开始出现,有许多工作站使用伯克利 UNIX 操作系统,其中含有 IP 网络链接软件。用户开始从拥有一个大型的、分时计算机接入因特网转向拥有一个名副其实的当地网接入因特网。网络参加者们成立了因特网活动委员会(IAB——Internet Activities Board)。欧洲建立了学术与科研网(EARN),该网的运行很像 BITNET,但其网关是由 IBM 公司提供资助的。T.詹宁丝(Jennings)开发出了 FidoNet,它是一个世界性的通过调制解调器和电话线连接起来的个人计算机网络。

1984 年,因特网主机数突破 1 千台。引入了域名系统(DNS——Domain Name System),这种分布式数据库系统可以将计算机名转换成数字化的因特网地址或者反之,从而使用户不必记住众多的数字。日本利用 UUCP 建立了日本 Unix 网络(Japan Unix Network——JUNET)。英国建立了联合学术网(JANET)。主持式新闻组开始出现在 Usenet 上。William Gibson 出版了《Neuromancer》。

1985 年,全球 Lectronic 链路(Whole Earth'Lectronic Link——WELL)建立。

1986 年,NSF 创立了 NSFNET 主干网和 5 个超级计算中心,包括 JVNC&Princeton,PSC&Pittsburgh,SDSC&UCSD,NCSA&UIUC 和 Theory Center&Cornell,以为研究人员提供利用因特网进行高速计算能力,由此导致了因特网接入数的爆炸式增长,尤其是在大学之中。Cleveland Freenet 开始上网,此举标志着美国国家远程计算机网络的开通。设计出网络新闻传输协议(Network News Transfer Protocol——NNTP),以提高利用 TCP/IP 的 Usenet 的新闻效率。开发出信箱交换(Mail Exchange)记录,以允许非 IP 网络的主机也拥有名地址。Usenet 新闻组急剧膨胀,并按讨论题目重组为大主题束(broad subject clusters)。利用高速链路建立了 BARRNet(Bay Area Regional Research Network),一年后开始正式运行。1987 年,因特网主机数突破 1 万台。NSF 和 Merit Network 公司签署协议以管理 NSFNET 主干网,IBM 和 MCI 又通过和 Merit 签署协议参与进来。后来,Merit、IBM 和 MCI 创办了高级网络服务公司(Advanced Network Services——ANS),它是一个商业性的因特网供应商。为了促进 UUCP 和 Usenet 的商业化利用,创办了 UUNET。CSNET 并入 BITNET 成立了科研与教育建网公司(Corporation Research and Education Networking——CREN)。第一千个 RFC——请求评论参考指南(Request For Comments Reference Guide)发布。

1988 年,"网虫(worms)"攻入因特网(元月份),致使该网上 6 万台主机中约有 6 千台受到影响,于是安全问题开始受到重视。DARPA 成立了计算机应急事件别动队(Computer Emergence Response Team——CERT),以便在受到网虫攻击时提供应急帮助。美国国防部把 TCP/IP 视为临时协议,并决定采用 OSI(open system interface)接口。美国政府 OSI 小组(U. S. Government OSI Profile——GOSIP)确定要通过政府采购产品的方式来支持该套协议。Los Nottos 网络在未获联邦资助的情况下完全由洛山矶地区网络成员的支持建立起来。NSFNET 主干网升级到 T1(1.544 兆比特/秒)。加利福利亚教育与科研联合网络(CERFnet)建立起来。加拿大的一些地区加入因特网,其他已加入因特网的国家还有:丹麦、芬兰、爱尔兰、挪威和瑞典。

1989 年,因特网主机数突破 10 万台。MCI 信箱和 Compuserve 是第一批处于电子邮件载体和因特网之间的中继站。欧洲服务供应商建立了 RIPE(Reseaux IP Europeen),以确保全欧洲的 IP 网络能得到所需的管理和技术协调。随着主机数的增加,因特网管理的复杂性也在增加,因而需要建立一个新的管理机构,为此在 IAB 下成立了因特网工程专家小组(IETF)和因特网研究专家小组(IRTF)。澳大利亚建立了学术研究网(AARNET)。澳大利亚、德国、以色列、意大利、日本、墨西哥、荷兰、新西兰、波多尼各和英国加入因特网。

1990 年,ARPANET 不复存在。M. 卡波尔(Kapor)创办了电子前线基金会(EFF)。麦吉尔(McGill)大学开发出导航工具 Archie,并提供给网民们使用。国际标准化组织开发环境(ISODE)软件已经开发出来,从而为美国国防部从 TCP/IP 转向 OSI 提供了一条途径。ISODE 软件允许 OSI 应用在 TCP/IP 上运行。由加拿大十个地区网组建的作为国家主干网的 CAnet 直接接入因特网。阿根廷、奥地利、比利时、巴西、智利、希腊、印度、冰岛、南朝鲜、西班牙和瑞士接入 NSFNET。

1991 年,NSF 取消了对因特网商业利用的禁令。Genernal Atomics(CERFnet)、国际效率系统公司(PSInet)和 UUNET 技术公司(AlterNet)创办了商业因特网交换协会公司。马萨诸塞州的剑桥思想机器公司将广域网信息服务器(wide area information server——WAIS,一种利用自然语言搜寻存储在各种各样的计算机平台上的各类信息的方法)公之与众。明尼苏达大学开发出并公开了 Gopher(一种用于组织和帮助计算机信息文档的软件)。NSFNET 主干网升级到 T3(44.736 兆比特/秒)。NSFNET 流量超过 1 万亿比特/月和 100 亿包/月。克罗地亚、捷克共和国、香港、匈牙利、波兰、葡萄牙、新加坡、南非、台湾和突尼斯加入 NSFNET。

1992 年,因特网主机数突破 1 百万台。为了利用技术手段促进全球信息交换成立了因特网学会(Internet Society——ISOC),其成员集体任命了一个委员会以负责因特网的技术管理和指挥。瑞士的欧洲粒子研究中心(Centre Europee Rechcrches Nucleaires——CERN)开发出了 WWW,它可以通过超文本链存取因特网上的信息文档并可支持文本、图像、声音和视频。IAB 被重组为因特网结构委员会并成了 ISOC 的一部分。世界银行上网。喀麦隆、塞浦路斯、厄瓜多尔、爱沙尼亚、科威特、拉脱维亚、卢森堡、马来西亚、斯洛伐克、泰国、委内瑞拉加入 NSFENT。

1993 年,因特网主机数突破 2 百万台。NSF 资助了一个新机构——InterNIC,它通过 AT&T 提供具体的因特网服务目录和数据库服务,通过 Genernal Atomics/CERFnet 提供信息服务,通过网络解决公司提供注册服务。白宫上网。C. Marlamud 创办了因特网谈话无线电(Internet Talk Radio)，以展示因特网的广播能力。联合国上网。美国国会通过了"国家电信竞争和信息基础结构法"，以宣传"国家通信基础结构"和"通过竞争来鼓励高级通信服务的扩散"。伊里诺斯大学的超级计算机中心开发出了浏览 WWW 的 Mosaic 软件，Mosaic 在因特网上大获成功，导致 Web 上的服务流量在一年内增加了 341634%（同年 Gopher 服务流量增长率为 997%）。保加利亚、科斯达尼加、埃及、斐济、加纳、关岛、印度尼西亚、肯尼亚、列支敦士登、秘鲁、罗马尼亚、俄罗斯联邦、土耳其、乌克兰、阿拉伯联合酋长国加入 NSFNET。

1994 年，因特网主机数突破 3.8 百万台。因特网庆祝诞辰 25 周年。美国的许多社区开始直接加入因特网。美国参议院和众议院配备了信息服务器。Shopping malls 登陆因特网。拉斯维加斯的 Interop 开始了第一个网上广播站(Cyberstation)RT-FM 广播。美国国家标准与技术研究院(NIST)建议 GOSIP 采纳 TCP/IP，摒弃"唯 OSI"的规定。亚利桑那法律公司 Canter & Siegel 在因特网上发送了成千上万份含有散布绿卡抽彩服务的电子邮件消息，网民们热情地予以回应。NSFNET 的每月信息流量突破 10 万亿比特。新型"网虫"——搜索专题 Web 站点和响应搜索命令的热点术语的软件工具——开始出现在网上。随着因特网上信息数量的急剧增长，这些万维网网虫（WWW Worms——W4）中又增添了蜘蛛、虱和蛇。按照 NSFNET 上的包和比特的流量分布的百分比，万维网已经小胜 Telenet，从而成为网上第二个最流行的服务。日本首相开始上网。英国财政部开始上网。新西兰总理上网。第一个虚拟的网上银行开始对商业界开放。RARE(Reseaux Associes pour la Recherche Eueopeene)和 EARN 合并组建了欧洲科研与教育网协会，其中包括来自 CERN 和 ECMWF（一个国际条约组织）38 个国家的代表。阿尔及利亚、亚美尼亚、百慕大、中国、哥伦比亚、法属波利尼西亚、牙买加、黎巴嫩、澳门、摩洛哥、尼加拉瓜、尼日尔、巴拿马、菲律宾、塞内加尔、斯里兰卡、乌拉圭、乌兹别克斯坦、立陶宛、斯威士兰等加入 NSFNET。

1995 年，因特网主机数突破 5 百万。NSFNET 主干网开始被一套互联的商业网提供者所取代，国家科学基金会为美国网络提供的研究与教育津贴被按期取消。最初阿帕网只有 4 个站点，1976 年发展到 60 个站点和 100 台主机，1983 年则达 100 个站点和 300 台主机。1975 年该网被移交给美国国防部通信局，结束了实验阶段。此时的阿帕网还不是现在的因特网，但随着它的发展人们已经开发出可以传送文本文件（电子邮件）和大型数据文件(FTP)等用途的应用程序。在随后的几年中，一方面是连接到这个网络上的计算机不断增多，而这些计算机使用的是不同的操作系统，另一方面是新产生的包交换网络也需要相互连接起来，为此就需要有一个共同的通信协议。对这一问题的解决导致了 1974 年 TCP/IP 通信协议的出现。1979 年美国建立了计算机科学研究网络(CSNET)，用于计算机科学研究的情报交流。1982 CSNET 年和 APRANET 之间建立了一个网关，同时 ARPANET 还实现了与许多其他网络的互联，从而形成了以 ARPANET 为主干网的 Internet 网。也正是在这一年，人们开始使用"因特网(Internet)"这一术语。"Internet"这个名词是指世界上所有使用 TCP/IP 协议进行相互通信的互联的计算机网络的集合，是网络的网络，而"Internet"则不是特指，它仅仅用于描述两个或两个以上的网络互联所形成的更大的网络。正因如此，ARPANET 被认为是现代计算机网络诞生的标志。1983 年 ARPA 正式将 TCP/IP 通信协议作为网际互联的标准协议。1984 年因特网客户机数量超过 1 千台,1987 年超过 1 万台。1989 年 Tim Berners-Lee 提出在 CERN 上建设超文本系统(WWW)的建议,同年因特网客户机数量超过 10 万台。20 世纪 80 年代许多大型公司建立了自己的内部业务网,其中有些甚至建立了遍布全世界的企业网络。1990 年,在美国任何人都可以成为因特网成员,由此大大促进了因特网的商业化进程,因为在此之前这要靠美国政府机构来发起。1991 年万维网(其基础是超文本标识语言——HTML)首次出现并运行在 CERN 网上。1992 年因特网上首播音频视频节目,因特网客户机超过 100 万台。1993 年,全世界共有 50 个万维网服务器,NCSA 推出了第一版 X Mosaic 浏览器。1994 年,商业组织的域名数超过了科研教育机构,这标志着因特网的商业化利用已经取得重大进展。事实上,企业的进入及商业机制的引入是促进因特网快速发展的重要因素。与此同时,因特网也开始进入家庭。1995 年,Sun 公司推出 Java 程序语言,Netscape 公司上市。1996 年,雅虎上市,因特网主机数量超过 1 千万台。

在 ARPANET 不断发展的同时,其他一些大型计算机网络也开始组建,它们大多数也采用与 ARPANET 相同的通信协议。在这些网络中,尤以美国国家科学基金会(National Science Foundation——NSF)的 NSFNET 对因特网的形成影响为大。20 世纪 80 年代中期,因特网获得了第一次快速发展。1985 年左右 NSF 提供巨资在全美建立了五大超级计算机中心。为了鼓励大学和研究机构共享他们的计算机资源,NSF 拟建立一个大型网络。最初准备利用现有的阿帕网,但最终发现军方不宜打交道。于是决定利用阿帕网已开发出的 TCP/IP 通信协议,组建基于该协议的 NSFNET。NSF 在美国建立按地区划分的远程网,并将它们连接到超级计算机上。这些互联的远程网就成为 NSFNET 网络,从 1986 年开始 NSFNET 取代了阿帕网成了因特网的主干网。在 NSF 的鼓励下,很多大学和政府资助的研究机构、盈利性组织等都将自己的局域网并入 NSFNET,从而使 NSFNET 逐渐成为一个全国性的网络,并与美国的其他网络和欧洲、日本的计算机网络互联起来。1986 年至 1991 年间,并入该网的计算机从 100 台增加到 3 000 台。此时的因特网已成了一个名副其实的网中网。各子网负责自己的安装和运行费用。后来,各用户在利用该网的过程中逐渐发现,加入因特网后不仅可以共享 NSF 的大型计算机资源,还可以进行用户间通信。于是,便开始考虑更新网络技术,并制定了进一步提高网络性能的五年研究计划。该计划促成了 IBM、Merit、MCI 公司合作创办了 ANS 公司(Advanced Network & Service Inc.),ANS 公司组建了新的高速主干网 ANSNET。截至 1991 年底,NSFNET 的全部主干网点已和 ANSNET 接通,从而成了目前因特网的主干网。

进入 20 世纪 90 年代,因特网因商业化又出现了新的高潮。90 年代之前,因特网主要用于学术和教育信息交流,用户主要是大学教授、研究人员和研究生,使用基于 Unix 操作系统的计算机,不易使用。随着基于图形界面的 WWW 的出现,普通用户也可以自由操作了,因而因特网获得了飞速发展,用户也激速增加,由此而带来的无限商机开始显现出来。20 世纪 90 年代后,因特网开始向商业活动打开大门。企业进入后又发现它的商业用途非常广泛,从而带动了其他企业、其他社会组织、家庭和个人纷纷加入因特网,使其出现了空前的繁荣。到 1994 年底,接通因特网的国家和地区已达 170 多个,连接了数万个网络,几百万台主机,直接用户超过亿计。目前因特网正以每年 15%～20% 的速度递增。1994 年 10 月 20 日,美国副总统 A.戈尔主持了白宫作为一个网点接入因特网的剪裁仪式。日本宣布从 1995 年起将通过因特网向全世界发布日本的信息。随着因特网的发展,NSFNET 的历史使命已经完成,便于 1995 年 4 月 30 日宣布停止运行。美国政府指定了三家私营企业:Pacific Bell、American Advanced Data Services and Bellcore 和 Sprint 代替它,这意味着因特网的商业化已经全部完成。

1994 年 4 月 20 日,我国的"中关村地区教育与科研示范网络(NCFC)"与美国 NSFNET 实现直接联网,被批准进入因特网,实现了与 TCP/IP 的连接,开通了因特网的全功能服务,成为其第 71 个正式成员单位。紧接着,开始启动几个全国范围的计算机网络项目。按照国务院的规定,有权与因特网直接互联的单位有四个:中国科学院、原国家教委、原邮电部和原电子部,它们分别称为互联单位,其网称为互联网,包括中国科技网 CSTNet(是从"中关村地区教育与科研示范网(NCFC)"发展而来的)、中国教育与科研计算机网 CERNet、中国公用计算机网 ChinaNet、原电子部的中国金桥网(ChinaGBNet)。中国因特网开通以来,对我国国民经济和社会进步产生了巨大的促进作用。以中国科技网为例,创造的直接或间接效益已达数亿元。

因特网现在已成了一种覆盖全球的信息基础设施,利用它,用户可以在全球范围内收发电子邮件、发布电子新闻、广告,进行信息查询、情报检索、远程登录、话音传递、图像通信等。因特网实际上是一个由路由器实现多个远程网和局域网互联的网际网。如果说远程网(即广域网)扩大了信息资源共享的范围、局域网提高了信息资源共享的深度,那么网际网在这两个方面都取得了突破,它对信息资源的管理、开发和利用产生了深远的影响。

3.3.4 内联网

内联网(Intranet)是随着因特网的发展被引入到企业或单位内部而建立的组织内部的因特网,它将因特网技术用于解决单位内部的信息交流和共享问题,因而可以说内联网来源于因特网,是因特网的企业版本,故可简单地将其理解为是把因特网技术用于企业内部的信息管理与交换平台。它以 TCP/IP 协议和 WWW 为基础,将多平台和多服务器的网络连接起来,以超文本语言和公共网关应用接口(CGI)为主要开发工具,可以方便地将各类已有的服务集成起来。内联网是一个开放、分布、动态的双向多媒体信息交流环境,是对现有网络平台、技术和信息资源的集成和重组。

从本质上来看,内联网实际上是一套基于因特网的标准和协议的技术,用这种技术建立的网络既可以是局域网也可以是广域网。正因如此,内联网不仅可以在企业内部独立运行,而且还可以通过防火墙的保护接入到因特网上。从结构上来看,内联网一般是由计算机网络设施、支持 TCP/IP 协议的网络操作系统、内联网服务器和内联网客户机等组件构成的。

内联网是在传统的网络基础上发展起来的,但它具有传统的企业内部网所不具有的一系列优点:内联网的信息处理和交换方式具有灵活性,由于它具有图文并茂的格式,具体丰富完整的内容,内部、外部及不同业务系统之间的信息集成容易,操作界面上方便一致,而且不随业务系统的变化而变化,信息不受业务部门的限制而自由流动,因而大大增进了信息资源开发利用的深度和广度。内联网具有平台无关性和开放性,是开放的、独立于计算机硬件平台和操作系统的企业内部网络。它采用 TCP/IP 协议,可以跨越现有的几乎所有的计算机硬件和软件平台,因而可以从不同的厂家选择设备和服务。内联网的浏览器/服务器机制改进了传统的客户/服务器体系,极大地方便了用户的操作,同时又提高了应用开发的效率。开发内联网应用的技术人员,只需开发服务器段的应用即可,而不必开发客户端的应用。由于许多开发工具的出现,应用开发的难度进一步降低、周期进一步缩短、费用进一步减少,收益明显提高。对于客户来说,由于有了浏览器软件,出现了统一、友好、图形化的用户界面,因而在利用内联网时几乎不需要进行培训即可使用它。

内联网应用的集成性将网络应用提高到了一个新的水平。不仅包括数据库服务、多媒体信息服务,还出现了其他应用,如电子邮件、文件传输、远程登录、电子公告板、新闻组等。凡是因特网拥有的服务或应用,在内联网上均可以实现。从企业来说,由于内联网的采用,促进了其内部的信息传播和交流,提高了企业的工作效率。内联网采用成熟的因特网技术,组建容易,管理方便,维护简单,风险较小,成本较低。在传统网络的基础上组建内联网只需增加 TCP/IP 协议、Web 服务器和浏览器等软件即可。任何单位要建立一个属于自己的内联网都是比较容易的。而许多 Web 服务器和浏览器都是免费使用的。对于网络管理人员来说,只需要掌握基本的因特网技术,如 TCP/IP、HTTP、HTML、CGI 等,就可以提供基于内联网的服务。传统网络可以运行任何通信协议,服务器以文件服务器和数据库服务器为主。而内联网则必须运行 TCP/IP 协议,服务器以 Web 服务器为核心,通过 Web 服务器来访问数据库服务器。

内联网在网络安全方面提供了更加有效的控制措施,克服了因特网在安全保密方面的不足。内联网为具体的机构所有,因而其对外开放又受到了一定的限制。为了安全起见,有些内联网同因特网在物理上是隔离的,另一些则在接入因特网时采用了防火墙技术。内联网的信息传输速度一般比因特网要快。内联网大多数是高速宽带的局域网,因而可以提供快速的 WWW 服务和多媒体信息存储与检索等服务。从企业来看,因特网是面向全球的,而内联网则是面向组织内部的,它可以通过防火墙与因特网实现互联。

表 3—2 因特网、内联网与外联网之比较

比较项目	因特网	内联网	外联网
访问控制	开放	专用	受控
使用对象	社会公众	内部人员	合作伙伴
信息类型	一般	独有	选择性共享

随着内联网的发展,又产生了一个新的名词"Extranet(外联网)"。它是一种采用因特网技术在企业及其合作伙伴之间建立的一种特殊的网络,主要为企业外部的合作伙伴提供信息服务,因此,可以说它是内联网的延伸与拓展。企业可以充分地利用因特网技术建立和开放外部网,以在企业及其合作伙伴之间建立信息联系,通过网络安全地开展通信、交易和合作等业务。建立外部网的主要目的是通过因特网技术加强企业与合作伙伴

之间的合作关系。外部网可以各种方式限制不同用户的访问权限,实现安全管理和提供商业服务。例如,一个大型的百货公司有几百个连锁店,为了强化企业内部的信息交流,建立了内联网。但随着业务的继续发展,它又要允许供应商登录已有的销售系统,了解其商品的销售情况。因此该公司的内联网要适当地对外开放,为此就应建立外联网。

值得注意的是,单位组建内联网与设置因特网站点的目的是不同的。因特网的站点是面向全世界的公众和组织开放的,所有因特网用户都可以访问,因而它常常被作为一种面向市场或公众的工具,宣传单位的形象、产品和服务等。而内联网则面向单位内部职工,一般只有内部用户才能访问,是一种内部管理工具,着眼于内部的信息交流与沟通。因而因特网和内联网尽管采用的技术与标准相同,但应用的范围是不一样的。具体说来,它的主要用途有:实现无纸办公,节约日常信息开支,促进企业内部的信息交流提高工作效率,加强部门、员工和领导之间的联系,增强企业的内部凝聚力树立团队精神,加强企业与其合作伙伴之间的关系,为单位提供跨计算机平台的信息访问能力,方便地接入因特网。Intranet带来的不仅是具体技术的改变,而且是对管理信息系统的思路、方法和规范的改变,因而说它是一场管理信息系统的变革。

3.4 信息资源管理的形成与实践

信息资源管理概念也是在管理信息系统基础上发展起来的。事实上,管理信息系统的概念中已包含了信息是资源的观点。信息资源管理(IRM)作为一个概念、一个术语在工商管理领域中大约出现于20世纪70年代末、80年代初,但它目前还处于多定义阶段,在理论上还没有形成一个统一的规范。

3.4.1 从传统管理信息系统中引申出来的信息资源管理概念

自20世纪70年代末、80年代初以来,许多学者都对企业信息系统应用实践进行了总结,并在此基础上提出的旨在改进信息系统资源管理的信息资源管理思想。早在1981年,两位长期在企业工作的美国专家W.R.辛诺特和W.H.格鲁伯就出版了世界上第一本论述IRM问题的专著——《信息资源管理:20世纪80年代的机遇与挑战》,并在工商管理界掀起了一股IRM研究热。许多从事企业信息系统研究的学者开始转向这一新兴领域,提出了自己理解的IRM概念。

L.E.朗指出:管理的目的是为了提高生产率并由此获取利润,人们已把提高专业人员的技术水平、职工的激励和建立数据处理系统作为提高生产率的手段,并获得了成功。但是,80年代的管理人员面临的是一个新的课题:要把信息看作是一种资源并能卓有成效地加以利用,为此就要对信息进行管理。但他并没有对"管理"与"处理"作严格的区分。他认为:"信息资源管理(IRM)就是要把信息作为一种重要资源来处理。"根据这一思想,他又提出了管理人员进行信息资源管理的三种方法:一是通过决策支持系统和其他管理辅助手段来更有效地使用信息;二是利用信息服务部门来支持事务系统;三是参与并促进功能相近系统的合并。功能相近的系统虽能相互提供信息,能共享数据库中的全部或部分数据,但由于功能相近,必然会造成许多不必要的重复,导致浪费。大多数信息系统都是根据某种特定环境要求设计而成的,它只考虑到单一的功能目标。因为每个公司都可能同时具有多个功能,所以这样的设计必然会导致公司的信息系统繁杂庞多,同时数据和程序也会出现许多冗余。要解决这一问题就需要建立计算机化的集成系统。朗还指出:信息资源管理可以由个人负责,这个人就是信息资源经理。从理论上来讲,他应该具有高级职位,可以是公司副总裁,负责管理全公司的信息资源。

　　J. A. 奥布莱恩重点从企业信息系统的角度研究了信息资源管理。他把企业看作是一个系统,其中经济资源(输入)通过各种组织过程(处理)被转换为货物与服务(输出),信息系统为管理提供有关经营该系统的信息(反馈),以便指导和维护该系统(见图3-5)。

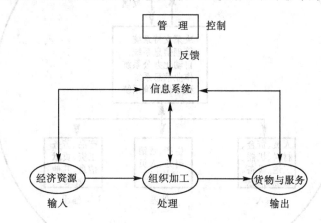

图 3-5　企业系统

　　上述研究说明了,企业管理离不开信息系统的支持。尽管任何企业中都有非正式的手工信息系统,但在信息化的环境中企业需要建立更为高效的计算机信息系统以补充原有系统的不足,而计算机信息系统的形成与发展最终导致了 IRM 思想的产生。

　　他还将企业看成是社会的子系统(见图3-6),并分析了各子系统的功能。输入是导入企业所用的各种资源,如人员、资金、原料、机器、土地、设施、动力和信息;处理是指利用各种各样的组织过程(包括生产、营销、财务和人员,亦称为企业职能)和其他过程(如工程、研究与开发和法律服务)把输入转变为输出;输出包括公司生产、服务、支付(工资、利息、红利、货款、税款)、捐款、信息和其他财物;反馈是由信息系统执行的。作业信息系统(亦称事务处理系统)负责收集处理和存储运行中产生的数据,并产生反馈(数据和信息),以便输入程序化决策系统和管理信息系统。自动化办公系统负责收集、处理存储和传输组织内部的电子办公信息。程序化决策系统接受运行信息并产生控制运行过程的决策(如生产过程控制)。管理信息系统和决策支持系统在支持企业管理方面发挥重要作用。控制就是由企业管理人员根据企业信息系统提供的反馈对系统的运行进行调节。企业系统应是一个开放系统,要与环境交换输入、输出,同时还应是一个自适应系统。正因为企业面对的是复杂多变的外部环境,所以必须建立和健全企业信息系统,以帮助企业确立它与每个环境系统之间的关系。

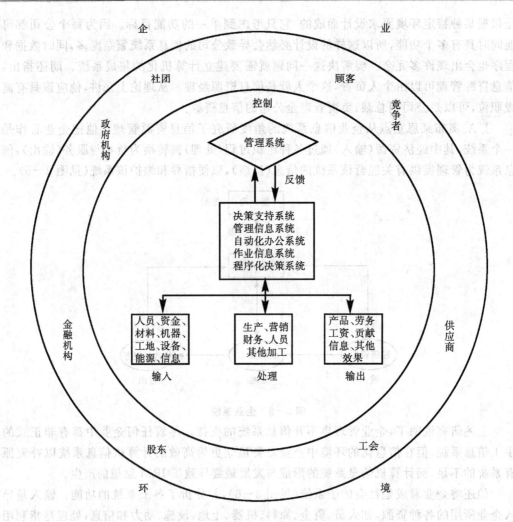

图 3—6 企业系统的要素及其环境

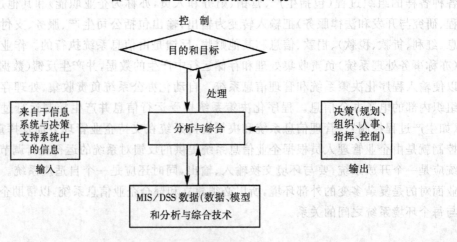

图 3—7 管理系统

从另一方面看,管理(包括规划、组织、人事、指挥和控制5项职能)本身也是一个系统(见图3-7)。但它使用的信息主要来自于管理信息系统与决策支持系统,这些信息是利用管理信息系统与决策支持数据库中的数据、模型和技术并经过分析与综合过程产生的。根据这些信息就可制定备选方案,然后再比照企业的目标和目的来评价这些方案,最终输出的是组织、人事、指挥和控制决定。由此可见,信息是管理中必不可少的要素。事实上,每项管理职能在作出具体决策之前都需要对信息进行分析与综合。不过,如果管理人员不能充分利用信息,那么即使是优质信息也不能确保决策最优。但对信息系统部门来说,应该主动了解管理人员缺少什么信息,需要什么信息。具体地说,就是了解决策的内容、主体、方法、时间和地点,只有这样才能提供切合管理所需的信息。图3-8给出了确定管理人员信息需求的几个概念。

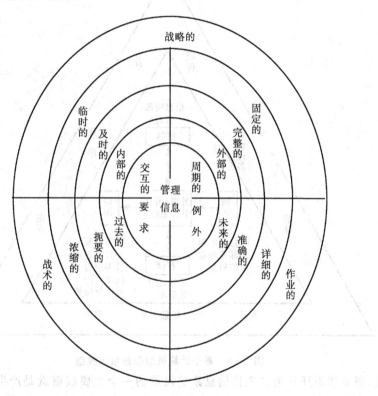

图 3-8 管理的信息需求

按照奥布赖恩的观点,一个基于计算机的信息系统模型(见图3-9)应包括下列系统要素:输入——来自于组织内部或社会环境中的数据和信息被送入系统之中;处理——信息处理系统利用计算机硬件(设备与媒体)、软件(程序与规程)和人员(信息专家与用户)把数据和信息转换为各种信息产品;输出——作业信息系统完成事务处理,自动办公系统完成办公室通信,管理信息系统生成管理报告,决策支持系统提供管理决策支持,程序化决策系统自动进行程序化决策;存储——将数据、信息和分析与决策模型储存起来以便检索与处理;控制——信息资源管理职能监督并调节信息系统性能,以便获得最佳效益与效率。由此可见,奥布赖恩实际上只把信息资源管理视为对信息处理系统(或者说是信息系统资源)的控制。他还进一步将这一思想用于研究管理信息系统。他的管理信息系统概念模型实际上只是上述通用模型的一个特例(见图3—10)。其输入就是负责收集由作业系统生成的来自于企业内部或环境的数据;处理就是利用信息处理系统把数据转换成支持管理决策的信息产品;存储的任务是负责维护包含有历史记录、预测、计划、标准、决策规划、模型和其他管理与分析技术的数据和信息的数据库,当然要使用内部、外部和个人数据库;输出可以根据要求、事先拟定的计划或意外情况,为支持管理部门的决策活动提供各种各样的信息产品;控制就是使用信息资源管理的连续过程来调节 MIS 的性能,以便充分有效地满足经理们的信息需求。

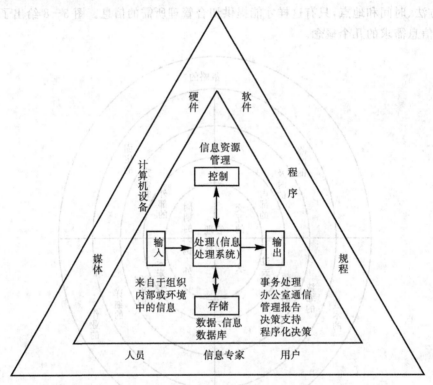

图 3—9 基于计算机的信息系统模型

此外,奥布赖恩还认为:"现代信息系统发展的一个主要成就就是产生了集成信息系统思想。该思想强调要将一个组织中的各种各样的管理、决策支持以及作业信息系统结合成一个综合性的企业信息系统。但是,对大多数企业来说,集成信息系统只是一个目标,它强调的是应对组织内的各种信息系统进行集成与综合,以便使它们能更好地满足用户的信息需求。"集成与综合是 IRM 的主要手段,因此,奥布赖恩实际上是要将其 IRM 的应用范围加以扩大。不过,这并不是什么新思想,因为早在 1979 年诺兰就在其提出的信息系统成长阶段模型中提出了这一假说。该模型中的第四阶段即为"集成阶段"。"集成"有多种含义,它既是计算机、电信和数据库的技术集成,也是指各种各样的、相互依存的应用系统的系统集成,还是人员集成——把信息管理人员、用户管理人员和最高层管理人员结合起来共同控制和管理信息资源。事实上,从信息技术在工商管理领域中的应用发展起来的 IRM 正是技术集成(或称系统集成)的必然结果。许多研究企业信息系统、管理信息系统、办公信息系统的学者几乎都持这一观点。

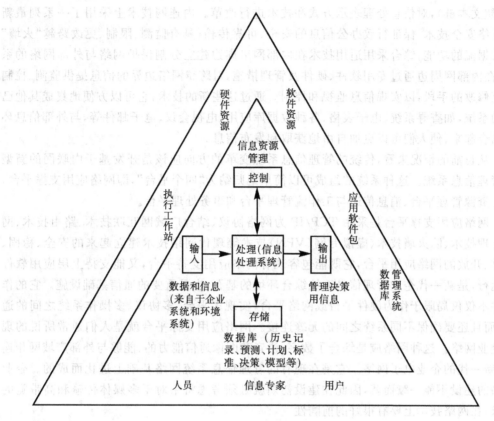

图 3-10　管理信息系统的概念

3.4.2　从因特网和内联网中引申出来的信息资源管理概念

在国际上,内联网技术是从1995年才开始成为研究热点的,但由于人们对它在解决企业信息问题中应用前景普遍看好,因而其发展势头迅猛。有些人甚至认为它推倒了企业内部的壁垒,是20世纪末发生的又一场信息革命。现在运用内联网来开发管理信息系统已为越来越多的企业所重视。内联网的出现,进一步深化了信息资源管理思想,同时也促进了网络环境下的企业信息资源管理理论和实践的发展。

内联网是一种新的企业信息管理和交换的信息基础设施,它从网络、事务处理和数据库等方面继承了传统管理信息系统的成果,但在软件上则引入了因特网的通信标准和内容标准(浏览器、页面、超文本链接等),对信息处理、表示方式和有关技术进行变革。其特征是用以 Web 为核心的因特网技术构成一个与用户平台无关的统一而简单的交流形式,把已有的和未来的有关数据库、多媒体、安全设施等各种技术纳入以 Web 为核心的客户/服务器模式中,使浏览器成为人们进行交流的万能工具。它突破了以往的树型结构的限制,使企业内外的信息交流更加畅通、安全。

内联网是一种新的企业内部信息管理与交换的基础设施。它是管理信息系统发展的必然趋势，因为它从网络、事务处理和数据库上承袭了传统的 MIS 的成果，只不过是在软件上引进了因特网的通信标准和 WWW 的内容标准（Web 技术、浏览器、页面、检索工具、超文本链），对信息处理表示方式和技术进行改革。内连网技术上采用了一系列最新的网络安全技术，保证行政办公信息的安全、可靠传输；具有监测、限制、更改跨越"火墙"的数据流的功能；综合采用适用技术在内部网络周边建立分割保护网络与外部网络的系统；在内部网周边通过专用软件、硬件及管理措施，对跨越网络边界的信息提供监测、控制甚至修改的手段，以实现信息监视和控制。通过这些新的技术，它可以方便地集成其他已有的系统，如查寻系统、电子表格、各种数据库应用、电视会议、电子邮件等，与外部信息环境结合起来，使人们可以更加自由地获取和发布信息。

从目前的情况来看，传统的管理信息系统变革的方向应该是开发基于内联网的新型的管理信息系统。这种系统的组成可以简单地归纳为"四个平台"，即网络应用支撑平台、信息资源管理平台、消息传递与工作流管理平台和事务处理平台。

网络应用支撑平台是采用 TCP/IP 为网络协议，结合广域网互联技术、路由技术、网络管理技术、防火墙技术、虚拟专网（VPN）技术等现代网络技术建立起来的安全、稳固、可靠、开放的网络应用平台，它既能包容现有网络应用支持平台，又能支持上层应用软件的运行，是新一代企业管理信息系统综合环境的基石，也是重要的通信基础设施。它的作用并不仅仅局限于作为硬件平台或网络平台，实现多平台、多协议、多操作系统之间的通信，而且还要确保不同系统之间的无缝连接。网络应用支撑平台就是人们通常所说的现代企业网络。这种网络应是综合了数字、语音和图像通信能力的、能够与外部广域网相连的、新一代的企业电子网络。它是在现有的管理信息系统网络基础上进化而成的。企业网络的建设不能一蹴而就，因此在建设初期就必须考虑将来对于多媒体传输和高带宽的需求，在网络技术上要有很好的前瞻性。

信息资源管理平台融合了 Internet、Web、HTML 超文本信息链、声图文像并茂的多媒体开放式文档体系结构、交互式对象和中、西文全文检索等新型技术建立的一个巨大、开放式虚拟图书馆（virtual library），能够对网络中的文档实现统一管理。它不仅为信息查询访问提供手段，更重要的是还可以进行大规模的信息组织、发布和分析，使信息有一个生成、传播、检索、利用和再生的循环机制。通过基于超文本链接（hypertext link）的资源定位系统及开放的文档管理体系结构，结合先进的目录服务（directory service），可以快速搜索和获取地址，从而使用户可方便地查询到任何需要的信息。信息资源管理平台的全文信息检索系统集数据库管理技术、全文信息管理技术和中文信息处理技术于一体，可以完成数据入库前的加工，对不同的数据格式进行必要的数据转换。其先进的结构设计，保证了系统数据库的膨胀率很小；独特的内存管理，使系统的建库速度大大提高；检索信息齐全，可对任意字、符号及字符进行检索；检索的信息量大，一次可检索 5 百万以上出现频度的数据；可以对选中的信息进行编辑、排版、打印等处理。信息资源管理平台还可通过提供 WWW Server 的 CGI 接口，使全文数据库与 WWW 协调工作，并在 Internet 上运行，满足信息服务和发布需要。

消息传递与工作流管理平台具有先进的消息传递（messaging，它不仅仅是电子邮件的发送，还包括各种报表、文件等信息的交流）和分布目标管理（DOM）、追踪工作流程的用户化事务处理管理(CTM),以及安全可靠的数据签名、身份验证和加密功能,用以发布信息和及时掌握信息的具体流向和反馈,提高工作效率。该平台是一个功能强大、易于管理的企业级的集成系统,是包括电子邮件、个人及群组工作表、电子表格及共享信息的应用系统,可以和现有的网络系统协同工作。无论在什么时间、地点,用户都可以通过该平台访问所需信息;能够以并行的方式提供动态的工作分布和冗余,因而对用户来说就具有很大的升缩性、易用性和实用性;同时用户还可以图形方式设计、测试、模拟、实现、监视和测量任何工作进程,并可以利用自动方式进行工作;通过强大的"自动代理"可以实现现有的桌面应用,进行工作流处理;它还可集成文件管理系统,提供复杂的文件跟踪能力。

事务处理平台保留了传统的管理信息系统的基层功能,主要是进行内部业务数据的采集、处理、存储和事物处理(包括 DDS 系统和各种统计分析功能)。它还吸收并拓展了商业化 Client/Server 技术特点,采用分布式处理结构和先进的数据库管理系统,具备了各种分析、预测等辅助决策功能。这种平台可与 Internet/ChinaNet 有机结合起来,除可被动接受 WWW Server 对其进行的数据操作请求外,还可在相关数据发生变化的"运行过程中"自动或定时更新 HTML 页。同时,利用由多种预测分析、统计模型和处理软件组成的决策支持系统,还能按不同需求进行分析、统计和预测并产生相应的有价信息和提供辅助决策支持。

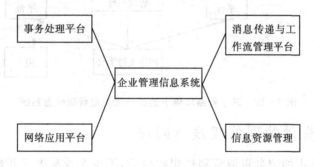

图 3-11 企业管理信息系统综合环境

形象地说,信息资源管理、消息传递与工作流管理平台(也称"办公应用平台")和事务处理 3 个平台构成了一个类似于工厂的完整的"生产、装配、销售"体系。事务处理平台就相当于是企业内部信息部件的"制造工厂"。该平台中保留了传统的管理信息系统的低层功能,主要是进行企业内部业务数据的采集、处理、存储和一些事务处理(包括 DSS 系统和各种统计分析系统等功能,这些就是传统的管理信息系统经常不具有的功能)。除了基本数据项和表示状态的信息外,它还要将数据加工转化成各种具体的经济技术指标信息。但事务处理平台不再需要表示信息的上层结构(如信息查询和检索界面等),而是将这些信息作为部件提供给信息资源管理平台,由这一平台按照不同的主题进行"装配";信息资源管理平台既是将内外部各种信息部件组装成不同信息产品的"装配工厂",同时也是存储信息产品的"仓库",其主要任务是将来自于企业的内部和外部信息"部件"分门别类地按不同的主题装配成"信息产品"提供给企业各级人员使用,也可通过防火墙技术将可以公开的信息对外部广域网的信息用户发布,在全球范围进行企业的自我宣传。这一平台涉及的主要技术有:数据库技术、超文本链接、多媒体文档制作和全文检索等 Internet 技术。由于有了信息资源管理平台,企业信息工作者的主要任务不再是开发、维护应用软件,而是收集和装配"信息部件"以生产信息产品,也即从提供信息技术服务为主转向提供信息服务为主;消息传递与工作流管理平台则相当于是企业信息产品的"销售公司",其主要任务是消息发布(办公信息、文件信息和其他各种资料信息)和工作流(日常办公活动和工作计划活动等)管理。它承担着向信息资源管理平台输送办公信息、档案信息以及接收处理外部信息的任务,是直接与使用者联系的界面。该平台涉及的主要技术有:消息传递、分布目标管理、工作流程追踪管理、电视会议以及安全控制等。在该平台上,用户既可获取信息,也可发布信息,信息流是双向并且是多媒体形式,完全支持企业管理层和领导层的办公与指挥活动。由于广域网互联,因而办公活动不受时间和空间的限制;由于信息应用的灵活性和共享性的提高,管理者之间可以在这一平台上协同工作。因而它会极大地提高企业运行的质量和效率。

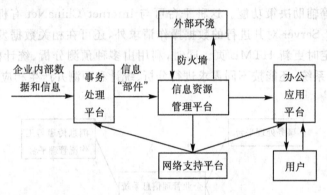

图 3-12 基于网络环境下的新一代企业管理信息系统

3.4.3 信息资源管理的实践与问题

工商管理领域中的信息资源管理思想提出后,不少企业都先后开始实施这一思想。早在 20 世纪 70 年代末,一些先锋企业的领导就已认识到信息是资源,并开始有关 IRM 的初步尝试。比如美国南加州爱迪生公司、施乐公司、波士顿第一国民银行等。美国著名的 IRM 专家辛诺特和格鲁伯在 70 年代末就曾帮助过保险、制药、石化、运输和出版等产业中的企业实施 IRM。但 IRM 实践真正得到较快发展是在 80 年代,许多企业建立了自己的 IRM 体制。例如,美国麦道公司在 1980 年 8 月 13 日正式任命 E. R. 赖德诺尔(Ridenhour)为公司的信息资源管理副总裁,这个任命比美国总统签署《文书削减法》(1980 年 12 月 11 日)要早好几个月。赖德诺尔的任命只是 IRM 思想在私营部门得到承认的一个例子。美国埃克森(Exxon)公司在 80 年代初成立了一个通信与计算机科学部,它设有 16 个信息中心(称为客户支持中心),为直接用户提供培训与咨询。除此之外,该部还承担了许多信息资源职能(见图 3-13)。美国美孚(Mobil)公司则在其 IRM 战略的主要设计师 A. 施奈曼(Schneyman)的指导下,采取渐进式方法将其信息技术和信息职能逐步集成起来,并于 80 年代中期提出了"集成信息资源管理组织模型"(见图 3-14)。美孚公司的一个竞争对手 Gulf Oil 也对 IRM 深信不已。它和美孚一样,并没有把信息重建(information restructuring)当作是节约成本而采取的一项措施。1982 年 Gulf 成立了一个专家小组以研究重建其信息流和信息储备的措施问题。专家小组重点研究了公司现有的三个信息服务单位：信息服务部、公司方法与程序部和豪斯顿会计中心。根据研究结果，该公司决定在公司方法与程序部基础上新组建信息资源部（又称 IRM 部），它以后就负责公司的核心信息管理政策工作，而给予其他两个单位以自治权。澳大利亚的 GRAE 公司（一家矿产资源勘探公司）为了加强对本公司的信息资源的管理，委托美国 IRM 专家 C.F.伯克于 1982 年 3～4 月期间对公司的信息资源进行了全面调查。他的调查方法（信息资源登记卡和信息资源汇总表）后来为许多其他公司所采用。

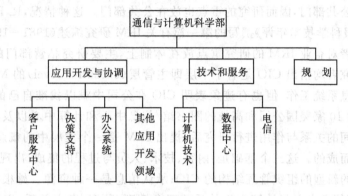

图 3—13 Exxon 公司的通信与计算机科学部

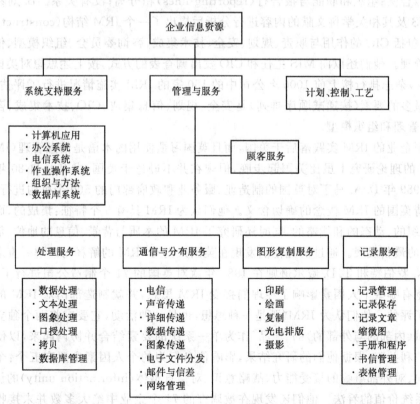

图 3—14 Mobil 石油公司的"综合信息资源管理组织模型"

但是，毋需讳言的是，私营部门在推行 IRM 方面的进展并不像学者们当初设想的那么快、那么顺利，至少和公共部门（主要是美国联邦政府）相比是如此，以致有人认为由于人们对 IRM 知之甚少，它成了一个纯理论性课题，还没有多少组织（企业）认真思考并真正实施过 IRM。这一问题引起了学术界的重视，自 80 年代中期以来一些发达国家的 IRM 专家学者就此问题展开了深入研究。在此，我们介绍一下美国、加拿大和英国的部分研究者的一些有代表性的观点。

美国是现代 IRM 的发源地，其 IRM 实践也居世界领先地位。但最初美国的 IRM 的实施主要限于公共部门，因而研究的重点也放在公共部门。这种情况，R. H. 莱特尔在其 1986 年为《情报科学技术年评》撰写的第一篇有关 IRM 研究综述（1981—1986 年）中就已发现。美国学者对企业 IRM 的研究重点放在体制上，主要研究私营部门的 CIO 及其作用。大部分研究者均指出 CIO 是居于中层即主管层（executive level）的 MIS 经理，负责信息技术与信息系统工作，但也有迹象表明 CIO 在公司中难以找准自己的位置。M. 库珀在 1990 年对 10 家美国公司和高校的图书馆/信息中心和计算中心以及新兴的信息基础结构模型之间的关系与作用进行研究后，提出 IRM 是一个发展中的概念，它是在三个"基础"上会聚而成的。这三个基础是：内容、技术、人员与过程的集成；出现了一位负责由集成过程产生的新型的组织管理结构的 CIO；承认信息是一种资源。她根据自己的研究提出了图书馆/信息中心与计算中心关系的五个模型：顾客/卖主关系；组织与职能的集成；合资/合伙；组织和职能与报告行（reporting lines）相分离；没有关系。B. 刘易斯等人在对 MIS 及其相关学科文献的内容进行分析后提出了一个 IRM 结构（construct），它有 8 个要素，包括 CIO 的作用与职责、规划、安全、技术集成、咨询委员会、组织模型、信息集成和数据管理。他们还以向 MIS 主任和 CIO 发出调查表的方式，按上述思想对美国《财富》（Fortune）杂志排行榜上前 1000 名公司中的 150 家的 IRM 实施情况进行了评估，结果发现实施最多的要素（按递减顺序排列）是安全、规划、信息集成、CIO、技术集成、咨询委员会、数据管理和组织模型。

英国企业的 IRM 实践落后于美国，而且英国习惯使用的术语是信息管理（IM），它在企业 IM 的理论研究上虽比美国起步晚，但现在并不逊色于美国，尤其是自 80 年代中期以来。1989 年 D. A. 马丁对英国的制造业、服务业和政府部门的 500 个机构进行了调查，以图弄清英国的 IRM 概念的确切含义。他们认为 IRM 具有 5 个特征：集成的、面向内容的、全组织的、动态的和战略的，同时还研究了 IRM 的本质与背景、信息的地位、信息经理和 IRM 的最新发展。通过研究他们发现在英国人们对 IRM 的解释与理解一直未能统一起来。N. 罗伯特和 T. D. 威尔逊则在 1987 年就对英国的 71 个制造公司进行了研究，以弄清究竟有哪些个人因素影响了经理们接受 IRM 思想，并就制造部门对 IRM 的认识程度进行了评估。他们认为 IRM"既是一种思想，也是一种活动，它要求将两个独立的信息采集领域（内部的与外部的）的'产品'作为单一系统的要素结合并协调起来，以使组织获得更多的利益"。根据他们的研究结果，影响信息行为的个人因素主要有五个：个人信息消费倾向、对外部事物的接受能力、战略意识、对信息整体（information unity）的认识和对组织与系统价值的看法。他们还发现在被调查的 71 个企业中绝大多数并未接收或掌握 IRM，大多数经理对 IRM 也不抱有积极的态度。所有这些都足以说明，在英国 IRM 的理论与实践还未渗入到企业的文化与实践之中。

在加拿大，P. 伯杰龙于1995年利用一种定性的案例研究方法就私营部门中8个大型企业对 IRM 的认识(perceptions)与实践进行了研究，结果发现被调查的负责 IRM 的人几乎没有什么具体理论，也没有清晰的管理思想。她认为 IRM 的完整定义是指为了满足组织的或个人的信息需求而对信息转移过程进行的协调管理。这种观点实际上是把 IRM 概念放在组织的信息处理与信息处理环境中进行考察。她在调查中使用了5个指标来分析这8个企业的 IRM 实践：IRM 组织、IRM 规划、公司信息政策规划、信息过程输出(information processes output)的成本与价值之测算、信息需求与信息利用。调查结果显示：最常见的 IRM 指标是规划，但这些企业一般都没有 IRM 组织。这就是说，这些 IRM 规划是由企业的其他机构作出的。但调查数据也显示，大多数信息成熟的企业正在向协调型 IRM(coordinated IRM)方向发展，在这些组织中存在着一种趋势，即把 IRM 看作是终端用户和信息职能的共同职责，而非信息职能的唯一职责。伯杰龙的研究得出最终结论就是：大多数企业的 IRM 只是小打小闹，缺乏整体性、连续性；IRM 定义(信奉的理论)与 IRM 实践(使用的理论)并不一致。这说明有必要从信息观(information perspective)而不是资源控制观(resource control perpective)的角度来研究和介绍 IRM。

上述三国学者的研究都说明了 IRM 作为一种管理创新(management innovation)，在被企业采纳和实施方面进展缓慢，其原因在于：这种创新的现实利益(real benefits)并不那么重要；使一种创新适合组织的特定需要是一个缓慢的过程；人们认为管理创新益处不大，因为它们与技术创新比较起来显得不易观察，也难以实施。不少学者认为 IRM 不是解决信息问题的应急措施，也并非仅仅是一种技术措施，它是一个复杂的过程，包含有各种各样的创新过程，如新策略、新方法，等等。为了实施 IRM，企业应接受 IRM 思想体系(framework)的基本假设：IRM 是一种思想框架，信息是一种具有成本价值的资源，必须对信息生命周期进行管理，IRM 应支持公司目标。但是，接受这些假设将会对组织文化和结构产生冲击，而要使组织文化与组织结构发生根本变化，那将是缓慢而困难的。

3.5 记录管理

公共管理(public administration，又译为"公共行政")是管理的一个重要领域，它不仅是信息管理的发源地，更为重要的是，它也是现代信息资源管理的发源地。不过，公共管理作为一个术语至今还没有一个统一的定义。D. 罗森布鲁姆认为："公共行政就是运用管理的、政治的和法律的理论及方法，去执行政府在立法、行政及司法方面给予的权力，为整个社会或社会的某些方面提供管理和服务。"P. C. 佩里等人认为："公共行政是一种20世纪的现象，是世纪之交的城市改革和官僚国家不断膨胀的产物。简言之，公共行政可定义为复杂的政府机构的业务工作。所谓业务工作，是指公共机构的所有策划活动：从日常的行政事务处理到'政策制定'的缜密谋划。"R. D. 宾厄姆认为："公共行政这个用语有两种完全不同的含义。第一种称为'公共行政管理(public administration)'，是指所有政府机构中的公共服务的管理；第二种含义通常称为'公共行政(Public Administration)'是指即便不是一种职业也是一种自觉的实践的行政管理。在美国第二种含义的公共行政出现在改革时期,大概在1880—1920这段时期。现代化公共行政的概念就源于改革年代形成的公共行政。"张良等认为"公共管理就是政府对公共事务管理的具体方法和过程"。如果把公共行政视为"政府机构的业务工作",则其历史就可追溯至国家的产生。国家要履行自己的职能必然离不开信息管理的支持。"需要了解其公民的某些活动及行为正是国家的本性",国家在征税、接收纳贡、制定和实施法律、安排迁移和就业等的过程中,都会产生各种各样的文字记录。但直到近代之前,由于政府的职能一直未有多大变化,因此记录的管理并没有成为一个严重的问题。但自近代后期开始,由于政府职能的迅速扩展——进入许多新的公共服务领域,如建立公共设施、运输系统、医疗保健和其他社会服务机构,为公民提供各种服务,从而导致了政府记录的爆炸式增长,战争与信息技术的发展更加剧了这一趋势。因此加强记录管理便很快引起了政府的重视。事实上,尽管企业界在引进信息技术处理记录信息方面处于领先地位,但产生并率先实践现代信息资源管理(Modern IRM)思想的却不是企业而是美国联邦政府。她为了对记录的生产、整理、保管和处置进行更为系统的控制,在政府内部成立了专门负责此项工作的机构,制定了专门的规章制度。这些措施不仅促进了记录管理的发展,而且还直接促成了信息管理思想的产生。由于这个原因,在美国,有时人们就把"信息资源管理"或"信息管理"和"记录管理"等同起来,但是,实际上现在的"记录管理是IRM的一部分"。从某种程度上讲,现代信息资源管理(IRM)似乎是对古代信息管理(即records management,简称RM)的复归,只不过是在内容、形式、方法、手段等方面发生了变化而已。因此研究公共部门的记录管理,是我们了解IRM产生与发展的另一重要途径。

3.5.1 记录管理的概念

记录(record)和记录管理实践尽管古已有之,但是随着社会经济和科学技术的发展,其内涵与外延也发生了相应的变化。因此,有必要首先考察一下这两个术语的含义。

3.5.1.1 记录与记录管理的含义

从历史上看,最初系统地生产和保存记录的是政府,当时的记录只是政府业务活动的记载。但后来它日益朝着多元化方向发展,因为个人、企业、社团及各种社会组织,都要生产和保管记录,以致今天人们对记录的看法似乎并不一致。N.K.杰斯认为:"记录就是录存在任何媒体上的任何信息。"M.库克认为:"记录就是任何用来指导业务工作的并且能以可复制的形式获取的信息。"B.R.里克斯和K.F.高认为:"记录(即录存下来的信息——recorded information)是指所有的图书(books)、文件(papers)、照片(photographs)地图(maps)或其他的文献资料(documentary materials),而不考虑其物理形式或特征……记录中含有关于组织的职能、政策、决策、程序、运作和其他活动的信息和证据。文献资料包括各种形式的函件(correspondence)、信件(letters)、备忘录(memos)、指令(directives)和报告(reports)、内生与外生的表格(forms)、图纸(drawings)、说明书(specifications),地图、照片和创作资料(creative materials)。记录可有多种形式——纸质、缩微胶卷、计算机磁带、字处理软盘……","无论呈何种形式,任何已录存的信息都构成了一件记录。"由于从实践上看,记录产生于组织内部,是业务活动的伴生物,其使用也限于组织内部,因此目前人们对记录的研究主要是基于组织层面。这里的"组织"包括政府机关、工商企业、社会团体、医院、学校、图书馆,等等。"记录既是组织的资源,也是组织的资产。作为资源,记录提供的是信息;作为资产,记录提供的是经历,即背景信息,也就是已记载下来的组织的过去业绩"。这一点首先为美国政府所认识,她在加强记录管理方面采取了许多有效的措施,引起了企业界的仿效,推动了记录管理的理论研究,并使得记录管理发展成为一门专业和学科。许多学者和组织都根据自己的需要,给出了记录管理的定义。M.库克认为:"记录管理是一门学科,它旨在掌握和控制一个组织所收集或生产的信息,以便使所有指导业务工作所需的合适信息都可获得,都可为需要这些信息的人所利用,并且记录在合适的系统之中,从长远看最有价值的核心记录可以得到开发利用。"美国记录经理和记录行政官协会的定义是:"系统地控制各种记录,从它们的产生或接收,经过处理、分发、组织、存储和检索直至最终处置(disposition)。"B.R.里克斯指出:"记录管理是对记录从产生到处置的系统控制。"M.E.罗贝克等认为:"记录管理就是把系统而科学的控制应用于组织从事业务工作所需的所有记录信息之上。"P.爱默生认为:"记录管理是一种组织利用它来控制在其业务活动过程中产生或接收到的记录的产生、分发、归档、检索、存储和处置的行政系统(administrative system)。"一般而言,记录管理的定义通常都强调系统规划方法,并把重点放在业务活动的职责履行上,上述定义基本上都反映了这一点。后来,由于信息资源管理思想的引入,有些学者又从这个角度来定义记录管理。比如C.西瓦尔兹和P.赫龙就认为:"记录管理研究的是对一个机构(或个人)为进行业务工作所需的记录信息进行控制……记录管理包括对信息资源生命周期的各个阶段施加控制,从其产生和组织直到传播、使用和永久保存或销毁。"

3.5.1.2 记录管理与档案管理

为了准确地理解记录管理,还需要了解一下档案和档案管理。档案和记录,档案管理和记录管理之间具有密切的联系。档案和记录是从组织内部产生的信息媒体,而图书、文献及其他出版物都是从组织外部得到的。记录(records)是在组织的业务过程中产生和保留的信息媒体(information media),因为它对这类业务有用;档案(archives)是记录的一个子集,是那些已经通过评估测试,由于具有潜在价值而被挑选出来,并且一直存放于档案库或至少被分配至一个永久保留范畴的记录。可见,档案和记录之间存在着显著差别,但在英美国家,在日常使用时,它们之间有时也会出现混淆,这是由于英国的历史传统造成的(并且也影响到美国)。

英国有组织的档案工作可以追溯到有组织的和连续的行政管理产生时期,行政管理离不开记录管理,它是为生产、存储和检索政府和法院的记录而采取的措施。英国政府比其他机构更早意识到记录管理的重要性,但她却没有将其发展成信息资源管理。最初,英国政府的记录机构主要附设在法院中,法院成了主要的记录保管者。在过去的几个世纪中,它是英国政府赖以建立档案服务的基础。法院之所以成为记录保管者,还有另外一个原因,由于英国原先采用的是习惯法而不是成文法,所以法院对新案件的审理要以过去的判例作参照和依据,这样法院就必须把已结案件的资料保存起来以备后用。应该说明的是,在英国,图书馆一直是传统的档案保管机构(美国最初也承袭了这一传统),后来,由于受法国的影响,英国也开始建立独立的档案系统。1838年的行政改革推出了英国第一部《公共档案法(Public Records Act)》,据此在伦敦的Rolls Chapel——当时的主要法律记录中心之一,建立了公共档案局(Public Record Office)。它原本是要建成政府的档案馆(archives of government),但却直接沿袭法院的习惯,使用了"记录"一词。几乎一个世纪后,英国地方政府也建立了自己的档案库(archival repositories),而且也沿用惯例将这些新机构命名为"县档案局(County Record Office)"。

档案和记录的这种使用习惯由此而形成,其结果是,在英国这两个术语经常交替使用。尽管如此,为了避免混乱,英语中仍对每个术语都给出了清楚的定义,这已被自1950年以来与该方面有关的大多数文献所证实。档案和记录都具有回溯价值,但档案管理(archives management)主要关心的是回溯价值,记录管理最关心的则是当前价值。值得注意的是,在我国,为了显示"record"的一词多义,人们将其释为"记录、文件、档案",并将"record management"和"records management"分别释为"记录管理"和"文件管理"。不过根据笔者的研究结果,在国外,前一个术语人们极少使用,后一个术语使用频率极高,但在绝大多数情况下不能译为文件管理,因"records"是有关一个组织或个人事务活动信息的记载(有时也指档案),其范围并非仅限于"文件"。汉语中的"文件"主要是指公文和信件,而记录(《现代汉语词典》中对其的释义是:把听到的话或发生的事写下来)则几乎无所不包,像发票、领料单、签名簿都属它的范畴。故我们将其译为"记录管理"。最后还需说明的是,英美国家的"档案"一词的含义与我国的"档案"有所不同。在这些国家,档案是指具有永久保存价值,并由国家指定的机构保管的记录。而在我国,对档案和记录实际上未作区分,也就是混淆了这两个概念。例如我国各单位内部所谓的"档案室(馆)"的概念,在英美国家是不存在的,因为她们按照记录生命周期思想对档案和记录作了严格的区分,因而单位保存的是"记录"而不是"档案"。

3.5.2 记录管理的形成与发展

记录管理的起源可以追溯至国家的诞生,档案管理随后也开始出现,但作为一门专业的记录管理的形成却晚于档案管理。档案管理产生于近代。早在18世纪90年代法国就率先提出了集中式国家档案馆和公众利用国家档案(records)的权利的概念。后来,建立国家档案馆的思想逐渐扩展到欧洲其它国家。如前所述,英国颁布了相应的法律,并成立了专门的机构。在19世纪前半叶,这些机构逐渐发展成历史原稿的仓库,但它主要由受过图书馆实务训练的学者来管理。从19世纪后半叶开始,人们便把注意力集中到控制当前的政府记录上。于是,档案的管理(archvial mangement)是一种需要专业训练和专业资格的活动的思想在欧洲和北美得到了人们的广泛认可。但直到20世纪中叶,记录管理专业才在美国联邦政府为提高行政效率而加强记录管理的过程中得以产生。这是因为最初人们只认识到档案的价值,而对记录的价值未予过多的重视。

3.5.2.1 记录管理的萌芽

在美国联邦政府中,记录管理的产生可以回溯至改革时期,也就是R.D.宾厄姆所说的"第二种含义的公共行政"出现之时。从手段上看,美国政府的记录管理主要运用的是立法和行政;从发展沿革看,美国政府的记录管理大致可以1946年为界划分成两大阶段:此前为记录管理概念和记录管理专业的萌芽和形成时期,此后为记录管理的发展时期。

在美国,为了加强对政府记录的管理,国会多次举行听证会,并敦促联邦各部门采纳技术和进行程序改革。从19世纪末开始到20世纪80年代初,国会先后成立了8个专业委员会负责对联邦政府的记录管理情况进行调研并提出具体措施(见表3－3)。国会还制定了许多法律以规范和指导联邦记录处理活动。"在美国政府内部,记录管理可以回溯至1889年的《通用记录处理法案(General Records Disposal Act)》,该法案'提高了记录处置的效率'"。美国国会在1889年通过了《通用记录处置法》,1913年又成立了效率处(Bureau of Efficiency),它是后来出现的许多事件的前兆。国会关注联邦记录管理并通过了1921年的《预算和会计法案(Budget and Accounting Act of 1921)》。该法要求设立预算局(Bureau of the Budget,即OMB),并授权联邦机构(internal agency)控制所生产的记录的数量。国家层次的记录管理工作大约是从1934年建立美国国家档案馆(United States National Archives)开始的。此前联邦各部门负责维护自己的记录,自行决定保管期限。国家档案馆成立后即用了4年时间对联邦记录保管情况进行了调查,结果发现它已陷入了无序状态。这项首次对全政府范围的记录状况调查的直接结果就是催生了两部新的联邦成文法。1942年,国会制定了《联邦报告法《(Federal Reports Act)》,它是联邦政府首次通过控制政府文书的需求来控制公民和企业的文书负担,但该法律并不适用于国内税务局(Internal Revenue Service)。1943年,国会通过了《记录处置法(Records Disposal Act)》,授权国家档案馆在记录调查结束后制定处置计划。

表3—3 联邦政府中的文书管理

日期	委员会	历史意义
1887~1889	科克雷尔委员会	按其主席参议员F.M.科克雷尔命名。它对在将所有联邦外发函件的复制件收入指定登记薄中进展不快的原因进行了调查,并建议联邦执行官停止这项始自于1790年的工作,采用活版印刷技术。
1893	多克里—科克威尔委员会	活版印刷很快就过时了,因为出现了两项新技术:一项是1874年发明的打字机,另一项是1879年发明的复写纸。该委员会敦促联邦执行官停止使用活版印刷,并积极采用这两项新技术。
1905~1907	基普委员会	由T.罗斯福总统建立的该委员会的职责是推荐当代最好的工作方法(business practices)以确保公共管理的经济有效。它建议采用活页排档法、立式排档法、文件柜,并成立一个国家档案馆以保存联邦文件(docoments)和记录。
1910~1913	塔夫脱委员会	又称总统经济和效率委员会,它建议为那些日常业务中不再需要的记录建立联邦保管所,使用主题排档法、十进排档法,扩大forms、Window envelopes,录音机和机械化mailrooms的使用。
1948~1949	第一届胡佛政府机构组织委员会	该委员会建议成立总务署并通过联邦记录法,该法授权总务署作出控制联邦记录保留、处置和存储的决定。

续表 3—3

日期	委员会	历史意义
1953	第二届胡佛委员会	该委员会填写了一份文书管理报告,详细介绍了按照《联邦报告法》的要求,不同机构和总务署在履行自己义务方面所取得的成就。
1975~1977	联邦文书委员会	该委员会强调的是对联邦报告和文件(documents)中的数据或信息内容进行管理,并制定了适用于政府机构(government administration)的信息资源管理战略。
1982	总统关于联邦政府中成本控制的私营部门调查委员会	重点研究了联邦信息资源管理不善问题,包括信息技术利用不足、系统陈旧过时以及数据管理和信息共享问题。

3.5.2.2 记录管理的形成

第二次世界大战期间,记录的数量急骤增长。于是便产生了这一需要,即要找出那些具有持久保留价值以放到档案馆中保存的记录,销毁那些已经无用的记录。此外,还要对保密记录进行评估,对那些不再危害安全的记录进行解密。为此就需要制定与这些工作相关的政策。R. H. 巴默(Bahmer)对这些初期政策的制定作出了很大贡献,正是这些政策奠定了今天人们所熟知的记录管理的基础。巴默博士后来成了美国的档案专家。与这些记录管理政策相伴而生的是美国总统与国会所采取的行动。1946 年,H. S. 杜鲁门总统发布了第 9784 号总统令,要求联邦政府中所有部、委、局实施连贯一致的记录管理和处置计划,记录管理的连贯性由此产生。该总统令还扩大了国家档案馆的记录管理权限。与此同时,美国国会为了推动联邦政府行政结构改革成立了一个专门小组。1947 年,杜鲁门总统签署了《洛奇——布朗法(Lodge—Brown Act)》,并据此成立了政府机构组织委员会(Commission on Organization of Executive Branch of the Government),同时还任命前总统 H. 胡佛担任该委员会的主席,因此该委员会又被人们称为"胡佛委员会"。胡佛委员会中设立了一个由国家记录管理理事会(National Records Management Council)执行主任 E. J. 莱希(Leahy)领导的文书管理专家小组(Task Force on Paperwork Management)。根据胡佛委员会的研究结果和建议,国会在 1949 年通过了《重组法(Reorganization Act)》,并成立了卫生、教育和福利部。

胡佛委员会的专家小组在其于 1948 年提交的报告中提出了三项建议:第一项是在总务办公室(Office of General Services)下成立记录管理局(Records Management Bureau),并应将国家档案馆合并到该局中。记录管理局的任务是负责建立和经营综合性的记录中心(general records centers),促进政府记录管理的完善,提高记录管理的效益。第二项是为了提高联邦政府中记录生产、保存、管理、存储和处置的效益,应该制定一部《联邦记录法(Federal Records Act)》。最后一项是要求联邦政府的每一个部、机关都要制定并实施合适的记录管理计划,这些计划应包括对记录的形成、存储和处置的控制。

第一届胡佛委员会还获得另外两项相关成果:其一是产生了 1949 年的《联邦财产和行政服务法(Federal Property and Administrative Service Act of 1949)》,根据该法的要求,成立了总务署(GSA——General Services Administration),并授权它对政府记录和记录管理程序进行调查,以便使记录管理更加有效。同时还成立了国家档案与记录局(National Archives and Records Service),并在其中增设了一个记录管理处(Records Management Division)。国家档案与记录局被划归总务署管辖。国家档案馆失去了原先的独立地位,它不再受美国国会的直接领导,而成了受总务署领导下的国家档案与记录局中的一个主要组成部分。虽然职权扩大了,但地位却下降了。其局长不再由总统任命,而改由总务署长任命。其二是1950年的《联邦记录法(Federal Records Act of 1950)》。该法要求每个联邦机构制定连贯的记录管理计划,加强对记录生产、维护和利用的控制,与国家档案与记录局合作改进政府的记录管理。《联邦记录法》还首次在联邦成文法中给出了记录管理(records management)的定义,并责成总务署负责组建和经营政府记录中心(records centers for government records)。截止1952年6月30日,它共在全国建立了9个联邦记录中心。到1954年6月30日,保留计划(retention schedules)已经覆盖了联邦机构95%的记录。1953年,总务署还推出了《记录保留规定指南(Guide to Records Rentention Requirements)》,该指南以后曾多次再版。管理联邦记录计划一直是总务署的一项职能。在总务署中,记录管理局和联邦记录中心办公室(Office of Federal Records Center)各司其责。前者负责制定和维护标准、评估自动化计划、评估记录管理计划的效益,后者负责开发和更新保留安排(retention schedule)、记录存储、核对暂停不用的记录。

第二届政府机构组织委员会是根据1953年的《布朗—弗格森法(Brown——Ferguson Act)》成立的,D.D.艾森豪威尔总统也任命胡佛担任主席,故又称其为第二届胡佛委员会。该委员会再次成立了由E.J.莱希领导的文书管理专家小组。在讨论该委员会的工作时,艾森豪威尔总统指出了政府生活应"尽可能经济的重要性,政府应有更高的效率,要更加节俭,以防止出现独断专横的官僚政体"。他的看法和该委员会的发现应验了以前的研究结果:从产业部门收集来的记录几乎没有使用过或收集时就无明确目的,有时甚至还未归档;产业部门和政府正背负着日益沉重的文书负担,许多工作事倍功半,同时还产生了很多冗余信息;对丢失的或不完整的报告没有进行监控。

1954年,该委员会提出了二项建议。第二项建议包含三个方面:一是应该通过总统令(executive order of the President)在整个政府中建立文书管理计划;二是为了简化、改进和降低成本,应由总务署对各政府机构文书管理的所有阶段进行全面监督;三是为了执行上述建议应将国家档案与记录局的文书管理人事配备职能并到总务署,各机构应指派专人负责同总务署的合作。为了加强对文书工作的管理,国家档案与记录局在1956年成立了一个具体负责文书管理工作的记录管理办公室(Office of Records Managemet)。这些结果均体现在1955年出版的两份报告中。

虽然胡佛委员会对记录管理的发展作出了不少贡献,但它却没有抓住要使记录中的信息成为人们公认的重要资源并据此对其进行管理这一核心问题。不过,由于美国联邦政府对记录管理的重视,记录管理的思想很快扩展到州、地方政府和私营部门。现在记录管理已从文件(document)的存储与检索发展成一个包括记录生产、分发、使用、维护、存储和处置的人事、设备和程序职责的领域。记录经理开始负责管理组织中最重要的资源——信息。为此他们要掌握许多新技术知识,如文字处理、数据处理、缩微技术、电信技术等,同时还要将它们综合起来以满足组织的需求。

3.5.2.3 与记录管理有关的其他法律

在随后的 20 年中还出现了许多其他的与联邦记录管理有直接关系的法案。1966 年的《信息自由法(Freedom of Information Act)》对联邦机构的记录管理产生了广泛的影响。它授权任何人都有权利用联邦政府部门的任何记录,同时还授权将这些记录公开。当然,那些涉及到国家安全或与其他成文法相抵触而受到保护的记录不在此列。1970 年的《公平信用报告法(Fair Credit Reporting Act)》赋予个人修改不正确的信用记录(credit records)的权利。1974 年通过的《信息自由法修正案(Amendments to the Freedom of Information Act of 1966)》提出了要完善该法的实施,加快处理信息请求的速度。同年通过的《隐私权法(Privacy Act)》规定,除了某些限制外,个人有权利用政府保存的个人档案,其他人在查看这些档案之前必须事先征得其本人的同意,以此来保护隐私权。这一年的伯利(Burley)修正案还规定父母和刚成年人可以利用学校记录。1976 年通过的《联邦记录管理修正案(Federal Records Management Amendments)》对 1950 年的《联邦记录法》作了增补。该修正案从记录的生命周期角度定义了记录管理,并确定了一个新的削减文书的法定计划,同时还要求总务署就联邦机构的记录管理情况向国会提交年度报告。

3.5.2.4 记录管理学科与记录管理专业

到 20 世纪 70 年代后期,记录管理作为一门学科和专业的地位已得到了人们的广泛认可,并开始向信息资源管理方向发展。在记录管理发展过程中出现了许多的专业协会和期刊,这也是记录管理学科成熟度和社会公认度的一个标志。其中主要的记录管理协会和学会有:1955 年成立的记录执行官与行政官协会(Association of Records Executives and Administrators),1956 年成立的美国记录管理协会(American Records Management As—sociation)。这两个协会于 1975 年合并组成了记录经理与记录行政官协会(Association of Records Managers and Administrators——ARMA)。它的出版物有《ARMA 新闻》、《札记与引文(Notes and Quotes)》、《记录管理季刊》、《设立记录与信息管理课程和专业的大学学院指南》。持证记录经理学会(Institute of Certified Records Managers——ICRM),是 ARMA 的附属机构,其出版物有《ICRM 新闻通报》、《会员指南》、《持证经理考试指导手册》。1974 年成立的全国政府档案与记录行政官协会(National Association of Government Archives and Records Administrators——NAGARA)的出版物主要有三种:《国家档案和记录管理计划指南》、《NAGARA 交换所》、《政府记录问题》。成立于 1980 年的商务记录中心协会(Association of Commercial Records Centers)的出版物有(For the Record)。全国记录管理理事会(National Records Management Council)创立于 1948 年。除此之外,还有许多其他记录管理方面的协会和学会,如美国医学记录协会(American Medical Records Association)、核信息与记录管理协会(Nuclear Information and Records Management Association),等等。在其他国家或地区等也有不少类似的组织,如英联邦档案馆员与记录经理协会(Association of Commonwealth Archivists and Records Managements)。英国的 Aslib 还出版了《记录管理学报(Records Management Journal)》。

3.6 公共部门的信息资源管理

20世纪六七十年代,在记录管理、文书管理、文献管理、情报管理、计算机信息处理等的基础上,产生了一个新的术语——"信息管理(information management)"。记录管理知识及其在记录信息的保留、销毁、安全性、可存取性方面的应用已经变成了信息管理中的一个里程碑。由于历史的原因,在公共管理界,人们一直把信息管理与文书管理或记录管理等同起来,并认为信息管理是在组织生活的幕后进行的一件必不可少的恶行(necessary evil)。过去20年来,电子计算机和通信技术的发展对信息管理产生了重大影响,重塑了信息管理的形象。但令人遗憾的是,即使在美国,最早的记录经理和ARMA成员们也不理解计算机对记录管理产生的影响。结果多年来,记录管理规划和监督中并未考虑到计算机生产的记录。这种疏忽造成了在大多数记录管理计划之外仍有大量的记录被生产出来。这个问题直到今天依然存在,并且随着终端用户使用自己的计算机生产出越来越多的记录,它将会进一步加剧。1983年,美国商务部在其有关联邦机构中的微机问题报告中提出:联邦经理们(managers,可译为"管理人员",但从政府是提供公共服务的"企业",而雇员则是代表政府管理这些服务的管理者的角度看,译为"经理"亦未尝不可。)要使用新型微技术来提高生产率。该报告还注意到,政府中的大多数经理不了解新技术的重要性,而微技术正在迫使他们改变对技术的态度,迫使他们重新考虑资源和技术的分配方式。

但是,不管怎么说,联邦政府部门的信息管理确实取得了很大成就。记录管理和信息技术的结合,不仅产生了信息管理——它直接"源出于对面向计算机的信息系统及其他相关系统中生成的语词和数据的管理",而且又从"信息管理中生长出了一种称为'信息资源管理'的新型管理,它管理的是全组织的信息资源,包括控制所有与信息有关的人员、设备和公司服务"。

3.6.1 信息资源管理概念的提出

信息资源管理(IRM)概念在美国公共管理领域中的出现,是联邦文书委员会工作的结果。美国国会在1975年成立了联邦文书委员会(Commission on Federal Paperwork),它总共发表了37份报告。在对人们抱怨的联邦文书负担过重问题进行为期2年的调查研究后,该委员会于1977年10月向国会和总统提交了一份含有800项建议的最终报告,报告分为两大部分:约有650条建议涉及到诸如卫生、教育、能源等领域中的记录保管要求和削减强加在联邦、州、地方政府身上的文书及官派文章负担的方法;另有约150条是关于联邦信息政策制定过程的具体改革措施。按该委员会的前任主席,众议员F.霍顿的说法,这些建议的目的就是要政府官僚改变看法,不再把数据和信息视为"免费物品"。为了推行这一思想便引入了信息资源管理(informationn resources management——IRM)概念,文书委员会在1977年还出版了《信息资源管理》专题报告。实施信息资源管理思想,就是把在控制和监督诸如资金、人员和设施等资源过程中所使用的管理技能应用到信息上。

美国国会对联邦文书委员会的报告和建议作出的反应就是在1980年制定了《文书削减法(Paperwork Reduction Act of 1980)》。直到联邦文书委员会为止,联邦政府成立的各委员会和制定的法律主要处理的是物理文献的控制,但由于联邦文书委员会的工作重点发生了变化:现在联邦政府关注的是包含在文件(document)、报告或记录中的信息的实时需求和管理。值得注意的是,不应将《文书削减法》与1980年通过的《文书控制法(Paperwork Control Act)》相混淆,后者旨在削减公共部门和私营部门的信息与文书处理负担而非强调把信息作为一种资源来管理。《文书削减法》旨在使联邦政府收集、维护、使用和传播信息的费用减至最低;使收集到的信息得到最充分地利用;协调联邦信息政策和实践工作;确保联邦政府的信息收集、维护和传播遵守《隐私权法》。该法还再次肯定了记录"生命周期"的思想,并且首次在成文法中提出了"信息资源管理(information resources management)"的概念,还要求将信息资源的费用也列入预算之中。这个概念强调的不是数量上的削减,而是记录管理效率的提高。

根据《文书削减法》的要求,在联邦管理与预算局(Office of Management and Budget——OMB)中成立了信息与规章事务办公室(Office of Information and Regulatory Affairs——OIRA),并将信息政策职能赋予该办公室。《文书削减法》第3505条规定该办公室主任"制定和实施联邦信息政策、原则、标准和方针并……指导和监督信息采集请求的审批、文书负担的削减、联邦统计工作、记录管理活动、记录的保密、机构间的信息共享,以及自动数据处理技术、电信技术和其他信息资源管理技术的采购和使用"。此外,信息与规章事务办公室主任还可以制定和实施"统一、连贯的信息资源管理政策,并监督信息管理原则、标准、方针的制定……促进它们的运用"。同时,他还承担了与信息资源管理有关的规划、评价和研究职责。这一系列的活动不仅在公共管理中奠定了信息资源管理的概念基础,而且还使它向实用化的方向发展。

3.6.2 信息资源管理的实施

信息资源管理思想提出后,美国政府率先在联邦公共部门中加以试验、推广,并针对实际应用中出现的问题进行研究,同时还采取了相应的措施,从而推动着信息资源管理理论与实践的发展。

3.6.2.1 格雷斯委员会

1982年,R.里根总统任命了一个拥有160名杰出执行官的专家委员会,即前面提到的总统关于联邦政府中成本控制的私营部门调查委员会(又按其主席J.P.格雷斯的名字简称为格雷斯委员会,见表3-1),以对联邦各部及机构的信息资源管理情况进行调查。1984年1月16日,该委员会向总统提交了它的最终报告,其中尤以第7卷《联邦政府中的信息差距(Information Gap in the Federal Government)》最为著名。该报告指出:政府拥有的信息中有许多是不连续的、不兼容的和未经证实的,而且正确的少、错误的多,以至有时竟找不到所需的信息。报告还指出存在着一个"结构空缺——联邦政府中还没有人对管理信息(management information)的选择与流动进行协调"。事实上,如果不指派专人负责这项工作,要改变这种混乱状况是十分困难的。对此格雷斯委员会提出的建议是:应以整个政府为基础对信息进行管理,必须在各级政府(包括总统行政办公室)任命一位首席信息官(Chief Information Officer——CIO)或称"联邦信息资源经理",以负责更新现有系统、集中指导联邦信息处理工作。白宫信息官的作用是为总统协调所有与信息资源有关的活动(见图 3—15)。

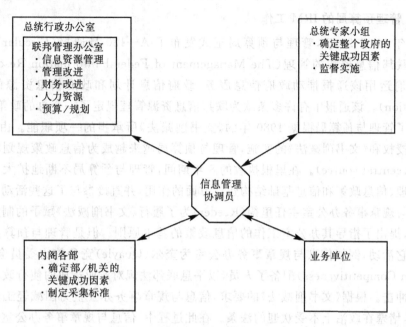

图 3—15　推进信息管理进程的结构

3.6.2.2　白宫生产率会议

1983 年,美国政府召开了白宫生产率会议(White House Conference on Productivity)。与会者发现人们对信息资源管理普遍缺少了解。由于政府的总业务活动经费中有相当大的部分用于信息和数据的管理,所以对降低信息处理成本漠不关心,这实在令人费解。事实上,通过实施合理的信息资源管理,不仅可以提高生产率,而且还可以减少开支,这是与会者的共识。但这一点以及与会代表们提出的其他建议,当时并未引起人们的重视。这说明作为一个新生事物的信息资源管理,其发展并非一帆风顺。当然,联邦政府并未因已出现的阻力而停止实施信息资源管理。

3.6.2.3　总会计署的 IRM 工作

1983 年,美国总会计署(General Accounting Office)成立了信息管理与技术处(Information Management and Technology Division),其主要成员都是计算机与电信专家。除了其他职责外,它还负责对信息资源作初步管理审计。有人曾对该处首席科学家 R. B. 斯蒂尔曼(Stillman)博士进行了一次采访,她认为,政府越来越认识到信息资源管理的重要性,认识到它的潜在好处,当然也认识到与此相关的将是一笔不小的费用。总会计署还制定了《联邦信息资源管理条例:关于信息资源管理审计的第 10 号临时条例(Federal Information Resources management Regulation Temporary Regulation 10 on IRM Reviews)》,该条例在 1985 年 3 月 26 日的《联邦登记》上发表后即告生效。按照该条例的要求,制定了联邦信息资源管理审计程序(Federal Information Resources Management

Review Program),规定了联邦机构和总务署在履行《文书削减法》的审计职责时所遵循的政策与步骤。条例还指定总务署作为收集、评估信息资源管理审计结果并向管理和预算局报告的核心机构。1986年12月31日该条例停止生效。

3.6.2.4 管理预算局的 IRM 工作

1985年12月24日,管理与预算局正式发布了 A—130 号通报(Circular No. A—130),即"联邦信息资源的管理(The Management of Federal Information Resources)"。R. 里根政府运用该通报推动政府信息服务、政府信息计划和政府信息资源的私有化(privatization)。该通报中有许多条款为联邦信息资源管理规定了一个总的政策框架,并据此取消了管理与预算局根据1980年的《文书削减法》所承担的一项职能。由于 R. 里根总统的授权和《文书削减法》的实施,管理与预算局越来越成为信息政策规划和制定的中心机构(central source)。在里根执政的 8 年期间,管理与预算局不断地扩大自己在信息资源管理、信息政策和信息基础结构建设方面的作用,并直接参与了这些活动。那时该局的信息与规章事务办公室主任里德(Reeder)为了履行《文书削减法》赋予的制定信息政策的职责,提出了指导其办公室工作的信息政策的基本原则。但是管理与预算局也参与了许多其它活动,例如信息与规章事务办公室为奎尔(Quayle)竞争能力委员会(Quayle Council on Competitiveness)配备了人员,以平息联邦法规对产业造成的使行政部门和国会沮丧的冲击。根据《文书削减法》的要求,信息与规章事务办公室力图减轻工商企业的文书负担,堵塞在政治上不受欢迎的法条。在此过程中,信息与规章事务办公室通过管理与预算局的清理过程对政府的文书从微观进行管理,并积极参与联邦主要机构的规章制定战略活动。值得注意的是,布什政府对 A—130 号通报的解释(如作为一种经济资源与公共物品的政府信息之间的不一致)持有一些保留意见,因此要求颁布新的通报。

3.6.2.5 信息资源管理的法定定义

由于1980年的《文书削减法》的通过,美国政府成了第一批正式采纳信息资源管理作为一种管理方法的组织,但该法最初并未给出信息资源管理的定义。信息资源管理的定义直到1985年管理与预算局的 A—130 号通报中才出现,不少学者把这个定义称为"起点",或认为是一个合理的定义。该通报把信息资源管理定义为:"与政府信息相关的规划、预算、组织、指挥、培训和控制。该术语既包括信息本身,又包括诸如人员、设备、资金和技术之类的相关资源。"该定义中的第一句是对参议院和2433号议案中定义的意译,第二句体现了管理与预算局的观点,即"信息资源管理"是一个具有两层含义的术语。事实上,这两层含义都是正确的,并且对信息资源管理概念都是必不可少的。这两层含义之所以必不可少,是因为它是该通报中政策部分的组织原则:政策被划分为处理信息管理的政策及处理信息系统和信息技术管理的政策。该通报强调将现代信息技术应用于信息资源管理,这说明它已经认识到新技术在提高机构程序管理和传递效率上的潜力,认识到联邦信息的大量采集是引入自动化的基础。

联邦信息资源管理的总体目标是:最大限度地减轻公众的文书负担;在使政府信息得到充分利用的同时,降低政府信息活动的费用。但是,根据调查,联邦信息资源管理的成功只限于信息技术的管理和采购,而在设计信息产品、信息服务和满足用户信息需求和偏好,以及联邦信息政策的实施方面都不能令人满意。这就导致了后来对《文书削减法》和A—130通报的修订。《文书削减法》修订后,管理与预算局也分别于1987年和1989年对A—130号通报作了相应的修订。修订后的通报继续有效,并对机构有关政府信息的获取和传播进行指导。

　　1986年,美国第99届国会第二次会议通过了《文书削减重新授权法案(Paperwork Reduction Reauthorization Act)》,对1980年的《文书削减法》作了修订后重新授权,从而奠定了联邦信息资源管理的基础。重新授权的《文书削减法》定义了信息资源管理,以解除人们对该概念的理解和实施方面所存在的疑问。但对该术语及其在政府中广泛运用可能带来的潜在利益,人们依然缺乏了解和信心。为此,该法授权管理与预算局负责实施信息资源管理,它的许多政策工具都是为了联邦机构的信息资源管理提供指导方针,前面提到的A—130号通报就是其中之一。《文书削减法》的修订,说明国会已经理解了改进信息资源管理的重要意义,因为此前国会一直把重点放在文书削减而不是信息资源管理上。

3.6.3　参众两院的立法分歧与 A—130 通报的修订

　　随着重新授权的《文书削减法》到1989年12月30日的终止,部分国会议员及有关人士认为这是详细审查该法和管理与预算局权力、改进联邦信息资源管理的绝好时机。他们认为管理与预算局超越了《文书削减法》的授权,干涉了实体机构的政策和计划的决策活动,没有为联邦信息资源管理提供所需的指导,不关心记录管理。国会开始重新考虑《文书削减法》,但允许在新法生效之前继续由管理与预算局从其拨款总额中为信息与规章事务办公室提供资助。但新法的制定是缓慢的,其主要原因是国会内部和国会与白宫之间出现了政策分歧。政府的行政与立法机构讨论和争论的重点集中于二个议案。众议院研究的是《1989年的信息政策法案(Information Policy Act of 1989)》(众议院第2381号议案)和《1989年的文书削减与联邦信息资源管理法案(Paperwork Reduction and Federal Information Resources Management Act of1989))》(众议院第3695号法案)。这两个法案研究了几个与信息资源管理有关的问题,但却没有考虑到许多联邦信息资源管理人员并不理解什么是信息资源管理,不知道怎样在自己所在单位实施这些概念,不了解联邦信息政策系统,也没有考虑到他们只是根据技术的管理和采购来定义信息资源管理。

　　参议院的第1742号议案(S1742)《联邦信息资源管理法案(Federal Information Resources Management Act)》提出了一个更为广泛的信息资源管理观点:"联邦信息资源管理是一种旨在提高政府信息活动效率和效益的综合性的和集成性的过程"。该法案认为:信息资源管理是"一个复杂的术语,它包括为完成机构任务而确定信息需求,为了经济、有效、公平地满足这些需求而管理信息资源以及综合不同信息职能中的个人技能的过程。此外,该过程还延伸至信息收集、使用和处置中的所有阶段,包括规则、预算、组织、指挥、控制和评价信息使用的管理活动"。该法案中第一章"联邦部门和机构的信息资源管理"旨在确保公众能从联邦政府收集、维护、使用、传播和保留的信息中获得尽可能多的利益;最大限度地减轻联邦文书负担;强调联邦信息资源管理是一个旨在提高政府信息活动效率和效益的综合性、集成性的过程;提高信息的质量,促进信息的使用,以强化政府和社会中的决策、责任和效率;确保采购和使用的自动数据处理技术、电信技术和其他信息技术是为了实现美国法典第 44 篇第 35 章（chapter 35 of title 44，United States Code）确定的联邦信息政策的所有目的；协调、综合并尽可能促使联邦信息政策和工作保持统一；为有效地实施本章规定，进一步明确管理与预算局和联邦各机构对国会和公众所承担的职责；确保联邦政府的信息收集、维护、使用、传播和保留遵守现行法律。法案要求任命职业化的首席信息资源主管（career Chief Information Resources Managers），他"通过实践或培训可完成所有的由本法授权的计划和活动。每个机构都应制定本机构的信息资源计划，提供有关信息资源管理理论的正规培训，使计划官员接受作为一门管理学科（managerial discipline）的信息资源管理教育。详细列出机构在识别信息需求、开发信息系统、清查信息资源、发布信息资源管理计划和建立信息传播系统方面所承担的职责"。

参议院的这份法案鼓励研究信息资源管理政策、机构人员的信息需求和机构的客户，它试图扭转联邦政府过份重视信息的采集和生产而不甚重视信息的管理、组织、传播和利用的状况。同时还对总会计署中部分官员关心的一个问题进行了研究。总会计署的署长特别助理 M.J.索科拉尔（Socolar）在 1990 年 2 月 21 日的参议院政府事务委员会上作证时指出："联邦机构在管理自己的信息资源方面正面临着一场危机。"他认为，政府每年在信息技术上的开支约有 200 亿美元，但总会计局"还未找到一个能达到满足用户需求、准时完成、大致遵守原定预算这三项重要标准的单一的大系统开发项目"。总之，参议院法案的一个重要贡献就是它认识到了了解机构人员的信息需求、信息偏好和信息收集行为，以及进行研究（research）和评价研究的重要性。

令人遗憾的是，由于参、众两院之间存在政策分歧，这两个法案至今尚未成为法律。1991 年还有两个议案被提交给参议院，第 1044 号议案（S1044）涉及到广义的信息传播，第 1139 号议案（S.1139）强调的是削减公民、企业的文书负担，但也未获通过。不过，其中的部分内容后来被吸收到修订的 A—130 号通报之中。

1992 年 4 月 29 日，管理与预算局的信息与规章事务办公室公布了一个替换原来的 A—130 号通报的通报草案，供公众评议。该草案中收入第 3 号通报《政府出版物》（Circular NO.3, Government Publications）和 A—114 号通报《联邦声像活动的管理》（Circular NO.A—114, Management of Federal Audioivisual Activities）。该通报的草案包含了信息传播，并给记录管理和信息资源管理下了定义。两者都包含四个共同的活动：规划、组织、指挥和培训。信息资源管理还包括预算和对政府信息的管理控制，以及战略规划、目标制定和预定目标的实现，而记录管理则涉及到控制、促进及其他的行政活动。此外，它对信息生命周期的定义也作了修改，并十分重视信息资源管理与信息生命周期之间的关系，强调要对电子记录进行管理，以及采用电子方式保存政府信息，从而达到降低成本、更好地为用户服务的目的。

3.6.4　政府信息资源管理实施中存在的问题

自 1980 年采纳《文书削减法》和 1985 年采纳 A—130 号通报以来，信息资源管理（IRM）的观点在美国联邦政府中一直是处于发展演变之中的。近几年来，人们关注的是整个信息生命周期中的信息管理、信息需求和利用，以及信息传播之类的问题。但根据一些美国学者的研究，对信息资源管理的确切含义及其实施方法至今仍未形成共识。例如，总会计署在其1992年的一份报告中得出了这一结论:有些人仍然认为信息资源管理计划的重点是IT管理活动,因而它只是EDP/MIS职能的新名字。这种看法至今依然未变,只要看一下总会计署的"国家绩效评审(National Performance Review)"建议的实施影响即可说明这一点。有些人把它理解为是运用信息技术来重建美国政府。这种观点当然是对IRM的误解。实际上,由于观念上、方法上、手段上、人事上、组织上存在着诸多问题,所以IRM在政府中的实施并不顺利。

3.6.4.1 联邦政府的IRM实施中出现的问题及其采取的措施

为了找出阻碍信息资源管理有效实施的障碍,总会计署在1991年作了一项研究。它举办了一次由公共部门和与联邦政府有联系的私营部门人士参加的公开讨论会。后来的报告显示与会者们总结出实施IRM有11种障碍,并将其分成三大类:第一类是知识障碍,它又包括没有准确地了解信息资源管理概念、缺少信息资源管理培训和意识、缺乏吸引或留住技术人员的能力3个障碍;第二个是制度障碍,包括没有绩效测评、缺少战略管理过程、没有有效地对系统开发生命周期进行管理、没有一个全机构的实施信息资源管理的权威、管理人员不重视信息资源管理、职责不明或激励不足六个障碍;第三个是政治障碍,包括没有对目标达成共识和没有批准长期预算两个障碍。该报告中还引述了这样一句话:"摒弃信息资源管理就是自动数据处理这种非常狭隘的观点的时代已经到来。"事实上,已发现的许多障碍都与MIS/EDP管理有关,例如许多机构持有一种信息资源管理的技术观,把它与业务活动的自动化等同起来,因而在机构的任务与信息资源管理计划之间便不存在战略联系。为了搞好联邦政府的信息资源管理工作,总会计署还进行了一项旨在找出最佳信息资源管理实施要素的研究。该研究属案例研究,它从公共部门和民营部门中选取了10个典型组织,进行战略信息管理和技术应用方面的研究。通过研究找出了每个组织都应用的并认为是构成信息资源管理基础结构必不可少的11项策略,并用变化管理模型对其进行了介绍(见表3-4)。这些足以说明,美国政府正致力于完善自己的信息资源管理的方法和实践,而最能说明这一问题的就是美国政府已经修订并重新授权了美国政府的两个主要的信息资源管理工具,即《文书削减法》和A—130号通报。在1994年修订的A—130号通报中,管理与预算局声称"为了重视信息资源管理的过程而不是列举信息资源的管理活动",它已改变了信息资源管理的定义。新通报中引入了信息管理的定义和修订后的信息资源管理的定义。它把信息管理定义为:"整个信息生命周期中的信息的规则、预算、处理和控制",而将信息资源管理(IRM)定义为:"为了完成机构的使命而管理信息资源的过程,该术语包括信息本身以及诸如人员、设备、资金和信息技术之类的相关资源。"1995年的《文书削减法》则把信息资源管理定义为:"为了完成机构的使命和提高机构的绩效而管理信息资源的过程,包括减轻对公众信息采集的负担。"

表 3-4 建立信息资源管理基础结构的基本策略

决心变革	指导变革	支持变革
1. 认清并使人们了解改变信息资源管理策略的迫切性 2. 实行各级负责管理和建立所有制 3. 采取行动,保持锐气	4. 把战略规划定位于用户需要和任务目标之上 5. 测算关键任务交割过程的绩效 6. 重视在结构环境中完善过程 7. 把信息系统项目作为一项投资来管理 8. 把规划过程、预算过程和评估过程结合起来	9. 在分级管理人员和信息管理人员之间建立起客户/供应商关系 10. 设立一个作为高级管理伙伴的首席信息官(CIO)岗位 11. 提高各级负责管理人员和信息管理人员的专业技能和知识水平

资料来源:U. S. General Accounting Office, Comptroller General of The United States. General Accounting Office,1994:3

3.6.4.2 州政府的信息资源管理实施中产生的问题及其与联邦政府的比较

除了联邦政府外,美国有些州政府也采纳了信息资源管理政策,在州政府中实施信息资源管理比较成功的有加利福尼亚州、佛罗里达州、俄勒冈州、德克萨斯州等等。S.L.考德尔(他在 1987 年撰写了一篇题为"联邦信息资源管理:架起幻想与行动的桥梁"的博士学位论文)和 D.A.马尔香等人对州政府的信息资源管理进行了研究,他们查清了有关信息技术(即数据处理、电信和办公自动化)和信息管理(即记录管理和图书馆工作)的政策与策略,并对它们作了分析。该研究中的大部分内容涉及到 22 个州,不过有关记录管理和州图书馆管理则调查了 50 个州。调查的政策与策略包括组织、规划、政策制定、预算和会计、人事管理和采购过程。得出的结果:一是管理的重点放在数据处理上;二是出现了集成不同信息技术结构(如电信与办公自动化)的趋势;三是有综合性的用户培训计划;四是用于审查信息资源成本的结构会计代码不健全;五是信息技术的采购缺少综合性和内聚性;六是信息资源职能之间的协调与解释不足;七是在那些已接受了信息资源管理观点的发达州,存在着实施信息资源管理(主要是信息技术管理)的趋势。但他们认为信息职能、信息共享以及信息价值与成本的综合仍旧十分脆弱。这些研究结果都说明了,在实施信息资源管理的初期,美国联邦政府和州政府之间存在着某种相似之处,即都把重点放在信息技术管理上。对联邦政府和州政府在实施信息资源管理方面已发现的障碍的比较也说明了它们面临的问题十分相似(见表 3-5)。

表3-5 美国公共部门在实施信息资源管理中出现的障碍

考德尔等人	马尔香和克雷斯林	美国总会计署信息管理和信息技术处
.组织未能认识到信息是一种资源 .没有对信息的成本和价值进行测算 .抵制诸如改变组织结构之类的组织变革 .缺少管理支持 .缺乏鼓励实施信息资源管理的措施 .缺少用于信息资源管理的资源 .信息资源管理有一个长期而非短期效果的事实 .抵制信息专业人员的新作用,缺少合格的人力资源	概念限制: .没有认识到信息是一种资源 .担心信息操纵和过分控制 方法限制: .没有对信息的真实价值进行测算 .很难对信息在决策中的作用进行评价 政治限制: .对组织的规程、结构和过程产生影响 .认为信息资源管理是一种威胁,故希望维持现状 结构和功能限制: .缺少组织和管理信息资源管理职能的指导方针 法律限制: .由法律或其他已得到授权的有关信息资源管理问题的程序施加的限制 财政限制: .短期内信息资源管理是否需要更多的投入 人员限制: .人员抵制变革 .关心失业对工作水平、工资、权限的影响	.缺少绩效测定措施 .没有战略管理过程 .没能对系统开发生命周期进行有效管理 .没有对在全机构中实施信息资源管理进行授权 .没有把管理的重点放在信息资源管理上 .职责不明或奖励不足 .对目标没有达成共识 .没有准确的信息资源管理概念 .没有批准长期预算 .没有吸引并留住人才 .缺少信息资源管理培训和意识

资料来源:M. E. Williams (ed.). Annual Review of Information Science and Technology,1996(31):286

这些问题从本质上讲都不是技术性的,而是有关态度和行为的问题。事实上,如果没有公认的信息资源管理定义与策略;不能对信息资源的成本和价值进行科学测算,以使人们了解其作用或益处;不能导入变革、管理变革,那必然会造成管理支持不足,新角色无法产生,正当的培训无法进行,从而使IRM的实施陷入困境。

3.6.5 主管机构

美国政府为了加强对政府信息资源管理的领导、协调和监督,成立了许多相关的机构,或者是通过立法授权现有机构承担上述工作。目前,联邦政府的记录和信息管理活动主要由三个联邦机构作松散的协调,这三个机构是管理与预算局、总务署、国家档案和记录管理局。许多部和机构都设立了为自己服务的记录和信息管理办公室。例如,农业部有信息资源管理办公室(Office of Information Resources Management),而联邦突发事件管理局(Federal Emergency Management Agency)的记录保管活动则由其行政支持办公室(Office of Administrative Support)负责监督。鉴于管理与预算局的情况,前文中已作过详细介绍,故下面重点介绍的是总务署和国家档案与记录管理局。

总务署中设有信息资源管理局(Information Resources Management Service)。它主要"负责协调和指导用于管理、调拨(procurement)和利用自动数据处理和电信设备与服务的综合性的全政府计划,它还负责规划和指导那些旨在改进联邦记录和信息管理工作的计划,负责管理和经营联邦信息中心(Federal Information Centers)"。信息资源管理局掌管技术援助办公室(Office of Technical Assistance),该办公室负责为联邦机构的信息资源管理提供咨询,尤其是在自动化方面。信息资源管理局还以《信息资源管理手册》作丛书名,出版了许多具有实用性的入门指南。联邦信息中心现在已被民营化,它是地区性和全国性联邦政府机构提供的信息服务和计划的咨询接点(referral points)。目前,美国共有11个联邦信息中心,分布在波士顿、纽约、费城、亚特兰大、芝加哥、坎萨斯、佛沃斯、丹佛、旧金山、奥本和华盛顿。

国家档案和记录管理局(National Archives and Records Administration,以前称 National Archives and Records Services,1985 年从总务署中分离出来变成了一个独立机构,并改用现名)负责制定管理美国政府记录用的政策和规程,并在记录和信息管理方面为联邦机构提供咨询和帮助。当然,它还继续是国家的档案馆。国家档案与记录管理局内设有记录管理办公室(Office of Records Administration)和联邦记录中心办公室(Office of Federal Records Centers)。前者负责为记录信息的管理和处置制定标准和准则,同时还负责鉴定联邦记录和审批记录处置计划。它对不属于该机构保管的档案性记录(archival records)进行监控,检查机构记录和记录管理工作,制定记录管理培训计划,提供与专门记录有关的指导和援助。该办公室出版了《指南(Instructional Guides)》全刊,并为从事记录管理工作的联邦雇员举办一些有偿研讨会。记录管理办公室的信息中心(The Office's Records Administration Information Center)则为记录管理疑难问题提供电话咨询服务,出版大华盛顿区培训计划指南,租借培训资料,安排记录管理讲座活动。联邦记录中心办公室负责监督分布在全国的14个存储机构(记录中心)。这些中心提供参考咨询服务、制备已有记录副本、提供信息和处置记录。国家档案与记录管理局内还设有联邦登记办公室(Office of Federal Register),出版《联邦登记(Federal Register)》和《美国成文法总汇(The Uniteal States Statutes at Large)》、《联邦条例代码(Code of Federal Regulations)》等。

3.6.6 协会与期刊

随着信息资源管理理论与实践的发展,人们逐步建立了一些探讨信息资源管理问题、交流信息资源管理经验的专业和行业团体,而且还出版了许多相关的期刊杂志。联邦信息资源管理协会(Association of Federal Information Resources Management)。该协会成立于1979年,参加者为与信息管理有关学科的专业人员,包括自动数据处理、图书馆与技术情报、文书管理、信息保密与信息自由、信息安全、记录与统计数据采集、电信等领域里的人员。其目标是宣传美国政府的信息资源管理思想,推动联邦政府的信息资源管理实践的发展;充当独立的交换中心,安排有关人士作专题讲座,研究和改进联邦信息系统和信息资源管理人员的素质及使用,介绍联邦政府信息资源管理情况。出版物有《证实(Affirmation)》和《会员指南(Membership Directory)》。信息管理协会(Association for Information Management)。创立于1978年,1990年前一直称作联合信息主管协会(Associated Information Managers)。它主要由来自于公司、政府机构和非营利机构的信息主管和首席信息官(CIO)组成。目标是宣传信息管理是一项管理职能,并针对信息执行官(infromation executives)和信息经理的管理需求和专业需求提供服务。其出版物有《会议录(Conference Proceedings)》、《AIM 网络》、《信息管理名人录(Who's who in Information Management)》。信息管理学会(Society for Information Management)成立于 1968 年,是信息系统执行官(information system executives)的专业协会。它对管理信息系统和应用新技术十分重视,出版《MIS 季刊(MIS Quarterly)》、《网络》、《会议录》和各种各样的研究报告。

信息管理研究会(Institute for Information Management)。创建于 1975 年,1985 年前称软件工程研究会(Information for Softwarwe Engeneering),其目的是帮助产业界、政府和军队有效地利用计算机的管理能力和作业技术(performance techniques),这主要是通过开设专业教育课程、举办会议和出版刊物来达到。

国际信息管理大会(International Information Management Congress)。成立于 1962 年,其前身为国际缩微大会(International Micrographic Congress),是信息管理学会的国际联合会。其宗旨是:促进辅助信息处理的新方法和技术的开发,为成员之间交换出版物和论文提供便利,促进国际标准的建立和使用,组织国际会议和组织国际产品展览。出版物有《IMC 学报(IMC Journal)》、《IMC 新闻通报(IMC Newsletter)》、《信息学会议录(Informatics Proceedings)》。

信息与图像管理协会(Association for Information and Image Management)。创建于 1943 年,其前身是国家缩微胶卷协会(National Microfilm Association)和国家缩微技术协会(National Micrographics Association)。会员中有制造商、发行商和信息与图像处理设备的用户。它负责主办行业年会,评审和颁发年度奖。它还拥有一个图书馆与资源中心(library and Resource Center)。出版物有《情报(Inform)》、《新闻通报(fyi/im)》、《信息与图像管理(Information and Image Management)》、《信息管理原始资料集(Information Management Sourcebook)》、《资源中心索引(Resource Center Index)》,还有许多各种各样的小册子、标准和报告。

政府信息处理理事会联合会(Federation of Government Information Processing Councils)。创建于 1978 年,由联邦、州和地方政府的信息资源经理、政府信息处理经理等组成,负责审查评议拟议中的立法,如《文书削减法》、《联邦采购条例(Federal Procurement Regulations)》、《联邦信息资源管理条例(Federal Information Resources Management Regulations)》,等等。

除了上述协会和刊物外,美国还有许多与信息资源管理相关的协会、学会或刊物。如信息产业协会(Information Industry Association),它成立于 1968 年,是一个专门为信息产业服务的行业协会,其成员包括出版商、电信公司、数据库服务机构、硬件和软件生产商等等;办公自动化管理协会(Office Automation Management Association),它创立于 1983 年,成员有办公室管理和监督人员,包括数据处理经理和信息支持服务经理,他们负责信息技术的规划、实施并指导信息技术的应用,开发、推广办公自动化技术,促进办公自动化思想、理论的交流。还有创建于 1969 年的全国州信息系统协会(National Association for State Information Systems),创建于 1972 年的信息系统专业人员协会(Association of Information Systems Professionals),创建于 1980 年的联邦统计专业协会理事会(Council of Professional Associations on Federal Statistics)，创建于1987年的独立信息专业人员协会(Association of Independent Information Professionals)以及前面提到的各类记录管理协会、学会。它们在 D. M. 巴里克(Burek)等人编写的《协会百科全书》中，都归在"信息管理"类协会之下。在许多工业化国家，都有一些类似的协会，比如英国有信息管理协会(Association for Information Management，缩写用 Aslib)，即1983前的专业图书馆与情报所协会（Association of Special Libraries and Information Bureau 的缩头词），它和英国 Butterworth 出版社（该社出版的《信息管理展望（Perspective in Information Management）》年度评论是一本和美国知识产业出版社出版的《情报科学技术年评》齐名的年评）合作出版了国际信息管理权威刊物——《国际信息管理学报(International Journal of Information Management)》；美国出版的《信息资源管理学报(Information Resources Management Journal)》和《信息管理评论（Information Management Review)》也是两种著名的国际性刊物；加拿大有信息处理协会(Canadian Information Processing Association)等。

3.7 信息资源管理的主要工具

3.7.1 定位系统

随着信息资源管理的发展，尤其是在克林顿政府提出信息高速公路计划之后。研制有效管理信息资源的工具，即开发政府信息定位系统(Government Information Locator System,缩写为 GILS)，提供政府信息定位服务（Government Information Locator Service,也缩写为 GILS)，越来越受到了人们的重视。事实上，政府信息定位服务是"在国家信息基础结构专家小组指导下正在发展着的国家信息基础结构的一个要素"。这里的政府信息是指"由联邦政府或为联邦政府而生产、收集、处理、传播和处置的信息"，定位器(locator)是指"一种识别其他信息资源、介绍这些信息资源中的可用信息并为获取这些信息提供指导的信息资源"。

3.7.1.1 政府信息定位系统的由来

政府信息定位系统最初是由联邦文书委员会提出来的。文书工作委员会认为"联邦政府不知道收集什么信息、何时收集、由谁收集、为何而用"。为了弥补该缺点，该委员会建议建立联邦信息定位系统(Federal Information Locator System)。它"对由联邦政府收集和存储的信息来说，就相当于图书馆的卡片柜"。美国国会接收了文书委员会的建议，在其于1980年通过的《文书削减法》中授权开发适用于全政府的联邦信息定位系统(FILS)。具体地说，该系统应有一部识别机构数据储备、公共报告需求等政府信息资源词典；一部信息和报告系统中的标准术语和定义的简编或一部数据元词典；一个把公众和定位系统连接起来的全国信息咨询系统(national information referral system)。总之，文书委员会提倡建立这样一种系统，它可以：帮助机构规划、协调和评估它们的信息需求；最大限度地利用可资利用的数据和信息，帮助机构按照《信息自由法》和《隐私权法》的要求履行它的职责；帮助侦查、识别和根除属类的、相似的和相同的数据；充当研究和分析的工具;作为权威的基准和查找指南。美国法典中载明联邦信息定位系统的目的是:"作为所有信息采集请求的权威登记簿;帮助机构和公众确定从信息采集请求中获得的政府信息;消除信息采集活动中的重复现象。"

3.7.1.2 定位系统实施中存在的问题

建立联邦信息定位系统是由管理与预算局负责实施的,但由于不怎么成功,所以有些人认为管理与预算局的定位系统是"软弱无能的"、"不具有成本效益性"、"只是名义上的联邦信息定位系统"。事实上,该系统只包括由管理与预算局审批(clear)的文书,并不包括其他的机构信息,如内部文献(internal documents)、机构间报告信息(interagency reporting information)、公共传播产品和档案信息。此外,该系统尚不能实现完全检索,因为没对数据元编目,所以它还不能确定潜在的、重复信息的采集,结果,其他机构和公众很难直接利用该系统。分析起来,联邦信息定位系统不成功的原因主要有以下几点:首先,现有的政府信息采集活动中完全重复或局部重复的不多;其次,遵守联邦信息定位系统可能会产生额外的信息采集活动,因为机构必须确定一项相似的信息请求是否已经存档。如已存档,就要改变这项请求;第三,联邦信息定位系统的款目(entries)所加的索引和文摘不足;第四,联邦信息定位系统并未像《文书削减法》规定的那样量化文书的削减量;最后,与其说联邦信息定位系统是一种定位系统或一种存取政府信息资源的工具,不如说是一种机构信息采集请求的表列(listing)。

3.7.1.3 信息库存定位系统

由于联邦信息定位系统的实施并不理想,所以进入 90 年代,美国一些研究者认为仅仅更正它的缺点是不够的,他们建议用一个全政府的库存与定位系统(government-wide inventory and locator system)来替代它。开发这种系统得到了多方面的支持,如国家历史出版物和记录委员会、国会技术评估办公室(U. S. Congress Office of Technology Assessment)、参议院第 1044 号议案(即制定联邦信息资源管理法的议案)和重新授权的《文书削减法》等。《文书削减法》要求:"每个机构都应该系统地查清它的主要信息系统,并周期性地检查它的信息资源管理活动。"管理与预算局在其 1993 年 6 月 25 日修订的 A—130 号通报中也表达了同样的愿望。它提出所有机构应该:平等、及时地传播信息产品;避免制定或允许他人为了自身利益建立妨碍信息传播产品的及时、平等利用的独占性、限制性的分配措施;使用自愿的标准,必要时使用联邦信息处理标准;为使政府信息更易为公众所用,应在预算允许的范围内,使用包括网络在内的电子媒体和格式;利用所有的传播渠道,联邦的或非联邦的,包括州和地方政府,以及图书馆和私营企业;向公众提供如何利用机关信息资源的信息;帮助公众查找由机构维护或为机构维护的政府信息;建立并维护整个机构信息传播产品的辅助工具。因为机构信息的有效管理对政府的运行至关重要,所以法律和政策都要求联邦机构保持它们的记录的库存和其他的信息储备处于易于利用的状态。随着联邦机构对电子信息系统依赖性的增强,那些负责管理电子记录的联邦机构的重要性也在不断提高。为了帮助公众寻找和利用机构库存的公共信息,政府决定建立基于机构的政府信息定位服务。克林顿总统和戈尔副总统对建立这种系统也表现出浓厚的兴趣,他们在政府的战略技术政策文件《促进美国经济增长的技术,增强经济力量的一个新方向》中指出:"每年,联邦政府都要花费数十亿美元用于收集和处理信息(如经济数据、环境数据和技术信息)。不幸的是,虽然这些信息中有许多很有价值,但许多潜在用户有的不知道它们的存在,有的不知道如何利用它们。我们坚信使用新型计算机和网络技术就会使它们更易为纳税人所利用。此外,信息产业的强劲增长也需制定连贯一致的信息政策,以确保尽可能多的人以公平的价格利用联邦信息。"

政府信息库存定位系统是一种机读式数据库,它可以识别不同的信息资源(如数据库、图书馆、交换所、印本出版物、布告牌和指南),还可以介绍这些资源中的可用信息。但一般而言,定位器并不提供实际信息,而只告诉用户资料的来源。该系统使组织或政府可以监控和管理信息生命周期,还可让不属于政府内部的人也能了解政府内部生产或拥有的信息。政府中的库存定位系统的一个长处就是可以追踪不同机构或政府部门生产的信息资源。一般而言,该系统中包含有可公开利用的信息资源或《隐私法》和《信息自由法》及其他成文法不限制利用的信息。许多联邦机构都拥有自己的信息库存定位系统。据一项对政府信息库存定位系统开发情况的跟踪研究显示,现在投入运行的定位器有 50 多个。而且,由于因特网的兴起,人们正着手建立一种基于因特网的定位系统。该系统使用客户服务器结构,采用美国国家标准 Z39.50,即图书馆用信息检索服务定义和协议说明(American National Standard Z39.50, Information Retrieval Service Definitions and Protocol Specification for Library Applications)。

政府对这一研究作出的反映就是成立了一个政府委员会,即机构间公共存取工作组(U.S. Interagency Public Access Working Group),并准备开发出一个包含有已经识别出的定位器的光盘产品。该小组还准备使用广域信息服务器技术通过因特网访问政府定位器。当然,在美国国内人们对政府信息库存定位系统的看法还未取得共识。一些人认为联邦信息定位系统不应被丢弃或取代,因为该系统的原先方案还可指导定位系统的规划。联邦信息定位系统的主要问题出在如何实施上,而不在概念或方案本身,因此,不能因过去实施中出现了问题,就对它完全否定。现在需要的是用切实可行的指导系统设计和运行的具体术语来重新明确联邦信息定位系统的目标,重新确定它的使命。具体地说,就是该系统必须在公共信息采集请求和需要、规章需要(regulatory needs)、机构内和机构间的报告需要、传播产品与服务、档案资料和其他信息储备方面,满足机构和政府的立法与行政部门的信息资源管理的需要,还要满足州、地方政府、公共利益集团和图书馆等的需要。为此信息资源管理官员应对机构生产和维护的信息资源数组进行监控。美国国会也关注这一问题,它在 1991 年通过了《美国技术领先法(American Technology Preeminence Act)》。该法要求商务部的国家技术情报局(National Technical Information Service)对实施某种政府信息定位系统进行可行性研究。

3.7.1.4 作为国家信息基础结构要素的信息定位服务

争议的存在并没有妨碍有关政府信息定位系统的研究与实施,相反,由于信息高速公路计划的推出使它再次成为热点。因为它是国家信息基础结构的组成部分,并可与该基础结构计划中的其他要素(如国家空间数据基础结构——National Satical Data Infrastructure)结合起来共同使用。管理与预算局同信息基础结构专家小组(Information Infrastructure Task Force)合作,准备建立一种以机构为基础的政府信息定位服务（Government Information Locator Service），以帮助公众查找和利用整个联邦机构中的信息。政府信息定位服务是联邦政府在国家信息基础结构中作用的一部分，它可以识别和描述整个联邦政府的信息资源，帮助查找信息。公众可以直接或通过中间人（如政府印刷局、国家技术情报局、联邦指定出借政府出版物图书馆、其他公共图书馆和私营部门的信息服务机构等）方便地利用政府信息定位服务。直接用户可以免费通过因特网访问政府信息定位服务的核心部分（GILS Core），间接访问的方式有 kiosks、"800 numbers"、电子函件、公告牌、传真和诸如软盘、光盘和印刷品之类的脱机媒体。1994 年 2 月美国地质调查（US Geological Survey）专家 E. 克里斯琴和管理与预算局、关于公共存取的机构间工作组的定位小组（Locator Group of the Interagency Working Group On Public Access），在信息基础结构专家小组的信息政策委员会（IITF Committee on Information Policy）的赞助下，撰写了一份题为《政府信息定位服务：给信息基础结构专家组的报告（Government Information Locator Service: Report to the Information Infrastructure Task Force)》，全面地阐述了政府信息定位服务的实施问题。管理与预算局在 1994 年发布了一份公告，详细指出机构在政府信息定位服务中承担的职责并制定了实施计划。为了评估政府信息定位服务对公众信息需求的满足程度，它还准备建立一个连续的评价过程。

3.7.2 信息政策

公共部门在实行信息资源管理时必须要考虑诸如信息保密、信息公开、决策、规划等一系列问题，而这些问题有许多本身就属于政策问题，或者更准确地说是信息政策问题。信息政策作为联邦政府推行信息资源管理的一个重要手段，已成了"信息资源管理……中不可分割的组成部分"。"信息资源管理包括技术（必要时）和下列要素：信息系统、信息资源、信息政策、信息用户和信息服务"。正因如此，信息政策的研究、制定与实施就成了联邦信息资源管理的重要内容。信息政策是一个在信息科学、公共政策、政治科学、经济学和其他学科交叉、渗透、融合的基础上产生的新领域，它把信息看作是一种遵守产权经济理论的商品和一种可被采集、保护、共享、处理和管理的资源。由于信息政策是在联邦政府推行信息资源管理过程中产生的，因而反映在文献中就是，对联邦政府和州政府信息政策的研究占了绝对多数，研究的重点集中于政策的制定、修订、解释、影响、使用、成功与不足等方面。从术语的使用看，文献中出现的"信息政策（information policy）"多用单数形式，但实际上在美国至今也没有出现一个单一的、无所不包的信息政策。至于复数形式的"信息政策（information policies）"通常是针对具体问题的，如确定哪些信息可以公开利用，机构怎样开展信息资源管理工作等，有时它们是不完整的、相互重叠的，甚至是相互矛盾的。

3.7.2.1 政策与政策工具的演变

从信息资源管理的角度看，联邦信息政策的起源可以追溯到联邦文书委员会。事实上，"组建联邦文书委员会的目的，就是调查信息政策问题"。该委员会建议实施信息资源管理，以便用最经济的方式管理政府信息，从而解决日趋严重的文书问题。1980 年的《文书削减法》更是具体地提出了"制定和实施联邦信息政策"和"统一、连贯的信息资源管理政策",并促使三个政府机构确立了一个共同目标:削减联邦文书负担,提高政府信息资源管理的效率和效益。应该说明的是,在美国,人们经常把"国家信息政策、联邦信息政策、美国信息政策、国会信息政策和行政部门信息政策视为同义词"。当然,也有人认为国家信息政策与联邦信息政策之间略有区别。前者表达的是一种国家目的意识,是促成美国所有可以公用的政府信息(不管其级别如何)集成的指导原则。此外,这种集成也要将政府信息与非政府信息结合起来,扩大对信息目录的控制,建立有效存取信息的机制,而联邦信息政策则具有法律效力,它从多方面责成联邦政府执行规定的行动步骤。

在联邦文书委员会和《文书削减法》提出联邦信息政策的同时,不少组织也提出了类似的建议。当然,这其中有些已不局限于对政府中信息的管理与控制了。1976年7月,美国内务委员会(U. S. Domestic Council)向福特总统提交了一份名为《国家信息政策(National Information Policy)》的报告,力主"美国要把制定协调型信息政策确定为目标"。同年,洛克菲勒报告(The Rockefeller Report)也要求制定国家信息政策,以对新技术和信息时代的到来作出明确的反应。1979年的萨蒙报告(The Salmon Report)提出了几个具体领域中的信息政策目标。

表3—6 与科学技术信息保护有关的主要政府政策

年度	政 策 工 具
1940	罗斯福总统发布了关于联邦安全保密政策的行政命令
1946	原子能法(Atomic Energy Act)
1947	国家安全法(National Security Act)
1949	出口管制法(Export Control Act)
1951	发明安全法(Invention Security Act)
1953	第10501号行政命令(Safeguarding Offical Information in the interests of the Defense of the United States)
1954	商务部第157号令(Department of Commerce Order NO. 157) 第10521号行政命令(Administration of Scientific Research by Agencies of the Federal Government)
1959	第10807号行政命令(Federal Council for Science and Technology)
1969	出口管理法(Export Administration Act) 商务部第30—7A号令(Department of Commerce Order No. 30—7A)
1970	《美国法典》15分册,第23章,第1151—1157条(Title 15 of the United States Code, Chapter 23,Sections 1151—1157
1972	第11652号行政命令(Classfication and Declassification of National Security Information and Material)
1976	国家科学技术政策、组织和优先法(National Science and Technology Policy,Organization and Priorities Act) 国家安全援助与武器出口管制法(National Security Assistance and Arms Export Control Act) 美国诉凡.希(Van Hee)(密歇根上诉法院)

续表 3—6

年度	政 策 工 具
1978	美国诉埃德勒(Edler)(加尼福利亚上诉法院) 第 12065 号行政命令(国家安全信息)
1979	出口管理法(Export Administration Act)
1980	斯蒂文森—怀德勒技术创新法(Stevenson—Wydler Technology Innovation Act) 文书削减法(Paperwork Reduction Act)
1982	第 12356 号行政命令(National Security Information)
1983	管理与预算局 A—76 号通报(Performance of Commericial Activities)
1984	国防授权法(Defense Authorization Act) 第 145 号国家安全决策指示：电信与自动化信息系统安全政策(National Security Decision Directive 145, Policy on Telecommunications and Automated Information System Security)
1984	国防部第 5230.25 号指示(Distribution Statement on Technical Documents) 半导体芯片法(Semiconductor Chip Act)
1985	管理与预算局第 A—3 号通报(Government Periodicals) 管理与预算局 A—130 号通报(Management of Federal Information Resources) 第 189 号国家安全决策指示(National Security Decision Directive 189
1986	对日技术文献法(Japanese Technical Literature Act) 联邦技术转移法(Federal Technology Transfer Act)
1987	第 12591 号行政命令(Facilitating Access to Science and Technology) 联邦采购条例修正案(Amendment to Federal Acquisition Regulation 计算机安全法(Computer Security Act)
1988	计算机匹配与隐私法(Computer Matching and Privacy Act) 国家技术信息法(National Technical Information Act)
1991	高性能计算法(High—Peformance Computing Act)
1992	美国技术领先法(American Technology Preminence Act)

  1980 年 10 月，美国政府在其提交给经济合作与发展组织关于信息、计算机和通信政策高级会议的报告中指出，不要把处理信息技术的政策与处理信息本身的政策分割开来，并指出最终的目标是政策的全部结果而不是与特定信息技术有关的问题或政策。1980年，众议院政府行动委员会(House Committee on Government Operations)发现美国没有制定政策以协调行动和有效保护自身利益的组织结构。这一发现促使美国在 1981 年成立了国际通信和信息委员会(Council on International Communciations and Information)，其任务是针对国际通信和信息流动中出现的问题，制定并实施统一、连贯和综合性的美国政策。1981 年，美国通过了《信息科学技术法(Information Science and Technology Act)》、

《电信竞争与放松管制法(Telecommunication Competition and Deregulation Act)》、《国际通信重组法(International Communications Reorganization Act)》三部法律。根据《信息科学技术法》的要求，成立了信息政策与信息研究院(Institute for Information Policy and Research)，它是联邦政府中的一个独立机构。该法还要求研究备择政策方案，对联邦信息科学技术领域的研究进行协调与规划。按照《国际通信重组法》的要求，在总统行政办公室成立国际通信委员会(International Committee on Communications)以对所有的联邦信息与通信政策进行协调。

这些立法反映出了美国的信息政策正向统一、协调的方向发展，也说明了美国过去反对集权化(centralization)是基于实用主义而非本义。上述措施也显示出联邦政府已经认识到自己在国家信息政策领域中所承担的职责。据统计，从第 95 届到 101 届国会(1977—1990)，美国政府就制定了 300 多项有关信息政策的公法(public laws)，此外，许多授权或拨款议案中也有大量的指导机构信息政策活动的条款。这一时期，还提出并实施了大量有关信息政策的行政规定和条例。进入 90 年代，美国制定了许多更为具体的信息政策。

3.7.2.2 主要政策工具

美国联邦信息政策是指导监督和管理信息生命周期的、相互联系的原则(priciples)、法律、方针(guidelines)、规章制度(rules and regulations)、指令(directives)、程序(precedures)、司法解释(judical interpretations)和策略(practices)的集合，其目的是：为信息生命周期和信息技术的管理提供广泛的、综合性的指导原则，为特定的机构或在其内部提供具体指导，为特定专题范围的信息生命周期和信息技术的管理提供指导。当然，政策的产生和推行必须借助于具体的政策工具，还要有具体的负责机构。美国政府在推行信息资源管理过程中，采用了多种联邦政策工具，包括联邦法律、行政或立法条例、司法决定，等等。许多有关信息资源管理的政策工具在前面已作过了详细介绍，其中最重要的两个政策工具就是《文书削减法》和 A—130 号通报。无需讳言的是，美国的联邦信息政策最初只关心科技信息，因此实际上只是科技信息政策，后来才扩大到把信息作为一种国家资源来开发与利用。有许多信息资源管理的政策工具与科学技术信息政策工具(主要是关于信息安全与保密，见表 3—6)之间具有十分密切的关系。但作为联邦信息政策主要工具的《文书削减法》和 A—130 号通报，是针对一般意义上的政府信息，而非仅限于科技信息。

3.7.2.3 联邦信息政策的制定

在美国，联邦一级的政府信息政策可通过不同的方式来制定，这是产生多种政策工具的重要原因。国会主要通过宪法确定的立法程序制定信息政策，即先提交议案，再举行听证会，最后投票表决，表决通过后经总统签署就成为成文法，并被收入《美国法典》之中。此外，还可通过采纳或制定规则和标准的形式，形成信息政策。联邦法院也可制定适用于自己的信息政策，联邦法院的规则、惯例和程序在与立法保持一致时就具有了政策含义，此外为解决纠纷而提出的司法决定或司法解释等有时也可视为制定政策的过程。至于行政部门，总统可以通过发布行政命令、国家安全指示、函件(letter)、备忘录或通告制定信息政策，但它不能与成文法相抵触，同时这些政策具有行政性质，且只用于政府内部。国会与总统之间的政策分歧由法院解决，偶尔也通过政治方式解决。某些特定机构也可制定适用于整个政府的信息政策，比如管理与预算局多年来一直发布各种有关财务与管理问题的通告、通知和准则，其中有些也属信息政策范畴。联邦各机构都可制定适用于本部门的信息政策，比如内部行政命令和指示等。

4 信息生命周期的管理

信息不是生物，因而它本身不存在生死的问题，但从使用者的角度看，信息又是有"生命"的。而所谓信息生命是指信息对主体所具有的各种价值的存续期。对特定的个人或组织来说，某种信息一旦失去绝大部分甚至全部价值，那它就形同死亡。于是，便引出了信息生命周期概念。信息生命周期(information life cycle)和生物学、物理学、经济学等学科中生命周期的含义很相似，都是指从"生"到"死"的轮回，只不过是用于信息而已。信息生命周期的管理实际上是对信息本身(或信息内容)的管理，有些书上也将其称为"信息过程管理"。但前者主要用于个人和非公共部门的、非专业性的社会组织的信息管理，而后者则是一个更一般化的概念，常用于公共部门的、专业性的信息管理机构。因为对于个人和非公共部门的、非专业性的社会组织来说，由于信息的量存在可扩张性，信息的价值存在时效性，信息的运用存在选择性，个人的信息偏好和组织所在的领域存在相对稳定性，为保存信息所用的技术存在可获性，为保存信息所愿意付出的代价存在有限性，因而保存一切信息既不必要，也无可能。

4.1 信息生命周期

信息的整个生命周期包括 5 个或更多的阶段，包括确定需求(requirements definition or determination)、生成或生产(creation, production)、处理(processing)、传播(communication)或传递(transmission)、利用(use)和处置(disposition)。在每个阶段，为了进行转换都要付出一些代价，但同时也产生了一些附加值(additional value, added value)，如信息产品或服务的价格提高了，至少经过信息利用阶段后是如此。

4.1.1 确定信息需求

这是信息生命周期中的第一个阶段，通常是由用户和/或决策者在对组织的目标、目的和决策需求等进行分析后来确定对信息的需求。由于信息用户都分布在特定的领域，因而对信息的需求必须具有较强的针对性，因而需求分析就成了一切信息工作的起点，其主要内容是确定用户所需信息的内容、类别、格式、媒体、来源、质量、数量。例如在政府中，信息需求可能是诸如姓名、年龄、性别、地址和其他政府机构为了确定申请者享受各级政府的服务、福利或现金资助的资格所需的某些信息。在私营企业中，信息需求可能是与在市场调查中收集的客户购买偏好有关的数据。在医院中，信息需求可能是与病人入院手续有关的某些医疗或个人信息。而在大学中，则是与报考者年龄、性别、出生地、家庭情况、身体状况、教育背景、爱好、特长、志趣等方面有关的数据。

4.1.2 信息生成或收集

信息生成或收集(information creation or collection)是信息生命周期中的第二个阶段。一旦确定了信息需求,就要据此开展信息(和/或数据)的生成或收集工作。在这一阶段需要确定如何去生产或收集信息,即确定收集的渠道、方法、手段或按照用户的要求生产其所需的信息等。有时候数据是从供应商那里收集的,并被加工成为信息;有时候则是为了决策的需要而收集的,而更多的时候,信息是从内部产生的。

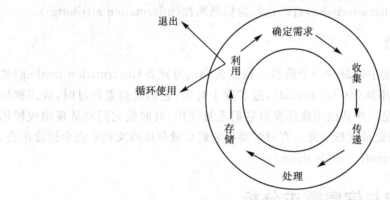

图 4-1A 信息生命周期

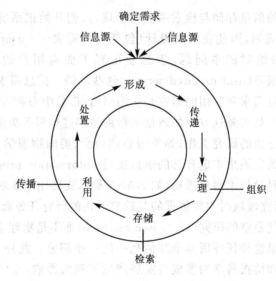

图 4-1B 信息生命周期

4.1.3 信息处理

信息处理(information processing)属于信息生命周期中的第三个阶段。一旦确定了信息需求并收集到了信息,那就必须对其进行处理。信息处理就是由处理者对收集到的数据进行重新组合、转换格式、编制索引、制作文摘、进行编目、进行综述、转摘、压缩,从手工媒体转换成自动化媒体(包括缩微媒体、电子媒体或硬盘等)或从自动化媒体转换成手工媒体。信息处理要利用各种各样的手段、媒体、模式和技术。

4.1.4 信息利用

这是信息生命周期中的第四个阶段。信息被收集和处理后,即可提供给终端用户或决策者使用,此即所谓的信息利用(information use)信息传播(information dissemination)与下面介绍的信息处置不同,它只是信息利用中的一项子功能。信息的主要用途是用于决策和解决问题。信息产品和信息服务对决策者来说应该准确、完整、及时、可靠、相关,这些性质(qualtities or characteristics)有时也称为信息属性(information attributes)。

4.1.5 信息处置

它是信息生命周期中的最后一个阶段。信息流和信息储备(information holding)通常都有一个确定的效用期(utility period),过了这个时期,它们就会老化过时,应该被处理掉。有时候为了满足某些其他用途还要将它们重复使用,有时候它们要从现用或候用状态中退出(如文件和记录就是如此),有时候要将它们从数据库或文档中完全清除出去,这就是信息处置(information disposition)。

4.2 信息用户与信息需求分析

随着基于计算机的信息存储与检索系统的出现,人们开始把系统理论应用于图书馆和信息中心的管理和规划,因此在系统设计(包括用户需求——user requirements)过程中要考虑这些系统的绝对成本问题,于是便出现了面向用户的系统(user-oriented system)、面向用户的服务(user-oriented service)这些术语。信息需求和用户研究也由此开始兴起。最初的信息需求和利用的研究是在图书馆、信息中心和实验室中进行的,因为图书馆员和行政管理人员需要这方面的数据来帮助他们进行服务决策。紧接着各类专业协会也承担了许多这方面的研究工作,如美国心理协会、美国物理学会,因为它们需要根据"信息爆炸"和技术的发展来审定自己的信息项目(information programs)。随后,由于政府机构也开始组织科学技术研究活动(如 NASA 等),支持用户需求研究的模式发生了变化,因为确定科学研究领域时主要依据的是政府下达的研究任务而非促进学科建设,于是研究者更关注的可能是空间研究(areospace research)而不是物理学、化学和工程学,但每个专业协会只能提供这种任务所需全部信息中的一小部分。此外,国家和国际层次的决策活动对用户研究和情报科学的形成与发展产生了重大影响,而广告和营销也是用户研究的一种形式,只不过其研究的内容是消费者的偏好和需要而已。用户需求的研究经历了从科技领域向经济领域扩展的过程。

4.2.1 信息需要和信息需求

信息需求(information demands)是指向某个图书馆或其他信息系统(information system)提出的书面的或口头的要求或请求(demands)。信息需要(information needs)比较难下定义,有时候它与信息需求含义相同,例如当用户了解与其工作有关的所有信息

(存在需要)并向信息源提出要求(demands)时就是如此。但还存在着一些例外情况,此时,用户虽然有许多需要,但提出的要求却极少。也许他有着一种已觉察到了但却没有表述出来的需要(这可能是出于懒惰或对这种需求的细节知之甚少以至无法将这种"需要"转变成"需求"),或者是没有觉察到自己还有这种需要。在此情况下,只有被点破了他才会意识到,此时他就会承认他有一种需要,或者是直到这种需要得到满足时,他才会意识到这种需要。

研究信息需求的目的就是要确定谁、何时、何地、需要什么信息,这是整个信息生命周期工作的起点。有的书上也把这一活动称为"信息识别"(identification of information)。

4.2.2 用户研究(用户学)

对信息利用、信息需求和信息需要的经验研究通常称为用户研究(或用户学,user studies)。这里的"用户"是指"信息的用户(user of information)",即使用者,这个术语并未指明它所研究的是需求、需要还是利用。此外,"利用(use)"这一术语也含义不明:它可能是指对利用的收集阶段的研究,而不是指将已收集起来或已配置好的信息付诸于使用的研究。

最初的用户研究仅限于科学信息(情报)的利用,先是对自然科学领域的用户进行研究,然后又转向研究社会科学领域的用户。最早对信息的需要和利用开展经验研究的是 J. D. Bernal 和 D. J. Urquhart。前者在 1948 年的 6 到 7 月间向英国皇家学会科学情报会议(Royal Society Scientific Information Conference)提交的一份题为"关于科学文献利用的小规模问卷调查的初步分析"的专题报告;后者在 1948 年的《文献学报(Journal Documentation)》第三期上发表了"科学技术信息的分布与利用"一文。此后对这一领域的研究便以指数曲线的形式增长,在这一过程中,用户研究作为一门学科便开始诞生。

用户研究是情报科学(information science)的一个分支学科。M. Kochen 在 1969 年第三期的《美国文献(American Documentation)》上发表的"知识增长的稳定性"一文中提出情报科学是对知识成长过程的研究。A. I. Mikhailov 等人于 1966 年在《科学技术信息(Scientific-Technical Information)》上撰写的"科学信息理论的新名称"一文中将情报学(informatics)定义为"一门研究科学信息的结构和性质、科学情报活动的模式及其理论、方法和组织的分支学科。在 A. I. Mikhailov 等人负责编写的《科学信息术语词典》的定义是"情报学是一门研究文献科学情报(documentary scientific information)的收集、处理、存储和传播的模式和确定基于现代技术手段的信息工作(informational work)的最佳组织的知识分支"。但不少学者都认为用户研究应是情报科学、心理学(psychology)和社会学(sociology)等的分支学科。

用户研究可按照所研究的用户类别划分为几个不同的子类:一、对科研部门信息用户的研究,它又可分为两类:对特定学科(如化学、物理学、动物学等)信息需求的研究;对特定研究机构或研究产业的研究,这些机构或产业并不属于某个具体的学科,它们也许横跨几个学科。二、对工商企业信息用户的研究。三、对政府部门信息用户的研究。四、对消费者信息用户的研究。

用户研究的方法即识别、确定用户信息需求的方法有很多种。从总体上讲,这些方法可以划分为三种：由信息用户（决策者）自己进行识别、信息工作者亲自识别和信息工作者会同决策者进行识别。具体方法有采访法、问卷调查法、实地调查法、抽样调查法、（亲自）观察法、案例历史法、日记法，等等。采访法（interview technique or method）就是对研究对象进行定期或不定期的实地访谈，以了解其信息需求的内容和特点。问卷调查法（questionnaire technique or method）是先设计好问卷调查表，然后再将其分发给被调查的对象，最后对收集回来的调查表作统计分析。实地调查法（survey technique or method）就是调查者深入被调查对象所在地或所在机构，通过对被调查对象的环境及其自身工作过程和内容进行调查研究收集所需的数据，并在对这些数据进行分析的基础上了解用户的需求。抽样调查法（sampling frame）是在目标用户中根据一定的标准选定少量有代表性的用户作为观察和研究的样本。亲自观察法（self-observation technique or method）就是由识别者亲自去观察目标用户的活动来识别其信息需求。案例历史法就是在实际工作时间通过日志（diary）或亲自观察获得所需的数据。虽然案例历史资料难以定量化，收集和分析起来也很费时，但案例历史能有助于我们理解研究过程。作业研究法（operations research method）主要用于研究信息传播，对被观察对象的白天活动进行观察，同时将其花费在不同活动上的时间计算出来。日记法（diary）就是采用记日记或者录音、录像等手段来收集用户信息。用户一般不能详细地回忆起自己过去的活动，但如调查人员提醒他们则可令他们承认这些活动。但仅仅只用回溯方法（如事后的采访或问卷调查）是不够的，有时还要同用户一起对他的日常工作进行探索。这时就要对其日常活动作记录，采用记日记或录音、录像法。

4.2.3 用户的类型与特点

用户可能来自于不同的部门和机构，包括学术机构、科研机构、教学与培训机构、管理部门、社会工作、经济与贸易、产业、政府、专业协会、工会及政党和新闻与广播等。不同用户的信息需求有不同的特点，不同的组织也有不同的信息需求，比如教师和学生、厂长与工人、农民与医生、学校和企业、政府机构和慈善机构等等。即使是同一个信息用户，其需求也并不是固定不变化的，而是经常不断变化的。因此信息需求的研究主要是面向用户展开的。表4-1仅以一特定的组织机构为例，指出了组织内部不同层次的信息用户的信息需求方面的差异。

表4-1 组织内部不同层次的信息用户的信息需求

信息用户	需求信息的目的	信息需求的特点
战略层次的信息用户	制定战略决策和长期计划，方案性信息	需求量少、使用频率低、随机性的、范围不定、常来源于外部、非重复出现、主要通过非正式渠道获取、多属非文献形态、时间跨越未来、及时程度较低、精确程度较低、集成度较高、处理过程复杂、常随问题而变

续表 4—1

信息用户	需求信息的目的	信息需求的特点
战术层次的信息用户	控制,对执行结果与计划作比较,并据此对计划进行调整,概要性信息	来源于作业层,通过综合处理生成管理信息,将其与计划参量作对比,可以据此调整原定计划
作业层次的信息用户	具体的操作、实施、确定性信息	需求量大、来源与内部、主要通过正式渠道、多记录于文献之中、常重复出现、使用频率较高、时间回溯过去、及时程度高、处理过程简单、有固定处理程序

4.3 信息源的性质、分类与信息收集

信息收集是在明确用户信息需求的基础上进行的,一旦掌握了用户的信息需求即可以据此开展信息收集工作。要收集信息,首先要找到信息的来源,也就是信息源。所谓信息源是指信息的来源,也即产生信息的地方。信息源可以从大方面划分为自然信息源、生物信息源和社会信息源三类。自然信息源是指自然界中的各种无机物,它们是自然科学家研究的对象。自然科学家的主要任务是获取这些物质中包含的各种信息,以了解它们的运动变化规律。生物信息源是指地球上的各种生物,包括动物、植物和微生物,它们是生物科学家的研究对象。生物科学家的主要任务就是获取各种生物信息,以便更好地保护、开发和利用生物资源。社会信息源是指由人及其所组成的各类、各级团体、群体、组织和其社会活动的成果(各种记录等)。社会所产生的社会信息是与人类的生活、消费、生产、经济、贸易、科技、文化、教育、体育、政治、军事、管理等活动有关的信息,也即社会信息。社会信息源是社会科学家和信息科学家的研究对象。通常人们所说的信息源一般是指社会信息源,包括人、机构和物体,等等。

4.3.1 信息源的性质

信息源(informaton source)具有多种性质,比如相对性、多样性、不确定性、替代性、补充性、自组织性、生命周期等,了解这些性质将使我们能够更好地管理和利用它。

4.3.1.1 相对性

人类社会中的信息源不是一成不变的,在一次特定的信息流通过程中,总有一端是信息的发出端,而另一端则是信息的接收端。但在另一次信息流通过程中,这两端的情况可能正好相反,原是发出端的变成了接收端,原是接收端的则变成了发出端。在错综复杂的社会信息流通过程中,任何一个信息源都可能既是信息的发出端又是信息的接收端,而信息源则是信息的发出端(或称生成端)的总称。由此看来,信息管理人员在进行信息收集时,要根据信息源的这一性质灵活地选择信息源。

4.3.1.2 多样性

社会信息的来源常常是不固定的,呈现出多样性。有些信息源提供的信息可信度较高,还有些信息源提供的信息可信度可能较低,甚至是虚假的。因此信息管理人员要学会辨别、选择和利用信息源。在信息泛滥成灾的信息社会中,即使是作为普通信息用户在获取信息时,也需要在眼花缭乱、鱼龙混杂的信息源中进行选择,以服务于决策。

4.3.1.3 不确定性

有些社会信息源发出的信息的内容、种类、形式、媒体等有时候是不确定的。当然,在一般情况下,社会信息源的信息发送还是具有一定的规律性。对信息管理人员来说,关键的是要在环境状态不确定的情况下,能够想方设法获得自己所需要的信息。生物信息源和社会信息源大多数具有生命周期,它们经常处于形成、成长、衰老、死亡的新陈代谢过程之中。即使是自然信息源,有时候也会随着环境的变化出现产生和消失的问题。正因如此,对信息管理人员来说,不要片面地将信息源固定化,仅仅从少数几个自己熟悉的信息源获取信息确实具有信息可靠性、准确性较高的优点,但由于信息源经常处于生老病死的演变过程之中,因此只盯住几个少数目标,有可能会因这些信息源的消失而失去信息的来源,使自己的工作陷于被动之中。

4.3.1.4 替代性

在多数情况下,可以用间接源代替直接源,用一种社会信息源代替另一种信息源,而不会对所获取的信息的内容、质量和数量产生太大影响。由于这种情况的存在,信息管理人员在收集信息时可以根据情况扩大收集面,以便尽可能确保信息的完整性。

4.3.1.5 自组织性

社会信息源是一个远离平衡态的开放系统,它与外界存在着物质、能量和信息的交换过程,因而能够保持相对稳定性。在人类社会中,不论是作为个体的人,还是作为个体集合的群体、团体和组织,在一定的时期、一定的情况下都能够根据环境的变化自发地调整自己的内部机构与环境之间的交换关系,以维持自身的存在。任何一个信息管理机构都是一个信息的集散地,一个信息源,它也具有一定的自组织性,也就是对外部环境的冲击具有一定的适应能力。

4.3.1.6 补充性

不同类的信息源提供的相关信息能够相互验证,互为补充。多种来源的信息的叠加能够获得更符合客观规律的信息。信息管理人员在收集信息时,要注意"偏听则暗,兼听则明",即要善于从不同的信息源获取有关某一问题的信息,利用信息源的补充性和信息资源的自组织性,排除信息杂音,获得准确、可靠的信息。

4.3.2 信息源的分类

信息源有多种形式,信息管理人员在收集信息时,应该掌握辨别合适信息源的基本技巧。发现了合适的信息源,信息收集工作也就完成了一半。对信息源的分类,取决于收集工作的需要。一种分类方法在一次信息收集过程中很适用,但在另一次信息收集过程中则可能不适用。这里仅仅介绍一下一般的信息收集分类方法。

4.3.2.1 按照发送端的信息生成方式,信息源可以划分为初始源和再生源

按照发送端的信息是否生成于特定活动的本身,可以将信息源划分为初始源和再生源。初始源产生的是初始信息,再生源是加工初始信息的部门或个人,它提供的是加工程度不等的派生信息。派生信息的初始源是指初次提供该种信息的信息源,其再生源是指对该种信息做进一步加工的信息源。

4.3.2.2 按发送信息部门的性质,信息源可以划分为直接源和间接源

直接源是指能生产或加工、存储和发出不经过专职信息部门转手的信息的信息源,因而凡是除专职信息部门之外的其他各个部门(即非专职信息部门)都属于直接源的范畴。直接源可以是初始源或再生源,它所提供的信息都是在直接完成本职工作的过程中产生的。间接源是指作为信息来源的专职信息部门,它们都是再生源,可分为一级间接源、二级间接源等。

4.3.2.3 按发送信息与组织之间的关系,信息源可以划分为内部源和外部源

内部源的信息完全是在组织内部生成的,可以说,任何一个组织在自己的日常活动过程中都会产生各种各样的信息,也可以说组织本身就是一部信息制造厂。因此,对组织内部设立的信息机构来说,它所在的组织也就成为它的内部信息源。从信息利用的角度来看,制定策略、战术所需要的信息主要来源于组织内部。外部源是指组织的环境,即组织的外部环境作为组织的信息源。通常制定战略所需的信息主要来自于组织的外部。

4.3.2.4 按信息源的信息记录形式,信息源可以划分为文献信息源和非文献信息源

文献信息源是指文献本身作为信息源。在人类的各种活动过程中都会产生各种各样的文字等形式的记录,这些记录经过适当整理后就形成了文献。对信息管理人员来说,文献是信息的一个子集,文献中包含了大量的信息。收集文献中的信息是信息管理人员的一项重要工作。非文献信息源是指除了文献之外的其他形式信息源,这些信息源发出的信息大多数呈非记录形式。比如,作为信息源的实物本身、作为信息源的社会组织、作为信息源的动植物本身、作为信息源的市场、印有信息的交通工具、进行谈话、讨论、开会、讲演、调查、访问和开信息发布会时的主体——人等等。信息管理人员在收集信息时,既要善于利用文献信息源,也要善于利用各种非文献信息源。

4.3.2.5 按提供信息的实体形态,信息源可以划分为机构源和物体源

机构源是指人类社会中存在的各种各样的社会组织,物体源是指存储了信息的载体。机构源又可以划分为信息机构和非信息机构两大类。信息机构是指各种各样专门从事信息活动的社会组织,它本身也包括两个子类,即非赢利性信息机构和赢利性信息机构。属于前者的有:图书馆、档案馆、文献馆、博物馆、展览馆、科技馆等;各级政府部门设立的各种各样的信息中心,如综合性的信息中心(国家信息中心、国家统计局)、专业性的信息中心(教育信息中心、冶金信息中心)以及信息分析中心、信息交换中心、信息处理中心等;一些社会团体如各类学会、协会、研究会、商会、工会等设立的非赢利性的信息中心;企业内部设立的只为企业内部提供服务而不向市场出售服务和产品的信息中心。属于后者的

有：各类信息企业，除了传统的新闻、出版、印刷、发行等行业外，还包括各种各样新兴的面向社会提供信息服务的信息公司，如各种专业性或综合性的网站。非信息机构是指除了专业性信息机构之外的所有其他社会组织，比如党政部门、教育部门、科研部门、立法与司法部门、国际机构、外国驻华机构、工商企业、社团组织、学校、医院，等等。

物体源可以划分为文献和非文献两种形式。非文献信息源主要有两种：一类是其中的信息要通过口头或者动态的声音图像形式来传递，如作为信息交流工具的电话、广播、电视、因特网等。另一类是附载有信息的实物，如文物、标本、模型、样品、展品等。文献信息源可以按其载体形态划分为四种类型：一、印刷型文献。包括以油印、铅印、胶印、木版印刷、喷墨打印、激光打印等方式印制的材料。印刷型文献又可以细分为图书、期刊、会议录、专门报告、专利资料、政府出版物、学位论文、产品样本、档案、标准、新闻报纸等。二、缩微型文献。包括缩微胶卷、缩微卡片、缩微平片等各种缩微品。三、计算机阅读型。是指将文字和图像转换成为二进制数字代码，并记录在磁带、磁盘、硬盘、光盘等载体上所形成的文献形式。四、视听型(声像型)文献。包括各种唱片、录音带、录像带、电影胶卷、幻灯片等。

4.3.3 信息收集

4.3.3.1 信息收集

信息收集也称为信息搜集与信息采集(gathering, collection, acquisition, accumulation of information)，是指运用各种方法、借助于各种手段，通过各种渠道(正式交流或非正式交流)从不同的信息源获取信息的过程或活动。在汉语中，与获取信息有关的词主要有三个，即收集、搜集和采集。其中收集具有消极被动的含义，似乎是指信息获取人员坐在家里等待信息自动地送上门。与此相反的是，搜集具有积极主动的含义，是指信息获取人员主动出击，想方设法去获取所需要的信息。至于采集则经常是指为了一定的目的而有组织地、有计划地获取信息，采集有时候规模很大，有时候则规模较小，有时候是定期进行，有时候则是不定期进行。不过这三个词的这些区别，在日常使用时有时并不明显。就一般情况来看，收集可能是一个使用频率较高的词。

在收集信息时，应该明确收集信息的内容、收集的程序和收集的方法。信息的内容涉及到信息的种类和范围，这在确定信息需求的过程中已经解决。程序是指收集时应遵循的具体步骤，方法就是收集时的具体做法。

4.3.3.2 信息收集的方式

在进行信息收集之前，必须要明确信息收集应采用的具体方式。目前比较常用的划分收集方式主要有三种：第一种是按收集信息的组织方式将信息收集划分为报告制度和专门组织的采集。前者是指被采集的部门按照信息采集部门提供的固定格式或形式等方面的要求，逐级、定期地填报的信息采集方式；后者是指信息采集部门为了解决某一问题临时专门组织的信息采集方式。报告制度是一种已经制度化的信息收集方式，它有专门设立的机构、专门的信息收集人员和比较固定的信息对象。目前统计部门所采用的收集方式就主要属于这种方式。专门组织的采集，常常是为了支持某些其他的活动所开展的，比如专门市场调查、投资项目论证、舆论调查、民意调查等。第二种是按采集的信息宽度，将信息收集划分为全面采集和非全面采集。前者是指信息采集部门确定对全部信息对象进行采集的一种信息采集方式，如人口普查、工业普查。全面采集是一种比较理想化的信息收集方式，但是它的成本有时候很高，而且有时候向所有的信息对象采集信息可能既难以做到，也没有必要。因而对全面采集要慎重决策，以免出现虎头蛇尾，不了了之的浪费现象，也不要出现片面求大求全的铺张浪费现象；后者是指只在全部信息采集对象中选取一部分进行采集的采集方式，比如抽样调查、典型调查等。抽样调查就是从信息对象中随机地、任意地抽出若干个(称为样本)，然后对这些抽出的信息对象收集信息。典型调查是指在被调查的全部信息对象中事先选择若干个信息对象作为典型，并对其收集信息。物价指数、居民收入、产品合格率、民意等方面的信息都是采用非全面采集的方式。典型调查和抽样调查各有自己的优缺点，在具体运用时要针对不同的对象选择不同的方式，必要时可以将两者结合起来。第三种是按采集信息的时间可划分为定期采集和不定期采集。定期采集是指每隔一个固定的时间就进行一次信息采集；不定期采集则是指因接受突发任务而随时进行的信息采集活动。定期采集与报告制度、不定期采集与专门组织的采集之间存在着对应关系。

4.3.3.3 信息采集的步骤

信息收集的程序并不是一成不变的，它会因机构、任务、要求、资源(包括人、财、物等)等方面的不同而有所不同。一般说来，不管是什么样的信息部门、信息系统，在收集信息时，大致都要遵循几个大致相似的步骤。明确这些步骤就是管理中的计划工作的主要任务。一般说来，计划工作的任务和内容包括六个方面：一、做什么(what to do it)——要明确计划工作的具体任务和要求；二、为什么做(why to do it)——要明确计划工作的宗旨、目标和战略，同时还有论证计划的可行性；三、何时做(when to do it)——也就是要事先规定计划中各项工作的开始和完成的进度；四、何地做(where to do it)——即事先规定计划的实施地点或场所；五、谁去做(who to do it)——就是规定具体负责计划实施的个人或组织。在计划中的各个阶段都必须要明确具体负责的部门和个人，同时还要对哪些部门参与协助、各阶段怎么交接、哪些部门和人员参与鉴定和审核加以明确。六、怎么做(how to do it)——拟订实现计划的具体措施、政策和规则以及资源的分配方案。除此之外，在计划中还要明确开展标准和考核标准，让实施计划的部门和人员知道最终应该形成什么结果，达到什么标准才能算完成了任务。

例如，对国家经济信息系统来说，其原始信息采集的主要步骤包括：一、明确任务——任务可能是上级下达的，也有可能是接受其他用户的委托，信息管理部门必须要准确地理解这些任务；二、确定目标——根据所接受的任务的要求确定本次信息收集活动的目标，包括总目标和分目标。为此，要在准确理解采集任务的基础上，明确采集的信息内容及对采集的信息数量、质量、格式、媒体、时间、空间等方面的要求和采集信息的主要目的与用途；三、制定计划——根据拟订的目标，确定信息收集活动的具体计划，其中要对完成任务的期限、要消耗的资源、分阶段的具体目标、最终得到的结果及其评价方法等作出具体的说明；四、信息结构设计——按照目标和计划来设计信息项目调查表并编制填表说明。对于项目多、复杂的信息收集表，不仅要编制填表说明，同时还要事先规定计量单位，明确填写方法。信息结构设计非常重要,如果设计不好将会直接影响到信息采集顺利进行或采集到数据的质量。五、确定信息采集的对象和方式——在开始正式信息采集之前就应该确定好采集的信息对象和采集的具体方式。信息对象也就是前面所说的信息源,即需要向其收集信息的单位、个人或其他实体。信息源的选择应该遵守易获、质高、价廉等原则;六、做好培训宣传工作——有些信息采集活动技术性强、要求高,要事先对负责采集工作的人员进行培训,让他们熟悉本次采集的目的、要求、措施、过程,同时还要利用各种舆论工具向信息对象宣传本次信息采集的重要意义。七、开展采集试点工作——对大规模的信息采集活动,为了确保其成功,有时候需要先进行试点工作,以了解所制定的计划是否切实可行,如有问题,可以进行修改直至重新制定。八、实施已经修订过的计划——就是按照已经修订后的计划去开展信息收集工作。

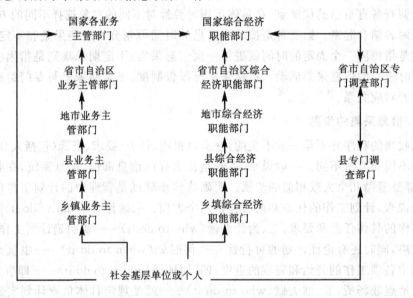

图 4-2 原始信息采集的工作流程

当然,在实际信息收集活动中,有时候不需要严格地按照上述步骤来进行。对一些比较简单的信息收集活动,上述步骤完全可以简化,即将其中的某些步骤省略掉。比如,对企业信息来说,一般只需要这几个步骤即可:明确目标、制定计划、信息结构设计、进行采集。

4.3.3.4 信息采集的质量控制

信息质量的高低直接关系到信息采集的成败,因此必须要严把采集的质量关。目前,经常采用的信息质量控制措施主要有以下几点:一、要严格审查采集计划,包括采集项目的科学性、必要性和可行性,采集范围和深度的合理性,采集对象的代表性,采集方法的可行性;二、要确保采集步骤严密完善。采集步骤不能出现前后颠倒或中间脱节,也不能在采集时不断调整采集步骤;三、采集人员要有很强的责任心,要掌握采集的基本技术。要让采集人员认识到,提高信息质量的关键在于能否准确、及时、完整地采集到所需要的信息;四、提供信息的个人、组织要对自己提供的信息质量负责。这是要从源头堵住信息失真现象。提供信息者必须要按照信息项目调查表上的要求准确无误地填写,填写过后要认真复核,如果是一个组织,那还要经过所在单位主管领导的批准,按照规定提交给负责采集的信息部门。提供信息者在提供信息时不得隐瞒、谎报、捏造,否则将追究所在单位领导的责任。但是,同时需要注意的是,凡是不符合国家有关规定的信息采集活动,被采集者有权予以拒绝,同时还可以提请追究采集者的责任。五、采集单位要对采集到的信息进行审核,主要审核填报的信息内容的正确性、完整性、及时性。采集单位对采集到的信息不得随意更改,但如发现问题可以向提供该信息的单位提出书面复查请求,并由他们作出相应的修改。

4.3.3.5 信息收集方法

信息收集的方法有许多,目前也没有人对其进行过全面的总结,而且随着新的理论、技术、手段和方法的出现,新的收集方法还在不断地产生。在国外人们经常将信息收集方法划分为正当的和不正当的两种。所谓正当就是运用一些公开的渠道、采用合法的方式来收集信息。至于非正当就是利用一些非公开的渠道、采用不合法的方式来收集信息,比如谍报法、偷窃法、收买法、监听法 等就属于这种形式。在信息社会中,信息收集将表现为一种高度智能化的活动,信息收集人员也善于运用自己的聪明才智来捕捉、跟踪各种蛛丝马迹,通过各种合法的方式来收集自己所需要的信息。在收集信息时,可以委托他人帮助收集(配备兼职信息员),也可以亲自收集(配备专职信息员),或者是设立驻外机构,同时还要善于利用各种通信手段。

调查法就是深入被采集的信息对象处,通过实地观察信息对象采集有关的信息。它包括五种基本形式,即全面调查、典型调查、重点调查、详细调查和抽样调查等形式。调查时可以采用肉眼或仪器设备对信息对象进行直接观察、对信息对象进行采访或者是请信息对象填写事先拟订的调查表。

统计法就是按照统计法规和统计工作的有关规定自下而上地收集信息,一般说来统计工作的信息收集主要采用的是填表法,上一级统计部门对下一级统计部门提交的统计数据进行汇总、分析,并得出相应的结论。

会计法就是按照会计法规和会计工作的有关规定来收集信息。会计活动本身就是信息工作中的一个重要组成部分,管理学大师 P.德鲁克曾经指出在将来会计部门和信息部门将要合二为一,会计工作就是信息管理工作。会计活动中产生的大量会计信息,是一种宝贵的信息资源。它也是信息收集中应该重视的重要信息源。比如上市公司每隔一段时间就要将自己的财务状况披露出来,从这里面可以获得一些重要的信息。

预测法是指在收集、分析、研究历史信息的基础上推测和把握事物未来的运动变化规律。我国古代对预测的运用早已有之,比如"分久必合,合久必分"、"物极必反"等等。预测结果的准确性主要取决于历史信息的收集是否全面、对这些信息的分析是否透彻、建立的数学模型是否可靠。目前使用的比较典型的预测方法是定性预测方法,其中又以美国兰德公司发明的德尔菲法应用较广。

新闻收集法就是通过收听、收看和阅读新闻报道的方法来收集信息。虽然新闻报道往往不能提供详细的信息,但是它能够透露出最新的进展方面的信息。通过了解这些信息可以掌握一些线索,然后再用其他的方法就能够收集比较全面的信息。一项技术发明、一种新方法、一件重大事件的报道往往会吸引众多的人来了解与此有关的详细背景信息。

通过对不同信息源提供的新闻信息和不同时期有关某一事物的新闻信息进行综合分析，往往能够得到某些重要信息。

文献调查法就是收集与某事物有关的各种记录形态的信息，包括图书、期刊、报纸、专利说明、产品样本、技术报告、广告、简报、宣传材料，等等。文献中有些是公开出版的，可以采用购买法、借阅法、复制法等方法进行收集，有些是非公开出版的，可以采用通信收集法、求索法、交换法等方法进行收集。

测试法就是对获得的信息对象运用各种仪器进行测量来获取相关的信息，这是反求工程所运用的主要方法。在国外间谍机构中还经常运用这种方法对无线或有线通信的信息流进行测试，以了解其中携带的各种信息内容。

试验法主要是针对新产品、新服务、新计划而言的，在这些项目尚未正式推广之前，可以采用局部试点或试验的方法来收集信息。比如新的药品、食品要经过长期的试验才能进入市场销售，新机电产品、新服装等都要先进行试用、试穿、试销 等来收集相关的信息。

检索法就是通过各种方式进入数据库中收集相关信息。现在，有许多专业性的数据库生产商，他们已经按照用户的需要收集了许多信息，并对其进行加工后，存储到各种数据库中。因此，善于利用这些数据库有时候能够取得事半功倍的效果。

搜索法就是利用已经上网的计算机对网上信息进行搜寻。目前互联网上已经集中许多信息，但是这些信息往往不是缺乏组织、就是组织不佳，但是目前还没有也很难彻底地扭转这种状况，因此要从网上获得信息，就需要选派专人到网上去搜寻信息。现在人们已经生产出了比较好的搜索引擎，利用这些工具，搜寻网上信息正变得越来越容易。

4.4 信息处理与信息组织

信息处理（information processing）一词具有多种含义，狭义的信息处理仅指信息加工，也就是对收集到或生产出的信息进行转换、增删、重组，它既可以是载体的转换，也可以是描述方式的转换，甚至可以是内容方面的提炼、延伸。信息处理是从数据处理中发展起来的，而数据处理最初就是数值计算，特别是利用计算机来进行科学计算。随着现代科学技术的发展，计算机又被用于自动控制。现在电子计算机已经从数值计算发展到数据处理、从文本处理发展到声音处理、图形和图像处理。因此现在广义的信息处理一词包含了三个方面的含义：其一是科学计算，其二是实时控制，其三是事务处理。信息组织（information organization）是指运用科学的方法来提高信息的有序程度，它包括信息选择、加工、分析、提炼、转述等活动。所谓序是事物或者系统的结构形式，即指事物或者系统组成要素之间的相互联系。当事物或系统的组成要素具有某种约束性、呈现出某种规律时，事物或系统就是有序的，否则就是无序的。信息组织通常针对的是信息的内容，一般是指从语义层次上对信息进行的重组，故其内涵要比信息处理更深，外延更小。为了避免引起歧义，下面仅使用的是"信息组织"，而不是"信息处理"。

4.4.1 信息组织方法的分类

信息组织方法就是提高信息有序度的具体做法。信息组织活动自古就已经出现，经过一代又一代人的努力,现在人们已经建立了多种多样的信息组织方法。这些方法中有的比较成熟,有的比较粗糙,有的应用范围很广,有的应用范围很窄,有的更加适用于手工方式,有的更适用于自动化方式,有的已经弃之不用,有的正处于发展推广之中。研究信息组织的方法,将使我们能够全面深入地了解和掌握各种方法的原理、优点和缺点,因而在应用时更加得心应手。信息组织的方法可以根据时期、内容、形式、手段、方法等来进行分类。

按照信息组织方法的先进程度可划分为传统信息组织法(线性信息组织法)、现代信息组织法(非线性信息组织法)、超文本信息组织法;按照信息组织所使用的手段可划分为手工信息组织法(书库)、机械信息组织法(穿孔卡)和计算机信息组织法(数据库);按照被组织的信息媒体的形式可以划分为单媒体信息组织法、多媒体信息组织法和超媒体信息组织法;按照被组织的信息的载体形态可划分为纸介质信息组织法、磁介质信息组织法、光学介质信息组织法和实物信息组织法;按照信息组织的具体方法可划分为目录组织法、题录组织法、索引组织法、文摘组织法、代码组织法、编码组织法、分类组织法、主题组织法、引用组织法、综述组织法;按照信息组织的具体技术可划分为文件组织法、数据库组织法、搜索引擎组织法、超文本信息组织法;按照信息组织所使用的语言可划分为自然语言信息组织法和人工语言信息组织法。

除了这几种分类方法外,还可能有许多其他的分类方法,在此就不一一列举了。总之,在实践过程中,信息组织往往并不是采用某一种信息组织方法,而是根据需要同时采用若干种信息组织方法。

4.4.2 信息组织的基本原理

信息本身既看不见,又摸不着。千百年来,人类为了能够组织信息,进行过艰苦不懈的探索,并在此基础上逐渐得出了一些带有普遍性的、最基本的、可以作为信息组织方法基础的规律,这就是所谓信息组织的基本原理。了解这些原理,将能够使我们更好地理解和掌握各种信息组织方法。

4.4.2.1 信息组织的语言学基础

信息的非物质性决定了其内容必须要借助于一定形式——符号系统才能表示出来。这种系统中的符号均代表了一定的含义,而且不同的符号之间可根据它们所代表的意义相互转换。常见的符号有文字、数字、字母、代码、图形、图像、分子式等。语言是一种最常见的符号系统,其优点是具有很强的独立性,因而她已经成为信息组织的重要工具。从一般情况来看,目前人们所使用的语言可以划分为两种类型:自然语言(natural languages)和人工语言(artificial or synthetic languages)。利用自然语言来组织信息,过去是、现在是、将来也还是人们努力的方向。但在目前,由于自然语言本身的缺陷——语词与概念不一一对应,存在着一词多义、多词一义和词义含糊等现象,因而它还不是最主要的信息组织工具。

为了克服自然语言的这些缺陷,人们在自然语言的基础上发明了各种各样的人工语言。人工语言又可划分为机器语言和检索语言。机器语言是某种机器可以接受的记录信息、记录解题方法的形式符号系统,它可划分为模拟式、数字式和混合式三种类型。模拟语言描述的是与原信息成比例的信号，比如用连续变化的电流、电压来表示原信息。数字语言中主要采用不连续的数字来表示原信息，其中最常见的是电子计算机里使用的二进制语言。混合语言是前两者的有机结合。检索语言也称为信息语言、信息检索语言、信息存储与检索语言(information retrieval or search languages)、索引语言、标引语言、标引符号、标识系统，它可以描述信息的内容特征与外部特征，以便将信息资料纳入检索系统，同时又可以表述信息检索提问的内容，以便把一定的资料从检索系统中查找出来。检索语言中的语词与概念之间一一对应，而且能显示概念之间的相互关系，因而它是目前组织信息和建立检索系统的重要工具。

和自然语言一样，要构成一套检索语言必须要具备四个基本条件：首先，有一套专用字符(characters)用以构词；其次，要有一定数量的能够表达基本概念的基本词汇(vocabulary)。对检索语言来说，词汇就是登录在类表、词表中的全部标识。词汇由语词组成，语词是词表中的一个标识(tag，如分类号、检索词、代码等)；第三，要有一套能够表达复杂概念的语法(grammar，包括词法——morphology 和句法——syntax)规则；第四，要有一种能把自然语言转换成检索语言的工具——词典，也称为类表、词表(thesaurus)，即分类表(classification system)、主题词表(subject thesaurus)，它们都是检索语言中语词的词典。一种类表或者词表就是一种检索语言的具体体现，其中或是把检索语言的语词与自然语言中的语词对照排列，或是将借用的自然语言词汇加以规范化或算法化。

目前全世界已经研制了约有近千种检索语言，其中最主要的有：《国际十进分类法》(UDC——universal decimal classification)、《杜威十进分类法》(Dewey Decimal Classification)、《NASA(National Aeronautics Space Administration)叙词表》、《中国图书馆分类法》、《中国图书资料分类法》、《中国科学院图书馆分类法》、《汉语主题词表》、《档案主题词表》、《军用主题词表》。这些检索语言可以按照不同的标准加以分类。按照结构原理可以将检索语言划分为分类语言(classification languages)、描述语言(descriptive languages)和代码语言(code languages)。分类语言是用分类号来表达各种概念，将各种概念按照科学的原则(比如学科性质)进行分类和系统排列。其原理是采用概念划分与概括的方法来建立等级体系。比如上面提到的《国际十进分类法》、《中国图书资料分类法》等就属于这种语言。描述语言是用语词来表达各种概念，并将各种概念不管其相互关系而完全按照字顺进行排列，其中最有代表性的语言就是主题语言，比如《NASA(National Aeronautics Space Administration)叙词表》、《汉语主题词表》、《档案主题词表》、《军用主题词表》。代码语言是就事物的某一方面特征，用某种代码来加以标引和排列。比如化合物的分子式语言就属于代码语言。有时候人们也可能将这几种语言结合起来使用，比如我国的《国民经济行业分类与代码》、日本的《商品分类编码》、美国的《国防编码与标准化》等就是如此。按照组配的方式检索语言可以划分为先组式语言和后组式语言。前者的标识在编表时就已经组配好，如各种分类语言，后者的标识只有在检索时才组配起来，如各种序词语言。

检索语言是一种专门为了方便组织和查找信息而编制的人工语言，因而对它必须要有一些共同的基本要求。从查找信息的角度来看，无论是何种检索语言首先要确保的是有较高的查全率(recall factor or ratio or coefficient)和查准率(precision ratio or coefficient)。

$$查全率 = \frac{输出的相关信息数}{集合(信息系统)中的相关信息总数} \times 100\% = \frac{A}{A+C} \times 100\%$$

$$查准率 = \frac{输出的相关信息数}{输出的相关信息总数} \times 100\% = \frac{A}{A+B} \times 100\%$$

A——检准的相关信息数　　　B——误检的信息数(无关信息)
C——遗漏的相关信息数　　　D——无关的信息数

其次是能满足多途径检索的要求。多途径检索(multi-dimensional retrieval)是指从多个侧面进行检索,比如书名途径、著者途径、分类途径、主题途径等。此外还有族性检索(family search),它是从学科、专业出发的检索,是一种范围较广的检索;特性检索(subject search),是从事物出发的检索,是一种范围较窄的检索;扩检和缩检。前者是指扩大检索的范围,后者是指缩小检索的范围。第三是易于标引、易于检索。所谓标引(indexing)包括两个方面,一是主题分析又称为概念标引,是对信息的内容进行调查研究以形成概念的过程;二是符号标引,简称为标引,是指将概念转换成为检索语言的标识。第四是具有对先进检索方式和检索设备的适应性。

4.4.2.2　信息组织的逻辑学基础

逻辑(logic)是思维的规律或客观的规律,逻辑学就是研究这些规律的一种学科。检索语言不论是语词的还是符号的,都是表达一系列信息内容的概念及其相互关系的概念标识系统,因此它们都建立在概念逻辑的基础之上。概念是事物本质属性的概括,概念逻辑则是一种科学思维方法,它揭示的是事物的本质属性及其之间的区别与联系。人类的任何认识活动的成果最终都要通过各种概念才能进行总结和概括。在日常思想交流中,概念是用各种自然语言中的语词(词和词组)来表示,在检索语言中,概念要用检索语言中的语词(标识)来表示。检索语言不仅要能够准确地表达一个个不同的概念,而且还要能显示这些概念之间的相互关系。

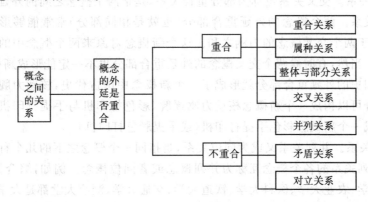

图 4-3　概念之间的相互关系

(1)概念的内涵与外延。概念的内涵(concept content or meaning)就是概念的含义,也即它所指事物的本质属性的总和。例如"接受病人并为其提供诊断、护理、治疗、康复等服务的社会服务的机构"这些本质属性的总和(也即内涵)就是"医院","招收学生并通过课堂教学等的形式向其传授知识的机构"这些本质属性的总和就是"学校"。概念的外延

(concept scope or extension)就是概念的适用范围,也即它所包含的所有事物。例如,学校就是泛指一切形式的教育机构,医院也是泛指各种形式的医疗机构。

概念的内涵有深浅,即它所概括的事物的本质属性有多少;概念的外延有广窄,即它的适用范围有大小。内涵与外延之间成反比关系,概念的内涵越浅,则它的外延越广。例如学校、大学、综合性大学、国立综合性大学这几个概念的内涵依次加深,其外延则依次变小。

(2)概念之间的关系。明确概念的含义,掌握概念之间的关系是信息组织的基础。根据概念之间的外延是否重叠、重复、交叉等,可以将概念之间的关系划分为全同关系、属种关系、整体与部分之间的关系、交叉关系、并列关系、矛盾关系、对立关系,等等。

① 全同关系。全同关系又称为同一关系、重合关系,是指有同一外延而又有不同内涵的两个概念之间的关系。在全同关系中的两个概念实际上是指同一事物,故在检索语言中要加以合并,即只选择其中一个作为标识,以提高专指性。比如电子计算机与电脑、小苏打与碳酸氢钠、父亲与爸爸、庐州与合肥、DNA 与脱氧核糖核酸等。

② 属种关系。属种关系是指两个感个概念中一个概念完全被包含在另一个概念的外延里,也就是说是另外一个概念外延的一部分。例如,生物与动物、学生与小学生、学校与大学、行星与地球、飞机与直升飞机及喷气式直升飞机。在属种关系中外延较大概念被称为是属概念或上位概念(superordinate concept),如生物、学生、学校等,外延较小的概念被称为是种概念或下位概念(subordinate concept),如动物、小学生、大学。

③ 整体与部分关系。整体与部分关系是指在两个概念中,其中一个概念概括某一事物,而另外一概念仅仅表示这一概念的某一部分。如,中国与安徽、安徽大学与(安徽大学)管理学院、人体与(人的)心脏、汽车与(汽车的)方向盘、树与树干等。值得注意的是,不可混淆属种和整体与部分之间的关系。前者是指同族事物的属与种、类称与别称之间的关系,而后者则是指两个不同族的事物一个成为另一个的构成部分之间的关系。

④ 交叉关系。交叉关系也称为部分重合关系,是指两个概念之间的外延有一部分重合所形成的关系。两个概念的外延重合部分(也就是相同部分)常常能够形成一个新概念,其内涵等于两个交叉概念的内涵之和。这个新概念对原来两个概念中的任何一个都属下位概念。当然,有时候两个交叉概念的外延重合部分也不一定能形成新概念。例如,古代史与中国史的外延重合部分就形成了一个新概念中国古代史,核动力舰与驱逐舰的外延重合部分可以构成一个新概念核动力驱逐舰,彩色打印机与手提打印机的外延重合部分可以构成一个新概念彩色手提打印机(或手提彩色打印机)。

⑤ 并列关系。并列关系又成为同位关系,是指同一个概念之下的几个种概念之间的关系,具有并列关系的各个概念互称为并列概念或者同位概念。例如,综合性大学、师范大学、工业大学、农业大学、医科大学、铁道大学、交通大学、测绘大学都是大学这一属概念之下的种概念,故它们之间的关系就是并列关系。

⑥ 矛盾关系。矛盾关系是指外延总和等于其上位概念全部外延的两个并列概念之间的关系,它是并列关系中的一种特殊形式。例如金属材料与非金属材料的外延总和等于材料这一概念的全部外延。男学生和女学生这两个概念的外延总和也等于学生这一概念的全部外延。正极与负极这两个概念的外延总和也等于极性这一概念的全部外延。

⑦ 对立关系。对立关系是指外延总和小于其上位概念全部外延两个概念之间的关

系,它也是并列关系的一种特殊形式。例如导电体和绝缘体之间就是这种关系,因为它们的上位概念是导电性,而导电性这一概念的外延中除了包括导电体和绝缘体之外,还包括半导体。再如酸性与碱性也是这种关系,因为在物质的酸碱性中还包括了中性。

4.4.2.3 检索语言的构成原理

检索语言在表达概念及其相互关系时,普遍利用了概念逻辑原理,有效地利用了概念的划分与概括和概念的分析与综合这两种逻辑方法来建立自己的体系结构。利用概念的划分(缩小)与概括(扩大)原理——分类,可以构成更加广泛或更加专指的新概念以区别事物;利用概念划分过程中所产生的概念隶属关系和并列关系,可以建立某些形式的检索语言体系——概念等级体系(如体系分类法)。所谓概念的缩小(概念限制)也就是增加属性,比如管理、经济管理、信息经济管理、中国信息经济管理;概念扩大(概念概括)就是减少属性,比如中国信息经济管理、信息经济管理、经济管理、管理。

利用概念的分析(分解)与综合(合成)——组配,可以建立另外一种形式的检索语言体系结构——概念组配体系,如叙词法。两个概念的外延重合部分可以构成一个新词,其内涵等于原来的两个概念内涵之和,并且它和原来的两个概念之间具有隶属关系,因此可以将一个内涵较深的概念分解成为两个或两个以上的内涵较浅的概念,也可以反向进行。

4.4.3 分类组织法

分类是人类认识事物的一种思维方式,通过分类可以把相同的和不同的事物区别开来。"类"是指在性质上相同或相似的事物,属性相同的或相似的事物就属同类事物。类的形成以相同性或相似性为条件,相同的东西加上一点不同的因素,就形成同类中的另一小类。"分类"是把相同的事物集中在一起,把不同的事物区别开来,而且把不同的事物根据彼此相互关系,联成一个系统。

分类组织法就是根据分类对象的内容性质、形式体裁、读者用途等分门别类地系统地组织事物。分类法主要有分面分类法(又称为面分类法)和体系分类法(又称为线分类法)。

分面分类法(faceted classification),又称为"组配分类法"(coordinate classification),是一个具有分面结构性质、采用组配方法的分类法。它把各门学科的主题内容或图书资料的特征因素,分成若干范畴的面。也就是按照一定标准将各个事物概念的属性划分为一个个的面。这些面就是一些具有某一共同特征属性的一组事物。在每一个面里,都包含有许多具有同一范畴性质的类目。把这些面以及面下面的细目的标识符号,按照一定的组配顺序编排成为一个个的分类表。在分编文献时,首先分析出主题的各个要素,在分类法里选取与主题的各个要素相对应的面以及面的细目的符号,按照规定的组配符号和顺序组配表达。如《冒号分类法》(见表4-2)就是全面使用主题组配方法的分类法。在如服装的分类可以按照服装所使用的面料、男女服装、服装款式等划分为几个方面,每个面再分为若干个类目(见表4-3)。

表 4-2　冒号分类法

面的名称	顺　序	分面指标符号	组配连接符号
本体	1	[P]	,
物质	2	[M]	;
动力	3	[E]	:
空间	4	[S]	.
时间	5	[T]	/

表 4-3　服装的面分类

材　料	男　女　服	服装款式
纯棉	男	中山装
纯毛	女	西服
中长纤维		猎服
……		……

体系分类法也称为"学科体系分类法"、"层累制分类法"、"等级制分类法",是把所有类目主要按照学科知识的体系和内在的逻辑性,采取尽量列举类目的方式,组成一个有等级层次的分类系统。这里重点介绍体系分类法,并且主要以文献的体系分类法为例。文献的体系分类法是以科学分类为基础,运用概念划分的方法,按知识门类的逻辑关系,从总到分,从一般到具体,层层划分逐级展开的层累制号码检索系统。根据这种方法编制的目录称之为分类目录。

文献分类包括分类和归类两个方面,前者是指建立分类体系,后者是指运用该体系来分类文献。对于文献来说,其分类是按分类表来组织的。分类表是类分文献的工具,它通常有六个部分组成:一、类目:它是每一个"类"的名称,又称类名;二、号码:即类目的代号,也称类号。它既表示类目在分类体系中的位置,也表示它的排列顺序;三、正表:是分类体系的具体体现。其表现形式一般可分为基本部类表、基本大类表(大纲)、重要类目表(简表)和详细类目表(详表)等;四、附表:也称辅表或复分表,其功能是辅助正表之不足,便于正表类目的扩展;五、说明:包括绪论说明、大类说明和类目注释等,是对分类表的编制目的、结构原理和使用方法等的提示;六、索引:它是按字顺方式利用分类表的一种工具。常以检索表的形式附在分类表的最后,以帮助分类人员和读者正确使用分类表。

表 4—4　中国图书馆图书分类法

基本部类		基本大类(一级类目,共有 22 个)
马克思主义、列宁主义、毛泽东思想	A	马克思主义、列宁主义、毛泽东思想、邓小平理论
哲学	B	哲学、宗教
社会科学(九大类)	C	社会科学总论
	D	政治、法律
	E	军事
	F	经济
	G	文化、科学、教育、体育
	H	语言、文字
	I	文学
	J	艺术
	K	历史、地理
	L	缺
	M	缺
自然科学(十大类)	N	自然科学总论
	O	数理科学和化学
	P	天文学、地球科学
	Q	生物科学
	R	医药、卫生
	S	农业、林业
	T	工业技术
	U	交通运输
	V	航空、宇宙飞行
	W	缺
	X	环境科学、安全科学
	Y	缺
综合性图书	Z	综合性图书

分类法的特点是：一、从事物的某一方面出发，按表达事物的层累制号码排列，同一学科内容的资料集中在一起，可以体现学科的系统性，反映事物的从属派生关系，便于按学科体系进行族性检索；二、以人工语言（数字、字母代号）作为标记符号，不直观，较难记；三、体系固定，增补新类目不及时，但按分类号组织分类目录较容易；四、组配方式较机械，较难满足多元检索要求。

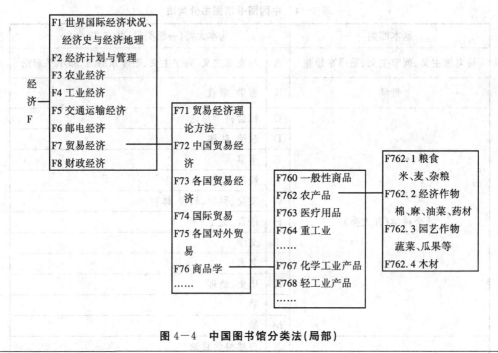

图 4－4 中国图书馆分类法（局部）

6	应用科学、医学、工业、农业
62	工业、工业技术总类
621	一般机械工程、原子能、电器工程、机械工程总类
621.3	电气工程
621.39	电讯工程
621.396	无线电通讯工程
621.396.9	无线电通讯的应用、雷达
621.396.96	雷达
621.396.969	雷达的应用

图 4－5 UDC 细目表（局部）

表 4－5 UDC 大类表

0	总类	5	数学、自然科学
1	哲学	6	应用科学、医学、工业、农业
2	宗教、神学	7	艺术
3	社会科学、法律	8	（语言）文学
4	（语言学）	9	地理、历史、传记

* 其中"4——语言学"已经于1964年并入"8——文学"中，目的是将其空出以作为扩充科技类使用。

4.4.4 主题组织法

主题组织法又称"词汇控制法"，是直接用语词作为表达主题概念的标识，并用字顺排列标识和用参照系统等方法来间接表达各概念之间的相互关系。根据语词的选词原则、组配方式、规范措施、编制方法和使用规则,主题组织法可分为标题法、单元词法、关键词法和叙词法等。

4.4.4.1 标题法

标题词是指用来表达主题内容(即主题标识)的经过规范化处理的自然语言中的词或词组。标题法用经过规范化处理的自然语言中的名称术语作为标识来直接表达文献所涉及或论及的事物——主题,并将全部标识按照字顺方式进行排序,用参照系统来间接显示标识所表达的事物主题之间的相互关系。简单地说,标题就是表达文献主题的一种语言形式,按照这种标题的字顺来组织文献信息检索工具的方法就是标题法。

标题法的原理有三条:一是按主题(事物)集中文献;二是用经过规范化的语词直接标识文献主题;三是用字顺序列直接提供主题检索途径。标题法有单级标题、带说明语的标题、多级标题(主标题和副标题)、倒置标题等几种形式。标题法用标题参照系统来显示它们表达概念的相互关系。用"见"、"见自"显示等同关系,用"参见"、"参见自"显示等级关系和相关关系。标题词的汇编称为标题表,由编制说明、主表和副表三部分组成。标题法中标题之间的顺序关系是预先组配好的,属先组式。其好处是在标引和检索时直接使用,不易混乱,但使用不灵活,不能满足多途径检索要求。标题法以事物为中心来集中与该事物有关的文献,适于从主题出发进行检索,易查找某一主题的文献,且使用方便、检索速度快、修改容易。

例如,一篇关于羊饲养的文章和一篇关于羊病防治的文章,都可以直接用"羊"(或"羊——饲养"、"羊——疾病")来做标题,而不是用"畜牧学——羊"、"兽医学——羊"来做标题,他们在标题系统中都是按照"羊"字排列被集中到一起。在检索时,不管是羊饲养还是羊疾病的信息,也不论学科性质,都可以按照字顺查"羊"即可。如果将有关羊的信息全部找到,则在"羊"的标题下可以看到一条参照"参见羊、山羊、黄羊……",据此可以将相关信息全部查出。比如一篇关于羊的饲养的文章和一篇关于山羊的饲养的文章,其标题分别为"羊"(或"羊——饲养"和"山羊"(或"山羊——饲养")),它们在标题系统中都是按照"羊"和"山羊"的字顺来排列的,因而被分散在两处。

标题法按照事物来集中信息,因此在同一个标题下常常集中了有关一个事物的多方面的信息,如在"羊"这个标题下,可能有羊的生理、心理、解剖、饲养、遗传、育种、选种、繁殖、饲料、放牧、疾病、用途……,所以同一个标题有时还需进一步细分,于是就产生了不同类型的标题,如有单一标题(单级标题)和复合标题(多级标题)。前者是由一个标题词(仅有一个名词术语)构成的主题标识,又可细分为:单词标题(元词标题)——肠、脑、经济、物质等;词组标题(复词标题)——肠梗阻、脑膜炎、教育心理学;短语标题——反对自由主义等。复合标题就是在标题下再加标题形成子标题,子标题下还可以再有子标题,称为次子标题。它主要是为了满足复杂主题概念的标引而设计的。复合标题由两个或两个以上的标题词按照一定的组配符号(如短横线)连接起来作为主题标识。其表现形式一般为:主标题-副标题-副副标题。主标题为表示文献内容主题的关键性概念,一般具有独立的检索意义,能够成为用户查找信息的一个检索入口。副标题和副副标题一般是对主标题的限定、修饰、说明或对主标题的细分(复分),它们也都是规范化的语词。

标题的结构形式及使用的符号主要有:一、组配标题形式——标题之间加"—"。如

"法律—中国"。二、限定标题形式——在标题词后加括号和限定词。一般用于对同形异义词、多义词范围限定。如"疲劳（生理）"、"疲劳（材料）"。三、倒置标题形式——将复合标题中起限定作用的词倒置于被限定词之后所构成的一种标题，倒置符号用"，"，但也有用"[ ]"。其优点是便于集中信息，缺点是有时候难以判断应从哪个词入手进行检索。四、带说明语的单级标题——用说明语来表达更复杂的概念，相当于一个复词标题。如："期刊，情报价值的"。五、复杂标题式——多种符号混合的一种标题形式，如："肿瘤—诊断，超声波"。六、正装标题形式——按照自然语言词序书写的标题形式，如："宗教社会学"、"超短波广播"。

表 4-6 倒置标题形式

飞　　机	表　　示
飞机，低音速	低音速飞机
飞机，亚音速	亚音速飞机
飞机，超音速	超音速飞机
广　　播	表　　示
广播，超短波	超短波广播
广播，立体声	立体声广播
广播，卫星	卫星广播
广播，无线	无线广播
广播，有线	有线广播

标题的语义参照是标题法揭示标题之间的语义关系的一种重要手段。主要有单纯参照、相关参照和一般参照。单纯参照是反映同义关系的参照，一般用"见（see）"、"见自（see from）"来显示等同关系。相关参照是指两个具有等级或者相关关系而又是正式使用的标题词之间的参照，用"参见（see also）"、"参见自（see also from）"来显示。一般参照是一种概括性的举例性参照。

4.4.4.2 单元词法

单元词（uniterm）是指一个个在概念上不能再分的、最小的、最基本的词汇单位，是能够独立地描述文献所论及或涉及的事物——主题的那些单词。在汉语中，单元词可以是一个单纯词，如"山"、"水"、"氧"、"玻璃"、"逻辑"、"火车"、"资料"、"马克思"、"乌鲁木齐"等，也可以是一个合成词，如"文字"、"图书馆"、"车床"、"隔音"、"公路"等。这些词的特点是在概念上不能再进行进一步的分解，因为进一步的分解将不能表达原来的概念，从而失去检索意义。单元词法就是用规范化了的单元词来表示文献主题的方法。单元词是构成标题的部件，它们本身绝大部分不是符合"直接精确地表达文献主题"这一基本的要求的"标题词"，只有用单元词的相互组合或组配才能构成一个个专指的"标题"，以便精确地表达文献的主题或进行检索。因而，单元词法的构成原理就是组配，即任何完整的、复杂的概念都可以分解成为一般的单元的概念，或反过来说，任何复杂的概念都可由单元词的组合（配）而成。该法灵活性高，能提供多途径检索，现已演变为叙词法。值得注意的是在实际使用过程中,单元词法使用的单元词并非都是任意的,实际上它只选用经过规范化处理的单元词来表示文献的主题。

组配就是从主题词表(但组配也适用于分类组织法)中选取两个或两个以上的主题词,按照一定的概念组合关系和符号,把他们有机地结合起来,以表达更为专指的主题。组配时主要使用比号组配法和比孔组配法两种方法。

单元词法的主要特点是:标题是组配构成的,而且是"后组式的",即在编表和标引时事先不把检索标识组配成为固定的标题形式来表达文献的主题,而是到检索时才临时选用单元词并将它们组配起来进行检索。因此,对先组式语言而言,就是要从文献的实际主题出发,在编表和标引阶段即进行组配。但对后组式语言而言,主要是从检索课题的实际需要出发,其检索主要用于检索阶段。具体地说,单元词法的主要特点是:一、可以同时使用多个单元词对同一份文献从不同的侧面分别进行标引;二、单元词之间不存在次序问题,但有可能会产生误检。三、组成"标题"的每一个单元词都可以作为检索入口,检索途径较多。四、利用对单元词的增加或减少,可以进行扩检或缩检。五、标引深度较高。单元词是一个标识(一个单元词)一张卡片,单元词的数量都有一定的限制。六、有利于向计算机检索方向发展。

表 4-7 单元词的组配

单元词	复杂概念
隔音+纸	隔音纸
隔音+板	隔音板
隔音+塑料+板	塑料隔音板

单元词法最初不编制词表,因而对词的控制和词义的规范都不作要求,但是后来也编制了词表并使用语义参照系统。

4.4.4.3 叙词法

单元词的选取主要考虑词的结构,重在拆词。单元词的组配基本上属于单纯的字面组配,误检率较大。字面组配只考虑词的字面形式而不考虑内容含义,把概念简单地看成是词的任意叠加,因而组配经常会导致望文生义或不知所云,以至检索时无所适从。

表 4-8 字面组配

1	脑+肿瘤	脑肿瘤
2	河北+梆子	河北梆子
3	香蕉+苹果	香蕉苹果
4	牛+蛙	牛蛙
5	田+鸡	田鸡
6	熊猫+电视机	熊猫电视机
7	长城+计算机	长城计算机
8	金鱼+洗衣机	金鱼洗衣机
9	白鳍豚+啤酒	白鳍豚啤酒

为了避免单元词法的缺陷人们又研制了一种新的信息组织方法——叙词法。叙词是一些以概念为基础的、经过规范化的、并且有组配性能,显示词间语义关系和动态性的词和词组,又称其为描述词、叙述词,在国内也叫主题词。叙词法就是以叙词作为标识符号,标引和检索文献信息的一种检索方法。叙词法采用的主要是概念组配——概念的分析与综合(拆义),它把完整的一个主题内容从概念上分解为若干个分概念,然后再从词表中选用能够确切地表示这些分概念的词或字组加以组配,以形成更为专指的概念。叙词法严格遵守概念组配原理,不能简单地拆词。

实际上,字面组配与概念组配有时候相同,有时候则不同。例如在表4-8"1"中"脑"与"肿瘤"组配可以产生"脑肿瘤",检索时无论是从"脑"、"肿瘤"入手还是从"脑肿瘤"入手,都不会出现漏检或误检。在"2"中,如果按照字面组配原理仅仅从字面使用"河北"一词进行检索,则查找范围太大,检索时困难会浪费许多时间。如果考虑概念组配原理,从含义方面考虑使用"河北地方戏"可能更符合族性检索要求。至于"3"情况就完全不同了。按照字面组配原理,"香蕉"和"苹果"的组合是"香蕉苹果",但是如果在标引香蕉苹果方面的信息时用"香蕉"和"苹果"进行组配标引时,则在用香蕉这个词进行检索时就会产生误检,因为香蕉苹果不是香蕉中的一种。而两者组配检索时,又可能会把兼论香蕉和苹果的文献查出来,但却找不到论及香蕉苹果的文献。若按照概念组配原理,"香蕉苹果"应该用"香蕉味食品"或"香蕉味水果"和"苹果"这两个词进行组配表达,就更加符合逻辑。此时,将不会出现误检。对于词表中没有的概念,可以使用概念组配的方式来进行检索。例如"农用钢挖泥船"就可以用"农用船"、"钢船"和"挖泥船"三个概念进行组配。

表4-9 概念组配

1	脑+肿瘤	脑肿瘤
2	河北+梆子	河北梆子?
3	河北地方戏+梆子	河北梆子
4	无为+板鸭	无为板鸭?
5	无为特产+板鸭	无为板鸭
6	金鱼+洗衣机	金鱼洗衣机?
7	金鱼牌电器+洗衣机	金鱼洗衣机
8	白鳍豚+啤酒	白鳍豚啤酒?
9	白猫+洗衣粉	白猫+洗衣粉?
10	白猫+洗衣粉	白猫牌商品+洗衣粉?
11	香蕉+苹果	香蕉苹果?
12	香蕉味食品+苹果	香蕉苹果

叙词法的主要特点是:一、直接以规范化了的自然语言——叙词作为标识符号,直观性强;二、直接从论述和研究的具体对象和问题出发进行选词,并采用叙词组配来描述主题,专指性强;三、叙词法能随时加以增设修改,适应性强;四、对叙词主要采用字顺排列方

式,查找迅速;五、主要采用后组式概念组配方法,灵活性强;六、对同一主题的文献,可以作多维检索(多途径检索);七、叙词表中编制和建立了叙词语义关系的网络结构(叙词字顺索引的参照系统,叙词范畴分类系统、叙词等级系统,叙词词族图等),加强了叙词法的学科系统性和族性检索作用。

组配时需要注意这几个问题:一、要尽量使用词表中给出的主题词,只有词表中单个主题词不能够表达主题时,才进行组配;二、要防止单纯字面组配,组配必须是概念组配;三、要防止多标识组配,必须选用与所表达的主题关系最密切、最邻近的主题词进行组配。多标识组配是指一个主题具有多种组配标识,但是一个主题只能选择一组组配标识进行标引,否则容易造成误检。四、要防止越级组配,也就是在标引时不能以粗(大概念——泛指词)代细(小概念——精确词)或以细代粗。五、要防止虚假组配。六、要防止二义性组配。二义性组配是指组配标识(即一组组配的标题词)其组配的结果可以同时表示几个不同意义的主题,但是叙词法的要求是组配只能表达和描述一个概念。出现这种情况时,可以考虑采用上位主题词或近义主题词,增补新的专指性主题词,赋予组配的主题词某种职能符号,对于手检的组配标题可以按照自然语言顺序组配而不交换主标题与副标题的位置,如"信息—管理"不要交换成为"管理—信息"。

叙词法也使用参照系统 来显示概念之间的相互联系,其方法与标题法中的基本相似。

4.4.4.4 关键词法

关键词是从文献的题目、正文或摘要中抽出的能表征文献主题内容的具有实质意义的词语。关键词法是将描述主题内容的关键词抽出,不加或加少量规范处理、按字顺排列提供检索的方法。该法相当粗糙,但标引容易,报导及时。

关键词法原理的应用,常有三种形式,即题外关键词索引、题内关键词索引和单纯关键词索引。单纯关键词索引是将从文献的正文、摘要和题目中抽出的关键词按照字顺轮流领头进行排列,没有上下文修饰的一种索引。每一组关键词后著录文献号码,组成一个款目。检索时无论从哪个关键词入手都可以查找到这一文献。题外关键词索引是单纯关键词索引的一种变体,其编制原理与单纯关键词索引基本相同。不同的地方是把文献中析出的一组关键词同时放在题目、号码上面,轮流领头进行排列,或者是单个关键词轮流放在题目、号码前面。在这种索引款目下,不仅著录文献号,还要著录文献的题目,以便读者选择文献时参考。题内关键词索引又称为上下文关键词索引,就是把关键词保留在文献的题目之内,关键词的上下文和词序都不变。在编制索引款目时将每一个关键词按照字顺轮流做检索标目,排在版面的固定位置,并用黑体字表示作为标目的关键词,其上下文(即前后文)均随之移动位置。其主要特点是在列出关键词时,保留了题目中的非关键词,而且词序不变。这样关键词与非关键词组成了一条短语,即一条上下文,因而便于明确关键词在题目中的含义。这种索引特别方便于用计算机来编排。

4.4.5 代码组织法

代码是一个或一组有序的易于计算机或人识别与处理的符号,有时候简称为"码"。例如行政区划编码中的420106就是表示湖北省武汉市武昌区的代码。编码就是把表示信息的某种符号体系转变成便于电子计算机或人识别和处理的另一种符号体系的过程。对信息进行编码，就是用代码代替事物或概念的原有名称。代码一般是指代表事物的名称、属性、状态的符号和记号。代码通常被赋予人名、地名、品名、公司或其他名称以及不变的名词。代码有许多类型，在实际使用中，一般常用数字型代码、字母代码或数字字母混合码。

信息存储时，首先要进行系统的编码设计，制作编码(检索)系统。一个完善的编码系统，应遵循下列原则：一、唯一性。在编码时每一个分类对象只能赋予一个代码；二、一致性。代码的使用应该保持连贯性；三、可扩展性。在设计代码系统时要保留足够的备用代码，以适用将来可能出现的扩充的需要；四、简单性。代码要尽量简单以减少存储和录入时的差错率；五、规范性。在同一个编码标准中，代码的结构、类型以及编写格式必须统一；六、可辨认性。代码要方便使用者识别；七、相对稳定性。代码系统一经选定后就应保持一定的稳定性，不能随意更改。

代码有多种类型，从大方面可以划分为有实义代码和无实义代码。无实义代码是指无实际意义的代码。它只作为分类对象的唯一标识，起代替分类对象的作用，但其本身不提供有关分类对象的任何其他信息。无实义代码又可以划分为顺序码和无序码两种。前者是将自然数或字母赋予分类对象，例如"人的性别代码(GB2261-80)"规定"1"为男性，"2"为女性。无序码是将无序的自然数或字母赋予分类对象，它没有任何的编写规律，完全靠机器的随机次序编写。

有实义代码是指有实际意义的代码，它不仅是分类对象的唯一标识，代替分类对象，还能够提供有关分类对象的一定附加的含义方面的信息。有实义代码可以进一步划分为逻辑码和排序码。逻辑码是一种按照一定逻辑规则或者一定的程序算法编写的代码，包括矩阵码和自检码。矩阵码是建立在二维坐标基础上的一种代码，比如电影院的座位号码。自检码是由代码本体和一个附加码构成的。附加码又称为校验码，主要用以检查在代码的录入和转录过程中是否有错误。它和代码本体部分存在某种唯一关系，并可通过数学方法计算出来。例如国际标准书号(ISBN)就是一种自检码。

国际标准书号	组号	出版者号	书名号	校验号
ISBN	90	7000	234	5

ISBN共有10位数字，组号代表一个地理区域、国家或集团的编号，其长度可以取1—5位数字，出版者号代表组内所属的一个出版社(出版商、出版公司)的编号，长度可以取1—7位数字。组号与出版者号的总长度可以取2—8位数字。书名号代表一个特定的出版者出版的一种特定的出版物的名称号码，其长度以前两者而定。检验码是ISBN的最后一位数字，可以为0—10中的任何一个数字，当等于10时就用X来表示。其值和前9位数字之间的关系是：用10—2这9个数分别乘ISBN的1—9位数，这些乘积之和加上校验位的数值应能够被11除尽。如果不能，则说明该号有错误。

ISBN　　　　　　　0-471-06953-1

$[(0\times10)+(4\times9)+(7\times8)+(1\times7)+(0\times6)+(6\times5)+(9\times4)+(5\times3)+(3\times2)+1]/11=17$

新的身份证号码也是一种自检码。原国家技术监督局决定从1999年7月1日起将身份证号码从15位升到18位数，此数为公民终身法定号码。这18位数从左至右依次为：6位数字地址码，表示编码对象长住户口所在县(市、旗、区)的行政区划代码，8位数字出生码，表示编码对象的出生年月日，3位数字顺序码表示在同一地址码所标识的区域范围内，对同年、同月、同日出生的人的编定的顺序码，它的奇数分配给男性，偶数分配给女性，1位数字校验码，用来验证前17位数字在录入或转录过程中的准确性。

排序码就是按照预先选定的某种顺序将代码分别赋予所要表示的对象。它又可以分为系列顺序码、层次码、特征组合码和字母顺序码等类型。系列顺序码如《国务院各部、委、局及其他机构名称代码》(GB4657-84)，其中三位数字码的第一位数字表示类别标识，第二位、第三位数字表示该机构在类别中的数字代码。例如"300-399"为国务院各部，"400-499"为国务院各局办公机构和直属于国务院各部委的国家局级机构以及国务院咨询机构和国家学术机关；"700-799"表示全国性人民团体。

层次码一般用于线性分类法，它是以分类对象的从属层次关系为排序的一种代码。编码时通常将代码分为若干层、级，并与分类对象的层、级保持一致，代码的左端为高位层级代码，右端为低位层级代码，每个层级代码可以采用顺序码或系列顺序码。例如行政区划编码中的420106就是表示湖北省武汉市武昌区的代码。

特征组合码一般用面分类法。它是将分类对象按照其属性或特征分成若干个面，每个面内的诸类目按其规律分别进行编码。因此面与面之间的代码没有层次关系，也没有从属关系，使用时按照事先确定好的顺序，根据需要可将不同面中的代码组合以表达一个新概念。例如，对于机制螺丝钉，可选定材料、直径、螺丝钉头形状及表面处理状况四个方面，每个面选用一个代码，第一位表示螺丝钉所使用的材料，第二位表示螺丝钉的直径，第三位表示螺丝钉的形状，第四位表示螺丝钉的表面处理情况(见表4-10)。比如，"3124"就表示用钢做成的直径为0.5的平头的上漆螺丝钉。

表4-10 特征组合码

第一位	第二位	第三位	第四位
材料	直径	形状	表面处理
1—不锈钢	1—φ0.5	1—圆头	1—未处理
2—黄铜	2—φ1	2—平头	2—镀铬
3—钢	3—φ1.5	3—六角形	3—镀锌
		4—方形	4—上漆

信息编码要按一定步骤进行，这些步骤是：①确定编码对象，明确编码的目的和要求；②分析编码对象的特征，确定代码的使用范围和设计方向；③编制代码表，注明有关事项和说明；④对信息进行编码。

4.4.6 引用组织法

引用组织法。它是运用文献的引用和被引用的规律来组织信息。利用该法组织信息的工具，有美国的"科学引文索引"(Science Citation Index-SCI) SCI 是美国信息学家加菲尔德按照美国薛泼德引文法原理编制而成的。它是一种根据被引用文献查找引用文献的方法。加菲尔德在1961年用薛法将600种期刊所载论文后面的参考书目作为被引文献,并将其作者作为检索的主要条款,将引证此文献的作者及其出处记录于后,如引文不止一篇,按引证作者顺序,这样可以查到某个作者的某篇被引文献的引文,被引证次数越多则价值越大。同时根据有关引证作者姓名查下去,利用来源索引查清引用篇名,引用别人文献者,其文献也可能被别人所引,层层关联,可以得到大批内容有关的文献。SCI所用的方法正是一般科研人员所喜爱的滚雪球式文献检索方法。SCI有三种类型,即作者引文索引、来源索引和轮排主题索引。在此仅介绍一下作者引文索引,它的主要作用是揭示被引作者及其著作的影响程度。它以第一作者及其论文出处为依据,索引按照被引作者的姓名字母顺序排列。

① → BROADVS AE
② → 69 CLIN RES 77 65
　　　FRANKLIN NATURE BIOL 246 119 73
③ → MARCEL YL UNMEDCAN 102 876 73
④ → TOJ CLIN INVEST 49 222
　　　AUGUST GP-JCLIM END 37 576 73
⑤ → STEINER AL METABOLISM 22 1139 73

说明:①被引作者
　　　②被引年、刊、卷、期
　　　③引文作者、刊、页、年
　　　④被引作者第二篇论文出处
　　　⑤第二篇论文各引文作者著录

4.4.7 索引组织法

索引即英语中的"index",又称为"引得",有目次表、指南之义。一般说来,索引可以划分为两大类:一、物质系统索引,如道路、铁路、公路、大街、小巷等都要有索引(地图、路标、门牌等)以标明他们通向何处。二、文献系统,它可以把用户指向整部著作或某部著作中的特定事项或内容。后者是指将文献中的篇目、语词、主题、人名、地名、事件等都按照一定的方式编排并指明出处的一种检索工具。

索引组织法是指将文献中的项目或内容摘记下来,在每条下面注明出处页码,并按照一定的规则排列起来。它要求对文献的外部特征和内容特征用各种检索语言进行描述,并按照一定的方式将它们组织起来,其组织的结果就是"索引"。索引作为一种指南系统,既是查找信息的工具,也是组织信息的工具。在现代社会里,没有索引,查资料、打电话、订旅馆、找街道以及许多其他活动都将无法进行。

索引法组织文献信息有两种类型:按文献外部特征组织索引的有书名索引、著者索引、引文索引等;按文献内容特征组织索引的有分类索引、主题索引、关键词索引、链式索引、Precis(preserved content index system)索引(保持上下文索引)等。在后一种索引中,除分类索引外,一般可统称为主题索引。

从语言学角度看,索引可划分为三种形式:一、以自然语言为基础的自然语言索引。这种索引中作为标题的索引词一般都是从著者的正文和篇名中抽取出来的,所以这种索引在编制时只用计算机抽词的方法。它们主要有关键词索引(如题内关键词和题外关键词索引)和语词索引;二、以人造语言为基础的人造语言索引。它主要是指一些特殊索引,如音乐方面的主旋律索引,化学中的环系索引和分子式索引,生物上的生物分类索引等,它们都是使用人造符号和结构的索引语言体系;三、以自然语言和人造语言为基础,采用结构等级形式的结构语言索引,它又有两种形式:其一是常见的按标题法编制的主题索引,其二是按某种分类法的结构体系编制的索引。前者也有两种形式:即先组式的主题法字顺索引,后组式的字面组配单元词法索引和概念组配叙词索引。所谓主题是指一篇著作的核心思想,把这些核心思想用一些语词体现出来就成了主题词。凡属于相同主题词的索引款目都置于同一主题词下,就构成了索引体系。主题索引中,使用的索引语言都是按特定结构分等级,按字顺排列,索引的标题之间具有语言学上的联系。

4.4.8 文摘组织法

文摘法就是用简短精炼的文字编写文献主题内容的摘要。文摘是以提供文献内容为目的,不加评论和补充解释,简明、确切地记述文献重要内容的短文。文摘可以按照不同的标准划分为多种类型,这里仅介绍一下指示性文摘和报道性文摘。

指示性文摘(indicative abstract)。它是一种简短反映原文献目次或原文献主题范围的文摘,不提供具体事实和结论。这类文摘对一次文献的语义分析不深入,对原文正文的分析一般是根据篇、章、节进行的,没有详细的事实情报。没有详细的叙述实际和理论结果及其建议,只指明原文的主题范围与内容梗概。它一般不提供情报内容,因而不能够代替原始文献,只起到题解的作用。

报道性文摘(informative abstract)。它是概述了原始文献的主要论点、创造内容及其所含的重要数据的一种文摘。它含有原始文献所有的基本情况、说明这些情况的材料、最重要的结论,以及有关研究方法、设备的利用及其应用范围和取得的结果,所揭示的规律、性质和现象的全部论据,所取得的成果的技术性能、参数特征和使用范围等。它要指明文献的实质性内容,是原始文献的最完整的浓缩,信息量大,能够基本反映出原始文献的基本内容。其中所含有的许多事实信息,使用户在很多情况下可以不用查找原始文献就能够掌握其实质内容。比较详细地提供原文献的关键内容的文摘,使用户不阅原文便知其要点。文摘一般要起到报道和检索的双重作用。文摘法比主题法、分类法更能对信息内容作深入揭示。编写文摘要注意三个问题:其一,准确抓住原文要点;其二,客观反映原文内容;其三,合理控制文摘篇幅。文摘的结构一般包括:一、题录,主要描述原文外部特征,如题目、著者、原载报刊的刊名、出版年、卷期、页次等;二、正文,主要描述原文的内容特征,如研究对象、目的、方法、观点、结论等;三、检索标识,即每篇文摘的分类号、顺序号;四、参考资料,包括注释、引证和文摘员姓名等。

4.4.9 数据管理法

数据管理(data administration)就是组织各种数据,它主要有两种方法,第一个是传统的数据管理方法(traditional approach to data administration),也就是文件组织法;它主要用于组织非结构化的信息。因特网提供了诸如 FTP 之类的协议来帮助用户利用那些以文件形式保存和组织的信息。但随着网上信息的不断增多，以文件为单位来组织、传输信息也可能会使网络的负荷越来越大，而且当信息结构复杂时，对文件系统也难以实现有效的控制和管理。因此，从长远来看，文件只是网络信息组织的辅助形式。第二个是数据库方法（database approach）。

毫无疑问，数据对任何组织来说，都是一种最重要的资源。没有数据，不具备处理数据的能力，组织将无法生存下去。因为它将不能支付职员的工资、寄发各种帐单、订购新货物，或者是生产帮助管理人员进行决策所必需的信息。

在任何数据库系统中，都要考虑这样一些问题：一、内容（content），即要以何种成本、收集那些数据？二、存取（access），也就是在什么时候向哪些用户提供哪些信息？三、物理组织（physical organization），就是要确定数据存放的物理位置；四、逻辑结构（logic structure），即怎样安排数据以使它能够为给定的用户所理解。

4.4.9.1 数据的层次

为了能把数据有效地转换成为有用的信息，首先要把数据按照某种有意义的方式组织起来。数据一般是按照层次的方式进行组织的，先是从计算机中所用的最小的数据——比特（位—— byte）开始，然后再是字节（字符——character）、字段（field）、记录（record）和文件（file），最后是数据库，这些就是数据的层次（hierarchy of data）。

信息的基本构件是字节，它由大写字母"A、B、V……Z"、小写字母"a、b、c……z"、数字"0、1、2……9"和专用字节"，.、十、一、/……"等构成的。字段，又称为数据项，由字符构成，它可以是一个数字、一个姓名或字符的某种组合。字段的作用是描述事物的属性，通常可用若干个字段的组合来描述某一事物。将相关字段按照一定的顺序排列起来所构成的集合就是记录。通常每个记录都由若干个数据项组成，记录通过数据项来描述事物。例如，某个雇员的记录就是有关该雇员的字段的集合。字段可以是该雇员的姓名、地址、电话号码、工资或者是收入，等等。相关记录的集合，例如全公司雇员记录的集合，就成了文件。文件是一组具有相同属性且有具体名称的记录的集合。数据层次中最高的是数据库，它是相关文件的集合。数据库是组织的各项应用的原材料或输入数据。比特、字符、字段、记录和数据库就构成了数据层次。字符的集合构成了字段，字段的集合构成了记录，记录的集合则构成了文件，文件的集合构成了数据库。

4.4.9.2 数据实体、属性和关键字

数据实体（data entity）可以是任何需要为其收集、存储和维护数据的项目（item）、人（person）、地点（place）或者事情（thing），即要为其记录信息的事物。实体可以是具体的事物，也可以是抽象的事物。前者如人、汽车、雇员、存货和顾客等，后者如课程、企业等。实体又可以划分为"个体"和"总体"两级，例如长江、黄河是组成河流这个总体的个体，而鸡、狗、牛这些个体又可以组成动物这个总体。大多数组织都把实体作为数据来储存。关于某个具体实体（具体的客户）的数据或字段的集合就是一个记录。数据属性（attribute）是实体某一方面的特征（characteristic）。例如，社会保障代码（social security number）、姓名、地址、电话号码、雇佣日期、部门号码和工资都是某个雇员的属性（表4—11）。客户号码、姓名、地址、电话号码等都是客户的属性。由于观察者所站的角度不同，因而对同一

实体可能会得出不同的特征。例如,对"雇员"这个实体,人事部门要了解其姓名、入伍时间、工种、工资和奖惩等属性;医疗部门要了解其身高、体重、血压、血型和既往病史等属性。属性具有名和值,属性名是给属性定义的标识,属性值是用于描述某个具体属性的数据。例如"社会保障代码"就是属性名,而"005－10－6321"、"549－77－1001"等就是属性值。数据关键字(key)是记录中的一个字段,它可以唯一地标识该记录。比如表4－11中的社会保障代码对每个雇员来说都是独一无二的,是识别雇员的一种方式。但雇员的名字不能够作为关键字,因为可能有同名现象。有时候,可使用一个以上的关键字来唯一地标识一个记录。

表 4－11　数据实体、属性和关键字

社会保障代码	姓　名	雇　佣　日　期	部门号
005－10－6321	张　华	1965－10－07	257
549－77－1001	李　萍	1979－02－17	650
098－48－1370	马　兵	1985－01－05	598

关键字段

属性(attributes,即字段)

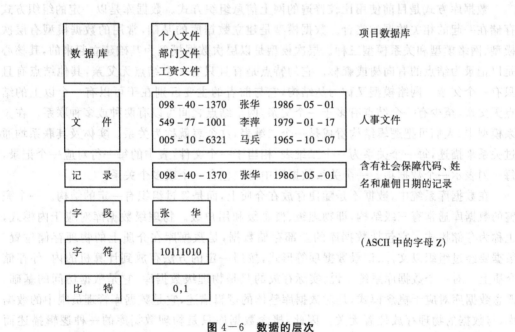

图 4－6　数据的层次

4.4.9.3　文件组织法

用文件方法来组织信息,主要有三种。第一种是顺序组织法。它是指文件中的诸记录按照唯一标识数据记录的某个关键字值的大小顺序存放在存储介质上的信息组织形式。按照此种方式组织的文件称为顺序文件。一般来说,顺序文件的逻辑顺序与物理顺序是一致的,其优点是能以顺序或主要关键字值用快速方法查找,缺点是不能任意对某个记录进行直接存取,而且修改困难,因为要插入一个新记录时需要移动该文件的大部分。索引组织法就是把文件中识别各个记录的关键字集中在一起组成一个目录文件(即索引)的组织形式,对应的文件成为索引文件。一个数据文件可以按照关键字的不同组建成若干个索引文件。索引的内容包括按升序排列的某字段(索引关键字)的值和关键字在源文件中所记录的指针(即源文件的记录号)。索引文件的优点是存取方便,缺点是如果文件量增加,目录文件数也相应增加,故占用的存储空间也相应增加。倒排文件,从信息组织的角度来看,仅有按关键字组织的索引文件(主索引)是不够的,还需要有按其他特性标识项组织的索引,比如可按年龄、姓名等。通常把这种按照特性标识建立的索引称为倒排索引,把带有倒排索引的文件称为倒排文件。倒排文件的存取速度快,但增删、改速度较慢。

文件信息组织法为每一种独立的应用都编制并存储一份独立的数据文件,但这些文件中有大量的重复数据(称为数据冗余——data redundancy),导致同样的数据被存储在不同的地点,并可能会产生一些不良后果。例如,某个雇员的数据在人事部门的人事文件中已经被更新,但在财务部门的财务文件中没有更新,结果给该雇员发错了工资。数据冗余与数据的完整性(data integrity——不论数据包含在哪个文件中,都应该准确)相冲突。在现代社会中,人们对数据完整性的要求越来越高。

4.4.9.4 数据库法

数据库方式是目前使用比较普遍的网上信息组织方式。数据库是以一定的组织方式存储在一起的相关数据的集合。数据模型是建立数据库的基础,常用的数据模型有层次模型、网络模型和关系模型三种。层次模型是以层次数据模型为基础建立起来的,其核心是以记录为结点的有向树或森林。它的特点是有且只有一个结点无父亲,其他结点有且只有一个父亲。网络模型又称为丛结构,它与前者的主要区别在于可以有一个以上的结点无父亲,至少有一个结点有多于一个父亲,两个结点之间可以有两种或多种联系。在关系模型中,人们可把逻辑结构看成是一个二维表,这个表就称为关系。实体及其联系均通过关系来描述,每一个关系为一个二维表,相当于一个文件,表中的每一行对应一个记录,每一列表示一个数据项。一个关系数据库中可以包含一个或多个关系。

在数据库系统中,数据不是随便存放在介质上,而是经过组织有一定的结构。一个完整的数据库通常有三级结构,即物理级、概念级和用户级。物理级数据库对应于内模式,也称为存储模式。它包括数据库的全部存储数据,是数据库在介质上的物理存储位置。数据要经过组织以文件、记录数据项等形式,按照一定的方法存放到计算机的内、外存储介质上。对一个数据库系统来说,实际存放的只是物理级数据库,它是数据访问的基础。概念数据库对应于概念模式,是对数据库整体的逻辑描述,它是数据库管理员眼中的数据库,与数据的物理存放位置无关。因此,概念数据库只是物理数据库的一种逻辑描述而已。用户数据库对应于外模式,是用户看到并获取、使用的那部分数据的逻辑结构,是用户与数据库的接口。用户可用数据库查询语言或应用程序去操作数据库中他能使用的那一部分数据,这部分数据称为用户子模式。

数据库管理系统是在数据模型的基础上发展起来的一系列专门用于描述、建立和管理数据库的专用软件。它通常由数据库语言、数据库管理程序和数据库使用程序三部分构成。数据库语言主要用于建立数据库,使用数据库和对数据库进行维护。数据库管理程序是对数据库的运行进行管理、调度和控制的例行程序。数据库使用程序是对数据进行维护并使其处于运行状态而使用的各种各样的数据库服务程序。

数据库管理系统的功能因系统不同而有所差异,一般包括:一、定义数据库,它又可分为概念模式、内模式、外模式定义和保密定义、数据格式定义等;二、装入数据库,即在定义基础上把实际数据存储到物理设备上;三、操作数据库,接收、分析和执行用户提出的访问数据库的各种要求,完成对数据库的检索、插入、删改和修正等操作;四、管理和控制数据库,完成对数据库的安全性、保密性和完整性的控制;五、维护数据库,完成数据更新、数据库再组织、数据库结构维护、数据库恢复和性能监视等操作;六、数据通信,负责处理数据的传输和流动,具备与操作系统的联机处理、分时系统和远程作业输入的相应接口通信等。

4.4.10 网上信息组织法

随着因特网的发展,网上信息资源的组织问题已经日益突出。网上信息具有一些新的特点,主要表现为:一、数量庞大、增长迅速。据估计,因特网每天大约要发布14万条新信息,总量约为450MB,全网提供的信息总量已经超过20TB;二、内容丰富、形式多样。网上信息包罗万象、应有尽有,而且不限于传统的文本形式,还有大量的声音、图像形式;三、变化频繁、价值不一。因特网是一个动态的信息资源网,其中的信息始终处于不断增加、更新、修改、删除的发展变化之中,同时又由于因特网具有很强的开放性,因而其上的信息发布具有很大的自由度和随意性,加之缺乏有效的信息组织,所以网上信息的质量不高;四、结构复杂、分布广泛。因特网是通过 TCP/IP 协议把各种不同的计算机网络联成一体的,只要遵守该协议就可以接入因特网,因而导致网络的结构复杂,分布很广。但是,因特网对网上信息资源的组织却没有统一的要求。网上信息存储在世界各地的服务器上,而这些服务器采用的却是不同的操作系统和数据结构。故从整体上看,网上信息资源还处于无组织状态。

网上信息的出现给传统的信息组织方法提出了新的挑战。第一,网上信息组织需要实现自动化。随着因特网的发展,信息组织的对象已经从各种类型的数据库发展到具有丰富内容的知识。传统的信息组织方式大多数属人工方式,其中的著录、标引等都是通过手工劳动实现的。而词表的编制和维护一般也是通过手工方式进行的。但是现在网上出现的大量信息是实时信息、全文信息、多媒体信息,而且时效性很强,这就要求信息组织的方法必须要适应这种变化。具体地说,就是要尽可能减少信息组织中的中间环节,尽可能缩短信息组织所需要的时间。为此就要实现信息组织的自动化,包括分类、标引、编目、索引、文摘、词表编制等方面的自动化。第二,网上信息组织要从静态向动态方向发展。由于网上的信息除了大量的文本形式外,还有许多的非文本形式,比如图形、图像、声音等,这些信息都属于非结构化信息,没有文献信息那样格式化,因而需要探索新的信息组织方法。第三,网上信息组织要求从数据结构转向知识表示。网络环境下信息用户的成分将越来越复杂多样,但由于大多数信息用户没有接受过专门的训练,这必然要求网上信息组织方式要易于用户理解和使用,换句话说,就是要使用一般用户自己熟悉的语言来组织信息,显然传统的高度专业化的信息组织方式已经不能满足需要了。

目前网上信息组织的主要方式大致有四种：文件方式、数据库方式、主题树方式和超媒体方式。

4.4.10.1 主题树信息组织法

主题树信息组织方法就是将信息按照某种事先确定的概念体系分门别类地逐层加以组织，用户通过浏览器的方式层层遍历，直到查找到所需要的信息线索，再通过信息线索联结到相应的网络信息上。该方式具有严密的系统性和良好的可扩充性，但它不适合大型的综合性网络信息系统，只有建立专业性或示范性的网络信息系统时才能体现出它的优点。

4.4.10.2 超媒体信息组织法

超媒体信息组织方法是在超文本和多媒体技术相结合的基础上产生的信息组织方法。所谓超媒体是指超文本与多媒体的有机结合。超文本比较适合表达多媒体信息。超文本是按照人脑的联想思维方式，非线性地组织信息的一种技术。可以简单地将其定义为：由"结点"(node)和表示结点之间关系的链(link)组成的网，用户可以对网络中的信息进行浏览、查询、加工、存储、编辑和注释等操作。从计算机信息组织的角度来看，超文本首先是一种数据库方法，它提供了一种沿链访问数据库的新方法；其次，超文本是一种表达思想的方法，一种思想工具，是一个类似于人工智能中的语义网式的表达方法。它可以在各种媒体的信息之间建立语义联系，因而超越了媒体类型对信息组织的限制；最后，超文本还是一种接口技术，它采用"控制按钮"的方式组织接口。这些按钮由作者设置在正文中，用户可以通过按钮访问下面的数据，按钮就是人们通常所说的连接结点之间的"链"。超文本可以看做是结点、链和网络这三个要素的结合。结点是表达信息的一个单位，它表达信息可以采用文本、图形、图像、音频、视频、动画甚至一段计算机程序等方式，不同系统中节点的表示方法也不同。结点中的内容可多可少，结构可以任意升缩，具有较好的包容性和可扩充性。结点一般以窗口的形式显示，此时结点和窗口之间是一一对应的。链在超文本中用来连接结点，它有隐性和显性之分。显性链又可以划分为索引链和结构链两种。网络是超文本中由结点和链构成的一个有向图，其中结点表示概念，结点之间的链表示两个概念之间的关系。超文本的结构可以看做是单一概念或思想的表达，结点之间的链则表示概念之间的语义关系。超文本网络也可以看作是一种知识工程，但与人工智能的知识工程不同，超文本作者的目的不是为了进行机器的推理，而是将各种思想、概念组合到一起以便浏览。

理解超文本的最简单的方法就是与传统文本做对比。传统文本，无论是图书，还是计算机的文本文件，都是线性的。读者在阅读时必须一页一页地按顺序阅读而无选择余地。超文本则与此不同，它不是线性结构，而是非线性的网状结构。作者在制作它时，可将写作素材按其内部联系划分为不同层次、不同关系的思想单元，然后用著作工具将这些思想单元组成一个网状结构。读者在阅读时，不必象阅读线性文章那样按顺序往下读，而是选择自己感兴趣的部分。早期超文本主要是文字，在一篇文章中插入一些链指向其他文章，链表现为字符串，是文章的一部分。读者在浏览时可沿链交叉参考其他文章。随着多媒体技术的发展，计算机中表达信息的方式已经不限于文字和数字了，而是广泛采用图形、图像、音频、视频等信息形式来表达思想,于是超文本技术又被很自然地引入到多媒体信息组织上来。后来人们又把用超文本技术组织多媒体信息称为超媒体(hypermedia)。可见超媒体就是超文本加多媒体。许多计算机软件都具有超文本的某些特征,但一个真正的超文本系统应能保证读者自由地浏览信息。这就要求有快速的响应速度和对浏览内容有一个简短的描述,以便使读者能够很快地了解哪一部分是其所需要的。因此,一个系统是否是超文本系统,并不取决于某些特殊的命令、特性和数据结构,而更多地取决于人机界面、用户看到和感觉到的东西。

4.4.10.3 网上信息组织的新方法

数据库与超媒体技术的结合将是网上信息组织方法发展的新方向。目前,人们提出了三种结合途径。第一种是数据库作为超媒体系统中的一个独立的特殊结点,由特殊的链接(某种转换机制)将数据库结点和其他超媒体结点连接起来。超媒体系统中的其他结点如要访问数据库中的信息,需要将访问请求转换成数据库查询语言,其结果也需要转换成超媒体所规定的格式。这种途径最容易实现。目前 WWW 与数据库的连接一般都采用这种方法。具体地说,要实现数据库与超媒体的结合可有多种方法,其中比较常用的有四种。其一是 CGI(common gateway interfere)。它是 WWW 服务器与外部应用程序的通信规范接口,其过程是用户从 WWW 客户端发送查询请求,WWW 服务器激活 CGI 程序,CGI 程序把用户请求嵌入数据库 SQL 语言中,交由数据库服务器处理。处理后的查询结果由数据库服务器再交由 CGI 程序,再提高 WWW 服务器返回客户端。其二是 API 技术(application program interfere)。该技术克服了 CGI 技术运行速度较慢,容易形成性能瓶颈等方面的限制,其中比较著名的有 Netscape 公司的 NSAPI 和微软公司的 ISAPI。其三是 Active X 技术。它是微软公司提出的基于 DCOM(distributed component object model)的可重构建技术,其方法是先编写一个 Active X 控件,其中包括用户可能需要访问数据库进行的各种操作,以后超媒体系统如果需要访问数据库,就将该 Active X 控件嵌入相应的 WWW 页面。这样浏览器就会自动地从网上获取 Active X 控件并通过它实现对数据库的访问。其四是 JDBC 技术(Java database connectivity)。它是用 Java 语言设计的访问数据库的 API,其目的是使 Java 程序与数据库服务器的联结更加方便。Java 应用程序访问数据库的过程是:用户通过浏览器从 WWW 服务器上下载含有 Java applet 的 HTML 页面。如果该页面调用了 JDCB,则该浏览器直接通过 JDBC 与指定的数据库建立联接。

第二种是在数据库上附加链服务。这种方式就是将数据库模式存储的数据信息根据需要重新组合,构造成超媒体的虚拟结点,在此基础上根据信息之间的内在联系建立结点(包括虚拟结点)之间的链接。这样,超媒体系统就能够以更自然的方式与数据库中的信息建立链接,而不再需要特殊的转换机制。由于数据库中存储的信息量大、内容庞杂,要建立起虚拟结点和结点之间的链接是非常困难的。

第三种是建立超媒体结构的数据库系统。这种方法就是以超媒体模型代替传统的关系式或面向对象模型来构建数据库系统。超媒体模型是采用超文本技术组织多媒体信息的数据模型,以此模型为基础建立数据库系统,可以充分体现各种类型媒体之间的自然联系,从根本上克服超媒体系统与数据库系统在结构和功能上的差异。但是,超媒体数据库的理论目前还很不成熟,全面应用还为时过早。

4.5 信息存储与检索

信息存储就是将信息汇集保存起来以备将来需要时应用。信息经过加工后,要把它们重新按照一定的规定,记录在一定的信息载体上,然后将这些载体按其内容性质和特征组成为有系统的,有一定体系的,供人们检索的集合体(信息资料库)。信息存储和数据存储应用的设备基本相同,但前者的概念比后者广得多。信息存储的主要问题是确定要存哪些信息,存多长时间,以什么方式存储,存到什么介质上,如何支持目标,经济上怎么合算等。信息通过存储建立起信息资料库,能够起到汇集、保存、检索信息,检验、更新和剔除信息,促进信息的重复利用,有效地实现资源共享等作用。当然这要通过信息的维护,以保持信息处于合用状态。信息存储与信息检索是紧密相联的。信息存储是指编制检索工具和建立检索系统(信息库),而信息检索则是利用检索工具和检索系统来查找所需信息。

4.5.1 信息存储的原则和类型

信息存储要遵循这几条原则:一、确保信息安全。既要保证存储的信息不被破坏、篡改、丢失,又要对某些信息进行保密;二、有利于信息更新。更新包括持续增加新信息,剔除过时信息和修改贮存的信息三方面的内容,信息存储在组织和设计中必须充分考虑到信息更新的方便性和灵活性;三、便于信息检索。存储是为了以后提供利用,因此要保证有较高的检索效率;四、便于扩充信息容量,即能够存储尽可能多的相关信息。

信息存储的类型大致有内存和外存两种,内存是指利用人们的经验和大脑的记忆;外存是指通过载体存储信息的方式。一般所说的信息存储主要指外存。存储信息实际上就是存储各种信息载体。能记录并保存信息的载体称为信息存储介质,从介质来看,信息存储的类型有:一、感官载体存储;二、语言载体存储;三、文字载体存储;四、纸质载体存储;五、电磁波载体存储;六、新材料载体存储,等等。

4.5.2 信息库

信息存储在载体上,并经过不同类型的集合,就形成了信息资料库(信息库)。信息库是信息通过各种载体的存储,并按一定的目录要求组成的有体系的集合体,又称数据库。

按存储的手段,信息库可划分为人工信息库和机器信息库。前者即一般的信息资料库,后者是通过电子计算机对信息进行编码后建立起的信息库(数据库)。

按内容性质,可将信息库划分为文献数据库、数值数据库和事实数据库。文献库又可分为一次文献库和二次文献库。前者指直接存储文献原文的数据库,它是出版行业电子化的产物;后者是指将原始状态的信息资料(一次文献)经过压缩后形成的二次信息资料(二次文献),按一定的规则排序后形成的集合体。数值数据库是一种特殊的数据库,其信息内容不是文献数据,而是数值数据和某些特殊符号组成的代码,其目的是直接向用户提供所需的数值。事实数据库既不同于文献数据库,又不同于数值数据库,它是以事实本身为数据的一种非文献型数据库。

4.5.3 信息检索

信息检索是指从信息库查找出所需信息的过程,它是按照信息存储的同一思路,采取相同的方法,从信息库中向外输出信息。目前信息检索主要有三种类型:一是文献检索,其检索的对象主要是有关文献资料信息;二是数据检索,主要是指查询数值数据、参数和一些由符号组成的代码、公式、图表等的检索;三是事实检索,也称为事项检索或事件检索,是一种能够提供各种事实的直接信息的检索。对信息检索的基本要求是准确性、全面性和快速性,其中前两项可以用查全率和查准率来表示。

信息检索可以划分为手工检索和计算机检索。前者就是利用各种手工检索工具来查找所需要的信息。检索工具是人们为了充分、准确、有效地利用已有的信息而编制的用来报道、揭示、存储和查找信息的工具,其中手工信息检索工具主要包括各种纸质的目录、题录、文摘、索引、名录、年鉴、手册、指南、百科全书等。计算机信息检索就是利用计算机来进行查找所需的信息。它还可以划分为脱机检索和联机检索。后者还可进一步划分为国内联机检索和国际联机检索。它们都是用户通过本地的终端设备,通过通信线路与存储信息的大型计算机检索系统联结,进行远距离对话,随机判断,查找所需的信息。

4.6 信息传递

信息传递就是运用一定的理论和方法,借助于一定的装置、设备,实现信息的有目的性流动。在通信理论中信息传递常常被称为信息传输。在传播学中信息传递又被称为信息传播。传输主要考虑信息的形式,即怎样才能最佳地转移信号,传播重在扩大影响,也就是要尽可能地使信息扩散出去。传递更注重的是信息接收对象的选择,因此方向性较强。传输和传播更加强调的是信息在空间中的移动,快速、准确地将信息扩散到可以进入的空间和任何可以接收的受众,是它们所追求的主要目标,而传递则可以兼指信息在空间中的移动和在时间中的累积(保存)。信息管理中的信息传递是指通过某种载体和形式,把信息从发生源转移到接收源的过程,而且这种转移的目的性和效用性很强,因为它是为了实现组织的战略目标服务的。组织中的信息传递的最终目的是为了利用,只有对信息充分有效地吸收了才能提高组织的素质,才能提高组织对环境的适应能力,才能提高组织的竞争优势。

一个完整的信息传递系统至少应该有信源(信息源,信息生成或发出者)、信道(信息转移的渠道)和信宿(信息接收者)三个部分所组成。信息传递的主要方面是如何经济、合理、有效地选择信道,如何正确地选择信宿。信息传递不仅要考虑成本效益问题,还要考虑安全保密问题。本节主要讲解人际信息传递模式、信息流的形式、信息交流和信息传递的部门与方式。

4.6.1 信息传递模型

我们在第一章中已经介绍了 C.E.仙农提出的单向通信系统的一般模型,由于电信中的信息传输模型和人们之间通过语言、文字等形式进行的通信过程十分相似,所以后来仙农又在前一个模型的基础上提出了适用于人际通信的信息传递的一般模型(见图4-7)。

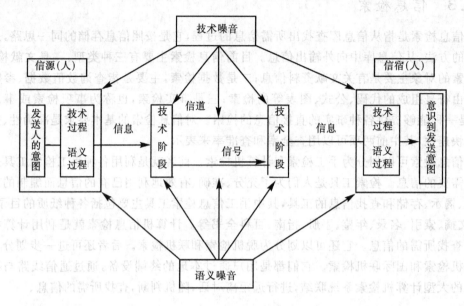

图4-7 人际信息传递的一般模型

由该模型可以看出,发送者的意图要经过语言表达的语义过程和语言编码的技术过程交互作用才能产生信息,这种信息要经过发送机构的再次编码和变换,才能产生适合于信道传递的信号。在接收端接收机构对接收到的信号进行变换得到信息,该信息再经过接收者的技术过程和语义过程的解码,才能使接收者了解发送者的意图。在电子信道中,为了适合信息的发送,要将信息变换成合适的形式,其目的是防止干扰、复用信道等。所谓变换就是调制和解调,其方式有调频、调幅等。在人工信道中,信息传递的技术噪音和语义噪音都很严重,因而会产生信息扭曲、失真、走漏、阻塞、丢失等现象。人工信道的这种干扰不仅有无法完全避免的客观因素,比如技术因素、自然因素等,而且还有各种人为的干扰现象,比如随意歪曲、增删、故意捏造、伪作,等等。

4.6.2 信息传递的部门和方式

一般说来,专业性的、社会性的信息传递部门主要有三类:第一类是邮电部门;第二类是大众传媒部门;第三类是信息服务部门。就一个特定的组织来说,其内部的信息传递部门主要是各种办公室、财会室和信息中心等机构。

不同的部门、组织都有自己常用的信息传递方式,而且他们还会根据实际情况选择其他形式的信息传递方式或者是这些方式的某种组合。信息传递的方式有很多种,按照传递时是否要经过正式的信息机构或部门,可以划分为正式传递和或非正式传递。前者是指信息传递是通过专门的信息机构来进行的,而后者则是指不经过专门的信息机构来进行信息传递活动。不过这里的信息机构或部门一般是指组织内部的或社会上可以作为信息源的信息机构,而不是专门负责信息传递的机构和部门。

按照信息传递的属性,可以划分为时间传递和空间传递。时间传递就是信息的存储,而空间传递就是通信,它又包括人与人之间的通信、人与机器之间的通信和机器与机器之间的通信。

按照传递时的信息连续程度,可以划分为分批式传递和连续式传递。分批传递就是将要传递的信息集中起来隔一段时间传递一次,而连续传递就是将信息不间断地传递出去。

按照传递的范围可以划分为系统内传递和系统外传递。系统内传递是指组织内部的信息传递,而系统外传递则是组织与环境之间的通信。

按照信息的表达方式,可以划分为文字传递、表格传递、图像传递;按照传递的信息媒体形式可以划分为文字传递、声音传递和图像传递。

按照传递时的路径,可以划分为并联传递和串联传递。串联传递是指只通过本部门、行业、组织中的某套专门信息系统来传递信息,而并联传递则是在传递信息时同时利用了多种信息系统,比如办公室系统、统计系统、信息系统、情报系统等。

4.6.3 信息流

信息从信源(发送端)向信宿(接收端)移动就形成了信息流(information flow)。信息流产生于信息生产者或提供者和用户建立信息联系的过程之中,因此可以说,信息流就是信息的传递输送过程。信息流与信息的生成、收集、组织、研究等过程不同,它不是生产、收集和整理信息,而只是转移信息。它与信息的接收和使用过程也有区别,接收,特别是使用就是消费信息,但信息流只是流通信息。研究信息流能使我们更加了解信息传递的规律,并可以据此合理地选择信息传递的方式、渠道,以取得最佳的传递效果。

4.6.3.1 信息流及其形式

任何信息流都是信息的传递输送过程,是处于流动中的信息集合。信息流包含两个基本因素,即流量和流向。信息流的流量是指单位时间内输入或输出的信息数量,虽然信息数量问题至今还没有解决,但在实际工作中,有时对此可以做一些简化处理,比如将信息载体的数量或者描述信息的符号的数量近似地用于量度信息的多少。信息流的流向是指信息的传输流动的方向,它决定了信息流的形式。信息流的流向有些是固定的,有些则不固定的,正是由于这种流向的差异,才形成了多种形式的信息流。根据信息流的流向,可以把信息流划分为多种类型,即单线型信息流、双轨型信息流、环状型信息流、发散型信息流、收敛型信息流等形式。

(1)单线型信息流。单线型信息流是指信息的发送者具有一个确定的接收者,这是信息流的基本形式。可以说,所有其他的信息流形式,不论其多么复杂,都是由它按照不同的方式组合而成的。在单线形信息流中,如果信息的接收者只有一个,并且只向这一个方向流动,那么形成的信息流就称为单向流(见图4-8)。比如两个人之间的通信,如果其中只有一个人在讲话,而另外一个人只作为听话者,则他们之间形成的信息流,就属于这种形式。对单向流来说,还可以根据信息流动的具体方向进一步划分为横向流(见图4-9)和纵向流(见图4-10)。横向流是指信息呈水平方向流动的信息流,比如一个同事把自己了解到的信息告诉另一个同事。纵向流则是指信息呈垂直方向流动的信息流,比如领导把自己掌握的一些信息传达给自己的一位贴心的下级。

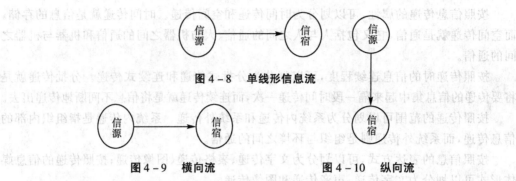

图4-8 单线形信息流

图4-9 横向流　　　　图4-10 纵向流

(2)链状型信息流与塔状型信息流。对单线型信息流而言,不论它是纵向流还是横向流,如果其中的信息的接收者同时又是信息的发出者,那么把信息流按照传输的顺序连接起来后,呈横向流形式的单向流就会呈现出链状(称为链状型信息流或链状流见图4-11),呈纵向流形式的多向流就会呈现出塔状(称为塔状型信息流或塔状流见图4-12)。

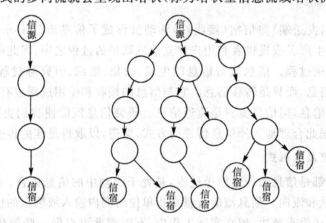

图4-11 链状流　　　　图4-12 塔状流

(3)多向型信息流。在单线形信息流中,如果信息源发出的信息只有有限个固定的接收者,或者信宿接收的信息只有有限个固定的发出者,那么在信息源和信宿之间形成的信息流形式就称为多向型信息流或多向流(见图4-13)。比如,在上课时,教师和学生之间形成的信息流就属于这种形式。在如,国家统计局在接收各省、直辖市、自治区统计局上报的信息时,在他们之间所形成的信息流也属于多向流。

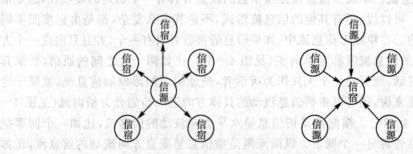

图4-13 多向流

(4)发散型信息流。在信息源发出的信息指向不固定的情况下,如果是输入信息,则当有众多的不固定接收者时,信息流将呈发散型。这种形式的信息流称为发散型信息流(见图4—14)。比如,广播台、电视台、在露天广场进行的自由演讲等所形成的信息流都属于发散型信息流。发散型信息流实际上就是信息的传播扩散过程。

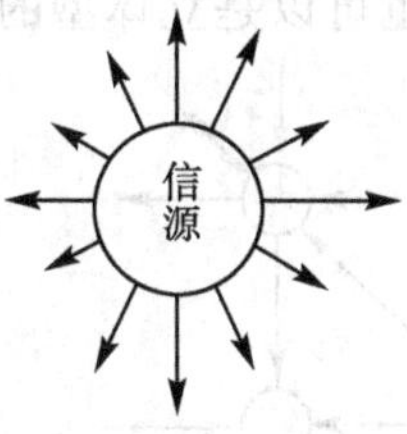

图4—14　发散型信息流 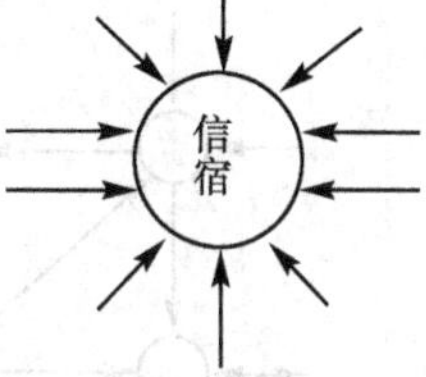　　　　　　图4—15　收敛型信息流

(5)收敛型信息流。在信宿接收的信息指向不固定,就是说它接收的信息是由众多的不固定发送者发出的时,信息流将呈收敛型。这种形式的信息流称为收敛型信息流(见图4—15)。比如,舆论调查机构就某一问题对公众开展随机性舆论调查时,从公众流向调查机构的信息流就是收敛型信息流。拨打热线电话时,在打电话的人和电话接收台之间形成的信息流也可以看成是收敛型信息流。

(6)双轨型信息流。双轨型信息流是指相向传输的信息流形式(见图4—16)。在相向流动过程中,其信息源和信宿是不固定的。可能在某一时候,某一方是信息源,另一方是信宿,而在另一时候另外一方又变成了信息源,而原来的信息源则变成了信宿。在这种信息流动过程中,任何一方对另一方来说,都既是信息发出者,又是信息接收者。比如,在两个人之间交谈、讨论时所形成的信息流就是属于这种形式。和单向流一样,相向流也有横向流、纵向流等的区别。

图4—16　双轨型信息流

图4—17　环状型信息流

(7)环状型信息流。环状信息流是指每一条信息的发出者都只有一个固定的接收者,而且相对于另一个信息发出者来说该信息的发出者同时也只是另一条信息的接收者。这种信息流构成的是一个封闭的环形结构(见图4—17)。由于该结构中没有固定且唯一的信息发出者和接收者,因而每个人都能够比较平等地获取信息,故其集中化程度较低,其中的各个成员的平均满足度和士气都较高。呈单向流形式的环状型信息流信息流向单一,且容易造成信息传递受阻或中断,因而在现实中,这种形式的信息流运用得不多。相反,采用相向流形式的环状型信息流在现实生活中偶有出现。

(8)网络型信息流。网络型信息流是呈纵横交错方式传输的信息流形式,它是信息流形式中比较复杂的形式,也是最为常见的信息流形式(见图 4-18)。它反映的是每一个相互交流信息的人或单位与其上下、左右、前后的许多其他人或单位之间的信息联系,从而形成网络状的信息流形式。这些单位都是该网络中的节点。处于这种信息流中,每一个信息发出者都可以同时或不同时与多个信息接收者发生联系。网络型信息流是信息扩散快,共享效果好的形式。而且这种形式可以是平面型的也可以是立体型的。

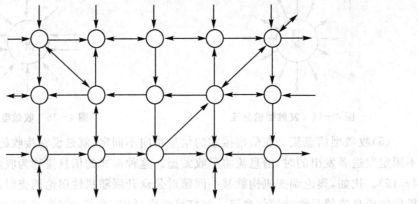

图 4-18 网络型信息流

在现实情况下,我们每个人或单位几乎都置身于这种信息流之中。比如,每个学生都要向其他同学发出信息,也要从其他同学处获取信息,同时他还要向系、院和学校等发出信息,并从它们处获取信息。此外,还有可能通过信函、电子邮件、电话等手段发出信息,并通过广播电视等渠道来获取信息。网络型信息流也比较符合人自身信息传递的习惯,因为人对信息的传递和接收都是多维的。现在兴起的电子信息网络上的信息也在向多媒体化方向发展,这正是为了满足人的信息行为的需要。在日常生活和工作中,为了避免发生信息传递中断,保证自己能够得到所需的信息,我们每个人都可能按照自己特有的方式建立起了自己的关系网,在这种关系网中传递的信息当然就形成了网络型信息流。网络型信息流的两个节点之间的信息流可以是单向流,也可以是双向流。

4.6.3.2 信息流的分类

对信息流也可以按照各种不同的标准进行分类。按照流动的范围可将信息流划分为国际信息流、国内信息流、区域信息流、部门间信息流、部门信息流、企业间信息流、企业信息流、科室信息流和私人间信息流;按照流动的方向可以将信息流划分为上向信息流、下向信息流和横向信息流;按信息流与系统的关系,可以将信息流划分为输入信息流、内部信息流和输出信息流;按流动的信息类型划分可以划分为政治信息流、经济信息流和军事信息流等;按照信息流的公开程度,可以划分为公开信息流和秘密信息流;按照流动的信息加工深度可以将信息流划分为一次信息流、二次信息流和三次信息流;按照信息流的正式程度,可以将其划分为正式信息流和非正式信息流。

4.6.4 信息交流

交流(communication)就是沟通、交往、交换、传递、传播,它是人类社会的普遍现象。虽然存在着各种各样的交流形式,交流的主要目的是为了传递、交换某种或某些东西。比如物资交流、物质交流是为了交换物资、物质,而经验交流、科学交流、文化交流、情报交流则是为了交换经验、知识和情报,因此这些交流的实质都是为了交换信息,尽管在交流的过程中必然会伴随着物质和能量的流动,但是这些流动只是一种表面现象,因为信息交流的要旨在于使参与交流的各方能够共享信息。甚至可以从一定程度上讲,物质和物资交流也包含了信息交流的成分。所谓信息交流就是从信息源向信息接收者传递输送信息的过程。在实际交流时,这一过程经常是可逆的,因为信息源和信宿常常是不固定的。信息交流是人类社会活动的需要,因为社会活动都需要组织、协调、指挥、控制,而这一切没有信息的交流都将无法实现。事实上,信息交流现象在动物界(甚至整个生物界)也同样存在,绝大多数动物都喜欢群居和集体活动,这也需要在它们之间能够进行信息交流。尽管如此,只有人类的信息交流形式才是最高级的,因为他可借助于高级的符号系统(语言、文字等)来描述和传递信息。正因如此,在信息管理中,我们主要研究的是人类社会中的信息交流(information communication)——社会信息交流现象,包括信息交流、知识交流、文献交流。社会信息交流是人类借助于共同的符号信号系统(包括语言文字符号系统和非语言文字符号系统)来进行信息的传递,这也是信息交流与物质交流或交换之间存在的另一个区别。

4.6.4.1 信息交流的基本形式

信息交流的基本形式,可划分为信息非正式交流和信息正式交流。信息非正式交流是指信息的生产者或发出者(信息源)与信息接收者或利用者(信宿)之间不通过正式组织途径来传递信息的交流方式(见图4—19)。这种交流方式就是信息的生产者或发出者与信息接收者或利用者通过在正式组织之外建立起来的不正规的、私下的信息传递渠道来传递交换信息,包括私下交谈、私下议论、交换私人信件、收发私人电子邮件等等。这种信息交流形式的主要特点是信息交流的过程是由参与该过程的人自己完成的,信息的生产者和信息的消费者在交流的过程中是不固定的,交流的速度快、及时程度高、简单方便,选择性和针对性较强,反馈和响应迅速,容易获得一些通过正式交流难以获得的"内幕新闻",此外,有时还有生动形象、详细、能够形成一定的气氛等方面的优点。但由于它是非正式的,也就不正规、不严谨,因而提供的信息数量不仅有限、而且质量有时也不高,有时候甚至会出现假冒、伪作信息。其原因在于直接交流缺少必要的社会机构来评价、监督其传递的信息的价值、可靠性、真实性、客观性。在每个组织中都存在着一些非正式组织,这些非正式组织中的信息交流基本上都属于这种形式。即使正式组织也经常要大量地运用非正式信息交流方式。但是,过分地助长这种交流形式,会产生宗派集团,影响组织的凝聚力和稳定。

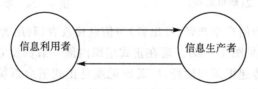

图4—19 非正式交流

由于非正式信息交流的对象、程序、内容、时间、地点经常是未经计划的,而且一般主要采用口头形式,故不留证据、不负责任,许多不能、不愿意通过正式交流来传递的信息,都可以以这种形式传递。从一个特定的社会组织来说,其内部之间的直接交流一般都是通过组织内部的各种社会关系来进行的,这种社会关系常常是超越了部门、层次和单位的限制。

图 4—20 正式交流

根据戴维斯教授对某皮革制品公司信息交流的实验研究,非正式信息交流可以划分为四个基本类别:单线型(单线连锁)(见图 4—21)、流言型(密语连锁)(见图 4—22)、偶然型(随机连锁)(见图 4—23)和集束型(群集连锁)(见图 4—24)。单线型就是由一个人告诉另一个人,这个人也只再告诉第三个人,以此类推;流言型就是由一个人积极主动地把信息传递给其他任何人;偶然型即碰到什么人就把信息传递给什么人,没有一定的中心人物或选择性;集束型是指在信息传递过程中,可能有几个中心人物,由他来把信息传递给若干个人,这些人再把得到的信息传递给他们选择的其他人。

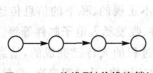

图 4—21 单线型(单线连锁)

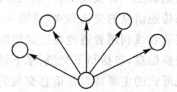

图 4—22 流言型(密语连锁)

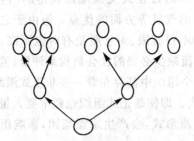

图 4—23 偶然型(随机连锁)

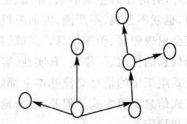

图 4—24 集束型(群集连锁)

信息正式交流是指信息生产者(发出者)与信息接收者(利用者)通过正式组织途径而进行的信息交流形式(见图 4—20)。现在正式组织内部一般都设立了专门的信息机构或者规定了具体的信息传递渠道与途径,广义地说就是正式信息系统。如果组织内部的人员都通过它来发出、存储和获取信息的话,那么这种信息交流形式就属于信息正式交流。通常,信息正式交流中有许多是在专业性信息工作者、信息机构(信息中心)等的参与和帮助下完成的。虽然,直接交流是一种很符合人们行为习惯的理想的信息交流方式,它一直是人类追求、努力的方向,但是,间接交流在现代社会中仍然是信息交流的一种非常重要的方式,而且由于信息地位的提高、信息数量的增加、信息质量的劣化、用户信息选择意识的强化,这种方式的运用正日渐普遍。

在信息正式交流中,如果信息交流是通过信息中心进行的,那么这时的信息传递就可以有若干种形式。其中最基本的有两种情况:第一种是如果信息中心把信息传递给事先确定的信息接收者就是单向传递或有向传递;如果信息中心把信息传递给事先没有确定的信息接收者则是多向传递或无向传递。第二种是如果信息中心主动地为信息接收者提供信息就称其为主动传递;如果信息中心应信息接收者的要求为其提供信息则称为被动传递。这两种方式的相互组合又可以产生四种新的传递方式。如果信息中心主动地为固定的信息接收者提供信息,就称为单向主动传递;如果信息中心主动地为不固定的信息接收者提供信息,则称为多向主动传递。如果信息中心是应固定的信息接收者的要求为其提供信息,就属于单向被动传递;如果信息中心是应事先不固定的信息接收者的要求为他们提供信息,则称这种信息传递方式为多向被动传递。

在实际工作过程中,信息中心应该根据自己和信息用户的实际需要灵活地选择信息传递形式。当然,最理想的信息传递方式应是单向主动传递,这也是信息传递的高级阶段。值得注意的是,正式交流与非正式交流不是相互排斥的,而是互为补充的,它们的结合构成了完整的信息交流形式。只是在具体运用的时候,由于受到客观条件和环境等因素的影响,人们选择的信息交流形式的侧重点有所不同而已。

表4-12 信息正式交流的类型与特点

信息传递方式	特点	示例
单向传递或有向传递	信息中心有事先确定的信息接收者	公司信息中心应总经理的要求为其提供本公司新产品开发信息
多向传递或无向传递	信息中心无事先确定的信息接收者	公司信息中心推广本公司的网站发布本公司新产品信息
主动传递	信息中心主动向信息接收者提供信息	公司信息中心编制本公司产品目录及介绍并在产品博览会、交易会上免费提供给顾客
被动传递	信息中心应信息接收者的要求为其提供信息	公司信息中心应客户的要求向其提供本公司产品目录及介绍
单向主动传递	信息中心主动地为事先确定的信息接收者提供信息	公司信息中心主动地向本公司的一些固定客户提供本公司的新产品信息
多向主动传递	信息中心主动地为事先不确定的信息接收者提供信息	公司信息中心主动地在本公司的网站向事先不确定的客户发布本公司的新产品信息
单向被动传递	信息中心应事先确定的信息接收者的要求为其提供信息	公司信息中心应公司总经理的要求向其提供国内外新产品开发信息
多向被动传递	信息中心应事先不确定的信息接收者的要求为其提供信息	公司信息中心通过本公司的电子信箱回答顾客提出的各种问题

4.6.4.2 信息交流的基本模型

模型是思想的辅助工具,是用文字、符号、公式、图形、图像等或它们的某种组合形式对某一事项或实体进行的一种有意简化的描述,其目的是试图用上述形式来表明任何结构或过程的主要组成部分以及这些部分之间的相互关系。模型具有的主要优点是:一、构造功能。模型能够揭示各系统之间的次序及其相互关系,能够使我们获得事物的整体形象。而这种形象运用其他方法有时是很难获得的。模型能够为各种不同的特殊状态提供一个一般图景。二、解释功能。模型能够用简洁的方式提供如果运用其他方法可能相当复杂甚至含糊的信息。三、启发功能。模型能够引导研究者关注某一过程或系统的核心环节。四、预测功能。模型有时候能够对实践的进程或者结果进行预测。至少能够为估算各种不同结局可能发生的概率提供基本依据,使研究者可以据此建立起基本假说。模型可以划分为两种类型,即结构性模型,比如收音机的线路图,功能性模型,它主要是从能量、力及其方向等角度来描述各系统及其各部分之间的关系和相互影响。本书中引述的模型,主要是指功能性模型。因为一切传播从某种程度上讲都是动态的,都包含了某些过程或变动因素。下面解释的模型中的"传递"的英文一词就是"communication",有时候可以被翻译为"交流"、"传播"、"通信",此处我们将其翻译成"传递"。在传播学中,传递(传播)被视为一种由"发送者"试图有意识地去影响"接收者"的单向过程。

(1)拉斯韦尔模型。H. D. 拉斯韦尔是一位美国政治家,他在1948年提出了自己的信息传递模型,认为要对传递行为进行描述就要回答以下五个问题:谁、说过什么、通过什么渠道、对谁、取得了什么效果。后来他的这种观点又被人们称为"拉斯韦尔公式"、"5W模型"。有些研究者认为拉斯韦尔模型太简单,又对该模型进行了进一步发展。事实上,除了拉斯韦尔提出的五个问题外,还有许多其他问题需要考虑,如传递环境、传递目的等。1958年R. 布雷多克提出了一个"拉斯韦尔公式"的扩展模型,该模型又被称为"7W模型"。拉斯韦尔模型认为传递者有影响接收者的意图,因此传递是一种劝服过程。该模型还假定任何信息总能够产生效果,这与拉斯韦尔主要研究政治传递与宣传不无关系。总的来说,该模型对传递政治信息十分适用,但它却忽视了反馈要素。

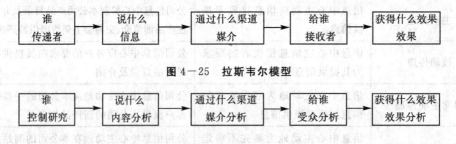

图4-25 拉斯韦尔模型

图4-26 拉斯韦尔模型及其相应的传递研究领域

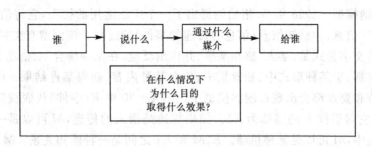

图 4-27　布雷多克信息传递模型

(2)奥斯古德与施拉姆模型。C. E. 仙农和 W. 韦弗提出了通信的基本模型,但该模型是直线性的,同时缺乏反馈。它明确地确定和区分了发送者和接收者的作用,认为传递是从某一点开始到某一点结束。但是,在现实中,信息传递过程实际上是永无止境的。正因如此,W. 施拉姆在 C. E. 奥斯古德研究的基础上提出了一个新的模型——高度循环模型。该模型与 C. E. 仙农和 W. 韦弗模型的一个重要区别在于:后者主要研究的是发送者与接收者之间的传递渠道,而前者则主要研究传递过程中的各主要行动者的行为。C. E. 仙农和 W. 韦弗模型对信源与发射器和接收器与信宿做了区分。在传递过程中,发射端行使着两种功能——发出信息并转换成为信号,接收端也行使这两种功能——接收信号并转换成信息。在 C. E. 奥斯古德与 W. 施拉姆模型中虽然没有提到发射器和接收器,但也同样存在着这两种功能。只不过是他们将行动的各方看成是对等的,行使着同样的功能——编码、译码和释码(比如在对话中就是如此)。其中编码类似于发射,译码相当于接收,至于释码则由 C. E. 仙农和 W. 韦弗模型中信源和信宿完成。C. E. 奥斯古德与 W. 施拉姆模型给人们的感觉是传递是平等地进行的。但在现实中,由于参与传递的双方所占有的资源、能力和时间不同,传递一般是不平等的。

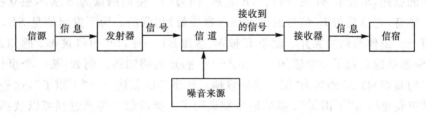

图 4-28　仙农和韦弗模型

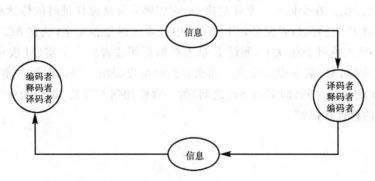

图 4-29　奥斯古德与施拉姆模型

(3)格伯纳模型。1956年G.格伯纳提出了一个广泛适用的模型,它将信息传递过程描述成为生产(信息)和感知信息(信息与传递的事件)的过程。该模型有文字形式和图解形式两种。其文字公式是:某人、感知某事、并作出反应、在某种场合下、借助于某种工具、制作可用的材料、于某种形式中、和背景中、传递某种内容、获得某种结果。但是,并非所有的这些环节和要素都会出现在图解模型中。图4-30中E(事件)代表被感知的东西,M为感知者,它对事件E的感知为$E1$。如果传递是指人的传递,M可以是一个人;如果在非人的传递中,M可以是某种机器。E、M和$E1$之间是一种感知关系。M所能够感知的东西,取决于它的选择方式、发现正在被谈论的E的背景,以及E和其他E的可用性程度。

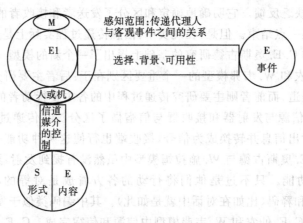

图4-30　格伯纳传递总模型(M把事件感知为E)

在该模型中,如果M希望将有关$E1$的信息传递给其他人,为此他制作了信息SE(即有关事件的叙述,S表示"外观、形式",E表示"内容")。格伯纳认为S从不独立存在,除非它表示噪音,它总是与E(信号的表示和内容质量)相联的。为了发出信息SE,M就需要有信道——由他控制的媒介。就象E被M感知$E1$一样,SE也将被$M2$感知为$SE1$。这样,该模型就建立起了一个感知——生产——感知的感知链。例如,某一个事件(如大气中水汽的凝聚)被M感知为"雨",这导致他对此事件的叙述——"下雨了",这一叙述又被$M2$感知或理解为"下雨了"。格伯纳模型说明了人类的信息传递过程可以被视为主观的、有选择性的、多变的和不可预测的,人类的传递系统是开放的系统。格伯纳模型可以适用于不同的层次。在个体——个体层次上,它能够解释法庭作证时的传达和感知问题:证人M对事件E的感知是否充分,$E1$在SE中被表述得是否完全,法官$M2$的感知$SE1$与SE是否一致?在社会层次上,假设E是潜在的新闻或者就是事实,M表示大众媒介,SE表示媒介内容,$M2$表示媒介受众。那么我们就可以提出这样的问题:"事实本身与媒介(M)对事实的报道之间(即E与SE之间)的一致性如何?"以及"媒介受众($M2$)理解媒介内容(SE)的程度如何?"

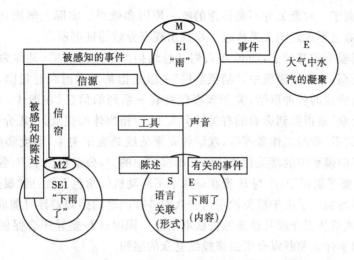

图 4—31　格伯纳模型的一个例子：M 把他对天气情况的感知传递给 M_2

(4)纽科姆 ABX 模型与互向模型。ABX 模型是由 T. 纽科姆在 1953 年提出的，它显示了两个个体（A 与 B）相互之间的意向及对方对另一物体（X）的意向（见图 4—32）。它是对心理学家海德的早期理论的补充。海德研究的在有第三者或物时两个人之间的一致性问题。在它看来，如果两个人相互喜爱且都喜爱或厌恶某个外部物体，他们之间关系的某些形态就是平衡的；如果两个人相互喜爱，但是一方喜爱该物体，而另一方不喜爱，那么就会出现一些不平衡的形态。如果两个人之间关系是平衡的，那么双方都会反对变动。如果关系是不平衡的，那么双方就会努力寻求"认知"平衡。海德主要关心的是参与双方各自的内部认知过程，而纽科姆则发展了这种理论并将其运用于两个人或更多的人之间的传递。

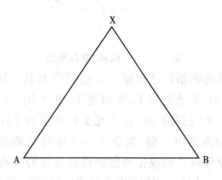

图 4—32　纽科姆 ABX

纽科姆模型为一个三角形，其中三个点分别表示个体 A 和 B 以及他们共同环境中的物体 X。这两个个体相互有意向，且对 X 也各有意向。传递就是支持该意向结构的过程。通过传递关于任何变动的信息并且允许对发生变动作出相应的调整来维持或改进三者之间的这种对称关系。该模型的基本设想是 A 与 B 之间对 X 的意向上的差异将刺激传递的发生，而这种传递的效果将趋向于恢复平衡，该平衡被假定是一个关系系统的"正常状态"。比如学生们开始互不相识，后来因为在同一个学生住宿区共同生活，他们后来相互熟悉并对一些事物产生了一致的观点。

但是,趋向于一致意见并不是传递的唯一原因和效果。实际上解决认识差异的方法有多种,比如通过形成新的关系或进一步找出观点分歧的证据所在。

在纽科姆模型的基础上,1980年人们又总结提出了互向模型(又称为"风筝"模型或"风筝"互向模型)。在该模型中,"精英阶层"一般是指某个政治利益集团,"各种问题"是指当前公众有争议的各种事情,关于该事情将有一系列的信息(在图4—33中用一组 X 来表示)。"公众"是指受到影响的有关社会人士,也指媒体的受众。"媒介"就是处理公共事务的编辑、记者、新闻工作者等等,联结各要素的线条表示关系、态度和感知,传递的方向与渠道。互向模型中的精英相当于纽科姆模型中的 A,公众相当于 B,各种问题相当于 X。两者的主要区别在于:A 与 B 现在是两个不同动机的角色系统,而"媒介"是作为一种关系。互向模型揭示了由于精英阶层与公众对各种问题的感知差异可能成为一种压力来源,导致人们试图从媒介或其他来源去获取信息。同时这种差异还会促使精英阶层试图通过直接干预事件或控制媒介渠道来操纵受众的感知。

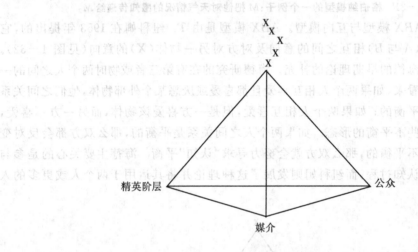

图4—33 "风筝"互向模型

(5)罗杰斯——休梅克的创新扩散模型。传递研究及其应用的最重要的应用之一就是鼓励采纳创新过程。E. M. 罗杰斯和 F. 休梅克于1973年在《创新与传递》一书中提出了创新扩散模型,并认为一个"创新扩散"过程至少包含了四个环节:知晓——个体意识到创新的存在,并对创新的功能有所了解;劝服——个体对创新形成一种赞成或反对的态度;决策——个体从事于导致对采纳或拒绝创新作出选择的行动;证实——个体谋求加强他已经作出的创新决策,但如面临对该创新有分歧意见的信息,他可以改变他以前的决策。

该模型的主要思想是:首先把整个事件的三个主要阶段分为前奏、过程和后果。前奏是指事件的那些环境或参加人员的特点,这些因素使个人接触到与创新有关的信息或感受到与信息有关的需求成为可能。例如那些乐意变动,意识到需要创新、需求新信息的人更有可能采纳创新。过程就是学习、改变态度和作出决定的过程,在这里创新起到重要作用。后果主要是指是否使用创新的最近历史,如果采纳了创新的话。其次要把"知晓"、"劝服"、"决策"和"证实"的不同功能区别开来,但必须按照顺序正常进行,即使这个顺序不完整。第三、创新扩散通常包括不同的传递来源——一般大众媒介、广告或推销材料、政府的革新机构、非正式的社会联系,不同的来源在不同的阶段,可能对不同的功能发挥着不同的作用。因此,大众媒介与广告可能产生认识和了解,地方政府机构可以进行劝服,个人影响可能对决定是否采纳起重要作用,使用的经验可以提供主要的最近证实来源,或者反之。第四、该模型揭示了"接收者变量"适用于第一个"知晓"环节,因为对事件的了解取决于个性和社会特性等因素。但是,也有一些接收者变量在这个过程的以后几个环节中也将同样是重要的。"社会系统变量"也是如此,它与模型的"知晓"环节有关,但它可能在以后的环节中产生影响。

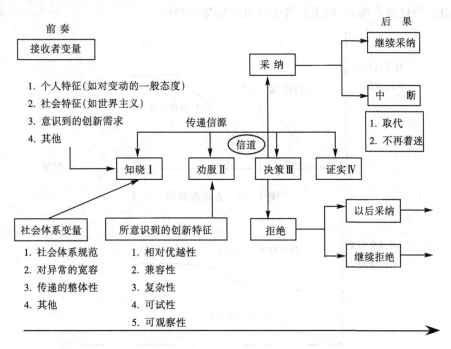

图 4-34　罗杰斯——休梅克创新——决策过程模型

(6)"信息沟"模型。大众传媒的发展使信息流日益膨胀,从理论上,这应该有益于社会中的每一个人,但信息流的增长也可能会产生一些负效应,比如有些群体内的知识增长远远超过其他群体,即产生所谓的信息沟。信息沟或知识沟是由于信息流的不断增长所引起的,它的不断扩大将会直接导致一个社会群体与另一个社会群体之间在某些特定问题上的知识距离的扩大。

P.J.蒂奇纳在1970年提出了知识沟假说,认为当一个社会体系中的信息流增长时,那些受过良好教育、具有较高社会经济地位的人,比受过教育较少、地位较低的人,能够更好地吸收信息。正因如此,信息增长造成了知识沟的扩大而不是缩小。随后,E.M.罗杰斯在1976年也指出,信息不仅导致知识沟的扩大,而且还会造成行为和态度上的沟壑。大众传媒不是产生这些沟叡的唯一原因,个人之间的直接传递以及一些其他因素也可能产生类似的后果。

事实上,在一般情况下,社会中存在各种各样的知识沟或信息沟,比如有时候有关世界政治的信息沟或知识沟可能比有关粮食成本增加的信息沟或知识沟更大。如果考察一下某个特定社会的各种信息沟,就可发现,人与人之间存在着各种不同的沟壑。随着时间的推移,这些沟壑将趋于增大,有时也可能会出现相反的情况(见图4—35)。在该图中虚线代表那些在传递方面具有特权的社会群体,也就是具有很大传递潜力的社会群体的指示数,实线则代表特权较少的社会群体相应的指示数。由图可以看到,开始时这条沟怎样增大,随后特权较少的群体又是怎样赶上有特权的群体,以至最后信息沟合拢了。事实上,那些信息吸收能力很强的人,在过了一段时间后,就不再感到有寻求更多信息的动机,同时他们从关于某一主题的信息流中也难以收集到更多的信息,这就使那些特权较少的人能赶上特权较多的人,因为后者仍有收集信息的动机。

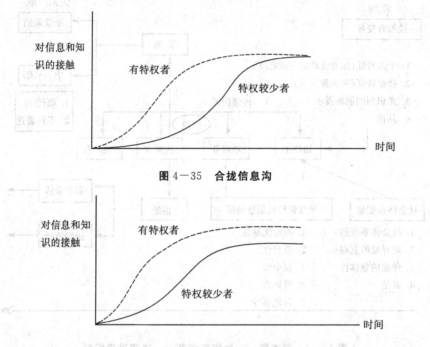

图4—35 合拢信息沟

图4—36 非合拢信息沟

但也有些研究者认为,许多沟壑最终是不能合拢的。例如,美国的G.A.多诺霍等人在1975年就举了一些有关太空研究及吸烟与癌症问题的知识方面的例子。他们认为,在上述情况下,大量的媒介的注意促使教育程度较高的人与教育程度较低的人之间的沟壑扩大了。很显然,当一个主题不再为大家所讨论时,就没有人或者很少有人再去谈论它了,此时特权阶层与非特权阶层之间的沟壑仍然存在,甚至还会进一步扩大。

(7)信息寻求模型。在现代社会中信息量日渐增大,信息的查找也变得越来越困难了。因此,不少研究人员对这一问题展开了研究。L.多诺休与L.蒂普顿在1973年提出了一个寻求、回避和加工信息的模型。其中的一个假设是:一个人具有回避与他心目中的现实的形象不相一致的信息的倾向,因为他感到这种信息威胁太大。在这里"形象"或"现实的形象"是指个人人生经验的一种结果,由他获得的"目标、信仰和知识"所构成。此外,形象还包括他对自己处理不同情况的能力的估价。现实形象由一种信息使用"装置"构成,这一装置支配着个人寻求和处理信息的行为。在寻求信息的时候,个人可从各种不同策略中进行选择。该模型中提出了宽聚焦与窄聚焦策略。运用宽聚焦策略,个人首先对可能的信息来源作出一个目录加以研究,然后选出使用的信息源。运用窄聚焦策略时,把一个单个的信息源作为寻求信息的发出点,并以此信息源为寻求基础去进一步寻求信息。模型中的"关闭"一词用于指寻求者停止寻求更多信息的那个时刻。该模型中的信息寻求过程主要在个人内部进行,不考虑信息寻求者与其环境之间的相互影响。

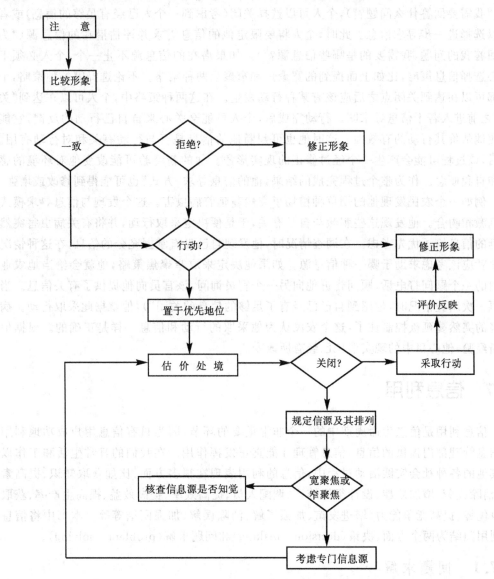

图 4-37　多诺休与蒂普顿寻求、回避、处理信息的流动图模型

图 4-37 用流动图来表示这个模型。信息寻求过程起源于某人所面临的一系列刺激。对这些刺激他也许注意,也许忽略。而是否注意可能部分地取决于刺激的特性。第二步是个人对刺激(信息)与自己心目中的现实形象加以比较,以检验形象与刺激之间的关联程度和一致性程度。由于它们之间的高度一致性,在这个阶段过于具有威胁性或者

无关紧要的材料以及被认为单调枯燥的刺激就可能被筛掉。如果刺激不被接受,就可能导致这一过程结束(停止)。第三步是提出刺激是否需要行动的问题。如果回答是"不",刺激的效果可能是它们形成形象的一个附加部分。如果对"行动问题"给予肯定的回答,那么现实形象的特征,象经验、自我概念和信息处理方式,就部分决定了他要采取什么行动。

假如与其他刺激相比,某个人给一些刺激以一定程度的优先考虑。在评估这个处境中("我需要回答什么问题?"),个人可以选择关闭(考虑到一个人已经有足够的信息)或者可以选择进一步寻求信息。此时,个人将要限定他的信息需求并评估潜在的信息源("为了回答我的问题,我需要的是哪些信息源?")。如果潜在的信息源不止一个,个人必须下决心选择信息策略,比如上面提到的宽聚焦和窄聚焦两种策略。不论选择哪一种策略,个人都可以在达到关闭点之后应该有某种行动发生。在这两种策略中,个人可以在达到"关闭"之前进入若干信息寻求圈。行动完成后,个人可能会关心来自自己行动的反馈,它能够使他估价其行动的有效性。这时他也可判断他的信息是否与行动有关和对行动有用。最后,该过程可能会产生一个经过修正的现实形象。他的新经验可能改变他对环境的感受和自我概念。作为整个过程完成的结果,他的信息寻求"方式"也可能得到修改或增强。

例如一个农民发现他的烟草种植场里突然蔓延着病虫害。这个发现与信息寻求模式的刺激相吻合。他发现这些刺激与自己有关,于是便决定采取行动,并将有关病虫害突然蔓延的信息给予优先考虑。在调查情况时,他发现自己没有掌握充分的信息,在这种情况下他就应该考虑求助于哪一种信息源。如果他决定采取窄聚焦策略,他就会给当地农业部门的一个顾问打电话,顾问告诉他向另一个官员询问,该官员向他提供了有关信息。当他再一次调查情况时,他感到自己已经有了足够的信息("关闭"),他就据此采取行动。病虫害的突然蔓延被控制住了,这个农民认为他采取的行动和信息一样是正确的。根据他的新经验,他心目中的现实形象已经有所改变。

4.7 信息利用

信息利用是信息生命周期中的一个非常重要的环节,因为只有信息用户成功地利用了信息管理部门提供的信息,信息管理才能真正发挥作用。在我们的日常生活和工作以及其他的各种社会实践活动过程中,信息的利用表现在很多方面,比如获取知识、提高素质、消除疲劳、增加乐趣、设计组织结构、调配人员、提高效率、提高效益、提高生产率、获取竞争优势、提高竞争能力、增进友谊、加强了解、消除误解、加强团结等等。本书中将信息的利用归结为两个方面:决策(decision-making)和问题求解(problem-solving)。

4.7.1 问题求解

在一般情况下,问题求解往往是组织所进行的一个最为至关重要的活动。问题求解始于决策。H.西蒙把问题求解过程(problem-solving process)的决策阶段(decision-making phase)划分为三个步骤:情报(intelligence)、设计(design)和选择(choice)。这个模型后来被 G. Huber 吸收到整个问题求解过程的扩展模型之中(见图 4-38)。按照该模型,问题求解过程中决策阶段(decision-making phase)的第一步是收集情报

(intelligence stage)。在这一步中,要确定可能存在的问题(potential problems),找出可能存在的机遇、调查解决问题时可能遇到的障碍(possible solution constraints)和问题环境(problem environment)。从信息的角度看,整个问题求解过程,乃至其中的每一个步骤,实际上就是一个信息的输入、处理和输出的变换过程。在这些变换中,都包含了对信息的吸收利用。例如,在收集情报阶段,要将海南岛某个农场生产的热带水果用船运到上海有关的可能性进行研究。水果的易腐性和上海的消费者为购买该水果所愿意支付的最高价就是解决问题所存在的障碍。而这个事件必须要考虑的问题环境应包括国家制定的食品船运的法规。

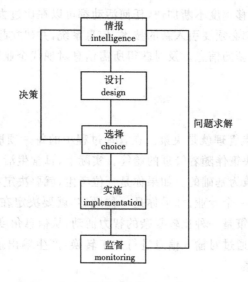

图 4-38 决策与问题求解之间的关系

在设计步骤时,要制定解决问题所需要的备择解决方案,同时还要对这些方案的可行性和含义进行评价。在上一个例子中,可以考虑的船运备择解决方案中还要包括与每个方案有关的运输时间和成本。在这一步,还要明确先用船将水果运至厦门,然后再用卡车运至上海,是不是一个可行的方法,因为要这样做的话,就要考虑这些水果会不会腐烂掉。决策阶段中的最后一步是选择行动方案(course of action)。仍然以上面的例子为例,海南岛的农场可以选择空运水果到上海作为解决方案。选择步骤最终将以选定一架运输机来承担空运任务而结束。

问题求解包括了决策,但决策并不是问题求解的全部内容。因为,问题求解还包括了实施步骤,也就是要将解决办法付诸行动。例如,如果海南岛的农场主的决定是利用一家航空运输公司的运输机将热带水果空运到上海,那么实施还包括要把这次活动的情况通报给农场职员,把水果运到机场,最后把水果运抵上海。问题求解过程中的最后一个阶段叫监督阶段(monitoring stages)。在这一阶段,决策者要通过评价解决方案的实施情况来确定是否已经获得了预期的结果,或者是根据实施过程中所获得的信息来修改问题求解过程。例如,在第一批水果运输结束后,海南岛的农场主可能了解到承运的航空公司按照例行的方式在厦门中转,同时还停在跑道上数小时以装载其他货物。如果这种未预见到的行为会对水果产生不利影响的话,农场主就必须要重新调整自己的决定,比如选择一家不作中转的航空公司,或者是改变水果的外包装。

在问题求解过程中有许多重要的影响因素。这些因素包括复杂性——今天的决策需要考虑的选择方案比过去的决策需要考虑的选择方案更多了;决策目标——多目标决策使问题变得极难以解决;竞争——市场上的竞争者的数目和种类在不断增加;国际化——企业和市场的活动已不再局限于一地区、一国的范围,而是进入了国际化、全球化阶段,这种变化改变了企业的运作和竞争方式;社会和政治行动——社会政治行动对问题的解决也会产生深远的影响。技术,尤其是信息技术价格的下降和功能的增长,不仅为各种各样的企业的决策提供了更多的选择,而且还为管理者提供了各种各样新的问题求解工具;时间压缩——由于信息转移速度不断加快,任何活动都可以在比过去更少的时间里发生、完成。正因为如此,企业都必须要引入新的技术、信息系统,并建立起现代化的信息网络,以尽可能为决策者提供最新的信息。及时获得所需信息对现代企业获得和维持自身的竞争优势是必不可少的。

4.7.2 决策

按照 H. 西蒙的观点管理就是决策。在管理过程中的每一项职能、每一个环节、每一个步骤都离不开决策,决策伴随着管理的始终。实际上,日常生活、工作、学习等几乎所有的人类活动,都是以决策为基础的。如果你是一位考生,就要决定在众多的大学及专业中应该报考哪所大学的哪一个专业;如果你是一位顾客,就要决定在众多的同类产品中,应该选择哪一种产品。决策是一种比较复杂的智力活动,从信息角度看,可以将其视为一个信息处理过程。该过程通过对输入信息进行加工转换,产生输出信息即所希望的行动方案,最后是选择行动方案。

4.7.2.1 独立决策

独立决策是指根据信息是否充足来决定是否使用独立决策的原则和方法,即在信息充足的条件下,使用信息充足的独立决策的原则和方法;在信息不充足的情况下,使用信息不充足的独立决策原则和方法。所谓信息充足是指决策者具有决策的全部方案、全部环境状态及其概率、全部结果值以及决策者的效用函数。下面介绍的是独立决策,互动决策问题就不再介绍了。

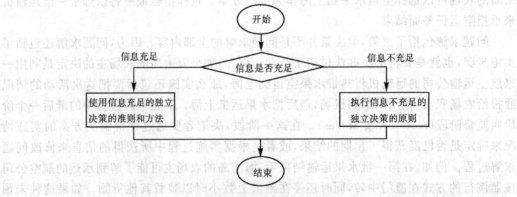

图 4—39 决策总体程序

4.7.2.2 信息充足的独立决策

约翰要买一辆汽车,有两个品牌可供选择。可以利用有关的信息建立如表 4-13 的决策树,然后用存续法或建立独立结果变量体系加权法进行求解,下面仅介绍前一种方法。

表 4-13 信息充足情况下的决策树

	负价格(元)	功率(马力)	油耗指数(千米/升)	外观
不需要装消烟器 (0.60)	-35000	140	20	难看
需要装消烟器 (0.40)	-37000	120	18	难看
不需要装消烟器 (0.60)	-36000	170	13	漂亮
需要装消烟器 (0.40)	-38000	140	12	漂亮

(1) 用存续法解。

① 估算等效存续结果值。

表 4-14 等效存续结果值的估算

	结果值				问题	答案(元)
	存续变量	非存续变量				
	负价格(元)	功率(马力)	油耗指数(千米/升)	外观		
	基础值	150	15	一般		
O	-35000	140	20	难看	为把功率提高到 150 马力,愿意把价格提高到多少?	36000
O'	-36000	150	20	难看	为把油耗指数降低到 15 千米/升,要求把价格降低到多少?	32210
O''	-32210	150	15	难看	为把外观提高到一般,愿意把价格提高到多少?	33910
O'''	-33910	150	15	一般		

续表 4—14

O	−37000	120	18	难看	为把功率提高到 150 马力,愿意把价格提高到多少?	40530
O'	−40530	150	18	难看	为把油耗指数降低到 15 千米/升,要求把价格降低到多少?	38000
O''	−38000	150	15	难看	为把外观提高到一般,愿意把价格提高到多少?	39600
O'''	−39600	150	15	一般		
O	−36000	170	13	漂亮	为把功率提高到 150 马力,愿意把价格提高到多少?	34400
O'	−34400	150	13	漂亮	为把油耗指数降低到 15 千米/升,要求把价格降低到多少?	36730
O''	−36730	150	15	漂亮	为把外观提高到一般,愿意把价格提高到多少?	34170
O'''	−34170	150	15	一般		
O	−38000	140	12	漂亮	为把功率提高到 150 马力,愿意把价格提高到多少?	38810
O'	−38810	150	12	漂亮	为把油耗指数降低到 15 千米/升,要求把价格降低到多少?	42600
O''	−42600	150	15	漂亮	为把外观提高到一般,愿意把价格提高到多少?	40250
O'''	−40250	150	15	一般		

②估计效用函数(假设)

用 P 抽签法,建立坐标系。令 $u(-40250)=0, u(-33910)=1$

表 4—15 效应函数的估计

抽 签	指定 P	问 题	答 案	结 论
	0.10	是选择 A,还是选择 B,抑或是中立	选择 B	增加 P
	0.20	是选择 A,还是选择 B,抑或是中立	选择 A	减少
	0.12	是选择 A,还是选择 B,抑或是中立	选择 A	减少
	0.11	是选择 A,还是选择 B,抑或是中立	选择中立	$u(-39610)=0.11$

续表 4-15

			0.95	是选择 A,还是选择 B,抑或是中立	选择 B	增加 P
			0.96	是选择 A,还是选择 B,抑或是中立	选择 B	增加 P
			0.97	是选择 A,还是选择 B,抑或是中立	选择 B	$u(-34170)=0.97$

根据上述结果可以绘出如图 4-40 的效用曲线。

图 4-40 效用曲线

③ 寻找最大效用值方案。

表 4-16 最大效用值方案的求算

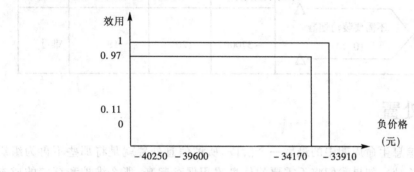

	结　果　值				等效存续结果值				效用值
					存续变量	非存续变量			
		负价格(元)	功率(马力)	油耗指数(千米/升)	外观	负价格(元)	功率(马力)	油耗指数(千米/升)	外观	
不需要装消烟器 (0.60)1.00		-35000	140	20	难看	-35000	140	20	一般	1.00
需要装消烟器 (0.40)0.11		-37000	120	18	难看	-37000	120	18	一般	0.11
不需要装消烟器 (0.60)0.97		-36000	170	13	漂亮	-36000	170	13	一般	0.97
需要装消烟器 (0.40)0		-38000	140	12	漂亮	-38000	140	12	一般	0

④中选方案及其结果。

表4-17 选中的方案及其结果

	负价格（元）	功率（马力）	油耗指数（千米/升）	外观
不需要装消烟器（0.60）	-35000	140	20	难看
不需要装消烟器（0.40）	-37000	120	18	难看

4.8 信息处置

信息处置是信息生命周期中的最后一个阶段，所谓信息处置就是将那些不再为组织所需要的信息清除掉。如果我们将不需要的信息累积保存起来，那么维护和存储的成本将会不断上涨。因此，我们需要事先制定好信息处置计划，以便为组织的信息处置提供一个进度表。当信息达到其生命周期的处置阶段时，就要及时对其进行清理。处置方法的选择主要取决于信息的类型及其内容。不同组织信息处置的方法各不相同。事实上，并不是每条信息都能够经过生命周期中的每个阶段。

组织在运行过程中产生或收集了许多信息，这些信息最终都要在被捕捉到后，记载到合适的载体上形成所谓的"记录"，它实际上就是我们在前面所说的信息。而记录保留计划则是为维护组织的记录，并在需要时候把记录转移入候用状态存储起来以及销毁那些对组织不再具有价值的记录，提供一个进度表(timetable)及一个连贯的程序(consistent procedures)。记录保留计划(record retention program)的重要内容应包括：确立宗旨和目标(goals and objectives)、进行记录清点、实施记录鉴定、建立记录保留进度表(schedule)、实施有计划的转移(transfer)和记录处置。

4.8.1 宗旨

记录保留计划通常是在记录主管(record manager)的指导下制定并实施的。记录主管在识别和鉴定每个办公室的记录时都必须要和组织的各级领导进行密切合作。制定记录保留计划的第一个任务就是确定组织的保留计划的宗旨和目标。记录保留计划有三个主要宗旨：一是降低成本(cost reduction)，二是提高检索效率(retrieval efficiency)，三是确保保留的连贯性(retention consistency)。这三个宗旨中的每一个对确保整个记录管理计划(record management program)的成功都是十分重要的。

4.8.1.1 降低成本

一个业已制定的记录保留计划可以以三种方式降低成本：一、销毁不必要的记录，并将半活性(semiactive)的和非活性(inactive)的记录转移到低成本的存储地点(area)以节省昂贵的办公室空间;二、保存半活性(semiactive)的和非活性(inactive)的记录所需要的设备比办公室使用的保存设备价格要低;三、是各个不同部门不必保留重复记录。对记录只需要保留一份记录复制件即可。

4.8.1.2 提高检索效率

现代信息的多样化和管理实践的完善化使得组织不需要考虑无限地保留文件(documents)和所有的微观媒体(micromedia)。除了存储的成本外,另一种也许是更重要的需要——检索效率——在记录的非受控累积过程中将被牺牲掉。为了方便使用,记录必须易于查找,因为对组织来说花费在搜寻旧文件中的时间将是昂贵的。一个业已确定的记录保留计划要求按照规定的时间将半活性的和非活性的记录从活性(active)文档(files)中转移出去,并将那些对组织不再具有价值的记录将被销毁掉。这就消除了混乱,从而能够以极高的存取率快速地检索这些记录。正确的转移程序会使半活性的和非活性的记录可以被迅速地检索出来。

4.8.1.3 加强检索一致性

只有在整个组织中确定连贯一致的保留程序,才能够使各部门的管理人员既不做"胆小怕事的人",也不做来者不拒、保留一切或很快地将记录处置掉的"铺张浪费的人"。最高执行官必须要在记录对组织还具有价值的时候加以利用。记录主管要为满足组织的需求确定其他的宗旨,同时还要为记录保留计划确定具体的目标。这些目标也许包括每年应被转移或销毁的记录的数量,办公室内部最大允许存储空间,或者建立集中化程度更高的文档区域(files areas)。

4.8.2 记录清点

在制定记录保留计划之前,组织必须进行记录清点(records inventory)。所谓记录清点就是要完整地列出组织的记录的目录(contents)和地点(locations)。清点主要回答以下几个问题:一、我们拥有哪些类型的记录?二、这些记录放在何处?三、有多少记录?四、记录是活性的、半活性或非必要的?这为制定保留计划及有效的记录管理计划的许多相关决策提供了数据基础。例如,对这四个问题的回答就为确定处理组织的记录需要什么设施、设备、供应商和人员提供了基础数据。人员需要什么培训?对记录的生成和复制应该施加什么样的控制?为了保护组织的重要记录(vital records)需要采取何种保护措施?

4.8.2.1 制定清点计划

记录清点不应在无任何精心计划的情况下贸然进行,因为它所获得的数据几乎可以对组织的记录管理计划的各个方面都会产生影响。记录主管要对如何执行该项目负责。计划该项目的步骤应该包括获得最高管理层的授权,挑选进行清点的人员,确定清点所使用的方法,选择并设计合适的格式,制定清点的进度表(schedule)。

(1)确定记录清点项目主任。制定记录清点计划中的第一项任务就是选择一位项目主任。项目主任必须掌握清点技术,了解清点是制定一个完善的记录管理计划的基础。项目主任是从外面引进还是从内部提升呢?事实上,这两种方法都各有长处和短处,因此要根据具体情况来具体处理。

（2）授权与职责。圆满地完成一项记录清点工作，牵涉到组织中的各个部门。每个部门人员之间的合作是记录清点精确、圆满的重要保证。因为进行记录清点时，可能会造成某些正常工作的中断，增加关键部门人员的职责。但他们必须明白，最高管理层已经认识到这项任务的重要性，并希望他们合作。一旦最高管理层决定进行记录清点，就要告知员工这项任务在建立记录管理计划过程中的重要性，因为这将有助于所有部门工作的正常进行。这种支持行动要用书面形式传达给员工。

（3）方法。记录清点经常采用的方法是调查表法（questionaire）和物理调查法（实际调查法 physical survey）。许多组织都认为完成一项记录清点工作最快的方法，就是制作一份调查表，收集每个部门的记录数量和类型所必须的数据。各部门人员负责填写表格并将其返回到所要求的项目主管处。应用这个方法时经常会出现两个问题：第一个问题是部门人员对记录清点程序没有什么经验，因此他们可能会对有关指示作出不同的解释。要是这样的话，收集到的数据就不能保持连贯一致。因此，在发出清点表格之前，就要去接触一些重点部门的人员，并给他们解释表格的使用，回答他们提出的各种问题，这样做或许可以消除或至少把上述问题减小到最低程度。第二个问题是那些被指定填写调查表的部门人员也许会把它看做是一项份外工作。因为填写调查表对他们来说并不是一项必不可少的工作。在填写清点表格时，他们也许会先拖着不办，然后随便应付一下就万事大捷。此外，对组织中的记录进行控制的努力也可能会引起他们的怨气。因此组织的主要管理者要全力以赴地缓解这些问题，项目主任可以对任务做简化处理，这样就可以减少同那些有牢骚的人员讨论准备不充分之类的问题。

对组织内部的每个部门的活性与非活性记录的物理调查是一件非常耗时的工作。但是，这种调查却是一个确定组织现有记录的数量、类型、日期和地点的最精确的方法。在许多情况下，物理调查所花费的时间并不象那些没有从事过该项工作的人所估计的那么长。通常情况下，一个人每周可以调查 1000 立方英尺的记录。如果能够对组织的记录作物理调查，那么项目主任必须要对那些参加协助调查的人员进行培训。对那些实际参加调查的人员进行培训，将能够确保收集到的数据的一致性、连贯性，加快调查的速度。在小型组织中，不一定要这样做，因为项目主任可能要亲自参加调查工作。

（4）表格。对有关清点表格中所需要的信息，不同的组织有所不同。对每一个部门的每一个记录卷宗（或记录系列，record series）都要填写一份清点表（inventory form）。所谓记录卷宗就是一组因涉及到同样的功能（function）或活动（activity）而被按照统一规定（arrangements）汇订在一起的记录。经常使用的记录卷宗有已付凭证（paid vouchers）、部门来往函件（departmental correspondence）和人事记录（personnel records）。

记录清点表中应该包括记录的地点、日期、类型和数量，是复制件（record copy or duplicate copy）还是原件（original），调查记录人员的姓名，调查以及提交审核的日期。

（5）进度表。在开展记录清点之前，就要制定好详细的进度表，并提交给主管们审批，同时还要在全组织内部发布。但是，也有些记录主管喜欢快要到清点的时候，才通知每个待清点的部门，目的是防止这些部门事先将一些有价值的记录清理掉。进度表要在项目主任确定好了组织中记录的存放地点，决定了记录清点的顺序，估算出完成清点所需要的时间之后，才能制定。

①地点。记录地点的数目与组织的记录存储设施的集中程度有密切的关系。如果组织的所有的或大部分的活性记录都保存在一个集中化的区域,而非活性记录则被保存在记录中心(records center)。地点的识别要尽可能简单方便。但是,在大多数组织中要找到存在的位置却并不简单,因为通常记录都被保存在各个部门(有时候是在办公室)里。要是这样的话,项目主任在确定是否要进行一次综合性清点以及每个地区所需要的时间的时候,就对这些部门先来一次"走马看花"。即使项目主任对非活性记录的存储地点非常熟悉,对该地区进行"踩点"仍然是大有裨益的。项目主任也可以画出每个地点记录的近似位置,这样就可以节省实际清点所花费的时间。如有可能的话,再对每个保存地点的存储设备略做介绍,对清点也将大有帮助。

②顺序。项目主任还要确定记录清点的顺序。许多项目主任喜欢先清点活性记录,后清点非活性记录。但是,这两类清点都是必要的。

表 4-18 记录清点和保留单

记录清点和保留单(record inventory and retention sheet)					
部门 (department)	分期贷款处 (installment loans)	记录卷宗题名 (records series title)	申请表(applications)	日期	10.1
清点(inventory)					
■记录副本(record copy)　　■计算机打出(computer printout) □复制件(duplicate)　　　　□缩微胶片(microfiche) □letter size　　　　　　　　□缩微胶卷(microfilm) □legal size　　　　　　　　□其他(具体说明)other(specify)					
清点人(inventoried by):马克					
说明(description): 　　　　　分期贷款申请表已经按顺序制作到 16 毫米胶卷上。					
地点	数量(volume)	涉及日期(inclusive dates)		保留期(retention period)	
办公室	15 立方英尺	1996.3.1——2000.4.5		5 年	
storage	15 立方英尺	1989.2.1——1995.12.31		5 年	
保留(retention)					
审批(approvals)				年度(years)	
原生办公室(originating office):张民				10	
财务官(fiscal oficer):朱华				3	
总顾问(general counsel):刘生				8	
执行官(executive):李铭				7	
终期计划(finalized schedule)					
办公室	3	存储(storage)	5	销毁(destory)	8 年后
授权者(authorized by):高云				日期(date)	2.31
具体指示(special instructions): 表格 242(form 242):97.10.23					

③时间。一旦确定了记录清点的顺序,项目主任就要估算每个地点所需要的具体时间。如果熟悉记录的地点和具体位置,那么这种估计的准确性将大大提高。在估算出的完成时间中应该留有余地,因为在实际清点时可能有各种各样的原因导致清点过程中断。

如果已经把进度表中的这几个要素确定好,那么就可以将该进度表提交给主要的主管领导们审批。如果日后需要对该进度表进行调整,那么在调整之后,应该将其即时通知给有关人员及需要合作的人员。同时,还要召开有参与实际清点工作的人参加的碰头会。在该项工作完成后,就可以开始正式的清点工作了。

(6)进行清点。要完成一次清点工作,必须要对每个记录所在地点开展三步工作。这三步是:找出记录卷宗,找出所需的空间和给记录分类。此外,如果对所有的地点都进行了清点,那还要有人(通常是项目主任)负责把所有清点表格所使用的术语标准化。

①找出记录卷宗。在每个记录地点,都要为每个记录卷宗填写一份清点表。一个记录卷宗也许包含许多文件(可以保存在纸张或其他载体上)。因此,必须要仔细地确定每个记录卷宗的正确题名以及每个记录卷宗中应该包括哪些文件。

②找出所需要的空间。表4-18所示的清点单中要求填写办公室和储藏地的记录卷宗的数目。这些信息对设施和设备的规划是至关重要的,因为它们要根据清点的结果来确定。一般情况下,记录数量的测度方式主要有两种:线性测度(linear measure)和体积测度(估出立方英尺的数量)。用带尺测量属于线性测度,但是估算体积可能更为常用。

③对记录进行分类。虽然估算了记录卷宗所需要的空间,但是记录分析人员(record analyst——专门从事记录的形成、处理和处置方面的系统和程序研究的专家)还应该区分出活性记录和非活性记录。由于利用率下降,应将非活性记录从办公室所里转移到一个固定的存储。有些存储的记录可能不再需要了。记录卷宗应该给这些条目(items)加注日期,同时还要在清点表的说明部分加上一些简短的说明。这些可以提醒记录分析人员在记录清点完成后,要采取进一步的措施。记录的存储与处置是否合适,将直接影响到地点和设备能否得到更为有效地利用。

记录分析人员要对记录卷宗中的任何重要记录(vital records)十分留意。因为这些记录对在经历了一场灾难之后再重续组织活动是至关重要的,所以应该立即从办公室文件柜中移走,并和其他的重要记录一起存放最佳的保护区。

④术语标准化。记录清点完成后,项目主任或记录分析人员要对清点表格进行审查,以把各部门使用的术语标准化。在进行清点之前已经开过"碰头会",可以把这些问题减小至最低程度。但是,除非一个人完成所有的清点工作,否则相似的记录卷宗可能会出现五花八门的题名。审查过程也为找出那些被毫无必要地分开的记录卷宗提供了机会。

(7)状态报告。记录清点经常是制定记录管理计划的第一步。清点在制定保留进度表、制定设施、设备和人员计划方面是非常重要的。但在控制任何其他活动之前,项目主任都应该准备一份状态报告,并提交给最高管理层。所谓状态报告就是一份中期报告(interim report),其中注明了到目前为止所取得的进展和获得的成果或发现的问题。项目主任在制作该报告时,必须要精心地对数据进行综合。

①数据综合。进行数据综合可以有几种备选方案。一般情况下,项目主任要对从组

织中的部门及其他分支机构的记录清点单中获得的数据进行综合。要将部门内部记录的类型、日期和数量报道出来。同时还可以被移到保管所或销毁的记录数量和可以用于保存这些记录的空间的大小。同时还需要说明。

②准备报告。报告可以采用口头或书面形式。在编写状态报告时，项目主任要考虑到用表格形式提供部门数据和对对各部门的数据进行综合比较。综合可以使最高管理人员能够很快地看到记录清点的结果，这将有助于他们弄清楚哪些部门急需要记录管理部门的帮助。状态报告还应该包含根据记录清点结果而提出的建议性的行动计划。编制保留进度表和为了更好地利用设施与设备就是两个可以探讨的议题。行动计划应该包括一个建议性的进度表、所需人员的身份和拟议行动中应该遵循的步骤。

如果某些个人或部门对完成记录清点特别有用，或者是某些职员工作做得特别好，那么状态报告就应该成为推荐这些个人或部门的工具。状态报告也使人们留意那些要求更新所需记录状态的建议。

(8)记录鉴定。所谓记录鉴定就是对通过记录清点所收集到的数据进行审查来确定每个记录卷宗对组织的价值。记录鉴定过程可以确保记录能够得到合适的保留和处置。作为该过程结果的就是记录保留进度表。

①确定卷宗价值。要找出组织的每个记录卷宗，并要将其作为记录清点的一部分进行著录。记录主管必须要使这些卷宗中的每个卷宗对组织具有管理（作业）价值、财政价值或历史（研究）价值，或者是这些价值的组合。这些价值都是确定每个卷宗保留期的依据。

• 管理价值。记录卷宗的管理价值就是在组织内部执行所指定的作业过程中记录对创造职能所具有的价值。那些被用于确定组织政策或解释作业程序（operating procedures）或部门职能过程中利用的记录所具有的价值就是管理价值。这样的记录包括组织图、政策声明和程序手册。

• 财务价值。如果某个记录卷宗能够提供利用政府基金所需的商业票据以接受审计或进行经营，为了编撰年度报告或完成组织的纳税申报表提供需要的数据，或者提供其他的诸如购销之类的财政事务的商业票据单证，那么它就具有财务价值。

• 法律价值。记录卷宗的法律价值可以通过它为商务活动提供的商业票据来确定。具有法律价值的记录有合同（contracts）、财务协议（financial agreements）、所有权（titles），以及那些能够提供遵守法规条款（如环境和安全标准等）证据方面的记录。

• 历史价值。记录卷宗有时候还具有历史价值。历史价值是指一条记录在有助于描绘出一个组织过去所取得的成就。对研究该组织、同类组织和该组织中的杰出人物的研究者来说，历史价值也是十分重要的。由全国著名人物，如政治家或科学家所签名的信件，不管其内容是什么，常常也具有历史价值。董事会的会议记录也具有历史价值，因为他们记下了组织发展方向的变化。历史记录经常存放在组织的档案馆（organization's archives）里。历史档案应保留在保护最严密的地方。

(9)确定保留期限。一旦记录主管确定了每个记录卷宗的价值类型，就可以根据这些价值来提出一个推荐的保留期（retention period）。这类信息可以放在记录清点与保留单的后半部分。

①确定需求。推荐的保留期限可以按照记录主管的处理该类记录方面的经验，他对

其他组织处理类似记录方式的了解,或者是来自公开出版的保留进度表方面的信息等来确定。一些附加的要求也可能对记录保留期限的确定产生影响。这些要求可以大致划分为三类,即组织的、政府的或档案的。组织要求又可以细分为两小类:原生办公室的要求和组织管理政策的要求。在表 4-18 中原生办公室的主管已经将该办公室的要求用"originating office"来表示,组织的一位官员(officer)也将组织政策方面的保留列在"executive"栏目里。

表格在提交给组织的执行官之前,先提交给组织的财务官员(fiscal officer)和组织的总顾问。财务官员负责注明与税收或其他财务报告有关的保留要求。这些注释(notations)要写在表 3-中"财务官"的线下面。总顾问负责注明任何要求,以便保留这些记录来支持可能出现的诉讼和满足任何层次政府的法定要求(statutory requirements)。顾问加注的要求应写在记录前点与保留单上的"总顾问"下面。

档案性要求(archival requirements,即要求永久保存)通常由记录主管来识别。如果记录一直没有被加上永久保存的标签,那么这种要求可以由某一个或所有的记录主管推荐的全部审查人员(reviewers)来标注。

②敲定保留期。当记录主管得到了所有的签名(或者是用其他形式提供的类似作用的信息)均以完成的记录清点与保留单,就可以把记录保留进度表最后敲定下来。保留期包括记录留在原生办公室的时间长短(length of time),存放在记录存储地区的时间长短和预定销毁记录的日期。为了保持云做的效率,要想方设法将记录在原生办公室里保留彻底时间尽可能长一些,只要记录仍然是活性的。如果记录不再是活性的了,那么就应该将其转移到存储地区(storage area)。表 4-19 中的记录清点与保留单中也含有表示上述三个日期(在办公室、在储存所和销毁期间)中各个日期的空白处。

表 4-19　记录审查校对一览表

文件审查校对一览表
·所有的文件已被审查,不需要的文件已被销毁;
·必须保存在活性文档中的记录已被转移到文件盒的背面或下一层文件盒中;
·所有的保留期在 2003.12.31 到期的记录均已被销毁掉;
·按照记录保留进度表中对本部门的规定,要求继续保留的非活性记录已经被转移到非活性存储区;
·新的带有标签的文件夹已经安好,自 2004 年 1 月起开始使用;
·如有问题,请给记录协调员打电话。
在证实与你的记录保留进度表不符之前,请不要将记录销毁掉。 7747

4.8.3　计划实施

记录保留期确定之后,还要采取几个步骤来试述这个保留计划。这些步骤包括编制进度表、分发进度表、检查与修订进度表和指定保留政策手册。

4.8.3.1　制定进度表

已经确定的保留期必须要总结起来放到一张表(list)或保留进度表里,以便在组织中分发。记录卷宗在保留单(也称为保留进度表——retention timetable)上通常都按照字母顺序,或者先按照部门或功能再按字母顺序来列举,同时还要考虑记录卷宗保留的年数。有些组织还包括了授权指示,以确定具体的保留期。可能会用到多种格式(formats),但是保留进度表至少要包括记录卷宗的名称和保留的期限。

4.8.3.2 分发进度表

如果组织的员工不知道记录保留进度表和记录保留计划,那么记录保留进度表就不可能得到有效使用,记录计划也不可能发挥出应有的作用。进度表一旦印制好后就应发至每个与记录有关的办公室。每个部门收到的可以是整个进度表或只是那些适用于本部门的进度表。有些组织还在每个办公室里指定一位工作人员作为记录联络人,并由他来负责接收记录保留进度表,监督是否保留了业已确定的记录,包括必要时调拨记录。

4.8.3.3 审查和修订进度表

组织可能要过20~30年之后,才有可能重复整个清点和进度表中设计的过程。但是在这一段时间里,很可能要对进度表进行多次调整。一个有效的保留计划必须要在计划规定的时间间隔里能够对保留进度表进行审查和修订。有些记录卷宗的保留期限可能很快要修改。由于政府法规的变化,有些记录卷宗可能会在用过不久后被销毁掉,也有的可能要保存更长一段时期。还有一些记录卷宗需要进行周期性的检查,以便了解是否需要新的格式,是否要列入已经增加或删除的记录卷宗之中,是否要调整已在记录库(storage)中的记录保留时间。对于后一个问题,可参照记录的利用率来解决。如果记录在存储后,很少被人利用,那么组织就可以早一点销毁它。如果到了事先确定的记录销毁期,记录的利用率仍然很高,那么记录的保留期就可能适当延长。

4.8.3.4 编制手册

许多组织都制定了一份记录保留手册,以宣传有关记录、转移和处置的政策和程序。有一些组织则更愿意编制一个记录政策手册(records policies manual),其中包括整个记录计划的政策和程序。不管所用的是什么类型的手册,保留计划的政策和程序应该事先制定好,并与保留进度表一起分发出去。这些政策和程序还应包括计划的制定过程、修订的条款、记录转移的程序和记录销毁的程序等方面的信息。

4.8.3.5 转移记录

记录转移是记录从昂贵的办公室空间向记录中心或其他指定的存区的物理移动(physical movement)。转移过程共有5个步骤:一、确定记录转移的时间;二、确定要转移的记录类型;三、为转移记录做准备;四、部署转移;五、在存储区接收记录。

(1)确定转移的时段。转移时段一般按照组织政策决定。通常通过记录清点就可以发现有些记录是非活性的,因而也是可以转移的。此后,就可以将记录定期地或连续地转移出去。定期转移(periodic transfer)是指记录的转移是按照规定的时间间隔进行的。许多组织都是在其财政年度结束时才将其记录转移出去。有些公司甚至还制定了明确的政策,指定每年中的某一周作为记录评审周。在这一周中,每个部门的每个办公室都要对自己的记录进行审查,并将那些不需要的记录销毁掉,将所有的已经变成非活性的记录转移到本公司的记录中心去,确保上一自然年度(calendar year)末规定按期销毁的所有的记录已经被销毁。这种活动已经广为人知,并且一般都能得到公司最高领导人的支持。按照要求每个办公室都要撰写一份报告,说明已经审查、转移和销毁的活性记录的数量,已经空出的、且放在记录保管室中记录盒或记录架的数字。连续转移(perpetual transfer)是指允许部门或办公室一旦记录变成非活性的时候就将其放到储藏室里。但是,这种方法常常效果不好,因为办公室工作人员常常忘了与记录保管部门保持经常性的联系、或是出于疏忽,或是没有时间。

(2)确定待转移的记录。在记录清点过程中,许多记录都被认定是非活性记录,应该要尽快地转移到记录中心或其他的记录存储区。在第一批转移完成之后,就要从保留进度表中找出下一批待转移的记录。不论转移的时间有多长,所有的适宜转移的记录都要转移出去。仔细地查明所有的按期要转移的记录,将能够确保保留计划能够产生良好的效益。

(3)准备转移记录。要准备把记录转移到记录存储区,主要有两个步骤:填写必需的表格和将待存储的记录包装起来。

①表格。原生办公室应该制定一份转移一览表并随同被转移的记录一道发送到存储区。除了转移一览表之外,有些组织还要求为每个转移盒(transfer carton)准备详细的标签(labels)。还有些组织只要求在盒子上标上号码,并将其内容记入记录转移一览表中(格式如表4-20)。

表4-20 记录转移一览表

RECORDS TRANSFER LIST (记录转移一览表)	FOR RECORDS CENTER USE ONLY					
	Records Rec'd. by Z. Hua			Date Rec'd 4.25		
	No. of Boxes	6	Row 234	Shell 007	Space	051-045
Department Transferring Records Sales						
Signature and Title of Person Transferring Records M. Bing Administrative Assistant					Date 4.20	
Cubic Feet of Space Released: Office 10.5				Storage		
Equipment Released: Cabinets 7drawers—letter			Shelves		Other(specify)	
Destruction Method Shred						
INSTRUCTIONS All records coming to the Records Center must be packed in Records Center boxes unless otherwise authorized by the Records Center. Each box must bear a number. List records according to box number and describe accurately, giving title, subtitle, year, and other information. Range of records in box, years covered, must be given for each box. All records must have a destruction date specified. Prepare in duplicate. Send original and copy to the Records Center. A completed copy will be returned to you.						

续表 4-20

Box No.	Type of Records	Description	Years Covered	Destruction Date
S—201A—S—201E	Paper	Sales invoices by geographic area	1998	1999
S—201F—S—201G	Paper	Weekly sales reports by item	1998	1999

②包装。包装待存的记录应置于瓦楞纸纤维板盒子中。最常用的纸板盒(与图书馆中的卡片盒很相似)尺寸一般是 15×12×10 英寸,因为该尺寸很适合法定记录和信函记录大小(legal— and letter—size),而且与所有的标准上架设备相匹配。

需要特别注意的是对秘密记录的识别与处理。必须要确保这些记录在存储区不被非授权运用,在不再需要时,能得到恰当的处置。

(4)安排转移。记录存储区也许不在办公地点,有时候可能与原生办公室相隔数公里。因此,为了把记录从一个地点转移到另一个地点,必须有足够的人员和设备,为此事先要做好计划工作。此外,还要把已经制定好的装运计划告知记录中心人员,这样他们就可以调整好自己的进度表,以便作好准备在记录抵达时就可以开始接收工作。

(5)接收记录。接收记录是记录存储区人员的职责。接收的纸板盒的数量和目录要与记录转移一览表上列出的事项进行核对,要留意是否有不符之处。如有不符之处必须立即与原生办公室进行核对。因为,可能有的的记录遗留在办公室里,或者放错了办公室与存储地点。如果有误放的记录,必须立即纠正。一旦记录被登记办理了入库手续,就应将它们存放到存储设施中的合适地带,同时还要将存放地点记入转移一览表或记录定位器(一种专用的卡片夹或者自动索引,其中列出了记录的及其存放地点)上。

4.8.3.6 记录销毁

记录销毁是指对那些组织不再需要的记录所进行的处置。处置可以由组织自己在内部进行,也可以委托组织所在地的其他组织提供这种服务。大多数的处置方法都可以在组织内部或外部使用。但是,有些方法的成本较高,使得内部处置可能只适用于大型的组织。

把文件扔到垃圾箱里可能是处置无用凭证所使用的最方便但也是最不安全的方法。除了这种方法之外,还可以采用粉碎、焚毁、化学销毁或者化浆等方法。

(1)粉碎。粉碎是销毁凭证和缩微胶卷常用的方法,而且也是销毁秘密文件的一种安全的方法。粉碎时可以使用各种各样的碎纸机来进行。按照进度表规定销毁的各种各样的凭证也可以在粉碎之后或不作粉碎就卖给纸品回收公司。

(2)焚毁。粉碎曾经是销毁凭证时最常用的方法,但是现在却被认为是一种很有问题的方法。而焚毁也曾被认为是销毁秘密记录的一种安全可靠的方法,但在焚烧时也可能偶尔有一些完整的文件从焚毁炉中飞出来,这就有可能使秘密信息为竞争者或者新闻媒体所掌握。此外,有些没有完全烧掉的碎纸中的信息可能还被辨别出来。维护一台焚烧设备所需的劳动力成本也很高,而且在许多地区组织在决定是否要采用该方法的时候,往往还要考虑当地对环境保护方面的一些规定。将焚烧炉置于城市限制地区之外也许能够满足环境标准,而那些没有满足当地环境标准和位于城市限制地区的焚烧炉也许会遭到环境保护主义者的抨击,甚至有可能被罚款。有些秘密凭证在焚烧时,按照组织的政策要求有人监督这种焚烧过程,因此这种耗时的过程的代价将是非常昂贵的。当然,现在也有一些专门提供此类监督服务的组织,它们可以与组织达成协议,为大量的记录提供焚毁证明。要是这样的话,就不需要本组织派人去监督了。

(3)化学销毁。化学销毁,即浸解,就是利用化学试剂来软化纸张并除去字迹。这种方法还包括记录(含缩微胶卷)的研磨。粉碎器有多种型号,可以根据凭证的数量等来选用。研磨是比粉碎或者焚毁更加有效的方法。

(4)化浆。化浆是一种不可逆的、安全的、简便的和经济的销毁秘密凭证的方法。将凭证和水混合到一切,并迫使它通过切割机和过滤器。过滤器的尺寸应根据化浆材料的安全需要来选择。产生的残留物(滤渣,即浆)被抽入脱水机后,将其中的水摔干。水可以循环使用,纸浆可以倾入拖车中作垃圾处理掉。现在,银行利用这种方法日益普遍,其他的生产大量带有高度安全需要的纸张的组织也喜欢采用这种方法。根据组织规模的大小,化浆方法也可以由组织在其内部使用,或是委托合同商来承包。

4.8.3.7 选择方法

在对各种可用的销毁方法进行研究之后,记录主管应该根据以下几个问题作出最终决定。

- 被销毁的记录数量有多少?
- 这些是等量和同类的记录吗?如果不是,有哪些过程可以销毁所有各种类型的记录?
- 秘密记录所占的比重有多少?
- 对你所在社区的记录销毁产生影响的环境标准有哪些?
- 你所在地的合同承包商愿意提供符合需要的销毁方法吗?
- 可以将记录销售给纸品回收公司吗?必须要先将它们粉碎吗?
- 由公司自己在内部销毁和由合同指定的销毁的比较成本是多少?

4.8.3.8 销毁商业票据

许多组织,特别是政府机构,都要求提供已被销毁的记录的证明。这类证书中一般都包含了对被销毁记录的说明和销毁的数据和方法。通常,记录中心的基层主管在记录即将被销毁的时候,也会发出一份通知给原生办公室。此时,原生办公室还有最后一次机会将这些记录保留下来,如果确实有这样做的必要的话。

有些组织还对已经销毁的记录做了一个登记表,其中列出了所有的直到销毁之日已经被销毁了的记录。该登记表就是一份记载记录何时和如何被销毁的永久记录。

5 信息人力资源管理

信息人员管理(information people management)又称为信息人力资源管理,它是信息管理的一项重要内容,其主要目的是为组织物色信息专业人才,其内容包括选人、评人、用人、育人、留人等方面。由于信息工作和信息人才具有许多独特的特点,例如工作压力大、要求人员素质高、收入高、创新性强、流动性大、需求量大,所以信息人才在目前和可预见的将来,仍将是人才市场上最抢手的人才。如何吸引、招募、用好和留住信息专业人才,已成为许多社会组织面临的一个新的挑战。

信息时代的到来,使信息专门人才成了人才市场上的新的亮点。某大型跨国公司的信息管理职能部门的系统专业人员数近两年来在人员配备表上一直短缺25%,系统主任和他的几位高级主管每周都要花费几个小时去搜寻和评价那些潜在的系统专业人员。猎头公司(employment search firm)是新的职业专业人员的主要来源,但是,其代价则是第一年收入的20%~25%。现在,人员的流动率每年几乎都达到30%。用户部门的主管很关心他们所获得的系统的支持水平,有些用户部门已经雇佣了自己的系统专业人员,因为他们对来自于本公司信息管理职能部门的系统专业人员的支持感到不满。系统专业人员的薪金和公司的大多数职员比较起来增加幅度一直是最快的。公司相当大的预算已经被用于雇员开发。由于缺乏有经验的职业专业人员,该公司信息管理职能部门的管理人员每天都要花费相当多的时间去给职员分配工作和对他们进行培训。

我们可以继续列出许多企业信息主管所面临的人力资源问题。有上述公司这样经历的公司比比皆是,有才能的信息专家的严重短缺是造成信息工作积压的主要因素,大多数公司这种积压已经达到2~3年或者更长。

早在上个世纪70年代末,《数据管理》(Datamation)杂志的一份调查报告显示,DP雇员的流动率每年几乎达到28%。这是一个很大的数字,按照这种比率,有半数的雇员在一地的工时间不会超过2年。

信息革命及其影响已经产生了这一情况,即对信息专业人员的需求和合格的信息专业人员的供给之间的差距随着时间的推移不断扩大。这给信息主管提出了两个问题:需要获取并留住这些稀缺的人力资源。

信息人力资源问题的严重性可能因公司的不同而有所差异。提高企业信息职能部门的人力资源管理绩效有许多种方法,在众多国家,在那些管理有效的公司里目标管理战略对人力资源管理来说,一直是非常有效的。

5.1 人员管理系统

虽然人员管理系统(staff management system)的职能在各个公司存在一定的差异,但是一般而言,人员管理系统应包括下述职能:

5.1.1 人员招募

人员招募可以由一个和那些在信息科学方面力量很强的大学的院系和就业官员的合同,以及几个擅长发现信息专业人员的猎头公司的关系网络所构成。人员招募可利用来自信息部门的专业人员和主管的工作分派,有关公司内部信息岗位的招募手册(其中可能包括若干职员成功的案例研究),利用"open house"计划来引入有前途的新手,参加旨在把工作与求职者相匹配的职业市场,在本地和外地报纸上刊登广告等方面的网络而构成。使用各种各样的连续的招募方法比需要时才定期进出就业市场可能更容易取得成功。换句话说,优秀人才一经发现就应雇佣,而不是等到需要时才雇佣。那么,如何识别优秀人才呢?这需要适当的面试技术来确定真正的能力、知识和履历。但是,除此之外,测试也是一种很有用的方法,它包括心理、智力和能力测试。对于更高级的职业岗位,专业性测试的成本可能要比雇佣不合适人员的成本要低得多。对于比较低级的岗位,仅需进行一些简单的程序性水平测试,只要事先确认符合政府的有关法规,且该测试是一种不带任何偏见的测试即可。

5.1.2 技能识别

企业的信息管理职能部门要配备各种技能和个性特征的专业人员。专业人员的技能和个性特征与工作需要之间的合理搭配是提高工作绩效、工作满意度的一个重要因素。对每个职业岗位的技能进行清点和个性特征进行评估,对提高工作和人员之间搭配的准确性是非常重要的。技能清点可以根据人员以往所受过的教育、培训课程,通过能力测试来进行。此后,如有人需要填充该岗位时,就可将这些数据和岗位的需要进行对比。技能清点的步骤是:一、确定该工作所预期的关键结果;二、识别完成该工作所需的技能;三、评估雇员的技能。已经完成的技能清点可以作为进一步开发的指南。个性特征比较难确定,而且含有主观因素,只有经过一段时间观察后才能准确了解。

5.1.3 人员分配

招募、薪水和人员开发的成本过高,加之信息专家严重短缺,这就要求我们在给信息专家分配工作时要格外小心。新招募的人员,在经过一段时间培训后,就可以让其和经验比较丰富的专业人员一起工作,并在这些专业人员的指导和监督下学习。事实上,在员工的工作经验形成的初期,为其指定一名导师是一种比较好的策略。有经验的新手会提出这一要求,即他们的技能应该适合所从事工作的具体需要。因此,要达到这一目的,就要在实现最佳匹配之前做好技能的清点和职务说明编写工作。

5.1.4 人员开发

人员开发可以通过教育、培训和在职学习来进行。大多数公司对教育的预算是不够的,只分配1%—2%的DP预算给人员开发,难以起到实质成效,但是,调查显示大多数公司用于这方面的预算确实是如此。应该要为那些参加技术或管理方面的研讨会,并能够充分获益的人仔细地安排好时间,千万不要随意地应付了事(例如,在某个职员希望参观的城市举办的研讨会)。同样,公司内部研讨会也不要忽视。可以请一些知名的教师来公司授课,这样做的成本很低。此外,还可以利用视听教学和多媒体教学方法,以及为公司职员参加夜大、函大等学习提供经费。然而,要进行教育和培训,就必须有个合适的预算,预算的使用应该和各个雇员的具体需要结合起来。

在职培训和开发也必须精心地设计。正式培训计划和合理的职业路径结构,能够使个人准确地了解组织中的职业进展情况。

5.1.5 绩效评估

绩效评估并非只是简单地评价一份工作的完成情况,它要确定个人是否正在实现他们的目标。毕竟,正确地做错误的事与正确地做正确的事完全是两码事。因此,从一开始就要在主管和下属之间签订MBO(目标管理)合同。由于事先确定了目标,雇员就有了奋斗的方向。同时,测评雇员工作绩效也有了依据。虽然这种测评可以通过非正式来进行,但如能采用书面的绩效评价表格形式可能更为有效,因为这可以和雇员们进行讨论。有些雇员的绩效非常突出,以至于必须具体处理,以充分发挥他们的优点。

5.1.6 薪酬

技能的获得、工作目标的实现、知识吸收的速度、人际能力和管理才能都属于绩效评估的范畴,这些因素也用于指导薪水审查和提升决策。雇员文件中的含有薪水和提拔数据的书面评价,是职业路径计划中必不可少的组成部分,因为它们提供了有关雇员进步的连续性,当他们长时间为一个老板工作时,必须不断地进行调查研究,以确保薪酬能够与就业市场情况保持一致。尤其值得注意的是,公司在确定雇员薪酬时,并不是在与公司雇员讨价还价,而是与竞争对手在竞争。因为,他们正在寻找同类信息专家并力图招募他们。

许多公司都有一些有效的人员管理方法,但能将它们集成为一个获取和留住信息专业人员的内在战略的公司却为数甚少。这种战略是非常重要的,因为信息专家知道他们是非常紧缺的,他们希望选择一个有前途的、管理完善并拥有信息管理职能部门(IM function)的公司。凡是有一个提供职员开发和使他们的技术、能力最大化,并能为他们在一个有利的工作环境中应用这些技术和能力提供机会的地方,就能够留住人才,人员的流动率就会下降,良好的人员管理系统应实施招募和留住人才的战略。为了吸引人才、留住人才,需要工作激励战略。

5.2 心理测量

对求职者进行测试在招募人才过程中可能是非常有用的。利用程序员水平测试(programmer aptitude test)来确定求职者程序设计和系统工作能力能够产生一定的实际效果。从事这种技术性工作所需要的逻辑思维、推理能力和智力水平仅通过面试事先难以发现。但是,由于涉及到工作歧视问题,美国政府曾经裁定这类正式测试大多是为非法的。受此影响,众多DP部门又回到只根据面视结果、学校成绩等来录用的老路上去。问题是经常要把相当数量的时间和金钱花费到那些最终证明不适合这类工作的个人教育和培训上,不仅浪费了个人的时间,也浪费了公司的资源,将来还需要再次寻找合适的人员来从事这类工作。

　　解决上述问题的一个办法就是进行心理测试。心理测试师一般是具有心理学和数学两个学位的专家。他们的唯一作用就是使测试合法化。心理测试师可以使测试(例如程序员能力测试)合法化,以便满足联邦政府的非歧视性要求,并使其重新成为对求职者进行甄别的一种工具。心理测试的方法是:心理测试师首先从组织最近雇佣的程序员中选择出一个具有代表性的样本进行工作分析面视(采访)。对基层主管也要进行采访,要求基层主管根据自己和雇员共事情况对抽样人员进行评价。评价的等级可从"及格"一直到"优秀",可根据工作属性(如技术知识、逻辑推理能力、完成工作的质量、工作组织与效率、与他人合作共事的能力和意识)等来确定。当然,在确定各项工作属性的权重后,对每个接受测试的人员,即可根据评价体系计算其所得分值。

　　其次,要将心理测试师选定的系列测试用于样本的每个人。测试结果可以和基层主管的评价进行对比,通过回归分析,找出基层主管评价和测试结果之间的相关性。当然,只有这种相关性足够高,它才具有预测性(合理性)。然后算出该组测试的综合分,给出该工作"成功概率"的范围。这就是说,一旦综合分确定,便能预测未来工作的成功概率。心理测试师可以为整个过程编制文件并使其合法化,以便在受到责问时能够证实这是一项有效的、不带偏见的测试。

　　最终结果是,这些测试可以再次用做甄别入门人员的补充工具。必须注意的是,即使是合法的测试也只能用于已经证实的具体工作(如对某个具体地点的新程序员的评价),而不能用作其它地点的其它工作和类似工作的甄别方法,它的利用应受到严格的限制。但是,对人员招募而言,测试仍是一种行之有效的方法,特别是在缺少其它有效的时候。

5.3　人力激励讨论会

　　许多公司都利用心理测试来测定他们的管理人员的智力、情感稳定性、社会技能、兴趣和能力,以确定他们是否适合具体的工作或是否得到提拔机会。在对管理人员进行个别测试后,要鼓励他们和公司的心理学家一起讨论测试结果,这样可以帮助他们了解自己的优点和缺陷,使他们能够在自己的工作岗位上更好地发挥作用。

　　一个没有获得广泛运用的战略是,让公司的心理学家通过举办研讨会来传授评价人员个性类型和人员激励的方法。召开这些人力激励讨论会的目的是使员工更好地了解自己的个性特征,教会他们认识他人的行为特征,并通过运用这些信息提高自己和他人的工作绩效。由于雇员们了解自己的心理状况,所以他们就能够更好地了解并与那些他们在每天工作中必须与其打交道的人共同工作。

　　典型的讨论会通常将人数限制在15～20人,时间一般为2～3天。其目的并不是要改造参加者,而是要帮助他们了解个性的类型及应对、激励的方法。据说,参加过这些研讨会的人在会议结束后,都认为自己获益匪浅,他们懂得了怎样去激励人,怎样处理工作中的人际关系。

Marston 提出了层面理论(profile theory),它把个性风格(personality style)划分为四个主要部分:控制(dominance)、影响(influence)、沉稳(steadiness)和谨慎(caution),简写为 DISC。虽然这四个方面每个人大概都有一点,但通常是以控制为主。每个人的性格(makeup)是他的 DISC 个性层面的总和,个性层面可以通过心理测试来测定。

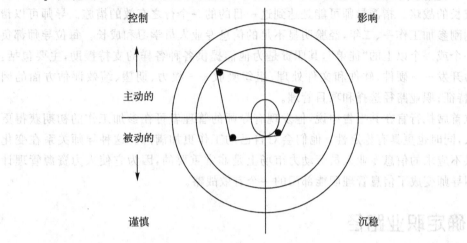

图 5-1 DISC 示意图

图 5-1 在一个 DISC 示意图上绘出了一个典型的个性类型(敢做敢为——畏手畏脚 aggressive-persuasive)。这种个性特征的特点是高控制定位:他是理性的说服者,渴望着获得结果,他是一位战士。通过心理测试,我们可以确定某位管理者属于 DISC 图上四类中的哪一类,这样就能够获得具体的个性特征类型。放在图中的每个扇区中的黑点,应该和按照 1:10 的比例对个人所做的评价保持一致。如把这些点连接起来,就可以识别出个人的个性特征。此后,心理学家可以对每个人的侧面图作出解释,列出典型的需求,可能存在的优点与缺陷(pluses and minuses)和每个人的激励动机的特征。以前进行的心理测试获得的个人得分可用于帮助每个人选择参加与自己个性类型有关的研讨会,这样可以获得更好的效果。

由于掌握了个性特征的类型,个人学会了如何改进自己的绩效和如何更有效地与下级、同事和上级打交道。例如,可以通过向其提出挑战性工作来激励控制欲强的人(高 D),通过奉承迎合来激励影响欲强的人(高 I),通过与之结交朋友来激励高稳沉的人,通过消除威胁来激励高戒心的人。

既然工作上的大多数失败都是个性问题造成的,那么通过全面了解雇员的个性特征和激励动机来有效地改善员工的人际关系,对雇员和公司都有好处。一家公司的总经理把每个管理者的 DISC 图都贴在自己的墙上,以便让所有的人都明白,因为他确信如果所有的管理者都能够相互熟悉各自的个性,那就能够形成更加有效的工作关系。如果你的公司现在已经完成了心理测试,就应把测试结果和个性分类方法作为人际激励研讨会的基础,这对人力资源开发是非常有益的。如果心理测试还未完成,那就要雇佣一位专业心理学家来对重点信息管理职能部门的主管进行测试,这可能是在人力资源开发方面的一个有益的投资。

5.4 指定导师

大多数入门层次的信息专业人员都很年轻,缺乏经验和业务知识,这就需要设计出帮助他们成长的战略。指派导师可能是达到这一目的的一个行之有效的措施。导师可以帮助那些刚刚参加工作一、二年,经验明显不足的信息专业人员学习和成长。每位导师都负责指导一个或一个以上的"徒弟",其职责是为他们提供各种各样的支持援助,主要包括:技术能力开发——硬件、软件和文件处理;组织吸收——权力、期望、绩效评估方面的因素、用户特征;职业路径选择和项目管理。

一位首席执行官在其报告中说,他发现有导师的管理者可在参加工作的初期获得更多的收入,同时也更具有稳定性,他们会对自己的工作更加满意。这种导师关系在变化无常和供不应求的信息专业人员劳动力市场上是非常重要的,因为它使人力资源管理计划中利用导师变成了信息管理职能部门的一个有效战略。

5.5 确定职业路径

许多公司对确定信息管理职业路径的讨论,主要集中在技术能力的开发方面。经常是,虽然管理者所需的技能与技术员所需的技能完全不同,但却是管理得不到重视。更有甚者,尽管很多人都认为需要双重(或二元)职业路径(技术路径和管理路径),但多半只是谈谈而已。事实上,目前真正制定并实施职业路径计划的公司还不是很多。无论是技术人员还是管理人员,都要按照他们的优点和兴趣进行分流,以便把他们配备到更能够发挥其长处的地方,这需要完成两项重要的工作:通过提出挑战性的任务和提高工作满足度来留住有才能的人;其次,使每个人的优点都能够朝着最有利于公司的方向发挥。

图5-2中给出了一个简单的职务前进路径。其它的路径也可按部门或学科(如系统、数据处理、技术服务、电信)照此进行设计。

没有职业路径计划,提升就会被视为是一件变化无常的偶发事件。然而,提升也可以被视为是沿着一个"管理"阶梯而上形成的一条单一路径,但这将导致失去优秀的技术人员,却提升了无能的管理人员。有人曾经做过一个研究,发现只有1%的DP人员变成了优秀的管理者。这使人们不得不怀疑,是否只有1%的人真正的希望成为管理者!技术角色和管理角色在许多方面是不可兼容的,因为一个是面向事物的,而另外一个则是面向人员的。每个角色都有不同的动机。具有管理意向的人喜欢和人一起并通过他们来完成工作,应该鼓励他们沿着管理阶梯继续上升。而具有技术倾向的人则喜欢技术方面的挑战和个人成就,因此应该让他们能够沿着一个和管理人员可比的技术阶梯上升。这样就不会因为只有一条唯一的上升路径,而导致管理岗位出现空缺。

图5-3给出了一个确定职业路径的战略,它旨在为信息管理专业人员提供一个清晰的图景,使其明白个人在组织中沿着信息管理阶梯往哪里前进、如何前进。下面就来介绍一下该职业路径计划中的几个要素。

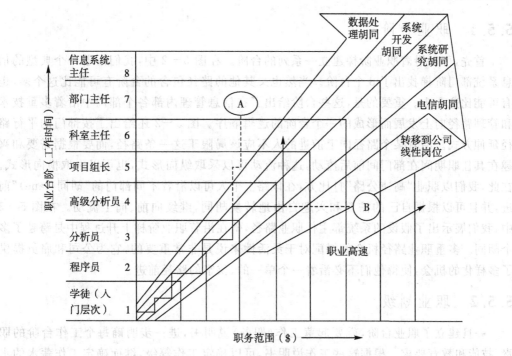

图 5-2　多重路径职业规划

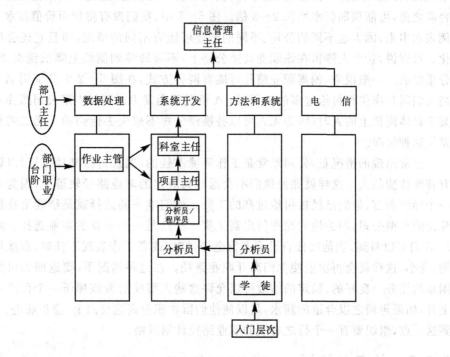

图 5-3　假设的职业路径进阶

5.5.1 职业台阶

首先,可以沿着职业阶梯建立一系列的台阶。在图5-2中,我们沿着一个典型的信息系统部门阶梯找出了8个台阶。当然也又其他的路径包含的台阶有可能比这个多,也有可能比这个少。重要的是,这些台阶给出了在信息管理内部各个部门中沿着多重技术和管理路径向上发展而形成的一个台阶的逻辑顺序。图5-2还给出了按部门的平行路径延伸方式。沿某个路径向上前进的人不应该局限于这一条路径,而要根据需要和兴趣在其任职期间在部门间前后流动,这种流动可以采取纵向形式,也可以采取横向形式。在此,我们以职业"高速公路"打比方,在该路上个人可以沿着不同部门的"胡同(lane)"前进,并且可以根据自己的需要和兴趣自由地转换胡同,继续向前、向上流动。在图5-3中,我们展示出了假设的系统部主任职业路径,他在沿着职业阶梯上升过程中是跨越了多个胡同。多重职业路径机会的搭配对于灵活性来说是非常重要的,它为公司和雇员提供了多样化的机会,使得他们不必沿着一个单一的、狭窄的路径前进。

5.5.2 职业划级

一旦建立了职业台阶,就要起草工作(职务)说明书,进一步明确每个工作台阶的职责、技能和教育要求。根据这些工作说明书,可以确定工作等级,继而确定工作薪水的水平(薪酬管理计划的一部分)。通常,人们在因自己的技能、经验和贡献而被提拔到下一个台阶之前,可能预期薪水增长2~3倍。图5-2中,我们没有将货币价值在水平轴上按比例表示出来,因为这不同的公司、不同的产业可能有不同的情况,而且它还会经常发生变化。可以说,让个人停留在该职业高速公路上,不被转移到侧线上降低到次要地位,是十分重要的。一般说来,偏离职业路径可能有两种方式,在图5-2中分别用A和B表示。当人们因其岗位而付给过多的工资时,A情况就会发生。例如当某公司孤注一掷想留住某个具体岗位上的人时(因为无人可以替换湖公司不想失去他们独一无二的技能),就会发生这种情况。

更常出现的情况是,公司经常是工作环境不佳的,愿意付给高额工资,以诱使那些具有特殊技能的人。这样就能使他们不会返回到既定的职业路径轨道上,因为对提拔到上一个梯级而言,他们已经被付给过高的工资。他们唯一的选择就是继续留在那些不受人注意的小型公司,因为他们愿意付出高工资——这是一个不良的职业选择。对于图中的B,我们可以看到,当他放任自己而变得老朽过时,或者工作表现不佳时,薪酬增长就会减慢、变小,这样就会再次迫使他们离开职业路径。在这种情况下,要返回去可能是件非常困难的任务。良好的、稳定的绩效可以允许这些人继续沿着该梯子一个台阶一个台阶地上升,如果再辅之以合适的薪水,足以使他们留在职业高速公路上,稳步前进。当然,要做到这一点,组织要有一个行之有效的职业路径计划战略。

5.5.3 教育与培训

职务说明书、职业咨询等应该清楚地给出为了完成职业阶梯中的每个台阶需要什么样的技能或教育。良好的内部培训计划应该为应用程序员、计算机操作员、系统程序员和远程处理等人员提供初级的(entry-level)、中级的(intermediate)和高级的(advanced)培训和教育。这种计划应该从技能清点开始,这就是说,教育和培训所选的课程应包括精通程序设计语言、硬件(货主 vendor 和模型 model)经验,等等。也可以做些基础测试,以确定水平。一旦确定了所需要的技能,就可以将他们和工作所需的技能做比照,并选择一门等级合适的课程来填补那些对每个人来说可能汇聚在一起的空缺。为了把对大量人员培训的需要减少至最低程度,有些公司坚持地利用商业化的多媒体远程教育手段,同时允许个人按照自己的需要继续往下学。在每个培训模块结束后,可以进行一次水平测试。对这类初级程序培训来说,它可有十个以上的模型构成,可以在 4 个月内完成。

给所有的已雇佣的学徒都分配一位导师也是个好主意。例如,可以在职员中给一位刚刚参加工作的程序员指派一位有经验的人在整个培训(包括正式培训和初期在职培训)期间,充当他的导师,直到可以将"学徒"的称呼取消为止。这种方法能够使学徒很快地、不需要花费很大代价就能够适应工作,从而和组织融为一体。后续的中级和高级课程可以提前进行,这类情况都要经历一个合适的在职培训期。因为,此时就告诉个人应该选择哪一种职业路径还为时过早,所有的初级职员通常都会沿着指定领域(计算机操作、系统与次序设计,等等)中的同一条路径出发。事实上,有些公司在早期阶段让每个人都沿着同样的工作路径,而不考虑他们的最终目的地。最终,个人沿着诸如学徒、程序员和程序分析员之类的技术性工作,随着经验的丰富和能力的增强而获得升迁。在这个时期内,雇员应该认识到不同的职业机会都向他开放着,当然,雇主应该要对他们在这些路径方面的技术和管理的兴趣和能力进行评估。

5.5.4 双重路径

除了沿着信息管理组织(IM organization)中的多重部门路径外,还有清楚和受支持的技术路径,它允许那些具有技术特长的人可以获得和管理路径上的人同样的薪水、头衔、地位和职责。例如,如果使用公司头衔,如副总经理——我们宁愿使用诸如系统官systems officer 或投资官之类(investment officer)的职能头衔,并且一个部门主管就是公司的一位助理副总经理,那么在职业阶梯上的相应的高级技术员也应该具有类似的头衔。但是,这些头衔必须包括类似的职责,而不应是空洞的标签。否则,它们就会被视为一种游戏手法,因而不会产生激励者所期望的效果。头衔和工作职责必须是真实有效的。为了保持这些平等,从同一层次上的一条路径移向另一条路径应被视作横向移动,这种移动并不出现提升或提拔。事实上,要鼓励这样的移动,尤其是在阶梯中的前期梯级阶段,以帮助人们在组织结构中找到合适的位置。随着员工在组织中的上升,要让他们在组织中轮换,以帮助他们经历各种各样的任务,在他们定位于最终的职业路径之前帮助他们确定自己的真实长处和兴趣究竟在哪里。心理测试是另一个行之有效的方法,它可以测试兴趣和能力,可以在入门层次做,也可以在雇员选择一个长期职业路径之前做。横向提拔是一项重要的职业政策(career policy),因为他们让人们看到了更广阔的机会。从系统程序员前进到计算机专家和计算机咨询员(consultant)通常是在一个时期之后,在这一时期中分析员已经确定技术是他的"杯中之茶",并且已经沿着这些线路通过一系列重要的个人的和技术的贡献展示了他们的才能。使这些技术性的职业岗位和管理性的职业岗位比较起来更为有利,是一个真正的挑战。几乎没有什么公司取得了成功。因此,事实上,我们了解到没有一家公司有一位在工资和地位上和信息管理主任等同的计算机咨询主任(chief computer consultant),IBM 公司有一个与此很接近的首席科学家职位(chief scientist)。但是,我们必须要继续努力去解决这个问题,因为如果有才能的、有价值的技术人员认定他们在公司中已经走到了尽头,他们就会跳槽到其他的公司里来发展自己的职业路径。任何公司都担负不起因为缺乏有效的职业路径战略而失去自己的优秀人才。

5.5.5 绩效评估

个人绩效的评价应该是一个正式的过程,它要求在和雇员一起进行绩效检查后提供书面的绩效鉴定书。绩效检查的目的是确定公司和个人的目的是否正在被实现,检查工作绩效的不同要素是否处理得当,确保雇员知道对他们的期望是什么,探讨其优点和缺点,弄清楚在哪些地方还需要进行培训。优秀的绩效鉴定书可以包括工作职责一览表,将来应达到的结果,每个目标的相对重要性,获得的实际目标(对每个目标进行了某种程度的评价),其他的重要报告和对个人的全面评价。评议性的小结要指出雇员的优点和缺点(建议的发展方向)。采访者要对在绩效评估期间提出的重点进行总结,如雇员希望的话也可以把一些可以选择的意见记录下来(如同意或不同意),如果合适的话还可以为自由选择的管理小结留出余地。这样的检查一般每年进行一到二次就可以了,但是它们可以提供关于雇员进展方面的有价值的反馈,消除误解,同时也是薪水评审和提拔的基础。只要一些领先的 IM 组织正式地采取了这样的计划。在这些组织中,存在着能够使招募者人尽其才的机会:一个已经定好的职业前进阶梯和对他们沿着这条路前进的进展所作的连续反馈。

5.5.6 领导—下属关系

职业路径计划的成功或失败常常会受到一个很少受到人们注意的因素的影响。一般认为人们改变工作是为了获取更多的报酬,能到职业提拔机会,或者是对工作不满意。但是,还有一个很少引起人们注意的职业变化的原因是就雇员希望找到更满意的老板,形成更好的老板—下属关系。如果老板和下属的关系良好,他们就可以相互尊敬、信任、学习,就能更好地进行沟通。如果老板和下属之间缺乏沟通、信任和尊敬,这种关系就要解体。例如,如果雇员不尊敬老板,雇员变得可能是令人心灰意冷、甚至消极怠工。老板就会忧虑、急躁、失望甚至将雇员解雇,招聘新雇员。另外一方面,如果老板不信任雇员,那么他们之间的关系就会紧张。如果雇员觉得他从老板那里既学不到,也得不到什么东西了,则这种关系就会趋于减弱,雇员就可能会另觅新的雇主。

如果这些因素中的另外一个是主要因素,或者是,如果一个补偿性的替代因素可以继续激励雇员也许并不是由一个因素而注定的。例如,如果对该关系中的一位新职员来说,主要因素是向老板学习,则导师关系可能会胜过尊敬和信任。如果老板的个性特征和人际能力为雇员创造出了一个温暖的、支持性的(supportive)工作环境,那么老职员就可以获得适度的工作满足度,即使老板并不是导师。老板有权利、有地位,可以为雇员的职业发展提供有效的保证,这就会激发那些希望获得快速提升的人的兴趣,即便老板不可能给员工提供这样的机会,也会如此。

5.5.7 系统实习

IT 部门具有较强的技术性,需要较高的知识水平和技能,因此,其部门负责人的成长过程有其特殊性,一般情况下,学徒常常是从某个给定工作的最基层开始的,比如,辅助设备操作员——并按照垂直路径,逐步上升到高级计算机操作员或计算机操作(运行基层)主管(computer operations supervisor)。在垂直路径上,个人在每个工作岗位上都要工作一段时间,但这就要耗费较多的时间,目的是要熟悉各种计算机操作工作。此外,由于现代信息技术发展速度很快,因此承担 IT 工作的专业技术人员的知识需要不断地更新,只有这样,才能真正做好本职工作。他们也许还缺乏知识,对数据的其他领域——数据录入、数据分配和时确定间,缺乏了解。

解决上述问题的一个行之有效的办法就是进行系统实习。所谓系统实习是一种沿着水平路径而不是垂直路径前进的培训战略。这就是说,学徒在数据中心(IT 部门)在每一项工作上仅仅只花费一到两周时间,使其在六个月的时间里就能熟悉整个过程。这样,不管他们最终被分配到哪里工作,他们都能胜任。这种战略给出了一个不同的工作流概念,因为装配线上的工作是随着静态的人而流动;而在系统实习中则是人随着工作而流动,并从开始到结束都要对特定用户的产品传递负责。从这个意义上讲,沿着水平路径前进的系统实习和医学方面的实习很相似,不限于治疗一种"疾病"。实习医生在住院医生的仔细监督下对每个前来的病人都要处理,而不问其症状。同样,系统实习可以熟悉数据中心(IT 部门)的所有工作,但在从开始到结束的整个过程中都要对特殊用户的工作负责。

系统实习的主要目的是:一、提高数据处理人员的质量;二、提高服务层次和水平,包括创造一种全新的、高级入门层次的岗位,方法就是让系统实习员来完成这些岗位上的工作,因为每个学徒都被认为是具有成为数据处理主管而不只是打印机操作员的潜力。在实施系统实习时,可采用分阶段地逐步消除所有入门层次岗位,并让系统实习生来填补那些工作,随着流动的出现。接下来的就是熟练工作方面的培训,也就是要完成整个数据中心的工作,包括收集、加工、村、检索和传递等。最终结果就是获得了受过良好培训的、能为用户提供高质量服务的雇员。

为了弥补在职培训的不足之处,可以设计一个教育计划,目的是获得所需要的专业技术知识。在这一方面,多媒体教学和远程教育计划是一个极好的方式,它可以为经验不足的雇员提供合适的指导。许多著名的大公司,包括 IBM 等采用这种教育方式,帮助雇员获取专业技术知识和技能。系统实习人员也在规定的时间里收看教学节目,也可以选择特定的专题按照自己的进度进行自学,并在需要的时候进行复习,直到学完了全部资料。然后,由指导者教师来对雇员进行测试,以了解他们是否已经掌握了所需的知识。这样,只要一个有一个多媒体教室或视听图书馆教员就可以一次指导许多系统实习人员的教育,即使他们进步程度不一样。

问题的实质在于,在老板和下属之间总存在着一个非书面的、但又是真实的"心理合同"(psychological contract)。每一方都要根据各自的期望参加一个心理合同或职业合同,根据它们来交换参与过程中的期望。下属的希望和预期主要表现在薪水、职业目标、认同、支持性的工作环境等方面。老板则希望自己的员工能勤奋工作、富有首创精神、奉献精神,且能忠心耿耿。每一方都心照不宣地接收对方的期望并进入该关系。这种心照不宣地接收就是职业心理合同的基础(psychological career contract)。如果任一方破坏了该合同,即不满足对方的需要,失望的一方经常就会切断这种关系。通常,这种非书面的心理合同被正式化后,会被写入一个老板与下属的 MBO 合同之中。MBO 目标的成功实现满足了老板的需要,而报酬系统和 MBO 目标实现程度的挂钩又满足了雇员的需要。因为报酬系统和该合同的履行情况是密切相关的。

这种职业合同思想在任何职业计划战略中都要加以考虑。如果尊敬、信任或学习没有达到激励个人继续维持老板—下属关系的程度,则有可能会失去有价值的雇员,对此要未雨绸缪,防患于未然。正如谚语所言,发现问题就是解决了问题的一半。

5.5.8 鹰(eagle)

中国有句成语叫做"天高任鸟飞"。鹰是真正的"超人",它不仅可以在水中"行走",而且只要轻轻地弹跳一下就可以跳过高高的建筑物,其飞行速度甚至比子弹还要快。信息管理是一个新领域,在该领域它可以做一个极好的演员。想想看,高超的表演者和一般的信息专家之间的比率一个 1 比 5 或 1 比 10,可见这些高级表演者是多么宝贵! 他们可能之占整个一般信息管理职能部门人员的 2%——但是这是多么重要的 2% 啊!

对一个信息管理组织来说,取得成功的关键是拥有一流的专业人才,高质量人才的重点是组织中的"鹰"。这些鹰就是那些稀缺的个人,不管按照什么标准来测算,他们的贡献都远远地超过他们周围的人的贡献。他们似乎有无限的才能、智力、领导才能和各种各样的能力。他们的履历充满着成功,而不是问题和失败。遇到重大问题要解决时,就要把他们请来。他们自己的影响并非仅局限在自己的领域范围内,而是遍及全组织。简而言之,他们是非常重要的高成就者。高成就者都是工作主动的人。他们不仅能主动做好本职工作,而且还积极承担自己要做的工作。他们都是自我激励、乐于奉献、勤勤恳恳的人。他们赋予帕雷托原理(Pareto principle)新的含义,即 20% 的原因创造出 80% 的结果。事实上,在职员中只需要远远少于 20% 的鹰就可以产生出 80% 的效益,有时候只需要几个就可以了。他们能在员工中树立自己的形象。卓越产生卓越。将来,质量和专业化将会渗透到组织之中——这一切都是由几个鹰而产生的。寻找鹰,就是寻找异乎寻常的力量。开发利用人的力量,效益就会成 2 倍甚至 3 倍地增加。吸引他们的弱点,你就会幸运地看到 10% 的改进。你不可能改变人的本质,但是你可能改变他们的行为。当你找到真正的力量时,就要将它放到能够得到最充分利用的地方。按照这种方式利用力量,你就可以用同样的职员把组织的效益翻一番。它所需要的一切不过是几个有才能的鹰而已,但只要有了它们就能够产生高效的信息管理职能部门。

只要有较少的人就能够很好地完成工作。许多人工作努力,有才能,并且受过教育,智商高,但还不是高成就者。高成就者有一些独特的东西,那么,高成就者所具有的这些主要特征是什么呢? J. W. 纽曼公司(一家咨询公司)列出了高成就者得分值高的 14 个主要特征,现总结如下:

自尊(self-esteem)。高成就者具有信心,它们非常重视并正确地了解自我价值和能力;

负责(responsibility)。他们是白手起家的人,对自己的成功和失败负责;

乐观(optimism)。他们相信事情总会向好的方向发展,因为他们掌握了自己的命运;

想象(imagination)。他们会朝好的方面着想,并且有正确积极的态度。他们会注重新的经验,他们不只是应付变化——他们会促成变化。

目标明确(goal-orientedness)。因为他们不断地密切注意目标,因而能够自我激励,自动地朝着完成目标的方向的努力;

意识(awareness)。他们能够吸收自己所在环境的信息,并对实现目标的信号、暗示、线索、机会保持敏感。

创造力(creativity)。他们相信总会找到更好的方式。他们对创造性思维既无限制,也无偏见(preconception)。主意(ideas)能够自发地产生、流动。

沟通能力。他们知道成功在于思想的交流——双向的。他们都是非常优秀的沟通者。

面向成长(growth orientation)。他们知道在一个不断变化的世界里,他们不可能保持静止状态,而要继续寻求心的增长方式,为未来作准备,把握变化的方向。

对压力的积极响应。他们靠压力成长,压力使他们更好地、更有效地发挥作用,更好地发挥聪明才智、创造力和提高生产率。

十一、信任(trust)。他们信任人,相信他们将努力工作,他们会主动授权,加强沟通和协作。

、快乐(joyfulness)。他们享受着工作和生活的乐趣,他们具有感染力和热情,这些将会感染他们周围的人。

敢于承担风险(risk taker)。他们在决策时能权衡得失,并愿意承担合理的风险。他们的目标是卓越,而不是完美。

新颖(nowness)。高成就者的特征的总和使他们变成了新型的人。决策、行为都是新颖的。他们反映了心的力量、行动、成就、热情!

5.5.9 掌门人

掌门人是一种特殊的鹰,他似乎熟悉一个或一个以上的技术领域。MIT 的 Sloon 管理学院的 Thomas Allen 教授对掌门人的作用进行了研究。他研究了 R&D 科学家和工程师之间的交流模式,发现只有很少的掌门人才是信息的主要来源——他们为所在实验室里其他的科学家和工程师提供信息。在研究技术交流时,他主要通过提出诸如"当你需要解决一个技术问题,你会问谁?"之类的问题来测算。事实上,在大多数实验室里,大多数科学家和工程师都能识别出这些为数甚少的掌门人。

公司信息主管的职能在许多方面和 R&D 实验室的主管是相似的,而后者的主要职责就是开发心技术。利用快速变化的高技术、受过良好培训的专家发明产品和服务。掌门人可以节省非生产性工作的系统专业时间,只要通过找到正确的答案,当进行系统设计决策时。Allen 教授发现了掌门人有信息搜寻实践,从统计学上将,它不同于大多数科学家和工程师的信息搜寻实践。掌门人阅读广泛,参加更多的研讨会众多,他们能够留在所在领域的知识前沿。

请注意掌门人和导师之间是有区别的。掌门人作为某个或某些专业知识领域的专家，为整个信息管理职能部门（whole IM function）提供服务，人们希望掌门人能够留在技术前沿。而导师可能只具有一般的技能。导师应具有很强的组织技能，而不是技术能力。掌门人经常是为导师工作的，导师要把有关掌门人重要性的知识传达给学徒，并把学徒介绍给他们。

掌门人也是一个例子，它说明了信息管理职能部门为什么要有一个行之有效的人力资源管理系统。无需讳言，了解掌门人是极其重要的，应该以各种方式鼓励他们继续保留他们自己的特殊兴趣，以增加他们在自己所在专业方面的专业知识。此外，对掌门人在提高其他职员生产率方面的特殊贡献应该要给予承认，并要给予奖励。这包括物质奖励和组织内部的认同和地位以及赢得同事们的尊重。

5.5.10 顾问

如果你只在短时间内需要具体的专业知识，那么，以临时顾问而不是永久雇员的形式雇佣该方面的专业人员可能是一个比较合理的选择。如果你需要一些临时职员，可求助于咨询公司，它可以提供临时的分析员、程序员和其他的技术员。如果你正在寻觅一个新的主管，那么可以先聘请一位临时顾问来担任，然后再继续去搜寻。如果你在观点之外需要一个目的来替代某些东西——需要其他的资源，批准一个长期的 EDP 计划，一个解决主要问题的方案——外部的咨询员可以向你提供所需的服务，并帮助说服管理人员。但是要确保你言之有据，顾问并不是不经过审查就批准你们的建议。但是，如果你们是对的，他们会同意，他们可以帮助推销它。

特别要注意的是，利用顾问的正确战略应是"雇佣人"，而不是"公司"！咨询公司有三种类型：个人、小型的专业公司和大型的综合公司。如果你雇佣前两个中的任何一个，你很可能得到你要与之打交道的个人；如果你雇佣的是最后一类公司，你应该了解它们的声誉、合作伙伴，因为实际的咨询工作通常不是由主管来完成的。许多人都是根据大型咨询公司的名气来雇佣它们的，并假定它们无论指定谁都将是一位专业人员。但是，这并不是一个好主意！首先，它们指定的人很可能是随处可以得到的人——初出茅庐的人，然而并非咨询公司的每个人都具有你所需要的技能和经验。事实上，你所需要的人，很可能正在从事另一项工作，而他却无法从该项工作中脱手。其次，也许你会认为咨询工作和咨询建议要经过他的上级的审查，他们将会提供一些补充建议。但是，除非他的上级研究过那种情况，否则他们的介入只能是根据个人的观点和经验。因此，你基本上还在和个人打交道。问题是你应该雇佣个人而不是公司。确信指派的人有从事该项工作的证书（credentials）。要了解他的履历和经验，不要未见实物就瞎买东西。

要有效地利用顾问，就要进行仔细的搜寻工作，要了解推荐的顾问是否已经和其他的客户一起处理过类似的问题，要对这个问题进行查询了解，要与"已经得到满足的"客户进行交谈。咨询产业（consulting industry）在信息网络时代是一个快速增长的新型产业之一。公司执行主管都被企业和技术环境的快速变化压得不知所措，越来越需要求助于大型咨询公司里的专家的帮助。那么大型咨询公司如何配备人员才能满足这种需求的超常增长的需要呢？它们主要是通过雇佣知名管理学院的没有实践经验的毕业生。许多国外知名高校管理学院的应届毕业生都受雇于咨询产业,他们的起点薪水平均为每年 30000 美圆。但你要得到这些聪明而经常又经验的年轻的顾问们,可能要付出两倍到三倍这个数字的美金。要弄清楚你要购买的到底是什么,不要花费每天 1000 美圆的代价去购买一件不了解的商品。一定要使这笔钱花得值得,要让聘请的顾问得到与其劳动价值相当的酬金。

一旦你决定雇佣一位顾问,就不要等到他来时才确定问题。为了节省时间和金钱,要在他们到达之前就把问题写出来,以便他们能立即了解存在什么问题、在哪里、如何获得进行分析所需要的事实,尤其是要让他们了解雇主想要从这项工作得到什么。除非你这样做,否则你可能会很失望,因为很可能得到的是驴头不对马嘴的解决错误问题的正确方案。了解问题就是解决问题的一半,因此要确保顾问从一开始就沿着正确的轨道前进——事先写出问题和任务。如果你不这样做,那么没有哪个顾问能够全面地理解所要完成的任务。

这就自然地引出了一个问题——"签订合同"。如果你签订了合同,那么双方都了解所期望的是什么,什么是可接受的交付物、该任务所估计的成本,等等。不要接受传给你的单方面拟订好的合同。如果他们已经拟好了合同,那它可能对他们自己有利,而不是对你有利。要确信合同包括你所需要的东西,删除你所不需要的部分,保证保护性条款对双方都会起作用。合同的所有条款都可以谈判——不要原封不动地接受它。

利用顾问是补充资源、购买临时专业知识和使管理人员采取所需行动的一种行之有效的办法。但是,有效地利用顾问的一个前提应是雇佣人而不是公司,事先以书面的形式确定好问题,签订合同,使大家都明确应该做什么。尤其是要确保要雇佣人的是你,而不是最高管理人员。如果是最高管理人员雇佣顾问,这通常是一个坏消息。他们或者对某些事情不高兴,或者是不了解信息管理部门正在做什么,要不然就是他们希望得到外部的帮助。这会导致"工作不安全"——你可能会变成这种顾问的牺牲品,因为他们只是简单地告诉一些管理人员想听的东西。

顾问的生存本能将使得他偏袒组织中有权势的人。使他感到安慰的是,他将发现许多建议的选择方案可能会被抛弃但却不会危及他的"专业的完整性"(professional integrity)。至于其他的人,他们是合理、明智的,以便不需要为他的公司或他冒多大风险,他宁愿否决这些建议中的任何一个建议。在选择最接近有影响力的管理人员观点的解决方案之前——只需要对反映他人观点的良好对策中加上几小点改变,只需要重新进行一下该分析就可以了。

5.6 时间管理

如果我们认识不到有效地管理人员的时间重要性,那么对人力资源管理的讨论就是不完满的。毕竟,对资源的充分利用可以比任何其它工作都能够提供更大的潜力。不过,这是一个很少得到人们的重视。

管理的三个重要的原理可能就是计划、组织和管理时间。在经理——主管经理面临的所有问题中,即便不是最困难的,也可能是最令人感到灰心丧气的,就是如何获得他完成每天工作所需的时间。然而,令人惊讶的是,真正认真地研究过制定过有效管理时间的战略的主管还很少。

我们提出以下的策略来帮助你学会明智地使用你自己的时间和你的雇员的时间。你可能很惊讶地发现,花费少量的时间来学习一下如何管理时间,可以明显地提高整个生产率。借助于这12项策略,如果你不能使雇员获得10%的增加,试图从你自己和你的雇员中获得10%以上。

• 自我激励是关键。

你必须对时间怀有深深的敬意,并决定要明智地花费它。仅有建议是不起作用的,你必须做到自我激励,必须自觉地把时间管理作为你的一种永久的、无意识的管理风格的一部分。

• 时间管理就是自我管理。

你可能习惯于管理他人,但是你有没有仔细地想过如何管理你自己?而这就是时间管理的真正意义之所在。如果你没有在给定的时间内完成你所期望的东西,那么就是时间的问题,因为你没有有效地管理好你自己。

• 管理的基本原理应用于你自己。

为了有效地管理你自己,要应用计划、组织、指挥、控制,特别是授权的原理。如果你这样做了,你将能自动、有效地管理你自己的时间。正如P.德鲁克所言,除非你有效地管理你自己,否则不论你有多少能力、技能、经验或知识,也不可能成为一个有效的管理者。

• 确定优先次序。

每天都要把要完成的事情列成一张表。首先做最重要的事情,然后做次重要的事情,以此类推。这样,不论你受到多大的牵制,你都能把最重要的事情完成掉,并产生成就感而不是失望感。

• 要防火而不是灭火。

据说,"无论多么笨的傻瓜也可以做计划,但要从一种危机跳到另一种危机就需要真正的创造能力"。当今天的火扑灭之后,就要优先考虑为明天做计划。你要做的一切就是确保明天不会有更多的火。当然,你必须注意侵入你脚下的火焰,但是你最好也要为防止星星之火花费一些时间。计划使你可以控制,控制给你买来时间——你需要时间做计划。一个漂亮的防火周期!

• 做你的工作,先是你自己,然后才是其他人——要按照这种顺序。

从你的工作开始,做一些有关你的工作究竟是什么的心灵搜索(soul-searching),比如期望什么结果?你怎样才能最好地完成它?优先次序是什么?你正在做正确的事吗?成功的主管领导的特点是他们承担自己要做的工作——那些在职务说明书中没有明确要求而且组织也没有要求,但是已经发现同时又没有人去做的工作。这样的主管面临机会的启动者,他们避免了陷于日常的防火问题之中。他们力图把自己的时间花费到捕捉机遇,而不是问题上。

自我组织要从评估你的技能开始。找出你的强项,并让它发挥作用。集中于发挥你的强项,而不是试图克服你的弱项,绝对是一种非常明智的时间利用方式。要了解你的时间花到什么地方去了。试着给一周做一个时间日志,记录你每天做了什么,以便日后分析研究用。

　　管理他人的效果就好像钟摆指针的效果一样：在顶部只要轻轻地推一下，就可以在底部产生很大的影响。因此，你最好向正确的方向推进，否则许多人的时间将被浪费掉。按照协同方式把你的人员结合到一起，使他们的才能和个性进入有效的工作单位(working units)。要开发利用他们的强项，忽略他们的弱项。用真正的挑战和职责激励他们。记住组织你的时间，加上你的雇员的时间，就等于有效的管理——并且提高了生产率！

- 授权：决不要做其他人应该去做的任何事情。

　　授权是最强大的时间节省者，它不仅是你的最佳的时间节省者，也是你的最佳管理开发工具。要把可下放的决策下放到最低层，授予相应职责和职权。你作为一个管理者的效益最终将通过你对你下属的开发利用情况来测算。即，他们工作的情况，而不是你工作的情况。记住，管理者并不工作，他们通过利用其他人来完成工作。管理者也不是实干家，而是实干家的管理者。据统计，在信息系统人员中，能够成功地实现从技术性的自学者(面向事物的)转变成一个管理者(面向人员的)的还不到1%—2%。因此，要牢记住：技术只是做，而管理就是授权。

　　最后，要提防相反的授权，即你的下属把责任推回给你。要当心别使自己陷入泥潭而不能自拔。要经常问问你自己，"谁有这种恶习？"。如果你有五个下属，你每天从每个下属处得到一个猴子，那么到周末的时候，你的背上就有25个嗷嗷直叫的猴子要求护理和喂食，你将会成为上向授权活动的牺牲品。对下属要保持主动性，要根据工作的完成情况来分配工作，不要固执己见，不要孤注一掷。要把你的时间花费到管理上。做一个授权者，而不是被授权者。

- 占用了你的2/3的时间——要善于交流。

　　口头交流可以是模棱两可的(当我说"鱼"时，你想到的是吃还是钓？)。要求"立即重新进行表演"，综述的指示要返回给你，记住直接交流总是比间接交流要好。口头交流速度快，因此用电话进行的交流速度快。因此，要力图把书面交流限制到最低程度。你的目的应该是用最少的词语说出最多的内容。这有两个原因：一、清楚的书写要求清楚的思维。简短的、精心思考而成的备忘录可能更加有效、清楚和不含糊。二、其他人也是很忙的——交流越短，阅读的可能越大，越有可能立即照此去做。如果你可以打电话，那就不要写文字性的东西。不要写手写的书信。要学会口头传授，这比书写可能要快六倍。要用非正式方式——写简短的留言，而不是打印的回复。要通过有效的交流把每一分可以节省的时间都节省下来，并将其融入到创造性工作之中。如果将一半时间花费到交流上，而只有10%用于创新工作，那么将前者下降20%，就可以将你花费在后者上的时间增加一倍。这种事是非常值得做的！

- 避免开会。

　　根据辛诺特定律(Synnott's law)大多数集体会议都要持续一个半小时。如果会议结束得早，参加者就倾向于拖延。如果会议持续时间长，与会者就会坐立不安并不断地看表。但一个半小时也太长了，因此不要轻易地将其浪费掉，因此要保证你第一个到达。不要陷于声望陷阱——不加限制地邀请所有的人，不漏掉任何一个人，而不是因为需要他们都到会。在一个层次结构中有超过两个层次的人都出席一个会议很少有正确的(例如，项目主管可能会召集一次会议,邀请系统开发部主任参加,而系统开发部主任又邀请他的下属部门主任参加,等等)。如果不需要你去做决策,也许可以找个其他人去参加就行了,待会议结束后让他简单地向你复述一下。10分钟的复述可以为你节省一个半小时的宝贵时间。

- 精明地阅读。

要精心地选择你的阅读内容和阅读方法。你想了解怎样才能每分钟阅读50000个词吗?很简单! 只要在一分钟内决定一本50000个词的书并不适合你的需要,因而决定不去阅读它。问题是,要精心地挑选你要阅读什么、如何阅读。浏览、预览、略读、速读,但不要阅读每个词,除非确有必要。例如,略读包括阅读开头句子、浏览重点、阅读每一段的开头句子(在全部段落中有70%,其主要思想表达在开头句子中)。逐词精读主要用于技术资料、教科书和进行编辑工作。系统说明书必须要阅读,而杂志只需要略读。你知道成年人每分钟的平均阅读速度是300个词吗?只要稍微花点工夫,注意阅读技能的类型,这个速度至少可以增加一倍。问题是,不要阅读所有的东西,对你确实需要阅读的东西,要选择最合适的阅读方法。只要花点工夫,你将会发现你的阅读生产率可以跳跃性增长几倍。

- 增加你的计划和思考时间。

大多数人把很多的时间花费到交流、参加会议、阅读等上去了,结果用于非常重要的创造性的思考和计划方面的时间就很少了,但是这些活动可以为所有的活动指出正确的方向。也许,这种说法暗示着办公室不是工作之处。事实上,大多数主管是在自己的家里,在夜里、在上下班的路上,或者是在日常工作时间之前或之后,完成了大多数思考和计划工作的。当然,我们都是这样做的,但是问题在于,你应该不断地通过从诸如阅读、写作和交流等其他领域里来挤出时间,努力增加你的办公室思考和计划时间。

- 找出你生活中偷你时间的"贼"。

"你是一个果断的人吗?""啊,是又不是!"这是决策能力不佳,或者只是不愿意进行决策?无论属于哪一种,都要浪费时间。要努力找出偷窃时间的贼,因为它们把你的生产率吃光了。你是一个优秀的决策者,或者你把各种各样的时间都花费到等待出现更多的结果(决策分析)上吗?你充分地利用了例外管理吗?或者你对每个细节都要详细过问吗?你是通过一个正式的记忆系统来完成工作吗?或者是只是依靠自己的记忆来完成一切工作?你在开始每天的工作之前确定了先后次序,以便保证最重要的事情最先做吗?你练习过废纸篓术,或者是由于担心销毁而把一切都存档吗?你是怎样处理诸如接电话、会见事先没有约定的来访者所造造成的中断的?(试图站起来欢迎他,并继续站着;站起来的会面决不会长久的!)你不得不花费过多的时间来完成你的工作吗?也许你没有明智地授权或管理你自己的时间。简而言之,培养找出时间贼并建立一个消灭它们的系统的习惯。问问你自己有多少时间贼正在抢夺你的时间,然后开始逐一将它们消灭掉。

那些认识到时间管理价值的主管们已经驶上成为一个更加有效的管理者之路。计划你每天的时间也许是为了提高生产率你需要做的最重要的事情。节省时间就是节省资源———一种重要的人力资源战略。

5.7 实施计划

据说,列宁在布尔什维克革命后不久曾经说过,"农民正在挨饿。因此,他们无法工作。这就是他们为什么挨饿的原因。"对于人力资源问题也是如此。当一个信息管理职能部门人员配备严重不足时,当大量的管理时间被用于对被招募者进行面试时,或者是管理时间被严重管理不善时,就会几乎没有足够的管理资源来实施本章中提出的战略。

作为实施过程中的第一步,对本章中给出的人力资源战略在贵公司里的现状进行清点一下,可能是非常有益的。为此,就需要制定一个实施计划(implementation plan)。如果只有有限的资源用于改进管理实践,那就必须确立优先次序。有些改进过的实践可能比另外一些需要花费更多管理(人员)时间来实施。有些将很快地产生回报或者获得更高的效益-成本率。

6 信息技术管理

信息技术、特别是现代信息技术是信息管理理论发挥作用的技术条件。随着科学技术和社会经济的发展,信息技术普及应用的速度不断加快,正是从这个意义上讲,信息技术已经成为推动社会变革的一股巨大力量。由于信息技术的快速发展,各种社会组织在购买信息技术上的投入也越来越大,其目的是希望通过在信息技术上的投资最终能够提高组织的效率和效益并能够为组织赢得竞争优势,但要达到这一目的就要加强对信息技术的管理。这种管理的主要任务是既要做到在信息技术投入上不会出现失误、浪费现象,也要做到能够充分、有效地把现有的信息技术作为一种重要的资源运用于解决组织自身的生产、经营、管理等各方面的问题。从另一方面看,现代信息技术是一把双刃剑,它在推动人类社会发展的同时,可能会带来许多新的问题。要在信息技术的推广应用方面取得扬长避短的效果,需要国家和全社会的共同努力,也就是说要加强对信息技术的宏观管理。由此可见,信息技术的管理不仅涉及到对信息技术本质的认识和对信息技术发展规律的把握,同时还涉及到信息技术的计划、组织、控制、评估、选择、采购、配置和运用等多个方面问题。本章中侧重于探讨前一个问题。除了信息技术本身之外,本章中还对应用信息技术而建立起来的信息系统进行了探讨。

6.1 信息技术管理概述

19世纪末20世纪初,物理学领域出现了三大成就,建立了相对论、量子力学和原子核物理学。这些新理论为后来的科学技术大发展奠定了雄厚的基础,并于本世纪中叶引发了一场规模空前的科学技术革命,这场革命使人类在信息、新材料、新能源、生物、空间和海洋等几乎所有的自然科学领域都取得了重大突破。在这次科学技术革命中,信息技术的发展最为突出,在20世纪40年代之前只出现的电话、电报,而到40年代之后则出现了电子计算机技术、卫星通信技术、光纤通信技术、综合业务数字网和多媒体技术,这些新兴的发明与使用,不仅改变了过去信息技术仅从属于其它技术的发展历史,而且还使现代信息技术一跃成为当代高技术中的关键技术、引导现代科学技术发展趋势的主导技术。信息技术的发展和广泛应用,加快了信息的生产、传播和消费,这不仅带动了其他学科和技术的发展,而且还对人们的生活、学习、工作乃至社会经济的发展都产生了极其广泛而又深远的影响。

正是从这一意义上说,现代信息技术的发明与应用是技术发展史上的一次前所未有的革命。如果把18世纪的蒸汽机的发明与应用称为第一次产业革命,那么今天的现代信息技术的发明与应用则可称为第二次产业革命。前者是增强人类体力,扩展人类行为器官的一次革命,后者则是增强人类智力,扩展人类信息器官的一次革命。这两次革命使人类在体力和智力上都变得日益强大,从而真正成为自然的主人。信息技术是如此重要,以致关注和研究它的发生、发展、应用及其后果已成为国内外学术界的一个重要课题。西方发达国家的一些有远见的学者,在20世纪中叶就开始认识到当代科学技术发展的主流将转移到信息技术上,并就信息技术对社会、经济、科技、政治、文化、教育、军事和人们的日常生活可能产生的影响进行了广泛的研究。在我国,自20世纪70年代末开始也有不少学者开展了这方面的研究。这些研究逐渐奠定了信息技术的学科地位,而学科的建立又促使人们从宏观和整体上对信息技术进行全面的研究。

6.1.1 信息技术的产生和发展

任何技术都产生于人类社会实践活动的实际需要。按照辩证唯物主义的观念,人类的一切活动都可以归结为认识世界和改造世界两个方面。世界上万事万物都处于不断的运动变化之中,信息就是事物运动状态及其状态变化方式。因此,人类要认识世界、改造世界,第一步就是要通过自身的感觉器官来感知外部世界各种事物的运动状态和运动状态的变化方式,也就是说通过信息感受器官获取外部世界的相应信息,并将获得的信息通过各种神经器官传递给信息处理器官——大脑,然后再由大脑对这些信息进行筛选、存储、转换、加工,去除干扰,从中提取出对自己有用的信息。在此基础上形成初步的判断,获得相应的认识,并作出最初的决策。但是,为了改造世界,并检验所得到的认识是否正确,还必须把业已形成的判断和决策应用于实践。也就是说,把大脑做出的决策变成相应的指令信息,通过神经系统传递给相应的行动执行器官,并借助于一定的物质和能量形式,把决策信息反作用于外界事物,以达到调节和控制外界事物运动状态的目的。在这一过程中,大脑输出的是信息,但人对实际事物的调节和改造又必然伴有物质与能量的交换,信息的作用则在于对这些物质与能量的交换进行控制、组织、指挥和协调。

为了对认识和改造的效果进行检验,感觉器官还要把决策信息反作用于外部事物后所产生的效果作为一种新的信息反馈给大脑,再由大脑对这种新的信息和原先确定的目标信息进行对比、分析,由此来调整和修正原先的指令信息,进而修改行动器官的行动策略和行为方式。如此循环往复,最终实现控制和改造外部事物和调整人的自身状态,从而达到改造客观世界,并在改造客观世界的同时改造主观世界的目的。由此可见,人类认识世界和改造世界的过程,从信息的观点来分析,就是一个不断从外部世界的客体中获取信息,并对这些信息进行变换、传递、存储、处理、比较、分析、识别、判断、提取和输出,最终把大脑中产生的决策信息反作用于外部世界的过程。简言之,此即国外学者所说的信息过程(information process)。在这个过程中,虽然每一个环节都必须有物质和能量来支持,但是,始终贯穿全过程、统帅全局和支配一切的却是信息。实际上,具体的物质和能量的形式都只是支持信息过程的手段,它们的形式是可以替换的,只有信息才是主导的,不可取代的。

既然信息在认识自然和改造自然的过程中的地位是如此重要,那么,发展信息科学技术,为人类提供先进有效的理论、方法和手段来改造人类获取、管理和利用信息的能力,就成为人类自己和人类社会发展的内在要求。事实上,自从有了人类,就有了人类的信息活动,人类就一直致力于发展信息技术,正因如此,语言和文字才会产生。但在语言、文字产生前后的漫长历史长河中,人类在其他信息技术方面一直没有取得多少突破。因而只能用自身的感觉器官获取信息,用神经器官传递信息,用思维器官分析信息。只是到了近代,这种情况才发生了根本性的变化,人类不仅可以用自身的信息器官,而且还可以用各种各样的人造"器官"来增强自身信息器官的功能,提高信息活动的效率和效果。这样,人类就变得空前强大起来,他不再赤手空拳地同自然作战了,而是用已被自己部分征服的那部分自然力作为自己的替身来同自然作斗争。这种方法和手段上的变化,标志着人类对信息的开发、传播和利用能力已达到了新的水平。

那么,信息技术到底是怎么产生的呢?它为什么会在20世纪而不是历史上的其他时期获得大发展呢?要回答这一问题,就要考察信息技术的发展历程。科学技术是人类同自然作斗争的成果,也是人类同自然作斗争的重要武器。而一切武器之所以有用,就是因为借助于它可以扩大、延伸人类器官的功能,使其发挥出原本无法发挥的作用。但是,人类有多种器官,要同时、同等程度地延长,显然是不可能的。实际上,器官功能延长的顺序是由人类同自然作斗争所处的阶段和斗争的性质来决定的。在人类诞生的初期,他完全凭借天赋器官同自然作战。但当人类在这种斗争中逐渐认识到自身功能无法满足需要时,就产生了延长某种自身器官功能的内在要求。于是,人类社会发挥自己的聪明才智,发明各种各样的人工方法和人造器官。由此可见,当人类同自然作斗争需要发展某种功能的时候,人类的这种功能就会缓慢地发展起来。例如,在人类社会形成的最初阶段,人类与自然作斗争的主要任务是采集果实和猎取野兽,因而就产生了延长手、脚功能的客观需要,于是手脚最先得到进化,并逐渐产生了最原始的劳动工具。后来,由于斗争的深入,要求原始人之间加强协作,这样语言功能也慢慢地发展起来。这时不仅人类先天的语言器官得到进化,更重要的是语言的产生大大地扩展了这种器官的功能。但是,当斗争实践需要这些功能进一步扩展而人类天赋器官及其功能又无法满足要求时,人类就会寻求各种人为的方法和手段来弥补自身器官的先天不足。比如,为了进行远距离的思想交流,人们便根据各个不同历史时期的实践需要,先后发明了符号、文字、图形、印刷术和驿站、烽火台、电话、电报、广播、电视、卫星等技术。

通常,人们把扩展人类各种器官功能的原理和规律称为"科学",而把扩展人类各种器官功能的具体方法和手段称为"技术"。从历史上看,人类为了维持生存,在很长一段时间里一直采用优先发展自身体力功能的战略,因而材料科学与技术和能源科学与技术也相继发展起来。与此同时,人类的体力功能也日益加强。信息虽然重要,但在生产力和生产社会化程度很低的时候,人们仅凭自身的天赋信息器官的能力,就能够满足当时认识世界和改造世界的需要了,因此,人们便不急于延长信息器官的功能。但随着生产斗争和科学实验活动的深度和广度的不断发展,特别是自蒸汽机的发明和应用以来,人类的信息器官功能已明显滞后于行为器官的功能了,人类要"上天"、"入地"、"下海"、"探微",但其视力、听力、大脑存储信息的容量、处理信息的速度和精度等,已越来越落后于同自然作斗争的实际需要了。只是到了这个时候,人类才把自己关注的焦点转到扩展和延长自己信息器官的功能方面。于是发展信息科学技术就成了这一时期的中心任务。

从另一方面看,人类长期致力于延长行为器官的努力已大大促进了材料科学技术和能量科学技术的发展,这就为延长信息器官的功能准备了必不可少的基础理论和支撑技术条件,从而使延长信息器官功能在这一时期成为可能。实际上,历史上的语言、文字和印刷术等的发明与使用仅是信息表述和记录方法上的个别突破,是单项的,而以20世纪40年代为起点,经过50、60年代的酝酿,人类在信息的获取、传输、存储、处理和检索等的方法与手段,以及利用信息进行决策、控制、指挥、组织和协调等的原理与方法各个方面都取得了突破性的进展,这种进展则是综合性的。这些事实从一个侧面说明了,当代科学技术发展的主流已经转向信息科学技术。

6.1.2 信息技术的内涵

确定信息技术的内涵是信息技术理论研究的出发点,从目前国内外学者的研究结果和术语的使用情况来看,"信息技术"一词具有十分广泛的含义,而且还处于不断发展演变之中。因此,"信息技术"目前还没有一个准确而又通用的定义。但是为了研究和使用的方便,学术界、管理部门和产业界等都根据各自的需要与理解给出了自己的定义。据统计,目前国内外提出的信息技术的定义有数十种。由于概念的内涵是指事物本质属性的总和,而定义从本质上说应是对概念的内涵与外延的确切而简明的说明。因而信息技术定义的多样化,不只是语言、文字和表述方法上的差异,实际上也反映了许多定义还没有抓住信息技术的本质属性。

对信息技术下定义必须有两个基本前提,一是准确地界定信息技术的内涵与外延,当然这种准确只是相对的,它会随着人类认识的深化而变化;二是要有正确的定义方法,同时还要明确定义的使用范围和目的。因为同一个概念作为科学术语和日常用语来使用时,在概念的内涵与外延上可能会存在着显著差异。为了准确地理解信息技术,科学地定义信息技术,首先可以从现有的信息技术定义中选出几种比较典型的予以考察。目前的信息技术定义从定义方法来看,大致可分为三类,第一类定义可称为"描述性定义",它主要是从信息技术的具体形式出发阐明信息技术,例如说信息技术是某种机械技术、光学技术、电子技术、生物技术或其他技术及其装备,或说信息技术就是电子计算机、电视机、电话机和复印机之类的技术与设备。这类定义考察的仅是信息技术的外在表现形式,而不是技术的本质功用,比较形象、具体,因此通俗易懂,缺点是往往不够准确。第二类定义可称为"功能性定义",这类定义注重的是阐明信息技术的内在本质或根本作用,它与信息技术可能呈现或利用的物质与能量的具体形式无关,即不考虑信息技术的构成原理、制造方法和部件构造,不管它是机械的、电子的、化学的、生物还是激光的,只要它的目的是以协助或完善人类的信息过程为主,就称为信息技术。由此看来,结构和原理不同的技术,例如电子计算机、光学望远镜和机械钟表等,都有可能属于信息技术的范畴。第三类定义可称为"综合性定义",它综合运用了前两种定义方法,因而既形象生动又科学抽象,是人们常用的定义方法。目前比较有代表性的信息技术定义主要有以下几种:

• 信息技术……包括微处理器、有线电视、纤维光学、卫星、图文电视、文字处理、电子函件、视频、机器人学以及许多其他技术。

这个定义采用了描述性定义方法,它只是罗列了一些信息技术的组成要素。采用这种方法,很难得出比较完整的信息技术定义,因为信息技术的要素的分类与范围和信息技术本身一样也难以准确把握。但是这种定义方法目前使用还比较多,许多研究者认为信息技术的本质不好把握,因而很难给出一个通用的信息技术定义。正是基于这一认识,在国内外出版的不少教科书、专著、论文以及政府出版物中，都采用了这种定义方法，把信息技术解释、定义为计算机技术、通信技术，或者还加上自动化技术、网络技术、微电子技术，等等。

- 信息技术是人类在生产斗争和科学实验中，认识自然和改造自然过程中所积累起来的获取信息，传递信息，存储信息，处理信息以及使信息标准化的经验、知识、技能和体现这些经验、知识、技能的劳动资料有目的的结合过程。
- 信息技术是管理、开发和利用信息资源的有关方法、手段与操作程序的总称。
- 信息技术是能够延长或扩展人的信息器官的功能或者人的信息能力的技术的总称。

这三个定义采用了第二种定义方法，它侧重要解释的是信息技术的本质究竟是什么，而不考虑信息技术的具体形式。在这三个定义中，以第三个最为抽象，其概括程度也最高。它强调了信息技术的本质就是扩展人的信息器官功能，换句话说，凡是能够扩展人的信息器官功能或者增强人的信息能力的方法、技术、手段，不论其具体形态是什么，都可称为信息技术。

- 信息技术是借助于以微电子学为基础的计算技术和电信技术的结合来获取、处理、存储、传播和使用声音、图像、文本和数字信息。
- 信息技术是指在计算机和通信技术支持下用以获取、加工、存储、变换、显示和传输文字、数值、图像、视频和声频以及声音信息，包括提供设备和提供信息服务两大方面的方法设备的总称。

这两个定义采用的是第三种定义方法，它们不仅说明了信息技术的功能、作用，同时还列出了信息技术的具体形式，强调了信息技术与计算机技术和通信技术等的联系。

虽然这些定义在表述形式上有所不同，但有一点是共同的，即都试图从某个或某些方面揭示信息技术的本质，只不过是所站的角度不同而已。

要理解什么是"信息技术"，还要弄清楚什么是"技术"。技术是人与实践对象的关系之一，从最广泛的意义上，它包括人改造社会、自然和自身，依据人对其改造对象的认识而选定的全部活动方法的总和，包括为应用这些方法所使用的一切物质手段。狭义的技术亦即工程技术，是泛指根据生产实践经验和自然科学知识发展而成的各种工艺操作方法与技能。技术的本质是人与其社会实践对象的关系，技术的主体是实践的人，它既是人类有目的地改造自然的手段，又是改造自然的产物，因而，人的需要是技术发展的根本动力。一般说来，这种技术之所以会产生，就在于它们能直接或间接地通过加强或扩展人的各种器官的功能来辅助人类，增强人类同自然作斗争的本领。从古代的骨器、石器、铜器、铁器、陶器到近代的蒸汽机、内燃机、发电机，再到现代的电子计算机、人造卫星、光纤通信等等，概莫能外。根据上述分析即可得出信息技术的功能性定义，即"信息技术是指能够扩展人类信息器官功能的一类技术的总称"。定义中的"技术"是广义的，可泛指一切有关信息的产生、识别、获取、变换、存储、传递、加工、处理、检索、显示、分析、决策、预测和控制等的活动方法和物质手段的总称。因此，这里定义的信息技术也是广义的。

尽管我们给出了信息技术的最一般定义，但也应该注意的是，人们日常使用的"信息技术"会因其使用的目的、范围或场合不同而具有某些特定的含义；有时它实际上仅指其物化的产物，即有形的物质手段，如望远镜、电视机、电子计算机等；有时则仅指抽象的智力成果,即信息活动中所使用的各种方法,比如预测、决策之类的信息利用技术,组织、浓缩之类的信息加工技术。在图书情报等领域出版的许多介绍信息技术的书籍中,着重介绍的基本上都是已经转化为具体的物质形态的信息技术,而没有将那些不能物化的信息技术列入其中。

6.1.3 信息技术的分类

分类是认识事物的重要方法,通过分类可以把相同的事物集中起来,把不同的事物区别开来。信息技术的分类首先要解决的一个问题是如何划定信息技术的范围,信息技术和非信息技术之间的界限,只有这样才能保证分类对象的确定性。解决这一问题需要准确地把握信息技术的内涵,据此,如果某种技术的主要功能或其根本目的是扩展和延长人类信息器官的功能,那么它就是信息技术。其次是确定分类的标准。由于信息活动是人类维系生存与发展的一项最基本活动,所以作为支持这种活动的方法和手段的信息技术必然会广泛地渗透到人们的学习、社会工作和家庭生活之中,其结果是人们便从各个不同的侧面来认识、研究和使用"信息技术"。因而,在对信息技术进行分类时所使用的分类标准也明显各异,以致出现了多种分类方案。这些方案中有的属于日常生活使用的,因此既不严密也不规范,只是一些约定俗成的说法,是为了方便而使用的;有些方案属于纯理论性的,是为了理论研究的目的而设定的,故比较精确系统;还有些方案是为了方便管理而制定的,是为了方便文献、项目、专业和产业等的管理而仿照其它技术的分类方法来划分的。下面仅介绍一下几种比较典型的信息技术分类方法。

6.1.3.1 按照信息技术是否可物化为实物形态,可将其划分为"硬"信息技术和"软"信息技术两大类

"硬"信息技术通常是指各种已经或即将转化为信息设备的信息技术,这类信息技术有时就指各种具体的实物形态的产品,当然有时也指这类产品的功用,如望远镜、显微镜、复印机、传真机、电子计算机和通信卫星等。"软"信息技术指那些不具有明显物质承担者,但又是人类在长期从事信息活动过程中积累而形成的有关信息获取和处理的经验、知识、方法与技能,如语言、文字、舆论调查技术、信息浓缩技术、信息组织技术、统计技术、预测技术、决策技术和信息标准化技术等。

6.1.3.2 按照专业信息工作的基本环节或流程可将信息技术划分为信息获取技术、信息传递技术、信息存储技术、信息检索技术、信息加工技术和信息标准化技术

信息获取技术是把人们的感觉器官不能准确感知或不能感知的信息转化为人能感知的信息,如显微镜、望远镜、气象卫星、行星探测器、温度计、湿度计、气压计和钟表等;信息传递技术是克服时空限制实现信息在空间上移动的技术,包括各种通信技术,如有线通信技术、无线通信技术、卫星通信技术、网络通信技术等;信息存储技术是指跨越时间保存信息的技术,如印刷术、照相术、录音术、录像术、磁盘技术、光盘技术和缩微技术等;信息检索技术是准确、快速地从信息库中找出所需要信息的技术,又称检索策略、技巧或方法,主要包括手工检索技术、机械检索技术和电子计算机检索技术三大类;信息加工技术是对信息进行分类、排序、转换、浓缩和扩充等的技术,传统的信息加工主要是通过人脑进行,随后相继出现了手工设备(如算盘)、机械设备(如机械计算机)和现代化的电子计算机,现在电子计算机已成为信息加工的重要工具;信息标准化技术是使信息获取、传递、存储、检索和加工等环节能有效衔接的技术,如语言文字的规范化、文献工作标准、字符编码和检索语言等。

6.1.3.3 按照人们日常所使用的信息设备种类或用途可将信息技术划分为电话技术、电报技术、电视技术、广播技术、缩微技术、复制技术、卫星技术和电子计算机技术等

这种分类通俗易懂,但由于分类的对象只限于"硬"信息技术,因而难免有以偏概全之虞。现在有一种说法,认为"硬"信息技术包括"软"信息技术的内容,比如一些发达国家出售的计算机往往是连同软件一起出售的,因此无需考虑什么"软"信息技术了。这种说法不完全正确,因为许多"软"信息技术目前还不能转化为软件进入计算机中,而没有这些"软"信息技术,那些"硬"信息技术是无法充分发挥作用的。

6.1.3.4 从信息系统功能的角度可将信息技术划分为信息输入输出技术、信息描述技术、信息存储检索技术、信息处理技术和信息传播技术

这类划分方法为国内外图书情报界广泛采用,许多关于信息技术的教科书也是以此为依据来构建体系结构的。由于图书情报类专业教育的课程体系结构中,已将"软"信息技术分散在多种课程中分别讲授,故在介绍信息技术之类的课程,如"现代图书情报技术"中便不

再介绍"软"信息技术部分。不过,图书情报技术实际上只是信息技术在图书情报领域中的具体应用,只是信息技术中的一个组成部分,因此,似有必要在此类课程中或在图书情报专业的概论性课程中,增加一部分专门的信息技术内容,以便使学生对信息技术有一个比较全面的了解。

6.1.3.5 按照人的信息器官的种类,可以将信息技术划分为感测技术、通信技术、计算机技术和控制技术

人的信息器官按作用可分为四类:一是感觉器官,包括视觉、听觉、嗅觉、味觉和触觉等器官,这类器官的主要任务是获取外部事物的信息;二是神经器官,包括导入神经网络、中间传导神经网络和导出神经网络。通过导入神经网络可把感觉器官获得的信息传递给思维器官,通过导出神经网络可把思维器官加工产生的信息传递给效应器官;三是思维器官,即人的大脑,它可以对输入其中的信息进行记忆、比较、运算、分析和推理,并以这些结果为依据进行决策、指挥;四是效应器官,包括操作器官(手)、行走器官(脚)和语言器官(喉、舌、嘴)等,它们主要是执行思维器官发出的指令信息或是通过语言器官把大脑产生的信息表达出来以使这些信息对外发挥作用。与此相对应,信息技术就有感测技术、通信技术、计算机技术和控制技术之分。感测技术延长的是感觉器官收集信息的能力,包括传感技术和测量技术,它可将人类的感觉延伸到人力不及的微观世界和宏观世界以从中提取信息;通信技术延长的是传导神经系统传递信息的能力,包括信息的空间传递和时间传递技术;智能技术延长的是思维器官处理信息和决策的能力,包括计算机硬件和软件技术、人工智能、专家系统和人工神经网络技术等。它的目的是更好地处理和再生信息;控

制技术是效应器官的延长,包括一般的伺服调节技术和自动控制技术,其目的是更好地应用信息,使信息能够在改造自然过程中发挥更大的作用。

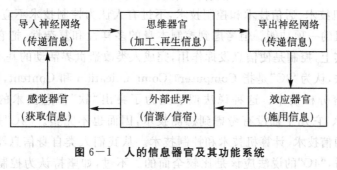

图 6-1 人的信息器官及其功能系统

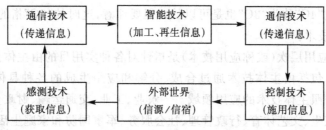

图 6-2 信息技术的基本类型

6.1.4 信息技术的层次和体系

信息技术是一个正在迅速发展,膨胀着的技术群,为了准确地认识和掌握它,不仅要弄清它的内涵与类别,还要摸清它的外延与体系结构。而这又与信息技术的层次问题密切相关,因此现在就以信息技术的层次为基础讨论其体系结构。所谓层次是指按照一定的次序划定的等级,信息技术和其它技术一样也是分层次的。按照一般的观点,信息技术可以大致划分为基础层次、支撑层次、应用层次和主体层次。

通常把按照技术的功能区分出来的信息技术称为信息技术的主体层次(或称主体技术),主体技术就是前面所说的感测技术、通信技术、计算机技术和控制技术。其中通信技术和计算机技术是整个信息技术的核心部分。感测技术和控制技术则是该技术同外部世界的信源与信宿相联系的接口。由于收集(Collection,即"感测"的基本作用)、通信(Communication)、计算机(Computer)和控制(Control)四个词的英文第一个字母均为"C",故为了简便,人们便称信息技术为"1C"技术、"2C"技术、"3C"技术或"4C"技术。"1C"就是简单地把信息技术归结为计算机技术,显然,这是非常片面的。因为若没有信息的来源和信息的流通,孤立的计算机的作用是非常有限的。"2C"是指计算机技术和通信技术,由于人们认识到在未来社会里,计算机技术和通信技术将会紧密地结合在一起,因而便认为信息技术就是计算机技术和通信技术。为了描述计算机技术和通信技术的结合化趋势,法国的西蒙·诺拉和阿兰·孟克便创造了一个新词"la telematique"(英语中拼写成"telematics",含义为远程数据处理)。美国哈佛大学的安东尼·奥廷格也创造了一个英语新词"Compunication",含义为计算机通信技术,用来表示运用数字电子技术将计算机、电话和电视结合起来形成一个具有不同功能的系统。但是,"2C"这种说法同样也是不全面的,因为没有传感技术仅靠人自身的感觉器官,所获得的信息是十分有限的。"3C"是指计算机技术、通信技术和控制技术,不过有人认为控制技术不应单列为一项,因为它只是计算机的一项功能。但考虑到控制本身的多样性和复杂性,把它单列为一项也未尝不可。事实上,控制是使信息发挥作用,完成人类改造世界活动的基本前提。现在又有一种新的说法,认为"3C"是指 Computer,Communication 和 Content,即计算机技术、通信技术和内容分析技术。这种说法似乎是为了突出"软"信息技术的重要性。不管"3C"指的是什么,它几乎都没有考虑到感测技术,因而也不完整。"4C"是指"收集"(即"感测技术")、通信技术、计算机技术和控制技术。从我们人类自身信息器官所构成的功能系统角度来看,"4C"的说法应该是比较全面的。不过,如坚持认为控制仅是计算机的一项功能,那么把"4C"称为"3C"也是可以的。但要注意,这时的"3C"指的是感测技术、通信技术和计算机技术。

信息技术的应用层次(或称应用技术)是指针对各种实用目的由主体技术繁衍而生的各种应用技术群,包括由主体技术通过合成、分解和应用生成的各种具体的实用信息技术。通常,可以按照主体技术的应用领域——农业、工业、交通运输、财政金融、图书情报、科学文化、教育卫生、文艺体育、行政管理、社会服务、军事国防和家庭生活等,区分出来各种各样的具体信息技术,它们构成了一个完整的应用技术体系。信息技术在各行各业中的应用,表明它具有的强大的渗透力。从本质上说,信息技术在各个领域的普及应用实际上是增强劳动资料(主要是劳动工具)的信息属性,使劳动工具实现自动化、智能化。也就是说,将信息技术同其他技术结合起来,使这些技术的潜能能够在信息技术的帮助下得到最大限度地发挥,这正是各行各业信息化的基本前提。比如,在制造业中,由于信息技术的渗透,出现了数控机床、工业机器人、计算机辅助制造、计算机辅助设计和柔性生产系统,从而使制造业得以逐步实现信息化。在教育领域中出现的远程教育,在医学领域中出现的远程医疗,以及网上政府、网上金融、网上广告、网上订票等,这些现象都表明了各种传统行业、产业都正在开始信息化。

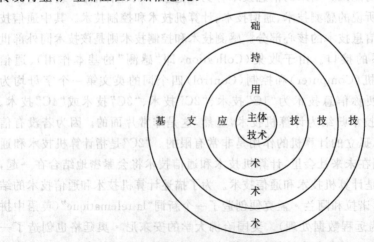

图 6-3 信息技术层次的文氏图

按照通常的习惯,人们只把信息技术中的主体技术和应用技术层次称为信息技术,这就是狭义的"信息技术",因为它们可以直接延长、扩展人类信息器官的功能。除此之外,还有形成广义信息技术的两个外围层次(见图 6-3)。第一个为基础技术层次,如新材料和新能量技术,信息技术在性能、水平等方面的提高有赖于这两类技术的进步。例如电子信息技术从电子管向晶体管、集成电路、超大规模集成电路时代的迈进,归根结底是由于锗、硅、砷化镓、金属氧化物半导体等新材料的开发和利用。激光信息技术的发展则有赖于各种激光材料的开发和激光能量的利用。第二个为支撑技术层次,主要指机械技术、电子技术、激光技术、空间技术和生物技术等。信息技术总是通过种种支撑技术才能实现的,这是因为表征事物的运动状态及其运动状态变化方式的信息都要通过机械的、电信号的、光信号的等物理参量才能表现出来,这样就比较容易为人们识别、控制、处理和利用。

于是,人们便把用机械技术实现的信息技术称为机械信息技术,如算盘、计算尺、手摇计算机和电动计算机等;把用电子技术实现的信息技术称为电子信息技术,如广播电视、电话电报和电子计算机;等把用激光技术实现的信息技术称为激光信息技术,如激光光纤通信、激光控制和激光计算机;把用空间技术实现的信息技术称为空间信息技术,如通信卫星和行星探测器等;把用生物技术实现的信息技术称为生物信息技术,如生物传感器和生物计算机等。基础技术层次和支撑技术层次尽管也很重要,但只有在某些特定条件下才能称它们为信息技术,而这时所说的信息技术就是广义的。例如,我们一般不把制造集成电路的技术笼统地称为信息技术,而只把利用集成电路制造电子计算机、通信系统或传感器等的技术称为信息技术。这是因为只有这时候,它才能被全面地用于扩展人的信息器官的功能。同样,也不能够不加区分地把激光器的制造技术都称为信息技术,只有当激光器被用做某种信息设备中的一部分时,才能称其为信息技术。当然,这种从功能角度对信息技术所做的划分也不是绝对的,事实上,有时候还要考虑人们的研究目的和使用习惯。比如,许多国家在制定产业政策时,都把电子技术笼统地作为信息技术的组成部分纳入到信息产业之中。

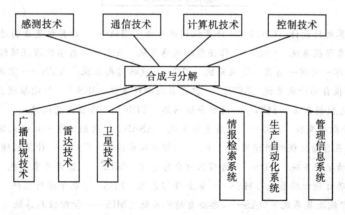

图 6-4 信息技术衍生示意图

区分出了信息技术的层次,即可以此为基础运用系统的观点来构建信息技术的体系结构(见图 6-5)。形象地说,一个完整的信息技术体系如同一棵大树,基础技术相当于大树扎根的土壤,支撑技术相当于大树发达的根系,主体技术好比是大树强劲的躯干,应

278 微观信息管理

用技术则类似于大树繁茂的枝叶(见图 6-4 和图 6-5)。该体系可从纵向上揭示信息技术的内部结构,从横向上展示信息技术同其他技术之间的关系。当然,这个体系中的信息技术是广义的,而狭义的信息技术只包括主体技术和应用技术两大部分。

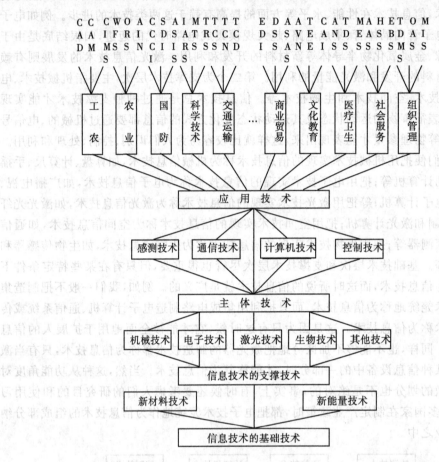

CAD——计算辅助设计　　CAM——计算机辅助制造　　CIMS——计算机集成制造系统
WFS——气象预报系统　　ORS——作业监测遥感系统　　AIN——自动化灌溉网络
CCCI——指挥—控制—通信—情报系统　　SDI——战略防御系统　　ASIS——空间情报系统
IARS——情报自动检索系统　　MTS——机器自动翻译系统　　IRS——智能推理系统
TCS——交通控制系统　　TCN——远程会议网络　　TDN——远程调度网络
EDI——电子数据交换　　DSS——决策支持系统　　ASAS——自动出售—记帐系统
AVN——远程自动化视听教学网络　　IEE——智能娱乐设备　　CAI——计算机辅助教学
ANS——自动护理系统　　TDS——远程医疗会诊系统　　MES——医疗专家系统
AAS——自动订座订票系统　　HSS——家务操作系统　　EBS——电子银行系统
TDMS——智能决策系统　　OAS——办公自动化系统　　MIS——管理信息系统

图 6-5　信息技术体系示意图

6.1.5　信息技术的效应

随着以电子计算机和现代通信技术为核心的信息技术的迅速发展和广泛应用,人类社会的各个方面正在发生急剧变化。信息技术以其提高人类信息能力为独特特点,正渗透于人类社会生活的各个方面,从而给社会的经济结构、产业结构和人们的生产方式、工作方式、学习方式、生活方式与时空观念带来了空前的变化。我们把这些变化笼统地称为信息技术的效应,具体地说,它包括两个方面:一是正效应,即信息技术应用所产生的积极影响;二是负效应,即信息技术的应用所产生的消极影响。

6.1.5.1 信息技术的正效应

现代信息技术正在迅速地向人类社会活动中的几乎所有领域渗透,它不仅大大地提高了人的信息能力,也对科学技术和社会经济的发展产生了巨大的推动作用。现代信息技术的正效应表现在许多方面,现仅就其中几个主要方面略做介绍。

(1)提高了人类开发利用信息资源的能力。信息对人类社会的发展具有十分重要的作用,但这种作用的发挥是以信息技术的发展和应用为条件的。信息直接或间接地通过信息技术对人类社会的进步施加影响。从信息技术的功能来看,它的产生从根本上增强了人类的信息能力,它的广泛应用提高了人类开发利用信息资源的能力。从信息技术同其它技术相比较来看,非信息技术的作用对象主要是物质和能量,其主要目的是增强人类利用物质和能源的本领。信息技术的作用对象主要是信息,其基本目的是扩展人类的信息能力,增强人类开发利用信息资源的本领。如果没有信息技术,信息就不能作为一种资源和要素为人们所认识和运用。从信息技术发展的历史地位和作用来看,人类使用信息技术可以大致划分为三个阶段:17世纪以前,它在各种技术中居从属地位;17—19世纪,近代信息技术为当时的科学技术和社会经济发展提供必要的信息保障;20世纪以来,现代信息技术的发展,引起了一系列社会经济变革,奠定了人类迈向信息社会的技术基础。现代信息技术的发明和应用对人类社会产生了革命性的影响,其直接后果就是人类管理、开发和利用信息资源的能力产生了质的飞跃,从而构成了又一次信息革命。

(2)推动了新一轮产业革命的形成。20世纪中叶出现了先进的数字电子技术,它的基本特征是以完美的控制和离散的方式快速地处理信息,从而产生了新的信息革命。这次信息革命的核心是出现了信息性的劳动资料,其中最有代表性的就是能处理任何离散形式信息的可编程数字计算机。劳动资料的信息属性可以类比为生产的神经系统,它是比劳动资料的机械属性、物理属性和化学属性更有决定性意义的特征。如果劳动资料的信息属性在生产中占据了主导地位,则标志着人类社会已由工业化时代进入信息化时代。劳动资料信息属性的发达程度是现代社会生产力发达程度的衡量标准。信息革命促进了劳动资料信息属性的发展,从而促使科学技术和生产力比过去更加紧密地结合在一起,这是我们这个时代经济发展的新特征。可以说,以电子计算机技术和现代通信技术为核心的现代信息技术所引起的革命,必然会对经济活动的各个领域产生全面而又深远的影响,促使它们发生根本性的变革,正是从这个意义上说,这次信息革命就是新一轮的产业革命。

(3)促进了信息产业和信息经济的发展。信息技术的广泛运用密切了信息、信息活动与人类社会生活之间的关系,有用的信息是资源的观点得到人们的广泛认可。既然信息是资源,那么就要对其实施规模开发,走产业化的道路。因此,世界上许多国家就像组织大规模工业生产一样来组织大规模的信息基础设施建设和信息传播交流活动。现在人们已经认识到信息技术的重要作用,认识到信息表示和信息处理的单维性和地域性是影响劳动资料信息属性增长的瓶颈,因而人们对信息技术的最迫切的一个要求就是,拓宽传统的计算机只能处理文字和数字信息单一维数的能力,把计算机和通信技术紧密结合在一起,在广域内实现声、图、文一体化的多维信息共享和人机交互的功能。正是这种要求促进了通信技术和多媒体技术的发展,推动着多维化和智能化的广域信息网络的发展。这一网络的投资将达到数千亿美元,所需设备更高达万亿美元之巨,所以它是一项庞大的基础设施建设,这必将极大地推动信息技术产业的发展。传统的信息部门由于新技术手段的补充,改进或取代了原有的技术手段,从而在信息的生产、存储、加工、分析、检索、流通和管理等各个环节实现了全面的技术革新。从另一个方面来看,信息技术的不断扩散也使信息工作的范围超越图书情报业的边界,进而成为多行业交叉的高度综合性行业。因此,它再也不能采用封闭的、自给自足的小生产的劳动方式,而应按照产业化、社会化的要求,实现社会化分工生产。随着信息劳动分工与协作的扩大和信息商品化浪潮的兴起,包括图书情报业在内的信息服务业得到了迅速发展。信息技术产业和信息服务业是信息产业的基本组成部分,它们的成长与壮大进一步促进了信息经济的形成和发展,推动着人类社会从工业社会进入信息社会。

(4) 引起了社会产业结构和就业结构的变革。由现代信息技术引发的新一轮产业革命已使世界经济从工业化阶段跃进到信息化阶段。如果说工业化经济是以物质生产为主的话,那么信息化经济则是把物质生产和信息生产结合起来,通过充分开发和利用信息资源来大幅度地提高产品中的信息含量和附加值,提高劳动生产率和经济集约化程度。在产业结构方面,除了工业化经济中原有的第一、二、三产业之外,又兴起了一种新型产业——第四产业,也就是信息产业,从而改变了原有社会产业结构的格局。在许多发达国家,信息产业创造的产值已远远超过传统产业而跃居第一位。在就业结构方面,随着产业结构的变化,在第一、二产业部门工作的劳动力人数在总就业人数中所占比例不断下降,而在第三、特别是第四产业部门工作的人员比重则在不断上升,并已逐渐超过第一、二产业部门的就业人数。

(5) 改变了公司企业的生产方式和工作方式。在工业经济中,企业是围绕着物流和资金流来组织生产的,而在信息经济中则是围绕着信息流来组织生产。信息革命为获得准确的世界市场信息,提供了前所未有的技术手段。现代信息技术使信息传递实现了网络化和多维化,并逐步形成了全国性甚至全球性的信息网络,使偌大的地球变成了"地球村",从而改变了人们的时空观念。它使世界变成一个整体,一个地方发生的事件,会迅速地通过发达的电信网络传遍全球,从而强烈地影响着全球人类的思想和行为。经理和厂长们可坐在自己的办公室通过终端设备,迅速了解世界各地的市场行情。企业不仅可以跟踪市场,还可以使潜在需求明朗化,与各种高新技术结合使之产品化并进入市场,即创造市场,为了能跟上市场的变化,企业还改变了它们的传统生产方式,采用柔性生产方式,即从掌握市场需求信息到确定商品概念、开发、设计、生产和销售是同步进行的,从而大大缩短了开发周期,降低了成本,节约了资源,提高了效益,快速适应了市场需求。

(6) 加速了社会信息化的进程。现代信息技术的发展,进一步加快了社会政治、经济、科技、军事、文化、卫生和教育领域的信息化进程。创造、处理和利用信息已成为推动社会发展的新动力。政治家管理社会,企业家管理企业,银行家管理银行,教育家管理学校……都有赖于信息的及时获取,信息技术能为各种信息的采集、传输、存储、共享、调用、处理、分析和综合,提供全新的技术手段,使各种管理建立在及时、准确、科学的信息基础上。随着信息设备和信息服务成本的不断降低,计算机终端和信息网络正在迅速地深入到社会的每一个角落,从而大大提高了全社会的信息化水平。信息的基本特性之一是可以共享,而信息化则是实现信息共享的必要条件。今天,信息化正打破传统的行业、职业的界限,因为各行各业中信息活动的比重都在不断增大,这是信息技术促进信息化进程的必然结果。在信息化社会里,离开了计算机网络的各种智能化终端,人将无法进行工作,甚至无法接受教育,也无法娱乐和生活。

6.1.5.2 信息技术的负效应

现代信息技术就像一柄双刃剑,它在造福于人类的同时,也给人类带来了许多未曾预料到的问题,对人类社会的各个方面产生了许多消极影响,这就是信息技术的负效应。负效应有多种表现形式,了解它们将使我们在运用信息技术时,能够及早地防范并消除这些负效应,这也是信息管理必须要关注、研究和解决的问题。

(1)扩大了信息贫富差距。信息是信息社会的财富,谁拥有信息,谁就拥有财富。信息技术是一切信息活动的物质基础,从某种程度上讲,拥有了先进的信息技术就拥有了创造信息的手段,就能获取、占有更多的信息,也就拥有更多的财富。由于信息技术的发展需有发达的基础技术和支撑技术,因而工业化水平较高的发达国家的信息技术发展和应用水平与工业化水平较低的发展中国家在这方面的差距越来越大,它们在信息资源的占有量和信息加工处理能力方面的差距也在增大。有人统计,目前世界上80~90%以上的信息资源集中在人口仅占世界人口30%的少数发达国家,发达国家与发展中国家的信息流量比为100:1,差距也在同等程度地扩大。发达国家成了信息富国,发展中国家则沦为信息贫国。当然,这种差距即使在同一个国家内部也不同程度地存在,例如根据日本有关部门在2000年4月21日发表的一份消费动向调查,到2000年3月底,日本拥有个人电脑的家庭已经达到38.6%,比1999年增加了9.1%。但是这与1998年电脑普及率就已经达到50%左右的美国比起来仍然有相当大的差距。随着电脑普及率的上升,"信息差距"也在扩大。年收入1200万日圆以上的家庭,个人电脑普及率达到66.3%,比1999年增加10.9%,而年收入不足300万日圆的家庭电脑普及率只有12.8%。不仅如此,发达国家凭借其拥有的信息技术还可以掠夺和控制发展中国家的信息资源。值得一提的是,信息贫富差距不仅存在于国家之间,也存在于社会组织之间和个人之间。

(2)加剧了信息过剩。现代信息技术增强了人类获取,传播和处理信息的能力,它使得人类不仅可获取宏观世界的信息,还可取得微观世界和宇宙世界的信息,这些信息的大量、快速传播极大地促进了科学研究、技术创新和经济贸易活动,这些活动的发展反过来又促进了信息总量的增长。今天,只需按动电钮,信息就可能源源而至,但人类自身对信息的消化吸收能力却未能与此保持同步增长。据世界科技情报系统的一项调查估计,世界信息产量的增长率在1957~1967年间为9.5%,1967~1971年间为10.6%,1985~1987年间则达到12%。但就连象日本和美国之类的发达国家,其信息的吸收率一直也只有10%左右。这说明信息已大量过剩。

(3)引起了信息污染。信息技术的发展提高了人类信息活动的效率,但同时也为伪劣信息的生产、传播提供了现代化的手段。这些信息一旦流向社会，必然造成信息污染。一些专家认为，无用的甚至有害的信息在信息总量中所占的比例不少于50%，在个别领域甚至达到80%。错误的信息不仅不能指导人们的实践活动，反而会误导人们的行为，造成资源的浪费，严重的还会引起社会动荡。当精确的信息和模糊的信息、真实的信息和虚假的信息、正确的信息和错误的信息混杂在一起时，必然会妨碍人们对信息的利用。一旦信息污染和信息过剩融为一体，就会带来新的信息匮乏问题。

(4) 使知识产权更容易受到侵害。新型的信息媒介、信息传播和获取方式的出现已完全突破传统的信息流通、获取占有方式。伴随复制、复印、录像和录音等技术的发展，知识产权受到的侵害日益加重，侵权事件日益增多。例如，1982年美国IBM公司对复制美国通用计算机操作系统的日立技术制作所和三菱电机公司等日本厂家提出起诉，控告它们从事产业间谍活动。1991年IBM公司仅在6个月内就索取UNIX软件盗版侵权补偿费42万多美元。但是，知识产权本身具有特殊性，是一种无形财产，因此不象有形财产那样看得见、摸得着。在知识产权案件的审理中，有时要判定是否侵权，侵权到何种程度，必须请专家鉴定。专家鉴定一般都很慎重，有时还会出现反复，所以往往耗时过长。即使确定为侵权，法院在确定侵权方给被侵权方造成多大损失的估量上，也需花费大量时间调查取证。在美国，有的知识产权案件竟拖了8年，到最后双方都打不起官司，只好撤诉。此外，立法上的不完善和执法上的不严厉也加剧了侵权行为。

(5) 使信息安全更难得到有效保障。信息安全涉及到计算机系统的安全、信息流的安全和信息源的安全等。在信息社会里，信息安全将是国家政治安全、经济安全、金融安全、军事安全等各种安全的基石。随着信息系统规模的扩大，大量的信息被集中存储在大型计算机中，借助于通信网络，这些信息可在计算机和各种终端设备之间流动。由于计算机系统本身固有的脆弱性等缺点，这些信息在存储和传递过程中很容易被取出、复制、截获、分析，从而引发各种形式的犯罪活动。近年来，随着信息技术的发展，信息犯罪变得越来越猖獗，手段也越来越多样化、高级化，如出卖国家机密、偷盗国库、调拨资金、金融投机、冒名订货和偷税漏税等。据美国联邦调查局的一份材料证实，美国计算机犯罪盗窃的金额平均每年约10亿美元，法国仅在1984年一年就发现计算机犯罪6万起，目前，全世界每年因偷盗计算机资源所造成的损失达2000多亿美元。此外，信息病毒已成为社会公害，它有惊人的破坏能力，一旦时机到来，会使感染病毒的计算机系统陷于瘫痪状态。1988年"黑色星期五"病毒曾使整个西方国家的金融界陷于瘫痪，同年11月美国发生了一起信息病毒入侵军用计算机系统事件，结果有6000部计算机被侵，其中包括美军基地与研究中心的计算机系统。

(6) 使国家主权和安全更容易受到威胁。现代信息技术的发展赋予国家安全以新的内容。一方面信息技术在武器系统中的应用，可极大地提高武器的性能，从而增强军事实力。飞机和舰艇应用信息技术可以准确地捕捉目标，坦克和火炮应用信息技术可提高命中率，电子对抗可使敌方的指挥系统陷于瘫痪。因此人们认识到，对核心信息技术的领先和控制是保护国家主权与安全的重要组成部分，落后只会处于被动挨打的地位。另一方面，某些国家利用信息技术除了控制自己的信息资源外，还大肆掠夺别国的信息资源，从而使其它国家增加对它的依赖性，而过分的依赖则潜伏着对国家主权和安全的威胁。例如,一个国家如完全依赖其它国家的数据库资源,一旦数据来源被掐断,就会失去获取重要信息的机会。再如,某些国家利用资源卫星获取其它国家的矿产资源、水资源、森林资源和土地资源等自然资源信息,利用侦察卫星获取其它国家的军事设施和军队调动等方面的军事信息,甚至还利用广播、电视、电影和各种信息网络,向其它国家输出自己的文化和价值观念,进行文化侵略直到政治颠覆。

(7)使人身安全容易受到损害。人身安全主要是指由于信息技术的普遍应用而产生的个人可能面临着失业的危胁,个人的隐私容易暴露,个人的言行易受到监控,个人的形象易受到歪曲,等等。信息技术的发展造成传统产业就业人员减少,信息产业就业人员增加,但许多传统产业部门的工作人员一旦失业,并不能同步转移到信息产业部门工作,因为还需要从头开始培训,而且也非每个人经培训后都能完全适应新的工作,所以局部性的暂时失业是不可避免的。个人隐私电子化后会因计算机系统的安全问题得不到彻底解决而极易被泄露出去。电子监视设备的滥用又会使人们的言行都受到监控。人身的代码化把人畸变为阿拉伯数字,必然会使人的形象受到损害。凡此种种,都说明了信息技术并不能必然地增强人类的安全感,相反它有可能给人类带来严重的危机感。

(8)危及人类身心健康。一切电子设备都会产生多余的电磁波,这种干扰人们生产、生活的"多余物"常被称为"电子垃圾"或"电子污染",会给人类的生理健康带来危害。由于电磁波的作用,电脑操作人员易患眼疲劳、肩膀酸痛,微波若长期持续反复地射入眼睛,可能会诱发白内障。信息技术将终端带入办公室、家庭、工厂、银行、商店、机关和学校,从而改变了人们的生存空间,大大减少了人与人之间面对面地进行直接交流和接触的机会。长此以往容易使人产生孤独感,还会使人的交际能力受到影响。而且,在信息技术非凡的本领面前,许多人会感到自己渺小和无能,这可能会损害到人的自尊和尊严。再加上人身安全得不到有效保障,这些因素必然导致人的心理压力的增加,从而诱发出各种各样的心理疾病。

6.1.6 信息技术的发展规律

技术发展规律是指技术发展过程的客观趋势和内部联系。它一般有两种情况,一是普遍存在于每一项技术的发展过程之中,二是普遍存在于每一个社会的技术发展过程之中。前一种情况表明,技术发展的普遍过程都是随时沿着一个 S 型线,即趋势曲线发展,并呈现为一个生命周期;开始期——新技术萌发,技术进入较长时期的缓慢发展阶段;加速期——新技术在较短的时间进入加速增长期;转变期——技术发展转变为减速增长阶段;饱和期——技术水平接近极限,进入稳定平衡的发展阶段,并在平衡中孕育着新的飞跃。后一种情况比较复杂,技术发展在微观上沿着技术目的和技术手段的矛盾运动,在宏观上沿着技术和社会环境诸要素的矛盾运动发展。技术发展还具有一些具体的发展规律,如萌发规律、扩散规律、综合规律和加速规律等。

信息技术是一种特殊的技术,如果把语言和文字的发明看成是信息技术产生的最初标志的话,那么至今它已有数千年的历史了。在这漫长的历史过程中,信息技术的发展经历了由简单到复杂,由"软"到"硬",由从属于其它技术到发展成具有战略作用的带头性技术、由自发产生到有目的地制造,由依赖经验知识到依靠科学理论,由能工巧匠的家庭作坊到现代企业的规模化生产等过程,在这些过程中,它始终按照某种固有的逻辑处于不断演变之中。通过对信息技术发展历史的考察,结合信息技术自身的特殊性和技术科学的基本原理,可将信息技术发展的基本规律大致归纳为辅人律、拟人律、互补律、变革律、滞后律、渗透律。

6.1.6.1 信息技术发展的辅人律

所谓辅人律是指信息技术的发生和发展完全是作为人类的"帮手"来协助人类同自然作斗争的。事实上,辅人律并不是信息技术特有的发展规律,而是整个科学技术发展所遵循的一条基本规律。许多学者已从科学学、技术学、人类学和未来学等多个领域对这一规律进行了研究和阐述。在人类的幼年时期,人是赤手空拳地同自然作战的,在斗争的过程中,人类逐渐发现了自己天生器官的先天不足,因而就产生了延长自身器官的客观需要。在通常情况下,人类总是先找到延长某种器官功能的具体办法,也就是现在人们所说的"技术",然后才将这些具体方法逐渐总结升华为规律和原理,我们称其为"科学"。因而,从历史上看,技术发展在先,科学发展在后。技术的目的在于改造世界,科学的目的在于认识世界。当然,现代科学技术的发展在更多的情况下则是颠倒了这种次序,即往往是科学理论的突破带动了技术的发展,比如先有原子核理论后有核技术,先有激光理论后有激光技术。但是,不管科学和技术谁产生在前,谁产生在后,都改变不了它们是辅助人类同自然斗争这一宗旨。

辅人律告诉我们,人类是在同自然作斗争的过程中根据斗争的需要和一定历史时期人类的实践能力来寻求延长自身器官功能的方法和手段的,因而在不同的时代就出现了不同的技术,比如骨器、石器、陶器、铜器、铁器等的发明和使用便说明了这一点。技术的发展促进了人类对自然认识的深化,从而推动了科学理论的进步。科学技术的发展把人类与自然的斗争向前推进了一步,这又对人的能力提出了更高的要求,因而反过来又推动了科学技术的发展。信息技术作为一种特殊的技术,它的产生发展也完全遵守辅人律。事实上,如果信息技术不能辅助人类增强其信息器官的功能,那么它就失去了存在与发展的动力。可见辅人律是从根本上回答了信息技术为什么会产生这一本质问题的。

6.1.6.2 信息技术发展的拟人律

通过辅人律可以导出信息技术发展的另一条重要规律——拟人律。所谓拟人律是指科学技术发展的路径和方向,从总体上来说,是模拟人类自身进化的路线和方向的。这是因为科学技术既然是辅助人类的,那么它的发展路径和方向就必然与人类自身能力的发展路径和方向之间存在着密切的联系,而且总是后者决定并影响着前者。换句话说,人类总是根据实际斗争的需要和客观条件的许可,按自身进化的路径来创造科学技术的。根据拟人律就可以解释为什么科学技术的发展具有阶段性。信息技术的发展也完全符合拟人律。人类文明基于信息交流,没有信息交流,就不能实现有效的协作,那么战胜自然的能力必然十分有限,幸运的是,人类在产生的初期就已经意识到这一点。动物,无论多么高级,都只能通过各种不规则的嘶叫声(亦或还有其他未知的方式)来传达信息,但人类却在此基础上发明了手势、表情和语言,从而使人类能借助于人为的、特殊的信号系统或符号系统来交流信息。语言的发明与使用,是人类历史上具有划时代意义的重大事件,它一方面有力地促进了人的思维能力的提高,另一方面又成为人际信息交流的主要工具。随着生产和实践活动的继续深入,人类需要记忆的内容越来越多、越来越复杂,于是人们又发明了各种各样的记事方法,从最简单的堆石、结绳、编贝、刻痕、绘画到象形文字,并在此基础上发明了更为高级的表意文字、谐音文字和字母文字。在文字产生的过程中,信息存储技术也获得了较快的发展,除了最原始的贝壳、纸草、简牍外,又发明了造纸术和印刷术。这些信息技术的发明与使用使人类的知识生产与传播交流愈益频繁,反过来又大大促进了科技、经济和社会的发展。伴随着人类信息能力的提高和认识领域的不断扩展,各种新型的信息技术又被不断地开发出来,光学望远镜、空间望远镜、射电望远镜、红外线望远镜、紫外线望远镜、X—射线望远镜的发明使人类实现了"千里眼"的宿愿;光学显微镜、电子显微镜的发明又使人类可以"明察秋毫";各种传感器(包括声敏、光敏、嗅敏、湿敏等)的发明使人类的听觉、视觉、味觉、触觉、嗅觉得到了充分的扩展;算筹、算盘、计算尺、机械计算机、电动计算机和电子计算机的发明与使用进一步扩展了人类的智力功能。上述技术的先后出现说明了信息技术的发展是遵循拟人律的。

6.1.6.3 信息技术发展的互补律

辅人律揭示了信息技术的功能和本质,拟人律则揭示了信息技术发展的规律和逻辑。那么,信息技术中的各种具体技术的产生又有什么规律呢?我们知道,在漫长的亿万年进化过程中,地球上出现微生物、植物和动物,人类最初只是动物中的一员(类人猿),除了在体能方面具有自己的某些特点之外,在信息能力方面与其他灵长类动物相比几乎没有什么明显的区别。但是,类人猿却在不断适应自然环境的过程中,逐步提高了自己的信息能力并产生了语言,从而进化为人。语言的产生增强了人类的信息表述、传达交流的能力,但不久又出现了信息存储能力不足的问题,文字的发明与应用恰好弥补了这一不足之处,纸的发明与印刷术的出现则进一步提高了信息存储与传递的能力。语言、文字、造纸术、印刷术的出现使人类在同自然作斗争中获得了越来越大的自由,但从另一方面来看,仅靠人自身的感觉器官来获取信息又远远不能满足认识自然的需要了。于是,显微镜、望远镜、计时器、温度计、气压计、湿度计等度量器具被相继发明出来,信息获取技术得到了较快的发展。工业革命后,资本主义经济得到了迅速的发展,激烈的市场竞争和日益扩展的海外贸易,对信息的传输速度和数量提出了新的要求,在此驱动下电磁理论迅速实用化,电报、电话、电影、广播、电视等相继问世。与此同时,信息存储技术也有了新的发展,照相机、留声机、缩微技术、录音机、录像机的发明与使用使信息的外存发生了质的变化。信息存储传递技术的发展促进了信息的积累、流通、生产,随着信息量的不断增长,信息已趋"爆炸"之势,人类天赋的信息处理能力已不足以处理如此大量的信息,已有的信息处理工具如算筹、算盘、计算尺、机械计算机、电动计算机的功能也十分有限,幸运的是,电子计算机的发明与使用又使这一状况得到明显的改观。综上所述,我们就可总结出信息技术发展的另一条规律——互补律,其含义是指每一项信息技术的发明创造都是产生于现有信息技术的功能相对薄弱之处,是对原有信息技术不足之处的填补。从历史上看,人类总是优先发展最急需的信息技术,然后再按照填补缺陷的方式发展其余的信息技术的,这实际上就是互补律的具体体现。互补律形象地描绘了信息技术体系的形成过程。

6.1.6.4 信息技术发展的变革律

科学技术的发展具有累积性和继承性,因此,它不是哪一个时期,哪一代人的产物,而是在不断继承的基础上积累发展壮大起来的。当这种积累达到一定的"量"之后,在一定的社会历史条件下,就会出现"质"的突破,从而在特定的技术领域内产生飞跃性变革,这就是量变引起质变。我们把这一规律称为科学技术发展的变革律。信息技术的发展也呈现出这一规律,表现为每一项新的信息技术在产生之前,都有一段相当长时间的积累。许多信息技术就是在这段积累过程中,经过许多人的小"改"小"革"而逐步完善起来的,比如语言和文字就是如此。而当这种局部的修改已不能满足生产和实践的需要时,新的信息技术就会随之产生,它或者是比原有的信息技术功能更加完善,或者是对人类其他信息器官的功能进行了扩展。而且这些新的信息技术和原有的信息技术在结构原理上有可能完全不同。伽利略的天文望远镜利用了光学原理,而现代的射电望远镜则利用了电磁波的反射原理。前者所看到的距离十分有限,而后者则可观察到几百亿光年的星体。光学显微镜和电子显微镜也有类似的差别。其他的信息技术,如纸张与光盘、算盘和电子计算机、模拟通信和数字通信也有本质性差异。由于许多新的信息技术在效能上都远远优于原有的信息技术,因此,随着这些新技术的推广使用,旧技术往往就需要寻找新的用途,否则就会逐渐退出历史的舞台。当然,由于人们用惯了旧技术,因此当新技术出现时,人们往往难以迅速适应这种变化,有时候还会对新技术采取抵触措施,这往往会延缓新技术的推广速度,从而导致新、旧技术在相当长时间里出现共用现象。在历史上,几乎每一项具有划时代意义的信息技术出现时都遇到了这种情况,无线通信、电影、电视、电子计算机、机器人都曾受到了被称之为"怪物"的"礼遇"。这丝毫也不值得大惊小怪,因为这些新技术的出现实际上是对原有信息技术的一次"革命",人们在心理上和行为习惯上也必须要有一次"革命",才能适应这种技术上的变革。

6.1.6.5 信息技术发展的滞后律

滞后律是指信息技术在整个技术体系中的发展速度通常慢于材料技术和能量技术。运用辩证唯物主义观点就可以对这一规律作出科学的解释。人类要生存,首先要解决物质资料的生产问题,也就是说要解决衣、食、住问题。尽管人类一产生,就标志着它已有高于其他动物的信息能力,但这种信息能力在很长一段时期内却未能得到进一步的发展。其原因是在当时条件下,物质资料的生产是人类最迫切需要解决的问题。原始人在采猎过程中最先使行动器官,尤其是手脚,得到了进化。而最古老的信息技术——语言,则是在手脚进化到一定阶段之后才产生的,随着手和脚的日渐发达,人类开始有目的地发明、制造各种劳动工具,于是,最初的能量技术和材料技术便由此而产生。大自然中的雷电造成的火灾,使人类得到了启发,从而发明了人工取火的方法,如打燧取火、钻木取火,这就是最原始的能量技术。以人工取火的发明为基础,人类开始探索制造更高级的劳动工具,如陶器、铜器、铁器等,在这一过程中,材料技术开始逐步发展起来。这些技术的出现为后来的文字、造纸、印刷的发明与应用铺平了道路。欧洲工业革命以后,由于物理学、化学等学科的发展,能量技术和材料技术得到进一步的发展,在这些技术的支持下,近代信息技术(如电话、电报)被相继发明出来。到了20世纪初,物理学领域出现了三大成就,建立了相对论、量子力学和原子核物理学。这些理论上的突破有力地促进了信息技术的发展,以电子计算机、光纤和卫星通信为标志的现代信息技术开始登上了历史的舞台。这些事实都说明了先有材料技术和能量技术,后有信息技术。之所以出现这种现象,归纳起来主要有两个原因。其一是人类自身进化的内在要求,因为从产生的直接目的上来说,材料技术和能量技术着眼于解决人类的生存问题,也可以说是物质享受问题。而相比之下,信息技术则是更侧重于解决人类的发展问题,从某种程度来说是精神享受问题。因此,它们在发展次序上就存在着孰先孰后的问题,按照"先吃饱、后享受"的一般生活逻辑,当然要优先发展材料技术和能量技术;其二是因为信息技术是一种相对复杂的技术,因此,它的发生与发展必须要有较为先进的基础技术和支撑技术作基础,否则信息技术便难以发展,比如,没有高纯硅的提炼与加工,没有光导纤维的发明与生产,就没有今天的电子计算机与激光通信技术。

6.1.6.6 信息技术发展的渗透律

信息表征了事物的运动状态及其运动状态的变化方式。人类要认识自然,改造自然,就必须获取、掌握并利用信息,从技术上来讲,这就是一种信息过程。人之所以有别于动物,主要是因为他善于捕捉、处理和利用信息,从而使自己的行为具有高度的目的性,而动物则做不到这一点,因而它的许多行动是随机的。因此,只有人类能在和动物同样的自然环境中,不断通过进化变得日益强大起来,而许多动物不仅没有强大起来,反而不断地被自然淘汰以至灭绝。但是,我们不能由此得出结论:动物没有信息过程。实际上,在这一方面,动物和人的根本差异在于,人能充分利用被其战胜的自然力来加强自己的信息活动。从古代、近代到现代,信息之所以对人类变得越来越重要,关键在于作为信息活动手段的信息技术越来越高级化了。

由于信息活动是人类维系生存与发展的一项基本活动,所以每个时代的人都会自觉或不自觉地从事这种活动,这就是信息活动的普遍性,而它又是信息存在的普遍性所决定的。但信息活动和物质活动具有"质"的差异,因为物质具有非共享性、消耗性和非再生性等特征,而信息则与此相反,它具有非消耗性、共享性和再生性等特征。信息的这些固有特征就使它有可能成为每个人都可加工生产和消费的共同"原料"。我们知道,物质产品的生产对分工与协作有很高的要求,一部汽车有几万个零部件,需要数十个、数百个零部件厂家的成千上万人的共同劳动,而且这些劳动在具体形式上又是千差万别的,因而他们对劳动手段(工具)的需求也就各不相同。但一种新思想、一部新作品、一首歌曲等等的生产,往往就是一个人或若干个人的劳动,而这些劳动在具体形式上又存在着许多相似的地方,特别是在劳动工具方面。这就是信息活动(包括它的过程、手段和结果)的相似性。信息活动的普遍性和相似性使得人类(不论是其中的个体还是群体)对信息技术都存在着必然而又相似的要求,而且它还会随着生产和实践广度与深度的不断延伸变得日益迫切。正是这种需求上的拉力,最终使信息技术得以进入人类社会的各个角落。我们把信息技术的这种必然会在全社会范围内扩散普及的趋势,称为信息技术发展的渗透律。信息技术的渗透现象可以从以下两个方面看出来:一是信息技术及其原理的应用范围往往大大超出发明者的预想,研究一下每一项信息技术产生的最初动因和应用范围,几乎都可得出这一结论。如电子计算机最初仅作为计算工具来使用,但现在几乎可用于人类社会的各个领域;二是信息技术及其原理与其他技术的综合几乎比比皆是,在今天生产、使用的形形色色的技术和产品中都有信息技术,机器离不开仪表,自动控制离不开计算机。信息技术的渗透,加快了知识信息的传播交流,促进了创新活动,同时又便于发现已有技术的不足之处,便于对已有技术进行修正或者是创造出更为高级的技术,这些反过来又大大促进了信息技术的发展和应用。信息技术的发展及其应用过程也正是它的渗透扩散过程。

6.1.7 信息技术的发展趋势

信息技术,特别是"硬"信息技术,将向什么方向发展,这是信息技术理论研究所关注的一个重大课题。前面我们已经介绍过,信息技术的发展遵循辅人律和拟人律这两条重要规律,因此我们要探索信息技术的发展趋势,就得从对人本身的研究开始。由于人自身的信息器官功能十分有限,所以人类不得不借助于信息技术来弥补这一先天缺陷。虽然自古以来,随着信息技术的不断发明和应用,人类的信息器官也在不断进化,但令人遗憾的是,这种缓慢的发展已远远不能满足人类认识自然和改造自然的需要。其中一个重要原因就是材料技术和能量技术一直在超前发展,但物质、能量和信息在自然界中是三位一体的关系。因此,当这种超前发展达到一定的"度"之后,就必然要求加快信息技术的发展速度,以在材料技术、能量技术和信息技术之间维持着一种近似于平衡的关系。但这种平衡不是绝对的,因为人类对自然的探索和改造是永无止境的。一旦人类的物质文明达到发达的程度,"丰衣足食"后的人们就会把更多的注意力倾注到对自然的探索方面。这个阶段的探索活动将需要有更为发达、先进的信息技术手段来支持。就是说,要按照能使人类自身信息器官的功能得到全面扩展的要求来发展信息技术。我们知道,人具有很多种信息器官,但它们不是孤立存在的,而是按照一定的原则和要求构成一个有机、完备的系统。在该系统内,这些信息器官通过遍布于全身的神经网络紧密地联系在一起,各信息器官通过网络中的信息传递,既相互联系、相互依赖,又相互协调、相互制约,在大脑的控制和指挥下,为实现共同的目标而工作。综合上述分析,似可得出这样的结论:未来信息技术的发展虽然具有多种可能性,但从总体上讲,它在体系结构和功能作用上将更加接近甚至超过人体内的信息器官功能系统。具体地说就是,信息技术将向综合化、智能化和网络化的方向发展。有关信息技术发展方向的许多其他表述,如大型化、小型化、实用化等等,实际上都可归结到上述三个方向之中。

6.1.7.1 综合化

综合化,又称为一体化或者集成化,通常是指使一种信息技术同时具有两种或两种以上单一信息技术的功能。从信息技术的发展史看,人类曾在不同的时期分别发明了能扩展某一种器官功能的信息技术,并在该项技术发明后,用相当长的时间对其加以改进完善。比如扩展视力功能的信息技术就先后出现了望远镜、显微镜、紫外望远镜、红外望远镜、电子显微镜和射电望远镜等。当然,信息技术的简单综合并非始于今日,实际上,在信息技术产生的初期及后来的不断发展演变中早就隐含着这种倾向。比如信息的传递技术和存储技术就有着密切的联系,传递中有存储,存储中亦有传递,语言、文字等就兼具有存储和传递两项功能。从这个意义上讲,任何一项信息传递技术都综合了传递和存储两项功能。又如照相、录音和录像技术都具有获取、传递和存储等数项功能。不过,这种综合是原始的、自发的,但从中也可以看出信息技术发展将呈现出综合化趋势的端倪。

现代意义上的综合,或说是更高一级的综合,是在各单项信息技术已日臻成熟时开始的,确切地说是始于20世纪中叶,而真正引起人们高度重视的是在电子计算机和现代通信技术的广泛应用之后。人类在这个时候开始专心探讨的一个问题是:什么是表示、传递和处理信息的最佳途径? 经过众多专家学者的多方研究得出的结论是:能完整地表示信息、能较迅速地传递信息、能以符合人的认识方式对信息进行加工的方法,就是最佳途径。这是因为,虽然电子计算机的发明大大提高了人对数据型信息的处理能力,但是,人类并不是仅仅依靠文字这单一的形式来传递、接收和处理信息的。事实上,人类一经产生就是通过多种感官来接受外界信息。因此,应该针对人类接受信息的这一特点,按照人类的习惯,向其提供各个感官都能接受的各种属性的信息。如通过磁带、磁盘、光盘等信息存储载体,通过电话、电传、电视等信息传输设备,通过高性能计算机等信息加工设备,向人类提供声、图、文集成在一起的,且能和人类作动态交互作用的信息。正是这一现实的迫切需求,推动着信息技术向综合化方向发展。近年来,正在迅速发展的多媒体技术就从一个侧面反映了这种趋势。可以预见,在21世纪,信息技术之间的综合将会变得更为普遍,而且更为重要的是,信息技术与非信息技术之间的综合化趋势也将日益加强。这两种综合的功能,将是人类真正进入信息社会的物质技术基础,是从工业时代进入信息时代的基本保证。

6.1.7.2 智能化

随着各单项信息技术的逐渐成熟和各种应用信息系统的日益普及,人类必然会对正在使用的信息技术提出更高的要求,即要求信息的获取、存储、处理、传递、检索等技术(或是它们的综合)都部分甚至完全具备人脑的智能,这种需求必然会推动着信息技术向智能化方向发展。事实上,早在1945年,V. Bush就在其所著的《诚若所思》(As We May Think)一文中提出了制造智能化信息设备的构想,但当时由于材料技术和智能技术的准备还不够,故未能引起人们的注意。近年来,信息工作进入了一个新的历史时期,其显著特征就是不断扩大信息的直接交流,为此必须提高信息加工的深度,这又加速了信息技术和信息系统的智能化。人们希望不仅可以用定量的方法,也可以用定性的方法来描述被求解的问题;用户不仅可以向机器提供已有的成功算法和知识,也希望机器通过推理和学习向用户提供问题求解的途径。这就促进科研人员集中精力研制各种智能化计算机系统和智能应用系统。因为现有的冯·诺依曼式计算机虽然自20世纪60年代以来取得了巨大成就,并且在许多方面代替、甚至超过了人脑的某些功能,但由于使用这种计算机必须要遵循有关可计算的三个前提,所以它的进一步应用又受到了很大的限制。特别是近一、二十年来,人们发现它在人工智能的图形、语言识别等形象思维方面的能力非常差。一个初生不久的婴儿很快就能认识自己的母亲,但一个运算速度很快的计算机却很难识别不同的人。由于冯·诺依曼计算机在处理形象思维方面还很不理想,所以近年来人们又转向重视人工神经网络的研究,并已取得了不少进展。人工神经网络的优点至少有三个:一是有自学习功能,人工神经网络在使用前馈网络模拟庞大的非线性系统的非线性函数时具有自学习功能;二是具有联想存储器功能,即可由记忆内容的一部分,联想起全部内容的能力;三是具有高速寻找最优化解的能力。随着人工神经网络在人工智能研究方面所取得的进展,科学家们预言,未来的智能化计算机可能是一部分由人工神经网络组成,并与冯·诺伊曼计算机相结合的新一代计算机。可见,智能化的关键是智能计算机的研制,一旦在这一方面取得进展,智能化就可以实现。当然,智能化永远是一个不断逼近的目标,一旦人们所追求的某个目标可以用严格的形式化方法来描述,并可以用当时的技术工艺来实现时,人们就会又不满足它的智能化进展,又要去追求更高的智能化目标了,这一过程将永远不会停止。

6.1.7.3 网络化

信息技术发展的基本目标是使人类的信息器官功能得到充分延长,从而实现不仅在体力上解放人,也能从智力上解放人。我们知道,对人类来说,他的信息器官存在着两个重要的协调问题:其一是作为每一个个体的人,他体内的各种信息器官之间需要协调;其二是作为社会中的成员,人与人之间需要协调。事实上,人类认识自然、改造自然的活动,从来就不是个体活动,而是以结成群体——社会的方式来协同作战的,因而人际信息交流对人类的生存与发展便显得至关重要。近代社会发展的速度之所以远远快于古代,其中一个重要原因就是信息的生产、交流与消费的水平已大大超过了古代,以至从某种程度上可以说,信息的生产、流通、消费量的不断增长,正在以加速度的方式推动着人类社会向前发展。这一结论现在已得到越来越多的人们的认可。社会的发展、技术的进步和思想观念上的转变反过来又促使人类千方百计地提高信息交流的水平,组建人工信息网络就是其中的一项重要措施。一般认为,信息网络是使许多同时工作的计算机之间能够方便地交换信息的通路。由于以往的那种仅以一个组织、一个城市为基础所构建的信息网络,无论是从功能还是从覆盖的地理范围上都已经远远不能满足现代社会对信息交流的需要了,因而必须在更大的范围(一国、数国乃至全球)内构建功能更为完备的信息网络。利用这样的信息网络,人们可以在数秒内实现与数千千米之外的联系,或者是在全国、全世界范围内发送传真,或者实现计算机之间的通信。可以说,今天人们所追求的信息技术已不再是以往只能孤立地在"点"上发挥作用的信息技术,而是寻求能够在"线"、"面"和"体"上都能够发挥作用的新型信息技术了。正在发展中的宽频带综合业务数字网(BISDN),使信息的传输在数量和质量上都有了大幅度的提高。与过去用于声音、图像、数据等不同业务的专用网不同,它使实现用于所有信息和通信服务的通信网络成为可能。由于它的兴起与发展,在 21 世纪中期,单个电话机、电视机、传真机和计算机的数量有可能不再大幅度增长,取而代之的将是集多种功能为一体的多媒体信息处理设备。宽频带综合业务数字网和多媒体技术的出现,昭示了当代信息技术发展的另一个重要趋势——网络化。网络化就是要按照人类信息交流的需要,构建一个统一、多功能的广域信息网,并将各种信息技术纳入到该网络中去。

6.2 计算机技术

电子计算机技术和现代通信技术是信息技术中的核心技术,它们已经渗透到人类活动的各个领域,从而大大扩展了人类信息器官的功能,增强了人类认识自然、适应自然、改造自然和战胜自然的能力。作为现代信息技术中的核心组成部分,计算机与通信技术已经成为当今信息管理的主要手段。今天,如果一位信息管理工作者不能够运用现代信息技术,那他就不可能成为一个合格的信息管理工作者。随着信息化的推进,信息能力已经成为信息时代人的一项基本能力,不掌握信息获取、处理、存储、传递和利用理论、技术、方法和手段的人,终究会被时代所淘汰。从这个意义上讲,不仅信息管理人员,其他人员也需要掌握和运用现代信息技术。近年来,国外电子计算机进入家庭和办公室,信息网络不断发展,上网人数不断增加,所昭示的正是这一现象。我国开展的政府上网、企业上网和家庭上网,也将使信息能力成为每个人能力中的一个重要组成部分。

6.2.1 计算机技术

计算机是用电子管、晶体管、集成电路等电子器件和元件构造而成的一种复杂的机器(电子设备),它能迅速、准确地对输入的数据、信息进行自动加工处理(数学运算,也就是按照人们事先编制好的程序自动地进行运算),并将加工过的结果输送出来。目前计算机中主要运用的是集成电路技术。计算机是在基础技术不断发展的基础上逐步产生的,最初出现的是手摇计算机、电动计算机,其后才出现了电子计算机,将来还会出现利用光学技术和生物技术的新型计算机,但就目前的情况来讲,人们所说的计算机主要是指电子计算机。

6.2.1.1 计算机系统

通常人们所说的计算机并不是一个孤立的设备,而是由若干个部件所构成的一个有机整体,从系统的角度来看,就是一个系统。一般把这样的系统称为计算机系统。计算机系统(computer system)是一种综合性的物理设备,其核心在于至少有一个能够利用数字电子技术来对数据和信息进行输入、处理、存储和输出的处理机制。从更大的范围上看,计算机系统只是组织的整个信息系统中的一个特殊的子系统。正因如此,在选择计算机系统设备的时候,应该要考虑整个信息系统的当前和未来的需要。为了便于介绍,这里首先将计算机系统从组成上划分为硬件和软件两大部分。硬件主要是指运算器、存储器、控制器和输入与输出设备等这些看得见、摸得着的物理要素,其中运算器、存储器和控制器又称为中央处理器,输入与输出设备和辅助存储器称为外围设备。而软件则是指指挥计算机进行运算、判断和处理数据和信息的那些原理、规则和方法,即各种程序及其文档等的总和。

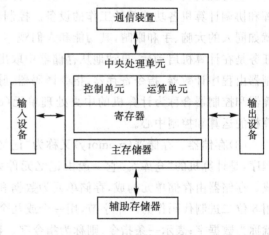

图 6-6 计算机系统

6.2.1.2 计算机硬件

计算机系统的硬件(hardware)主要执行输入、处理、存储和输出职能。为了理解这些硬件设备的工作原理,我们可以将其与传统的纸质办公环境进行对比。设想一下有一间办公室里只有一个人,他作为处理者可以组织和控制数据,他的大脑——寄存器或者他的办公桌——主存储器就是暂时贮存数据的地方。而文件柜则是为了满足长期存储需要的存储器——辅助存储器。在这个例子中,来函文件和待发文件可以被视为新数据的来源(输入),或者是作为放置已经处理过的纸件的地点(输出)。

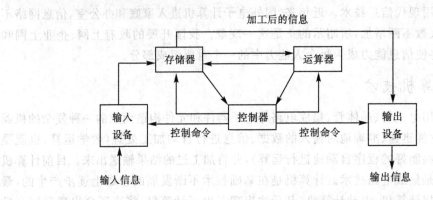

图6-7 计算机硬件设备示意图

(1)运算器。运算器(arithmetic/logic unit——ALU)是直接对进入计算机中的各种信息进行算术运算或逻辑运算的设备,它就像人们做算术运算时所使用的算盘和笔。计算机运算采用的是二进制,所谓二进制只有两个数码,即"0"和"1",采用逢"2"进"1"的运算规则。算术运算就是加、减、乘、除。逻辑运算是指逻辑乘、逻辑加、逻辑非运算,它的逻辑量只有两个,即"是"与"非",通常用"1"代表"是",用"0"代表"非"。从物理上看,运算器由算术逻辑单元、累加器、寄存器和数据总线构成。

(2)控制器。控制器(control unit)是计算机内部发布命令的"决策机构",它是用来指挥和协调计算机各功能部件工作的设备。控制器的控制过程实际上是执行程序的过程,就如同人的大脑、手和眼睛,其功能和人们观察、判断和控制算盘的动作相似。控制器的任务是在计算机启动后,自动地从存储器中取出事先安排好的指令,分析和执行指令。控制器由程序计数器、指令寄存器、指令译码器、脉冲发生器和控制电路等组成。人们把运算器和控制器合称为计算机的中央处理单元(central processing unit——CPU),它是计算机的运算和控制中心。

(3)存储器。存储器(memory)又称为"记忆设备",是用于接收和保存输入的数据和程序,是计算机的"仓库"。它一般由记忆元件如芯片、磁鼓、磁带、磁盘等与电子线路构成。存储器由存储单元构成,存储单元为数据和指令,它们均用二进制代码的形式,一般用8位二进制代码作为一个字节,用一个或几个字节组成一个字。如果用字表示一个数,就称为数据字;表示一条指令,则称为指令字。数据字和指令字也可用双倍或多倍字长来表示。字长是一个二进制数(包括符号位)的位数,通常是字节的整数倍。微型机字长多为8位、16位、32位,大型机多为48位或64位。为了识别不同的存储单元,人们赋予每个单元一个编号,称为"地址"。存储器可以分为主存储器(main memory,内存)和辅助存储器(外存)。主存储器又有两种:只读存储器(ROM——read-only memory)和随机存取存储器(RAM——random access memory)。前者是一种对其内容只能读出不能写入的存储器,即预先一次写入的存储器,它可以存放一些常用的由厂家提供或专门制作的重要程序。这类程序计算机人员只能使用,但不能修改;后者可以存放计算机人员的程序和数据,也可以用来存放中间计算结果,因为通过指令可以随机地、个别地对它的各个存储单元进行访问。

辅助存储器就是软盘、磁带、光盘,它们相当于人的记事本,主要用于贮存人的大脑无法完全记住的分门别类的数据、资料,平常置于主机之外。它用于存放用户的程序和数据,以及计算机系统的软件。由于其存取速度慢,故一般都是将外存中的程序和数据成批地调到主存储器中执行。外存的存储量有时很大。

通常把一个存储器存放信息的总量称为存储容量,单位用千字节(KB——kilo bytes,)、兆字节(MB——mega bytes)、吉字节(GB——giga bytes)等来表示。

(4)输入/输出设备。输入/输出设备(input devices/output devices)就是信息转换设备,是人与计算机之间进行通信的桥梁。输入设备的作用是将数据、程序等直接转换成为计算机所能够接收的电信号,然后输入计算机。常用的输入设备有键盘、穿孔纸带阅读机、穿孔卡片阅读机、电传打字机、光学符号识别、数字扫描仪、光笔、语音识别等设备。输出设备是把计算机内部信息转换成为语言、文字、声音、图像、表格的设备,也就是将计算机运行的结果由电脉冲变成人们熟悉的能够识别的形式并显示出来。常见的输出设备有显示器、打印机、绘图仪、制表机等。

(5)总线和接口。总线(bus)是构成计算机系统的框架,它是多个系统部件之间进行数据传送的公共通路,借助它计算机才能在各个部件之间实现传送地址、数据和控制信息的操作。接口(interfere)是外围设备与计算机之间的转换器,通过它可以将外围设备与计算机连接起来,使之正常工作。

6.2.1.3 计算机软件

过去几十年来,计算机软件(software)作为整个计算机系统中的重要组成部分的地位变得越来越重要,软件的价格也越来越高,且在整个系统中所占的比重越来越大。在20世纪50年代,软件的成本在整个系统成本(包括硬件及其相关费用)中只占很小的一部分。但是现在这种情况已经发生了戏剧性的变化——软件在组织的计算机系统的总成本中所占的比重已经达到75%甚至更高。产生这种情况的主要原因是:一、硬件技术的发展使得硬件成本大幅度下跌;二、软件变得越来越复杂,开发软件所耗用的时间也越来越多,因而其价格也越来越高;三、由于对软件开发人员的技能要求不断提高,因而支付给他们的薪水也不断上涨。将来,软件在整个计算机系统所占的比重可能会更大。

(1)软件概述。软件是由控制计算机硬件工作的计算机程序(computer programs)以及用于解释该程序的程序说明书构成的。计算机程序就是发给计算机的指令或语句的集合。从这个意义上讲,可以认为软件是由指导计算机如何工作的指令组成的。软件对于硬件犹如乐谱对于钢琴。在计算机技术产生的初期,各种各样包含有计算机硬件的开关和线路都是由手工安装的。就是说数据可以凭借体力用接通或断开各种电路的方式来描述。但是,在现代计算机中,控制数字电路物理状态的只有CPU。为了使CPU能够执行这种职能,必须要使它能够接收来自于计算机程序中的信号,并将其转变为行动(接通或断开电路)。由于这些信号本身并不是行动,而只是这些行动的指示,所以就称它们为程序代码,它们就是向 CPU 发出执行线路接通或断开操作信号的指令集合。这些指令的编写或编码就称为程序设计,而从事这项工作的人就称为程序员(programmer)。但是,大多数利用计算机系统进行工作的人并不是程序员,而只是使用其他人编写的程序进行工作的用户。

软件从大方面可以划分为两大类:应用软件(application software)和系统软件(systems software)。应用软件是指那些为了解决特定用户的具体问题而编写的程序。应用软件就是将计算机的力量用于问题解决活动。系统软件是指通过协调硬件和应用软件活动来支持整个计算机系统的程序的集合。系统软件是为具体的硬件,特别是 CPU,而编制的。通常人们把计算机系统的特定配置和该系统中使用的特定系统软件的结合称为计算机系统平台。

(2)程序设计语言。程序设计语言(programming languages)是一套用于编制程序代码的符号和规则。和用汉语撰写一篇报告或论文一样,程序员在用程序设计语言编写一种计算机程序时也需要遵守一套规则。每一种程序设计语言都有自己的规则,称为该语言的句法,同时还有一套具有特定含义的符号。程序设计语言和计算机一样,也是随着时间的推移而发展的。

表 6-1　程序设计语言的演变

代	语　言	时　间	语句或行动
第一代	机器语言	20 世纪 40 年代	00010101
第二代	汇编语言	20 世纪 50 年代	MVC
第三代	高级语言	20 世纪 60 年代	READ SALES
第四代	查询和数据库语言	20 世纪 70 年代	PRINTING EMPLOYEE NUMBER IF GROSS PAY> 1000
第五代	自然和智能语言	20 世纪 80 年代	IF certain medical conditions exit, THEN a specific diagnosis is made.

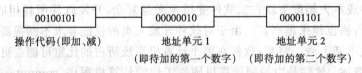

图 6-8　一个简化的机器语言指令

① 机器语言。机器语言(machine languages)是第一代程序设计语言,在该语言中,程序员使用二进制代码来编写他们的指令,以准确地告诉 CPU 该断开或接通哪些电路。因为机器语言程序是用二进制代码写成的,所以它们只使用两个符号"0"和"1"。在机器语言中,两个数字相乘这样一个简短的命令可能也需要几个语句,即数行的"0"和"1"。一行检索来自计算机存储器中的第一个数字,另一行"0"和"1"用于检索来自存储器中的第二个数字。第三行"0"和"1"可以乘这两个数字。第四行则把计算结果放回到另一个存储

器单元中。

机器语言是一种低级语言(low-level language),因为它除了使用符号"0"和"1"外,没有其他更高级的程序编码方案。事实上,从逻辑观点(与物理观点相反)来看,它只是CPU语言。由于不能运用物理方法开关电路,因而也没有比机器语言更好的指挥CPU的方式。值得注意的是,低级语言并不意味着简单,事实上,用机器语言来进行程序编码是一项非常繁重的工作。用机器语言开发程序既耗时又费劲。不仅如此,这些语言还因机器而异,因为把这些符号结合成一个有意义的指令的规则是由特定的CPU控制的。这就是说,对每个操作,每个不同的CPU都需要一组不同的语句。正因如此,程序员必须要学习针对不同的机器即计算机系统的不同的机器语言。由于这种程序设计方法非常笨拙,故使用机器语言编制的程序实际上非常之少。但是,因为机器语言是唯一的可以直接向CPU发出指令的语言,所以系统软件要在执行非机器语言程序指令之前也要将其翻译成机器语言。

② 汇编语言。汇编语言(assembly languages)是第二代语言,它试图通过使用更容易为程序员所理解的符号替代二进制数字来克服机器语言本身所固有的某些冗余。例如,用 A 代替 add,MVC 代替 move,等等。

除了第一代语言之外的所有其他语言都称为符号语言(symbolic languages),因为它们都强调要使用易为人们理解的符号。例如,汇编语言允许指称存储单元的二进制地址。这是一个重要突破,因为它允许这些单元记住表示它们内容的名称,例如 PAY 用于那些与薪金额、工资率有关的数据存储单元。以前这些存储单元只是一些加上号码的地址,因此程序员要记住它们。此后,程序设计又向着更加符号化、更易为人所理解的代码方向前进,因而使程序员可以更好地构建问题解决方案。汇编语言虽然是一种比机器语言高级的语言,但它仍然是一种低级语言。

③ 高级语言。第三代语言继续向更多地使用符号代码的方向发展,它越来越不是向计算机发出如何完成一项操作的具体指令。第三代语言主要包括诸如 BASIC、COBOL 和 FORTRAN 之类的高级语言。所谓高级程序设计语言(high-level languages)是指使用像英语一样的语句和命令的语言,这种语言学起来用起来都比较容易。一般说来,高级语言主要有这几个优点:一、它是一种能够相对独立于给定的计算机硬件的语言。这意味着不同的计算机生产厂家可以将同样的程序用于不同的计算机上,而只需要作很小的修改,甚至根本不作任何修改(但这并不意味着高级语言可以在不同的计算机平台上运行);二、它的每个语句都可以用机器语言翻译成为几个指令。换句话说,一条诸如 READ SALES 之类的指令,可以用机器语言转换成几种指令。此外,高级语言使得程序员更不用去关心计算机的实际运行了。尽管使用高级语言编写程序比较容易,但是从运算速度和对主存储器的利用方面来看,它仍然不是很有效的;三、它是一种类似自然语言一样的语言,并且使用日常交际中使用的缩写词或单词;四、每种高级语言都具有一些特点,使得它适合某些类型的问题或应用。例如,COBOL 就非常适用于处理大量的商业数据。

④ 第四代和第五代语言。第四代和第五语言(fourth and fifth-generation languages)的出现,使软件开发变得越来越容易。和第三代语言相比,第四代语言更接近于自然语言。第四代语言(4GL)重视的是做什么的问题,而不是如何编写程序语句的问

题。正因如此,许多在计算机与程序设计方面没有或只受过很少培训的主管和主管领导也开始使用第四代语言。第四代语言的主要优点是:一、具有查询与数据库能力。借助于第四代语言,用户可以使用简单的命令从数据库中检索信息;二、代码生成能力。有些第四代语言利用代码生成特征,能根据用户或程序员制定的技术要求生成程序设计语句和指令。有时候代码生成几乎可以生成某些特定程序设计项目中的90%或更多的语句;三、图形能力。借助于第四代语言,创造、处理和利用图形以及利用图形和插图变得更为容易、简单。

第五代语言(5GL)利用了人工智能和专家系统的概念,这些系统可以给出该领域的专家所给出的建议。利用第五代语言开发出的程序可以预测天气、诊断疾病、勘探石油和天然气,等等。

(3)系统软件。系统软件是为了使计算机系统的运行更为有效而编制的一些程序,一般由计算机厂家预先编制好存储在存储器内作为计算机的必要部件提供给用户。主要包括管理程序(操作系统)、语言程序(翻译程序)和公用程序。

操作系统(operating system——OS)是一套用于计算机硬件的管理、维护、控制和运行的计算机程序,它可以作为应用程序的接口。操作系统在整个计算机系统功能的发挥方面起到了中心作用,它一般存放在磁盘上。在计算机系统启动后,大部分操作系统就被转移到存储器中。操作系统的目的主要表现在两个方面:提供一套共同的计算机功能和提供硬件的独立性。有一些作业是所有的应用程序都要执行的作业,例如:接收来自键盘和其他输入设备中的输入,读入来自于磁盘驱动器或其他辅助存储设备中的数据或把数据写入到磁盘驱动器或其他辅助存储设备之中,把信息显示到计算机屏幕上。就应用软件而言,这些作业的每一个都是一项基本作业。但是为了完成这些基本功能中的某一项功能,硬件需要不同的指令。正是操作系统把简单的、基本指令转换成硬件所需的指令集。

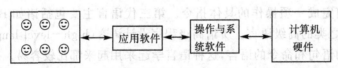

图6—9 操作系统是应用软件与系统软件之间的接口

就应用软件来说(见图6—9),在它的世界里存在的唯一其他事物就是操作系统。也就是说,应用程序只能通过操作系统才能与硬件沟通。正因为如此,操作系统可以充当应用程序与硬件之间的缓冲器或接口。假如某个计算机厂家设计出一种运算速度更快的机型,而且这种新的硬件具有不同于旧的硬件的功能,但是需要不同的机器代码才能执行这些作业。如果没有操作系统而又想利用这种新的硬件的话,那就必须要重新编写所有的应用软件。值得庆幸的是,许多应用程序一般都共用同样的操作系统,所以只需要重新设计操作系统层(OS layer),以便把与应用有关的同样的命令集合转换成硬件所需要的新的指令集。由于有了OS层,人们就可以设计出许许多多的应用软件,并且只要采用操作系统就可以将其用于不同类型的硬件上。

现在操作系统已经广泛运用于个人计算机。20世纪70年代出现了第一批操作系统,其中比较有名的是 CP/M(control program for microcomputers)。但是,今天的个人计算机已经很少使用这种系统,这部分是由于 IBM 个人计算机的推出,因为它使用了当时知名度和规模都很小的微软公司(Microsoft Corporation)的操作系统。IBM 个人计算机原来使用的是微软公司开发出来的个人计算机磁盘操作系统 PC－DOS(personal computer disk operating system)。IBM 兼容机经常使用的是 MS－DOS(Microsoft disk operating system)或其他相似的操作系统。后来,PC－DOS 和 MS－DOS 又经过了几次大、小修改,于是便产生了不同的版本。第一版是 1.0 版,其后接着产生的是 2、3、4、5 版。小修改产生的版本只需在整数后面加上小数点及阿拉伯数字即可,比如 3.3 就是对 3.0 版所做的一次充实增改。

除了操作系统外,还有其他类型的系统软件。例如,语言翻译程序(language translators),或称为翻译程序,它是把高级程序设计语言翻译为机器语言的程序。高级程序代码被称为源代码(source code),而机器语言代码则被称为目标代码(object code)。

像 BASIC 之类的程序设计语言在被执行之前,必须要先转换为机器语言,而解释程序(interpreters)与编译程序(compilers)所发挥的正是这种作用。虽然解释程序和编译程序都能使程序在计算机系统上执行或运行,但是他们是以不同的方式完成的。解释程序是一种系统软件,它可以把程序中的每个语句都逐一翻译成机器语言,一条机器语言语句被删除后,再执行下一个语句,如此继续下去。

编译程序也是一种系统软件,它可以把整个程序翻译成为机器语言程序。其结果是产生了一个用机器编写的、可以全部运行的程序。一旦编译程序已经把整个程序翻译成了机器语言程序,则该机器语言程序就可以在计算机上多次重复运行。由于有了编译程序,程序的执行就变成了两个阶段的过程。第一个阶段是把程序翻译成机器语言程序,第二阶段是执行机器语言程序。

如果一个小型程序只要运行一次或几次,利用解释程序可能是一种较好的选择,因为它不需要经过两个阶段。一旦该程序得到运行,解释程序就将每个语句翻译成机器语言并执行它。但对需要多次运行的大型程序来说,利用编译程序是一种较好的选择。第一次运行该程序时,编译程序将该程序转变成机器语言,一旦机器语言产生后,它可以不需要通过进一步翻译而运行。

公用程序(utility programs)也是系统软件的一部分,主要用于归并和分类文档,记录计算机正在运行的工作,执行其他的重要工作。

(4)应用软件。应用软件(application software)是为了使个人或组织能够解决在各自特定领域里的具体问题而编制的程序。用户可以利用计算机及它所提供的系统软件自行编写。应用软件又可以划分为通用软件和专用软件两种。通用软件可以执行许多不同的工作,如文字处理软件、数据库管理软件和通信软件等。专用软件主要用于解决某些特殊的问题,它通常是由某些组织为了满足自己的特殊需要而设计的,故其使用范围要比前者小。现在,许多专用软件已经商品化,通常人们把这些已经商业化的软件称为软件包(package),它是规范化、标准化、通用化和模块化的各种典型问题的应用程序的组合。比如会计软件、工程管理软件等就是专用软件包。

6.2.1.4 计算机的类型、特点与用途

目前人们可以从多个方面对计算机系统进行分类。如果按照功能和成本可以把计算机系统划分为个人计算机(PC)、工作站(workstation)、小型机(minicomputer)、大型机系统(mainframe)和超级计算机(supercomputer)。个人计算机主要是为个人或单个用户设计的,现在大多数组织把它们作为独立系统或通过网络与大型系统连接起来的终端来使用。许多小型企业利用个人计算机来进行各种各样的信息处理工作。工作站都是高级的个人计算机,带有附加存储器、处理设备和绘图设备。小型机都是些小型系统,其中有些只有一张小桌子一般大,可以同时为几个用户提供服务。这些系统能够很好地为中小型企业提供信息与决策支持。大型机在大中型企业和大学中很流行,它们可以被连接到一起构成功能更为强大、灵活的系统。这些系统可以为管理和决策人员提供强大的信息支持。超级计算机主要是一些被军事部门、科学研究机构以及从事科学研究和高技术活动的大型企业用于解决复杂问题的价格昂贵的计算机,它们的处理速度极快。世界上许多大公司和大学都拥有用于科学研究的超级计算机。

按照计算机的结构可以将其划分为模拟式计算机、数字式计算机和混合式计算机。模拟式计算机能够对连续变化的模拟量(电流和电压等)信息进行加工处理,主要用于工程控制和模拟。一般只要对算题进行简单的编排和连接,它就能对连续输入的物理量进行运算,取得的结果是直观的图形和曲线,使用方便,但精确度较低,程序自动化较差,变换题目慢,制造和调试困难。数字式计算机是能对数字信息进行加工处理和运算的计算机,因其具有类似于人脑的功能,故又被称为"电脑"。它解题的精度高,便于信息存储。混合计算机兼具有模拟式计算机和数字式计算机的特点,它在解决各种模拟问题、最优化问题和微分方程等工作方面获得了广泛应用。

电子计算机的主要特点是:一、运算速度快。一个熟练的计算员用计算器做四位有效数字的加、减、乘、除运算,每天工作8小时,平均一天也只能完成8000次运算的工作量。微型计算机一秒钟就能够运算几十万次,相当于几十个计算员一年的工作量。用人工的方法计算圆周率,花费15年才能算到小数点后707位,但是用大型计算机仅用几分钟即可完成。现在大型计算机每秒钟已经能运算百亿、千亿甚至万亿次。2000年6月28日IBM宣布它研制出的运算速度为每秒12.3万亿次的世界上最快的计算机——"ASCI白"将被美国政府用于模拟核试验。该计算机在一秒内完成的运算需要普通人利用计算器运算1000万年。二、具有记忆存储能力。电子计算机具有相当大的信息存储能力,可以随时把有用的信息"记住",把无用的信息"忘掉"。一台微机的内存储器就能够存放几万到几十万个数据,它的一个5.25英寸的光盘就可以存放几千万条信息。大型计算机的存储器比微机要大几百、几千倍。一台大型计算机可以存储一座大型图书馆的全部馆藏。三、计算精度高。一台微型计算机的计算精度可以达到十进制的几十倍,甚至更高。用巨型计算机控制的卫星发射和宇宙航行,其误差在米级,计算精度极高。四、具有逻辑判断能力。计算机不仅能够进行数值运算,而且还具有逻辑判断能力和对信息进行加工处理的能力。它可以对各种信息进行分类、比较、归纳和综合,并可进行逻辑推理和定理证明。五、能够进行自动工作。电子计算机可以根据人们的意志,按照人们预先编制好的程序自动地进行工作。自动计算是计算机和计算器之间的本质区别。六、通用性强。计算机除

了用于各种数值计算,解决各种工程设计、科学研究中的数学问题之外,还广泛运用于信息处理、语言翻译、经营管理、实时控制、智能模拟等领域。

电子计算机具有多种用途,其中比较主要的用途有:一、数值计算。计算机可以精确、迅速地完成大量复杂的计算,这是计算机应用最早的领域。有些计算要求特别精确,有些计算则特别复杂,有些计算的运算量可能特大,另外一些计算可能对时间性要求很高,诸如此类的计算只能使用计算机才能完成;二、数据处理。这是电子计算机应用最大和最主要的领域,占整个应用的70%~80%。计算机可以对科学研究、工程设计、经济活动和日常生活中随时都大量产生的各种各样的原始数据、实验数据、统计数据进行高效、快速地处理;三、实时控制,即工程控制,也就是生产工程和科学实验工程的自动化。"实时"译自英语中的"realtime",就是随时、及时的意思。实时控制就是准时、准确地实现最佳的自动控制。计算机的实时控制,既可以用于系统工程,也可以用于工艺和控制;四、信息检索。运用计算机可以建立现代化的大型数据库以实现信息检索的自动化。五、辅助设计。利用电子计算机及CAD软件,设计者可以直观地在计算机屏幕上设计、讨论和修改设计方案,同时还可以同时将图形放大、缩小、翻转和变形,直到得到最满意的设计方案。

6.3 通信技术

通信就是运用特定的方法通过某种介质和传输线路将信息从一地传送到另一地的过程。随着通信技术的发展,随着时间的推移,越来越多的人可以以更快的速度跨越更远的距离来传递信息。在20世纪50年代和60年代所安装的计算机系统中,所有的数据的输入、处理和输出都是在某一个中央地点(即中央单元)——计算机硬件设备仅放置在一个单一的房间里——进行的。但是,随着通信技术的发展,今天的计算机系统已经可以放在更接近需要它们的地方。现在人们不再需要把处理工作带到计算机房里去进行了,因为计算机系统就放在人们所需要的地点。这些相隔遥远的计算机设备可以通过数据通信和电信系统来传递信息。所谓电信是指运用电子的方式来传递信号,包括诸如电话、收音机和电视机之类的工具。数据通信是电信的一个特殊子集,是指运用电子方式来收集、处理和分配数据,尤其是在计算机系统硬件设备之间。数据通信是利用电信技术来完成的。电信技术的发展是当今信息管理和信息系统领域中最鼓舞人心的成就。它使得人们可以在家里工作、在远离办公室的地点工作。实际上,它已经并且还将会对人类社会的各个方面产生深远的影响。

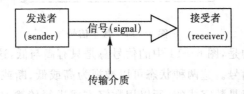

图6-10 通信的要素:消息(即数据和信息)通过信号进行传递,传输介质携带着信号

6.3.1 电信的特点

电信介质(telecommunications medium)是任何可以载荷电子信号并且居于发送设备和接受设备之间的东西。在选择电信介质时,需要考虑许多因素,例如信号的类型、传输容量、传输模式等。介质的一个最重要的特征就是它在给定的时间内传递信息的速度。

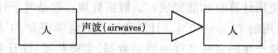

图6-11 通信的要素:在人们讲话过程中,传输介质是声波

图6-12 通信的要素:在电话通信过程中,传输介质是电话线

6.3.1.1 信号的类型

如果我们要测量在通话期间电话上的电压,就会得出如图6-13的结果,但是如果我们测量经常用于连接个人计算机的电缆上的电压,将会得出如图6-14的结果。注意在图6-13中的信号会随着时间的变化而不断变化。这种随着时间的变化在高低电压之间而连续波动的信号被称为模拟信号。如果我们要将该图中的电压轴改为气压轴,那就可以得出声波在空气中传播的曲线。因此,人的言语也是一种模拟信号。

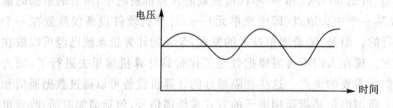

图6-13 模拟信号

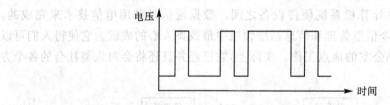

图6-14 数字信号

与图6-13不同的是,图6-14中的信号总是只有高与低,这种离散电压状态——高或低——被称为数字信号。这两种状态可以被视为高或低、断或开,即"0"和"1"(比特)。因为计算机电路本身就是数字式的,所以用数字方式进行传输对计算机硬件来说是很方便的。

表 6-2 通信的发展过程

年　度	事　件
1876	Alexander Graham Bell 发明了电话
1889	第一部公用投币电话开始安置
1927	首次国际电话拨号(纽约到伦敦)
1948	在纽约和波士顿中间的第一个微波中继站开始投入服务
1951	长途用户直拨电话开始出现
1961	引入了 WATS(广域信息服务系统)
1962	首次通过 Telstar 卫星来传送电话和电视节目
1963	按键式电话取代了旋转拨号盘式电话
1970	可视电话使得客户既可以听又可以看
1978	蜂窝移动电话服务开始兴起于 Chicago
1979	局域网开始引入
1984	Bell 电话系统被按照法律要求分拆
1990 年以来	移动系统和数字网络的地位越来越重要

模拟介质(analog media)使用的是随着时间变化而连续波动的信号。这种波动可以通过给定频率下电压的变化来测算——每秒钟连续波动所具有的正电压或负电压的次数。其中最高点与最低点之间的差叫做振幅。通过无线电广播台发射出来的无线电波就是模拟信号,因为这种波的频率和振幅都可以变动。调频(frequency modulation——FM)就是改变波的频率,而调幅(amplitude modulation——AM)就是改变波的振幅。数字介质使用的是离散的开—关信号即比特。数字信号可以比模拟信号传递得更快,而且不容易失真。

6.3.1.2 传输容量

传输介质的速度是用 bps(bits per second),即每秒比特数来测算的。因为比特是用高电压与低电压状态来描述的,所以被转移的 bps 数取决于每秒钟信号在电压状态之间的前后循环的次数。每秒种信号周期的次数(Hz)称为信号频率。因此每秒内低频信号的周期数低于高频信号的周期数。

但是,有些传输介质可以同时传输一种以上频率的信号。也就是说,低频信号和高频信号可以同时发出。通常,我们把可以在一个给定介质上同时发射的信号频率的范围称为带宽(bandwidth)。因此,带宽是传输容量(transmission capacity)的测度。带宽越宽,传输容量越大。100 赫兹带宽的介质可以传输 10 倍于带宽为 10 赫兹的介质的传输容量。

介质的带宽即容量限定了它有多少频率或信道可以用于信号的发送。只允许一次传输一种频率信号的传输介质称为基带介质。凡是可以同时传输多种频率信号的介质称为宽带)介质。

音频带介质速度超过 9600bps,常用于电话线上。快速的传输一般需要采用中等带宽介质的线路,它可以处理的速度范围是 9600bps 到 256,000bps。如果要求更快的传输速度,则需要使用宽带介质,它可以处理的速度范围在 256,000bps 到约 1,000,000bps。大中型组织经常使用的是中等带宽的介质。特大型组织、军队和其他的政府机构使用的则是宽带线路,比如大型的信用卡公司、航空公司以及投资公司等。

6.3.1.3 传输模式

信号及其所代表的数据可以用不同的方式通过电信介质来传递,比如选择待传输的数据的流动方向等。数据在通信设备之间可以以三种方式进行流动:单工、全双工和半双工。

所谓单工传输(simplex transmission)就是指数据只能朝一个方向流动。例如,你可以收听你最喜爱的广播电台的节目,但是却不能对它们说话。半双工(half-duplex transmission)是指数据可以向两个方向流动,但是在任何一个时间点上它只能向一个方向流动。比如利用一个 CB 收音机(CB radio),你可以讲话或者收听,但你不可以同时既讲又听。对于全双工(full-duplex transmission)来说,它的数据可以同时向两个方向流动,比如打电话就是全双工的一个很好的例子。

在传输数据信号的时候,需要对待传输的数据进行整理即"打包",这一点是非常重要的。数据传输可以划分为同步传输(synchronous transmission)或异步传输(asynchronous transmission)。对于异步传输来说,数据是以字符包的形式发送出去的,一次一个字符(即字节)。每个固定的字符都包括一个奇偶校验位(parity bit),同时被夹在开始位(start bits)和停止位(stop bits)之间。奇偶校验位用于校对传输过程中出现的差错,以确保所收到的字符确实就是已发出的字符。开始位和停止位可以告诉接收设备在它们之间的东西就是一个字符。如果没有开始位和停止位,接收设备将不知道连续不断的数据流中,每个字符从那里开始,在那里停止。

对同步传输而言,它可以允许同时传输几个字节(字符块——block of character),在这几个字节的前面和后面都有一个标记。也就是说,数据以一次超过一个字符的字符包的形式来发送,每个字符块夹在一个称为标记的头字节(header byte)和尾字节(trailer byte)之间,而且在尾字节前面也有一个奇偶校验位。因为在每个字符之间的停止位和开始位不要求以同步的方式进行传输,所以更多的数据——具有一定含义的字节可以被发送出去,而不只是控制字节。

图 6-15 异步传输

图 6-16 同步传输

异步传输最适合传输少量的数据,也非常适合传输线路和接收设备有时间来等待逐个数据字符的情况。当发送设备和接收设备被连接在一起但没有数据传输时,就发送一个恒定的停止位流。这种"开始—停止、等待、开始—停止、等待"的传输模式既不能充分利用发送系统,也不能充分利用接收系统。它们的工作不是同步进行的。

与异步传输相比,同步传输能够更为充分地利用发送系统和接收系统的能力。因而同步传输最适合大量、高速的数据传输。比如,在开始传输时就能够得到所有的数据就属于这种情况。

异步传输最适合在传输期间形成数据的情况,比如说,两个互联的计算机用户之间的问一答式通话。异步传输的成本相对较低,因此比同步传输的应用更为广泛。大多数接入主机的终端和个人计算机都利用异步传输模式。

6.3.1.4 传输介质的分类

数据通信可以采用不同的传输介质。每种介质都有自己的特点。在建立数据通信系统时,选择什么样的介质主要取决于整个信息系统的目的、数据通信子系统的目的和介质的特点等因素。很显然,选定的介质应是那些既能够以低廉的成本顺利地实现整个信息系统的目的,同时又能够合理地考虑到系统目标可能随着时间而发生变化。

(1)双绞线对称电缆。一般说来,以物理方式连接数据通信设备的传输电缆主要有三种:双绞线对称电缆、同轴电缆和光导纤维。

双绞线对称电缆(twisted—wire pairs cable)就是用一对扭在一起的电线所构成的电缆。当然,一般的电缆通常可以使用两根或两根以上的导线。因为扭曲的导线的外部是绝缘的,所以可以紧密地扭在一起构成一根电缆。从理论上讲,可以将数百根导线扭在一起构成一根大电缆。双绞线电缆又可以分为两种:屏蔽式(shielded twisted-wire pairs cable)和非屏蔽式(unshielded twisted-wire pairs cable——UTP)。屏蔽式双绞线对称电缆在通常的绝缘体内部有一个专用的导电层,它能够使该电缆尽量免受电的干扰或"噪音"。非屏蔽式双绞线对称电缆则没有这种绝缘保护层。

所有的电话公司都使用 UTP 电缆来提供电话服务。这些电缆可以置于地面上或埋在地面下。每个 UTP 电缆就是一个标准的电话信道。家庭和许多办公室里的电话也都使用这种电缆。因为目前所铺设的电缆大多数是用于电话方面的,所以 UTP 电缆数量众多,它也经常用于连接计算机系统和设备。双绞线对称电缆的主要优点是价格便宜,便于安置。这对有些数据通信项目来说是十分重要的,因为其电缆及其铺设的成本经常要占整个项目成本的一半以上。其主要缺点是数据传输速度没有其他类型的电缆高。

(2)同轴电缆。同轴电缆(coaxial cable)是由一个被绝缘体(称为电介质或绝缘材料)包围的内部导线构成的,因其外层筒形导体与其芯线同轴而得名。电介质的周围环绕着一个导电保护层(通常是一层铂),它的外边又被覆盖了一层不导电的绝缘体(称为罩)。在传输数据时,同轴电缆因其具有成本低和效率高等方面的优势而得到广泛使用。它比双绞线电缆价格便宜,但比光导纤维要贵,其通信质量比双绞线电缆要高。正因如此,对高速数据传输来说,有必要使用光导纤维电缆。

(3)光导纤维。双绞线电缆和同轴电缆是通过金属线来传输电信号的。光导纤维(fiber optic cable)是由数千根被束在一个外部覆盖层(即罩)里面的极细的玻璃纤维或塑料构成的,它可以用光的速度传递电信号。这些高密度的激光束是由激光器发出的,并可以沿着透明的纤维传递。这些纤维都有一层薄薄的称为敷层的涂层,它可以像一面镜子一样地工作,防止光从纤维中漏出去。环绕涂层的是一层塑料做成的外部覆盖层,其目的是保护这些纤维。

因为光导纤维传递的是光而不是电,所以和其他形式的电缆相比它就具有一些优异的性能:可以支持极快的数据传输——超过10亿 bps;传输能力极强——一对细如头发丝的光纤可以传送近2000万路电话,也就是说,全上海市民即使在同一时间通话,光纤的通信能力也绰绰有余;不受电磁信号干扰的影响,可以实现长距离信号的可靠传输;不会引起电失火事件故可用于危险的环境;耐腐蚀性好;安全保密性好。但它也有一些缺点:价格比双绞线电缆和同轴电缆要高,安装也比它们困难,这往往也会导致成本的增加。

(4)微波和卫星传输。微波和卫星传输是通过大气层来进行的。虽然这些传输介质不需要铺设昂贵的电缆,但是传输设备本身却是相当昂贵的。微波传输(microwave transmission)是由穿越空气的高频无线电信号来进行的,它是视距式的,这就是说在发送设备和接收设备之间的直线应该不受阻挡。微波传输可以通过空气发送到大约30英里之外。一般说来,为了获得较长的传输距离,它需要连续建立多个微波中继站(relay station),每个站接受一种信号并将其放大,再重新发送给下一个微波传输塔。从理论上讲,微波可以同时承载数千个信道。

通信卫星(communications satellite)是一个放置在外层空间的微波站。卫星通信的优点是可以远距离传递数据。像地球表面弯曲、高山以及其他的妨碍微波传输的障碍都能通过卫星来加以克服。值得注意的是,卫星不能反射微波信号,相反,它只能接收微波信号,然后再用不同的频率将其重新发送出去。

(5)其他的传输介质。除了上述传输介质外,还有许多其他的传输数据的方式。比如,有线电视(cable TV)、移动通信(mobile telecommunications)和广域电信服务系统,等等。

6.3.1.5 电信设备

电信系统需要各种各样的硬件设备才能实现信号的有效传递,比如调制解调器、放大器、转发器、多路复用器、通信处理器和服务器,等等。

(1)调制解调器。在数据通信的通信过程中,要使用各种各样的传输介质和设备。如果是一根典型的用于传输数据的电话线,则只能传输模拟信号。因为计算机能够产生表示比特的数字信号,所以需要一种特殊的设备来把数字信号转换成为模拟信号,或者是把模拟信号转换成为数字信号。人们规定,把数据从模拟形式转变成为数字形式叫做解调(demodulation),而把数据从数字形式转变成为模拟形式则叫做调制(modulation)。能够进行调制和解调的设备就是调制和解调设备,即调制解调器(modems)。调制解调器有两种,即外置式调制解调器(external modems)——在计算机系统外壳之外的独立设备,内置式调制解调器(internal modems)——在系统单元外壳之内。后者更为普遍,而且还能够大大简化传输过程。

调制解调器的作用决不仅仅是通过电话线来传输数据。利用通信软件,它还可以自动拨出电话号码,开始消息的发送,和回答打进的电话和传来的消息。通信软件是由一个或一个以上的程序构成的,它能够促进数据和信息的有效传输。调制解调器还可以对自己运行情况进行测试和校验。有些调制解调器可以改变传输速度,一般可以用波特(baud)来测算。虽然典型的波特速度是1200,但是有些调制解调器可以以2400波特甚至9600波特进行传输。

(2)放大器和转发器。如果要使数据实现长距离传输,那么模拟信号就可能会衰减或失真。为了避免这种情况的出现,可以使用放大器。通信放大器和家用立体声音响系统中使用的放大器很相似,它可以增强或放大弱信号。放大器一般都置于调制解调器之间的通信线路上。现在,有些信号是以数字模式发送出去的,这就不需要调制解调器。如果将数字模式用于远距离传输,就需要一个通信转发器来接收和传递信号。和放大器一样,转发器的目的也是增强经过远距离的传输而衰减的信号。

(3)多路复用器。因为介质或信道是昂贵的,所以需要开发出能够通过一种信道同时传输几种信号的设备。多路复用器(multiplexers)就可以允许同时通过一种通信介质来传输几种电信信号。例如可以将十个终端连接到一个多路复用器上,该多路复用器可以把来自十个终端的信号转变成为一个大信号,然后才通过一根单一的通信线路进行传输。在接收地,多路复用器再把一个大信号分解成为原来的十个信号。如果没有多路复用器,就需要十个独立的通信线路来进行这种传输。

有两种类型的多路复用器,即时分多路复用器(TDM——time division multiplexers)和频分多路复用器(FDM——frequency division multiplexers)。时分多路复用器把多重输入信号分解成小段的时间间隔,然后将多重输入线路合并成为可以在通信线路上传输的时间片。在接收端,另一个多路复用器再把时间片分解成为独立的信号。对频分多路复用器来说,输入的信号是放在不同的频率上,这样可以同时通过电信介质将信号发送出去。在接收端,另一个频分多路复用器再把频率分解成为多重信号。一般说来,时分多路复用器要比频分多路复用器便宜。

(4)通信处理器与服务器。除了调制解调器之外,还有些其他的专用通信处理器。因为它们被放在主系统CPU的前面,所以就称它们为前端处理器。前端处理器都是用于通信管理的计算机。它们对进出一个计算机系统的通信进行处理。和收发员接待办公室的来访者一样,通信处理器可以指挥输入和输出工作流。这样主计算机系统CPU就可以处理更多的工作,而不会延误对输出与输入活动的处理。

通信处理器可以执行许多重要的功能。它们可以把一个大型处理器与成千上万的通信线路连接起来。它们可以查询终端和其他的设备,以了解它们是否有需要发出的消息,提供自动应答与拨号(接打),进行线路校验和差错检测,编制通信情况的记录和报告,对进入主处理器的数据进行编辑,对消息的优先地位进行排序,在多重数据通信线路上自动确定有效的通信路径,为主系统CPU提供一般信息和数据安全保障。通信服务器能够为个人计算机提供诸如通信处理器为大型系统提供的能力。所谓通信服务器就是一个高级的个人计算机系统,它可以把其他的个人计算机联成一体。这种类型的系统允许许多个人计算机用户共享共用程序和计算机资源。此外,通信服务器还可以使用户能够存取那些在一般的个人计算机上无法运行的功能更为强大的程序。

6.3.1.6 电信与系统集成

任何电信系统都有一项重要的功能,就是增强整个系统的一体化。系统集成(systems integration)是指把各种各样的子系统连接成为一体。这是今天的信息系统领域中最富有挑战性和最令人激动的领域之一。现在已经出现了可以把许多因为分别开发而分割开来的系统及其系统成分、物理位置等连接起来的技术。系统集成涉及到确定要结合的系统,确定在这些系统之间建立什么样的通信联系,以及确定使组织中的信息系统的绩效最大化所需的补充条件。此外还包括制定使两个或更多的计算机信息系统和设备连接起来所需要的标准和程序。

6.3.2 电信的应用

今天电信和网络已经进入到企业、政府、军队、学校、厂矿、医院和家庭。它们每天都把大量的信息从一个地方传送到另一个地方,可以说,它们已经进入我们生活的所有方面。

6.3.2.1 交互式可视数据技术

交互式可视数据技术(videotex),又称为可视图文、视频数据技术。它与联机检索系统很相似,是一种面向公众提供信息的服务。该技术就是利用普通的家用电视机,再加上一个适配设备或可视终端,然后接到电话线上,通过公用电话网和公用数据网接入数据库。用户可通过拨号方式接入通信线路,以人机交互的方式从数据库里获取所需的文字、图像等信息。

6.3.2.2 图文电视技术

图文电视技术(teletext)是一种广播型单向传输的可视数据通信服务,它利用标准的广播电视信号中的扫描间隙来传递文字、数据和图像等可视数据信息。一般说来,只要在标准的电视机上安上一个简单的解码设备就可以接收到这些信号。

6.3.2.3 电子邮递技术

电子邮递(electronic mail—e-mail)是指把声音、数据、文字、图形和图像等各种各样的信息组合在一起,用电子的手段从一处传递到另外一处(或多处)的通信系统。它包括从最简单的两部电话机通信到最先进的计算机通信。由电子邮递系统传递的信件、消息等统称为电子邮件或电子函件。

6.3.2.4 远程交换与电信会议

远程交换(telecommuting)可以使雇员能够利用通过调制解调器连接到办公室计算机上的个人计算机或终端实现在家上班。利用电信会议(teleconference),企业家可以要求相隔遥远的参加者到其所在地的配有声音、视频和音频系统的电信会议中心来召开会议,虽然他们没有亲临会议现场,但却能够获得身临其境的感觉。因为该系统可以将图形、图像和声音从一个电信会议中心发送到另外一个电信会议中心。

6.3.2.5 传真技术

传真技术(facsimile or fax)可以使用户能够用电子方式来将文本、图表、蓝图以及其他的图形从一个地点传递到另外一个地点。其效果就如同把一份文件放到一个地方的一台复印机上,而在遥远的另外一个地方得到了一份复制品。

6.3.2.6 电子数据交换

把组织之间的计算机连接起来是在电子数据交换出现之后才开始出现的。所谓电子数据交换(electronic data exchange——EDI)就是使用网络系统,遵守直接处理的标准和程序,以使来自于一个信息系统里的输出不经过人工干预就可以作为其他信息系统的输入。借助于电子数据交换,客户、制造商和供应商都可以被连接起来。该技术降低了对纸质文件的需要,同时也大大降低了改正差错而增加的成本。对有些行业来说,电子数据交换是必不可少的。有些公司只和那些利用能够兼容的电子数据交换系统的供应商进行交易。

6.3.2.7 综合业务数字网

综合业务数字网就是 integrated service digital network,缩写为 ISDN。它是 20 世纪 80 年代才开始兴起的一种新型通信技术,它综合运用了计算机技术、光通信技术、数据交换技术、数字传输技术、分组交换技术和计算机网络技术等先进技术,把话音、数据、文本、图形和图像等信息转换成为数字信号并综合在一体化的网络上进行传输、存储、交换、检索、显示,完成多项综合处理。该技术是在已有的通信网已经不适应新业务的要求的情况下的出现。因为过去往往是出现一项新业务就建立一种通信网,这样就出现了电报网、公共电话网、公用数据网,等等。这样做投资大,专用性强,而且资源不能共享。从管理和使用的角度来看,也不方便。为此,人们便提出利用一个数字网来承担所有通信业务的传输的思想,这就是综合业务数字网。它能够在同一个网内承担语音和非语音信息的传输任务。目前,人们又将综合业务数字网划分为宽频带 综合业务数字网(broadband ISDN,B-ISDN)和窄频带综合业务数字网(narrow ISDN,N-ISDN)。

6.3.2.8 信息高速公路

20 世纪 80 年代出现了多媒体技术(multi-media technology)。媒体(media)是指人类表达知识与传播知识的客观存在形式,如数据、文字、声音、音乐、图形、图像、视频、音频和动画等。多媒体就是把这些不同的媒体信息进行综合处理的一类技术,由此而建立的系统就称为多媒体系统,他能够支持文字、声音和图像处理。如可视电话、电信会议、动画教学、电子地图等。多媒体技术的兴起,使得人类能够以自身特有的信息交流方式与计算机进行信息交流,使计算机具有人类接受信息的方式和智能,从而为计算机全面介入人类生活创造了条件。

在多媒体技术等的驱动下,20 世纪 90 年代初,美国总统克林顿提出了建设信息高速公路的大胆构想。所谓信息高速公路(information superhighway)就是要以现代计算机网络技术为基础,以光导纤维为骨干,建立起纵横全国各地的双向大容量、高速度的电子数据传递系统。通过这种网络来把家庭和企业里的多媒体与全国范围内的企业、商店、银行、学校、医院、图书馆、新闻机构、电视台、会议厅、娱乐场所等的多媒体连接起来,向全国教育、科研、商务、金融、交通、文化、娱乐等提供极为广泛的服务。

6.3.2.9 "金"字工程

"金"字工程就是我国国民经济信息化工程,其中包括很多的内容,主要有"金桥"工程、"金关"工程和"金卡"工程。

"金桥"工程是我国信息化的基础设施建设工程,其目标是建立一个覆盖全国,与国务院各部委专用网相联,并与30个省市自治区、500个中心城市、12000个大型企业、100个计划单列的重要企业集团,以及诸如三峡工程、大亚湾核电站等国家重点工程连接的国家公用经济信息通信网。这个网以光导纤维、卫星、微波、程控、无线移动等多种方式形成空、地一体的网络结构,与电信系统的数据网互为备用,并与金融网以及其他信息数据专用网互联互通,互为支持。

"金关"工程就是将外贸企业的信息系统实现联网,推广电子数据交换业务,通过网络交换信息取代纸介质信息,解决出口统计不及时、不准确,以及在许可证、产地证、配额、收汇结汇、出口退税等方面存在的问题,达到减少损失的目的,实现通关自动化,并与国际电子数据交换业务接轨,扩大外贸专用网的范围,实现货物通关自动化,国际贸易的无纸化。

"金卡"工程就是电子货币工程,是金融电子化和商业流通现代化的重要组成部分。目前信用卡在发达国家已经在很大程度上取代了现金。该工程的目标和任务就是要用10年多的时间,在三亿城市人口中推广普及金融交易卡,实现支付手段的变化,跨入电子货币时代。通过完善金融立法和制度,建立稳定、规范的金融秩序。严格控制现金的流量,减少偷税漏税和堵塞非法金融活动,加强国家的宏观调控和决策能力。"金卡"工程的核心方案是建立全国统一的金融交易卡发行体系;建立全国性的信用卡与现金卡两个信息服务中心;建立全国统一的金卡专用网,推广两种统一的金融交易卡,即统一标准的信用卡和现金卡,结合我国的国情,以现金卡为主;从防伪和技术发展考虑,以IC卡为主导,以磁卡为过渡。所谓IC卡就是采用微电子技术,通过芯片设计、模块封装、制卡等生产过程形成的集成电路卡。

6.3.2.10 电子商务

电子商务在英文中有几种说法:electronic commerce,简写为E-Commerce;electronic business,简写E-Business。前者一般是指宏观层次上的电子商务,在谈到国家的政策、立法等现象时候,多用E-Commerce这一术语。后者更多是指微观层次上的电子商务,也就是作为一种具体的经济组织业务活动的电子商务。它是现代信息技术,特别是电子数据交换和因特网,在经济领域的推广应用而产生的。此外,还可以从广义和狭义两个角度来理解电子商务。广义的电子商务是指运用电子信息技术所进行的一切经济贸易活动。狭义的电子商务是指利用诸如因特网、内联网、外联网等电子信息网络设施来实现商品和服务交易的总称。也可以说电子商务是一种以信息网络为载体的新的经济运作模式。运用电子商务可以以数字化方式进行商务数据交换和开展商业业务活动。由于电子商务的出现,许多原有的经济活动,比如发布广告、招标投标、服务提供、商品销售、电子支付、信息活动等等,都可以全部或部分转移到信息网络上来进行。

6.4 网络管理

6.4.1 网络的一般知识

网络是电信系统的逻辑延伸,它能够把计算机和计算机设备连接起来提供灵活的处理服务。

6.4.1.1 网络拓扑

在介绍网络拓扑概念之前,我们首先了解几个网络理论中常用的术语:一、节点(node)。在信息网络中一般把信息源、信息的中继站和信息的接收处称为节点;二、支路(branch)。是指在两个节点之间连接的用于传输节点间信息的线路,可以泛指各种类型的信道,并且可以是双向的;三、网络(network)。它是指用支路将多个节点连接起来而形成的网状拓扑结构。

网络拓扑(network topologies)是描述如何构造网络的模型,它有以下几种主要形式:一、环型网络。它是指计算机和计算机设备(节点)首尾相联而形成的环状结构。在这里没有中央的协调计算机。信息在网内可以迂回地从一个设备或计算机传递到另一个设备或计算机。二、总线网络。是指在一条电缆或通信线路上有多个设备与其相连。总线网络是由连接在一条单一线路上的计算机和计算机设备构成的,它是个人计算机网络中最流行的一种。三、层次网络。它采用的是树型结构。信息可以沿着树枝传递直到它们达到了目的地。和环型网络一样,层次网络也不需要用中央计算机来控制通信。四、星型网络。它是一种具有一个 Hub 或中央计算机系统(主节点),并由主节点逐级向外生出分支而形成的网络,也称为树型结构。其他的计算机或计算机设备都放在源自于中枢或中央计算机系统的通信线路末端的位置上。星型网络中的中央计算机对信息进行控制并指挥信息的流动。如果中央计算机瘫痪了,那么整个网络将会瘫痪。五、网型网络。它是指节点之间相互连接而形成的一种网络结构。节点全部互相连接的网络称为全连接网,当然这种网络的造价比较高,但可靠性也较高。六、混合网络。它是前面介绍的几种网络拓扑的某种组合。许多组织使用的是混合网络,具体的混合形式取决于组织对网络的实际需要及其结构。

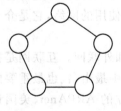

图 6-17 环型网络图

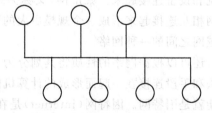

图 6-18 总线网络

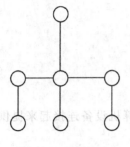
图 6-19　层次网络
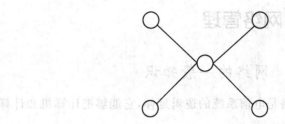
图 6-20　星型网络

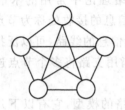
图 6-21　网型结构
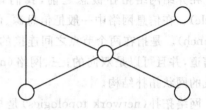
图 6-22　混合结构

6.4.1.2　网络的分类

根据网络覆盖的地理范围、应用的技术条件和工作环境的不同,可以将其划分为局域网(LAN-local area network)、城域网(MAN-municipal area network)、广域网(WAN-wide area network)等几种类型。

广域网又称为远程网,一般可以跨城市、跨地区,其覆盖范围可以延伸到全国乃至全球。它可以通过通信网把远程的计算机或终端设备连接起来,实现远程终端与计算机之间的通信。广域网的发展促进了信息在国家之间的流动,除了应用高级设备和软件外,各国都制定了具体的法律来管制电子数据和信息的流动。国家之间的通信有时候又被称为越境数据流(transborder data flow)。局域网是为了适合办公自动化的要求而发展起来的,其基本思想是使人们能够比较方便地使用办公室里的各种计算机和办公自动化设备,使信息的加工处理和流通的自动化成为可能,以提高办公室工作效率。它的覆盖的范围一般只在数千米范围之内,可以把一栋办公大楼、机关、工厂、学校、医院等内部的计算机系统和设备连接起来。城市网(又称为地区网——regional network)是将各个独立的局域网相互连接起来形成一个规模更大的适合大城市地区使用的网络,它是介于局域网和广域网之间的一种网络。

还可以根据网络的性质将其划分为互联网、内联网和外联网。互联网是指运用各种方法和手段连接在一起而形成的计算机网络。在互联网中最出名、也最重要的一种网络可能就是因特网。因特网(Internet)是在美国国防部建立的 ARPAnet、美国计算机协会建立的 Csnet 和美国国家科学基金会建立的 NSFnet 等基础上发展演变而形成的一种广域网。它与一般的通过网际互联而形成的互联网是不同的,因特网采用的是一种被称为 TCP/IP 的通信协议,而一般的互联网却没有这样的规定。因而在英文中因特网的写法是"Internet",而互联网的写法则是"internet"。内联网(intranet)是指企业运用因特网的技术在企业内部组建起来的一种内部信息资源管理平台,它是为了适应当前经济信息化、网络化、一体化的环境和克服传统的只能处理内部业务信息的管理信息系统的局限性而建立起来的。但是,内联网并不一定就是局域网,实际上它既可以是局域网,也可以是广域网。外联网(extranet)是内联网的一种延伸,它是为了在企业及其合作伙伴间建立固定联系而建立起来的一种网络,有了这种网络,与企业已经建立了良好合作关系的供应商、客户就可以直接了解企业的有关信息,从而实现企业与合作伙伴之间的信息共享。

6.4.2 网络管理概述

6.4.2.1 网络管理含义

网络管理是网络可靠性的一种保证,也是网络提高效益的一种方式。它的目的在于最大限度地增加网络的可用时间,提高网络单元的利用率、网络性能、服务质量、安全性和经济效益,简化多制式、多厂商混合网络环境下的管理和控制网络运行成本,提供网络规划的依据。它包括运行、管理、维护等功能,同时也包括维护网络正常运行的各种关键技术和软硬件工具。

网络管理技术及理论的研究和设备研制、开发是近年来通信和计算机技术领域的热点之一,许多相应的课题也成为国际标准化组织的工作重点。网络管理涉及通信、计算机、信息管理及控制理论等多门学科,网络管理设备和系统集成了现代的多种IT技术,为建立网络之上的网络管理系统提供了新的技术手段。

6.4.2.2 为什么要进行网管

由于网络的功能及其优越性的充分发挥必须依赖于网络管理的能力和质量,所以网络管理系统建设成了网络建设的一个必不可少的重要方面。网络管理将成为未来网络结构的关键技术。

(1)网络管理已成为网络系统必不可少的重要组成成分。网络管理设备与任何网络单元设备一样,是网络构成的必不可少的重要成分,不仅关系到网络性能发挥的水平而且关系到网络的规划发展。在通常情况下我们可以简要地认为网络涉及三个C,即连通性(connectivity)、通信(communication)和控制(control),前两个C分别处理低层和高层协议,而针对网络管理的控制则需要处理全部OSI七层协议,因此控制是网络涉及的三个因素中最复杂的一个因素。

(2)网络用户要求网络具备完善的管理功能以保证网络所提供的服务。网络管理水平的高低直接影响用户的应用业务。随着网络业务的普及,人们对网络服务质量的期望值不断增加。分布计算环境的普及,信息系统的向下优化,使用户的应用依赖于分布在网络上的各种资源,这些资源的可用性将影响他们的正常工作。

(3)网络管理的应用是提供网络规划依据的主要来源。网络的有效规划依赖于网络管理过程中所提供的网络状态参数。网络随着新技术和不同厂商设备的不断引入,必将演变成多厂商跨技术领域的复杂网络环境。战略性的网络增长规划成为困扰网络规划者的难题。网络规划者必须及早制定网络管理的政策和框架,以指导网络的建设。

(4)只有实现网络管理的系统化和先进性,才能面对日益复杂、技术日益进步的网络。

只有先进的网络管理才能驾驭日益复杂、技术日趋密集的网络。成功的管理网络比购买网络更为重要,它关系到网络能否正常地工作及获得合理的效益。网络管理人员期望得到齐全的工具和周到的服务,以满足自己在管理网络和支撑服务方面的需求。网络规模的增长和成分的多样化,网络管理的复杂性急剧增加,使网络难于控制,如何有效地管理全网成为一个难题。

(5) 支持网络管理功能的系统或设备才能赢得市场。没有兼顾网络管理的网络产品是很难找到市场的。网络管理是各厂商产品增加附加值的手段,另一方面,产品能否销售出去现在也依靠产品的可管理性。网络管理者对管理互操作性的需求,正迫使供应厂商逐步放弃自我封闭的网络管理体系结构,在增强对网络管理有关标准支持的同时,提供一些开放的管理接口,部分实现对第三厂商产品的管理和与其他网络管理系统交换管理信息。此外,网络管理设备正通过改变传统的附属于受管设备的地位,成为一种独立的网络产品。一些开发网络管理平台的公司积极倡导合作计划,把自己的专长和第三厂商的经验结合在一起,以提供集成的管理方法。众多先进的设备厂商,独立软件公司(ISV)、经销商和集成产品厂商,推出了许多管理应用工具,供管理者选择集成。这种伙伴关系在很大程度上使管理平台增值。

(6) 国际标准化组织所致力的工作重点。目前,几乎所有主要的计算机和通信厂商都宣布支持 OSI,大多数厂商已经开始实施 OSI 网管系统。在 OSI 的支持下,作为由信息网络设备提供者和使用者共同参加的独立企业国际性协会——OSI/NMF(网络管理论坛)已于 1988 年 7 月诞生。到 1990 年,OSI/网络管理论坛已经有包括 AT&T、英国电信、HP、IBM、Novell、SUN Microsystems 等著名公司在内的近 100 个成员。该论坛除了致力于在工业界推动和宣传网络管理外,还基于 OSI 参考模型开发自己的标准,促进基于标准的 OSI 网络管理产品的开发。在 1989 年,OSI/网络管理论坛公布了它的第一个协议规范书。目前,OSI/网络管理论坛已经出版了一系列描述 OSI/NMF 标准实现的文件,包括一整套七层协议及众多的有关受管对象定义、协议、功能、ANSI.1 句法、规则、作用域选择的文件。

当前网络管理标准化活动主要基于 OSI 网络管理框架,在 OSI 网络管理框架下,定义了五个管理功能区域。作为标准化努力的结果,两个主要的网络管理协议(SNMP 和 CMIP)已经形成。标准的普遍采用使厂商可以实现支持用户网络管理应用的公共平台,简化网管系统与受管资源间的接口。同时,产品批量的增加导致了成本的下降。

(7) 新技术的诞生和应用驱动着网络管理技术的研究和开发。网络技术、计算机技术、信息论和控制论的发展不仅推动了网络管理产品的进步且为网络管理提供了强有力的工具。网络管理设备和系统是技术密集型产品,计算机硬件和软件技术、大型数据库和专家系统、数据网络技术以及控制论的不断进步,为建立它们之上的网络管理系统及技术的发展提供了新的技术手段。

6.4.2.3 OSI 参考模式及网络管理

开放系统互连参考模型是国际标准化组织(ISO, International Organization for Standardization)制定的标准化开放式计算机网络层次结构模型,又称 ISO's OSI 模型,自下而上分别为物理层、数据链路层、网络层、传输层、会话层、表示层和应用层等七个层次,如图6-23。"开放"即表示能使任何两个遵守参考模型和有关标准的系统进行互连。

(1) OSI参考模型的主要特性。OSI参考模型的主要特性包括：它是一种将异构系统互联的分层结构，提高了控制互联系统交换规则的标准框架，定义抽象结构，并非具体实现的描述；对等层之间的虚通信必须遵循相应层的协议；相邻层间的接口定义了原语操作和低层向上层提供服务；所提供的公共服务是面向连接的或无连接的数据通信服务。

(2) OSI参考模型中各层的主要功能和所涉及的管理核心内容。为了更进一步地理解网络管理的原理和实质，接下来介绍一下OSI参考模型中各层的主要功能和所涉及的管理核心内容。

① 物理层。物理层的作用是在物理媒体上传输原始的数据比特流，提供为建立、维护和拆除物理链路所需的机械的、电气的、功能的和规程的特性，主要向网络管理提供物理链路上传输非结构的比特流特性以及物理链路故障检测指示。

图6-23 OSI模型中的七个层次

应用层
表示层
会话层
传输层
网络层
数据链路层
物理层

② 数据链路层。数据链路层的主要作用是通过校验、确认和反馈重发等手段将该原始的物理连接改造成无差错的数据链路。在数据链路层我们将比特组合成数据链路协议数据单元。数据链路协议数据单元是OSI标准中使用的术语，通常称它们为帧(frame)。在一帧中我们可判断哪一段是地址、哪一段是控制域、哪一段是数据、哪一段是校验码。数据链路层还要解决或避免数据的高速发送和低速接收的矛盾问题，即通常所说的流量控制和流量平衡及调度问题，这在网络管理和控制中显得犹为重要，是网络性能管理的核心内容之一。

③ 网络层。网络层关心的是网络的运行控制，主要解决如何把网络协议数据单元(通常称为分组、信元等)从信源传送到信宿。这就需要在网络中进行路由选择。如果同时在网络中出现过多的分组或信元，会造成网络局部或全局性的阻塞，因而要对其进行控制。当分组要跨越多个通信子网才能到达目的地时，还要解决网际互连的问题。因此，要提高网络的运行效率和网络资源的利用率，必须强化网络层的管理与控制，它包括对路由的计算、调度等管理策略，也必须解决好网络阻塞的避免和控制；另一方面网络互连的平稳高效策略，是一个值得长期研究的课题，它对全程网络的运行管理有着巨大的影响。

④ 传输层。传输层是一个端对端的网络层次。对于传输层，高层用户就可利用该层的服务直接进行端到端的数据传输，从而不必知道通信子网存在。通信子网的更替和技术的演变通过传输层的屏蔽将不被高层用户看到。这就是所谓的网络透明性概念。在通常情况下，传输层在高层用户请求建立一条运输通信连接时就通过网络层在网络中建立一条独立的网络连接。但是，若需要较高吞吐量时，传输层也可以建立多条网络连接来支持一条运输连接，这就是分(用)流(splitting)。或者，为了节省费用等网络资源，传输层也可将多个运输通信请求合用一条网络连接，称为复用(multiplexing)。传输层还要处理端到端的差错控制和流量控制问题。概括地说，传输层为上层用户提供端到端的透明优

化的数据运输服务。通过有效的网络管理手段,将对该层所涉及的资源优化、端到端差错以及流量进行管理,以提高网络性能的发挥。

⑤ 会话层。会话层允许不同主机上各种进程间进行会话。传输层是主机到主机的层次,而会话层是进程到进程之间的层次。会话层组织和同步进程间的对话,可管理对话,允许双向同时进行,或任一时刻只能一个方向进行。在后一种情况下,会话层提供一种数据权标来控制哪一方有权发送数据。会话层还提供同步服务。若两台机器进程间要进行较长时间的大的文件传输,而通信子网故障率又较高,对传输层来说,每次传输中途失败后,都不得不重新传输这个文件。会话层提供了在数据流中插入同步点的机制,在每次网络出现故障后可以仅重传最近一个同步点以后的数据,而不必从头开始。例如,在电话网中的同步网功能即属于此层。

⑥ 表示层。表示层为上层用户提供共同需要的数据或信息语法表示变换。大多数用户间并非仅交换随机的比特数据,而是要交换诸如人名、日期、货币数量和商业凭证之类的信息。它们是通过字符串、整数型、浮点数以及由简单类型组合成的各种数据结构来表示的。不同的机器采用不同的编码方法来表示这些数据类型和数据结构(如 ASCII 或 EBCDIC、反码或补码等)。为了让采用不同编码方法的计算机通信交换后能相互理解数据的值,可以采用抽象的标准方法来定义数据结构,并采用标准的编码表示形式。管理这些抽象的数据结构,并把计算机内部的表示形式转换成网络通信中采用的标准表示形式都是由表示层来完成的。数据压缩和加密也是表示层提供的表示变换功能。数据压缩可用来减少传输的比特率,从而节省经费。数据加密可防止敌意的窃听和篡改。

⑦ 应用层。应用层是开放互连系统的最高层。不同的应用层为特定类型的网络应用提供访问 OSI 环境的手段。网络环境下不同主机间的文件传送、访问和管理;网络环境下传送标准电子邮件的电文处理系统;方便不同类型终端和不同类型主机间通过网络交互访问的虚拟终端(virtual terminal,VT)协议等都属于应用层的范畴。

OSI 模型是网络的通用模型,它不仅适用于计算机网络,同样适用于电信网络、广播电视网络等。基于 OSI 模型,网络管理功能可划分为配置管理、故障管理、性能管理、安全管理和计费管理,这五大管理功能全部或部分地实施于不同的 OSI 网络层次。

6.4.2.4 网络管理的主要指标

(1) 可用性。可用性(availability)是描述网络整体性能的特征参数,它反映了用户可以使用网络服务的时间有多少(百分比)。它是系统、设备在给定时刻或某一时间间隔内的任一瞬间处于能完成所要求功能状态的能力的表示。网络中部件是否失效、工作是否正常对这个参数来讲是不关心的,它只关心当用户需要网络服务时是否能够得到所需的服务。可用性当然决定于网络设备、设施的可靠性。为了保证网络的可用性,网络中对关键部件往往是设置冗余备份的。可用性是评价网络或设备的重要参数,它是用户在服务开放期间实际可得到的服务时间所占百分比。通常,可用性用可用度衡量,也用概率表示,这里用 A 代表,其计算公式为:

$$A = \frac{MTBF}{MTBF+MTTD+MTTR+MTTRe}$$

式中:MTBF—平均故障间隔时间,它表示两次故障之间设备能正常工作的时间间隔，显然，MTBF 值越大越好；MTTD—平均诊断时间；MTTR—平均修复或切换时间，它表示平均的故障修复时间，显然在这段时间里，设备处于不能工作状态。因此 MTTR 越小越好；MTTRe—用修复的部件替换冗余部件的平均时间。

通常 MTBF 应远大于其余的三项指标，它取决于构成网络/设备的各部件的 MTBF。MTTD 反映了网管系统的诊断能力水平。MTTR 和 MTTRe 取决于操作人员的技巧、经验和厂商的支持。尽量降低 MTTR，MTTD 和 MTTRe 是增加可用性的关键，冗余的增加有助于改善可用性。

(2) 响应时间。响应时间（response time）是网络用户非常关心的参数，它主要包括总响应时间、网络迟延和节点处理迟延。对用户来讲，响应时间也是非常重要的。在数据网中，响应时间一般指从输入回车键到收到最后一个响应字符的时间，而在电话网中则常常指用户拿起话机到听到拨号音这段时间。

由于响应时间由传输时间、处理时间等组成，所以往往给出以下三个响应时间参数：一、总的响应时间；二、网络传输时延；三、处理机时延。响应时间的测量比较容易，也比较精确。

(3) 准确度和正确性。准确度使用剩余的差错率来计量。差错率的计算公式为：

$$ER = \frac{CHe + CHu + CHn + CHd}{CHt}$$

式中：ER—差错率；CHe—错误的信息字符数；CHu—未收到的信源发出字符数；CHn—收到的非信源发出的字符数；CHd—收到的重复字符数；CHt—发出的字符总数。

用户总希望网络提供的传输服务百分之百正确。但这实际上是不可能的。电话网中通话质量不好反映给用户的是噪音，因此一般用信噪比表示传输的正确性，而在数据网中传输质量不好则产生错误的信息比特，因此可用误码率来表示传输的质量。

数据网中尽管采用了检错重发技术，但也不可能完全克服差错。数据网中的正确性指标一般用残留差错率来表示，通常有四个基本参数：一、收到错误信息字符占传输总字符数的比例，记为 Re；二、已发出但未收到的字符占传输总字符数的比例，记为 Ru；三、收到但并未发过的字符占传输总字符数的比例，记为 Rn；四、重复收到的字符占传输字符总字符数的比例，记为 Rd。这里的发出和收到分别是指通信双方的一方作为发送方发出，另一方作为接收方收到，即一方发，另一方收。残留差错率 ER 就是上述四个差错率之和，即 $ER = Re + Ru + Rn + Rd$；

(4) 网络流量。吞吐量（throughput）是一个反映全网通信总容量的简单度量参数。容量是一个只有在理想情况下理论上能够达到的上限，如 CPU 的 MIPs 值等。而吞吐量则是一个面向应用、非常实际的度量标准，它可以是下面这样一些比较容易理解的数字：一、一定时间内各结点间的连接数目；二、一定时间内用户之间的会话数目；三、面向连接的网络中用户间呼叫次数；四、资源结点为远程批处理环境提供的作业数目。这里，基本上都是指端到端的吞吐量。

(5) 利用率。利用率（utilization）是一个动态变化的参数，它反映了资源的实际使用情况，常作为调整资源的依据。利用率的实际选择要受服务使用者对服务等级要求的制约。

利用率是网络资源使用频度的动态参数，它提供的是现实运营环境下吞吐量的实际限制。网络管理系统往往可以给出各种各样网络部件的利用率，如线路、结点、结点处理机的利用率。分析网络中各个部分的利用率就可以知道网络中的瓶颈在哪里、提高全网吞吐量的最佳方案是改进哪个部件等。

另外，监视网络部件的利用率也是监视网络性能恶化的最有效途径。比如，纯ALOHA 信道利用率的极限是 14%，但一般宜工作在 10% 以下。如果发现该信道利用率高于 10%，就有进入拥塞状态的危险。而一条数据传输链路的利用率太高（如 90%）则意味着在这条链路上传送的分组的排队发送等待时间比较长，会引起其他结点和链路的连锁反应。总之，利用率有一个最佳值。超过它，网络就有拥塞的危险。

(6) 可靠性。网络可靠性(reliability)是指，在人为或自然的破坏作用下，网络在规定条件下和规定时间内的生存能力的表现。那么网络的规定功能和网络的生存又是指的什么，这两者可以认为是同一个问题。从图论来看，网络是由节点和链路组成的，当任何原因造成某些节点或链路失效时，首先会使全网的连通性变差，其次由于连通性变差会导致网路余存部分的性能指标下降。因此网络的生存或规定功能应从连通性和性能指标两方面来考虑。常用的判断原则有：一、网络中给定的节点对之间至少存在一条路径；二、网络中一个指定的节点能与一组节点相互通信；三、网络中可以相互通信的节点数大于某一阀值；四、网络中任意两个节点间传输时延小于某一阀值；五、网络的吞吐量超过某一阀值。其中前三条是从网络的连通性考虑的，后两条是从网络的性能指标考虑的。

可靠性用可靠度来衡量，可靠度的定义是系统设备在某种使用状态下在给定时间间隔中能完成所要求功能的概率，用 R 表示。故将系统、设备的状态简单的分成正常状态和故障状态，可靠性就是在时间间隔内系统保持正常状态的概率，用 $R(t)$ 表示。系统从正常状态转向故障状态的概率称为不可靠度，用 $F(t)$ 表示。

$$F(t) = 1 - R(t)$$

当然，网络的参数远不止这些，它们可以按网络的拓扑结构、安全可靠性、网络的性能和网络服务质量等方面对网络的参数予以分类，以支持网络管理功能的实现。

6.4.3 网络管理功能

网络管理涉及网络资源和活动的规划、组织、监视、计费和控制。不同组织的着眼点有所区别。国际标准化组织在网络管理的相关标准和建议中定义了故障管理、配置管理、性能管理、计费管理和安全管理五大 OSI 管理功能域(SMFAs)。每个管理功能域的内容主要包括：一、一组功能的定义；二、一组与每一功能相对应的过程定义；三、支持相应的服务；四、支撑管理功能域所需的下层服务；五、管理功能域所影响的受管对象。

但是，作为一个完整的网络管理系统，还应包含网络规划、资产和人员的管理。

6.4.3.1 配置管理

配置管理是网络管理的最基本功能。配置一个网络需要正式地、明确地描述所有的网络组成部分及其体系结构、功能和相互关系。配置管理就是对网络的各种配置参数进行确定、设置、修改、存储和统计等操作所组成的集合。根据 CCITT X.700 中的阐述，配置管理是为了准备对互连服务进行初始化与启动并提供互连服务的连续操作和结束互连服务,因而对来自开放系统的数据进行标志、控制与收集,并向这些开放系统提供数据。

通常,配置管理的基本内容大致包括:一、对控制开放系统例行程序操作的参数进行设置;二、把名称与被管对象和被管对象的集合联系起来;三、使被管对象初始化并关闭被管对象;四、按照需求收集有关开放系统当时状态的信息;五、得以宣布开放系统状态的重大变化;六、改变开放系统的配置。

这就是说,配置管理负责监控网络的配置信息,使网络管理人员可以生成、查询和修改硬件/软件的运行参数和条件,以保持网络的正常操作。这些参数和条件主要有:一、网络部件的存在性、名称和关系;二、寻址信息;三、运行特性;四、部件的可用性信息;五、备份操作条件;六、路由控制。配置管理功能域监视和控制的内容包括:一、网络资源及其活动状态;二、网络资源之间的关系;三、新资源的引入和旧资源的删除。配置管理的操作内容包括:一、鉴别所有管理对象,给每个对象分配名字;二、定义新的管理对象;三、设置管理对象属性的初始值;四、管理各个管理对象之间的关系;五、改变管理对象的操作特性,报告管理对象状态的变化;六、删除管理对象。

综上所述,配置管理涉及定义、收集、监视、控制和使用配置数据。配置数据包括管理域内所有资源的任何静态和动态信息。配置管理通过修改受管对象的存在性、属性、状态和关系来控制受管对象,以使网络最大限度地提供其资源和业务。

6.4.3.2 性能管理

性能管理与配置管理一样,是网络管理的基本内容之一。但在早期的网络管理系统中,性能管理主要由性能告警的监测和发现性能故障时人工介入的网络重配置两部分组成。而且性能故障也往往是用户对异常服务的口头报告或抱怨(即用户申告)才被发现的。随着网络规模的不断复杂、不断扩大,以及管理系统的日益复杂和用户对网络服务质量的要求越来越高,网络中的性能管理也正逐步实现自动化、智能化,性能管理与网络管理的其他功能域一起形成完整的网络管理系统。

根据 X.700 中的阐述,性能管理能使得对 OSIE(OSI 总环境)中资源的行为和通信活动的有效性进行评估。性能管理是一组评价受管对象行为和通信活动有效性的设施。通过收集统计数据来分析网络的运行趋势,得到网络的长期评价,并将网络性能控制在一个可接受的水平。

性能管理主要包括这几个功能:一、监测对象和方式的选择;二、收集和分析统计数据;三、根据上述统计和分析进行调整,以控制网络性能;四、提供有用的网络性能报告(实时/脱机)。

为了管理的有效性,网络管理系统必须监视特定事件的影响、措施的效果和资源的性能;提供网络管理者选择监视对象、监视频度和监视时间长度、设置和修改监测门限的手段;当性能不理想时,通过对各种资源的调整来改善网络性能;根据管理者的要求定期提供多种反映当前、历史、局部、整体性能的数据及其各种相互关系。

网络性能管理确保网络的有效运行并提供预定的服务等级,性能管理的运行监测是跟踪需求增长的规划过程和标志现实和潜在的资源短缺的资源配置过程的关键输入数据。正像故障管理是保证网络资源运行在无故障无差错状态下一样,性能管理是根据配置管理的资源目录来注明监视监测的资源和引导网络控制消息的去向。

性能管理包含了运行上的业务量管理功能、管理上的网络和业务量管理功能以及维护上的性能监测功能。对网络管理和性能监测,各标准化组织已作了许多有关标准化的努力,提供了包括性能管理的 OSI 管理的概念性功能框图。

性能管理包括收集统计信息,维持和检查系统状态的历史记录,判断系统在正常运行和人为干预条件下的性能,以及为进行性能管理活动而改变系统的运行模式等功能。

6.4.3.3 故障管理

故障管理包括故障的检测、定位与排除,以及 OSI 环境的异常操作的校正。故障使开放系统不能满足其操作目标,且故障可能是永久的也可能是暂时的,可能是软故障也可能是硬故障。故障将其自身表现为开放系统的操作中的特殊事件(如差错、阻塞等)。检测提供了识别故障的能力。

故障管理的功能包括:一、保持与检查差错录入;二、接受差错检测通知并对其采取动作;三、跟踪并标识故障;四、完成诊断测试序列;五、校正与排除故障。

网络容易受设备和传输媒介故障的影响。故障包括硬件失效和程序、数据差错,不仅如此,由于网络作为一个有机的整体,某些故障会在网络中传染,并在一定程度上引起网络的阻塞及其传染现象。

故障管理的职责是如何使故障影响趋于最低限度。故障管理的目标是:一、在出现故障的情况下恢复业务;二、找出每个故障的根源——包含故障的最小可修复的网络部件;三、及时、有效地修复故障。这必须考虑劳务费、备件费用,以及资源在修复前不能提供使用所损失的费用;四、收集和分析故障管理有效性的量度,这种量度是用业务中断时间和修复成本表示的,分析的结果有助于指导资源的分配,以达到业务与成本的优化平衡。由于业务中断导致客户减少和输给竞争者的未来业务损失所造成的费用部分也应属于故障管理。

故障管理是检测和确定网络环境中异常操作所需要的一组设施。无论故障是短暂的还是持久的,都可能导致网络系统未能达到运行指标。故障管理设施通过检测异常事件来发现故障,通过日志记录故障情况,根据故障现象采取相应的跟踪、诊断和测试措施,完成故障查找与定位,然后进行业务的恢复及故障修复工作,最后进行验证测试,测试成功则证明故障已经排除,将整个过程做详细记录并作为日志存档。

故障管理从操作内容上来看有四项主要活动,即:一、故障检测。其主要途经有在正常操作中,通过执行监控过程和生成故障报告来检测。例如:周期性的探询结合异步地报告异常情况,可以帮助操作员了解网络运行状态;在执行配置测试时发现错误。例如:应操作员请示进行硬件或服务数据配置的测试,可以发现异常情况;通过预设置门限和动态监控状态变化,来预测潜在的故障。常见的有监视干线的利用率,预报网络拥塞的发生,监视受管设备的温度以确定机箱冷却系统的工作情况。二、故障诊断。通过分析涉及受管对象的故障和事件报告,或执行诊断测试程序,使受管对象的故障得到重现。三、故障修复。一般通过配置管理工具和/或操作员的干预,获得修复受管对象故障的能力。四、故障记录。以日志的形式记录告警、诊断和处理结果。从系统管理功能上来说,它包括了告警报告功能、事件报告功能和日志控制功能。

虽然网络部件的可靠性属于配置管理的范畴,但可靠性也是故障管理取得成功的一个重要因素。可靠性是以部件的平均失效时间来衡量的,而故障管理则以平均修复时间或平均恢复时间来衡量的。用户把这两者都看作不可用性。由于故障管理者必然要负责最终效果,因此,故障管理者特别关注可靠性。

6.4.3.4 安全管理

(1)什么是网络安全。网络安全由信息数据安全和网络通信安全两部分组成,其内容不仅仅是使用用户标识码和口令,它包括一整套广泛的规则和技术体系。数据信息安全性是一组程序和功能,用来阻止对数据进行非授权的泄露、转移、修改和破坏。网络通信安全性是一种保护设施,要求在网络通信中采用保密安全性、传输安全性、辐射安全性等措施,并且要求对于网络通信安全性采用物理安全性措施,通过上述各种措施可以拒绝非授权的人员在网络中获取有价值的信息。因此,我们给出具有如下定义的四种网络安全性措施:一是保密安全性:通过提供技术严密的密码系统以及该系统的正确使用来实现。二是传输安全性:通过设计一种措施来实现,这种措施就是要保护传输不被除密码分析以外的手段来截获和利用。三是辐射安全性:通过采取措施以拒绝非授权的人员获得有价值的信息来实现,而该信息是从密码系统和网络系统的泄露性辐射中截获并分析而得出的。四是物理安全性:通过采取一切必要的物理措施来保护保密的设备、材料和文档不被非授权的人员访问和观察。

(2)网络安全管理。在ITU—TX.700建议中,安全管理的目的是利用下述功能来支持安全政策的应用:一是对安全服务与机制进行创建、删除与控制;二是分发与安全有关的信息;三是报告与安全有关的事件。

安全管理负责提供一个安全政策,根据安全政策确保只有授权的合法用户可以访问受限的网络资源。它主要涉及:一是防止非法用户访问,在敏感的网络资源和用户集间建立映射关系;二是数据链路加密;三是密钥分配和管理;四是安全日志维护和检查;五是审计和跟踪;六是防止病毒;七是灾难恢复措施。

从上可知,安全管理中一般要设置一些权限、一些判断非法条件和非法操作知识等。网络中各部分按照权限、口令以及判断非法的条件(准则)来检测有无积极或消极的非法侵入。非法侵入活动包括无权的用户、操作人员或终端等企图修改其他用户定义的文件、修改硬件或软件配置、篡改访问优先权、关闭正在工作的用户以及任何其他对敏感数据的访问企图。当检测到非法侵入事件以后,分别采取积极行动和消极措施予以查处或追踪。积极行动是指发出告警信息,同时自动对非法侵入进行防卫,如拒绝访问等。消极措施则为先收集有关数据产生报告,由网络管理中心的安全事务处理进程进行分析、记录、存档,并根据情况采取相应的措施,比如,给入侵用户以警告信息、取消其使用网络的权力等。

另外,访问控制和身份鉴别并不只是网络管理自身的问题,安全管理还包括维持网络通信环境安全的所有活动——访问控制和控制权的传输交换等。

为了成功地实施安全管理活动,网络管理进程必须知道下述信息:一是基本要求。包括:网络的配置信息、活动的和刚生成的用户、每个用户的访问权限、数据的变更请求和变更活动、实时获得的安全非法操作事件。二是附加要求。包括:性能指标、中期容量规划、正在开发的新应用(或新业务)、新的商业规划(包括公司合并、吞并之类计划)。

安全管理的主要功能包括:一是安全告警报告功能。这个标准文件为管理安全问题的用户规定了接到各种管理对象的安全告警后的通报过程,文件中已经定义了五种安全告警,即完整性不符指示、非法操作指示、物理非法指示、安全服务非法指示、时间非法指示。除了以上安全告警的类型以外,文件中还定义了上述告警的若干种原因,例如:收到了不应该收到的信息;没有收到应该收到的信息;收到的信息已经被非法修改过了;一个信息重复收到多次,告诫用户可能有重复不断的攻击;通信介质已经被挂接上支线了。二是安全追查功能。该功能与日志控制功能类似,只不过这里提供的安全追查日志是与安全措施有关的历史事件的记录。它提供了一些审计信息,这些信息是与计费、安全利用率、断连、建连和其他管理操作有关的。三是关于访问控制的对象和属性。

OSI 网络管理标准中与安全管理有关的是 ISO10167-7/8/9 三个标准文本。这三个标准解释了对安全审查追踪的需求,安全审查追踪的内容包括告警投递、选择分析、事件检测以及对这些操作做日志。标准文本中还定义了控制安全审查追踪和告警分发的服务。另外,OSI 安全管理的许多内容都与网络标准 ISO7498-2 中的网络安全体系有关。

(3)网络中的安全措施实现。前面介绍了一系列安全问题以及安全管理的目的、功能、机理和服务。为了实现对非法侵入的检测、防卫、审查和追踪,网络通信协议和网络管理进程一起提供了若干安全防卫措施。这些安全防卫措施在复杂性,耗费,实现和维护难度,以及需要人员干预等方面都各有差异。没有一种措施可以防卫所有的非法侵入,但把下面这些安全措施适当地组合起来就能解决大部分非法侵入问题。

①通信对方鉴别。利用这种措施,参与通信的一方可以检验对方的身份,鉴别其真伪和访问权限,如果对方是无权用户,连接建立过程就会被拒绝。这里指的通信双方可以是网络用户、同协议层次的协议实体等。这个措施有两种选择:一是单方鉴别,即只有一方检验另一方的身份,反之则不检验。用户对主机进行登录时就属于这种情况。二是互相鉴别,即通信的每一方都要检验对方的身份。比如,两个应用进程之间就可进行这种检查,这个检验过程即使在通信进行中也可以反复进行。可以按一定规律进行,也可以随机抽检。这样做可以避免通信一方被中途"掉包"。

②数据发方鉴别。为了防卫欺骗数据的侵入,接收方必须鉴别发送数据方的身份。但这种措施并不能防止数据的重复问题,并且这个措施一般只用在无连接通信中,而面向连接的通信则用前一种措施(通信对方鉴别)。

③访问控制。访问控制与前面几个安全管理措施的区别就在于,前面叙述的一些安全管理措施是一对一,即一方鉴别另一方。而访问控制则是防止用户或应用进程使用网络或网络的一部分资源,如禁止某些用户访问特定的局域网、城域网和广域网等。只有有权用户才能进入网络选择和使用网络资源。

④数据保护。这项措施保证专用的数据不会随便被无权用户获取。数据保护的措施有很多种,比如对专用数据进行加密、对数据实施访问保护(访问控制)等等。

⑤业务流分析防护。这项措施用来屏蔽各种业务流的出现频度、信息长度和信息源(发送用户)等信息。这项措施要达到的目标是,即使是网络的有权用户也无法从对网络中的业务流(流量、流向和时间等)的分析中获得有关用户的信息。业务流分析防护必须是一种端到端的加密措施。如果这项措施的加密是在表示层完成的,则通过业务流的分析可以确定与某次通信有关的是哪几个表示层实体、会话层实体和传输层实体。如果在

传输层加密，就将很难找出相关的高层实体。附加的保护方法是在网络中施放烟幕即假业务流，这样就更难从业务流分析中获得用户与业务流之间关系的实际信息。当然，这种防护措施是要付出代价的。

⑥保证数据完整性。这项措施有些类似于数据链路层的差错控制协议，但这项措施提供的保护是针对信息字段的删除、篡改、插入和重复等恶意侵入行为的，一般是通过校验的办法来实现。通信连接、特定的文件和文件中选定的字段都有完整性问题。

⑦发方和收方确认。这项措施用发送确认信息的办法表示对发送数据（发送方发确认时）或收方接收数据（接收方发确认时）的承认。相当于业务结束中的"签字"，以避免不承认发送过数据或不承认接收过数据等而引起的争议。

实现上述安全措施的技术是多种多样的。例如，加密编码技术、数字签名技术、散列技术、身份鉴别技术、自动回叫技术等，其中以数字签名技术使用较多。

6.4.3.5 计费管理

计费管理能够建立起由于使用资源所需的费用以及标志出使用这些资源的成本。计费管理包括如下的主要功能：一是告知用户所承担的费用或所消耗的资源；二是设置计费限量并使资源调度程序与资源的使用联系起来；三是在调动了多种资源去获得一种给定的通信目标的情况下，能把各种费用组合起来。

计费管理负责监视和记录用户对网络资源的使用，并分配网络运行成本。包括收集计费记录、计算用户账单、分配网络运行成本、网络经营预算、考查资费变更的影响。

用户使用网络通信的成本包括两部分：即网络通信介质与用户端系统通信资源。

为了给每个用户每次使用网络的服务确定一个合理的费用，网络管理系统有许多事情要做。首要的一件是确定资费政策，按照服务的某些因素，如使用了多少资源、服务持续时间等进行收费。核算费用时还要考虑有没有折扣政策，依据什么条件判断是否给用户以费率折扣，设置折扣计算算法。第二件事是收集每一次服务中与收费有关的数据，如使用的网络元素、网络服务、额外开销、使用时间等等，然后进行资费分析，核算服务的费用。最后是管理用户账单、收取费用等各个环节。

这里主要介绍的是网络服务收费信息的收集和分析问题。每次服务中计入成本的因素有以下五类：一是硬件资源类。用户使用了计算机、通信线路等物理设备当然要计入费用，管理进程要核对有关硬件资源的数据。二是软件和系统资源类。这一类资源包括通信协议、交换软件、网络管理软件、网络提供的是有别于一般通信的服务，或者说是特种服务。三是网络服务。这是指各类电子邮件和话音邮件服务，以及各种专门声讯服务，甚至DDN 增强服务等特殊服务。四是人工。管理和维护网络的所有人员都在直接或间接地为网络用户提供服务，其中直接提供服务的有特殊业务台（如人工长途台）的操作员（接线员）等。五是网络设施的额外开销。凡需收费的网络服务，其运营公司一般也就是一个盈利性公司。凡为了网络运营和维护而需直接或间接投入的开销，如建筑、纳税、保险等都是运营公司的成本，成本和盈利都是要摊在用户头上的，所有这些开销都要折合成每次服务的额外开销计入服务费用。

其中，第一、二类资源的使用可以从每次服务中根据各种服务记录获得可信的数据。而第三、四类资源则一般是根据预算分摊在每次服务中的，或加在费率上。

在数据网中，一般为每次服务记录通信双方用户、通信持续时间、通信业务量（字节数）和路由等一系列信息，在电话网中则一般记录每次通话的主、被叫方（号码）、持续时间、路由等。

计费管理功能域是所有用户选择业务的关键处理部件，也是确定网络利用率和根据特定服务对用户收取费用的处理部件。计费管理功能域应该有下列功能：一、统计网络的利用率等效益数据，以便网络运营公司确定不同时期和时间段的费率；二、根据用户使用的特定业务在若干用户之间分摊费用；三、允许采用信用计费方式收取费用，包括提供有关资源使用的账单审查功能；四、当多个资源同时用来提供一次服务时，能够把分别计费的各个资源的费用累加。计费管理的目标是平等、合理地收取所有用户为使用网络资源而应交付的费用。在激烈的商业竞争中，网络运营公司都千方百计地让用户在必要时可查阅到尽可能详尽和精确的计费信息，如在清单中开列出每次通信的开始时间、结束时间、通信中使用的服务等级、通信中传送的信息量、通信对方等信息。

计费管理的用户需求在网络管理标准文本 ISO10164-10 中有说明，文本中还定义了网络的计费操作模型。此外，标准中还提供了如何使用费用单位、计费日志库、通信记录（如通话持续时间）、提供的服务、费率、主叫和被叫用户等核算费用的手段。计费管理标准是管理功能域诸标准中最不成熟的，系统管理功能中只有计费表功能是与计费管理直接相关的。

网络管理标准文本 ISO10164-10 中定义了计费表功能 AMF（acounting meter function），该功能表从管理的角度对有关网络的使用等计费数据和其他费用核算工作提供计量规则，如各种反映网络利用率的参数等。AMF 是按照"组"来组织的，然后进一步用属性、动作和通报等描述。在关于 AMF 的标准文本中定义了四个组：一、表控制信息组是用来控制计费表的操作行为的；二、计费表控制动作组是用来支持计费表操作中的创建和删除等动作的；三、资源名是计费操作实例的唯一标识符；四、数据—对象参照信息组是对不同管理对象中发起多个操作时用来识别和控制各个不同操作的。该标准文本还规定了网络中如何确定用户对资源的使用、核算费用以及交费等问题。此外，还提供了一些措施设定费用门限，当某个用户对某些管理对象的使用费用超过门限时禁止其使用这些对象。

6.4.3.6 非 OSI 网络管理功能

（1）规划管理。网络规划是将网络服务的商业策略转换为一套经济、有效的计划，去配置和拓展被管理的网络，因此，网络规划就是建立网络的结构或配置。

网络规划是在几种可能的网络发展方案中寻找一个优选方案，以便指导和节省网络资源的大量资金支出，得到更大的运营收入，以负担网络运行的费用并产生利润。预测目标市场的业务需求和最佳满足这些需求的技术对企业成功是最关键的。一般来说，市场和商务开发处理前者，而网络规划人员处理后者。

网络规划人员通常考虑三个因素来选择网络发展方案。网络资源的业务提供能力是要考虑的关键因素，技术的成本是第二个因素，操作系统成本和运行费用也应包括在要考虑的因素之内。由于网络资源的使用周期很长，因此，寿命周期的成本优化——考虑到成本和运营成本两者，用来作为选择和配置网络资源的准则。

网络规划中由工作人员引起的费用相对于资源配置和业务提供以及相关的资本投入通常是很小的。要不断采用强有力的规划工具，去处理方案比较和所需的大量信息，并为日益增长的业务和技术复杂性的网络编制出正确合理的计划。

网络规划过程把运营公司的综合战略目标和运营计划转化为一套长期和短期的网络发展规划。由于规划是着眼于未来的，未来的业务需求、可用度、技术成本等存在不确定因素，同时，也需要比较发展中的各种方案。规划是一个比较各种方案，并推荐最佳方案的过程。

(2) 资产管理。网络资产管理主要指对与网络有关的设备、设施以及网络操作、维护和管理人员进行登记、维护和查阅等一系列工作，通常以资产记录和人员登记表的形式对网络物理资源和相关人员所实施的管理。

资产管理负责维持网络中设备和设施的详细记录。例如，它包括诸如设备制造厂商数据、设备编号、设备设置参数、使用情况、维护支持服务电话、维护记录、装机现场、电路编号等信息。贮存这些资产记录的数据库及其管理系统作为网络管理系统的一部分，也可以是网络管理系统的附加功能，当然由于这类数据基本上是静态的，且与网络运营无关，也可以成为独立的管理系统。

(3) 人员管理。网络的操作、维护和管理人员是网络规划、建设、运营和维护等必不可少的，也是网络管理的一个重要组成部分。

受过良好训练的网络操作员和管理工具是网络管理的两大因素。人员管理记录与网络运行维护有关的雇员的基本背景情况包括姓名、性别、出生日期、社会编号、教育程度、履历、工作经验、培训情况、职务、部门、联系地址、分工安排、日程安排、主管/顾客评价等内容。我们可以将人员管理作为网络管理系统的一部分，也可以作为独立数据库管理系统。不仅如此，还应将人员培训计划纳入管理之中。

6.4.3.7 网络管理功能间的关系

网络管理功能不是孤立的，完成某项管理功能往往需要其他管理功能的配合。网络管理者、网络设备供应商、网络用户与上述网络管理功能间有密切的关系。

(1) 故障管理与其他功能的关系。故障管理需要从网络管理者得到网络运营要求；从用户得到目前可以接受的服务质量极限和故障查询请示；从性能管理得到当前的运行分析结果；从配置数据库得到设备配置信息。利用上述信息和网络的事件报告，一旦确认发生故障，通过配置管理修改管理配置参数，启动恢复行动，修复、替换或隔离故障部件。将网络故障情况作为网络状态数据移交性能管理，以分析计算网络的可用性参数。故障处理结果将向网络管理者报告，有关的用户亦可以得到故障原因/处理结果报告及应采取的避免/故障措施的建议。

(2) 配置管理与其他功能的关系。配置管理功能包括资源配置和业务配置两个方面。

资源配置通过资产管理从供应商得到新的硬件设备和软件版本，从性能管理和规划管理得到修改/增加网络资源的请示，从故障管理获得为修复故障而重新配置资源的要求，从业务管理得到增加资源的请示，从配置数据库得到当前资源配置。为了实现新的资源配置，配置管理向资产管理申请额外的资源，通知人员管理派出装机人员，并向受影响的用户发出报告。

业务配置从规划管理得到新的业务定单,从故障管理得到业务配置故障的通知,与网络新用户协商初装/迁移/修改业务申请。业务管理将通知计费管理对新的业务计费,通知故障管理对新配置的业务进行使用前验证测试,通过资源配置向资产管理人员申请设备设施/安装人员,并将供应配置的最终结果通报提出申请的网络用户。

(3)性能管理与其他功能的关系。性能管理从网络管理者得到当前网络运行指标;从用户得到对与之有关的网络性能的查询请求;从计费管理得到用户使用网络的详细记录;利用收集的统计数据和故障管理检测的故障情况,计算网络性能参数。其数据将作为规划管理的素材,发现危险的状态条件则向故障管理告警,用户关心的性能数据将向用户报告,全网运行性能将提交网络管理当局。

(4)计费管理与其他功能的关系。计费管理从网络管理者得到资费政策,从业务配置得到用户使用的业务情况,从资产管理得到用户占用的设备设施和分担的成本,从安全管理得到用户的预定义文件,从用户得到查询资费申请,利用收集的计费记录,计算出每个用户应付款总额,最后将账单交给用户。

(5)安全管理与其他功能的关系。安全管理将涉及所有网络功能。防止非法用户对网络资源和网络管理功能的访问是具有普遍性的任务。对用户的访问权限将利用预定义文件来管理。

(6)规划管理与其他功能的关系。规划管理利用性能管理计算出的数据,按照网络管理当局的发展框架和用户需求调查结果,采用数学模型进行分析,根据分析结果向资源、业务配置管理发出调整配置申请,向资产管理发出设备需求预测,并通过资产管理向供应厂商预订购设备,必要时,通过人员管理安排人员培训。

(7)资产管理与其他功能的关系。资产管理根据规划,资源配置,业务配置的申请和供应厂商可以提供的货源,向有关供应厂商发出定单,通知人员管理安排人员培训。在得到设备后,通知计费管理计算成本。

(8)人员管理与其他功能的关系。人员管理应资源、业务配置和故障管理的要求,派出工作人员赴现场工作,工作结果报告给人员管理,并通知上述管理功能。

6.4.4 网络管理系统的组成与结构

网络管理系统的重要任务是收集网络中各种设备和设施的工作参数、工作状态信息,显示给操作员并接受操作员对它们的处理,根据操作员的指令或根据对上述数据的处理结果向网络中的设备、设施发出控制指令(改变工作状态或工作参数),监视指令的执行结果,保证网络设备、设施按照网络管理系统的要求进行工作。我们将从一般原理着手介绍网络管理系统的逻辑模型及其原理。

负责发出所有的控制与管理命令。发出各种命令的依据则取决于各管理对象 MO (managed object)所处的状态。管理对象就是网络中的各种通信设备和设施,再具体一点,管理对象也包括网络设备或设施中的工作状态或工作参数,一个参数就是一个管理对象。在有的资料中也会把管理对象称为被管对象,实际上就是表示管理对象是网络中被管理的设备、设施或参数等。

6.4.4.1 网络管理系统的组成

一个网络管理系统从逻辑上由管理对象、管理进程、管理协议三个部分组成。

管理对象(managed object)是经过抽象的网络元素,对应于网络中具体可以操作的数据,如记录设备或设施工作状态的状态变量、设备内部的工作参数、设备内部用来表示性能的统计参数等。有的管理对象是外部可以对其进行控制的,如一些工作状态和工作参数;另有一些管理对象则是只读但不可修改的,像计数器类参数。还有一类工作参数是因为有了管理系统而设置的,为管理系统本身服务。这些统统都称为管理对象。

管理进程(manager)是负责对网络中的设备和设施进行全面的管理和控制(通过对管理对象的操作)的软件,根据网络中各个管理对象的变化来决定对不同的管理对象采取不同的操作,比如调整工作参数和控制工作状态的打开或关闭等。

管理信息库 MIB(management information base)可以认为是管理进程的一个部分。管理信息库用于记录网络中管理对象的信息,如状态类对象的状态代码、参数类管理对象的参数值等。它要与网络设备中的实际状态和参数保持一致,能够真实地、全面地反映网络设备或设施的情况。

管理协议(management protocol)则负责在管理系统与管理对象之间传递操作命令,负责解释管理操作命令。实际上,管理协议也就是保证管理信息库中的数据与具体设备中的实际状态、工作参数保持一致。

6.4.4.2 网络管理系统的功能

通常人们将网络管理系统功能按其作用分为三部分:一、操作。包括运行状态显示、操作控制、告警、统计、计费数据的收集和存储、安全控制等;二、管理。包括网络配置、软件管理、计费和账单生成、服务分配、数据收集、网络数据报告、可用性能分析、性能分析、支持工具和人员、资产、规划管理等;三、维护。包括网络测试、故障告警,统计报告、故障定位、服务恢复、网络测试工具等,因此网管系统也可称网络的操作管理和维护(OA&M)系统。

6.4.4.3 网络管理系统的体系结构

网络管理系统通常可分为管理系统和被管系统两大部分,其包含管理程序、被管对象、管理代理、管理信息库和信息传输协议等。

管理程序不仅提供了管理员与被管对象的界面,还通过管理进程完成各项管理任务;被管系统由被管对象和管理代理组成,被管对象指网络上的软设施,如交换电信网上交换机、传输系统等,计算机网上的工作站、Hub、路由器、网络操作系统等;管理代理通过代理进程来完成程序下达的管理任务,如系统配置和数据查询等;在管理程序中和被管系统中都有管理信息库(MIB),它们用于存储管理中用到的信息和数据;网络管理协议是为管理信息而定义的一种网络传输协议,目前比较流行的有简单网络管理协议 SNMP 和通用管理信息协议 CMIP,网管系统的目的在于实现网络管理的功能,而网络的管理功能通常由管理应用来实现。具有用户界面接口的管理应用称为管理工具,一组相关的管理工具构成一个管理工具箱。用户使用的网络管理系统一般包括若干个管理工具箱。管理功能间的通信可以是自动的,也可能是部分地采用人工方式通过各种通知单进行管理功能的协调。

网络管理是一项系统工程,网络中可能分布若干的网络管理系统,它们之间可以按地域、功能和管理层次分工合作。每一项网络管理功能通常需要由分布在不同地点的若干管理应用来支持。从受管设备到各管理层次结构中的管理设备都将参加管理工作。若管理系统上的工具不完整,则可能需要一些专用仪器仪表的协助。如在诊断网络故障时,若网络管理系统不具备协议监视分析能力,就需要专业的协议分析仪器。

用户在选择或实现网络管理系统时,将根据自己的管理要求,选择部分感兴趣的管理功能加以实现,因而不同的网络管理系统通常实现不同的网络管理功能子集。

从网络管理功能的应用角度来看,网络管理系统(NMS)由两部分组成:一组管理应用和为之提供服务的下层结构软件系统。管理应用包括:故障管理,配置管理,性能管理,安全管理,计费管理以及其他相关于网络管理功能等实现。下层结构软件包括网络通信接口(NCI),管理信息库(MIB),管理信息通信服务(MICS)和图形化用户接口(GUI)。它们通过一组应用编程接口(API)向应用程序提供服务(如图6-24)。

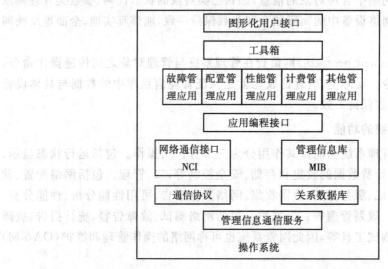

图6-24 网络管理系统体系结构

在这个体系结构中,网管系统通过各种管理应用提供的管理能力来实现网络管理功能;网络操作员利用图形化用户接口界面与网管系统进行交互通信,从网络系统获得网络所处状态的各种信息和向网管系统提交管理意图的表达;而网管系统通过网络通信接口来实现与网络单元及其他网管系统间的管理信息传递和交换,以及网管系统内部的信息传递和交换。采用这种体系结构所建立的网管系统有如下特点:一、灵活性。可以灵活地开发具有多个图形化用户接口,多个管理信息库和多个网络通信接口的分布式管理系统,网络管理应用也可以方便地增加和裁剪。二、分布式管理者—代理人结构。网管系统不仅可以建立在单一的计算机系统上,也建立在局域网(LAN)、广域网(WAN)或城域网(MAN)之上,从而构成分布式的网络管理系统。当然,管理信息库亦可以根据网络系统的物理结构灵活地分布在多个工作站上,构成分布式的管理信息库。三、事件驱动的体系结构。对受管对象的管理操作是由所发生的事件驱动的,而事件由网络本身状态变化或网络操作人员的人为干预而产生。网络操作有两种类型:同步操作和异步操作。前者指网管系统应用在等待受管对象动作响应时被挂起,在得到受管对象的信息反馈后恢复;而异步操作则允许网管系统应用在等待回答信息时继续执行其他操作,犹如计算机中的中断执行过程一样。四、扩展性。这种结构的网络管理系统对网络用户、网络单元、管理应用等的变化限制极少,使得网络管理者可以根据自己的情况确定网管系统的规模和变更规模。五、开放性。由于网管系统的下层结构开放了许多应用编程接口,以此构筑了一个开放式的公共编程平台。利用这个平台我们可以非常方便地访问网管系统中的资源,使网管系统的用户可以自行开发满足其特殊需要的管理应用。应用编程接口是网管功能得以实现的支撑条件。

6.5 信息系统

和信息概念一样,系统不仅是当今使用频率很高的一个概念,也是信息管理中的一个重要概念。一般而言,系统是指若干个组织好的且能通过相互作用来实现一定的目的和目标的要素的集合。系统的行为是由系统要素及其关系决定的。实际上,在自然界和人类社会中存在着各种各样的系统,这就是系统存在的普遍性。而系统本身没有绝对的规模限制,不论多大,也不论多小,都能够构成,这就是系统概念的相对性。

6.5.1 系统的含义与特征

系统(system)一词最早出现于古代西腊语中,其中的"syn"有"共同"和"给以位置"的含义,即是指事物中的共性部分和每一事物应占据的位置。但是,真正准确地给出了系统概念的含义是在系统论建立以后。按照系统论的观点,系统是由若干个相互区别、相互联系、相互作用的要素组成的具有整体功能和综合行为的统一整体。系统,特别是人工系统的主要特征可以归结为:目的性、集合性、阶层性、相关性、整体性和环境适应性。

6.5.1.1 目的性

人造系统皆具有目的性,而且往往不止一个目的。系统的目的决定着系统的基本作用和功能,系统功能一般是通过同时或顺次完成一系列任务来达到的。系统的目的通常是用更具体的目标来表达,系统的总目标经过一系列分解后成为若干阶层的分目标组成的目标集(目标树),系统的分目标必须保证总目标的实现。例如,企业就是一个系统,建立企业的目的是生产产品或提供服务。

6.5.1.2 集合性

通常把具有某种属性的一些对象看作一个整体,这个整体就是集合。集合里的各个对象都叫做集合的要素(也称为元素)。任何系统,不论大小,都要由两个或两个以上的能够相互区别的要素才能构成。例如,企业是由各个部处、车间(门市部)、班组(柜组)等要素组成的。

6.5.1.3 相关性

组成系统的要素是相互联系、相互作用、相互制约的,这就是说,在系统内部存在着相关性,这种要素之间的相关性,既是系统能否存在的依据,也是实现系统目的所必需的。

但是,相关性不是指系统内个别或部分要素之间的关系,而是指系统要素全部关系的总和。例如,学校作为一个系统,其内部各个部处和院系之间就存在着相关性。

6.5.1.4 阶层性

系统有一定的层次结构并可分解为一系列分系统,由系统、分系统直至系统元素构成了一个确定的阶层结构形式。根据系统要素、要素之间的相互关系以及系统的功能可以将其划分为不同的阶层。阶层性显示的是系统的可分性和联系性。大学可以划分为院、院可以划分为系、还可以划分为教研室,从而构成一定的层次结构。

6.5.1.5 整体性

具有独立功能的系统要素以及要素的相关关系和阶层分布,只能逻辑统一和协调于系统的整体之中。离开了整体的协调,要素和要素的相互作用便失去意义。整体协调要求:系统的各种功能要按"各占其位,各得其用"的系统思想来安排,任何一项功能超出它占的位置,便会造成整体上的危害。系统各项局部指标和标准必须具有整体性。整体性是指系统作为一个整体具有完整的功能,而这些功能并不是系统要素功能的简单相加。所谓"1+1>2"正是指系统的整体性。系统各个要素功能的发挥必须有助于系统整体功能的实现。

6.5.1.6 环境适应性

任何系统都存在于一定的物质环境即更大的系统之中。对于一切开放系统来说,它与环境之间都存在着正常的物质、能量、信息交换,系统只有在适应外部环境的变化过程中不断地提高自己的生存和发展能力。这种性质,就是环境适应性。一切开放系统均具有环境适应性。企业生产出来的产品或提供的服务必须适合社会的需要,大学培养出来的人才必须为社会所需,这些都是环境适应性的具体体现。达尔文的生物进化理论认为"物竞天择,适者生存",这也体现了环境适应性的思想。

6.5.2 系统的构成要素

每个系统都应该由两个或两个以上能够相互区别、相互联系、相互作用的要素才能组成。系统的构成要素,又称为系统的组成部分或组分,是构成一个系统所必不可少的条件。

6.5.2.1 环境

环境是与系统的资源输入、输出有关联的外部世界的总称,是系统的上一级系统。如果某个系统是一个大系统中的一个组成部分,那么就称该系统为大系统的子系统,大系统就是子系统的环境。任何一个系统都存在于一个特定的环境,也就是一个更大的系统之中。系统与环境之间一般都存在着物质、能量和信息的交换关系,虽然环境能够最终决定系统的命运,但是系统在一定的情况下也可以对环境产生一定的反作用,并有可能藉此而部分改变自己的命运。

6.5.2.2 系统边界

几个系统可以拥有同样的环境,其中有些系统可以通过共同的边界相互连接起来。

边界(boundary),又称为接口,是确定系统的范围并使系统与其环境区别开来的一条界限。如果某个系统与环境之间交换输入和输出,那么就可以说它是通过输入和输出接口与环境连接起来。在界限内的是信息系统,而在界限外的则是环境。界限是为了研究的方便而设想的,实际上,要在系统与环境之间画出一条泾渭分明的界限往往是很困难的。

6.5.2.3 输入与输出

系统必须始终与环境之间保持密切的联系,为此它就必须不断地从环境捕捉、获取物质、能量、信息、资金等,并对它们进行加工处理,最后还要将经过加工处理所得到的结果输出到环境中。系统的动态性和环境适应性也因此而产生。

6.5.2.4 处理

处理即加工,是指系统要通过系统要素的协调作用把从环境中获得的输入转换为输出。就是说,在获取输入之后,系统要采用一定的方法和设备,按一定的目的和步骤对输入的资源进行加工,使之转变成能被利用的产品。

6.5.2.5 控制

控制就是测量实际情况与目标之间的偏差,并据此采取必要的校正行动的过程。对于人工系统而言,因为它有确定的目标,所以必须要对其运行情况加强控制,不断地检查其运行中可能出现或存在的问题,并通过调整输入和处理来确保系统朝着实现预定目标,即获得所需要的产出的方向前进。

6.5.2.6 反馈

反馈经常包含在控制概念之中,因为它是控制中的一部分。它是将系统输出的结果部分或全部返回到输入端,以此来改变输入,从而确保系统的输入和输出之间保持确定的关系。任何反馈实际上都是信息的反馈,所谓反馈就是信息反馈,即通过输出信息与目标信息的对比来调整输入资源。事实上,任何控制都离不开信息的反馈,没有反馈也就无所谓控制。

6.5.3 系统的分类

为了研究和使用的方便,人们经常要按照不同的标准对系统进行分类。事实上,分类也能够使我们对系统的概念有更为深刻的理解,对系统概念的运用更为准确。这里仅就目前比较通用的系统分类方法做一些简单介绍。

6.5.3.1 简单系统与复杂系统

简单系统(simple system)是指那些只有很少的组成要素,且要素之间的关系或相互作用非常明了的系统。复杂系统(complex system)则是指组成要素众多,且要素之间的关系及其相互作用异常复杂的系统。比如玩具汽车就是一个简单系统,而汽车则是一个复杂系统。把复杂系统简单化是研究复杂系统常用的一种方法。

6.5.3.2 开放系统与封闭系统

开放系统(open system)是指与环境之间存在着相互作用的系统,换句话说,就是在系统边界上存在输入和输出的流动。所有的有机体、所有的社会组织,都是开放系统。封闭系统(closed system)则与开放系统正好相反,它是指与环境之间不存在相互作用的系统。实际上,封闭系统屈指可数。通常,我们需要了解的是系统的开放程度,有些系统可能比另一些系统的开放程度更高一些。

6.5.3.3 静态系统与动态系统

静态系统(stable system)是指环境的变化不会引起系统内部的变化,或在系统内部只引起很小的变化的系统。而动态系统(dynamic system)则是指由于环境的变化而发生迅速、不断变化的系统。当然,静态与动态也不是绝对的,实际上它们只是程度上存在着差异而已。因为,随着时间的推移和环境的变化,绝对不发生变化的系统可能是不存在的。

6.5.3.4 自适应系统与非自适应系统

自适应与非自适应的概念与静态和动态的概念之间具有密切的联系。所谓自适应系统(adaptive system)是指能够对环境的不断变化作出响应或应答的系统,换句话说,自适应系统不仅能够监测环境的变化,而且还能够在响应环境变化的过程中通过改变自身或改变环境来经受住变化。而非自适应系统(nonadaptive system)则是指不会随着环境的变化而变化的系统。

6.5.3.5 永久系统与临时系统

永久系统(permanent system)是指能够长期存在的系统,通常是十年或十年以上。可见"永久"并不是真正的永久,只是时间较长而已。例如,学校、医院以及许多企业都属于这种系统。临时系统(temporary system)是指不能够长期存在的系统。有些临时系统的寿命还不到一个月甚至更短,比如为了完成某种任务而临时组建起来的机构就是如此。

6.5.3.6 开环系统与闭环系统

根据系统内部是否存在反馈结构,可以将其划分为开环系统与闭环系统。开环系统(open-loop system)则是指在系统内部不存在着反馈结构的系统,这种系统在执行一项决策的过程中不接收外部信息,因而也不能根据外部信息的变化情况来改变决策。比如许多自然系统以及人工产品多属于这种系统(见图6-25)。而闭环系统(closed-loop system)是指其内部存在着各种各样的反馈结构的系统,这种系统在执行决策过程中,不断地接收外部信息,并不断地传递给决策者,决策者则据此不断地调整决策。比如各种各样的社会组织大多数都属于这种系统(见图6-26)。

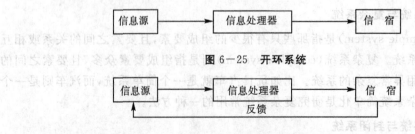

图6-25 开环系统

图6-26 闭环系统

6.5.3.7 物理系统与概念系统

物理系统(physical system)是指由各种各样的实物所构建起来的系统,在自然界和人类社会里所存在的各种各样的肉眼可见的或通过仪器设备能够观察得到的系统都属于这种系统。概念系统(conceptual system)是指人类在认识自然、改造自然和战胜自然的过程中所积累起来,并经过系统化的组织而形成的知识和经验。

6.5.3.8 黑色系统、灰色系统与白色系统

按照人类对系统内部的了解和认识程度,可以将系统划分为黑色系统、灰色系统与白色系统。黑色系统(black system)是指人类对其内部结构完全不了解的系统,比如遥远的天体。白色系统,(white system)则是指人类对其内部结构已经完全了解的系统,比如电子计算机系统。而灰色系统(gray system)则介于这两种系统之间的一种系统,比如人的大脑、社会经济系统等。

6.5.4 系统的变量和参量

为了全面地了解和认识系统,我们需要了解系统的变量和参量。所谓系统的变量是指可以为决策者所控制的量或项目,而参量则是指决策者无法控制的质或量。

6.5.5 系统的绩效标准

对系统的绩效(system performance)可以运用效果和效率来进行测度。效率是用产出除以投入,效果则用系统实现其目的的程度来测算。对于系统绩效的评价需要采用一定的绩效标准。所谓系统的绩效标准就是系统的具体目标或目的。

6.5.6 系统模型

现实世界是复杂的、不断变化的,由于这个原因,我们在研究现实世界时要采用模型而不是现实系统本身。所谓模型是指对现实的一种近似或抽象,也就是将复杂的现实系统转变成为一种比较简单的系统进行研究。事实上,自从人类诞生以来,人们就一直在运用模型方法来了解、描述和认识自然界和人类社会。一般说来,模型主要有四种:叙述模型、物理模型、图解模型和实物模型。

叙述模型(narrative models)是指用口头或书面语言来对现实进行描述的模型。比如一个组织内部的有关某个系统的报告、文件和会话等都是重要的叙述模型。比如,一位推销员向销售主管汇报的产品竞争者情况,一份描述一种新的加工机器功能的书面报告,报纸上的一篇有关经济状况或未来出口形势的文章,等等,都属于叙述模型。

物理模型(physical models)是指对现实世界的可见描述。物理模型给出的是一种直观的比例实物,许多物理模型都可以运用计算机来设计和构建。比如各种各样的建筑模型、产品模型、战场模型、城市规划模型、人体模型等。这些物理模型都属于比例模型(scale models),其主要作用就是为研究和使用提供所需的信息。

图解模型(schematic models)是用图形的方式来对现实进行描述。各种各样的图形、表格、插图、条形图、示意图、曲线图、比例图等都属于图解模型。图解模型被广泛用于开

发计算机程序和信息系统,比如程序流图、数据流图、建筑蓝图、预算和财务状况预测的曲线图、表示活动的网络图等都属于图解模型。

数学模型(mathematical models)就是用数学的方法来描述现实,具体说,就是要使用各种各样的数学公式来对现实世界进行抽象的表示。

6.5.7 信息系统

信息系统是信息管理中的核心概念之一,从某种程度上讲,信息管理就是信息系统管理,或者说是信息系统资源的管理。因此,了解信息系统的概念对我们深入地掌握信息管理的内涵和开展信息管理工作都是必不可少的。

6.5.7.1 含义与功能

如同系统的概念一样,信息系统作为信息管理中的一个专用术语其确切的含义还有待于人们继续进行深入的研究。但是我们可以从一般研究和管理的角度来了解一下信息系统的基本含义及其功能。

信息系统是人员、过程和数据库的集合体,有时候也包括硬件和软件。它收集、处理、存储和传递业务层次的事务处理数据和支持管理决策的信息。因此,有没有计算机,并不是信息系统能否存在的唯一依据,换句话说,没有计算机也有信息系统。信息系统处于运动状态时会产生物质、能量、信息和资金的流动,这种流动可以是从环境流向该信息系统,也可以是从信息系统流向环境。

信息系统功能是指信息系统为达到特定目标,遵循一定程序而进行工作的能力。按贝塔朗非的说法,"所谓功能,是指过程的程序"。信息系统的组织、结构方式不同,其功能的大小也不同。一般说来,组成系统的要素越多,功能越大;系统规模越大,功能就越广。大型信息系统就是由一些简单的分系统构成的统一体,每个分系统都具有一定的基本功能,并可以独立存在。每个分系统与其他分系统有机地结合成一个统一体,从而能够担负起任何一个分系统单独无法完成的某些新功能。就是说,正确组建起来的大型信息系统,其功能永远大于各分系统功能的算术和。大型信息系统的特殊功能在于能满足任何类型的信息需求,而简单信息系统只能满足某些特定的信息需求。

一般说来,信息系统的功能构造模型由以下五个部分组成,即信息的输入、存储、处理、输出和控制。输入信息系统的信息首先进入存储区,经过加工整理(即组织)后按一定的方式输出。为了保证这个过程能够正常运转,还必须由人和机器对各个环节不断地进行监督、指挥。

从信息系统的功能结构可知,信息系统一般应具有输入、存储、处理、输出和控制等功能(见图6—27)。

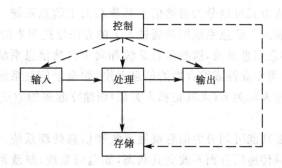

图 6-27 信息系统的功能

(1) 输入功能。信息系统的输入功能决定于系统所要达到的目的及系统的能力和信息环境的许可。作为一个开放的系统,信息系统的输入应具有不断适应信息环境变化的特点。任何一个信息系统的信息输入都必须要考虑其用户的需要、信息的可获性、系统本身的人力、财力、物力及技术条件等因素。

(2) 存储功能。存储功能是信息系统贮藏信息和数据的能力,信息组织是信息存储的基础,信息存储就是要在一定的约束条件下建立起各种各样的数据库。信息存储要从环境的实际需要出发,在有可能的情况下,力求增加投入,扩大存储容量,并能保证所贮存的资料充分有效且便于用户使用。

(3) 处理功能。处理就是对搜集、存储的大量信息资料及时进行加工、整理、转换,使其有序化和浓缩化,它是信息系统内部的生产过程。信息系统通常将分散的处理业务,集中统一起来,以减少重复劳动,提高工作效率。现在人们广泛采用机械化、自动化的技术设备来提高信息系统的信息处理能力。

(4) 输出功能。各种各样的信息系统,都是为了满足用户对今后的不同需要而建立的。因此,信息系统的各种功能都是为了保证最佳的输出功能(包括信息的显示、固化、检索、咨询与传递服务)。输出的信息,即向用户提供的各种形式的数据、事实、信息、知识或者二次文献、三次文献等等,就是系统的最终产品。信息系统对外界环境所产生的效益,用户对信息系统的满意程度,都是通过信息系统的输出功能来确定的。

(5) 控制功能。为了保持信息系统的输入、输出、存储、处理、输出均匀连续地进行,系统必须具有管理——控制功能。信息系统的控制功能表现在两方面:一方面,是对各种信息处理设备,如电子计算机、现代通信网络、先进的存储手段等,通过各种程序从技术上进行管理控制;另一方面,是对整个信息系统的组织管理,即由组织机构来控制,调节系统内部各组成部分的结构及其关系,完成各种功能。通过控制功能,能使信息系统的输入、存储、处理、输出等功能最佳化,从而使整个系统的运行最佳化。

6.5.7.2 信息系统的分类

信息系统也可以像系统一样根据不同的标准来进行分类。了解信息系统的类型和各类型信息系统之间的区别与联系,将为今后建立基于计算机的信息系统打下基础。需要说明的是信息系统在任何组织中都存在,可以说,任何一个组织在一定意义上都是一个信息系统。但我们这里所研究的信息系统主要是指其主要职责是从事信息的收集、加工、存储、传递、检索以及计算机化系统的建设与系统管理等活动的系统。

(1) 按系统的生成方式可划分为自然信息系统和人工信息系统。自然信息系统是自然而然形成的系统，而人工信息系统则是通过人工的方法建造起来的信息系统。在植物、动物和人体内部都存在信息系统，这些信息系统都属于自然信息系统。而为了达到一定的目的组建起来的各类专业性或综合性的信息系统，如金融信息系统、企业信息系统、国家信息系统，以及通过人际关系(尤其是私人关系)而建立起来的非正式信息系统等，都属于人工信息系统。

(2) 按系统的主要功能可划分为信息流通系统和信息处理系统。信息流通系统又称为信息传递系统，它只传递信息而不改变其状态，如电信系统、邮政系统、广播系统、电视系统等；信息处理系统是指通过加工处理使数据与信息获得新的结构与状态，形成新的数据与信息的信息系统，如事务处理系统、管理信息系统、决策支持系统、汉字信息处理系统、图像信息处理系统等。当然，这种划分方法因考虑的只是系统的主要功能方面的差异，事实上，即使是信息处理系统也离不开信息传递，否则它就会成为无源之水、无本之木，同时处理的最终结果也需要通过信息传递才能发挥作用。另一方面，广播电视系统在传递信息时，也可能事先对待传递的信息做些局部处理。

(3) 按对信息的处理手段可划分为手工信息系统、机械信息系统和电脑信息系统。手工信息系统的特点是全部信息处理工作都是通过人工来进行，信息存储器就是卡片箱、文件柜等；机械信息系统在技术上比手工要高些，系统中的数据记录和处理有许多可由机械工具来进行；计算机信息系统是由计算机的中央处理器进行数据处理，并配有现代化的信息传递手段，运算准确，传递迅速，数据处理量大。

(4) 按系统的正式程度可划分为正式信息系统和非正式信息系统。正式信息系统是机器的或人工的信息系统，非正式信息系统总是人工的。任何一个组织除了正式信息系统外，总存在着非正式信息系统。一个成功的组织均有一种较灵敏的非正式信息系统，他们上下左右心领神会、配合默契，这种信息系统有自己的一套习惯、规范、程序，甚至还拥有自己的语言和术语。非正式信息系统中传播的信息比较重要、真实，也比较快，保密性较好。正式信息系统比非正式信息系统具有更好的存储能力和科学性。尽管如此，许多管理人员仍把非正式信息系统作为他们工作的主要依据，而轻视或忽视正式信息系统。只有正式信息系统与非正式信息系统很好匹配时，正式信息系统才能代替非正式信息系统。

(5) 从系统的服务范围来可分为宏观信息系统和微观信息系统。宏观信息系统是指国家及各部委办等所组建的以全国各地用户为服务对象的自上而下的大型信息系统；微观信息系统是指基层组织所建立的以其内部人员为主要服务对象的小型信息系统。从管理的角度来看，微观信息系统是宏观信息系统赖以建立的基础。

(6) 按系统中的信息内容和系统的服务对象可划分为综合性信息系统和专业性信息系统。综合性信息系统中所收集的是综合性的信息，如国家统计信息系统；专业性信息系统中收集的是关于某一特定行业、某一特定领域、某一特定学科方面的信息，如化工信息中心、冶金信息中心等。专业性和综合性也是指程度上的差异，在这两者之间可能有许多过渡形式，也就是说，有许多信息系统很难截然地划入综合性信息系统或专业性信息系统的范畴。

(7) 按研究者对系统内部过程与结构的认识程度可划分为黑色信息系统、白色信息系统和灰色信息系统。黑色信息系统是指我们只知道该系统的输入－输出关系，但不知道实现输入－输出的结构和过程，如许多动植物体内的信息系统；白色信息系统是指既知道输入－输出关系，又知道实现该关系的结构与过程，如电子计算机；灰色信息系统是指对于系统实现其输入－输出关系的结构与过程只有部分了解，许多非人工的系统中都存在着这类信息系统。

6.5.7.3 人与信息系统

作为一种思想方法，很多学者在研究一般化的信息系统模型时，基本上都将生命系统看作是信息系统，从而得出了一些很有启发性的结论。当然这种研究的主要目的不仅仅是理论上的探讨，实际上，其最终的目的是要为运用现代信息技术构建结构合理、功能强大的人工信息系统提供理论支持和技术指导。

(1) 米勒的生命系统模型。米勒根据生命系统的生理结构框架提出了一个信息系统的总体模型，认为生命系统具有加工处理物质、能量、信息的能力，它是由生命系统中普遍存在的两个基本系统——加工物质和能量的系统和加工信息的系统构成的。

第一个是加工物质与能量的子系统，它的基本构成要素有：一、吸收器——从环境吸收物质与能量；二、发送器——将输入发送给其他组成部分；三、转换器——将一次输入的能量转换成另一种能量，以满足各部分的需要；四、生产器——通过对输入的物质与能量的限制保持系统的稳定，使之得以生存；五、存储器——将物质能量形式的输入保持一段时间；六、输出器——从系统中输出系统的生产物及废物；七、动力源——采取可行的必须的行动，包括产生于其他部分的行动；八、支持者——平衡系统的各部分，使之都能有效地工作。

第二个是信息处理子系统，它的主要要素包括：一、输入转换器——传感子系统将符号传给系统并转换成其他形式作为数据传递给系统的各组成部分；二、内部转换器——传感子系统从系统的其他部分和子系统接收数据，改变数据的形式，以便在系统内传递；三、通道与网络——按规定路线在系统中发送物质与能量；四、编码器——将从内部转换器接受的数据从一种形式转换成另一种形式，以便它们能被系统所利用；五、联接器——将多种形式的数据相连，从而产生重要的关系(米勒把这看作是获取知识过程的第一阶段，把数据称作"携带信息的标识")；六、记忆器——存储不同时期建立的数据；七、决策者——通过控制系统不同部分中的数据信息流来控制整个系统；八、解码器——从系统各部分获取数据，并使之能被同一环境中的其他系统所识别；九、输出转换器——输出携带信息的标识，并将系统内的标识转换成其他物质能量形式，通过系统的通道加以传递。

(2) 德斯本的 EAPTUT 模型。德斯本也提出了一般化信息系统模型，它由 6 个基本要素组成，他将这六个基本要素的第一个英文字母组成连成 EATPUT，作为该系统模型的名称(见图 6-28)。这六个基本要素是：一、事件域。事件域中的事件与信息系统的功能和目标有关，它包括对事件的分类与分层过程，以及这些事件的符号形式的语言学表示过程；二、获取。它是系统的最初的有形部分，用于从外部环境中获取物质与能量(事件)；三、传输。它是指信息(数据)在系统各部分之内或之间的具体运动；四、处理。信息的有序化、存储与检索，其最终目的是用于解决问题，作出决策；五、利用。这一部分代表评估、理解信息系统的需要,它与米勒的决策者的功能相似;六、转换。它是系统的行动部分,通过转换介质,完成决策者的功能,转换功能在该模型中可看作是传播(或信息转换)。

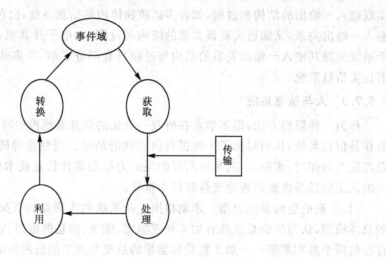

图6-28 德斯本的 EAPTUT 模型

(3)人体信息系统的一般信息模型。人通过感觉接收器(眼、鼻、耳、皮肤等)接收外界信号(采集信息)并传送到处理器(有存储、处理信息功能的大脑),处理就是思维过程,处理的结果就是输出应答信号(响应的输出,包括说的、写的、动作的响应)。人响应输入产生输出的能力是有限的,如果输入负荷超过了人的处理能力,那么人的响应速度会降低,响应性能恶化。为了避免信息过载,人都有滤波器把一些输入滤掉,滤波通过知觉进行,其目的是使负荷在人可以接受的范围。每个人滤波器的建立与他个人的经验、背景、习惯等有很大的关系。

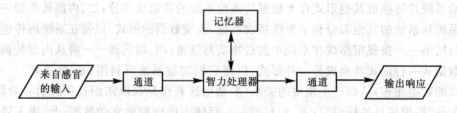

图6-29 人作为信息处理器时的一般模型

A.尼维和 H.A.西蒙把人作为信息处理器建立了一个模型(见图6-30),他们认为计算机解决问题和人有许多相似之处。他们提出人的信息处理系统包括一个处理器、一个感官输入、一个动力输出。它包含三个存储器,即长期存储器、短期存储器和一个外部存储器(见图6-31)。人体信息系统的运行是串行的而不是并行的,也就是说,人一次完成一项信息处理作业(但这并不意味着人不能同时进行一项以上的工作),但计算机可以以串行或并行的方式运行。

长期存储器本质上具有无限的存储能力,它可以整块地存储信息。这种存储器读取时间很短,但写入的时间相当长。短期存储器是处理器的一部分,它很小,一般用作输入和输出的暂存存储器,其读写速度很快。外存是指人用来帮助记忆的一些外部介质,如纸、黑板等。人体信息系统的处理器由三部分组成：基本处理器、短期存储器和解释器。解释器的作用是存储一些解决问题的指令程序。

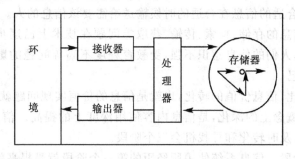

图 6—30　尼维－西蒙模型

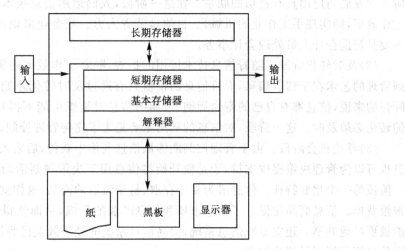

图 6—31　尼维－西蒙模型的存储器

人在进行信息处理时的具体要求大致有五点：一、人需要反馈。这种反馈不仅是为了证明输出的信息无错误，而且也是人心理上的需要。一个人如果得不到足够的反馈，那么就有可能会引起心理上的不安，进而引起其行为上的变化。二、人需要一些多余的信息。这些信息可以增强人们的信心，即信息是用来说服人而未必真正有用。从另一方面来看，多余信息可能具有未用机会价值，也就是现在无用，将来可能有用。同时，人有时候收集了许多信息，只是为了监视。三、人需要压缩的信息。信息爆炸是客观存在的，而人自身接受信息和消化信息的能力是有限的，同时消费信息有时候还受一定的时间方面的限制，因而人经常需要的是浓缩过了的信息。四、人对信息的需求是多种多样的，这与人自身的性格特征、工作需要、生活环境等有关。五、人需要体语信息输入。虽然书写和对话是人接收信息的最普通形式，但人们往往还需要获取其他形式的信息，如体语。据说，人们在交谈中获得的信息可能有一半以上来自"身体语言"，如面部表情、眼光接触、身体姿势、语音语调和语速，这些都包含有很多的含义。

6.5.7.4　信息使用与信息系统

德斯本认为，当人们想利用技术补偿人类的缺陷时，就产生了旨在增强人类能力的机器系统,因此可以说信息系统,特别是基于计算机的信息系统,是深化信息使用的重要手段。信息的使用主要涉及到两个问题,一是技术问题,二是价值转换问题。技术问题就是要解决怎样才能把合适的信息在合适的时候输送给需要该信息的人。由于信息技术的飞速发展,现在有关信息的存储、检索、传输、获取等问题在技术上已逐步得到解决,但由于受到技术成本较高,人们的信息意识不强,受教育程度不高等问题的影响,它们至今还没有得到普遍使用而已。

与技术问题相比,信息价值的转化,也就是信息的价值实现问题就更难以解决了。价值转化是信息使用概念上的深化,是信息内容使用深度上的提高。信息使用的发展大致可划分为提高效率、及时转化和寻找机会三个阶段。

(1)提高效率阶段。信息系统使用所经历的第一个阶段就是提高效率,它与数据处理阶段的发展与应用具有密切的联系。在这一阶段,人们运用信息技术的主要目的是提高工作效率,即实现手工作业的机械化,目的是节省人力。就企业来说,它最初引进计算机主要是帮助会计人员处理会计事务。

(2)及时转化阶段。随着信息技术运用的扩展,随着工作效率的提高,人们慢慢认识到管理的艺术在于驾驭信息,而且信息的价值只有通过及时转化才能实现。对组织的实际目的来说,信息都有自己的寿命周期,过期的信息对组织可能不再具有价值,因此信息的转化必须及时。这一阶段,对信息的利用主要是为了完善管理控制。

(3)寻找机会阶段。由于管理控制能够从信息利用中获益,后来人们又逐渐意识到信息也可以为管理决策提供支持,于是便开始将信息用于决策规划活动。信息商品化是这一阶段的一个重要特征。信息成为易于存取、易于流通的商品,这样就不会被局部占用而被浪费掉。信息商品化促进了信息市场和信息产业的形成,从而使得信息作为一种资源能被更好地共享。建立专职信息系统,提高信息系统的经济效益已为许多企业所重视,因而信息管理得到了逐步加强。

6.5.7.5 基于计算机的信息系统

所谓基于计算机的信息系统(computer-based information system——CBIS)是指利用计算机系统、设备和技术的信息系统。一般说来,它的物理要素主要有:硬件——用于输入和输出的计算机系统及其设备;软件——用于处理信息的各种程序和指令;数据库——是指组织好的事实和信息的集合;电信技术——是把计算机系统连接成为网络所需要的设备;程序——为了控制CBIS而制定的战略、政策、方法和规则;人员——CBIS中最重要的要素,主要是信息系统人员和用户。前者包括管理、运行、程序设计和维护计算机系统的人员,后者包括管理人员、决策人员、雇员或其他利用计算机系统的人员。信息系统人员有时候也是计算机用户。CBIS可以大致划分为事务处理系统、管理信息系统和决策支持系统以及专家系统等。

(1)事务处理系统。事务处理系统(transaction processing system——TPS)是人员、过程、数据库和用于记录完结业务的设备的有组织的集合体。第一批电子计算机出现以后,就开始被用于执行事务工作。当时建立的许多系统的目的就是降低成本,其方法是使许多事务性的、劳动密集型的事务系统自动化。工资系统就是第一批被计算机化的事务系统。早期的工资系统可以制作雇员工资支票以及一些其他政府机构所需的与雇员有关的报告。同时其他方面的应用也开始出现,比如给顾客开账单、对库存进行控制,也都实现了计算机化。因为这些早期的信息系统主要用于处理企业的日常事务,所以就被称为事务处理系统。即使是现在,一些经过改进的事务处理系统仍然在许多组织中发挥着非常重要的作用。

(2)管理信息系统。管理信息系统(management information system——MIS)是人员、过程、数据库和用于向管理者和决策者提供常规信息的设备的有组织的集合体。管理信息系统的重点是作业效率,它最典型的作用是为营销、生产、财务和其他职能部门的工作提供支持,并用一个共同的数据库将它们连接起来。管理信息系统还可以利用来自于事务处理系统的数据(见图6—32)和信息制作先期计划报告(preplanned reports)。

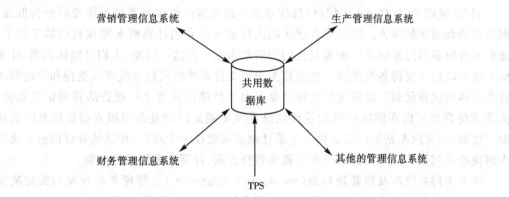

图6—32 职能管理信息系统吸收了来自于组织事务处理系统中的数据

大多数组织都已经认识到他们为了建立事务处理系统而在计算机硬件、计算机软件和专业人员以及其他仪器设备等方面的投入与这些系统给他们带来的产出相比是值得的,因为它们确实提高了事务处理活动的速度、降低了事务处理活动的成本。早期的事务处理系统主要用于会计和财务方面,并且取得了很大的成功,后来人们又逐渐认识到存储在计算机系统里的数据可用于帮助管理者完善控制、改善决策,因此满足管理者和决策者在这一方面的需求,就成了进一步推动信息系统开发的一个重要因素。

管理信息系统开始形成于20世纪60年代,当时主要是利用信息系统来生产管理报告(managerial report)。在大多数情况下,这些早期的报告是可以周期性(逐天、逐周、逐月或逐年)生产出来的。因为这些报告都是按计划出现的,故又称它们为进度报告(scheduled report),可以帮助管理者履行自己的职责。例如,一份工资总成本的综述报告(summary report)就可以帮助会计主管预测未来的工资成本。随着其他的管理人员也认识到这些报告中包含的信息的价值,管理信息系统便开始在整个管理领域逐渐扩散开来。例如,总工资综述报告最初是为会计主管准备的,但是现在也可以帮助生产主管监督和控制劳动力和工作成本,而其他各种各样的进度报告则可以用于帮助不同部门的管理者控制客户信用、为供应商提供分期付款、评价销售人员的绩效、确定库存水平。

在管理信息系统发展的初级阶段,也开始生产了一些其他类型的报告。需求报告(demand report)就是应决策者的要求为其提供所需信息的报告。例如,在结束一项销售活动之前,销售人员要准备一份了解某个特定的商品还有多少库存的需求报告。该报告可以告诉这位代表,手头是否有足够的存货以满足客户的订购要求。例外报告(exception reports)是用于描述一些意外或关键情况的报告,如库存很低。只有出现了库存低于规定要求时候才能生产例外报告。比如,在一个自行车厂,如果自行车车座的数量太少,而订购车座的客户越来越多时,就可能要生产例外报告。只有当某些产品的库存低于某个特定水平时,才要生产库存例外报告。

(3)决策支持系统。决策支持系统(decision support system——DSS)是人员、过程(procedures)、数据库和用于支持解决具体决策问题的设备的有机集合体。其重点是决策效益。管理信息系统帮助组织"正确地做事(do things right)",而决策支持系统则是帮助决策者"做正确的事(do the right thing)"。

到20世纪70年代、80年代,信息技术的迅速发展促使信息系统价格变得更为低廉,但是功能却越来越强大。组织中各层次的人员都开始利用计算机来完成自己的工作了。他们不再仅靠信息系统部门来满足他们的信息需求。在这一时期,人们已经认识到,计算机系统可以用于支持各类决策。这类称为决策支持系统的信息系统可以支持和帮助解决各类具体的决策问题。决策支持系统已经超出了传统的只能生产报告的管理信息系统。决策支持系统可以在解决传统的管理信息系统不能支持的复杂问题方面提供及时的帮助。比如,一家汽车制造厂要选择一个最佳地点来建设一个新厂,传统的管理信息系统很少解决这类问题。决策支持系统可以提供备择方案,并帮助进行最终决策。

决策支持系统涉及到管理判断(managerial judgement)。管理者在开发和实施决策支持系统的过程中能够发挥积极作用。决策支持系统是从管理的观点运行的,它承认不同的管理风格和决策类型需要不同的系统。值得注意的是,决策支持系统只是"支持"而不是"代替"管理者进行决策。决策支持系统的基本要素有用于支持决策者的模型库(model base),使决策支持系统的开发或生产变得更加简单的DSS发生器(DSS generator)和帮助决策所需要的数据库,以及帮助决策者和其他用户与决策支持系统建立联系所需的用户接口(见图6—33)。

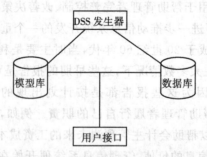

图6—33 决策支持系统的基本要素

(4)专家系统。专家系统(expert system)是人员、过程、数据库和用于生产专家建议或提出某领域或学科中决策的设备等的有组织的集合体。这类计算机系统就像在该领域中有多年工作经验的专家一样,它们是在广泛采访和观察这些专家的基础上开发而成的。专家系统一般包括三个要素:知识库、规则库和推理机,但是它们不能代替人(见图6—34)。知识库(knowledge base)是关于某领域的数据、信息和经验的集合。例如医疗专家系统的知识库可能包括各种各样的疾病及其症状和起因方面的信息。知识库的目的是捕捉专家的经验和专业知识。规则库(rule base)由一系列用于帮助进行正确决策的规则和关系组成的。医疗专家系统的规则库可能包括许多条件,如"如果存在某些症状,就用事先规定的诊断方法进行诊断"。其主要目的是像专家一样提出结论、建议和意见。专家系统的独特之处在于允许捕捉和利用专家的智慧,这样就可以把专家的知识长期地保存下来。推理机(inference engine)可以与知识库与规则库发生作用,它的主要目的是像专家一样提出结论、启示和专家建议。此外还有用户接口,它可以使决策者或用户存取专家系统。

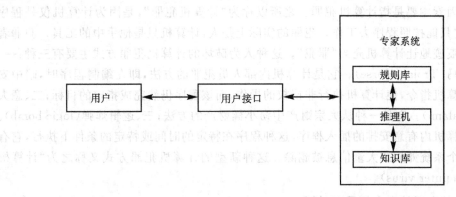

图 6-34 专家系统的主要构成要素

6.5.8 信息系统的安全与保密

这里的信息系统主要是指计算机信息系统和各种联机网络系统。信息系统的安全与保密是一个问题的两个方面。系统安全是指对人身的安全和系统本身承受自然灾害、人为破坏、操作员失误及系统故障后对信息系统的正确性、完整性、可用性的考验。安全措施应确保系统对上述灾害的预防、保护及恢复能力。保密则是对系统中信息资源的存取、修改、扩散及使用权的控制。危害系统保密的主要因素是犯罪分子的窃密、保密工作中的漏洞,以及工作人员的疏忽。建立现代化的机器信息系统的目的是为了实现资源共享,但是信息资源的共享是有范围限制的,只有相互合作的用户或同一系统中不同层次的用户才能共享。然而有时候一些非相关用户,也可能会借机从信息系统中获取某些重要信息。这往往会给国家、企事业单位或个人造成不应有的损失。

6.5.8.1 信息系统的不安全因素

信息系统的不安全因素可能有许多种,但归纳起来不外乎三种,即自然因素、人为因素和技术因素。在这三种因素中,危害最大的是技术因素,数量最多的是人为因素。

(1)自然因素。自然因素主要是指人力不可抗拒力,包括地震、水灾、风灾、火灾等自然灾害。这些灾害对信息系统的危害主要涉及到机房设备、存储介质、通信线路等。对于自然因素,人们只可能预防,但却不可能避免。

(2)技术因素。技术因素主要是指物理因素、软件和数据技术上的弱点,容易给犯罪分子造成可乘之机,或者由于技术因素造成重大事故,给系统带来巨大损失。物理因素主要包括机房供电、空调、防震、计算机主系统及通信信道的稳定性和可靠性、数据库介质的保管和借阅使用。软件、数据因素是资源共享的核心内容,既要保证与相关用户能够共享信息资源,又要防止犯罪分子窃取而失密。

(3)人为因素。人为因素的破坏可能有两种情况:一是对硬件和外部设备进行破坏,这类行为多是极端分子,恐怖集团为达到某种报复目的所为。具体的方式有炸毁、枪击、放火、破坏计算机中心、计算机子系统,捣毁通信设备等,最终使通信、银行、企业等失去控制,陷入混乱;二是利用计算机系统本身进行犯罪,如非法盗用计算机系统的数据,出售国家安全机密、商业机密、商业信息,非法复印、拷贝各种程序软件等。

人为因素主要是指计算机犯罪。之所以称为"计算机犯罪",是因为计算机仅是程序的奴隶,它只能按照程序去工作。犯罪的实际上是人,计算机只是他手中的工具。犯罪者常常不留痕迹地让计算机充当"罪犯"。这种人为破坏的计算机犯罪方式主要有三种:一、特洛伊木马(Trojan Horse)。它是计算机内部人员犯罪的方法,即在编制程序时,暗中安插一段计算机指令,使计算机执行非授权的操作,而该程序仍然完成指定的目标;二、意大利香肠(Salami)。它是一种从大宗财产中窃小额财产的方法;三、逻辑炸弹(logic bomb)。它是在计算机内有意安排的插入程序,这种程序在特定的时间或特定的条件下执行,它有可能使整个系统瘫痪或大量信息被删除。这种新型的计算机犯罪方式又称之为"计算机病毒"(computer virus)。

6.5.8.2 信息系统安全与保密对策

信息系统安全与保密问题是一项系统工程,它涉及到许多方面。目前各国政府与企业都已认识到该问题的重要性,并开始在计算机安全方面进行大量投资,比如设立安全技术和理论研究机构,大力开发信息安全产品,并对计算机、通信设备等进行安全性能技术认证和鉴定。虽然人们可以从许多方面着手加强信息系统的安全与保密工作,但是下面我们仅介绍几项最常见的措施。

(1)加强安全技术的理论和应用研究。目前人们在安全技术上虽然采取了不少措施,但总的来说还不太理想,一些加密技术与解密技术几乎是齐头并进。在加密技术、设备等方面还需要加大投入,研制出高保密技术性能的安全产品。事实说明,劣质的保密技术比没有还要糟糕,因为它不仅起不了安全保密作用,往往还容易使人们放松警惕,从而给不法分子以可乘之机。目前,对计算机病毒的防护一般要采取以下几个措施:一、基本限制。如果系统存在共享信息,就有可能传染计算机病毒。信息系统的共享性和传递性,以及解释的通用性,都给病毒传染提供了条件,但并不能因为有病毒传染的威胁而取消资源共享和传递,为此就需要制定一定的隔离策略,以防病毒的扩散;二、分割模型。主要是分割用户成为不能互相传递信息的封闭子集。由于信息流的控制,使得这些子集被看成是系统分割成为隔离的子系统,因此,要传染也仅是系统的一部分;三、流模型。采取限制病毒可能传播距离的一种方法。它是实现保持数据流过的距离的轨迹度量。其规则是输出信息的距离是输入的最大距离;四、限制解释。对语句解释的限制也可起到一定的保护作用。

(2)树立安全保密观念。在采取安全措施的同时,应加强工作人员、各级领导的安全保密意识。改变计算机只会产生正效应的宣传,同时加强计算机安全保密知识的普及工作,使得这方面的知识在计算机广泛应用的基础上也能得到普及。

(3)加强计算机应用方面的立法,建立和完善安全管理机构、制订安全管理制度。这是在现有的技术基础上确保安全与保密的一种行之有效的方法。美国自1965年以来制定了一系列法规,以保证信息系统的安全。瑞典政府在1973年就颁布了计算机和数据保护法,并成立了数据监察局。据统计,目前全世界已有30多个国定制定了信息系统安全方面的法规。我国公安部也成立了计算机监察局,并已制定了不少相关的法规。

(4)建立科学的信息系统管理制度。这是对目前的安全技术设备缺陷的一种弥补。科学的信息系统管理制度的核心是建立一套严格的机房管理制度,其主要内容应包括:一、对进出机房的人员范围作出明确的规定,实行机器设备专人操作制度,制定严格的操作人员守则;二、实行机房人员轮流值班制度,由值班员负责整天系统的卫生、电源、门卫等的巡视工作;三、建立完整的机器运行、维修方面的管理档案;四、建立行政领导、业务领导定期检查、监督制度;五、建立对应用软件的管理制度,等等。

6.5.8.3 信息系统的物理安全与保密

物理安全保护的对象是计算机系统的各种设备和硬件。它是以物理的方法和技术来保障计算机系统、通信网络及存储介质的安全,确保系统正常运行。

(1)主机及外部设备的安全。这主要是电磁兼容性问题。电磁兼容性主要包括到两个方面的内容,其一是指系统或设备能够承受特定的电磁干扰和电磁辐射而继续进行工作的能力;其二是指该系统和设备所产生的电磁辐射对其他系统和设备不致产生影响的能力。具体地说,电磁兼容性大致涉及电磁干扰、射频干扰、电磁脉冲和电磁辐射四个问题。

(2)电源保护。电源防护主要涉及到四个方面,即供电线噪音、电压波动、停电和地线。供电噪音主要来自雷电,工业射电干扰。因此,计算机场地应有良好的避雷设备以及专用屏蔽电缆电线,同时还要采用稳压电源防止电压波动。

(3)存储介质安全。空白的存储介质和脱机存储介质的安全问题都不容忽视。空白的存储介质保存不善会影响正常工作;带有存储信息的存储介质上,或带有机密数据或是珍贵的档案资料,更需要进行妥善保管。

6.5.8.4 信息系统和保密技术

密码学、保密技术原来只应用于军事、外交、情报等领域,不过,近年来,它们在信息科学、通信等领域也获得了广泛运用。密码学主要包括密码编制学和密码保护技术两个方面的内容。

(1)密码技术。所谓密码技术是指采用一定的技术方法,保护计算机数据的机密性、完整性,使数据,通信内容难以为未经许可的人所理解。在选用密码技术时,要考虑到的主要问题是:密码算法的形式、密钥管理方法、数据传输形式、鉴别的必要性和设备的物理设计等方面的问题,此外还应考虑入侵者可能采取的进攻形式,进而选择最有效的密码技术方案。

①数据加密的基本功能。数据加密的根本目的是为了对付各种类型的信息犯罪。一般来讲,信息犯罪有三种基本类型:信息的非授权透露、信息的非授权更改、信息的非授权否认。在性质上,这三类信息犯罪又有主动进攻与被动进攻之分。被动进攻是在不干扰

信息流量的情况下,观察传送的数据,提示其真实的内容。被动进攻方式在数据未加密时很容易实现;如果是加密的则能通过通信内容的重复、通信频度等信息量的分析而了解所进行的通信、数据性质。主动进攻是入侵者以各种处理方式来改变这些数据的选择地址、延误重排数据,复制、删改或增加伪信息,从而破坏信息的真实性、准确性、截取有用信息。因此,数据加密技术要具备这些基本功能,即避免数据内容的非授权透露;避免对数据通信量进行分析;检测数据交换的假初始化。

②数据保密的原则。在设计数据加密技术系统时应遵循的主要原则是:一、加密和解密的速度应当足够快。数据库管理系统增加保密机制后,其性能不能发生显著退化,系统对用户的响应时间不应不合理的增加;二、加密后的数据量与原始数据量之比不能太大,即增加保密系统后,所占存储量的扩充应当合理;三、增加保密机制后,数据库管理系统的可访问性不应受到损失;同时保密机制应当具有一定的灵活性,使用户可以根据实际需要,获得各种读写特权;四、分层保密,即把数据按级别不同进行划分,不同密级的数据库存分别贮存于独立的介质中。对资源、人事、机要文件等应建立专用数据库,必要时只在专用计算机上运行。

③加密算法。也称密码算法,可以看成是极为大量的数据变换,实际上,特定的变换是由所用的密钥(是用户打开系统保护层的钥匙)而决定的。每次变换都是将可以理解的数据序列,即明文,转换成为明显随机的数据序列,即密文。由明文转变成密文称加密,反之称为脱密。密码算法有传统算法和公开密钥算法两类。在传统的密码算法中,加密密钥与解密密钥完全相同,如果不同,也能很容易地从另一密钥计算出来。公开密钥算法允许在通信系统中有许多用户或节点,他们可以用相同的公开密钥对数据进行加密。但只有拥有秘密的特殊用户或节点才能进行脱密或还原数据。具体地说就是把加密或解密两个环节分开,加密和解密是用一对密钥实现的。这两个密钥规定了一对变换,其中的任意一个是另一个的逆变换,但难以由其中的一个推导出另一个。每个用户都具有一对这样的密钥,其中一个是公开的,用于加密明文;另一个是保密的,用于由前者加密的密文。

④加密方法。目前数据加密的基本方法有线路加密和终端加密。前者是指对系统各交换节点的线路上所有信息进行加密;后者是指在信息进入网络之前,由用户的密码设备先加密,在网络的全部传输过程中不进行解密。如果加密责任由网络系统负责则采用前者;如果加密责任在用户,则用后者。

(2)网络资源的保护。网络资源的保护主要是指保护网络内的信息资源,如数据、联机文件等。其主要任务是:防止未经批准的用户进入系统,包括操作人员的偷阅、复制或破坏系统中的机密文件和数据;防止文件和数据在传输过程中通过交换中心和通信线路泄密。通常采用的方法是:

①通行字口令保护技术。通常使用的办法是将用户名、用户账号、通行字等输入计算机,进行系统注册,从而建立起多级组合的保护层,只有当用户逐级输入的保护层为真后才能使用系统内的信息资源,这样可防止未经批准的人员进入系统。所谓通行字就是密钥,是用户打开系统保护层的钥匙,由用户自行约定。有时为提高系统的保密性时,由两个以上的人分别掌握一个通行字,并且通行字是可以变更的,只有这些人相继键入自己的通行字,系统才认为是合法的,才允许用户使用系统资源。随着计算机性能的提高,现已

发展到借助人的自然标识,如指纹、声音、签字等作为通行字。对授权进入系统的用户,也并非为其开放所有的数据资源。

分层保密的基本原则是高层次的系统有权授予低层次系统数据资源的权限,本系统有授予系统外用户的权限。对不同的文件或数据按密级的不同授予不同的权限,并分区保存,规定只有拥有该项使用许可证特权指令的用户或操作人员,才能享用系统中保存的数据和文件。而一般用户则只能读出,不能更新、改动数据和文件。

密级可以大致划分为六个基本级别:一、对国内外公开的数据资料;二、仅对国内公开的;三、仅限系统内部使用的数据资料;四、秘密。是指在一定程度上反映出国家、政府、企业的政治经济实力,容易被人推算、猜测出核心机密而影响政治安全、经济稳定的数据资料、文件等;五、机密。是指直接影响到国家、政府或企业自身的安全、利益等的数据、文件;六、绝密。是指如果泄露出去,将对国家安全、政府声誉、企业的经济利益等产生严重后果,以致毁灭性打击的核心数据。

②存取控制表与流向控制技术。存取控制表法可在存储器中的专门段记录多个段的存取控制表,有权存取该段的用户点一个条目,登记用户标识(如口令)和读写特权标识。流向控制是指对信息从一个客体(存储的数据段、文件或程序)向另一个客体流动的方向进行控制。其目的是防止合法用户滥用存取权,通过服务程序向第三者复制信息而造成失密。流向控制的基本策略是划分信息密级(SC)和给程序分配许可证(C)。系统只允许低密级的信息客体向高密级的客体流动,即只有当 $SCi \leqslant Cj$ 时,运行程序 j 才可读取数据 i;仅当 $SCi \geqslant Cj$ 时,运行程序才能写入数据。

7 信息系统开发与管理

广义地说信息系统的开发(或建立)既包括人工信息系统的组建,也包括计算机化信息系统(或基于计算机的信息系统)的开发。但是,通常人们所说的是狭义上的信息系统开发,即仅指计算机化信息系统的创建或修改,包括该活动过程中的所有方面——从发现问题、寻找机会到评价、修改、选定和实施解决方案。信息系统开发的目标就是用合适的时间和资金获得最佳的系统。许多信息系统开发项目都很庞大、很昂贵,要耗费大量时间、人力、物力和财力资源。因此,必须要加强对信息系统开发的研究和管理。

7.1 信息系统开发概述

信息系统的开发涉及许多因素,要保证它能够取得预期的成果,必须要了解整个信息系统开发的全过程——信息系统开发的生命周期和信息系统项目的生命周期及其管理。

7.1.1 信息系统开发成功的条件

在信息系统中引入计算机是信息系统发展的必然趋势,但是在应用计算机之前必须对各种手工处理工作究竟要计算机化到什么程度等问题进行认真研究。基于计算机的信息系统并不意味着一切活动的自动化,这既不必要,也不可能。事实上,基于计算机的信息系统本身就是一个人—机系统,这已经说明了有些任务最好或许只能由人来完成,但是也要努力探索引进计算机来提高现有工作的效率,提高信息资源的开发利用水平。对管理工作来说,也需要利用计算机来支持,而这又需要各种分析与决策模型,但这些模型必须由人来研制。

组织是否要引入计算机,开发基于计算机的信息系统,受多方面因素限制,比如管理水平、经济状况、人员素质等,如果不能满足开发信息系统所具备的基本条件,那就不要急于开发。一般说来,一个组织要不要开发信息系统,主要看其是否具备了以下几项条件:

7.1.1.1 客观要求

任何一个组织在开发基于计算机的信息系统之前,一般都有一个原有的信息系统(通常是手工信息系统或机械信息系统),要不要开发新的信息系统,主要是看这个原有信息系统是不是能够满足组织的信息管理和利用的需要。如果它已经不能满足组织自身信息管理的需要,妨碍了组织效率的提高和管理决策的优化,那么组织就会下决心开发新的信息系统。

7.1.1.2 领导重视与支持

由于信息系统开发耗资巨大、历时过长,而且经常涉及到管理变革,因此非由主要领导亲自抓不可。国内外信息系统开发的经验告诉我们,许多信息系统开发之所以失败,其中最主要的原因是组织的管理者,尤其是领导者,不是系统开发的参加者,而是旁观者。可以说,主要领导的参加是信息系统开发能否取得成功的先决条件。

7.1.1.3 用户参与与合作

在进行信息系统开发时,要坚持让各级用户参加,让他们提出自己的需求。因为不同层次、部门的人有不同的需求,所以在设计信息系统时应该充分考虑这种需求,以使系统尽可能对用户友好。不过,需要注意的是,引入现代信息技术的目的是提高工作效率和管理绩效,形成竞争优势,因此不能一味地强调要让先进的技术适应落后的手工操作,事实上,如有必要的话,应该努力使用信息技术来改造传统、落后的手工作业,要尽可能使手工作业适应新技术的要求。

7.1.1.4 行之有效的研制方法

信息系统的研制要采用已经证明是可行的研制方法。目前常用的研制方法主要有自下而上和自上而下两种,它们在实际使用时经常结合在一起。这些方法常常又被称为信息分析方法,它们就是用于确定支持管理功能需要什么样信息的方式和手段。

管理者需要从两个角度来探索和确定管理部门的信息需求,即在组织层次上的综合规划方法和在全组织框架内的个别应用或个别项目考察法,也就是宏观透视与微观透视。在宏观层次上,信息分析方法可以用在初步分析和信息系统规划阶段,在微观层次上,信息分析方法可以用在项目计划制定完成并已经开始后的初始阶段。

7.1.1.5 明确系统的宗旨与目标

宗旨是社会对组织的要求,是组织的使命,它表明的是组织要干什么,应该干什么。目标是特定的组织在一定时期内应该达到的总体或具体要求。信息系统的开发也是一项有组织的活动,而且在系统开发完成后经常要建立一个新的信息系统组织。因此,在进行信息系统开发时必须要了解系统的宗旨,确定系统的目标。宗旨不清、目标不明就仓促开始信息系统开发工作,常常是导致信息系统开发失败的一个重要原因。

7.1.1.6 抓住最重要的问题和机会

信息系统开发项目的启动可能有多方面的原因,但是不管怎么说,负责这项工作的人要善于抓住组织发展中的一些带关键性的重大问题,敏锐地捕捉能够推动信息系统开发活动的各种有利机会,适时启动信息系统开发项目。要大力宣传使人们认识到信息系统建成后,能够帮助组织解决一些重大问题或帮助组织抓住一些重要的发展机会。

7.1.1.7 简单明了的设计

开发信息系统的主要目的是要使信息系统能够帮助组织解决一些实际问题,因此要确保信息系统对用户友好,便于为用户使用。著名的穆尔斯定律指出,一个信息系统对用户来说,如果使用起来比他不使用该系统还要复杂的话,那他就不会去使用该系统。正因如此,信息系统的设计要尽可能简明扼要,过分复杂的设计常常会导致系统开发的成本增加,或者是用户使用不方便。

7.1.1.8 精干的人员组合

系统开发时要配备专门的管理人员和专业技术人员,以负责进行具体的项目组织与开发工作。系统分析员的任务是分析信息需求和设计信息系统;系统程序员的任务是实施设计好的系统,他们可以从外部聘请;操作员和硬件维护人员应该由组织自己培养,因为他们负责确保系统的正常运行。对上述人员,在必要的时候,还需要进行专门培训,以使他们能够熟悉具体的信息系统开发项目。

7.1.1.9　可靠的经费保证

信息系统开发往往是一项费时长、耗资多的工作,如果组织不为其提供应有的资源的保证,那将无法进行这项工作。在整个信息系统开发过程中,其费用主要包括硬件系统的投资、系统开发与运行费用,一般说来,后两项费用的数额较大,要占总费用的一半以上。

7.1.1.10　良好的管理基础

信息系统的开发是以原有的系统为基础的,如果原有的系统基础好,比如制度健全合理、各种报表规范齐全、历史背景资料完整、正确,那么开发工作就比较容易,运行将会更为有效。

一个信息系统开发项目的失败可能有多种原因:沟通不足,项目模棱两可,最高管理部门支持不力,系统设计不充分、不合理,测试不力、实施不完善。在开发过程中,要注意防止这些因素的不利影响。

7.1.2　信息系统开发的启动

一个组织,不论是企业、学校、医院,还是政府机构,要启动一个信息系统开发项目可能有多方面的原因,但归纳起来不外乎以下七个因素(见图7-1):一是如果现有系统经

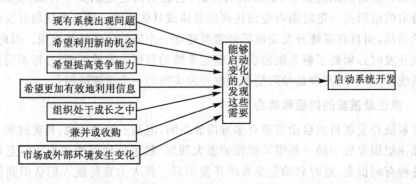

图7-1　信息系统开发项目启动的典型因素

常出差错、出现延迟、无效率,那么组织就要消除这些缺陷,提供赢利水平或降低成本,这些活动就可能会成为启动系统开发工作的一个主要动力;二是希望利用新的机会。为了开拓新的市场、利用新的设施、寻找获得竞争优势的新途径,组织很可能要求助于信息系统,把信息系统作为实现这些目标的工具,这也可能会启动信息系统开发活动;三是希望提高竞争能力。如果组织的竞争者利用新的计算机化信息系统可以更快、更好地为客户服务,这也将迫使组织为了获取竞争优势而开发信息系统。反过来,其竞争者为了保住自己的竞争优势,也会不断地修改、完善自己的信息系统;四是希望更加有效地利用信息。面对着不断变化的外部环境和激烈的市场竞争,管理者需要新的或改进的报告,这也是启动信息系统开发的最常见的原因;五是促进组织的成长。正处于发展壮大阶段的组织常

常需要更加广泛、更加强大的信息系统,以满足其扩展发展空间、提供更好的客户服务的需要;六是为了适应兼并或收购的需要。组织之间的兼并或收购有时候也会促使新的信息系统开发项目的启动。因为,分属于不同组织的现有信息系统在组织合并后也需要合并成为一个新的系统,以更好地满足组织的信息需求;七是为了适应市场或外部环境的变化。客户、供应商、政策法规方面的变化也会引起组织现有的计算机信息系统发生重大变化。这也会促使组织开发新的信息系统。

7.1.3 培植竞争优势

信息系统可以用于获取竞争优势。组织可以通过信息系统的开发在市场上获得长期、重要的优势。为了做到这一点,在开发信息系统时,就需要运用创造性分析和挑剔性分析方法。

7.1.3.1 创造性分析

创造性分析就是调查了解解决现有问题的新方法。许多组织通过发现目前存在的问题,引入解决这些问题的新方法,已经获得了重大的竞争优势。将创造性分析用于信息系统开发也可以获得极大的成功。事实上,运用新的方法来考察、解决问题,可以设计出具有更高绩效或更低成本的解决方案。一般说来,这些新的解决方案主要来自于人的灵感,而非直接与问题有关的事物。在信息系统开发过程中,创造性分析包括利用其他人员、其他领域的思想和灵感来解决现有问题。

7.1.3.2 挑剔性分析

挑剔性分析就是在研究问题的时候要用怀疑的态度,要有怀疑的精神,并对系统要素是否按照最有效的方式结合在一起提出疑问。它包括要考虑在系统要素之间建立新型的关系,甚至在系统中引入新的要素。

系统开发中的挑剔性分析主要用于两个方面。第一个是手工系统的自动化,也就是不要仅限于使现有的手工系统自动化这一范围。许多组织进行系统开发只是为了使现有系统自动化,这可能产生一个速度更快、效率更高的系统。但有时候,这样做可能会使本来就不好的情况变得更糟。因为如果原有的手工系统有缺陷,那么自动化并不能消除缺陷,相反,它有可能使缺陷被进一步放大。此外,手工系统的自动化也可能丧失很多机遇。信息系统开发中的挑剔性分析意味着,要对为什么要按照这种方式而不是其他方式来完成事情提出疑问,并考虑备选方案。

第二个是确定用户需要。询问用户的需要,并对最初的回答表示怀疑,有可能会作出更准确的判断,开发出更好的系统。用户可能经常会把自己对系统的某些需求列得很具体,因为他们认为只有这样才能满足他们的需要,但实际情况是,满足他们需要的最好的办法可能是选择合适的方法。

7.1.4 信息系统的发展阶段

信息的使用要求建立现代化的信息系统,这是人类信息活动发展的必然要求。但是,计算机化信息系统从初创到完全建立要经过若干个阶段才能完成。N.R.诺兰在对大量企业的信息系统开发情况进行了详细的调查后，提出了信息系统在组织中成长基本上都经历了以下六个发展阶段：一、初始。组织开始购买计算机及其相应设备，对信息系统的热情开始增加，但是预算比较少；二、扩展。组织开始购买越来越多的计算机及其相应设备，与计算机相关的支出迅速增长，应用的领域越来越广。组织对信息系统的热情高涨，导致计算机系统的快速采购；三、控制。由于扩展信息系统的成本不断提高，计算机种类不断增多，并造成了混乱，组织开始对信息系统的增长采取控制。组织对信息系统的热情增长变缓，可能是由于用人失误或信息处理越来越事务化；四、一体化。组织开始从全局出发，把按照职能（如财务、生产、销售等）建立起来的分散的信息系统综合成为一个完整的信息系统。在这一阶段信息处理已经在组织中扎根，组织对信息系统的预算和热情不再增加，但趋于稳定；五、数据管理。这一阶段完全一体化的数据库开始建成，组织开始全面利用数据库系统，数据库的利用遍及全组织。组织开始利用这些信息系统来获取战略优势；六、成熟阶段。这是组织中信息系统发展的最后一个阶段。主要的计算机化应用已经结束，信息已经成为组织各部门共享的资源，组织开始全面地利用计算机系统来实现其目标。也有些学者把这一阶段称为信息管理阶段。按照诺兰的信息系统发展阶段理论，其中第三和第四阶段之间是一个转折点，它意味着计算机时代的结束和信息时代的到来。据说，在美国，这种转折大约发生在20世纪80年代。

信息管理是信息系统发展的高级阶段，在这一阶段特别强调的是信息的利用，为此，要把信息及其要素作为一种资源加强对它们的管理，信息管理的出现拓展了传统的信息系统管理的范围。按照 W. R. 辛诺特等人的观点，信息管理主要包括以下几项内容：一、人力资源管理。主要包括招聘和留住高质量的系统分析员，同时还要考虑如何选拔信息系统负责人；二、硬件和软件管理。信息主管要善于利用先进的信息技术来提高企业的生产率；三、通信管理。未来的信息工作越来越依赖于通信技术，信息主管要注意开发通信能力，要充分运用组织内部的通信系统和外部通信系统去获取更多的信息，促进信息资源的共享。要利用通信技术提高信息系统的一体化程度；四、办公室自动化管理。信息主管要为办公自动化创造条件，逐步建立起一体化的办公系统；五、分布资源管理。信息主管要善于对因分布式信息处理的发展而产生的分布资源进行管理。六、战略与规划管理。信息主管要能够预测环境和未来的变化，提出新的信息系统计划。七、项目管理，信息主管要能够提出、选择和管理信息系统项目。总之，在信息管理时代，信息管理的广义内容应包括三个方面，即面向管理业务的信息收集、传输、加工、保存、维护和使用；面向系统内部的人员、设备、计划和运行等的管理和面向未来的规划管理。

7.2 信息系统开发的生命周期

信息系统的建立是一项颇具创造性的工作，必须要采用科学的方法，有计划、有步骤地进行。信息系统的建立也是一个从无到有、从旧到新、从低级到高级的周而复始的螺旋式循环前进过程。由于社会环境、用户需求的变化和信息技术的发展，任何一个新建立的信息系统，在投入运行一段时间后，都会遇到新的情况、新的问题，因此就需要系统开发人员重复以上步骤，修改已有的系统或者重新开发新的系统。信息系统开发（也称为应用开发)的生命周期(information systems development life cycle),或者简单地称为信息系统生命周期(information systems life cycle)、信息系统开发方法或信息系统开发过程,常常是指一个信息系统从分析、到建成运行直至最后更新或废止的整个过程。开发信息系统是一个周而复始的循环过程,每一个循环就是一个周期。一个周期结束后,新的周期又会重新开始。

7.2.1 数据处理系统的生命周期

虽然计算机不是构成信息系统的必备要素,但是,在现代社会中,大多数信息系统中确实包含了计算机,从而形成了前面介绍过的基于计算机的信息系统。因此,在了解信息系统开发的生命周期之前,有必要先了解一下最早出现的基于计算机的信息系统——数据处理系统的生命周期的概念。所谓数据处理系统的生命周期,又称为传统的数据处理生命周期(data processing life cycle)或计算机化生命周期(computerization life cycle),是指利用计算机系统建立事务处理系统的整个过程(见表7—1)。

表7—1 数据处理系统的生命周期活动

	阶　段	说　明
1	信息分析	分析用户要求和所需的信息,制定一套信息系统开发项目说明书
2	可行性评估	建立满足上述需要的一般方法,同时还要对满足该需要的成本效益和可行性进行评价——提出并选择项目方法
3	系统分析与设计	确定拟议的或被接受的系统的运行的方法——包括制定系统说明书和程序说明书(即输入、处理、输出和文件流的设计)
4	过程和程序的开发	编写和调试程序以使系统运行,编写使用系统的过程或步骤
5	切换	对系统进行最后调试,将旧系统转变为新系统
6	运行和维护	运行系统并对其进行维护,以使系统处于可用状态
7	后期审查	对系统(及其实施活动)进行检查和评价,将获得的成果与原定的目标进行对比,总结经验教训,以便完善今后的项目工作

对传统的数据处理系统生命周期还可以使用一个图形对其进行更为详细的描述,图7—2最初就是为了表示在一个计算机化项目过程中资源(或努力)利用方面的变化。由于该图中的曲线形同蜗牛,故称其为蜗牛曲线(snail curve)。这类生命周期的一个用途是安排在一个项目期间肯定要发生的事项的先后顺序。它可以成为计算机化项目规划过程中的一个检查表,用以指导项目规划人员在项目规划过程中了解下一步该做什么。

虽然生命周期为管理者安排活动奠定了基础,但在实际进行信息系统开发时也未必要完全遵循这些步骤的顺序,因为有时候有些步骤需要重复进行或是可以省略的。例如,对一个系统进行分析时,可能发现需求不很明确。于是在继续进行系统分析之前,就需要重新确定或者修改或者细化这些需求。此外,在对系统进行详细设计时,人们还需要更多的有关现有方法、流程或数据方面的详细情况。因此在继续进行设计之前,可能需要对系统的某些部分进行重新设计。出现上述情况的原因是多方面的,有时候是由于不了解用户的需求,有时候是形势不断发生变化或者是对用户的了解不断加深而造成的。如果属于第一种情况,可以通过进一步了解用户需求来避免;如果是第二种情况,应该通过加强计划和协调来避免。在采用软件包法时,生命周期与上述情况也有可能不一致。软件包是事先编制好的一套执行诸如库存管理、应收帐目、工资单和总帐之类标准功能的程序,它可以购买或者租赁,但一般需要经过适当修改后才能适用于某个具体组织的需要。在这种情况下,系统开发生命周期的典型顺序是:一、系统分析,二、寻求软件包,三、软件包评价(成本、功能要求),四、系统设计,五、软件包定制(修改软件包),六、编写接口程序,七、调试,八、切换,九、运行,十、检查,十一、维护。再如当系统用户本身具有编程能力,并能够实现自己的信息系统时,他经常采用的就是自行编程法。比如医生、科学家和工程师就都属于这一类情况。他们在开发自己用的计算机化信息系统时遵循的是这样简单的生命周期——提出要解决的问题,编制程序,测试和调试,运行。

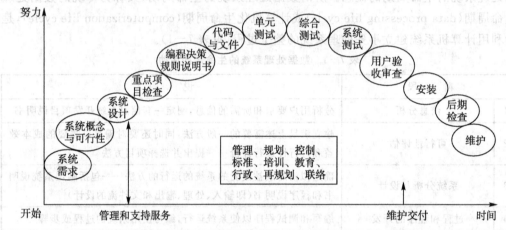

图 7-2 数据处理系统的生命周期

7.2.2 信息系统开发生命周期

信息系统生命周期不仅包括整个计算机化生命周期,而且更重要的是它还包括许多有关信息系统规划方面的内容。图 7-3 和表 7-2 分别用两种方式表示信息系统生命周期,并将其视为具有连续性的活动。

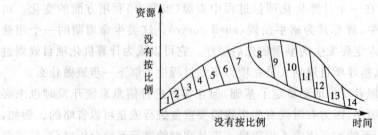

* 图中的数字分别表示表 7-2 中的对应阶段

* 15——表示"管理、规划与控制、标准、培训与教育、行政、重新规划、联络、沟通、冲突解决、变化管理,等等"

图 7-3 信息系统生命周期

表7-2 信息系统开发生命周期

1	初步分析	
2	可行性研究	宏观规划（组织层次）
3	信息系统规划	
4	可行性分析	微观层次（项目层次）
5	项目规划	
6	信息分析 输出分析 决策分析 过程分析	信息分析
7	系统分析	
8	系统设计	
9	程序开发 过程开发	
10	调试	经典的数据处理生命周期
11	切换	
12	运行	
13	维护与修改	
14	检查	

7.2.2.1 初步分析

初步分析的主要任务是大致了解组织对信息系统的需求，也就是要了解组织是否需要计算机化的信息系统。初步分析属于信息调研，目的是为后续活动收集信息，其主要内容是了解手工系统做什么以及如何做，也就是要全面地了解手工系统中使用了哪些信息、谁用、何时用、如何转换、信息的初始形态是什么、量值范围有多大、是否经常变动、变动规律是什么等。初步分析经常采用的形式是信息系统研究，这一问题将在7.3节中作详细的介绍。

7.2.2.2 组织层次的可行性分析

可行性分析，又称为成本效益分析，是在初步分析的基础上进行的，主要目的是分析一个手工信息系统能否可以开发成基于计算机的信息系统，即确定建立信息系统是否有充分的根据。负责该项工作的人员应该告诉管理人员拟议中的信息系统项目不仅能够支持组织的目标，而且在技术上、经济上和业务上都切实可行。组织层次上的可行性分析应该面对有待研究的所有信息系统。

7.2.2.3 信息系统规划

所谓信息系统规划（通常涉及到五年时间）就是要确定信息系统资源的分配计划以及

信息系统开发及其活动的优先次序,它应该包括:一、明确组织目标与信息系统目标;二、了解组织的现有信息系统的能力;三、确定预测可能对计划产生影响的因素;四、制定项目的优先次序;五、具体计划(前两年的计划要详细,其内容应包括硬件、软件、应用开发、人员和财务等方面)。信息系统规划完成后,就开始从宏观层次或组织层次转向宏观计划中规定顺序的具体信息系统项目,也就是进入到微观层次。需要注意的是,信息系统规划不是一劳永逸的工作,它可能要根据需要定期进行修改。

7.2.2.4 项目层次的可行性分析

在每个信息系统项目都得到批准并开始执行之前,还要对它们进行可行性分析,其目的是要确定待开发的具体信息系统项目在经济上是否可行,即能否负担得起?在技术上是否可行,即能否利用现有的技术和技能实现?在业务上是否可行,即在组织的具体环境中能否发挥应有的作用?这里还需要考虑人员和政策因素。

7.2.2.5 项目规划

在可行性研究报告得到管理部门批准后,就要制定详细的项目计划,即开始项目规划工作。项目规划属于微观规划,其内容包括划分项目的阶段、制定工作标准和文件处理标准、授权、成立项目团队、制定进度表、编制预算、工作启动、技术检查和子项目控制。对已经获准的信息系统项目的编制计划文件很有必要,因为它能以同一种格式向组织展示所有的项目和子项目,从而成为组织信息系统开发的短期和中期手册。

7.2.2.6 信息分析

信息分析主要解决这两个问题:一、对拟议中的信息系统的信息需求是什么?二、为了确定和实现这些信息需求需要使用哪些信息分析方法?目前,使用得比较多的信息分析方法主要是输出分析法、决策分析法和过程分析法。

7.2.2.7 系统分析

系统分析就是要在信息分析的基础上更详细地研究现有信息系统,其目的是:一、准确地了解现有系统的工作方式及其原因;二、保证将现有系统中的可用部分转入到新系统中;三、确保现有系统的缺陷不会进入新系统中。系统分析的成果有新系统的逻辑设计、新系统的输入和输出说明书以及决策标准和处理规则。

7.2.2.8 系统设计

系统设计就是在给定的约束条件下设计出最优的计算机系统或手工系统,即解决计算机如何做的问题。这项工作的成果是为新系统编制程序所需的详细系统说明书,其中包括输入设计、输出设计、文件设计、代码、处理步骤和决策规则等方面的内容。

7.2.2.9 程序编写、过程开发与调试

程序编写包括程序编码、手工检验、程序测试和调试。过程开发包括手工过程以及计算机过程的设计和文件编制。

7.2.2.10 切换/转换和用户验收

切换包括为文件和数据库收集信息,培训那些即将使用、操作和维护系统的人员,以及安置和检验系统。用户对信息系统的正式验收说明信息系统产品的生产过程已经完

成,系统的状态也将从"开发中"转入"运行中"。

7.2.2.11 操作与实际运行

系统操作就是由系统操作人员实际运行系统。在这一阶段信息系统开始事务性的、日常性的运行,并产生所需要的数据和信息。

7.2.2.12 维护与修改

所谓维护是指为了解决系统运行中存在的问题,对系统进行局部改良或变动,而实施的纠正差错和修改活动,其目的是确保已接收的信息系统处于正常运行状态。

7.2.2.13 检查

对信息系统进行全面的、连续的评价、审计和检查可以发现可能存在的问题或超出允许的偏差,找出系统中的不足之处,估测系统目标的实现程度,确定成本效益是否已经达到了计划中的要求。

7.2.2.14 教育

对管理人员加强信息系统教育是非常重要的,这种教育可以采用类似于业务分析员技能培养计划的形式来进行,并由信息管理领域的学者或咨询专家担任主讲,以确保先进的管理思想能够通过业务分析员的努力化为实际行动。通过研究和实践可以发现,将信息系统教育安排在生命周期中的分析阶段或紧接其后最合适。虽然信息系统知识和技能的教育不是必不可少的,但教育能够使随后的各个阶段更易实施。

值得注意的是,信息系统专业人员对信息系统生命周期所必需的阶段及其顺序和名称还没有达成广泛的一致。虽然不同的学者对此有不同的观点,但其实质内容还是基本一致的。大部分学者和教科书都将信息系统开发生命周期中包含的具体阶段划分为五个或六个阶段。

图 7-4 斯太尔的信息系统开发生命周期的五个阶段

图 7-4 所示的信息系统开发生命周期是美国佛罗里达州立大学 R.M.斯太尔提出的,它由以下五个阶段组成:一、系统调查。其主要目的是确定现有系统是否能够满足组织的宗旨和目标。这一阶段要研究主系统及其功能,以确定是否可以改进,成本是否合理。还要组建一个调查组,确定变化的可行性和信息系统开发的目标,结束时要撰写一份调查报告。在该报告中要概述主要发现,推荐一个以上的供详细分析和设计的系统。二、系统分析。就是研究现有系统,找出其优点与缺点。信息系统分析的重点是要在详细了解手工系统业务活动的基础上解决计算机系统做什么的问题,其目的是要完成如何用计算机代替手工系统中的有关活动。在这一阶段要确定现有系统满足用户需求的能力。系统分析包括抽调一个分析研究小组,收集和分析数据,撰写有关现有系统的报告。分析小组一般包括调查小组的成员,还有与组织现有系统关系密切的职能部门的人员以及来自其他职能部门的代表。当然,还有信息系统部门人员,如系统分析员和计算机程序员。

三、系统设计。其目的是要解决计算机如何做的问题,即在现有的约束条件下设计出一个有助于实现组织宗旨和目标的最佳系统。其内容包括外部设计、输入设计、输出设计、文件设计、程序设计和数据库设计等。这一阶段可以得到新系统或者是经过修改后的系统。系统设计要能够满足用户的需要和需求,这里用户包括工作人员、主管人员以及客户等。

四、系统实施。就是根据系统设计的成果组织落实,其目标是将设计好的新系统或经过修改后的系统投入运行,把已经设计好的系统在计算机上实现,并使其代替手工系统。其内容包括硬件的采购、人员选聘与培训、场地置备、数据准备、安装调试、切换和运行。虽然有些组织自己完成实施工作,但是也有些组织要雇佣外部公司来执行一些关键的步骤,包括系统安装后的运行,这种方法称为外援。五、系统维护与检查。这一步的目的是确保系统能够有效、无差错地运行。系统维护包括系统的修改。系统的检查就是对系统进行定期评价,也就是从系统管理的角度,对已经投入运行的现有信息系统的功能进行评判,其目的在于全面鉴定现有系统的功能,了解系统的功能与设计目标是否一致,即度量当前系统的功能,并为进一步改善未来的工作提供依据。评价报告不仅要指出现有系统的优点与缺点,还要提出改进意见。系统评价是在系统连续运行过程中不断进行的,评价时主要要考虑目标性能、系统运行的适应性、系统的安全保密性和系统的经济效益。在这个阶段发现的重要问题有可能会启动新一轮的系统开发过程。

图7-5所示的信息系统开发生命周期是由J.A.奥布莱恩提出的,在这五个阶段中,除了最后一个阶段与R.M.斯太尔的最后一个阶段名称略有不同外,其他几个阶段完全相同。

图7-5 奥布莱恩的信息系统开发生命周期的五个阶段

7.2.3 生命周期的职责

信息系统开发可能会涉及到组织中的不同部门和用户,为了保证信息系统开发的成功,必须要让管理部门介入系统开发过程,让用户参与系统开发过程。为此就需要明确开发人员、管理人员、用户以及其他有关人员在信息系统开发过程中的具体职责。对此可以使用矩阵表方法,利用这种表可以明确各方的职责,明确什么工作应该由谁来负责。在实际工作中,需要对生命周期中的阶段按照一定的标准进行分解,以便在一个层次上只确定一种选择,避免双重职责。同时,还要注意的是,职责必须明确,以防止在项目实施过程中出现相互扯皮的混乱现象。此外,还需要指定确定的标准,以使各阶段活动的成果易于人们理解,避免不必要的时间浪费。

表 7-3　信息系统生命周期中的职责矩阵

信息系统生命周期阶段	职能/委员会						
	指导委员会主任	用户主管	用户	信息系统主管	项目主管	项目小组	数据处理
初步分析	0	X		X			
可行性分析(组织层次)	0	X		X			
信息系统规划	0	X	/	X			X
项目可行性分析	0	/	/	/	X	/	/
项目规划	0	/	/	/	X		
信息分析		/	/	/	X		
系统分析		0	X	/	0		
系统设计		/	*	*		0	
程序开发					0		
过程开发		0	/	/	X	/	
测试		0	/	/	X	/	
切换		0	/	/	X		
运行		/		X			0
维护与修改		X	/	X			0
检查	X			X	X		

1."0"——首要职责　　"X"——决策过程中的职责与参与决策　　"/"——介入　　""——有限介入
*2.本表只是此类矩阵中的一个例子,表中内容可根据有关管理小组的愿望和观点及具体情况不同而有所变化。

7.3　信息系统需求分析

　　在现代社会里,任何组织都需要建立自己的信息系统,这一点是不容置疑的。由于信息系统不仅建立在组织的内部,而且主要为组织内部的管理和运行服务,因此信息系统专家必须要密切注意组织内部出现的各种变化。因为正是这些变化导致了需要建立信息系统或修改原有的信息系统。

　　在实际生活中,我们经常会看到这种情况。例如,两家企业进行合并,这就需要修改甚至重新建立一个新的信息系统。一家企业存在着严重的库存问题,而该企业已有的库存管理信息系统却不能将这种情况报告给管理部门,因此必须要建立新的库存管理信息系统。

　　事实上,建立一个信息系统还涉及到许多其他问题,如成本与效益、组织战略、组织结构、人际关系等。对组织的管理者来说,他需要了解这三个问题:组织现有信息系统的状况、存在的问题及解决这些问题的先后次序,以及解决这些问题的步骤和方法。这就要求负责确定组织信息系统状况的人应该具有较好的管理知识和技能,能够把组织信息系统状况分解成为需要高级管理部门和各种供专家们研究的领域，比如组织结构、组织战略、人事等。除此之外，组织的领导人还要保证所有参与解决组织的信息系统问题的人员能够团结一致。因为，以前有些企业在解决这一问题时，管理部门只是简单地了解一下组织的状况，然后再聘请一位"专家"来解决这些问题。而这位专家很可能是根据自己的专业特长提供一个解决问题的方案。但是，这样做往往只能部分地解决问题，更为糟糕的是，有时候可能会使问题变得更为严重。因此，了解组织信息系统的状况，是成功地解决信息系统问题的关键。

7.3.1 确定了解信息系统状况的人选

要准确地了解组织信息系统的状况，首先应确定负责和参与这项工作的人选。一般说来，完成这项工作需要的主要知识和技能包括三个方面，即掌握组织结构方面的知识，熟悉管理部门的人员情况，掌握确定信息系统状况方面的基础理论知识并具备丰富的实践工作经验，具有高水平的交际能力。美国计算机协会曾经将这些要求归结为六个方面的知识：系统知识、计算机知识、模型知识、人事知识、组织结构知识和社会知识。通常把具备上述要求的知识和技能的人称为信息分析员、信息主管。这些人不一定是计算机专业人员，因为计算机并不是总是包括在信息系统之中。同时，他们具有的背景知识也比通常所说的计算机专家要多得多。正因如此，在信息社会里，这些人成了最稀缺的资源。对组织来说，要获得这类人才，可以通过三种途径：在本组织内部培养，这是解决这一问题的根本途径；从组织外部雇佣，但由于这类人才本身就很少，因而这只能是可能而已；聘请信息系统顾问，这时要保证本组织人员能与他们紧密合作，以便获得尽可能多的技能。

7.3.2 培养信息主管

为了有效地管理本组织的信息资源，应该努力培养自己的信息主管和信息分析员。所谓信息分析员是指能够协助确定经理本身信息需求的人员。其作用相当于一名专家助理。值得注意的是信息系统问题和信息需求问题属于经理的职责范围，是经理应该行使的职权，因而是不能委托的。正是从这个角度上讲，信息分析员必须要具备管理方面的技能。

与信息分析员不同的是信息主管的主要职责是管理组织或其部门的信息资源。从某种意义上讲，每位主管都有一些需要自己管理的信息资源，因而他们都是某种形式的信息主管。但信息主管的主要任务就是管理信息资源，可以说他就是负有管理信息资源责任的信息分析员。这里所说的信息资源是指组织或其部门内的信息或数据流以及与开发、运行和维护这些信息或数据流有关的所有人员、硬件、软件和步骤。它可以包括诸如计算机、文字处理、打字、打印、复制、建立文档、缩微胶片、记录管理、内部和外部通信系统、组织与方法研究以及工作研究等各种各样的技术。

信息主管和信息分析员需要的信息管理知识和能力，有些可以通过正规信息管理学习来获取，比如可以通过参加商学院、管理学院以及其他相关学院提供的全日制和非全日制的学位或非学位课程的学习计划。对于那些不能参加正规信息管理学习计划的后备信息主管或信息分析员，可以采取自学的形式。但是这种自学应该得到组织的支持，学习计划要由专家来设计,要给学员规定完成学习任务的期限,同时还要对学员的学习情况进行评价。当然,直接参与各种信息系统需求分析研究活动,或是在参加学习的同时又与信息管理专家一起工作,也是获取上述知识和技能的有效途径。

7.3.3 信息系统研究

信息系统研究的动机一旦经行政领导批准并通知到有关主管后就转变成为确定的研究项目,这标志着信息系统生命周期的第一个阶段——初步分析可以开始了。

为了确保对组织信息系统需求的调查、分析和研究能够取得预期的成效,必须建立正式的信息系统委员会,其成员应该包括组织的行政领导、信息主管或信息分析员以及相关的执行主管及有关工作人员。同时,还要成立直属信息系统委员会的、负责具体工作的研究小组,其成员一般都由信息管理专家组成。行政领导的参与主要是审批研究项目,接受研究人员的采访,监督研究进展确保获得所需的研究成果。当然,为了引起行政领导的关注,信息系统研究的负责人应该经常向他汇报工作。如果研究仅涉及到组织中的某一个部门,那么只要能得到行政领导的批准就可以开展研究工作。如果本组织没有信息主管或信息分析员,则可以聘请顾问,并让其从本组织选出几个学员一起工作。

信息系统研究是初步分析的常见形式,具体的方式是由研究小组(调查小组)进行访谈。在初步分析结束时应该向行政领导提交一份报告、建议和工作计划。

7.3.4 了解组织的现状

了解组织的状况是为了获取有关组织的一些背景材料,同时也可以藉此熟悉各管理部门对组织的基本看法。事实上,如果行政领导对自己的组织没有形成正确的观点,那是不可能开发出行之有效的信息系统的。在同行政领导首次面谈时可能涉及到组织的战略,信息系统研究小组要问得具体,行政领导要真抒己见。

7.3.4.1 非正式组织

一般说来,信息分析员主要研究的是正式组织。但由于信息系统是组织整体中的组成部分,因而只有在它既符合正式组织又符合非正式组织的要求时,才能发挥出应有的作用。

正因如此,信息分析员在访谈时提出有关正式组织的问题时,还要有意识地收集非正式组织方面的信息。在信息系统研究结束时,信息分析员应该能够回答有关非正式组织的一系列问题,并据此来判断所提及的信息系统计划或信息系统是否可行。

对非正式组织的研究主要集中在三个方面,即组织文化或管理风格、权力或政治结构和变革的可能性。组织文化体现在一个特定组织机构内占主导地位的社会价值、态度和标准上。管理风格则体现在组织最高管理部门行使其职能的方式上,比如决策的集中与分散、独裁与民主、官僚主义、参与决策、对增长和创新的态度等。不考虑管理风格,信息系统计划或信息系统很难获得成功。

信息分析员应该要了解组织内部的真正权力在哪里,即要了解权力掌握在谁手里,因为权力的分布经常与组织图不完全吻合。此外,他还要了解组织的政治。这里的政治是指人们或群体为了促进自己目标的实现而努力创造出来的某种形势。信息分析员要有能力使被访问者产生一种希望——信息系统能够或多或少地给他们以帮助。信息主管也要努力接近总经理以使他能理解和正确评价自己的工作。

信息系统的引入对组织来说实际上就是一场变革,但是这种变革只有在一定的条件下才能发生。事实上,对于那些成功的组织来说,只有面临严重的内部和外部压力的情况下,才有可能发生变革。仅有内部压力是不够的,因为现有的管理部门总是倾向于把形势合理化。信息分析员应该考虑在缺少必要变革条件的情况下,引入信息系统是否能够获得成功。

综上所述,在信息系统研究结束时,对非正式组织,信息分析员应该能够回答这三个问题:该组织的文化背景和管理风格是什么?其权力和政治结构是什么?是否具备了变革所需的前提条件?但必须注意的是,信息分析员研究非正式组织所得到的结论只能为其个人所使用,而不应出现在正式的信息系统研究报告之中,也不要与其他人员讨论这些问题。还有就是,对非正式组织的研究是与对正式组织的研究同时进行的,采访人员在访谈的过程中根据自己的耳闻目睹、直觉、经验获得并逐步形成自己的看法,但对非正式组织的研究不能进行记录、交流。

表 7-4 对总裁访谈时需要调查的事项

1	企业环境	外部环境:经济、客户、技术、竞争、政府、供应商 内部环境:公司政策、实践、约束条件
2	企业计划	目标、目的、战略、主要成果领域;人员、设施与设备、材料资源;财务;测定和控制
3	规划过程	
4	组织	职位、姓名、人数、职责、主要成果领域、主要决策者
5	产品和市场	
6	组织的地理分布	
7	财务统计	年收入/利润趋势 产品分析 成本分析等
8	产业地位和产业发展趋势	
9	主要问题领域	增长、生产率、主要产品、雇员关系和态度、雇员培训和发展、短期目标和长期目标、市场占有率
10	过去两年在该领域里与本研究有关的主要研究、特别工作小组和委员会	

7.3.4.2 正式组织

对正式组织的研究主要是通过访谈的形式进行的,访谈从组织的最高领导人开始。提问可以从有关组织环境的总体看法开始,然后逐步深入到组织的内部政策、目标、计划和控制,最后是组织结构、产品和市场、财务和生产趋势等。

访问之前首先要拟定一份详细的提纲,其中的主要问题领域是最重要的部分,因为它可以告诉研究小组,从总经理的角度看,研究小组重点应该放在哪里。为了节省总经理和研究小组的研究时间,对那些已经有文字的材料(比如公司的五年计划、组织图)应该在访问之前就收集起来,并交给研究小组。以下是一份访问甲公司总经理时的调查内容提纲:

——用图来表示贵公司中各子公司之间的关系;
——最新的贵公司组织图;
——明确内部约束条件、政策和目标;
——明确下述主要成果领域:
  ——增长;
  ——生产率;
  ——主要产品;
  ——雇员开发;
  ——雇员培训和发展;
  ——短期和长期目标之间的平衡;
  ——市场占有率。
——列出贵公司的人员、设施、设备和财务资源清单;
——确定出贵公司的业务测定、规划和控制是通过五年计划、预算还是每月业务报表进行的;
——从技术、销售额、财务和人事四个方面指出产业的发展趋势;
——确定某些主要问题领域(甲公司总裁提出的主要问题领域见表7-5)。

表7-5 甲公司总裁提出的主要问题领域

1	需要加强培训以提高非熟练雇员的技术水平,弥补熟练劳动力的不足
2	对大量潜在用户的服务开展不够
3	海外原料订货的状况不好
4	库存控制情况不佳(受海外原料供应的影响)
5	信息处理不良(特别是库存管理信息)
6	由于公司即将变成一个大公司的自主子公司而产生了一些新问题
7	销售情况的测定
8	缺少生产管理系统
9	缺少规划、管理、信息和数据处理系统

7.3.5 确定现有的信息系统对组织的支持情况

需要说明的是,由于目前进行的只是初步分析,因而对这一阶段的调查以及下一阶段有关确定支持组织的信息系统网络的调查都不需要很详细。对各种信息系统的确定,在这一阶段只需要调查其输入和输出,并利用简单的图表文件来表示即可。

这一阶段的访问对象主要是负责机构内部数据处理(即信息系统)的主管,目的是确定数据处理过程对组织的支持程度。调查时可以通过确定规划过程、目标、资源、组织结构、标准、地理分布和软件环境来进行。对现有的信息系统,不论计算机化的,还是手工化的,都可以通过列出每个系统的输入和输出文件(报告)清单以及文件的数目和报告频率获取。表7-6给出的是就现有的数据处理过程对合适的数据处理人员进行访问时所调查的事项。

表7-6 采访数据处理人员时调查的主要事项

1	信息系统计划	目标、目的、策略;人员、机器、设备和软件资源;财务
2	组织图	职位、姓名、人数
3	规划过程	系统的合理要求;标准、指南
4	地理分布	设备、终端、通信、设施
5	软件环境	
6	系统和应用概况	
7	过去两年中的主要研究、特别工作小组和委员会	
8	主要问题领域	

表7-7 甲制造公司的信息系统应用概况

		甲公司	乙公司
	定单和发票		
1	定单数目	每月350	每月1000
	每份定单的平均行数	8	8
	每行的平均项数	2	4
	输入文件	顾客定单	手写定单
	输出文件	手写发票或延期交货通知单	定单登记 打印发票
	债务人		
2	债务人数目	500	700
	报表数目	每月175	每月400
	平均行数	8	4
	每行的平均项数	2	3
	输入文件	发票 付款单 转帐传票 现金收入	发票 付款单 转帐传票 现金收入
	输出文件	报表 时效分析 销售统计	报表 时效分析

续表 7-7

		甲公司	乙公司
3		库存控制	
	收据发出和转帐平均数目	每天 700	每天 1200
	项目数量	3000	4500
	输入文件	付款单	付款单
		请购单	请购单
		收货单	材料收到单
		转帐传票	分公司转帐凭单
		发票	材料保留单
		各种交货单	清单
		单据	发票
	输出文件	存货单	存货卡
		控制卡	控制卡
		工作数据登记	工作卡
			细目表
			库存季度报表
			正在进行的工作清单

对于甲公司来说，它已经决定在本公司内部设立一个信息系统部门，但由于即将与乙公司合并，它还没有来得及实现计算机化，只是正在考虑购买计算机和通信设备。甲公司的信息分析员在同甲公司负责数据处理的主管财务的副总裁进行讨论时，逐步明确了以下的信息系统目标：首先是建立一个用于管理控制目的的管理信息系统；其次是有效地实现甲公司和乙公司信息系统的融合；第三是有效地处理合并后公司的所有数据和事务；第四是使信息系统提供的报告既准确又及时。甲公司的内部信息系统及其应用情况如表 7-7 所示，其中没有列出的应用有：成本核算、债务人、总帐目、工资单、销售分析和财产登记。主管财务的副总裁提出的信息系统主要问题领域如表 7-8 所示。

表 7-8 甲公司财务副总裁提出的信息系统主要问题领域

1	总帐系统不健全，不能提供成本中心报告
2	在进行作业时，作业成本系统不能够给予足够控制
3	缺少由生产和顾客两方面进行的、能够指出毛利的销售分析
4	因固定资产登记不健全，不能指明购置的具体年份
5	需要改进未付的定货簿，也许需要计算机化
6	严格的报告制度也许会带来麻烦
7	新公司的信笺可能会成为问题，也许来不及设计和印刷

续表 7-8

8	库存控制方面： a. 查询库存信息的速度离要求差距很大； b. 在重点问题领域没有例外报告制度 c. 海外定货不可靠； d. 在许多场合，当工作完成后，留下了许多购进来没有使用的采购材料没能够回收； e. 库存货物的编码需要根据新公司的要求重新审定； f. 在销售成本与销售发票之间没有联系。

表 7-9 确定需要的信息系统

甲	访问适合的经理并提出下列问题
1	简单地说，你的职责范围是什么？
2	你的主要成果领域是什么(例如对你的组织目标很关键的五个到八个职责)？
3	你在主要成果领域的目标是什么？
4	你如何评价成绩？你如何评价下级的工作？
5	你预料在近期有哪些主要问题将对你的工作造成困难或占用你过多的时间？对每一个主要问题都提问： a. 解决这一问题需要什么条件？ b. 如果问题得到解决，你的领域和整个组织将会得到什么好处？
6	你对目前的数据处理支持系统满意程度如何？ a. 提供的数据 b. 精确的程度 c. 时间性 d. 为了提供有意义的信息，需要额外的手工查找。
7	你预计在今后两年至五年内会有什么重大变革将会对你的职责范围产生重大影响？
8	你期望从本研究中得到什么/本研究对你和你的组织有什么意义？
乙	访问合适的数据处理人员和其他人员，调查现在正在使用的所有数据？事务处理系统的输入、处理和输出，并争取他们同意拟议中的方法。

根据表 7-9 进行访问所取得的成果主要表现在两个方面：一是查明了组织的各级管理部门对管理信息的要求，这对信息系统开发是非常重要的。对管理人员管理信息要求的主要内容可以根据各个主管的需要采用表格等形式来说明(见表 7-10)；二是明确了事务处理系统的具体要求。这些要求的内容可以用许多方法来表示，如表 7-11 的活动与信息系统表，表 7-12 的活动与职责表，图 7-6 的业务流程总图，以及记录处理要求条

件的表 7—13 和表 7—14。值得注意的是,这些图表就其详细程度而言,对信息系统的设计依然是不够的。因此,在后续的信息系统开发活动过程中还需要采用各种各样的其他方法来进行进一步的细化。

表 7—10　管理信息要求条件概要——制造副总裁

主要成果领域	目　标	决　策	需要信息
1. 生产活动	适应进度	在哪些领域没有适应进度,需要采取什么行动?	关于生产计划的情况报告
	适应生产率	在哪些领域没有取得规定的生产率,需要采取什么措施?	关于生产计划的情况报告
	工作时间控制	时间控制系统的效能如何(准确性、纪律性)/有无必要采取某种措施?	预算报告 车间现场报告系统 显示预定的工作时间 比较时间和出勤人数
	工作任务控制	同上	车间现场报告系统 根据工作预算劳动力
2. 质量控制与检测	保证检测时间标准	需要重新审定和固定标准吗?	车间现场报告系统 系统标准和预算
	维持质量水平	废品/返工率是否太高? 退货/接受的数字是否不正常?	作为异常情况对废品/返工率的统计
3. 方法和制造工程	制定和维持时间标准	时间标准需要重新审定吗?	非正规反馈 预算偏差分析
	改进设计和过程（工具和工艺）	生产成本比率是否需要重新审定?	非正规反馈 预算偏差分析
4. 培训	适应生产率 提高机能 使用符合要求的劳动力(例如把非熟练工培训成为熟练工)	培训计划是否满意? 培训设施是否充足,适用?	当年培训计划
5. 综合	适应预算	预算状况是否可以接受?	实际开支与预算之间的差异
	人际关系和人事调动 遵守劳动纪律(劳动条例、安全措施)	道德和人际关系如何? 劳动纪律是否令人满意?	非正规观察 人员调动情况 评估和审议结果

表 7-11 活动和信息系统表

	生产文档保存	预测	生产规划	材料管理	采购	生产管理	车间现场管理	设备维修	企业规划	工资单	销售分析	定单处理	推销	债务人	现金管理	预算管理	总帐	应付帐款	固定资产登记
库存统计				C/P															
订购点/时间序列规划				P															
采购					C/P														
定单交付						C/P													
车间进度						C/P	C/P												
材料流动控制							C/P												
库房控制				C/P															
接收				C/P	C/P														
发送				C/P	C/P														
工厂运行																			
工厂活动监督							P												
信息传递							C/P												
工时和出勤							C/P												
工厂维护								P											
检验和质量控制							C/P												
设施工程																			

C——目前支持过程　P——计划中的支持过程
C/P——现有系统仍在运行,计划中的另外系统将加强或取代现有系统

表 7-12 活动与职责表

业务活动		责职	总裁	(制造)副总裁	规划主管	质量控制主管	(行政)副总裁	采购主管	(销售)副总裁	工厂工程师
生产规划与管理	生产规划	工程与生产数据库管理			0					
		需求预测							0	
		掌握生产进度规划		0	0					
		车间负荷		0						
		库存统计			0					
		订购点计划			0			X		
		时间序列计划								
		采购						0		
	生产管理	定单交付		0						
		车间进度		0						
		材料流动管理			0					
		库房管理		0	X			X		
		收到		0	X			X		
工厂业务	生产操作	工厂业务监督		0						
		信息传递		0	0			0		
		工时和出勤		0	/	/	/	/	/	
		工厂维护		/	/					0
		机器/设备监督		/						0
		机器管理		0						
		检验与质量管理		/		0				
		设施与环境监督		/						0

* 0——主要职责与决策　　X——主要职责　　/——涉及
* 如果同一业务出现两个或多个 0,则表示该业务涉及不同职责领域。

表 7-13　A公司生产规划过程部分 X-Y 表

事项	业务活动	销售职员	买方	原材料仓库管理员	生产计划员	规划职员	备注
工厂定单	起草工厂定货单	X					
	发放工厂定单	Y			Y		
	确定材料要求				X		
	制定材料计划表				X		
	发放材料计划表		Y1	Y2	X		
	发放材料定单		X				
	确认发出的定单		X	Y2		Y1	
	修改索引卡片柜中的记录					X	
	催促定单	X					
	递交定单副本				Y	X	
	修订计划报表				X		
收到货物	货物达到			X			
	开收货单			X			
	发出受货单副本		Y2	X	Y1		
	修改催促定单记录		X				
	修改计划报表				X		
	向工厂交付工作任务				X		

X——表示需要完成的业务
Y——表示收到单据
1,2——表示等数字某个单据的第一、第二等副本

表 7-14　与 X-Y 业务活动表相关的过程表
人员：生产计划

起　　因	措　　施
收到工厂定单	接受工厂订单 计划材料要求 指定材料计划表 向买方和仓库管理员送交材料计划表
收到定单副本	接收定单副本 修改计划报表
收到收货单	接收受货单 修改计划报表 指定一批工作任务 整理反馈票据存根 向工厂交付工作任务

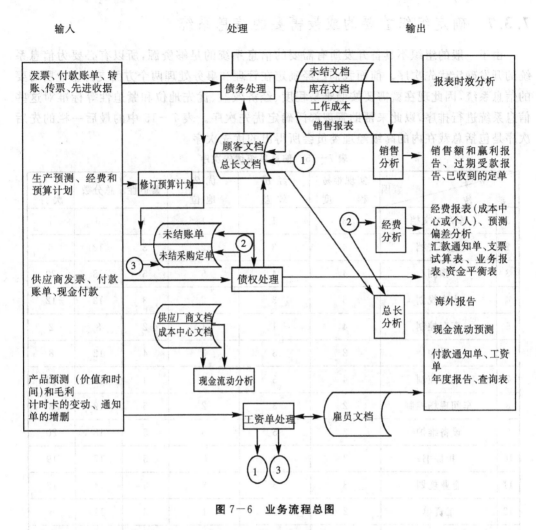

图 7-6　业务流程总图

7.3.6　确定支持组织所需要的信息系统

前一阶段已经确定了企业现有的信息资源,所以这一阶段要探讨的是所需要信息系统的广义框架。为此要对所有合适的主管进行采访,包括总经理、一级直线主管、乃至二级、三级直线主管。研究小组要对访问的人数进行控制,以免耗费太多的时间。要让主管们了解访问的目的主要是:一、了解组织及其环境;二、了解组织的非正式问题;三、确保信息系统的开发能够遵循组织最高领导确定的方向。

对每一位主管来说,采访时要努力了解他的职责、主要成果领域、目标测定标准以及业已发现的问题领域。然后可以提出一些重要问题以确定主管们对现有的信息系统的支持是否满意,还希望得到哪些信息?他们设想的工作中的重大变革有哪些?他们希望从该研究中得到什么?获得了这些信息将有助于研究小组提出未来的信息系统的总体框架。

7.3.7 确定组织首要的或最需要的信息系统

由于一般的组织不具备开发所有需要的信息系统的足够资源,所以有必要为信息系统的开发确定优先次序。前面我们已经确定在管理和事务处理两个方面支持企业所需要的信息系统,因此现在就需要按照难易程度、经济效益、优先地位和紧迫性等标准对这些信息系统进行排序,以此来帮助管理部门确定优先次序。表7-15中的最后一栏的先后次序是包括总裁在内的高级经理委员会所得出的优先次序。

表7-15 信息系统优先次序

系统	因素	实现难易程度	经济效益	优先地位	紧迫性	总分数	先后次序
1	库存主文档	3	1	1	1	6	1
2	生产文档	4	3	2	3	12	8
3	预测	4	4	5	5	18	20
4	生产规划	5	3	2	3	13	12
5	库存控制	4	1	1	2	8	2
6	采购	2	3	3	4	12	8
7	生产控制	4	3	2	4	13	12
8	车间现场控制	2	3	2	5	12	8
9	设备维护	3	5	5	5	18	20
10	担保书	3	4	5	5	17	19
11	企业规划	3	3	3	5	14	16
12	工资单	2	5	1	3	11	6
13	销售分析	2	3	3	3	11	6
14	定单处理	2	4	1	2	9	4
15	分销	2	5	4	5	16	17
16	债务处理	2	2	1	3	8	2
17	现金管理	2	4	3	4	13	12
18	预算控制	4	1	2	3	10	5
19	总帐	3	4	3	3	13	12
20	应付帐款	2	3	4	3	12	8
21	固定资产	2	5	4	5	16	17

7.3.8 结论和建议

在上述研究结束后,研究小组可能产生了许多想法,需要对这些想法进行记录和总结,并形成相应的结论和建议。最简便的办法就是在对信息系统的每一项内容排出优先次序后给出简要的说明,其中应该包括得出的结论、建议和需要采取的措施。

7.3.9 行动计划

在信息系统进行研究后应该提出相应的工作计划,其中包括一系列急需采取行动的措施,从它们中可以产生若干个信息系统项目。比如,在甲公司中产生出来的几个比较紧迫的信息系统项目是:建立过渡信息系统,以便在合并后能使新公司正常运转;开发经过改进的库存管理信息系统;进行计算机可行性研究。在制定组织信息系统的总的正式开发计划之前,必须先解决上述项目。因为对任何一个组织来说,不解决短期问题,那就无法去考虑长期问题。在通常情况下,工作计划都包括在信息系统研究报告之中。工作计划可以采取简单的线条图(bar chart,也就是甘特图 Gantt chart)形式(如图 7—7)。

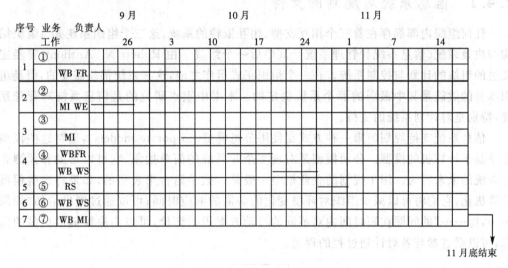

①——完成用于 B 公司雇员的原始文件
②——设计和订购新公司的付款通知单和支票式样
③——将 B 公司雇员情况加到雇员主文档中
④——核对计算机主文档数据
⑤——设计事务处理系统
⑥——系统测试
⑦——新旧系统平行运行

图 7—7 工作计划甘特图

7.3.10 信息系统研究报告

信息系统研究报告是在调查结束之后,对获得的数据进行综合、分析和核对的基础上形成的有关以前各项工作的最后综合和记录。在撰写该报告的时候,所有的书面记录都应该经过了有关经理的审定,目的是要能够正确地反映在会议或访问中所掌握的情况。报告撰写好后,最好召开一次正式的情况介绍会,以便用简明扼要的方式向管理部门概括地报告信息系统研究的结果,并指出该结果对组织的价值。在介绍时,对人们提出的任何问题都要给予回答,如果需要的话,还可以做进一步的阐述。最后再将报告提交给所有参与研究的经理们。

信息系统研究报告中的主要内容是:①绪言,包括背景和目标、研究小组与研究方法、结论和建议要点;②组织概述;③现有的信息系统;④管理信息要求;⑤数据/事务处理系统要求;⑥结论和建议;⑦总开发计划(含成本/效益分析);⑧对下一阶段的建议;⑨附件。

7.4 信息系统规划

信息系统可以为组织的规划过程提供支持,但是信息系统本身也是一种重要的整体资源,也需要进行规划、组织和控制。

7.4.1 信息系统对规划的支持

任何组织内部都存在着三个相互支持、相互依赖的系统,这三个组织系统是:组织结构与决策系统、信息系统和管理系统。其中后一个组成了由 Robert N. Anthony 曾经定义过的组织的计划与控制系统。在一个组织正式运作之前,这些系统都是需要的,但是组织本身的效能是其中最弱的那个系统决定的。本书中重点研究的是信息系统对管理系统,特别是对计划系统的支持。

信息系统支持规划的第一种方式是使用公司模型(corporate models),通常这些模型都是基于计算机的模型。公司模型是对现实企业系统的简单抽象,它可以帮助和预测企业系统的未来行为。用于规划的企业模型一般是以数学语言来表示的,如果将这些模型计算机化,它们将可以减少组织对环境变化的必需的响应时间;可以通过提出诸如"如果……,将……"的问题在短时间内对不同的行动方案进行评价;可以为决策提供更多的信息;可以增进参与者对计划过程的理解。

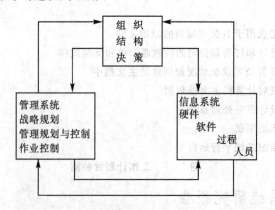

图 7—8 组织系统之间的关系

在出现下述情况时,普遍使用公司模型。一、评价备选的经营战略和投资战略;二、迅速提供修改过的财务预测;三、帮助确定公司的可行目标;四、分析相互作用的事项之间的影响;五、确定收入对外界因素的敏感程度;六、制定反映财务状况的跟单预测;七、允许管理部门在制定计划时考虑更多的变量;八、确定长期借债的必要性;九、使制定的预测和现有计划能够相互支持;十、开发公司的数据库或信息系统;十一、帮助评价资本投资建议。除了公司模型外,对于战略层次上的规划过程,常常可以使用计量经济模型——总体经济模型。

信息系统对规划进行支持的第二种形式就是利用战略信息系统。战略信息系统不一定都利用计算机,其目的是开发出正式的环境信息系统,以便解决日益加剧的环境变化对组织所产生的影响。

表7-16 战略信息系统与信息源

战略计划过程	环境信息子系统	战略信息源
形势评估(本公司当前形势如何?)	形象子系统 客户子系统	客户
目标制定(我们需要什么样的未来形势?)	潜在客户子系统	潜在客户
制约条件的识别(有哪些制约因素妨碍目标的实现?)	竞争子系统 规章子系统	竞争者 政府
战略选择(为了实现我们的目标应采取什么样的行?)	关键情报子系统	

形象子系统提供来自内部信息源的有关利润、成本和财务状况方面的客观信息,以及来自客户的有关产品印象(价格、质量、可靠性)和组织印象(人员质量、责任心和信誉)方面的主观信息。

客户子系统处理有关单个客户以及特别为支持战略决策而设立的市场部门的信息。另外一方面,潜在客户子系统搜索环境信息,以便确定潜在客户、未来产品、未来服务和未来市场。竞争信息子系统为收集、整理和建立每个主要竞争者对象文档服务。为了了解法定制约条件,规章子系统是为查找那些不熟悉的新产品和新市场领域的政府法规以及其他规章方面的信息而建立起来的一种信息检索系统。关键情报子系统是对有关竞争者的具体问题提供具体答案的系统。例如,回答一个竞争者是否可以对一项合同进行投标之类的问题。当然,在现实生活中,一个组织不大可能建立所有上述子系统。

信息系统对一定程度上涉及到规划活动的管理控制和作业控制两个层次的支持是通过诸如生产规划和控制、库存管理、预算开展和销售分析等比较传统的系统来进行的。

本节主要介绍的是信息资源本身的规划,重点是规划、战略规划、具体的规划问题、以及随后产生的信息系统计划和可行性研究。

7.4.2 规划

规划是管理的一项重要职能,它与管理的另一项职能——控制互为补充。所谓规划就是事先觉得需要做什么?谁去做?何时去做?以及如何去做?规划在现状与未来之间架起了桥梁。管理人员是为了分配资源和安排其他人员的工作而作计划,比较而言,非管理人员只为其自己的活动做计划。

计划的主要目标是：将不希望的变化所造成的影响减少到最低程度；二、维持组织的稳定性；三、保证组织能够对未来形势作出行之有效的反应；四、提供一种控制机制。组织需要规划有多方面的原因：一、组织希望能够控制自己前进的方向，而不是消极地适应环境变化；二、科学技术，特别是信息科学技术的发展日趋加快，导致产品老化过时加速和新产品不断涌现，竞争愈益加剧；三、组织规模逐步扩大，经营日趋多样化，管理日益复杂化；四、组织的环境越来越复杂；五、组织承担的时间跨度加长，因此在制定当前决策时需要进行长期预测。

7.4.2.1 规划的演变

规划是组织在内外部压力的作用下产生的，并且经过了长期的发展才逐步形成。图7-9 给出了规划系统的演变过程，它有助于我们了解信息系统规划在组织规划系统中的地位和作用。

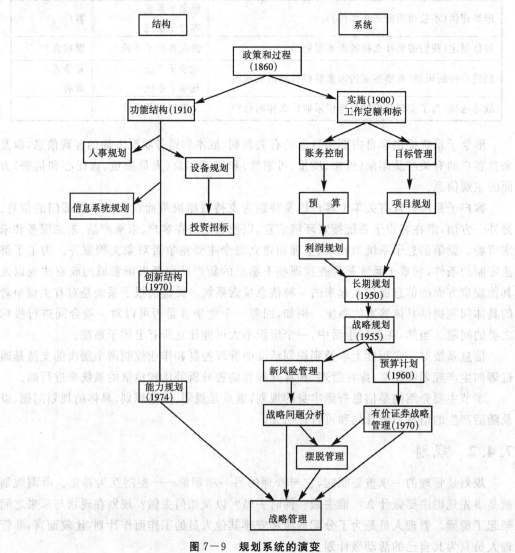

图 7-9 规划系统的演变

7.4.2.2 规划的类型

规划可以按照不同的标准划分为不同的类型。R.N.安东西尼将规划划分为战略规划、管理控制和作业控制。战略规划就是确定公司的目标和公司希望实现这些目的所采取的手段(战略)。业务规划是指公司的某一特定领域(如某个分部或附属部门)的规划。战略规划一般用于处理非结构化的问题和情况,而业务规划则主要用于处理结构化的问题和情况。除了这种分类方法之外,还可以将规划划分为战略规划、作业规划和项目规划。信息系统项目可以是战略的、作业的或面向项目的,也可以是长期的或短期的。以前的信息系统项目一直倾向于短期的业务或是面向项目的。但是,近年来,长期的和战略的规划开始不同程度地用于信息系统。本书中重点探讨的是信息系统的战略规划。

7.4.2.3 规划的过程

图7-10表示一般的战略规划过程,由该图可以自然而然地引出图7-11所示的作业规划和年度规划过程。信息系统规划也遵守图7-10的战略规划过程,其程度或多或少地取决于信息资源在组织中的地位的高低与作用的大小。

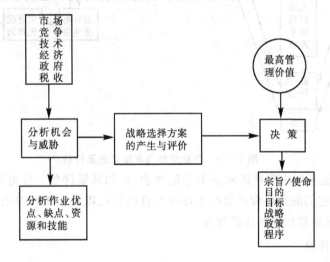

图7-10 战略规划

7.4.3 战略规划

因为本书重点探讨的信息系统规划是战略规划,在此需要参照战略信息系统规划来深入地研究信息系统规划过程。战略规划涉及到组织与环境之间的关系、计划或规划、厂商资源(人员、资金、材料、机器和信息)、目标、目的和政策。

7.4.3.1 战略规划过程中的几个主要问题

战略规划过程的主要阶段包括:一、启动。战略规划过程一般始于某位高级行政领导,高级主管领导的助手,或者诸如需要变化或一个新竞争者进入市场。二、环境评价。就是对公司目前的状况、前景、机会和威胁,包括对公司环境的检查和预测。三、公司评价。就是从公司内部来评价其力量、弱点、资源、价值和志向。四、制定公司战略。五、制定实施该战略的具体计划。计划应包括为实现目标所需要的合适的组织结构。六、实施战略计划。为了实现这一目的,必须要向下级规划部门提供背景信息,以帮助他们进行作业规划。向他们提供战略规划过程指南,以教他们怎样进行规划过程;告诉他们已经确定的有关目标;向他们提供预测和环境考察的结果。七、监督实施过程。八、必要时,对战略规划过程及规划活动进行重新审查,以确保它能够取得应有的效率和效益。

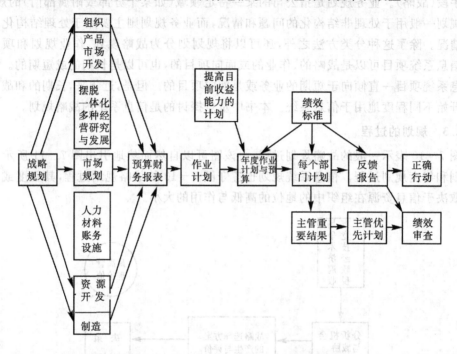

图 7-11 作业规划与年度规划及行动

在信息系统规划中有些因素是十分重要的,比如环境评价、公司评价、战略形式和目标确定等,但它们的重要程度取决于环境本身的特点以及组织自身的性质、结构、文化背景、增长率、规模和规划的成熟程度。

7.4.3.2 环境评价

环境评价所用的主要方法是预测法和实地考察法,前者主要用于评价未来的环境状况,而后者则主要用于评价当前的环境状况。

预测技术主要有德尔菲法、标准小组技术、情景法、头脑风暴法、经济计量模型、时间序列法、多元线性回归法、指数平滑法。这些方法不仅能用于信息系统规划,还可用于问题确定、问题解决、战略制定和目的确定。预测结束时,要形成正式记录的假设(结论)。当然对这些假设来说还要有一些前提条件,否则它们可能是难以理解的。需要注意的是,要定期对作为信息系统规划基础的假设条件进行审定,因为条件的变化可能会对假设本身和计划本身都要作修改。

环境考察也是评价环境的一种重要方法。一般常用的环境考察方法有四种:一、间接观察,主要是指通过大众传媒等来收集信息。二、条件观察,就是观察者要随时注意收集影响自己工作的特定类型的数据。三、非正式搜寻,就是要积极主动地去搜集信息,但不是通过有组织的、大规模的方式。例如,阅读公开出版物或了解某人的兴趣,等等。四、正式搜寻,是指在开展信息搜集活动之前,已经进行过周密的准备和详细的计划。主要用于为具体的活动搜集具体的信息,比如研究开发活动等。据有人统计有关环境的信息55%来自于外部信息源,45%来自于内部信息源;71%来自于人员,29%来自于非人员信息源。对企业来说,其环境信息源有子公司、顾客、报纸、企业协会、贸易出版物以及其他信息源。

7.4.3.3 公司评价

与环境评价不同的,公司评价是在公司内部进行的一种评价活动。评价公司的绩效、强项和弱项。所需要的信息主要包括:公司财务状况、产业数据、部门/单位成果、产品、市场和销售、生产设施、研究与开发、季节性波动、组织、产业关系、未来承诺。一般说来,所需的信息经常是有关竞争者的过去和现状方面的信息。

表 7-17 今后五年的基本假设

1	整体经济将几乎没有实际增长		
2	新建设的地区位置将继续向美国的南部和西部以及几个选定的国家移动。但对于服务需求的变化将普遍放慢,今后五年将维持与目前大致相当的情况		
3	建筑活动将趋向于具有下述特点		
	3.1	更注重于南部、西部地区以及土地面积不十分短缺的原市场的郊区	
	3.2	由于"摩天大楼"价值观念的改变和对过分开发的抵触,将使建筑受到限制	
	3.3	能源和材料将对建筑设计、项目规模和建筑速度产生影响	
	3.4	住房趋势是增加对低级梯高和中级梯高单元套房的需求	
	3.5	与运输有关的建筑将急剧增加	
4	对企业投入将具有下述影响		
		劳动力	
	4.1	4.1.1	将更难吸引管理——专业人员
		4.1.2	由于工会活动和技术工人短缺。对提高现场劳动成本的压力将继续
	4.2	材料成本将会继续提高,材料供应将成为问题	
	4.3	由于需求分布距离工厂厂址更远,运输成本问题将更为严重	
	4.4	企业的基本技术工艺很难进一步发展	
5	由于工业能力过剩,今后几年竞争将保持激烈,建筑将保持缓慢。竞争结果将是淘汰某些小竞争者		

7.4.3.4 战略制定

环境评价和公司评价一旦完成后,就可以开始制定战略。

7.4.3.5 目标确定

确定目标是战略规划或信息规划过程中的一项非常重要的内容,目标是一种可测定的成就,它有助于实现广义的使命或宗旨。

表 7-18 某公司计算机部的力量、弱点、机会与威胁

	+	-
内部	有 120 个系统分析员和程序员。具有九年的设计和实施商业计算机系统的经验。 所有系统近来都引进了最新设备。 在计算机处理设备方面有 20% 以上的备用能力。	维护用户利益的职责不明确 项目界限不明确,特别是在收尾部分更是如此 进展审查系统没有重新评定项目的审查范围 项目控制人员对资源的职权不明确
	力量	弱点
	机会	威胁
外部	用户已具有计算机经验。 在用户部门实行了目标管理。	维修是未来的主要工作,将有可能影响专家的士气。 计算机和系统失败对企业成功的影响。 用户担心日常行政可能会被管理服务处接管。 在公司和国际上日益流行的观点认为计算机不能节省资金。

表 7-19 程序员的生产率目标

	目 标	行动计划
1	在 1 月日之前把因程序差错造成的重新启动时间减少到每月 4 小时	开设判断程序差错的内部培训课程
2	在 1 月 1 日之前把程序修改时间减少到没星期 12 人/小时	对今后所有项目,将全部模块的长度缩小到 35 条源语句
3	在 7 月 1 日之前在不增加人员的情况下,将实现用户要求变化的平均滞后时间减少到 9 星期	
4	在 8 月 6 日之前将医院汇款和成本分析软件包的运行是减少到每星期 6 小时 45 分种	利用所附流程图表示的方法,重新写出数据,检验和改进文档修改例行程序

表 7-20 信息系统的使命

1	对组织总目标、战略、政策和计划的制定作出贡献,并力求获得最大的成就
2	开发具有管理功能的信息系统和服务,因为它们: 对企业是必要的,是外界对组织要求的结果,并具有很高的战略价值。支持企业规划和决策工作,能够在日常工作自动化情况下提供效益 能够帮助满足已经由主要竞争者达到的计划中的用户服务水平 作为系统实施的结果,能够通过取得的有形收益收回成本 使用经过证实的最新技术 不需做重大改动而能够适应企业和国家情况的变化 可以改变成为时间需要少于 18 个月,人力需要少于 30 人/年的可开发计划项目 可以支持组织规模和营业额加倍或减半而不需要做重大修改 保证需要数据的完整性和易于查找 可以消除不必要的例行报告。用于特别重要目的的报告和用其他方式不能代替的情况除外 可以逐渐演变为管理支持系统相互网络和有偿服务系统
3	提供有效的数据处理服务系统,例如,可以削减事务处理年度成本 3% 的系统
4	对信息处理技术的趋势和竞争使用不断进行评价。重点是评价管理需要的贡献,而不是应用这些知识的技术优势
5	教育组织的全体人员,使他们能够有效地掌握和利用信息系统技术
6	能在信息系统部门控制之下,进行有效的人员培训
7	能在信息系统部门的控制之下,安全地保护组织的固定资产
8	能在与信息系统相关的市场、社区、专业和生产协会中代表整个组织
9	能帮助首席执行官贯彻执行为信息系统部门制定的正式战略、目标、政策和计划

7.4.3.6 几个特殊的规划问题

对信息系统规划来说,还需要考虑一些特有的问题,比如组织设计、人力资源规划、信息系统评价、安全和控制等。

(1)组织设计。在信息系统规划过程中需要特别考虑的问题:一、信息系统部门的报告层次;二、与其他相关活动之间的关系;三、主要信息系统项目的组织;四、信息系统部门和其他单位(如指导委员会)之间的协调机制;五、信息系统部门或信息系统管理部门本身的结构。

(2)人力资源计划。在信息系统中,凡是缺少人力资源主管、熟练的信息分析员和程序员,人力资源规划与开发就显得尤为重要。由于这些人员的培养成本很高,因此信息系统管理部门应该通过加强人力资源规划和开发来缓解这类人员的缺口,留住现有的人才。

(3)信息系统的评价。信息系统的评价可以在系统开发之前、之中或之后。在系统开发的不同阶段要采取不同的评价方法。

在宏观规划(对整个组织的信息系统规划)阶段,主要进行成本效益分析,以评价对信息系统资本开支的客观需要,建立项目或应用的优先次序,即判定"我们是否在做最需要做的事?",建立信息系统的效率标准,即"如何来判断信息系统的成功或失败?"宏观规划阶段的评价是最高管理部门的职责。

在微观规划(对某个具体信息系统、项目或应用的规划)阶段，重点是进行更进一步的成本效益分析，以便更详细地评价项目的客观需要，评价可供选择的途径或方法；建立评价项目效率的标准。

在信息系统或项目实施过程中，应该应用管理会计技术，以便制定项目预算，测定所承担的成本，将成本分配给成本中心，指示需要注意的在预算成本和实际成本之间的偏差。对照计划、预算或标准，评价成本、质量和数量，以便确定"我们是否在用正确的方法进行工作？"

在信息系统运行期间，应该运用其他管理会计技术，以便制定信息系统运行预算，测定所承担的运行成本，将运行成本分配给成本中心，回收成本作为组织的管理费、在非赢利基础上将成本分摊给用户(不收费)、在盈利中心基础上将成本分摊给用户(计价)。再一次对照计划、预算或标准，对成本、时间、质量和数量进行评价，以便再次确定"我们是否在用正确的方法进行工作？"

在复查阶段，需要进行事后审计，以便确定：特定系统的目标是否已经达到(包括期望成本和效益)？信息系统资源是否有效利用了？是否需要变动、重新计划或改正措施？通常对系统的原始成本/效益分析是通过对比实际承担成本和取得的效益与估计情况进行。

表 7-21 测定数据处理成本/效率的主要管理技术

	选定的测定技术	排　序			
		最高管理部门	数据处理管理部门	普遍性有用性	
1	服务水平	3	1	2	客观
2	外部价格				
3	模拟利润				
4	投资回收	1	2	3	
5	交易价格				
6	目标成果管理	2	4	1	
7	电子数据处理检查	4			
8	用户调查				主观
9	事后审计		3	4	

表 7-21 表示管理部门评价信息系统时所采用的最典型的方法，最高管理部门关心的主要问题是：哪些测定方法对他们来说是最有价值的？该表中标出了排序的结果，也标出了信息系统部门按照自己的观点对这些方法的普遍性和适用性进行排序得出的结果。需要特别注意的是，信息系统部门在评价信息系统时，要保证与最高管理部门使用的标准一致。

(4)安全和控制。随着计算机中存储的数据的日益集中，这些数据也越来越容易受到故意或意外的损害。因而现在人们越来越关心这些数据的安全了。正因如此，在规划信息系统时，安全和控制问题已经成为最高管理部门需要特别考虑的重要问题。具体地说，最高管理部门的任务是：一、选择具有专门管理技能的信息系统主管。对这些人来说，技术虽然不能说是最重要的，但也是第二的；二、审定全公司范围的信息系统总体开发计划。该计划是将公司资源有效地分配给信息系统的方法，也是对随后进展情况进行控制的有效工具；三、审批重大的系统增设或变动；四、定期检查组织系统和信息系统的安全与控制工作；五、监控信息系统项目的绩效；六、对实施后的信息系统项目进行审查，主要检查成本与效益问题。

在信息系统环境中的控制主要包括：一、外部控制。通过检查员、顾问、最高管理部门和其他对信息系统进行单独检查；二、行政控制。通过信息系统管理部门实施，包括规划、人员选择、培训和培养以及性能标准的应用进行；三、作业控制。直接与数据处理业务有关，旨在保证数据收集和处理的准确性。具有包括输入、处理、运行、数据库和输出的控制；四、文件控制。包括所有解释系统如何工作的文件，如系统开发报告、系统流程图、文档、记录和报告格式、程序框图、程序编排以及各种用户和系统手册；五、安全控制。防止信息系统资源遭受意外事故或故意破坏和损害。

（5）柔性信息系统的开发。由于组织的内外环境不断变化，因此开发能够适应这些变化的柔性信息系统(flexible information system)越来越受到人们的重视。要使一个信息系统具有柔性——灵活性，即能够修改，甚至完全改变，就需要采取以下措施：一、保证获得足够的财政资源，以便支付意外变动的成本；二、制定出明确的优先次序标准或政策；三、吸收信息系统经理参加组织的战略规划过程，以使题目能够及时地获得即将发生的变化信息；四、建立支持在组织层次或个人层次变化的环境。

组织可以通过以下方法来使信息系统具有灵活性。一、模块法。模块法就是将复杂的信息系统分解为相对独立的子系统或模块。通过这种方法可以使单个模块的复杂性降低，变动的影响只涉及到相关的模块。模块法还允许采用分阶段的办法实施信息系统的开发，能够在较短时间取得采用其他方法得不到的效果。二、标准化法。信息系统实际使用的标准包括文献标准；项目管理标准（包括项目结构、项目规划和控制以及进展报告）；数据标准与标准数据的定义；程序设计标准，包括设计、编码和调试；整体标准，包括重新启动、恢复、支持、控制和安全；硬件标准；系统软件标准；与手工步骤有关的标准；应用系统流通标准；计算机操作标准；计算机服务的收费方法。标准化方法通过减少所使用的技术种类和偏差数量来减少系统的复杂性和不确定性。标准化有利于人员培训、提高人员的流动性、促进信息交流，提高系统的生产率和可变动性。三、预先处置法。对未来事件的预先处置允许提前规划和增加组织可用的选择方案的数目。对计算机用户需求变化的预先处置可以提高灵活性和用户满足度。预先处置法包括吸收信息系统主管参加公司战略规划过程，密切用户和信息系统之间的关系，在字段、编码和记录中留有冗余。四、生产率法。对需求变化的快速反应要求提高生产率，而采用先进的手工或自动化信息系统开发技术，可以更快、更经济地开发信息系统。五、文件化法。编制信息系统文件有助于了解现有系统，增加工作人员的流动性，使工作不会因为出现人员流动而出现中断，同时还有利于人员培训、增加系统的可变更性。

在信息系统规划过程中，要特别注意要力求在保证系统具有灵活性的同时，还要保证能够取得最大成本效益。

7.5 信息系统计划

前面已经介绍了与信息系统规划有关的规划过程、战略规划和几个规划时要考虑的特殊问题,其目的是为了深入地研究信息系统计划——总体开发计划。由于组织的性质不同,信息系统计划可以是战略性的,也可以是作业性的。信息系统计划的主要目的是:使信息系统开发与公司整体的计划相配合;为信息系统开发指出方向,以确保这种开发能支持组织目标;记录资源分配和信息系统开发的优先次序;保证信息系统开发的整体性和协调性,以避免"机械化孤岛"、次优化和后续阶段出现的不必要的整体化成本;提供某种衡量标准,以利用该标准对负责信息系统开发的主管以及在信息系统开发期间负有责任的线性管理人员和最高管理人员的工作进行测定;为寻求和开发稀缺的信息系统开发人员(如信息分析员和系统分析员)打下基础;保证信息系统对组织的连续适应性和支持。

信息系统计划的大小不一,有的只有 12 页,有的有 300 多页,平均起来正文和附录约为 50 页。总的来说,作为规划成果的规划文件的组织和构成与其它要处理的组织和环境的复杂性大致相仿。这就是说,复杂的组织需要复杂、多样的计划。这与在控制论中的"必要变化律"(law of requisite variety)的理论结果是一致的。该定律认为,复杂系统必然需要复杂的控制机制,复杂系统不可能用简单的控制机制来进行有效控制。一般说来,信息系统计划应该包括今后五年的时间范围,前两年计划要详细些,后三年可以简单些。当然,具体的时间长短应该根据组织的类型来确定。

7.5.1 信息系统计划的内容

对于一个大型企业来说,其信息系统计划通常应该包括的内容见下表。

表 7—22 信息系统计划的内容

1	公司战略计划和相关的业务计划的概述	环境评价	预测
			预测假设条件
			威胁和机会
		公司评价	强项和弱项
		组织目标和战略	
		组织设计	
2	信息系统计划概述	信息系统环境评价	未来技术和用户环境预测
			预测假设条件
			信息系统的威胁和机会
		信息系统评价	强项和弱项
		信息系统目标	
		信息系统组织设计	
3	现有能力	现有设备、通用软件、应用系统、人员概况与技能清点	
		开支和设施利用分析	
		进行中的项目状况	

续表 7-22

4	可行性研究（成本/效益）	项目和优先次序
		主要硬件、软件、人员配备
5	具体计划（至少前两年要详细）	设备采购时间安排
		通用和应用软件订购时间安排
		应用系统开发进度
		软件维护和转换工作进度
		含教育与开发的人力资源计划进度
		财务要求一览表
		信息系统评价方法说明
		信息系统灵活性方法说明
		具体的安全与控制计划
6	实施信息系统计划所需的工作程序或行动计划	

7.5.2 指导委员会

指导委员会是负有批准信息系统计划职责的最常见的机构，它一般由以下人员组成：首席执行官或其代表，信息系统主管，用户主管（可以是现有用户和未来用户），外聘顾问，能对具体问题提供专家意见的增选人员。有的认为，确定信息系统资源使用的总体方向的不应该是指导委员会，而应该是首席执行官、向其报告的高级主管等。对此，不能一概而论，应该根据组织的实际情况来进行选择。

7.5.3 可行性研究

可行性研究既可以看作是信息系统规划过程中的一部分，也可以看作不是它的一部分。有时候，可行性研究是短期的，且是非正式的。比较典型的可行性研究是由包括管理部门、信息系统和用户的代表组成的专家小组进行的。一般说来，可行性研究的主要步骤如下：一、可行性研究本身，二、技术要求说明手册；三、供应商的建议；四系统选择。

7.5.3.1 可行性研究

信息系统的可行性可以从这四个方面来考察：一、技术可行性：我们能够做得到吗？二、经济可行性：值得做吗？三、业务可行性：能在本组织内运用吗？四、进度可行性：能在要求的时间内完成吗？

典型可行性研究包括：一、可行性研究的范围和建议概要；二、问题陈述。包括拟考虑的信息系统目标、要求和介绍。经常要对原始文件、报告要求和频率以及现有的和计划中的数据量进行介绍；三、详细的成本/效益分析（见表7-23）；四、对组织面临的可能的内外部影响的分析；六、有关提议系统的开发、实施和运行的部门和个人的职责；七、测定系统实施成功的标准。这些标准一般应包括有待处理的数据量、报告周转周期和成本/节约等内容。这些标准将是控制项目的基础；八、详细的行动计划，其中应该载明系统中的每个可测定单位完成的方法、时间及其负责人。

表 7-23 计算机系统成本/效益的初步分析

1	估计新计算机系统的初始成本		
	1.1	场地准备成本	XXX 美元
	1.2	基础应用分析与程序设计	XXX 美元
	1.3	培训、文档转换、并行运行等方面的成本	XXX 美元
	1.4	一次性成本合计	XXX 美元
2	估计年度运行成本		
	2.1	计算机及相关设备的租用费或折旧与维护费	XXX 美元
	2.2	软件租用费	XXX 美元
	2.3	程序维护费	XXX 美元
	2.4	操作人员费	XXX 美元
	2.5	房间水电费	XXX 美元
	2.6	运行成本合计	XXX 美元
3	年度节余		
	3.1	将取代成本加上由于业务效率和新方法所创造的价值，再减去年度业务成本，即为年度节余	XXX 美元
4	4.1	回收率（即节余现值等于一次性成本现值）	XXX 美元
5	5.1	无形利益（清单）	XX%

7.5.3.2 技术要求说明手册

一旦最高管理部门或指导委员会批准了可行性研究后，就要考虑与一个或多个能够提供计算机硬件或软件的供应商接洽。通常最好只接触几个供应商，以避免与太多的供应商打交道而浪费时间。

对组织的介绍最好采用技术说明手册，这样可以节省许多时间，同时还可以保证所有的竞争者都试图解决同一个问题。表 7-24 表示应该提供给供应商的典型信息。

对组织描述应该包括它的功能在内。某些数字诸如雇员人数、产品数量、营业额，甚至一张组织图或一张组织表在这里都可能十分有用。总之，组织需要表明自己具有什么样的结构，利用什么原料，通过什么方法，生产什么产品，提高什么服务。有关工厂或办公室的具体地理位置、具体的生产制约条件以及实际贸易方面的情况，也是十分有用的。在说明手册中，需求说得越清楚，对各有关方面越方便。

表 7-24 计算机系统采购技术要求说明手册的主要内容

	引言		
1	1.1	组织介绍	
	1.2	要求概要	
	1.3	现有设备	
	1.4	选择过程(准备采用的标准、联系方式等)	
	1.5	验收测试	
2	系统要求		
	2.1	硬件要求	
	2.2	软件要求	
		2.2.1	编译程序(COBOL、FORTRAND 等)
		2.2.2	实用程序包(例如分类例性程序)
		2.2.3	应用程序包(线性规划、工资单处理)
		2.2.4	操作系统
	2.3	支持要求	
		2.3.1	由卖主提供系统设计人员
		2.3.2	后援设备
		2.3.3	测试时间和测试设备
	2.4	约束	
		2.4.1	设备和软件计划的交付日期
		2.4.2	处理过程的时间限制
	2.5	不要求符合技术说明的某些特性	
	2.6	未来的发展能力	
3	主要应用(对每项应用都要包括下述内容)		
	3.1	系统描述	
	3.2	文档描述,包括目前规模和增长速度	
	3.3	输入数据说明和输入量	
	3.4	每项运行的系统流程图,并通过下述内容对运行进行描述	
		3.4.1	处理频率
		3.4.2	事务处理量
		3.4.3	建议的处理方法

* 该表表示某些硬件指标。对其他的指标,如软件、供应商建议、合同、成本、技术专长、服务以及一般情况,可以制作类似的表格。

* 该表允许对某些指标的得分进行减法预算,具体的计算公式是:

如果得分<最小值,则差数=(最小值-得分),合计=(得分-差数)

如果得分>最小值,则差数=0,合计=得分

7.5.3.3 供应商的建议

根据收到的说明手册,有关供应商应该对任何不明确的事项加以澄清,并提出具体的建议。该建议基本上是一份销售文件,包括厂商认为能够满足有关组织机构要求的计算机硬件和软件的技术细节、成本和由厂商提供的系统支持、费用和条件以及其他有关信息。

一旦收到供应商的建议,需要采购的组织应该进行核对,确定在说明手册中提出的要求是否都能达到。需要的一切都应该得到供应,否则应说明不能提供的合理原因。

7.5.3.4 系统选择

在上述过程结束后,组织委任的官员就可以对收到的供应商的建议进行评价,并决定应该接受谁的建议。首先是将供应商提供的成本与服务与可行性研究中的对应项目进行比较,然后在厂商之间进行比较;其次是对每一个供应商及其提供的系统和服务进行详细考察,以了解供应商的有关情况,包括:供应商证明自己能够完成所要求的工作的能力,履行承诺的历史情况,"稳定性"也即供应商今后是否一直营业,供应商的资格与信誉。应该特别需要注意的是,就系统与服务而言,考察的重点是供应商是否能够有效地完成具体的工作。

在供应商建议中的技术细节经过技术专家鉴定之后,最重要的比较方法就是所谓的记分法。对由说明手册挑选出来的某些标准进行加权,给每个标准分配一个最高分。对每个供应商根据标准进行评价,并判给分数。每个供应商得到的总分可以在评价一揽子建议时提高帮助。表 7-25 就是使用该方法的一个实例。

表 7-25 得分评价表实例

指标	得分		供应商1			供应商2			供应商3			供应商4			供应商5		
1.硬件	权值	最小值	得分	差数	合计	得分	差数	合计	得分	差数	合计	得分	差数	合计	得分	差数	合计
系统	25	15															
扩充	15	15															
序列	5																
磁盘	25	20															
键盘/视频显示器/软磁盘	15	10															
打印机(200 行/分钟)	15	10															
备用件	15	10															
维护	15	5															
设备	25	10															
硬件培训	5	0															
工程师响应时间	5	5															
平均正常运行时间	20	10															
用户满意程度	15	10															
税收与关税	5	0															
文件处理	20	15															

7.6 信息系统项目管理

在信息系统开发中通常都运用了项目管理的原理和方法,一般管理经常涉及到目标、资源和约束条件这三个重要要素的确定和控制,对项目管理来说,也是如此。虽然信息系统项目在很多方面与其他类型的项目有相似之处,但也有一些独特的特征。

7.6.1 项目管理

7.6.1.1 项目及其特征

项目就是以一套独特而相互联系的任务为前提,有效地利用资源为实现一个特定的目标所做的努力。项目是为了达到某种最终目标或产品需要在一段时间内完成的任务或活动的集合。在取得实际成果后,项目通常随之结束,活动停止,项目小组解散。

项目的基本特征是:一、项目有一个明确界定的目标。个期望的结果或产品。在提出项目时,心目中一般都很清楚要求获得什么样的最终产品。一个项目的目标通常按照工作范围、进度和成本来定义;二、项目的执行要通过完成一系列相互关联的任务,也就是许多不重复的任务以一定的顺序完成,以实现该项目的目标;三、项目需要运用各种临时组合在一起的资源来执行任务。资源可能包括人力、组织、设备、原材料和工具。最终产品一旦完成,用过的资源一般分散;四、项目有具体的或有限的寿命。项目的完成通常有明确的界限,并且可以测量或定量计算。项目有一个开始时间和目标必须实现的到期日。例如,整修一所学校可能必须在 6 月 20 日到 8 月 20 日期间内完成。项目的生命周期长短不一,有的只有几个星期,有的则长达到几年,这主要取决于项目内容、复杂程度和规模等。并不是所有的项目都要经过项目生命周期的所有阶段;五、项目可能是独一无二的、一次性的努力;六、每个项目都有客户。客户可以是一个人,或是一个组织,或是多个组织,它为项目提供实现目标所需的资金;七、项目包含有一定的不确定性。项目在开始之前要根据一定的假定和预算做计划。项目以一套独特的任务、任务所需要的时间估计、各种资源和这些资源的有效性及性能为假定条件,并以资源的相关成本估计为基础。这种假定和预算的组合产生了一定的不确定性,影响项目目标的成功实现。有些可能按期实现,但是最终成本却高于预计成本。

以下是一些项目的例子:一、安排一次演出;二、开发一种新产品;三、策划一场婚礼;四、设计和运行一个计算机系统;五、合并两个工厂;六、把地下室改造成为起居室;七、主持一次会议;九、设计一份产品说明书;十、组织一次同学聚会;十一、创立一个车辆不得入内,只限行人活动的商业区;十二、组织一次学生实习活动;十三、给一次事故的受害者施行一次手术。

7.6.1.2 影响项目成功的因素

(1)项目范围。项目范围又称为工作范围,是指为使客户满意而必须做的所有工作。使客户满意就是使交付物(有形的或无形的)要满足项目开始时所认定的标准与要求。

(2)项目成本。项目成本就是客户为一个可以接受的项目交付物所愿意付出的款额。

项目成本以预测为基础,包括将用于支付项目的雇佣人员的薪水、原材料供应、设备和工具租金,以及将负责执行某些项目任务的分包商及咨询商的费用。

(3)项目进度计划。项目进度计划是使每项活动开始及结束时间具体化的进度计划。项目目标通常依据客户与执行工作的个人或组织商定的具体日期来规定项目范围必须完成的时间。

(4)项目目标。项目目标——预期的结果或最终产品,就是在一定时间内,在预算内完成工作范围,以使客户满意。为了确保项目能够成功,有必要在项目开始前制定一份计划,其内容应包括所有工作任务、相关成本和必要的完成项目所需的时间估计。

一个项目开始后可能会遇到无法预计的情况,从而对项目目标中的工作范围、成本和进度计划产生一定的影响。比如,有些原材料的成本可能高于以前的估计,恶劣的天气可能使项目不能按照原定的日期完成。对于项目主管来说,他的任务就是防止、预测并克服这种意外的情况,以便能够在预算内按时地、使客户满意地实现工作目标的范围。良好的计划和沟通对于发现问题、防止问题和解决问题都是必不可少的。项目主管要随时与用户沟通,使用户了解项目进展情况,以便决定是否要改变期望。项目主管的责任就是确保用户满意,因此他要了解整个项目过程中的客户满足度。

7.6.1.3 项目生命周期

项目生命周期(project life cycle)是一个术语,它用以描述按照一定的顺序来对那些结合到一起构成一个项目的活动所进行的安排。项目是通过一系列工作活动来进行的,这些活动可以划分为若干个阶段,而且还基本可以按照一定的标准顺序按部就班地进行。这些按照一定顺序出现的阶段,包含了项目的开始与结束,也就构成项目的生命周期。由于项目生命周期能够系统地指出实施一个项目所需要的努力,因而它已经成为项目规划和控制的一个不可缺少的组成部分。项目生命周期与系统生命周期的用途有所不同,后者主要用于系统建立,而前者则主要用于项目管理。

广义地说,项目生命周期中的阶段按照发生的先后顺序大致是:一、概念;二、可行性研究;三、概念修改;四、项目确定;五、招标/报价;六、最后设计;七、签定合同;八、具体执行;九、产品测试;十、最后整体测试;十一、项目复查;十二、生产/维护。不过,这些阶段之间并没有严格的界限。图7-12中绘出了按照这种方式划分的项目生命周期。

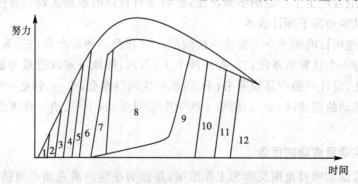

图7-12 详细的项目生命周期

为了便于讨论,下面将项目生命周期中的十二个阶段压缩为如图7-13所示的四个阶段。即识别需求、提出解决方案、执行项目、结束项目。

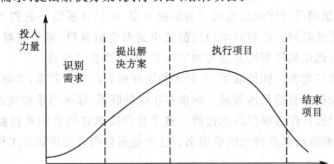

图 7-13 项目生命周期

一旦客户确定了需要，项目就产生了。需求或问题的确定有时候只需要很少的时间，有时候可能需要长达几天、几周、几个月的时间，因为客户需要收集信息、分析信息，确定由谁来满足自己的需求，以及承包商所需要满足的条件。

(1) 确定需求。项目生命周期中的第一个阶段主要是确认需求、问题或机会，有了这个客户就可以向个人、项目团队和承包商征询需求建议书（request for proposal——RFP），以便实现已经确认的需求或解决问题。

在准备好需求建议书之前，客户必须要找出问题、需求和机会，这可能要收集大量有关这方面的信息。一旦确定了问题、需求或机会，证实了项目将会获得很大的收益，客户就可以开始准备需求建议书了。

需求建议书是载明了客户的具体需求的一种文件，在其中客户可以要求个人或承包商提交有关他们如何在成本约束和进度计划下解决问题的申请书。需求建议书就是从客户的角度全面、详细地提出为了满足确定的需求，承包商需要做哪些准备。要承包商（或项目团队）通过需求建议书理解客户所希望的是什么，这样他们才能准备一份全面的申请书，以可行的价格满足客户的需要。需求建议书中一般应包括项目目标、工作范围、客户要求、交付物、客户承诺、对需要的确认、合同类型、进度计划、付款方式、申请书的格式和内容（包括方法、交付物、进度计划、经验、人员配备、成本）、截止日期、申请书评价标准（主要经验、方法、进度和成本）、用于此项目的资金，等等。一旦需求建议书准备好了，客户就可以通知潜在承包商。具体办法是：先选择若干个承包商，再给他们送去或邮寄需求建议书；或者是在有关的媒体上发布广告。

有时候，组织可能有几种需求，但是只有有限的资源可用于实施项目，以满足所有的需求。在此情况下，组织就需要进行决策，以确定解决问题的优先次序。一个想把其计算机系统升级的公司，可能会把这种需要写进需求建议书中，再分别送给几家计算机公司。但是，并不是所有的情况都要有一个正式的需求建议书，有时候只要用口头形式表述一下就可以了。例如单位内部召开一次碰头会，或者是安排一次旅游。一旦需求建议书正式发布了，项目生命周期中的第一阶段就结束了。

(2) 提出解决方案。项目生命周期中的第二阶段是提出满足需求或解决问题的方案。这一阶段将有更多的人、组织或承包商向客户提交申请书。当然，他们希望在他们成功地执行解决方案后,客户能付给他们酬劳。在这个阶段,对回复需求建议书感兴趣的承包商,可能会花几个星期的时间来提出问题的解决方案,并估计所需要的资源种类、数量以及完成计划所需要的时间。所有的承包商都把申请书交给客户,客户在对承包商提交的申请书进行评估后选出最佳解决方案者为中标者,再与其签定合同。

承包商要经常与老客户保持联系,并努力与潜在的客户建立联系,并帮助他们找出可以从项目执行中获得收益的具体领域。如果存在这种联系,那么当承包商发出申请书后,就很有可能被客户选择作为项目的承包商。熟悉客户需求和期望的承包商,将会针对客户的需求建议书,准备出重点突出的申请书。这就是承包商开拓市场的工作,它可以帮助客户节约成本。

因为制作申请书要消耗相当大的资源,而且有可能递交了申请书后没有被客户选中,故承包商要对是否应进行这种活动进行估计。此时,需要考虑的主要因素是:一、其他承包商的竞争;二、项目是否存在失败的风险,是来自于技术方面还是资金方面;三、申请项目与承包商的经营目标是否一致;四、申请项目能否增强承包商的能力;五、承包商的声誉;六、客户是否真的有可能将得到的资金用于继续项目;七、承包商是否有足够的资源来准备申请书;八、承包商能否得到合适的资源来执行项目。

申请的过程是竞争过程。申请书不是技术报告而是推销文件,在其中承包商要使客户知道:他能理解客户的要求、能执行申请的项目、能给客户提供的最大价值、是能解决问题的最佳承包商、将利用以前相关的项目成功的经验、客户将收到预期的效果、他将在预算内和进度计划约束下完成项目、能使客户满意。申请书要提出承包商的特点,客户选择该承包商可能得到的好处。当然,申请书既要简明扼要,又要具体,还要使用客户熟悉的术语。但是,申请书必须实事求是。

申请书的准备可以由一个人或一个小组来进行。大型的申请书,本身就应该作为一个完整的项目来进行。申请书的设计分为三个部分:技术、管理和成本。其复杂程度取决于项目的复杂程度和需求建议书的内容。技术部分主要使客户认识到大承包商理解需求或问题,并且能够提供风险最低,而且收益最大的解决方案。其具体的内容是承包商要用自己的语言来表示他理解客户的需求和问题,提出解决方法或解决方案,指出所提方法或方案对客户的收益。管理部分就是使客户确信承包商能够完成项目所提出的工作,并获得预期的结果。其具体内容有:一、工作任务描述;二、交付物(报告、图表、手册或设备);三、项目进度计划;四、项目组织;五、相关经验;六、设备和工具。成本部分是为了使客户确信承包商在申请书中提出的价格是现实的、合理的。其内容主要包括劳动力的劳务成本、原材料成本、分包商和顾问的劳务成本、设备与设施租金、差旅费、文件费、企业一般管理费用、物价上涨、意外开支。

将这几项费用再加上偿金或利润就是承包商为该项目而定的价格。定价时既不能够定得太高——客户有可能选择其他价格低的承包商,但也不能太低——这会损害承包商的信誉。定价时主要考虑的因素有:成本预算的可信度——是否全面、精确,风险,项目对承包商的重要性,客户预算,竞争。

客户在收到承包商的申请书后就要以不同的方式来对其进行评估,比如先排除那些超出了客户预算价格或技术上不能满足需求建议书要求的那些申请书。对于大型项目的客户,可能要组成一个申请书评估小组并使用评估记分卡来评估申请书(见表 7-26)。有时候可能先对申请书中的技术和管理部分进行评估,而不考虑成本部分。客户在评估时更看重的是技术、管理而不是成本。常用的评估标准是:遵循客户在需求建议书中提到的要求和工作表述;承包商对客户问题和需求的理解;承包商提出的解决问题的方法的合理性与可行性;承包商具有的有关类似项目的经验与成功经历;将被委托负责项目的工作的主要人员的经验;管理能力,包括承包商有关计划与控制项目,以确保工作范围在预算内按时完成;承包商进度计划的现实性;承包商提出的价格的合理性、现实性与完善性。

表 7-26 是否投标清单

项目名称:管理培训计划
客　　户:ACE 制造有限公司
截止日期:5 月 31 日

	因　　素	分数	备　　注
1	竞争	H	过去当地大学一直在给 ACE 提供培训项目
2	风险	L	需求建议书的要求要妥善制定
3	与本企业任务的一致性	H	培训是本企业的经营项目
4	扩展业务的机会	H	某些业务要求举行电视会议,而本企业没有这方面的经验
5	客户的声望	L	以前没有给 ACE 公司做过培训
6	资金保障	H	ACE 公司拥有为培训而准备的预算资金
7	准备高质量的申请书所需的有效资源	M	Lynn 不得不重新安排假期活动,为完成申请书,工作到阵亡将士纪念日那个周末以后
8	执行项目的有效资源	M	为完成几个具体的项目主题而不得不另外雇佣其他分包商

本企业的强项及独特才能:
- 有良好的管理培训记录——有许多回头客
- 在第二轮和第三轮的许多计划中比当地大学更具有灵活性,能够更好地满足实地培训的要求

本企业的弱项:
- 本企业的大部分客户一直都属于服务行业,如医院。ACE 公司却属于制造性行业
- ACE 公司总裁都是当地大学的毕业生,并是其最大的捐助者

* H——高; M——中; L——低

　　客户在选定了承包商后,就要与承包商签定合同,这是项目生命周期第二步中最后一个阶段。合同主要有固定价格合同和成本补偿合同等形式。合同的条款应该根据具体情况来确定。

　　有时候,不一定需要外部承包商来完成项目,组织内部的团队也可以根据需求建议书提出自己的申请书,最后承担并完成项目。有时候项目可能直接从执行阶段开始,而没有

提出解决方案这一阶段。例如,一个人自己动手做一个秋千的项目,或者是志愿人员组织一次慈善活动。在这些情况下,既没有 需求建议书,也没有申请书,而是在识别需求后,项目就开始直接进入项目生命周期计划的执行阶段。

(3) 执行解决方案。项目生命周期的第三个阶段是执行解决方案。客户与承包商签定合同后即进入此阶段。在执行阶段,要为项目制定详细的计划,然后执行计划以实现目标。在执行项目期间需要利用各种各样的资源。

①项目计划(基准计划)。在项目开始运作之前,承包商或项目团队要花足够的时间,对项目进行周密地计划,安排进度或制定行动方案。项目阶段的计划包括要在申请书中更加详细制定计划、进度计划和预算,这是因为在第二阶段还没有足够的时间和经费可以完成这样的任务。

项目管理过程简单地说就是制定计划,然后按照计划进行工作以实现项目目标。管理项目时的主要工作就是要集中精力建立一个基准计划,以明确如何按时在预算范围内实现项目范围。在该计划中可以用图或表格形式来表示从项目开始到项目结束的每一个时期(星期或月)的有关信息,包括每项活动的开始与结束时间,在各个时间段内所需要的各种资源的数量以及各个时期的预算和从项目开始的各个时期的累计预算。基准计划工作包括如下几个步骤:

一是清楚地定义目标。需要注意的是,该定义必须要为客户和项目执行者都能够接受。

二是对项目的工作范围进行细分。对于大型项目,必须要将其分解为大的"部件"或工作包。一种比较常用的方法就是工作分析结构(work breakdown structure——WBS,见图 7—14),它将一个项目分解成为易于管理的几个部分或细目,以找出完成项目工作范围所需要的所有工作要素。它是在项目运行期间,项目团队实现项目的工作单元或细目等级树。细目的和就是整个工作范围。在图 7—14 中把一个节日庆祝活动项目分解成为几个小块,叫做工作细目。但不是工作结构分析中的所有分支都要分解到同一个水平。工作包是指任何分支中最低层的细目。图 7—14 中的大多数工作包是二级水平,但有 4 个工作细目分解到三级水平,还有一个工作细目只有一级水平。工作结构分析通常是指出对每一工作细目负责的组织或个人。

为了明确工作结构分析中工作细目的个人责任可以使用表格形式的责任矩阵,它可以表示每一项工作细目由谁负责,并可表示每个人的角色在整个项目中的地位。表 7—27 是与图 7—14 中节日庆典活动项目的工作结构分析相对应的责任矩阵。表中的游戏室主要由 Jim 负责,Chris 和 Joe 协助。

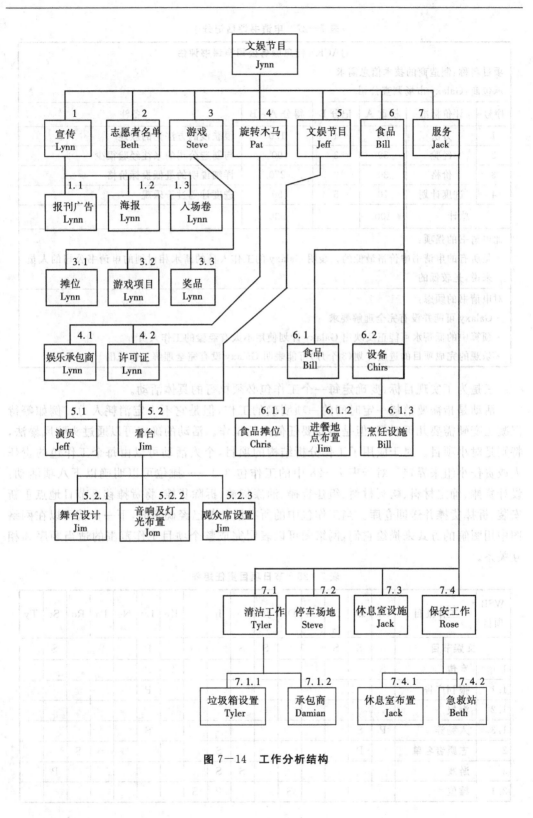

图 7-14 工作分析结构

表 7-27　申请书评估记分卡

AJACKS信息服务公司申请书评估					
项目名称：制造商的技术信息需求					
承包商：Galaxy 市场调查公司					
序号	评价标准	权重A	记分B	得分A×B	备注
1	方法	30	4	120	很肤浅的方法论的叙述
2	经验	30	3	90	与制造公司的来往经验很少
3	价格	30	9	270	详细说明的最低投标价格
4	进度计划	10	5	50	进度计划过于乐观
	总计	100		530	
此申请书的强项：					
・是所有的申请书中价格最低的。表明 Galaxy 的工作人员的薪水相对别的申请书公司的人员来说，是较低的					
对申请书的顾虑：					
・Galaxy 可能并没有完全理解要求					
・预算中的低薪水可能正反映出 Galaxy 计划使用不太有经验的工作人员					
・乐观的完成项目的进度计划(3 个月)可能表明 Galaxy 没有完全理解工作范围					

三是为了实现目标，要确定每一个工作包必须执行的具体活动。

活动是指需要消耗一定时间的一项明确的工作，但是它不一定消耗人力。例如等待混凝土变硬需要几天时间，但是不需要任何人的工作。活动的确定可以通过头脑风暴法，特别是对小项目。对于应用了工作分析结构的项目，个人活动可以由每个工作包的责任人或责任小组来界定。对于表 7-28 中的工作包 3.1——摊位可以明确以下八项活动：设计货摊、确定材料、购买材料、组建货摊、油漆货摊、拆除货摊、将货摊移至节日地点重新安装、拆掉货摊并送回仓库。当工作包中的所有活动都已经确定时，下一步就可以在网络图中用图解的方式来描绘它们，网络图可以表明完成整个项目工作范围的适当顺序和相互关系。

表 7-28　节日项目责任矩阵

WSB项目	工作细目	An	Bt	Bi	Ch	Da	Ja	Je	Ji	Jo	Ke	Ly	Ne	Pa	Ro	St	Ty
	文娱节目		S	S			S	S				P		S		S	
1	宣传	S									S	P					
1.1	报刊广告											P					
1.2	海报										P						
1.3	入场券	P	S									S					
2	志愿者名单		P					S						S			
3	游戏						S	S							P		
3.1	摊位					S		P	S								

续表 7-28

编号	项目	C1	C2	C3	C4	C5	C6	C7	C8	C9	C10	C11
3.2	游戏项目									S	P	
3.3	奖品					P				S		
4	**旋转木马**									S	P	
4.1	娱乐承包商										P	
4.2	许可证									P	S	
5	**文娱节目**					P	S	S				
5.1	演员			S	P							
5.2	看台					P	S					
5.2.1	舞台设计					P	S					
5.2.2	音响及灯光布置						P					
5.2.3	观众席设置					P						
6	**食品**	P	S									
6.1	设备	P										
6.2	食品摊位	S	P			S						
6.2.1	烹调设施		P			S	S					
6.2.2	食品摊位	P										
6.2.3	进餐地点布置					P						
7	**服务**				P					S	S	S
7.1	停车场地										P	
7.2	清洁工作			S								P
7.2.1	垃圾箱设置											P
7.2.2	承包商				P							
7.3	休息室设施	S			P							
7.3.1	休息室布置											
7.3.2	急救站	P										
7.4	保安工作				P			S			P	

* P——表示主要责任　　S——表示次要责任

四是以网络图的形式来描述活动,以标出实现目标的各种活动之间的必要的次序和相互依赖性(见图 7-15)。

这也就是制定网络计划。网络计划是一种在项目的计划、进度安排和控制工作中很有用的技术。网络计划的方法主要有两种——计划评审计划(PERT——program evaluation and review technique)和关键路径法(CPM——critical path method)。虽然,这两种技术在方法上有明显的差异,但是现在大多数人谈到它们时指的就是一般的网络图(见图 7-15)。

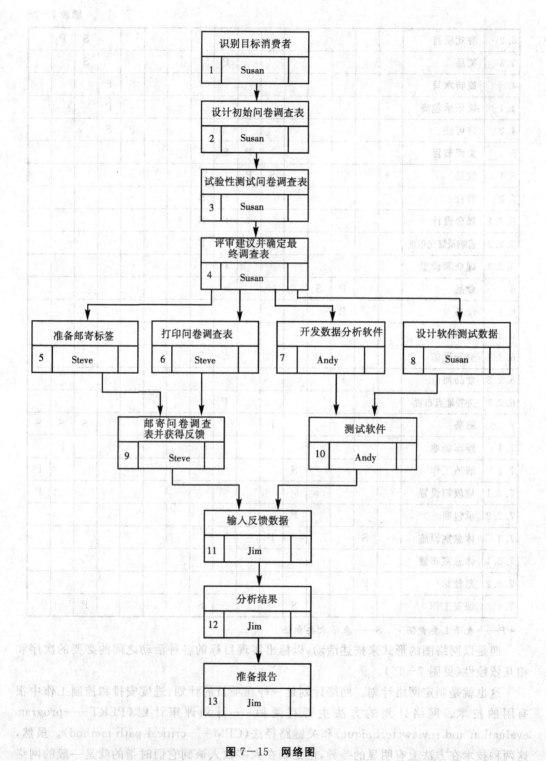

图 7—15 网络图

在使用网络图时需要了解一些基本原理。一般说来，绘制网络图主要有两种形式，一种是使用方框表示活动，又称为节点活动；另一种是用箭头表示活动。用结点表示活动时，每个项活动在网络图中用一个小方框表示。对活动的描述通常用动词开头，每项活动仅用一个小方框表示。同时还有赋予每个小方框一个唯一的活动号。活动的次序用连接小方框的箭头来表示。一项活动只有在通过箭头与它联系的所有前面的活动完成后才能开始。有些活动只能依次进行，比如图 7—16 中"组建货摊"和"拆除货摊"，还有一些活动则可以同时进行，比如"获得志愿者"和"购买材料"。

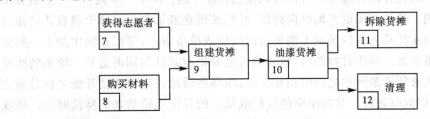

图 7—16　用节点表示的活动

用箭头表示活动时，一项活动在网络图中用一条箭头线来表示，对活动的描述写在箭头线上，每项活动仅用一个箭头线来表示，箭头的尾部表示活动的开始，箭头代表活动的结束。箭头的长度和斜度与活动的持续时间或重要性没有任何关系。在这种图中，活动由叫做事件的圆圈连接起来，一个圆圈代表指向它的活动的结束，离开它的活动开始，并且给每个事件而不是活动指定一个唯一的号码。例如，图 7—17 中的"洗车"和"擦车"，并由事件 2 联系起来，事件 2 表示"洗车"的结束和"擦车"的开始。活动的开始（箭头的尾部）事件称为该活动的前导事件，活动的结束（箭头）称为该活动的后续事件。比如，"洗车"的前导事件是 1，后续事件是 2，"擦车"的前导事件是 2，后续事件是 3。在任何由某一事件发出的活动开始之前，所有指向该事件的活动必须结束。此外还有一种特殊的活动，称为虚活动，它不消耗时间，在网络图上用一个虚箭头线表示。使用它的一个好处就是可以表示如果不用虚活动就无法表示的先后关系（见图 7—19）。

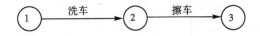

图 7—17　两个活动之间的顺序关系

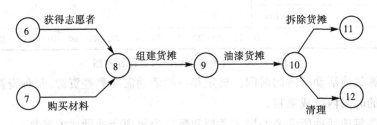

图 7—18　用箭头表示的活动

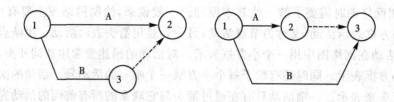

图 7—19 虚活动

甘特图也可以把计划和进度安排两种职能组合在一起。图 7—20 就是一个消费者市场研究的甘特图。活动在图的左侧纵向列出,时间长短在底部列出。每个项目活动预计需要的时间由表示活动完成的预期工期长短的线段或横条表示,可以在图中加上一列表示每项活动由谁负责。使用甘特图时,活动的进度安排与其计划同时进行。绘制的活动线段和横条的人必须清楚活动之间的相互关系,即哪些活动在其他活动开始之前必须完成,哪些活动可以同时进行。甘特图中的线段或横条的长度表示活动的持续时间。传统的甘特图的主要缺陷是不能够以图解的方式表达活动之间的相互关系,而且对计划进行手工改动不方便。

活 动	负责人	0 10 20 30 40 50 60 70 80 90 100 110 120 130 140
识别目标消费者	Susan	
设计问卷调查表	Susan	
试验性测试问卷调查表	Susan	
确立最终调查表	Susan	
打印问卷调查表	Steve	
准备邮寄标签	Steve	
邮寄问卷调查表并获得反馈	Steve	
开发数据分析软件	Andy	
实际软件测试数据	Susan	
测试软件	Andy	
输入反馈数据	Jim	
分析结果	Jim	
准备报告	Jim	
天 数		0 10 20 30 40 50 60 70 80 90 100 110 120 130 140

图 7—20 消费者市场研究项目甘特图

五是计算每项活动所需的时间。确定每一项活动需要哪些资源,每种资源需要多少,才能在预计的时间内完成项目;

六是按照每项活动所需要的资源类型和数量为每项活动做成本预算;

七是估算项目进度计划及预算,以确定项目是否可以在预定的时间内,在既定的资金与可以利用资源的条件下完成。如果实在无法完成,应该采取哪些措施以适应项目工作,比如调整工作范围、活动时间估算,或重新进行资源配置,直到建立起一个可行的、现实的基准计划(在预算内、按计划实现项目工作的进度图,见图 7—21)。

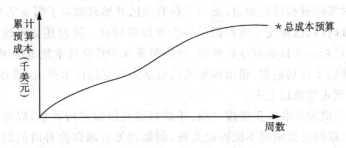

图 7—21 累计预算成本曲线

表 7—29 项目计划

	活 动	负责人	工期估算	最早开始时间	最早结束时间	最迟开始时间	最迟结束时间	总时差
1	识别目标消费者	Susan	3	0	3	—8	5	—8
2	设计初始问卷调查	Susan	10	3	13	—5	5	—8
3	试验性测试问卷调查表	Susan	20	13	33	5	25	—8
4	评审建议并确定最终调查表	Susan	5	33	38	25	30	—8
5	准备邮寄标签	Steve	2	38	40	—8	5	—8
6	打印问卷调查表	Steve	10	38	40	30	40	—8
7	开发数据分析软件	Andy	12	38	50	88	100	50
8	设计软件测试数据	Susan	2	38	40	98	100	60
9	邮寄问卷调查表并获得反馈	Steve	65	48	113	40	105	—8
10	测试软件	Andy	5	50	55	100	105	—8
11	输入反馈数据	Jim	7	113	120	105	112	—8
12	分析结果	Jim	8	120	128	112	120	—8
13	准备报告	Susan	10	128	138	120	130	—8

②项目执行。建立项目基准计划后,就可以开始进行项目工作了。项目主管将领导项目团队执行计划并依据计划进行各种各样的活动。项目活动进程的加快将会增加越来越多的资源,以便更好地执行项目任务。比如一个城市节日庆典的演出节目的主要工作组成单元可能包括:一、准备宣传——报纸广告、张贴海报、售票等;二、挑选志愿者;三、组织游戏,包括建立摊点和购买奖品;四承包娱乐用的旋转木马,并获得必要的许可证;五、确定预料演出人员,并搭建起舞台;六、准备食物,包括制做食品和摊点;七、组织所有的支持性服务活动,如停车、清洁工作、保安和休息设施。

③项目控制。一旦制定了基准计划就要严格地执行,包括计划执行工作与控制工作,以使项目能够在预算内、按进度、使顾客满意地实现。

当项目处于执行阶段时,监控过程以确保一切按照计划的要求进行是必不可少的。项目开始后要对实际进程进行测量,必须掌握有关已开始或结束了哪项活动、每项活动的开始时间和完成时间、已经花了或调拨了多少资源等信息。同时还要将这些结果与计划进程进行比较,以查出项目是否存在延误、超出预算或不符合技术规范等现象。如果发现项目实际进程落后于计划进程、超出预算或没有达到原定的技术要求,就必须采取纠正措施,以使项目回到正常轨道上来。

当然,在已经决定采取纠正措施之前,还要对这些措施进行评估,以确保能够产生应有的结果。在采取纠正措施时不能顾此失彼,例如增加资源以弥补时间的延误会导致项目超出预算计划。如果项目已经失去控制,想完成项目而又不改变工作范围、预算、进度或质量,可能是很难办到的。

有效的项目控制的关键是定期及时地测量实际进程,并与计划进程进行对比。如有必要,应该采取必要的纠正措施。问题发现越早,越好纠正。

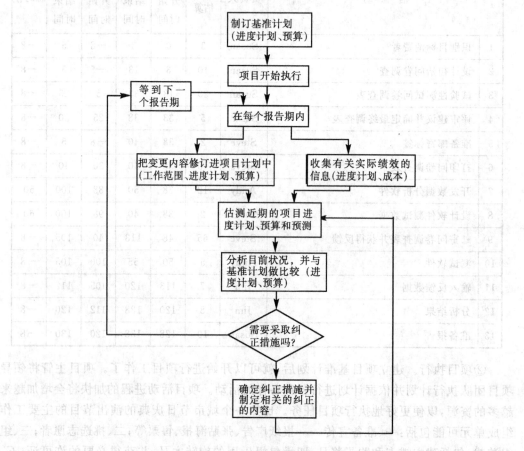

图 7-22 项目控制过程

项目控制过程包括定期收集有关项目绩效的资料,把实际绩效与计划绩效进行对比。如果实际绩效比计划绩效差,就应当采取纠正措施。图 7-22 说明了项目控制过程中的步骤:建立基准计划——说明项目范围(任务)怎样才能按计划进度在预算范围(资源、成本)内顺利完成。客户与项目团队一致通过基准计划后,项目就开始运作了。应当确定固定的报告期,以比较实际进程与计划进程。报告依据项目整个期限的长短及其复杂性而定,可以按每天、每周、每两周、每月报告一次。如果项目周期仅有一个月,报告期可能只有1天。如果项目周期为五年,报告期可能是一个月一次。每个报告期内需要收集两种信息,即实际进程信息,包括活动的实际开始时间/完成时间,实际费用或已承付的款项;有关项目范围、进度计划和预算的变更方面的信息。这些变更可能是客户或项目团队提出的,也可能是意料之外的事件结果,比如自然灾害、工人罢工、团队关键成员离职等造成的。

值得注意的是,如果已经根据变更修订了计划,并已经过客户的批准同意,那么就必须建立一个新的基准计划,该计划与原来的基准计划的范围、进度计划和预算有可能不同。及时收集上面谈到的信息,估计项目进度和预算是必不可少的工作。例如,如果每月报告一次,那么在这个月内就应该尽可能晚地收集一切信息,以便在计划安排最新进度计划和预测时,有最新的信息依据。也就是说,不能在月初就收集信息,然后到月尾时再用这些信息来测算最新的进度计划和预算,因为这些信息已经过时了,会产生错误的决策。

测算出最新的进度和预算后,就应把它们与基准进度计划和预算进行比较、分析变化,以确定项目将提前还是落后完成,节省了预算还是超出了预算。如果,情况良好,就不需要采取纠正措施,到下个报告期再分析一下现状即可。

如果已经做出决策,必须采取纠正措施。那么,决策要包括如何修订进度计划和预算。这些决策经常会涉及到交易时间、成本、工作范围等方面。例如,减少一项活动的工期或者因投入更多资源而加大成本,或者减少任务的工作范围。如果已经决定采取纠正措施,那么就要对进度计划和预算作出相应的修改。同时还要对它们进行评估,以确定计划的纠正措施所产生的进度计划和预算是否可行。如果不行,就要采取相应的修改措施。

(4)结束项目。项目生命周期的最后一个阶段是结束项目,它开始于项目的工作绩效已经符合要求,客户已经接受了工作成果。承包商为客户完成项目之后,承包商必须标明自己已经提交了合同约定的交付物,比如培训手册、制造手册、图样、流程图、设备、软件、说明书、报告和数据资料,同时客户已经接受了该交付物。在项目结束期间,承包商或其他执行项目的组织应该确认,与项目有关的文件备份已经妥善制造并已经存档了。这样做的目的是为了将来在申请其他项目时,可以利用该项目中的一些成本和计划进度等的信息。

项目结束阶段必须执行的另外一项活动就是确保客户应付款项都已经收到。许多合同中都包含了一个按照进度情况的付款条款,其中注明了在项目结束时,客户将付清最后的款项。有时候,最后付出的款项可能要占项目总价格的25%。同样,所有要付给分包商或顾问的款项,以及已付的购买原材料或其他设施的款项也都已经完成。一旦收到了所有的款项,并付清了所有款项,项目"文件"或会计帐目就可以清结了,最后的项目分析——将实际成本与项目预算成本进行比较——也可以进行了。

这一阶段还有一个主要任务就是评估项目绩效,以便了解还有哪些需要改进的地方,为日后执行相似的项目提供经验。客户要从承包商那里了解有关项目绩效改进方面的建议,承包商也要从客户那里了解客户的满意度和期望是否已经达到。项目主管应当准备一份书面的项目团队成员的绩效评估书,并注明在执行本项目过程中,他们已经学到的知识,以及他们需要进一步提高的地方在哪里?如果是在公司内部,项目团队成员并不直接向项目经理报告,那么项目经理就应给每个人的直接上层主管准备一份绩效评估书的备份。

此外,项目结束应采用一定的形式。比如举行正式庆祝会,让客户代表参加,并在会上为项目执行者授予奖品和证书。也可以举行非正式的庆祝活动,如非正式的晚宴。除此之外,还有举行项目后评估会议,这些会议可以在内部、执行项目的组织内部以及与客户举行。会议的目的是评估项目绩效,用于确定应从项目中获得的收益是否确实已经达到,为了改进未来的项目绩效应该采取哪些措施。

①内部的项目后评估。在项目完成后应尽快举行内部的项目后评估会议。项目主管应该与项目团队中的每个人进行会谈,允许他们说出他们个人对项目工作绩效的认识,以及未来的项目应该做哪些工作。在与团队成员之间的个人会议结束后,项目主管就能够提炼出一些主要问题,然后据此与项目团队一起召开团队会议。在这种会议中项目主管应该讨论项目执行期间发生的事情,并提出一些具体的改进建议。表7-30就是一个项目后评估团队会议的会议议程样本。

表 7-30 项目后的评估团队会议议程

1	技术绩效	
	1.1	工作范围
	1.2	质量
	1.3	管理变更
2	成本绩效	
3	进度计划绩效	
4	项目计划与控制	
5	客户联系	
6	团队联系	
7	交流	
8	识别问题与解决问题	
9	对未来项目的建议	

在每个议程中讨论的主题包括:一、技术绩效。最后的工作范围与项目初期的工作范围比较的结果是什么?工作范围上有什么变更?变更文件与批准行动处理得当吗?变更对项目成本和进度计划产生了什么影响?工作范围全面实现了吗?项目工作和交付物的完成质量如何?符合客户预期期望吗?二、成本绩效。最终的项目成本与原始项目预算和包括项目范围的有关变更的上一次项目预算的比较结果是什么?如果是固定价格合同,那么项目组织是获利了还是亏损了?如果是成本补偿合同,项目在客户预算内完成了吗?有没有个别工作包超支或节省了10%以上的预算?如果有,有什么原因?成本超支的原因是什么?成本预算是否超出实际预算?三、计划绩效。实际项目进度计划与原始进度计划的比较结果是什么?如果项目延期完成,是什么原因?有关每个工作包的进度计划的完成绩效怎样?活动周期预算现实可行吗?四、项目计划与控制。项目计划详细

吗？计划是否被及时地更新从而包含了变更部分？实际绩效与计划绩效是否定期进行比较？有关实际绩效的资料准确吗？收集及时吗？项目团队定期使用项目计划和控制系统吗？计划和控制系统被用来供决策参考吗？五、客户联系。是否进行过让客户参与项目执行的工作？是否要求客户定期对项目进程表达满意程度？与客户之间定期举行面对面的会谈吗？是否及时通知客户潜在的问题，并邀请客户参与解决问题的过程？六、团队联系。有团队观念和为使项目成功而努力的使命感吗？是否有阻碍团队合作的情况？七、交流。团队对项目执行的现状和潜在的问题及时了解并掌握了吗？项目环境是否有助于公开、坦诚、及时的交流？项目会议有成果吗？团队、团队客户之间的书面交流充分、不充分，还是过多？八、识别问题与解决问题。这一机制合理吗？是否有利于团队成员及时识别潜在问题？问题解决的方法合理全面吗？九、建议。基于团队讨论和上面几条的评估对于未来项目绩效改善有帮助的建议有哪些？

表7-31 项目后客户评估调查表

序号	内容	低 满意度 高									
1	工作范围的完成	1	2	3	4	5	6	7	8	9	10
	评价										
2	工作质量										
	评价										
3	进度计划绩效										
	评价										
4	预算绩效										
	评价										
5	交流										
	评价										
6	客户联系										
	评价										
7	总体绩效										
	评价										

请填写这张调查表，以便我们评估和改善项目管理绩效。
如果回答的问题较多，可以另外附加几页。
项目名称：_____

你认识到实际收获了什么_____或是预期结果有_____收益？
A. 数量收益
B. 质量收益
我们如何在未来的项目中改善我们的工作？请写下你的有关建议。
姓名：_____ 日期：_____

②客户反馈。与客户之间进行的项目后评估会议也很重要，这种会议的目的是确定

项目是否为客户提供了预期的利益,评估客户满意度,获得将来可能对与这家客户或其他客户之间开展业务联系有所帮助的反馈信息。会议的参加者应当包括项目主管、关键性团队成员、与项目有关的客户组织的主要代表。项目主管应精心地确定一个合适的开会时间,以使客户真正地说出项目是否达到了预期水平,是否获得了预期收益。对此可以使用项目后客户评估调查表(表7-32),项目主管把调查表交给客户和其他的与项目有利害关系的人,让他们填写后返还。

表7-32 销售报告系统项目责任矩阵

WBS	工作细目	Beth	Jim	Jack	Rose	Steve	Jeff	Tyler	Cathy	Sharon	Hannah	Joe	Gerri	Maggie	Gene	Greg
	销售报告系统	p	s			s					s			s		
1	确定问题	p	s	s												
1.1	使偶机数据	p	s										s			
1.2	可行性研究			p		s	s	s		s	s					
1.3	准备报告	s			p											
2	系统分析			p		s	s									
2.1	会晤用户		p	s									s			s
2.2	研究现有系统				p											
2.3	明确用户要求						p									
2.4	准备报告		p													
3	系统设计							p	s	s		s				
3.1	数据输入和输出			s		s	p									
3.1.1	菜单		s				p									
3.1.2	数据输入						p									
3.1.3	定期报告				p	s							s			
3.1.4	特殊问题				s	p							s			
3.2	处理数据库											p			s	s
3.3	评估	s	s	s					p							
3.4	准备报告										p	s				
4	系统开发				s							p	s	s		
4.1	软件											p	s	s	s	
4.1.1	包装											p	s	s	s	
4.1.2	定制软件											s	p			
4.2	硬件											p				

续表 7-32

编号	任务	C1	C2	C3	C4	C5	C6	C7	C8	C9
4.3	网络				s				p	
4.4	准备报告		p							
5	测试			s					p	s s
5.1	软件			s	s				p	
5.2	硬件							s	s	p
5.3	网络				s	s				p
5.4	准备报告		p						s	s
6	实施	p	s	s						
6.1	培训		p					s	s	
6.2	系统切换		p					s	s	
6.3	准备报告	s	s	p						

7.6.2 一个信息系统开发项目管理实例

7.6.2.1 系统开发生命周期的步骤

信息系统开发要利用系统开发生命周期(SDLC)方法来帮助计划、执行和控制信息系统开发项目。这里把 SDLC 看成是包括以下几个步骤：

一是确定问题。收集和分析数据，确定问题和机会，要进行可行性研究。

二是系统分析。就是开发小组要确定待开发系统的范围、访问潜在用户、研究现有系统和明确用户要求。

三是系统设计。提出几种可供选择的概念设计，它们在较高层次上描述输入、加工、输出、硬件、软件和数据库。然后对每一个方案进行评估，选择一个最好的方案来进行开发。

四是系统开发。形成实际系统，购买硬件。软件可以购买、修改或自行编制。

五是系统测试。系统内的单个组件开发完成后，就要进行测试，其内容包括逻辑错误、数据库错误、安全错误等。对单个组件测试后，还要对整个系统进行测试。如果确信系统没有错误，就可以实施。

六是系统实施。就是用开发出来的系统代替现有系统，并对用户进行培训。系统开发生命周期以系统实施为结束，但是以后还需要对系统进行维护、修改和完善。

7.6.2.2 一个信息系统开发项目实例

ABC 办公室设计公司拥有许多销售代表，他们主要是向大公司销售办公设备。每个销售代表被派往一个州，每个州是该国四个地区之一的一部分。为使管理部门能够监控每个代表、每个州和每个地区的销售数量和销售额，ABC 决定建立一个信息系统。该信息系统还应能跟踪价格、存货和竞争等情况。

公司任命信息系统部主任 Beth Smith 为销售报告系统开发项目主管。她在员工的帮助下找出了需要完成的所有主要任务,并根据 SDLC 进行了工作结构分析(见图 7－23)。在第一级中,这项任务是问题确定、分析、设计、开发、测试和实施。然后又将这些任务进一步分解为二级、三级任务。在项目团队完成了工作结构分析之后,又制定了职责矩阵(见表 7－32)。其中反映了工作结构分析中的所有活动,同时它还表示每项任务由谁负主要责任,谁负次要责任。

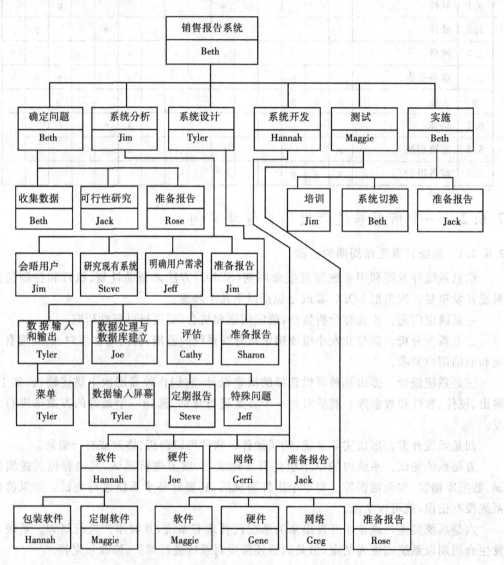

图 7－23　销售报告系统项目工作分析结构

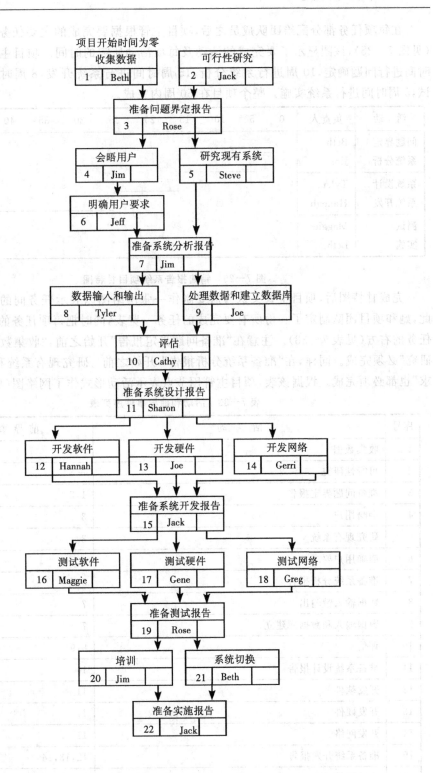

图 7—24 用节点表示活动形式的销售报告系统项目网络图

在每项任务都分配给团队成员之后,项目主管根据要完成的主要任务制作了甘特图(见图7-25),该图显示了要完成的活动及每项活动所需的时间。项目主管分配了5周时间进行问题确定,10周进行系统分析,15周时间进行系统开发,8周时间进行系统测试,5周时间进行系统实施。整个项目在50周内完成。

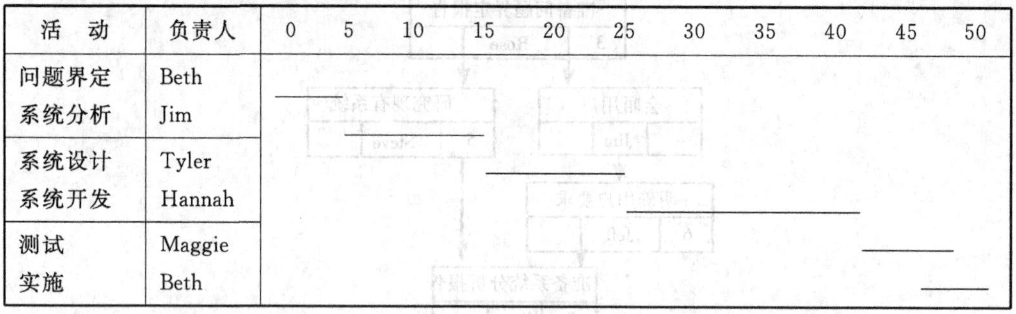

活　动	负责人	0　5　10　15　20　25　30　35　40　45　50
问题界定	Beth	
系统分析	Jim	
系统设计	Tyler	
系统开发	Hannah	
测试	Maggie	
实施	Beth	

图7-25　销售报告系统项目甘特图

完成甘特图后,项目主管又认为需要制作一张网络图以表示任务间的相互关系。为此,她和项目团队制定了一份所有要完成的任务一览表,同时把每项任务的前导事件列在任务的右方(见表7-33)。注意在"准备问题界定报告"开始之前,"收集数据"和"可行性研究"必须完成。同样,在"准备系统分析报告"开始之前,研究现有系统和"明确用户要求"也都必须完成。根据该表,项目主管用节点表示活动形式作了网络图(见图7-24)。

表7-33　活动和前导事件序列表

序号	活　动	前导事件
1	收集数据	—
2	可行性研究	—
3	准备问题界定报告	1,2
4	会晤用户	3
5	研究现有系统	3
6	明确用户要求	4
7	准备系统分析报告	5,6
8	数据输入饿输出	7
9	数据输入和数据库建立	7
10	评估	8,9
11	准备系统设计报告	10
12	开发软件	11
13	开发硬件	11
14	开发网络	11
15	准备系统开发报告	12,13,14
16	测试软件	15
17	测试硬件	15

续表 7-33

18	测试网络	15
19	准备测试报告	16,17,18
20	培训	19
21	系统切换	19
22	准备实施报告	20,21

表 7-34 活动列表、前导工序和工期估计

销售报告系统项目				
SDLC 的阶段	序号	活动	前导活动	工期估计/周
一	1	收集数据	—	3
	2	可行性研究	—	4
	3	准备问题界定报告	1,2	1
二	4	会晤用户	3	5
	5	研究现有系统	3	8
	6	明确用户要求	4	5
	7	准备系统分析报告	5,6	1
三	8	数据输入和输出	7	8
	9	处理数据和建立数据库	7	10
	10	评估	8,9	2
	11	准备系统设计报告	10	2
四	12	开发软件	11	15
	13	开发硬件	11	10
	14	开发网络	11	6
	15	准备系统开发	12,13,14	2
五	16	测试软件	15	6
	17	测试硬件	15	4
	18	测试网络	15	4
	19	准备测试报告	16,17,18	1
六	20	培训	19	4
	21	系统切换	19	2
	22	准备系统实施报告	20,21	1

完成上述工作之后,项目主管还需要为该信息系统开发项目安排时间进度。为此她在与项目团队进行广泛协商后,给出了项目的工期估计(见表 7-35)。在给出每项活动

的工期估计和项目的要求开始和完成时间后，Beth 计算出每项活动的最早开始（EST——earliest start time）和最早结束时间（EFT——earliest finish time），这些值都标在图 7-26 中的每项活动上。在 EST 和 EFT 都计算出来之后，Beth 又开始计算最迟开始时间和最迟结束时间。这里计算的起点是项目的要求完工时间——第 50 周。每项活动的 LS 和都标在图 7-27 中每项活动的下面。

表 7-35 销售报告系统项目进度

序号	活动	负责人	工期估计	最早开始时间	最早结束时间	最迟开始时间	最迟结束时间	总时差
1	收集数据	Beth	3	0	3	-8	-5	-9
2	可行性研究	Jack	4	0	4	-9	-5	-9
3	准备问题界定报告	Rose	1	4	5	-5	-4	-9
4	会晤用户	Jim	5	5	10	-4	1	-9
5	研究现有系统	Steve	8	5	13	-2	6	-7
6	明确用户要求	Jeff	5	10	15	1	6	-9
7	准备系统分析报告	Jim	1	15	16	6	7	-9
8	数据输入和输出	Tyler	8	16	24	9	17	-7
9	处理数据和建立数据库	Joe	10	16	26	7	17	-9
10	评估	Cathy	2	26	28	17	19	-9
11	准备系统设计报告	Sharon	2	28	30	19	21	-9
12	开发软件	Hannah	15	30	5	21	36	-9
13	开发硬件	Joe	10	30	40	26	36	-4
14	开发网络	Gerri	6	30	36	30	36	0
15	准备系统开发	Jack	2	45	47	36	38	-9
16	测试软件	Maggie	6	47	53	38	44	-9
17	测试硬件	Gene	4	47	51	40	44	-7
18	测试网络	Greg	4	47	51	40	44	-7
19	准备测试报告	Rose	1	53	54	44	45	-9
20	培训	Jim	4	54	58	45	49	-9
21	系统切换	Beth	2	56	47	47	49	-7
22	准备系统实施报告	Jack	1	59	49	49	50	-9

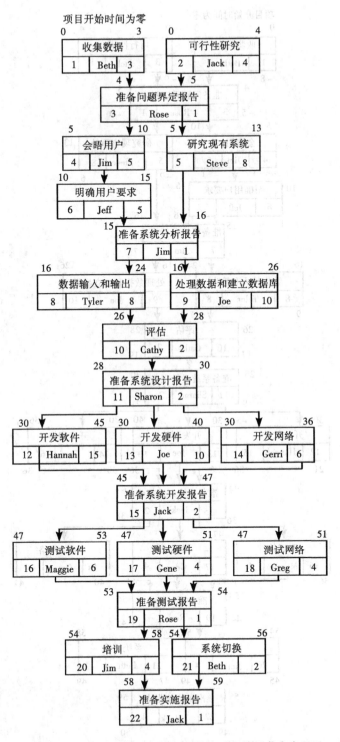

图 7—26 附有最早开始时间和结束时间的用节点表示活动形式的销售报告系统项目网络图

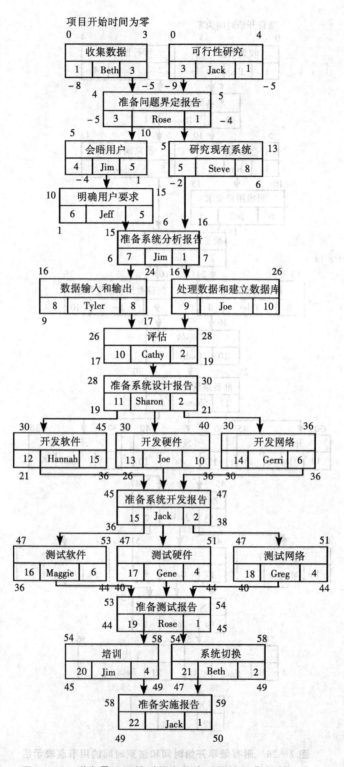

图 7—27 附有最迟开始时间和结束时间的用节点表示活动形式的销售报系统项目网络图

EST 是指某项活动能够开始的最早时间,它可以在项目的预计开始时间和所有前导活动的工期估计基础上计算起来。EFT 是指某一活动能够完成的最早时间,它也可以在这项活动最早开始时间的基础上加上这个项目活动的工期估算出来,即 EFT=EST+工期估计。她主要通过沿网络图正向推算的方法计算出 EST 和 EFT,即从项目开始沿网络图到项目完成进行计算。在进行这些时要遵循的一条原则是:某项活动的最早开始时间必须相同或晚于直接指向这些活动的所有活动的最早结束时间中的最晚时间。在图 7—28 中,彩排的 EST 是第 10 天或者更晚。

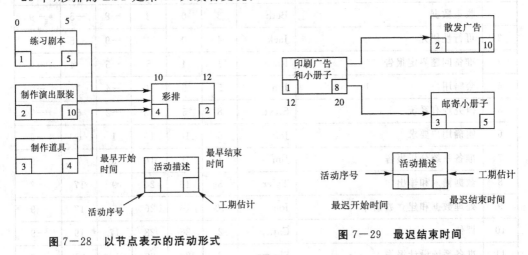

图 7-28 以节点表示的活动形式　　图 7-29 最迟结束时间

LFT(latest finish time)是指为了使项目在要求完工时间完成,某项活动必须完成的最迟时间,它可以在项目的要求完工时间和各项目后续活动工期估计的基础上计算出来。LST(latest start time)是指为了项目在要求完工的时间内完成,某项活动必须开始的最迟时间,它可以用这项活动的最迟结束时间减去它的工期估算出来,即 LST=LFT-工期估计。LFT 和 LST 可以通过反向推算得出,即从项目完成沿网络图到项目的开始进行推算。在进行这类计算必须遵循的一条原则是:某项活动的最迟结束时间必须相同或早于该活动直接指向的所有活动最迟开始时间。在图 7-29 中,"印刷广告和小册子"这项活动直接指向两项活动,根据上面的规则,它必须要在第 20 天完成。

网络图中第一项任务"收集数据"和"可行性研究"的最早开始时间为 0,因为"收集数据"预计要用三周时间,它的 EFT 就是 0+3=3 周。因为"可行性研究"预计要用 4 周时间,它的 EFT 就是 0+4=4 周。Beth 继续沿着网络图正向推算直到得出所有活动的 EST 和 EFT。在 EST 和 EFT 都计算出来之后,她就开始计算最迟开始时间(LST)和最迟结束时间(LFT)。这里开始的计算起点是项目的要求完成时间——第 50 周。每项活动的 LST 和 LFT 均标在图 7-27 中的每项活动下面。

Beth 通过沿着网络图反向推算的方法计算 LFT 和 LST。网络图中最后一项任务"准备实施报告"最迟结束时间为第 50 周,即项目要求完成时间。由于"准备实施报告"预计要用 1 周时间,因此,他的最迟开始时间就是 50-1=49 周。这意味着"准备实施报告"最迟在第 49 周开始,否则项目将不能按期完成。它继续按照这种计算方法推出了所有活动的 LST 和 LFT。

EST、EFT、LST 和 LFT 计算出来之后，Beth 就开始计算总时差（这些值已在表 7—35 中表示出来）。总时差的计算方法是用每项活动的 LST 减去 EST 或 LFT 减去 EFT 求出来。

表 7—35 销售报告系统项目进度

序号	活动	负责人	工期估计	最早开始时间	最早结束时间	最迟开始时间	最迟结束时间	总时差
1	收集数据	Beth	3	0	3	−8	−5	−9
2	可行性研究	Jack	4	0	4	−9	−5	−9
3	准备问题界定报告	Rose	1	4	5	−5	−4	−9
4	会晤用户	Jim	5	5	10	−4	1	−9
5	研究现有系统	Steve	8	5	13	−2	6	−7
6	明确用户要求	Jeff	5	10	15	1	6	−9
7	准备系统分析报告	Jim	1	15	16	6	7	−9
8	数据输入和输出	Tyler	8	16	24	9	17	−7
9	处理数据和建立数据库	Joe	10	16	26	7	17	−9
10	评估	Cathy	2	26	28	17	19	−9
11	准备系统设计报告	Sharon	2	28	30	19	21	−9
12	开发软件	Hannah	15	30	5	21	36	−9
13	开发硬件	Joe	10	30	40	26	36	−4
14	开发网络	Gerri	6	30	36	30	36	0
15	准备系统开发	Jack	2	45	47	36	38	−9
16	测试软件	Maggie	6	47	53	38	44	−9
17	测试硬件	Gene	4	47	51	40	44	−7
18	测试网络	Greg	4	47	51	40	44	−7
19	准备测试报告	Rose	1	53	54	44	45	−9
20	培训	Jim	4	54	58	45	49	−9
21	系统切换	Beth	2	56	47	47	49	−7
22	准备系统实施报告	Jack	1	59	49	49	50	−9

计算出活动的总时差之后，Beth 需要找出关键路径。对于销售报告系统开发项目，所有总时差为 −9 的活动均在关键路径上，图 7—30 标出了这个开发项目的关键路径。对于总时差为负这一点，Beth 和她的项目组要么采取一种办法减少 9 周的开发时间，要么申请将从 50 周延长到 59 周，或者是两种方案的折衷。

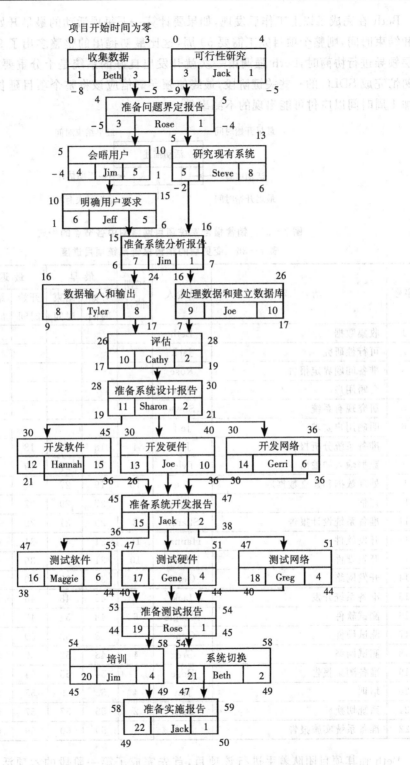

图 7-30　标明关键路径的用节点表示活动形式的销售报告系统项目网络图

Beth 在完成了以上工作后发现，如果要计算一下每项活动的最早开始时间和最迟开始和结束时间，则整个项目完工需要 59 周，这比最初提出的整整多出了 9 周。但是在与高层领导进行协商时，Beth 强调第一次就开发出良好的系统是十分重要的，因此指出不必匆忙完成 SDLC 的一些关键阶段，最终使领导确信应该将整个项目延长至 59 周，同时增加 1 周时间以应付可能出现的不测事件。

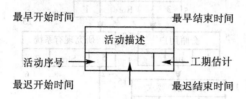

图 7-31 销售报告系统项目网络图中各节点的构成

表 7-36 变更后的销售报告系统项目进度

序号	活动	负责人	工期估计	最早开始时间	最早结束时间	最迟开始时间	最迟结束时间	总时差	实际完成时间
1	收集数据	Beth							4
2	可行性研究	Jack							4
3	准备问题界定报告	Rose							5
4	会晤用户	Jim							10
5	研究现有系统	Steve							15
6	明确用户要求	Jeff							18
7	准备系统分析报告	Jim	1	18	19	18	19	0	
8	数据输入和输出	Tyler	8	19	27	19	27	0	
9	处理数据和建立数据库	Joe	10	19	27	19	27	0	
10	评估	Cathy	2	27	29	27	29	0	
11	准备系统设计报告	Sharon	2	29	31	29	31	0	
12	开发软件	Hannah	15	31	46	31	46	0	
13	开发硬件	Joe	10	31	41	36	46	5	
14	开发网络	Gerri	6	31	37	40	46	9	
15	准备系统开发	Jack	2	46	48	46	48	0	
16	测试软件	Maggie	6	48	54	48	54	0	
17	测试硬件	Gene	4	48	52	50	54	2	
18	测试网络	Greg	4	48	52	50	54	2	
19	准备测试报告	Rose	1	54	55	54	55	0	
20	培训	Jim	4	55	59	55	59	0	
21	系统切换	Beth	2	55	57	57	59	2	
22	准备系统实施报告	Jack	1	59	60	59	60	0	

Beth 和其项目团队着手进行该项目，首先完成了第一阶段的六项活动：活动 1——"收集数据"在第四周完成；活动 2——"可行性研究"在第四周；活动 3——"准备问题界定

报告"在第五周完成;活动4——"会晤用户"在第十周完成;活动5——"研究现有系统"在第十五周完成,活动6——"明确用户要求"在第十八周完成。第一阶段任务完成后他们发现,如果使用某种可重复应用的数据库软件,就可将"数据处理和建立数据库"的预计工期从10周减少为8周。图7-32和表7-36分别给出了变更后的网络图和项目进度。值得注意的是,由于这些事件的发生,目前关键路径上总时差为0。

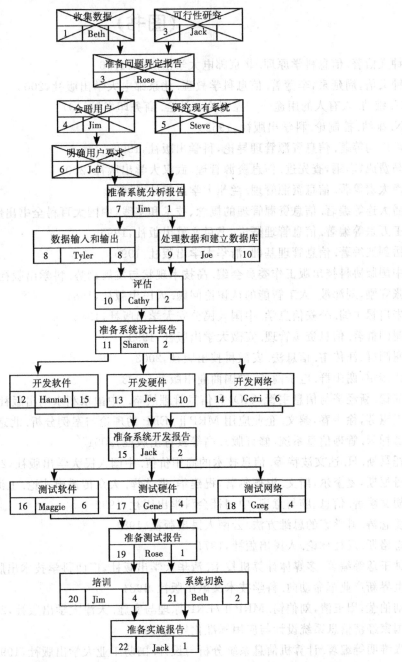

图7-32 加入实际进程和变更后的用节点表示活动形式的销售报告系统项目网络图

参考文献

（图书）

钟义信著.信息科学原理.北京邮电大学出版社,1996
钟义信,周延泉,李蕾著.信息科学教程.北京邮电大学出版社,2005
N.维纳.人有人的用途——控制论和社会.商务印书馆,1978
N.维纳.控制论.科学出版社,1962
孟广均等著.信息资源管理导论.科学出版社,1999
马费成,李纲,查先进.信息资源管理.武汉大学出版社,2000
卢太宏等著.信息资源管理.兰州大学出版社,1998
潘大连等编著.信息资源管理的概念、技术和实践.中国大百科全书出版社,1995
王万宗等编著.信息管理概论.书目文献出版社,1995
岳剑波编著.信息管理基础.清华大学出版社,1999
中国版协科技出版工作委员会编.高技术现状与发展趋势.科学出版社,1993
张守刚,刘海波.人工智能的认识论问题.人民出版社,1984
朱启禄主编.公安信息学.中国人民公安大学出版社,1986
谢阳群著.信息资源管理.安徽大学出版社,1999
谢阳群、汪传雷.信息法.安徽科技出版社,2003
汪传雷,谢阳群.电子商务.中国商业出版社,2003
陆德.新经济与信息主管(CIO)和信息管理战略.中国水利水电出版社,2001
王惠芬,徐少春,黎文.企业应用MRPⅡ/ERP的理论与案例分析.北京出版社,2001
黄梯云.管理信息系统(修订版).高等教育出版社,2001
托马斯.H.达文波特等.信息技术的商用价值.中国人民大学出版社,2001
丹尼斯,麦奎尔,斯文.温德尔著,祝建华,武伟译.大众传播模式论.上海译文出版社,1997
胡文耕著.信息、脑与意识.中国社会科学出版社,1992
姜念涛.科学家的思维方法.云南人民出版社,1984
恩格斯.反杜林论.人民出版社,1971
钟玉琢等编著.多媒体计算机技术.清华大学出版社,广西科学技术出版社,1996
世界新产业革命动向.科学技术文献出版社,1984
刘伯莹,周玉清,刘伯钧.MRPⅡ/ERP原理与实施.天津大学出版社,2001
国家经济信息系统设计与应用标准化规范,1986
张维明等编著.计算机信息系统分析与设计.国防工业大学出版社,1991
马费成.信息经济学.武汉大学出版社,1997

方美琪.电子商务概论.清华大学出版社,1999
王方华主编.市场学.复旦大学出版社,1995
卡尔.夏皮罗.信息规则——网络经济的策略指导.中国人民大学出版社,2000
希德.拉曼.电子商务的机遇与挑战.华夏出版社,2001年
刘启业.网络安全.军事谊文出版社,2000年
周三多.管理学原理与方法.复旦大学出版社,1997年
[美]斯蒂芬.P.罗宾斯.管理学(第四版).中国人民大学出版社,1997
陈禹.经济信息管理概论.中国人民出版社,1996
霍国庆.企业战略信息管理.科学出版社,2001年
郭国庆.市场营销学通论.中国人民大学出版社,1999
黄梯云.管理信息系统.高等教育出版社,2000
邱均平.微观市场信息学.武汉大学出版社,2001
哈什.库玛.企业电子商务.海天出版社,2001
阿瑟.斯加利.B2B交易场:电子商务第三次浪潮.现代出版社,2001年
玛丽莲.格林斯坦等.电子商务:安全、风险管理与控制.机械工业出版社,2001
迈克尔.波特著,陈小悦译.竞争战略.华夏出版社,1997
岳剑波.信息环境论.书目文献出版社,1996
迈克尔.波特著,夏忠华译.竞争优势.中国财政经济出版社,1997
美国国家计算机安全中心(NCSC).可信计算机系统评估准则(TCSEC)
施礼明,汪星明.现代生产管理.企业管理出版社,1997
刘文等编著.资源价格.商务印书馆,1996
阿兰.兰德尔著,施以正译.资源经济学.商务印书馆,1989
李京文编.国际技术经济比较.中国社会出版社,1990
陈宇等.人力资源经济活动分析.中国劳动出版社,1991
杨树珍主编.国土经济学.天津人民出版社,1986
宗寒等著.资源经济.人民出版社,1994
刘与仁编著.国土经济学.经济科学出版社,1986
山田进著.情报资源管理概论.オーム社,1987
中国国防科学技术信息学会编.情报学进展:1996—1997年度评论.兵器工业出版社,1997
卡尔·波普尔著,舒炜光等译.客观知识——一个进化论的研究.上海译文出版社,1986
夏.贝尔泰,符.梅古罗夫著.庄维汉译.信息管理.新华出版社,1989
H.法约尔.工业管理与一般管理.中国社会科学出版社,1982
赫伯特.西蒙著,杨砾等译.管理行为.北京经济学院出版社,1988
林德尔.厄威克编,孙耀君等译.管理备要.中国社会科学出版社,1994
李晔等.管理信息系统原理与实践.电子工业出版社,1990
余伟萍.计算机管理信息系统开发与应用.电子科技大学出版社,1998
吴功宜编著.计算机网络基础.南开大学出版社,1996年

周行明主编.网络入门.华中理工大学出版社,1997
顾冠群,龚俭编著.计算机网络.江苏科学技术出版社,1994
斯蒂芬.埃克特著,李法运等译.网上金融与投资.中国致公出版社,1999
穆安民编著.科技文献检索.重庆大学出版社,1996
李慧文,邱瑞华编著.计算机信息系统及当代信息资源规划.北京工业大学出版社,1989
安小米主编.汉英英汉档案学词典.中国人民大学出版社,1996
R.D.宾厄姆著,九洲译.美国地方政府的管理:实践中的公共行政.北京大学出版社,1997
张良等.公共管理导论.上海三联书店,1997
李慧文,邱瑞华编著.计算机处理系统及当代信息资源规划.北京工业大学出版社,1989:
克劳斯.赖齐本等著,丰新枚等译.实用文献情报工作基础(上册).科学技术文献出版社,
 1983
刘湘生编著.主题法的理论与标引.书目文献出版社,1995
张琪玉,刘湘生主编,侯汉清等编著.中国分类主题词表教程.华艺出版社,1994
刘湘生编著.汉语主题词表的理论和使用.书目文献出版社,1980
刘湘生,汪东波主编.文献标引工作.北京图书馆出版社,2001
张琪玉著.情报语言学基础.武汉大学出版社,1997
严怡民.情报学概论.武汉大学出版社,1983
严怡民.情报学基础.武汉大学出版社,1987
严怡民主编.情报学概论.武汉大学出版社,2000
丹.雷米意等著,燕清联合译.IT成本收益的有效测量与管理.清华大学出版社,2005
戴维.克雷恩主编,孟庆国等译.智力资本的战略管理.新华出版社,1999
多蕾西.伦纳德.巴顿著,孟庆国等译.知识与创新.新华出版社,2000
彼得.F.德鲁克等著,杨开峰译.知识管理.中国人民大学出版社,1999
小瑞芒德.麦克劳德等著,张成洪译.管理信息系统.电子工业出版社,2002
杰克.杰多著.张金成译.成功的项目管理.机械工业出版社,1999
马克.鲁辰著,冯兵等翻.CIO生存手册.高等教育出版社,2004
迪安.莱恩.首席信息官智慧.上海财经大学出版社,2005
石里克著,张国珍等译.伦理学问题.商务印书馆,1997
弗兰克.梯利著,何意译.伦理学导论.广西师范大学出版社,2002
弗兰克纳著.关键译.伦理学.生活·读书·知识三联书店,1987
摩尔著,长河译.伦理学原理.商务印书馆,1983
唐纳德.A.马灿德,托马斯.H.达文波特等编,吕传俊等译.信息管理——信息管理领域
 最全面的MBA指南.中国社会科学出版社,2002
泰勒著,张素芳等译.信息组织.机械工业出版社,2006
经济学家情报社,安达信咨询公司,IBM咨询公司著,郑超愚等译校.全球信息战略.新华
 出版社,2000
罗纳德.L.汤普森,威廉.L.凯茨巴里尔著,陈丽华等译.信息技术与管理.北京大学出版
 社,2006

约翰.沃德,乔.佩帕德著,吴晓波等译.信息系统战略规划.机械工业出版社,2007

托马斯.巴克霍尔茨著,黄瑾等译.明天的面孔:开启后信息化时代的钥匙.北京工业大学出版社,2000

亨利.卢卡斯著,周长才等译.IT产业投资评估.海天出版社,2000

F. X. 贝阿等著,王演红等译.企业管理学(第二卷).复旦大学出版社,1998

托马斯.H.达文波特,劳伦斯.普鲁斯著,周长才译.把握e时代:商务、信息、技术.海天出版社,2000

Thomas H. Davenport. Information Ecology—Mastering the information and knowledge environment. Oxford University Press,1997

Raymond McLeed,Jr.. Management Information Systems. Prentice Hall, Inc. ,2001

Jack Gido, James P. Clements. Successful Project Management. Soutern-Western College Publishing, 1999

The World Bank. Knowledge for Development. Oxford University Press,1998

M. J. Cronnin. The Internet Strategy Handbook. Harvard Business School Press,1996

W. J. Martin. The Information Society. The Eastern Press,1988

N. M. Duffy & W. H. Assad. Information Management: an Excutuve Approach. Oxford University Press,1980

W. R. Synnott & W. H. Gruber. Information Resource Management. John Wiley & Sons,1987

C. Schwartz & P. Hernon. Records Management and the Library. Ablex Publishing Co. , 1993

D. Hussain & K. M. Hussain. Information Resource Management. Richard D. Irwin, Inc. ,1984

B. R. Ricks & K. F. Gow. Information Resource Management. South-Western Publishing Co. ,1984

D. A. Marchand & F. W. Horton, Jr.. Infortrend: Profitting from Your Information Resources. John Wiley & Sons,Inc. ,1986

F. W. Horton,Jr.. Information Resources Management. Prentice Hall,Inc. ,1985

A. N. Smith & D. B. Medley. Information Resource Management. South-Western Publishing Co. ,1987

C. Ray & J. Palmer. Office Automation: A Systems Approach. South-Western Publishing Co. ,1987

G. B. Davis & M. H. Olson. Management Information Systems: Conceptual Foundation, Structure, and Development. McGraw Hill,Inc. ,1985

P. A. Strassmann. The Business Vaule of Computers: An Eexecutives' Guide. The Informa-tion Press,1990

J. B. Beaumont & E. Sutherland. Information Resources Management: Management in Our Knowledge-based Society and Economy. Butterworth Heinemann Ltd,1992

B. Watson. Information Resource Management. DEC. Information Consultancy,1986

R. J. Prytherch. Information Management and Library Science: Guide to Literature. Gower Publishing,1993

M. Cook. Information Management and Archival Data. Library Association Publishing, 1993

C. F. Burk & F. W. Horton, Jr.. Infomap: A Complete Guide to Discovering Corporate Information Resources. Prentice-Hall, 1988

F. M. Mason. The Emergent Information Manager: A Structured Obsevation Study of the Nature of The Information Manager's Work. (PH. D Dissertation). University of Southern California. (Unpublished). 1984

P. Anon. Information Holdings Inventory Project. In: F. W. Horton, Jr.. Lecture Notes (Unpublished).

L. J. Davis & P. W. J. Ledington. Soft Systems Methodology. MacMillan Education Ltd., 1991

C. Oppemheim et al(ed.). Perspectives in Information Management I. Butterworth & Co. (Publishers) Ltd,1989

B. Cronin & E. Davenport. Elements of Information Management. The Scarecrow Press, Inc.,1991

M. M. Ruprecht & K. P. Wagoner. Managing Office Automation: A Complete Guide. John Wiley & Sons,Inc.,1984

P. Dossett(ed.). Handbook of Special Librarianship and Information Work. Aslib,1992

P. M. Griffths(ed.). Information Management: State of the Art Report. Pergamon Infotech Limited,1986

J. A. O'Brien. Computers in Business Management: An Introduction. Richard D. Irwin, Inc., 1985

J. A. O'Brien. introduction to information systems. McGraw-HillCompanies,Inc.,1997

H. C. Lucas, Jr.. Information Systems Concepts for Management. Mc-Graw Hill International Book Company,1982

R. N. Anthony. Planning and Control System: A Framewrk for Analysis. Division of Research,Graduate School of Business Administration,Harvard University,1965

Commission on Federal Paperwork. Concepts and Guidelines for Understanding Data as a Resource in the Public Sector: Planning Data Requirments and Managing Data Resources. D. P. Management Corporation,1976

B. Cronin (ed.). Information Management:from Strategy to Action. Aslib,1985

L. E. Long. Manager's Guide to Computers and Information Systems. Prentice-Hall, Inc., 1983

M. M. Ruprecht & K. P. Wagoner. Managing Office Automation. John Wiley & Sons, 1984

C. Ray & J. Palmer, Office Automation. South-Western Publishing Co. ,1987

R. V. Head. Management information system: A Critical Approach. Datamation,1967

P. G. W. Keen & M. S. Scott Morton. Decision Support System: An Organizational Perspective. Addison Wesley, Reading, MA,1978

G. A. Gory & M. S. Scott Morton. A Framework for Management Information System. Sloan Management Review,1971(1)

S. L. Alter. Decision Support System: Current Practice and Continuing Challenges. Addison Wesley, Reading, MA, 1980

R. Mcleod,Jr. ,G. Schell. Management Information System. Pretince-Hall,2001

B. Cronin & E. Davenport. Post Professionalism: Transforming the Information Heartland. Taylor Graham,1988

N. Wiener,Cyberbetics and Society, Houghton Mifflin Company,1950

T. H. Davenport. Process Innovation: Reengineering Work through Information Technology. Harvard Business School Press,1993

A. Woodsworth. The Chief Information Officer's Role in American Research Universities,Ph. D Dissertation,University of Pittsburgh,1987

E. K. Brumm. Exploratory Study of Chief Information Officers in Fortune Service and Industrial Organizations, Ph. D. Dissertation, University of Illinois at Urbana Champaign,1988

M. F. Robek, G. F. Brown & W. O. Maedke. Informationand Records Management. Glencoe,1989

P. Emmerson(ed.). How to Manage Your Records: A Guide to Effective Practice. ICSA Publishing,1989

P. Bergeron. An Examination of the Perceptions and Practices of Information Resources Management in Large Organizations from Canadian Private Sector. Ph. D Dissertation, Syracuse University,1995

C. Schwartz & P. Hernon. Records Management and the Library. Ablex Publishing Corporation,1993

I. A. Pen,A. Moddel,G. Pennix & K. Smith. Records Management Handbook. Gower, 1989

U. S. Office of Management and Budget. Circular No. A-130, "The Management of Federal Information Resources". Federal Register,1985(50)

Commission on Organization of Executive Branch of Government. Paperwork Management: Part I. A Report to the Congress,1955

Commission on Organization of Executive Branch of the Government. Paperwork Management:Part II. Report to the Congress,1955

Commission on Federal Paperwork. Information Resources Management. U. S. Government Printing Office,1977

Congress. Senate. Committee on Governmental Affairs. Federal Information Resources Management Act. Report 101-487. GPO, 1990

D. M. Bured et al(eds.) Encyclopaedia of Associations. Gale Research Inc. 1990

H. C. Lucas. Managing Information Services. MacMillan, 1989

Manager's Guide to Computers and Information System. Prentice-Hall, Inc., 1983

I. Lakatos & A. E. Mugrave(eds.). Criticism and the Growth of Knowledge. Cambridge University Press, 1970

T. S. Kuhn. The Structure of Scientific Revolutions. University of Chicago Press, 1970

A. F. Chalmers. What Is Thing Called Science? The Open University Press, 1982

G. Ritzer. Sociology: A Multiple Paradigm Science. Allyn & Bacon, 1975

H. Koontz(ed.). Toward a Unified Theory of Management. McGraw-Hill, 1964

S. L. Caudle & P. A. Marchand. Managing Information Resources: New Directions in State Government. Syracuse University. School of Information Studies, 1989

Federal IRM Planning Support Center. The IRM Organization: Concepts and Considerations. Falls Church, VA: Office of Software Development and Information Technology, 1989

P. G. W. Keen. Shaping the Future: Business Design through Information Technology. Harvard Business School Press, 1991

R. S. Taylor. Value added Process in Information Systems. Ablex Publishing Corporation, 1986

B. B. Miller. Managing information as a Resource. In: J. Rabin & E. M. Jackowski (eds.). Handbook of Information Resource Management. Marcel Dekker, Inc., 1988

B. Cronin & E. Davenport. Post Professionalism: Transforming the Information Heartland. Taylor Graham, 1988

R. H. Lytle. Information Resource Management: 1981-—1986. In: M. E. Williams (ed.). Annual Review of Information Science and Technology, 1986(21). Knowledge Industry Publications, Inc. for the American Society for Information Science, 1986

P. S. Kawatra. The Library and Information Studies Handbook. Crest Publishing House, 1996

R. Prytherch. The Context: Definitions and Trends in Information Management. In: R. Raddon(ed.). Information Dynamics. Gower, 1996

Commission on Federal Paperwork. The Paperwork Problem. In: F. W. Horton, Jr. & D. A. Marchand (eds.). Information Management in Public Administration. Information Resources Press, 1982

P. Bergeron. Information Resources Management. In: M. E. Williams(ed.). Annual Review of Information Science and Technology, 1996(31). Information Today, Inc. for the American Society for Information Science, 1996

D. A. Marchand & J. C. Kresslein. Information Resource Management and the Public Administrator. In: J. Rabin & E. M. Jackowski(eds.). Handbook of Information Resource Management. Marcel Dekker, Inc., 1988

W. T. Clinton & A. Gore, Jr., Technology for America's Economic Growth, A New Direction to Build Economic Strength. GPO, 1993, 2, 22

Commission on Federal Paperwork. Information Resources Management. U. S. Government Printing Office, 1977

N. R. Satyanarayana & R. Satyanarayana(eds.). Problems of Information Science. New Age International Limited Publications, 1996

I. S. Farkas-Conn. From Documentation to Information Science. Greenwood Press, 1990

C. Schwartz & P. Hernon. Records Management and the Library. Ablex Publishing Corporation, 1993

C. W. Frenzel. Management of Information Technology. International Thomson Publishing Company, 1996

S. Ferreiro. Information Management, In: J. Ramon & B. G. Goedegebuure(eds): New World in Information and Documentation, Elesvier Science B. V., 1994

B. B. Miller. Managing Information as a Resource. In: J. Rabin & E. M. Jackowski (eds.). Handbook of Information Resource Management. Marcel Deckker, Inc., 1988

J. L. King et al. Evolution and organizational information systems: an assessment of Nolan's stage model. Communications of the ACM, 1984(5):466—475

（论文）

乌家培. 信息资源的配置是信息经济学的一项主要内容. 信息经济与技术, 1996(4)

马费成, 杨列勋. 信息资源——它的定义、内容、划分、特征及其开发利用. 情报理论与实践, 1993(2)

岳剑波. 从信息资源论到信息环境论. 北京大学学报（哲学社会科学版）, 1992(4)

霍国庆, 信息资源管理的三层次. 中国图书馆学报, 1996(5)

冯秉铨. 什么是信息科学. 百科知识, 1979(3)

钟义信. 信息基础结构：利益、风险和战略. 国际电子报, 1996-6-17

陈梓玮, 钟庭毅. 加快我国信息化进程的思考. 未来与发展（京）, 1998(1)

邹家华. 加快推进国家信息化. 求是, 1997(14)

张锐, 黄波. 政府上网给政府管理带来的机遇、挑战及对策研究. 吉林大学社会科学学报, 2001(1)

中国首钢国际贸易工程公司计算机通讯处. MIS 中计算机网络技术的开发与应用. 计算机世界报, INTERNET & INTRANET 版,(6)

王剑. Intranet 的兴起与 MIS 的变革. 计算机世界报, INTERNET & INTRANET 版,(46)

亚信集团亚信电脑网络(北京)有限公司亚信加油站.基于Intranet的新一代企业信息管理综合环境.计算机世界报(周报)INTERNET&INTRANET版(39)

黎明.论信息.中国社会科学,1984(4)

C. M. Beath & D. W. Straub. Development level of information resource management: a theoretical argument for a decentralied approach. Journal of the American Society for Information Science,1991(2)

C. F. Burke. Working definitions of terms related to IRM concept. Information Management,1985(5)

B. C. Brookes. The foundation of information science, 2: information science: the changing paradigm. Journal of Information Science, 1981(3)

S. Montgomery & G. Robertson. Aslib IRM network. Records Management Bulletin, 1992(52)

W. J. Martin et al. Marketing the concept of information management to top executives. Journal of Information Science,1991(4)

B. Mckee. Information management and library/information studies: diffusion, confusion. Training and Education,1988(2)

T. D. Wilson. Towards an information management curriculum. Journal of Information Science,1989(4&5)

V. Stibic. The Information manager-his role, functions, profile and education. Nachrichten f r Dokumentation,1988(6)

J. Borbley. Information management: what's in store for the information manager. Online, 1985(9)

S. E. Ward. Communications: the challenge for the information manager. Journal of Information Science,1985(3)

P. Sholtys. Impact of information management in the setting. CAUSE/EFFECT,1985(8)

T. Lutz. The real role of the chief information executive. TLG Management Seminar. Mike Berge & Associates, 1990

Y. Roets & J. A. Boon. Information manager—an exploratory study. South African Journal of Library and Information Science, 1992(3)

M. Broadbent. Information management and education pluralism. Education for Information, 1984(2)

W. H. Melody. The context of change in the information profession. Aslib Proceedings, 1986(8)

R. L. Nolan. Restructuring the data processing organization for data resource management. Information Processing,1977

M. Cooper. Perspectives on qualitative research with quantitative implications: studies in information management. Journal of Education for Library and Information Science,

1990(2)

B. Lewis et al. An empirical assessment of the information resource management construct. Journal of Management Information System,1995(1)

A. Lewis & W. J. Martin. Information management: state of the art in the United Kingdom. Aslib Proceedings,1989(7/8)

N. Roberts & T. D. Wilson. Information resource management: a question of attitudes? International Journal of Information Management,1987(7)

C. Stephens et al. Eexecutive or functional manager? The nature of the CIO's job. MIS Quarterly. 1996(4)

D. F. Feeny et al. Understanding the CEO/CIO relationship. MIS Quarterly,1992(4)

N. K. Jas. Records management and its steps: an appraisal. Library Science with a Slant to Information Science,1995(2)

L. E. Stillman. Government is more aware of IRM. Govemment Computer News, 1985 (8)

M. J. Socalar. Federal Information resources management act, Testimony before the Senate Committee on Govenmental Affairs,1990—2—21

U. S. General Accounting Office. GAO, Implementation of NPR recommendations: INFORMATION TECH. General Accounting Office,1994—12—5

U. S. General Accounting Office Information Management and Technology Division. Perceived barriers to effective information resources management. General Accounting Office, 1992

U. S. General Accounting Office Comptroller General of the United States. Executive Guide: Improving mission performance through strategic information management and technology: learning from leading organizations. General Accounting Office, 1994

U. S. Office of Management and Budget. Management of federal information rurces. Revision of Office of Management and Budget Circular No. A—130, Transmittal 2. Federal Register, 1994(141)

44 United States Code,Ch. 35,3501(7)

S. L. Caudle et al. Managing Information Resources: New Directions in State Government. Syracuse University,1989

National Archives and Records Administration. Annual report for the year ended September 30, 1990. National Archives and Records Administration, Office of Federal Register,1991

E. Christian. The government information locator service & use. IOS Press,1996(16)

Commission on Federal Paperwork. The federal information locator system. GPO,1997 a

C. R. Mcclure et al. Federal information inventory/locator system: from burden to benefit. Final Report. Syracuse University School of Information Studies,1990

44 United States Code 3507—3511

C. Cabell. Viewpoint: the federal information locator system: a personal perspective. Information Management Review,1987(3)

G. Bass & D. Plocher. Finding government information: the federal information locator system. Government Information Quarterly,1991(8)

C. R. McClure et al. OMB and the development of a government wide information inventory/locator system. Government Information Quarterly,1991(8)

44 United States Code 3586

C. R. Mcclure et al. Identifying and describing federal informantion iventory/ locator systems: design for networked locators. U. S. National Audio-Visual Center,1992

Domestic Council, Committee on the Right to Privacy. National Information Policy. National Commission on Libraries and Information Science,1976

A. Bushkin & J. H. Yurow. The Foundation of the united states information policy: a U. S. government submission to the high-level conference on information, computer and commissions policy,OECO,1980,U. S. Department of Commerce,1980

R. L. Chartrand. Information Policy and Technology Issues: Public Laws of the 95th through the 100th Congress. Library of Congress,Congressional Research Service,1989

R. L. Chartrand. Information Ploicy and Technology lssues: Public Laws of the 95th through 101st Congress. Library of Congress,Congressional Resarch Service,1991

138C. R. McClure & P. Hernon. United States Scientific and Technological Information Policies: Views and Perspectives. Ablex Publishing Corporation,1989

M. E. D. Koening. Entering stage III. The convergence of the stage hypothsee s. Journal of the American Society for Information Science,1992(3)

A. D. Mayer & J. B. Goes. Organizational assimilation of innovations: a multilevel contextual analysis. Academy of Management Journal,1988(4)

R. L. Nolan. Managing the computer resource: a stage hypothesis. Communications of the ACM,1973(7)

C. F. Gibson & R. L. Nolan. Managing the stages of EDP growth. Har-vard Business Review,1974(1—2)

R. L. Nolan. Restructuring the data processing organization for data resource management. In: B. Gilchrist (ed.). Information Processing 1977. North Holland Publishing Company

R. L. Nolan. Managing the crisis in data processing. Harvard Business Review, 1979

A. Friedman. The stages model and the phases of the IS field. Journal of Information Technology, 1994(9):137—148

J. L. Kish & J. Morris. Paperwork management in transition. AMA Management Bulletin, No. 56, New York: American Management Association,1964

S. Taylor. Information resources management program at Syracuse: the first year. Proceedings of the 44th Annual Meeting of the American Society for Information Scientists,1981

J. A. Boon. Information management: an educational perspective. South-African Journal of Library and Information Science,1990

W. J. Martin et al. Marketing the concept of information management to top executives. Journal of Information Science,1991(4)

C. Banville & M. Landry. Can the field of MIS be disciplined? Communications of the ACM,1989(1)

T. Oulton, Information management: overview and beginners please. Library Review, 1990(6)

H. Borko. Information science: what it is? American Documentation,1968

D. Foster. Information science as an emerging discipline. Journal of Documentation, 1978(1)

L. S. Estrabrook. Librarianship and information resources management: some question and considerations. Journal of Education for Library and Information Science,1986 (1)

E. J. Rathswohl. Information resource management and the end-usr: some implications for education. Information resource management Journal,1990(3)

N. Robert & T. D. Wilison. Information resource management: a question of attitudes? Intermational Journal of Information Management,1987(2)

M. E. Porter & V. E. Millar. How information gives you competitive advantage. Harvard Business Review,1985(7—8)

T. C. E. Chang & V. Kanabar. On some issues of information resource management in the 1990s. Information Resource Management Journal,1992(2)

J. O'Brien & J. N. Morgan. A multidimensional model of information resources management. Information Resources Management Journal, 1991(2)

W. R. Synnott. The Blocks of IRM architectures. Information Strategy: The Executives Journal, 1985(1)

D. E. Owen. IRM concepts: building blocks for the 1990s. Information Management Review, 1989(2)

R. Collins & D. W. Straub. The dilivery of information services within a changing information environment. Journal of the American Society for Information Science, 1991(2)

S. Koskiala & R. Launo(eds.). Information, knowledge, evolution: Proceedings of the FID Conferenceand Congress, North-Holland,1989